WASEDA University Academic Series

早稲田大学学術叢書

11

民主化と市民社会の新地平

―フィリピン政治のダイナミズム―

五十嵐誠一
Seiichi Igarashi

早稲田大学出版部

A New Perspective on Democratization and Civil Society
—The Dynamism of Politics in the Philippines—

Seiichi IGARASHI is assistant professor at the Faculty of Law and Economics, Chiba University, Japan.

An English summary of this book is on p.499.

First published in 2011 by
Waseda University Press Co., Ltd.
1-9-12-402 Nishiwaseda
Shinjuku-ku, Tokyo 169-0051
www.waseda-up.co.jp

© 2011 by Seiichi Igarashi

All rights reserved. Except for short extracts used for academic purposes or book reviews, no part of this publication may be reproduced, stored in a retrieval system or transmitted in any form whatsoever—electronic, mechanical, photocopying or otherwise—without the prior and written permission of the publisher.

ISBN 978-4-657-11703-8

Printed in Japan

はしがき

　本書は，2008年3月に早稲田大学大学院社会科学研究科に提出した博士論文を加筆・修正したものである。本書は，筆者が大学院の修士課程に入学してから関心を寄せてきたフィリピンの民主化，民主主義，市民社会を主題とする。

　フィリピンの観察を開始してからおよそ13年が経過したが，対象に肉薄する地域研究者としての観察年数は，決して十分とは言えまい。少ない経験ながらも本書では，筆者がフィリピン政治を紐解く上で不可欠のキーワードと考えてきた市民社会をあらゆる角度から照射しつつ，以下の素朴な疑問に正面から答えた。市民社会は，民主主義体制への移行過程でいかなる役割を果たし，いかなる実態にあったのか。そして民主主義体制の定着過程において市民社会は，いかなる手段でその定着と発展に貢献してきたのか。言うなれば本書は，市民社会の視座からフィリピンにおける民主化および民主主義の問題を改めて問い直したものと言えよう。

　大学院の修士課程に入学した時から筆者が将来的に取り組もうと思っていたのは，アジア諸国の民主化と市民社会の比較分析であった。その出発点としてフィリピンを選択した最大の理由は，アジアで先駆けて民主主義体制への移行を果たしたこと，その過程で市民社会が重要な役割を果たしたことにある。年数だけが経過し，未だに十分な比較研究に取り組んでいるとは言い難いが，今後比較分析をさらに進めるための足場固めとして本書では，フィリピンという単体の対象の単なる記述に終始せず，比較を意識しながらそれを分析するための理論，分析枠組み，アプローチにも多くの紙幅を費やした。その意味で本書は，地域研究と比較研究，事例と理論との生産的な対話を筆者なりに模索したものでもある。

　本書には，筆者の理解不足からくる誤解や誤認は多くあると思うが，この点に関しては専門家の諸先生方，読者諸賢から忌憚のない御批判と御叱咤を賜り，今後の研究につなげていきたい。本書がフィリピン研究，さらには民主化研究と市民社会研究の発展に多少なりとも資するところがあれば，望外

の喜びとするところである。

　筆者が本書を世に送り出すことができたのは，多くの方々の御指導と御支援のお陰である。ここで御礼を申し述べたい。

　まず，何にもまして一番の恩師である早稲田大学・多賀秀敏教授に，御礼を申し上げなければならない。大学院の修士課程から現在まで筆者をお導き下さった師には，公私にわたり一方ならぬ御厚情を賜った。普段はなかなか口に出して申し上げられない師への感謝の気持ちを，ここで改めて表したい。そして今後も不肖の弟子に，一層の御指導と御鞭撻をお願い申し上げたい。

　早稲田大学・大畠英樹名誉教授には，大学院の修士課程に入学してから筆者の拙い論稿に対して国際政治理論の視点から数多くの貴重な御助言を賜った。退職された現在でも，いつも筆者のことを気にかけてくださっている。本書を完成させたことで，御礼の気持ちを表したい。

　富山大学・佐藤幸男教授には，公私にわたり一方ならぬ御指導を賜わった。とくに 2005 年 4 月に日本学術振興会特別研究員 PD となった筆者のことを，受入研究者として快くお引き受けくださった。研究員としての 3 年間で佐藤教授から賜った御助言は数限りない。この場を借りて深く御礼を申し上げるとともに，今後とも変わらぬご指導とご鞭撻をお願い申し上げたい。

　早稲田大学・畑惠子教授には，筆者の修士論文の副査，博士論文の副査として数々の貴重なご助言を賜った。また，私の研究人生の節々で一方ならぬご指導を賜り，常に筆者を激励してくださっている。この場を借りて心から御礼を申し上げたい。

　早稲田大学・古賀勝次郎教授は，修士課程から現在に至るまで筆者の研究を暖かく見守ってくださっている。古賀教授は，いつも親身になって筆者の話を聞いてくださり，様ざまな御助言を与えてくださる。この場を借りて厚く御礼を申し上げたい。

　京都大学・清水展教授は，筆者の拙い論稿にいつも貴重な御助言を下さる。フィリピン政治をより批判的に見ることを，清水教授からは常に学ばせてもらっている。厚く御礼を申し上げるとともに，今後とも御指導をお願い申し上げたい。

　多賀秀敏教授を研究代表とする科学研究費補助金・基盤研究 B「EU サブ

リージョンと東アジア共同体——地域ガバナンス間の国際連携モデル構築」（2006年度〜2008年度）と基盤研究B「グローバル時代のマルチ・レベル・ガバナンス——EUと東アジアのサブリージョン比較」（2009年度〜2011年度）の研究会では，参加するたびに新鮮な刺激をいただいている。研究会に参加されている日本大学・佐渡友哲教授，山形大学・高橋和教授，富山大学・竹村卓教授，新潟県立大学・若月章教授，成城大学・大津浩教授，新潟国際情報大学・臼井陽一郎教授，弘前大学・柑本英雄教授，早稲田大学・奥迫元専任講師には，大学院時代から御指導を賜っている。この場を借りて心より御礼を申し上げたい。

2010年4月からグローバルCOE研究員として京都大学で過ごした3カ月の研究生活では，「親密圏と公共圏の再編成をめざすアジア拠点」というプログラムの下で，何ものにも代え難い経験をし，市民社会に関する筆者の研究の裾野を大きく広げることができた。とくに拠点リーダーを務められている落合恵美子教授，伊藤公雄教授，松田素二教授，押川文子教授には，公私にわたり一方ならぬ御厚情を賜った。現本務校に着任した後もグローバルCOEプログラムに関わる機会を与えてくださっている。深く御礼を申し上げるとともに，プログラムの発展に少しでも貢献することでご恩に報いたい。

現本務校である千葉大学法経学部の先生方にも御礼を申し上げなければならない。着任したばかりで右も左も分からない筆者をお導き下さり，また研究に取り組む真摯な姿勢を学ばせてもらっている。筆者が安心して研究に取り組むことができたのも，諸先生方のお陰である。この場を借りて厚く御礼を申し上げたい。

既に述べたように本書は，早稲田大学より博士学位を授与された論文が元になっている。主査の多賀秀敏教授を初め，副査の辻隆夫教授，畑恵子教授，奥迫元専任講師，フィリス女学院大学・横山正樹教授には，拙稿を丁寧に読んでいただき，数多くの有益な御助言を賜った。本書の作成に当たっては，先生方からいただいた御助言を可能な限り反映させるよう努めた。

他にも筆者が研究を進める上で御世話になった方々は数知れない。余りに多くの先生，そして研究室の先輩と後輩の学恩を受けてきたため，全ての方々のお名前を挙げることはできないが，こうした方々の御指導がなければ，筆

者が研究を進めることは不可能であっただろう。ご高恩に深く謝意を表したい。

本書の実証性という点では，現地の関係者にも御礼を申し上げなければならない。いつも快くインタビューに応じてくださり，貴重な資料をご提供くださる。その協力とご支援がなければ，本書は全く違った内容になっていたであろう。

本書は，早稲田大学の第1回学術研究書出版制度によって2009年10月に刊行されたモノグラフ・シリーズ『フィリピンにおける民主主義への移行とその定着に関する総合的研究』が審査を経て，早稲田大学学術叢書として採択されたものである。博士論文のみならずモノグラムの内容にも，大幅な加筆と修正を施した。筆者のような駆け出しの研究者の研究成果を，栄誉ある学術叢書に採択してくださった早稲田大学には，心から感謝を申し上げたい。今後さらに研究を発展させることで報いたい。

出版に際しては，早稲田大学出版部の金丸淳氏と武田文彦氏，アジール・プロダクションの村田浩司氏に大変お世話になった。遅筆の筆者に嫌な顔一つせずお付き合いくださり，また励ましてくださったことに，深く感謝を申し上げたい。

本書は，2005－2007年度科学研究費補助金・特別研究員奨励費（研究課題番号05J00209，研究課題「統合的アプローチによる東南アジアの民主化比較研究——国家－市民社会分析を中心として」）の研究成果の一部であることを申し添える。

最後になったが，これまで筆者のことを支えてくれた，かけがえのない両親，五十嵐貞夫と五十嵐初枝には，心より感謝している。本書を二人に捧げたい。

　　　　2011年2月7日

　　　　　　　　　　　　　　　　　　　　　　　五十嵐　誠一

目　次

序　論 ——————————————————————————— 1
　1　本書の目的 ……………………………………………………… 1
　2　本書の位置づけ ………………………………………………… 8
　3　本書の構成 ……………………………………………………… 17

第Ⅰ部　理　論　編　　　　　　　　　　　　　　　　　29

第1章　分析概念の検討 ——————————————————— 30
　は じ め に ………………………………………………………… 30
　第1節　民主化・民主主義 ……………………………………… 32
　　1．手続き的民主主義　32
　　2．移行論における民主主義　33
　　3．定着論における民主主義　34
　　4．手続き的民主主義と実質的民主主義　37
　第2節　市　民　社　会 ………………………………………… 40
　　1．リベラルの市民社会論　40
　　2．ラディカルの市民社会論　45
　　3．現代フィリピンにおける市民社会論　51
　小　括 ……………………………………………………………… 55

第2章　分析枠組みの検討 ————————————————— 65
　は じ め に ………………………………………………………… 65
　第1節　構造主義アプローチにおける市民社会 ……………… 66
　　1．近代化論　66
　　2．政治文化論　69
　第2節　移行論と定着論における市民社会 …………………… 73

1. 市民社会論の4つの学派　　73
　　2. 移行論における市民社会　　74
　　3. 定着論における市民社会　　76
　　4. 民主化における市民社会の再検討　　80
　第3節　国家―市民社会アプローチ･････････････････････････82
　　1. 非マルクス主義の国家論　　83
　　2. ネオ・マルクス主義およびポスト・マルクス主義の国家論　　84
　　3. 非マルクス主義のポスト国家論　　86
　　4. 民主化における国家―市民社会関係の再検討　　89
　小　　括･･90

第Ⅱ部　事例編（1）民主主義体制への移行過程　　103

第3章　フィリピン市民社会の歴史的変遷 ─── 104
　はじめに･･104
　第1節　スペイン・アメリカ植民地時代･･････････････････105
　第2節　戦後から1960年代前半まで･･････････････････････109
　第3節　1960年代後半から戒厳令布告まで････････････････112
　第4節　戒厳令布告以降････････････････････････････････115
　小　　括･･119

第4章　民主化移行局面における市民社会 ─── 126
　はじめに･･126
　第1節　正統性の失墜･･････････････････････････････････127
　第2節　アキノ暗殺事件直後の政治的スペクトラム･･････130
　第3節　選挙への参加をめぐる市民社会の亀裂･･････････137
　第4節　市民社会の巻き返し････････････････････････････141
　第5節　市民社会の分裂と政治社会への吸収････････････144
　第6節　市民社会と政治社会の糾合･･････････････････････149
　第7節　民主化と市民社会の比較考察････････････････････153

小　　括 ··160

第5章　民主化決定局面における市民社会 ──── 175
　　　は じ め に ··175
　第1節　アキノ政権の誕生と憲法制定委員会の発足 ·········176
　第2節　新憲法草案の審議過程における市民社会と政治社会 ····180
　第3節　新憲法草案の基本的特徴 ································187
　第4節　新憲法草案の批准をめぐる市民社会と政治社会 ·········196
　　　小　　括 ··200

第Ⅲ部　事例編（2）民主主義体制の定着過程　　211

第6章　アキノ政権以降の民主主義の実態（1） ──── 212
　　　は じ め に ··212
　第1節　フィリピンの民主主義の成熟度 ·······················213
　第2節　3G, 3P, カシケ民主主義, ボス民主主義 ···············217
　第3節　エリート民主主義 ··221
　第4節　国家の弱さ ···225
　　　小　　括 ··229

第7章　アキノ政権以降の民主主義の実態（2） ──── 236
　　　は じ め に ··236
　第1節　アメリカ植民地期における政党政治の開始 ·········237
　第2節　戦後の二大政党制 ··239
　第3節　社会経済的条件の変容 ···································248
　第4節　ポスト・マルコス時代の政党なき民主主義 ···········254
　　　小　　括 ··269

第8章　アキノ政権以降の市民社会のエンパワーメント ──── 279
　　　は じ め に ··279

第1節　現代フィリピンの市民社会の概況 ……………………280
第2節　新憲法と地方政府法における市民社会条項 …………282
第3節　国家と市民社会との協力関係 …………………………285
第4節　海外からの援助 …………………………………………290
小　　括 ……………………………………………………………295

第9章　公明選挙と市民社会 ─── 301
はじめに ……………………………………………………………301
第1節　COMELEC と選挙ガバナンス …………………………302
第2節　市民団体の結成の背景と組織概要 ……………………306
 1. NAMFREL　306
 2. NASSA　308
 3. PPCRV　310
第3節　市民団体の活動概況 ……………………………………311
 1. 選挙監視　311
 2. 非公式集計　314
 3. 有権者教育　318
 4. 選挙改革アドボカシー　320
第4節　市民団体の効用 …………………………………………324
第5節　市民社会依存型選挙ガバナンスの功罪 ………………329
小　　括 ……………………………………………………………334

第10章　農地改革と市民社会 ─── 344
はじめに ……………………………………………………………344
第1節　戦後の農地改革から CPAR の結成へ …………………345
第2節　農地改革法の審議過程における CPAR の活動 ………351
第3節　農地改革法成立後の CPAR の活動 ……………………354
第4節　CPAR 解散後の市民社会の動向 ………………………358
第5節　農地改革法の施行局面における三者協力 ……………363
小　　括 ……………………………………………………………370

第11章　都市貧困と市民社会 ── 380

　はじめに ………………………………………………380
　第1節　都市貧民組織の変遷 …………………………381
　第2節　都市開発住宅法案の審議過程におけるULR-TFの活動…385
　第3節　都市開発住宅法成立後の市民社会の活動 ……………388
　第4節　共同体抵当プログラムにおける三者協力 ……………392
　第5節　ローカル・ガバナンスにおける三者協力 ……………396
　　1．ナガ市　397
　　2．セブ市　399
　　3．モンテンルパ市　400
　小　括 ……………………………………………402

結　論 ── 411

　1　本書の分析視座 …………………………………411
　2　民主主義体制への移行過程における市民社会 ……………414
　3　民主主義体制の定着過程における市民社会 ………………418
　4　今後の展望 ………………………………………422

参考文献一覧　427
主要略語一覧　479
事項索引　487
人名索引　496
英文要旨　499

序　論

1　本書の目的

　1990年代以降，民主化や民主主義に関連するキーワードとして市民社会という概念に注目が集められている。近代の市民社会概念は，市民革命と産業革命が展開するヨーロッパで登場し，ロック，ファーガソン，スミス，ヘーゲル，マルクスらによってその議論は一定の発展を遂げた。しかし，その後は政治学の議論の中で積極的に用いられることはなかった。

　半ば忘却の彼方にあったこの概念は，1980年代後半に突如として息を吹き返す。その歴史的背景には，89年を頂点とする東欧の市民革命があった。歴史を遡れば，70年代後半にポーランドで「連帯」という独立自主管理労働組合の知識人たちが，全体主義体制への対抗シンボルとして市民社会という概念を使用したのが始まりであった。この概念は，他の東欧諸国の知識人の間にも普及し，東欧の市民革命の中で民主化戦略を象徴する言説として実践的に用いられたのであった。[1]

　加えて，こうした東欧を含めた世界規模の民主化の潮流が，市民社会概念のグローバルな普及を促進している。1974年にポルトガルのリスボンで始まった，いわゆる民主化の「第三の波」は，その後，南米，アジア，東欧，ソ連，さらにはアフリカへと伝播し，瞬く間に全世界を覆っていった。[2]各地の民主化プロセスでは無数の市民が，民主化を求めて自発的な組織や運動を

形成し，独裁体制の崩壊を促す原動力となった。こうした市民による下からの民主化圧力の拡大が，市民社会に対する知的関心をより一層喚起している。

　市民社会が注目されているのは，民主主義体制への移行過程ばかりではない。市民社会は，成立した民主主義体制の定着にも貢献するものとして脚光を浴びている。この議論は，民主化を経験したばかりの発展途上国だけではなく，数世紀前に民主主義体制が確立した先進国においても活発である。多くの先進国は，議会政治や政党政治の機能不全に直面しており，そのような機能不全を補完する存在として市民社会に期待が寄せられている。さらに，第三セクター論や非営利セクター論で議論されているように，市民社会を代表する「非政府組織」(Non-Governmental Organization = NGO)や「非営利組織」(Non-Profit Organization = NPO) などは，政府行政部門と民間営利部門の役割を補完し，時にはそれらと協働して公益を促進するアクターとして注目を集めている。

　今や市民社会論は，政治学はもちろん法学，社会学，経済学など，ディシプリンの垣根さえをも越えて広く関心を集める「一大知的産業」に成長を遂げたと言っても過言ではない。そして上述の歴史的背景から，現代の市民社会論の主要な関心が民主主義体制への移行過程とその定着過程にあることも読み取れよう。

　本書で取り上げるフィリピンは，民主主義体制への移行過程からその定着過程に至るまで市民社会が無視しえない影響力を行使してきた代表的な事例である。その意味で，フィリピンは，市民社会論の中心的な命題を検証する格好の素材である。

　1946年の独立以来維持されてきたフィリピンの民主主義体制は，72年にマルコス大統領 (Ferdinand E. Marcos) が戒厳令を布告したことで息を断たれ，マルコスを頂点とする独裁体制に取って代わった。しかし，70年代後半から徐々に顕在化した経済危機と83年8月のアキノ暗殺事件という政治危機は，マルコス独裁体制の正統性を一気に失墜させ，広範な反マルコス民主化運動の形成を促し，独裁体制と対峙する市民社会の空間を拡大させてゆく。そうした下からの民主化のダイナミズムは，86年2月に独裁者を追放する市民革命へと結実し，およそ14年間続いたマルコス独裁体制は崩れ

去ったのであった。周知のように，この政変は，市民の結集によって独裁体制の崩壊が決定づけられたことから，ピープルパワー革命とも呼ばれている。

フィリピンで出現したピープルパワーの衝撃は，1987年の韓国，88年のビルマ，89年の中国，さらには98年のインドネシアの民主化運動にも影響を与えたと言われている。[6] 人，物，金，情報，思想までもが国境を越えて行き交うグローバリゼーションの時代において，[7] マルコス独裁体制の崩壊劇は，抑圧的な体制下にある近隣諸国の市民に奮い立つ勇気を与えたことは間違いない。[8] その意味で，フィリピンのピープルパワー革命は，アジア諸国の民主化の先駆としても注目すべき事象であった。

マルコス独裁体制の崩壊過程を振り返れば，国軍内の一部勢力による反乱やアメリカの圧力もその崩壊を促したと言えようが，体制変動劇の主役は民主主義を求めて街頭に繰り出した無数の市民であったことは疑いを入れない。こうした経験的事実に基づき多くの研究者が，市民を主体とする運動や組織が織りなす空間を市民社会と捉え，それに対して様ざまな説明や解釈を加えてきた。しかしながら，一定量の研究の蓄積にもかかわらず，体制崩壊に至るまでの一連の政治過程における市民社会の実像は，未だ不完全な形でしか把握されていない。

本書の第1の目的は，こうした研究の欠落をも踏まえて，マルコス独裁体制からアキノ民主体制への移行過程における市民社会の実態と動態とを改めて分析することにある。移行過程において市民社会はいかなる実態にあり，いかなる役割を果たしたのか。市民社会は民主化の帰趨にいかなる影響を与えたのか。

フィリピンの民主化に関する先行研究を俯瞰すると，革命的とも言える市民の蜂起によって実現しながらも，民主化は保守層・支配層の意向を強く反映する方向に帰着したとする評価が一般的である。[9] しかし，先行研究では，市民社会内部の複雑な実態に十分な注意が払われているわけではない。独裁体制の崩壊に関わる重要な独立変数とも言いうる市民社会が，いかなる民主主義を実現するのかをめぐって多様な集団によるヘゲモニー闘争が展開された中心的舞台であったことに鑑みれば，民主化の方向性にまで踏み込んで分析を行う場合，そのような闘争の影響は看過できまい。結論を先取りするな

らば，市民社会を舞台とするヘゲモニー闘争によって，フィリピンの民主化は保守層の意向を反映するだけには留まらないアンビバレントな方向へ帰着していったことが明らかとなろう。本書では，こうした民主化の背景をも含めて体制変動過程における市民社会の実態を明らかにするために，以下の分析的課題を念頭に置いて考察を進める。

　第1に，市民社会では階級的・イデオロギー的差異に沿った形で多様な組織が形成され，そうした差異ゆえに民主化の主導権をめぐって離合集散が繰り広げられた。このような市民社会の実態を理解するには，市民社会を理想視する既存研究のリベラルの視座だけでは不十分であろう。市民社会の解放的側面と抑圧的側面を照射するラディカルの視座，さらにはフィリピンの市民社会が持つ特異性を捉えた国内の議論をも加味して，体制変動過程における市民社会内部の動向を考察しなければならない。

　第2に，概して政治社会のアクターが穏健的な民主化を志向していたのに対して，市民社会の領域では進歩的な勢力によって穏健的な勢力に対する対抗的ヘゲモニーが形成され，それが民主化を保守層の意向を反映するだけには留まらない方向へと引き寄せた。よって，市民社会が民主化の性格や方向性に与えた影響をより正確に理解するには，市民社会と政治社会とを峻別した分析が欠かせない。この点については，主に比較政治学において議論されてきたが，未だ市民社会の重要性は十分に認識されてはいない。

　第3に，運動レベルにおいて現実の政治アクターが主張する民主主義の内容に着目するなら，民主主義をおよそ制度面（手続き的民主主義〔procedural democracy〕）に矮小化しがちな既存の民主化研究の定義をそのまま採用することはできまい。分析の煩雑さを避けるためとして除外されてきた実質面（実質的民主主義〔substantive democracy〕）の達成をも敢えて含めて広義に捉えなければ，その実現を求めて革新的な運動を展開したアクターや集団の存在意義が等閑視されかねない[10]。

　第4に，いわゆる国家論で論じられているように国家は，非民主主義体制下では市民社会の自律性を恣意的に奪い，民主主義体制への移行過程においては市民社会の影響力を規定しうるアクターとも制度ともなりうる。したがって，民主主義体制への移行過程において市民社会が発揮した影響力を捉

えるためには，その過程で国家と市民社会の関係がどのように変化していったのかに着目して分析を進める必要がある。

　第5に，民主化の方向性にまで留意して検証を行うのであれば，体制変動によって新たに誕生する民主主義国家の性格をも分析の対象としなければならない。市民社会を含めた体制変動過程の有りようが，誕生する民主主義国家の性格をいかに構造的に規定するのかという視点である。この点を明らかにするには，国家を独立変数としてのみならず従属変数としても捉え，民主的制度が導入される体制変動の決定局面をも丹念に分析する作業が求められよう。

　以上の分析的課題を踏まえて本書では，民主化運動が一気に高揚する1983年8月のアキノ暗殺事件から，新たに誕生した民主主義体制の屋台骨であり民主化の集大成とも言える新憲法が制定されるまでの政治過程を時系列的かつ実証的に考察する。

　ピープルパワーの後押しで登場したコラソン・アキノ政権（1986～92年）では，1987年2月に新憲法が国民投票で採択され，民主主義体制が復活を果たした。その後，度重なるクーデターを辛くも乗り越え，ラモス政権（1992～98年），エストラーダ政権（1998～2001年），アロヨ政権（2001～2010年），ベニグノ・アキノ政権（2010年～現在）へと至るまで，選挙による平和的な政権交代が実践されてきた。[11]議会制民主主義の要石とも言いうる公明選挙による2回の政権交代を定着のメルクマールとするなら，[12]体制としての民主主義は概ね定着したとの評価をフィリピンには与えられよう。

　しかし，現実の政治過程に目を向ければ，導入された民主的制度が期待通りの機能を発揮していない姿が至る所で観察される。そのような実態ゆえに，フィリピンの民主主義は，カシケ民主主義（cacique democracy），政党なき民主主義（partyless democracy），脆弱な民主主義（fragile democracy），エリート民主主義（elite democracy），反自由民主主義（illiberal democracy），浅薄な民主主義（shallow democracy），混乱した民主主義（muddled democracy），ボス民主主義（boss democracy）などと呼ばれ，現代民主主義の理念とは半ば相容れないような修飾語句が付されてきた。[13]

　したがって，ポスト・マルコス時代の主要な課題は，民主主義体制が抱え

る様ざまな欠陥を修復し，いかにその定着と発展を図ってゆくかにあると言える。近年，フィリピンでは，大規模な選挙不正，汚職の蔓延，国軍のクーデター未遂，左派系の市民団体に対する人権侵害など，民主主義体制の崩壊へとつながりかねないネガティブな現象が顕在化し，民主主義体制は不安定化しつつある。[14] こうした現状を踏まえれば，上述の課題はより一層重要なものとして認識されねばなるまい。

民主化研究全般に目を向けてみると，現在までに民主主義体制の定着に貢献するとされる様ざまな要因が提示されてきた。[15] その中でも，政治アクターによる積極的かつ継続的な努力に着目するなら，市民社会アクターの役割は強調されてしかるべきであろう。いみじくもダイアモンドが言うように，「活発な市民社会は，多様な方法で民主主義の発展，深化，定着に貢献する」[16]。

フィリピンの民主主義体制の定着過程では，マルコス体制崩壊過程での活躍によって一気にエンパワーメントされた市民社会アクターが各分野で多様な活動に取り組む姿が観察される。かかる経験的事実に鑑み，定着過程の市民社会の活動に関する実証研究はかなりの蓄積が見られよう。しかしながら，研究の大半は，民主的制度の機能面や実践面との関係にまで踏み込んだ分析を行っていない。市民社会アクターが既存の民主的制度とそれを基盤とする民主主義体制を単に支えるだけでなく，その改善にいかなる手段で取り組んでいるのかを検証してゆくことが肝要であり，そうした市民社会の活動はとりわけフィリピンにおいて明確に観察できよう。このようなフィリピンの実態は，欧米出自の民主的制度（手続き的民主主義）の導入と定着で概ね事足りるとし，その現実の機能面を批判的に検討しない既存の民主化研究，さらには導入された民主的制度を支える以上の市民社会の働きを積極的に評価しない既存の市民社会研究の姿勢に見直しを迫る理論的知見を有しよう。

本書の第2の目的は，このような先行研究の実状を踏まえて，フィリピンの民主主義体制が抱える欠陥を明らかにしながら，市民社会がいかなる手段でその改善に取り組み，民主主義体制の定着と発展を促してきたのかを実証的に検討することにある。

マルコス独裁体制の崩壊を経て誕生した民主主義体制に対しては，戒厳令前のエリート民主主義の焼き増しにすぎないという批判がしばしば投げかけ

られてきた。議会における政治エリート家族の寡頭支配は，そうした批判を裏打ちするものと言えようが，エンパワーメントされた市民社会が政策決定過程で無視しえない影響力を行使するようになった点で，復活した民主主義体制を戒厳令前のそれと同列に語ることはできない。少数のエリート家族が支配するエリート民主主義が，市民社会という舞台で活動するさまざまな勢力によって常に挑戦を受けている。市民社会というボトムアップの視座をも加えてフィリピン政治を鳥瞰した場合，まさにキンポが言う「争われる民主主義」（contested democracy）という実態が浮かび上がってこよう。[17] 本書では，こうした政治の実状をも意識しながら上述の目的を達成するために，以下の分析的課題を念頭に置いて考察を進める。

第1に，ここで言う民主主義体制の欠陥とは，もっぱら民主的制度（手続き的民主主義）が期待通りの機能を果たさず，それによって社会経済的民主化を含む実質的民主主義の達成が容易ではない現実を指す。このような実態は，市民社会アクターにとって，民主的制度の形骸化，制度と理念との乖離と映ろう。よって，市民社会の役割を実証的に分析する前に，まずは成立した民主主義体制が抱える欠陥を，先行研究の言説を手がかりに明らかにしておかなければならない。

第2に，実質的民主主義をも含めて民主主義の問題を論じる場合，国家の「弱さ」に留意しなければならない。フィリピン国家は，支配エリートからの自律性と政策を実行する能力が殊のほか低く，このことが実質的民主主義の実現を阻害してきたことは否定できない。よって，こうした国家の弱さを念頭に置きながら，それを補完するために市民社会がいかなる活動を展開してきたのかを詳細に考察する必要があろう。

第3に，民主主義体制への移行過程の分析と同様に，その定着過程の分析においても，リベラルのみならずラディカルの市民社会の視座が求められる。これら双方の視座に立脚することで，市民社会の政治力学の中に手続き的民主主義の欠陥の克服のみならず，実質的民主主義の実現の可能性をも見出せる一方で，市民社会におけるヘゲモニー闘争が民主主義体制の定着と発展に与える負の影響を把握できよう。

第4に，以上の分析的課題を踏まえて，民主主義体制の欠陥の修復に市民

社会が直接的に取り組んできた分野として，本書ではまず公明選挙を求めて活動する無党派の市民社会アクターを分析する。ここでは選挙，政党，議会といった手続き的民主主義の主要な構成要素の機能的欠陥を，いかなる手段で市民社会アクターが修復し，実質的民主主義の促進を試みてきたのかを実証的に考察する。

第5に，次に本書で取り上げるのは，実質的民主主義と直接的に関係する農地改革と都市貧困の分野で活動する市民社会アクターである。著しい貧富の格差を抱えるフィリピンにとって，農地改革と都市貧困は解決が急務な社会問題となってきた。手続き的民主主義の諸要素，すなわち選挙，議会，政党への働きかけと国家との相互作用を通じて，市民社会アクターがいかなる方法でこれらの問題の解決に努めてきたのかを実証的に分析する。

以上の分析的課題が示すように本書は，フィリピンにおける市民社会と民主化および民主主義との関係を，総合的かつ実証的に把握しようとする試みである。その分析視座は，もっぱら市民社会という運動レベルに置かれよう。民主主義を理念，制度，運動の三位一体として捉えた丸山の所説に依拠するなら[18]，民主主義体制への移行過程では，運動としての市民社会が掲げる主義主張が，新たに誕生した民主主義体制を支える制度と理念にいかなる形で反映されえたのかが明らかとなろう。民主主義体制の定着過程においては，不十分な制度と理念に運動としての市民社会が自己の求める主義主張に基づき絶えず働きかけている姿が浮かび上がってこよう。このような市民社会の運動に焦点を絞った本書全体の分析によって，フィリピンの民主主義の隘路と活路，今後の展望がより実証的に把握できよう。

2 本書の位置づけ

(1) フィリピン研究

マルコス体制崩壊過程では，多様な市民運動が噴出し，市民社会の蜂起とも言いうるピープルパワーが体制の崩壊を決定づけたことから，部分的に言及したものをも含めれば，市民社会という概念を用いた研究は数多く見られる。

代表的な研究に，フランコとラセリスのものがある[19]。彼らは，市民社会の成長を時系列的にまとめ，ピープルパワーに至るまでの市民社会の動向を検証している[20]。しかしながら，いずれの研究も，市民社会内部の複雑な実態を十分に捉えているとは言えず，市民社会を独裁体制に対峙する同質的な空間として粗雑に扱っている点は否めない。

市民社会という分析概念を直接的に用いてはいないが，市民社会内部の実態を詳しく考察している研究はいくつかある。たとえば，ジョクノとトンプソンは，一次資料を渉猟して市民社会アクターを含めた反政府勢力の動向を実証的に分析している[21]。また，先述したフランコは，選挙という政治社会の分析に主眼を置きつつ，市民社会アクターの動向にも目を向けながら，1986年の繰上げ大統領選挙に至るまでの反政府勢力の動向を時系列的に考察している[22]。他方で，レインと藤原の研究は，民主化の性格にまで踏み込んで反政府勢力の動向を具体的に考察している点で示唆に富む。レインは，イデオロギー的差異に留意しながら，市民社会アクターを含む都市部の反政府民主化運動の動向を時系列的に検証している[23]。藤原も，ヘゲモニー闘争に留意しながら，反政府勢力の離合集散の様相を時系列的に検証している[24]。しかし，いずれの研究でも，市民社会という概念を用いて分析が行われていないため，市民社会が民主化の帰趨に与えた影響はおろか市民社会の実態さえ十分に明らかにされていない。

特定のアクターに焦点を当ててはいるが，市民社会という概念を正面から用いて分析を行った研究に，ヘドマンのものがある。彼女は，6つの地方自治体を分析対象に取り上げ，そこで展開した自由選挙運動を市民社会の一部と捉えて具体的に考察している。しかし，運動の実態は丹念に分析されてはいるものの，民主化という体制変動と市民社会との関係については，ほとんど意識されていない。とはいえ，自由選挙運動を支配階級による市民社会のヘゲモニー獲得の動きと捉えて分析を行っている点で，本書と分析視角を共有する。

以上のように，市民社会という分析概念を用いた研究はあるものの，市民社会を同質的な空間と捉えて分析を行ったものか，特定のアクターの活動に着目したものが大半を占める。市民社会内部の動向を詳しく考察した研究も，

市民社会という分析概念を用いていないため，市民社会の実態を正確に把握しているとは言い難い。体制変動過程における市民社会の実態とそれが民主化に及ぼした影響については，未だ十分に解明されていないのが実情であろう。

　こうした研究状況を踏まえて本書では，可能な限り多くの一次資料と二次資料を渉猟して，体制変動過程の市民社会の実像に迫った。その際，本書では，市民社会を独裁体制に対峙する同質的な空間として捉えるのではなく，多様なアクターによるヘゲモニー闘争の中心的な舞台と位置づけ，市民社会アクターを含めた反政府勢力の動向を網羅的に考察している。このようなアプローチによって，市民社会内部の複雑な動態とそれが民主化の帰趨に与えた影響がより実証的に理解されよう。

　体制変動後のフィリピンの市民社会に関しては，「最も非政府組織が組織された国」という評価を反映するように，かなりの研究の蓄積が見られる。[25] 代表的な研究としては，1997年にフィリピン大学の第三世界センターからジョクノ，ロペス，フェレールが編者となって刊行された3冊の研究書（ジョクノが編者の第1巻『フィリピン政治文化における民主主義とシチズンシップ』，ロペスが編者の第2巻『政策決定における国家―市民社会関係』，フェレールが編者の第3巻『市民社会を形成する市民社会』）が挙げられよう。[26] このシリーズでは第2巻において，政策決定過程における市民社会の活動が分野ごとに検証されている。取り上げられている分野は，農地改革，都市貧困，犯罪，テロリズム，貿易，沿岸資源，ジェンダー，出稼ぎ労働と極めて多岐にわたる。また，第3巻では，市民社会を形成する諸アクターに焦点が当てられ，市民社会内部のダイナミズムが具体的に考察されている。[27]

　市民社会を代表するアクターであるNGOに関しては，1980年代後半から矢継ぎ早に研究書が出されてきた。最も多いのが，国家政府との関係を意識して政策決定過程におけるNGOの役割に着目した研究である。たとえば，ケソンとレイエスが編著を務める『フィリピンにおけるNGOの戦略的評価』では，成長を遂げたNGOに対する政府の政策的対応と政府開発援助へのNGOの参加状況がまとめられ，農地改革，小漁業開発，村落林業，農村金融，保健衛生，都市貧困においてNGOの政策決定への参画を保障したレジー

ムの整理が行われている[28]。同様に，ハフィレナが編者を務める『政策の影響——NGOの経験』では，先住民族永代地，農地改革，漁業，債務返済，政府開発援助，木材産業，シリマンとノーブルが編者を務める『民主主義に向けた組織化——NGO，市民社会，フィリピン国家』では，農村貧困，都市貧困，先住民族，人権，環境保護，地方自治の政策決定過程におけるNGOの役割が分析されている[30]。また，マガディアの『国家と社会のダイナミクス——復活した民主主義における政策決定』では，農地改革，労使関係，都市土地改革の分野が事例として取り上げられ，コラソン・アキノ政権以降の政策決定過程における市民社会アクターの活動が検証されている[31]。

他方で，フィリピンのNGOの活動を体系的にまとめた研究も出されている。たとえば，クラークの『東南アジアにおけるNGOの政治学——フィリピンにおける参加と抗議』では，フィリピンのNGOの盛衰の歴史が簡単に整理された後，1986年以降のNGOの役割が国家政府との関係の中で分析され，最後に農地改革と人権擁護の分野で活動する代表的なNGOの活動が取り上げられている[32]。アレグレが編者を務める『動向と伝統，挑戦と選択——フィリピンNGOの戦略研究』でも，NGOの歴史が簡単にまとめられた後，政治領域，経済領域，社会文化領域，ジェンダーおよび開発領域，持続的発展領域でのNGOの役割が戦略的な観点から検討され，民衆組織，教会，学会，政府，政治組織，ビジネス・セクター，ドナー機関とNGOとの関係が論じられている[33]。

個別分野の市民社会アクターに焦点を当てた研究としては，NGOへのインタビュー調査を踏まえてカラバルソン開発計画の功罪を問い，開発における国家とNGOの役割を検討した木村の『フィリピン——開発・国家・NGO』がある[34]。ボラスの『土地改革実行における協働戦略——フィリピンにおける自発的農民運動と国家の改革派』と堀の『内発的民主主義への一考察——フィリピンの農地改革における政府，NGO，住民組織』は，農地改革におけるNGOの活動を政府と住民組織との関係を意識しながら分析している[35]。ブライアントの『環境闘争におけるNGO——フィリピンにおける政治と道徳資本の形成』では，環境保護の分野における利他的なNGOがいかに成功を収めてきたのかが道徳資本の観点から検証されている[36]。モレノの

『ポスト権威主義のフィリピンにおける教会，国家，市民社会——関与するシチズンシップの物語』では，カトリック教会が様ざまな市民社会組織と協力しながら民主主義とシチズンシップの構築を促進している様子が丹念に描かれている。[37] 他方で，カトリック教会系のNGOに注目するマーチンの『教育，宗教性，社会資本の育成——フィリピンNGOと市民社会の民主化』では，NGOが伝統的なパトロン・クライアント関係を補強する一方で，フィリピン社会の民主化を促進する膨大な社会資本を提供するという二律背反的な役割を果たしている実態が明らかにされている。[38] 最後に，ヒルホースの『NGOの現実世界』では，コルディリラにおけるNGOの日常的な政治闘争が詳細に描かれている。[39]

国家と市場とは区別された非営利セクターとしての市民社会の役割に着目した研究もある。カリーノが編纂した『国家と市場の間——フィリピンにおける非営利セクターと市民社会』では，植民地時代まで遡って市民社会の成長の歴史がまとめられた後，非営利セクターの全体的特徴と管理状況，非営利セクターに参加するボランティアの特徴，非営利セクターに関する法律，非営利セクターの経済活動，非営利セクターの政治と社会に対する貢献などが論じられている。[40] 同様の研究として，ドミンゴの『良いガバナンスと市民社会——フィリピン市民社会委員会の役割』がある。同書では，非営利セクターとしての市民社会の全体像が把握され，市民社会がいかに良いガバナンスの構築に貢献しているのかが検証されている。[41]

このように，民主主義体制の定着過程における市民社会については，かなりの研究の蓄積が見られ，市民社会アクターの活動実態はある程度把握されていると言えようが，概してフィリピンの民主主義体制が抱える欠陥に対する意識は希薄である。このような先行研究の実情を踏まえて本書では，民主主義体制の欠陥を十分に検討した上で，市民社会の活動を具体的な事例を通じて検証している。かかる作業によって，市民社会がいかなる手段で民主主義体制の定着と発展を促してきたのかが実証的に把握できよう。付言するに，ラディカルの市民社会の視座をも加えることで，民主主義体制の定着と発展に対する市民社会の可能性と限界がより正確に理解できよう。[42]

本書を含め，市民社会に関する研究成果の蓄積は，市民社会という分析視

角を軽視しては，もはやフィリピン政治の実態を正確に語ることができないことを示唆している。無論，政治エリート家族やパトロン・クライアント関係，政治マシーンなどに注目した伝統的なトップダウンの視座も一定程度の有効性を保持している。したがって，長らく支配的であったトップダウンの視座に市民社会を中心としたボトムアップの視座を加えたアプローチによってこそ，ポスト・マルコス時代のフィリピン政治の実態をよりよく理解できると言えよう。

(2) 市民社会研究

現在までに，市民社会に着目して民主主義体制への移行過程およびその定着過程の分析を行った研究は，地域や国を問わず数多く出されている[43]。そこでは，リベラルの市民社会モデルが支配的な地位を確立しており，市民社会を半ば無批判に万能薬として扱う傾向が強く見られる。いわば，市民社会の理想化である[44]。冷戦の終結に伴う自由民主主義の勝利が，それと親和性を持つリベラルの市民社会モデルの台頭を促している。この結果，既存の市民社会研究は，自由民主主義の枠を超えた市民社会のラディカルな役割を十分に捉えきれていない。バーカーの言葉を借りれば，市民社会の「飼い馴らし」である[45]。

こうしたリベラルの立場を取る研究は枚挙にいとまがないが，本書の主題となる民主化および民主主義との関係に着目するなら，ダイアモンドの研究が代表的なものであろう。彼は，市民社会を「自発的，自然発生的，（主として）自立的で，国家から自律的で法的秩序や共通の規則によって拘束される組織化された社会生活の領域」と定義し，市民社会が非民主主義体制の民主化を促し，民主主義体制の権力の行き過ぎを抑制するものと理解する[46]。ダイアモンドに限らず，リベラルの立場を取る研究では，このように市民社会を理想視し民主主義の要石と位置づける姿勢が強く見られる。ジョンズ・ホプキンス大学が刊行する雑誌 *Journal of Democracy* に掲載されている市民社会に関する論文でも，そうしたリベラルの立場が支配的である[47]。

しかし，実体面に着目して，フィリピンのような発展途上国の市民社会の分析を行う場合，現実の市民社会は決して理想的な空間ではないという点に

留意する必要がある[48]。ヘーゲルやマルクスを嚆矢とする左派のラディカルの思想史の中でしばしば指摘されてきたように，経験的な市民社会は排他性や不平等性が隠蔽された領域であり，多様な階級や集団が主導権争いを繰り広げるヘゲモニー闘争の場でもある。流動的な体制変動期には，そうした闘争はより顕在化しうる。フィリピンの体制変動過程における市民社会は，その最たる例であった。

既存の市民社会研究では，こうした左派の議論を踏まえて市民社会を実証的に分析した研究は極めて少ない[49]。既述のように本書は，フィリピンの市民社会の実像を炙り出すことを主たる目的とする。この目的を達成するために本書では，リベラルの視座だけでなくラディカルの視座からも市民社会を照射している。この点で本書は，ア・プリオリに市民社会を理想的な空間として捉えるリベラルの視座に依拠した既存の市民社会研究とは異なろう。

ラディカルの系譜の市民社会論が提起するのは，こうした市民社会の負の側面ばかりではない。ネオ・マルクス主義からポスト・マルクス主義へと至るまでに，市民社会の不平等性や排他性は，その解放の契機と捉えられるようになっていった。ここでラディカルの議論が着目するのは[50]，もっぱら資本主義国家の不均衡を変革する市民社会の機能である。ニュー・レフトの登場以降，注目を集めるようになった多様な社会運動が，しばしばそうした市民社会の機能を担うものとして位置づけられている[51]。このような市民社会の機能に注目するラディカルの系譜の視座は，自由民主主義に飼い馴らされた市民社会概念の解放を促し，自由民主主義の枠を超えたラディカルな役割を市民社会に見出すことを可能にしよう。

以上のようなラディカルの視座の重要性は次第に認識されるようになってはいるものの，そうした視座から発展途上国の民主主義体制の定着や発展の問題を扱った研究は極めて少ない。後述するように，このことは，発展途上国の分析を行う場合であっても，欧米の自由民主主義を暗黙裡に前提とする手続き的民主主義が到達点として半ば無批判に採用されていることと無関係ではあるまい。本書では，ラディカルの系譜の着眼点からも市民社会の実態を照射し，手続き的民主主義を超えた民主主義の発展の可能性を探っている。この点においても本書は，自由民主主義に囚われた既存の市民社会研究とは

異なる。

(3) 民主化研究

比較政治学を通じて発展を遂げてきた民主化研究では,1980年代後半に民主主義体制への移行過程のダイナミズムに着目した移行論(Transitology)と呼ばれるアプローチが登場し,90年代前半には移行後の民主主義体制の定着過程に注目した定着論(Consolidology)が登場する。これら2つのアプローチが,現在に至るまで民主化研究の発展を牽引してきたと言ってよい。本書も,民主主義体制への移行過程とその定着過程を峻別して分析を行っていることから,基本的に移行論と定着論の分析設定を踏襲している。

民主化研究では,移行論が登場するまで構造的要因に焦点を当てた構造主義アプローチが主流をなしていたが,政治アクターの役割を強調する移行論の台頭によって,マクロな構造からミクロなアクターへと研究の関心がシフトする。アクター中心アプローチとも呼ばれる移行論は,民主主義を求めるアクターさえいれば民主化は実現できると考える。このアプローチは,伊東が指摘するように「長い間,階級構造,経済水準,政治文化,制度的成熟などの客観的制約要因の議論に悩まされてきた若い世代の研究者にとって,大きな解放感を与えるものであった」[52]。移行論は,民主化研究のテキストと位置づけられようになり,様ざまな事例の分析に適用されていったことは周知の通りである。しかし,移行論は,政治指導者や政治政党といった政治社会のアクターが体制変動を決定づけると考えるエリート主義的なアプローチであり,市民社会を政治社会のアクターが政府アクターとの駆け引きを有利に進める「道具」と見なすきらいがあった[53]。

確かに,政府側と反政府側との協定による体制移行や民主的制度の導入において,政治社会のアクターが重要な役割を果たすことは改めて指摘するまでもない。しかし,その場合でも,それらは市民社会から完全に自律して存在しているわけではない。大衆の支持を獲得しようとする政治エリートは,市民社会において拡大する大衆運動によって,しばしばその行動や選好の変更を迫られる[54]。かかる認識に立てば,政治エリート間の協定ではなく政府側と反政府側とのゼロサム・ゲームを後者が征する形で民主化が達成され

序論 15

たフィリピンの分析では，民主化運動の中心的な舞台となった市民社会の存在はなおさら看過できまい。こうして本書は，市民社会が民主化の帰趨に重要な影響を与えたという認識から，政治社会とは区別された市民社会の役割に着目する。換言すれば，市民社会の分析に焦点を置く本書は，移行論のエリート主義に対するアンチ・テーゼと位置づけることができ，移行論が半ば等閑視してきた市民社会固有の役割を改めて検討したものと言えよう。

現実の政治過程における市民社会アクターに着目する本書は，民主主義の捉え方においても既存の民主化研究とは立場を異にする。民主化研究では，民主主義体制への移行過程を扱う場合（移行論）でもその定着過程を扱う場合（定着論）でも，分析の煩雑さを避け，比較可能な客観性を確保するという目的から，欧米の自由民主主義において培われてきた民主的制度をメルクマールとする手続き的民主主義が半ば無批判に採用されてきた。選挙や議会が，現代の代議制民主主義にとって不可欠の制度であることは論を俟たない。しかし，そうした手続き的民主主義の諸制度に多くの欠陥が見られるばかりか，貧富の格差が根強く残るフィリピンのような発展途上国を扱う場合，単に手続き的民主主義の導入と定着だけではなく，その機能の改善と社会経済領域での民主化の実現を意味する実質的民主主義もが追求されなければならない。このような実践的かつ政策的な課題は，市民社会の視座から民主主義の内実を問うことでより強く認識されよう。

以上のような問題認識から本書では，民主主義を手続き的民主主義だけでなく実質的民主主義をも含むものと定義する。この点において本書は，手続き的民主主義を暗黙裡に到達点とする既存の民主化研究，とりわけ移行論と定着論とは大きく異なる。

市民社会という分析視角から民主主義体制への移行過程とその定着過程を検証するにあたって，本書は国家との関係に着目して市民社会の分析を行っている点も強調しておきたい。いみじくもウォルツァーが「民主的国家のみが民主的市民社会を創造でき」，「民主的市民社会のみが民主的国家を支えることができる」と述べるように[55]，市民社会は国家との関係性の中で捉えてゆく必要がある。既存の民主化研究では，国家という概念は意識されてはいても，市民社会の対概念とされているにすぎず，曖昧に扱われていることが

多い[56]。これに対して本書は，国家という分析概念を正面から扱った国家論の議論を参照して国家概念の精緻化を図りながら，新たに国家―市民社会アプローチを提示している。これによって本書は，理論面でも既存の民主化研究に新たな知見を付与することになろう。

3　本書の構成

　本書の構成は以下の通りである。第Ⅰ部を構成する第1章と第2章では，理論的な考察を中心に議論を進め，本書の分析枠組みを提示する。
　第1章では，民主化，民主主義，市民社会という分析概念の整理を行う。まず，フィリピンを初めとする発展途上国の民主主義体制が，制度の機能的欠陥だけでなく社会経済的不平等にも直面している実情を踏まえて，制度を中心とした手続き的民主主義の確立を重視する既存の民主化研究の姿勢を批判的に検討する。その上で，民主化を単に手続き的民主主義の定着と捉えるのではなく，その機能的欠陥を解消しながら実質的民主主義をも達成してゆくプロセスと捉え直す。次に，市民社会の負の側面と解放的な側面をも照射して分析を行うために，リベラルだけでなくラディカルの市民社会の議論にも依拠しながら市民社会概念の精緻化を試みる。最後に，フィリピン国内の市民社会の議論を参照しながら内発的な視点からも市民社会概念を検討し，上述の議論との整合化を図る。
　第2章では，第1章の分析概念の整理を踏まえて，市民社会という視角から事象にアプローチするための分析枠組みを検討する。ここではまず，構造主義アプローチ，移行論，定着論といった民主化研究の代表的なアプローチに着目し，そこでの市民社会の扱い方をやや批判的に検討しながら，市民社会に焦点を当てた本書のアプローチの特徴を明らかにする。加えて，国家との関係の中で市民社会の動態分析を行うために，非マルクス主義，ネオ・マルクス主義，ポスト・マルクス主義の国家論，さらには非マルクス主義のポスト国家論の議論を参照して国家概念を精緻化し，民主化および民主主義の問題に切り込むための新たなアプローチとして国家―市民社会アプローチを提示する。

第3章，第4章，第5章から構成される第Ⅱ部は，本書の第1の目的を扱っており，民主化という体制変動以前の市民社会の動向に焦点を当てている。すなわち，民主主義体制への移行過程である。第Ⅱ部での考察を通じて，体制変動過程における市民社会の実態とそれが民主化の帰趨に与えた影響を明らかにする。

　第3章では，一方で国家との関係に注意を払い，他方で市民社会を舞台とするヘゲモニー闘争に留意しながら，植民地時代から1980年代に民主化運動が高揚するまでの市民社会の盛衰の歴史を簡単に整理する。同章は，第1章と第2章で提示した基本的な分析視座を用いて民主化運動が高揚する以前の市民社会の動向を考察することで，体制変動過程の本格的な分析を行う第4章と第5章への橋渡しとなる。

　第4章では，民主化運動を一気に高揚させた1983年8月のアキノ暗殺事件から86年2月にピープルパワーによってマルコス体制が崩壊するまでの政治過程を扱う。ここではまず，経済危機と政治危機によって引き起こされた国家の正統性の危機の構図を具体的に整理する。次に，こうした国家の正統性の失墜を受けて拡大した民主化運動を，ヘゲモニー闘争と政治社会との関係に留意しながら時系列的に検証する。最後に，考察の結果をまとめつつ，国家の統治構造に着目して比較の視座からフィリピンの体制崩壊過程を改めて分析する。

　第5章では，1987年2月に国民投票によって新憲法が制定されるまでの政治過程を扱う。まず，コラソン・アキノ政権の閣僚の構成と憲法制定委員会のメンバーに着目し，市民団体の指導者が多く登用されていることを確認する。次に，ヘゲモニー闘争に留意しながら新憲法草案が制定されるまでの市民社会と政治社会の動向を考察する。その上で，市民社会の意向が新憲法草案にいかなる形で反映されているのかを，鍵となる条文を取り上げて検討する。最後に，再び市民社会内部の動向に留意しながら，新憲法が国民投票で承認されるまでの政治過程を考察する。

　第Ⅲ部を構成する第6章から第11章では，本書の第2の目的を扱う。すなわち，民主主義体制の定着過程が分析の対象となる。第Ⅲ部を通じて，コラソン・アキノ政権以降の民主主義体制の実態を明らかにするとともに，市

民社会がいかにして民主主義体制の定着と発展を促してきたのかを具体的な事例を通じて実証的に分析する。

第6章では，まず計量分析で頻繁に用いられる民主化データを援用して，制度面ではフィリピンの民主主義体制が概ね定着している様子を確認する。次に，こうした制度面の評価では確認できない民主主義体制の欠陥を，3G (Gun〔銃〕, Goon〔私兵団〕, Gold〔金〕の頭文字を採った言葉), 3P (Patronage〔パトロネージ〕, Pay-off〔報酬〕, Personality〔パーソナリティ〕の頭文字を採った言葉), カシケ民主主義，ボス民主主義，エリート民主主義といった言説を手がかりに検討し，コラソン・アキノ政権以降の民主主義体制の実態を炙り出す。同時に，そうした欠陥が，フィリピン国家の自律性および能力の低さとも結びついていることを明らかにする。

第7章では，前章での考察を引き継ぎ，政党なき民主主義と呼ばれる実態を明らかにする。ここでは，政治社会の代表的アクターである政党の弱さを検証することに主眼が置かれる。そうした政党の弱さを，植民地時代まで遡りながら，制度的要因，文化的要因，構造的要因という複数の要因に着目して検証する。前章と本章の考察によって，フィリピンの民主主義体制が抱える欠陥がより具体的に理解されよう。

第8章では，現代フィリピンの市民社会の特徴を概観し，その全体像を探るとともに，体制変動後に市民社会のエンパワーメントを促した条件を整理する。具体的には，新憲法と地方政府法による市民社会の法的地位の保証，国家と市民社会との協力関係の制度化，海外からの援助の増大に着目する。同章は，分野別に具体的な分析を行う次章以降への橋渡しとなる。

第9章は，公明選挙の実施を目指して活動する無党派の市民団体に注目し，それらが手続き的民主主義の中核をなす選挙，政党，議会の機能的欠陥の修復にいかに取り組んでいるのかを実証的に検討する。ここでは，まず市民団体の組織概要をまとめた後，それらの活動を選挙監視，非公式集計，有権者教育，選挙改革アドボカシーに分けて考察する。最後に，そうした活動を通じて市民団体が公明選挙，ひいては民主主義体制の定着と発展にどの程度まで寄与してきたのかを評価する。

第10章では，実質的民主主義と直接的に関係する農地改革の分野の市民

団体を取り上げる。まず，地主議員が支配する議会の審議過程で市民団体が，いかに対抗的ヘゲモニーを形成し，農民よりの農地改革法の制定を求めてロビー活動を展開したのかを具体的に検証する。次に，農地改革法が成立した後の市民団体の活動を簡単に考察した後，農地改革法の施行局面では，国家政府と市民社会との協力関係を介して迅速な農地改革が試みられてきたことを明らかにする。

第11章では，実質的民主主義に直接的に関係するもう1つの事例として，都市貧困の解消を求めて活動する市民団体に焦点を当てる。まず，都市貧民よりの都市貧困法の制定に向けて市民団体がいかなるロビー活動を行ったのかを時系列的に検討する。次に，農地改革と異なり都市貧困問題では，地方自治体が法の主要な執行者となったことから，ローカル・ガバナンスの観点からいくつかの地方自治体を事例として取り上げながら，都市貧困法の施行局面における市民団体の役割を具体的に考察する。

結論は，本書を通じて導かれた分析結果をまとめる部分となる。ここでは，本書で明らかになった点を整理しながら総合的な考察を加え，フィリピンの民主主義と市民社会の行く末を展望するともに，今後の課題を提示する。

註

1 東欧の民主化過程における市民社会に関しては以下を参照されたい。Zbigniew Rau, ed., *The Reemergence of Civil Society in Eastern Europe and the Soviet Union*, Boulder: Westview Press, 1991; Paul G. Lewis, ed., *Democracy and Civil Society in Eastern Europe: Selected Papers from the Fourth World Congress for Soviet and East European Studies, Harrogate, 1990*, New York: St. Martin's Press, 1992; S. Wojciech Sokolowski, *Civil Society and the Professions in Eastern Europe: Social Change and Organizational Innovation in Poland*, New York: Kluwer Academic/Plenum Publishers, 2001.

2 Samuel P. Huntington, *The Third Wave: Democratization in Late Twentieth Century*, Norman: University of Oklahoma Press, 1991（S・P・ハンチントン著／坪郷實，中道寿一，藪野祐三訳『第三の波——20世紀後半の民主化』三嶺書房，1995年）．

3 Larry Diamond, ed., *The Democratic Revolution: Struggles for Freedom*

and Pluralism in the Developing World, New York: Freedom House, 1992.
4 千葉眞「市民社会・市民・公共性」(佐々木毅, 金泰昌編『国家と人間と公共性』東京大学出版会, 2002年) 116頁。
5 世古一穂『協働のデザイン——パートナーシップを拓く仕組みづくり, 人づくり』学芸出版社, 2001年, 57-72頁。また, 以下の比較研究も参照されたい。Helmut K. Anheier and Wolfgang Seibel, eds., *The Third Sector: Comparative Studies of Nonprofit Organizations*, Berlin: Walter de Gruyter, 1990; Lester M. Salamon and Helmut K. Anheier, *The Emerging Nonprofit Sector: An Overview*, New York: St. Martin's Press, 1996 (レスター・M・サラモン, H・K・アンヘイアー著／今田忠監訳『台頭する非営利セクター——12カ国の規模・構成・制度・資金源の現状と展望』ダイヤモンド社, 1996年); Lester M. Salamon, Regina List, and Helmut K. Anheier, *Global Civil Society: Dimensions of the Nonprofit Sector*, Baltimore: Johns Hopkins Center for Civil Society Studies, 1999; Helmut K. Anheier and Jeremy Kendall, eds., *Third Sector Policy at the Crossroads: An International Nonprofit Analysis*, London: Routledge, 2001.
6 この点の分析については以下の論文を参照されたい。Kurt Schock, "People Power and Political Opportunities: Social Movement Mobilization and Outcomes in the Philippines and Burma," *Social Problems*, Vol. 46, No. 3, August 1999; Vincent Boudreau, "Diffusing Democracy?: People Power in Indonesia and the Philippines," *Bulletin of Concerned Asian Scholars*, Vol. 31, No. 4, October-December 1999.
7 こうした国際社会の変容を捉えた研究として, 以下を参照されたい。多賀秀敏「国際社会における社会単位の深層」(多賀秀敏編『国際社会の変容と行為体』成文堂, 1999年)。
8 いわゆるハンティントンの言う「デモンストレーション効果」である (Samuel P. Huntington, *op. cit.*, pp. 100-106)。
9 白石隆「上からの国家建設——タイ, インドネシア, フィリピン」『国際政治』第84号, 1987年2月, 41頁; 清水展『文化のなかの政治——フィリピン「二月革命」の物語』弘文堂, 1991年, 206-209頁; 田巻松雄『フィリピンの権威主義体制と民主化』国際書院, 1993年, 221-222頁。
10 詳細は第1章に譲るが, 本書では特定の文脈を除き, 手続き的民主主義と実質的民主主義の双方を含めて民主主義を広義に理解する。後者を含めるということは, 理念面にも十分な注意を払うことを意味する。第4章と第5章で検討するように, 市民社会の運動レベルから見た場合, そうした理念には, 政治的権利, 市民的権利, さらには社会的権利までもが含まれてこよう。なお, 単純に民主的な諸制度を持つ政体を指して言う場合には, 民主主義体制という言葉を用いることにしたい。

11 大統領の任期は6年であるが、エストラーダ政権の期間が短いのは、2001年1月のピープルパワーIIによって崩壊し、アロヨ副大統領 (Gloria Macapagal-Arroyo) が大統領に就任したためである。

12 Samuel P. Huntington, *op. cit.*, pp. 266-267; Timothy J. Power and Mark J. Gasiorowsk, "Institutional Design and Democratic Consolidation in the Third World," *Comparative Political Studies*, Vol. 30, No. 2, April 1997, pp. 131-132.

13 Benedict Anderson, "Cacique Democracy in the Philippines: Origins and Dreams," *New Left Review*, No. 169, May/June 1988; Amando Doronila, "Passing through a turbulent transition," *Manila Chronicle*, May 8, 1992, p. 1; Gretchen Casper, *Fragile Democracies: The Legacies of Authoritarian Rule*, Pittsburgh: University of Pittsburgh Press, 1995; Michael Pinches, "Elite Democracy, Development and People Power: Contending Ideologies and Changing Practices in Philippine Politics," *Asian Studies Review*, Vol. 21, Nos. 2-3, November 1997; Belinda A. Aquino, "Filipino Elections and 'Illiberal' Democracy," *Public Policy*, Vol. 2, No. 3, July-September, 1998; James Puzel, "Survival of an Imperfect Democracy in the Philippines," *Democratization*, Vol. 16, No. 1, Spring 1999; James Putzel, "A Muddled Democracy: 'People Power' Philippine Style," Working Paper Series, Development Studies Institute, London School of Economics and Political Science, November 2001 (http://www.lse.ac.uk/Depts/destin/workpapers/AMuddledDemocracy.pdf) アクセス日：2010年2月27日 ; Olle Törnquist, *Popular Development and Democracy: Case Studies with Rural Dimensions in the Philippines, Indonesia, and Kerala*, Oslo: Center for Development and the Environment, University of Oslo, 2002, p. 53.

14 フィリピンの民主主義体制については、1990年代中頃ぐらいまでは、様ざまな問題点が指摘されながらも定着の方向へ向かっていると評価されることが多かった (Mark Thompson, "Off the Endangered List: Philippine Democratization in Comparative Perspective," *Comparative Politics*, Vol. 28, No. 2, January 1996; William Case, "The Philippine Election in 1998: A Question of Quality," *Asian Survey*, Vol. 39, No. 3, May/June 1998)。しかし、90年代後半以降は全く逆の評価が与えられるようになる (Carl H. Landé, "The Return of 'People Power' in the Philippines," *Journal of Democracy*, Vol. 12, No. 2, April 2001; Temario C. Rivera, "Transition Pathways and Democratic Consolidation in Post-Marcos Philippines," *Contemporary Southeast Asia*, Vol. 24, No. 3, December 2002; Steven Rogers, "Philippine Politics and the Return of Law," *Journal of Democracy*, Vol. 15, No. 4, December 2004; Samuel C K Yu, "Political Reforms in the

Philippines: Challenges Ahead," *Contemporary Southeast Asia*, Vol. 27, No. 2, August 2005)。このことは，民主主義体制の定着の「敷居」が高められたことと無関係ではないが，本文で述べたような不安定な要素によるところが大きい。こうした状況を踏まえてフリーダムハウス（Freedom House）は, 2006年にフィリピンのステイタスを自由（Free）から部分的自由（Partly Free）に分類し直している。詳しくは，フリーダムハウスのホームページを参照されたい（http://www.freedomhouse.org/）。

15 Larry Diamond, Juan J. Linz, and Seymour Martin Lipset, "Introduction: What Makes for Democracy," in Larry Diamond, Juan J. Linz, and Seymour Martin Lipset, 2nd ed., *Politics in Developing Countries: Comparing Experiences with Democracy*, Boulder: Lynner Rienner Publishers, Inc, 1995, pp. 9–52; Juan J. Linz and Alfred Stepan, *Problems of Democratic Transition and Consolidation: Southern Europe, South America, and Post-Communist Europe*, Baltimore: Johns Hopkins University Press, 1996, pp. 7–83 (J・リンス, A・ステパン著／荒井祐介, 五十嵐誠一, 上田太郎訳『民主化の理論――民主主義への移行と定着の課題』一藝社, 2005年).

16 Larry Diamond, *Developing Democracy: Toward Consolidation*, Baltimore: Johns Hopkins University Press, 1999, p. 239.

17 Nathan Gilbert Quimpo, *Contested Democracy and the Left in the Philippines after Marcos*, Quezon City: Ateneo de Manila University Press, 2008.

18 丸山眞男『丸山眞男集 第15巻』岩波書店, 1996年, 69頁。中村も, このような民主主義の捉え方をしている。「いわば民主主義とは, 思想・運動・制度の3つが円環的な関係をたもち, 螺旋状の運動を繰り返しながら, 自己を発展させてゆくものなのである」（中村政則『経済発展と民主主義』岩波書店, 1993年, 8頁）。

19 Jennifer C. Franco, "The Philippines: Fractious Civil Society and Competing Visions of Democracy," in Muthiah Alagappa, ed., *Civil Society and Political Change in Asia: Expanding and Contracting Democratic Space*, Stanford: Stanford University Press, 2004, pp. 106–109.

20 Mary Racelis, "New Visions and Strong Actions: Civil Society in the Philippines," in Marina Ottaway and Thomas Carothers, eds., *Funding Virtue: Civil Society Aid and Democracy Promotion*, Washington, D.C.: Carnegie Endowment for International Peace, 2000. 同様に市民社会の盛衰の歴史を考察したものとして以下の研究がある。Miriam Coronel Ferrer, "The Philippine State and Civil Society," *Korea Observer*, Vol. 35, No. 3, Autumn 2004.

21 Ma. Serena I. Diokno, "Unity and Struggle," in Aurora Javate-de Dios, Petronilo Bn. Daroy, and Lorna Kalaw-Tirol, eds., *Dictatorship and Revolution: Roots of People's Power*, Metro Manila: Conspectus, 1988; Mark R. Thompson, *The Anti-Marcos Struggle: Personalistic Rule and Democratic Transition in the Philippines*, New Haven: Yale University Press, 1995, pp. 81-161.

22 Jennifer C. Franco, *Elections and the Democratization in the Philippines*, New York: Routledge, 2001, pp. 139-181.

23 Max R. Lane, *The Urban Mass Movement in the Philippines, 1983-87*, Canberra: Department of Political and Social Change, Research School of Pacific Studies, Australian National University, 1990, pp. 4-20.

24 藤原帰一「フィリピンにおける『民主主義』の制度と運動」『社会科学研究』第40巻第1号,1988年7月,69-72頁。田巻も,市民社会という概念を用いてはいないが,カトリック教会,ビジネスエリート,中間層,共産主義勢力の動向に注目しながら,マルコス体制崩壊過程を分析している(田巻松雄,前掲書,186-231頁)。

25 Donald Goertzen "Agents for Change," *Far Eastern Economic Review*, Vol. 153, No. 32, August 20, 1991, p. 20.

26 Maria Serena I. Diokno, ed., *Democracy and Citizenship in Filipino Political Culture*, Quezon City: The Third World Studies Center, 1997; Marlon A. Wui and Ma. Glenda S. Lopez, eds., *State-Civil Society Relations in Policy-Making*, Quezon City: The Third World Studies Center, 1997; Miriam Coronel Ferrer, ed., *Civil Society Making Civil Society*, Quezon City: The Third World Studies Center, 1997. なお,同じ第三世界センターから第2巻の簡易版とも言える研究報告書が先行して出されている。Third World Studies Center, *Policy Issues, Responses, and Constituencies: State-Civil Society Relations in Policy Making*, Quezon City: The University of the Philippine Press and the Center for Integrative and Development Studies, 1994.

27 また,アテネオ・デ・マニラ大学が刊行する*Intersect*という雑誌の第8巻第4号は,「市民社会の台頭」と題する特集号であり,市民社会の思想面に焦点が置かれているが,7人の研究者および知識人による論文が掲載されている。Jun Atienza, "An Alternative Framework for Social Change," Mary Racelis, "From the Fringes to the Mainstream," Anna Marie Karaos, "Power and Revolutions: Revolutionizing our Concept of Power," Victor Gerardo Bulatao, "Working for Change inside and outside the State," Salvacion M. Bulatao, "Economic Empowerment: Coops Lead the Way," Corazon Juliano Soliman, "Meeting with a Group of Dreamers,"

Ed Gerlock, "Not a New Concept," *Intersect*, Vol. 8, No. 4, April-May 1994.
28 Antonio B. Quezon and Rhoda U. Reyes, eds., *A Strategic Assessment of Non-Governmental Organizations in the Philippines*, Metro Manila: Asian Non-Governmental Organizations Coalition for Agrarian Reform and Rural Development, 1989.
29 Chay F. Hafileña, ed., *Policy Influence: NGO Experiences*, Quezon City: Ateneo Center for Social Policy and Public Affairs, Institute for Development Research, Korad Adenauer Stiftung, 1997.
30 G. Sidney Silliman and Lela Garner Noble, eds., *Organizing For Democracy: NGOs, Civil Society, and the Philippine State*, Honolulu: University of Hawai'i Press, 1998.
31 Jose J. Magadia, *State-Society Dynamics: Policy Making in a Restored Democracy*, Quezon City: Ateneo de Manila University Press, 2003.
32 Gerard Clarke, *The Politics of NGOs in South-East Asia: Participation and Protest in the Philippines*, London: Routledge, 1998.
33 Alan G. Alegre, ed., *Trends and Traditions, Challenges and Choices: A Strategic Study of Philippine NGOs*, Quezon City: Ateneo Center for Social Policy and Public Affairs, 1996. フィリピンにおけるNGOの成長過程については，以下においても簡単にまとめられている。川中豪「フィリピン——代理人から政治主体へ」(重富真一編『アジアの国家とNGO——15カ国の比較研究』明石書店, 2001年)。
34 木村宏恒『フィリピン——開発・国家・NGO』三一書房, 1998年。
35 Saturnino M. Borras, Jr., *The Bibingka Strategy in Land Reform Implementation: Autonomous Peasant Movements and State Reformists in the Philippines*, Quezon City: Institute for Popular Democracy, 1998. 堀芳枝『内発的民主主義への一考察——フィリピンの農地改革における政府，NGO，住民組織』国際書院, 2005年。
36 Raymond L. Bryant, *Nongovernmental Organizations in Environmental Struggles: Politics and the Making of Moral Capital in the Philippines*, New Haven: Yale University Press, 2005.
37 Antonio F. Moreno, *Church, State, and Civil Society in Postauthoritarian Philippines: Narratives of Engaged Citizenship*, Quezon City: Ateneo de Manila University Press, 2006.
38 Timothy Martin, *Education, Religiosity, and the Cultivation of Social Capital: Philippine NGOs and the Democratization of Civil Society*, Saarbrücken: VDM Verlag Dr. Müller, 2008.
39 Dorothea Hilhorst, *The Real World of NGOs: Discourses, Diversity and Development*, Quezon City: Ateneo de Manila University, 2003.

40 Ledivina V. Cariño, ed., *Between the State and the Market: The Nonprofit Sector and Civil Society in the Philippines*, Quezon City: Center for Leadership, Citizenship and Democracy, National College of Public Administration and Governance, University of the Philippines, 2002.
41 Ma Oliva Z. Domingo, *Good Governance and Civil Society: The Role of Philippine Civil Society Boards*, Quezon City: Center for Leadership, Citizenship and Democracy, National College of Public Administration and Governance, University of the Philippines, 2005.
42 この点については,以下の中で既に指摘している。五十嵐誠一「フィリピンにおける市民社会依存型選挙ガバナンスの陥穽――民主主義の定着との関係で」『アジア・アフリカ地域研究』第8-2号,2009年3月。また,以下の研究でも,市民社会に隠蔽された不平等性と排他性が民主主義体制の定着を損いうることが指摘されている。日下渉「フィリピン市民社会の隘路――『二重公共圏』における『市民』と『大衆』の道徳的対立」『東南アジア研究』第46巻第3号,2008年12月。
43 論文を含めればかなりの数があるが,まとまった学術書として以下のものを挙げておく。移行過程:Moheb Zaki, *Civil Society and Democratization in Egypt, 1981-1994*, Cairo: Ibn Khaldoun Center, 1995; Kimberly Rae Lanegran, Social Movements, Democratization, and Civil Society: The Case of the South African Civic Associations, Ann Arbor: UMI Dissertation Services, 1997; Ananda Shrestha, ed., *The Role of Civil Society and Democratization in Nepal*, Kathmandu: Nepal Foundation for Advanced Studies and Friedrich-Ebert-Stiftung, 1998; Sunhyuk Kim, *The Politics of Democratization in Korea: The Role of Civil Society*, Pittsburgh: University of Pittsburgh Press, 2000; Fahimul Quadir and Jayant Lele, eds., *Democratic Transitions and Social Movements in Asia*, Basingstoke: Palgrave Macmillan, 2004; Muthiah Alagappa, ed., *Civil Society and Political Change in Asia: Expanding and Contracting Democratic Space*, Stanford: Stanford University Press, 2004. 定着過程:John Higley and Richard Gunther, eds., *Elites and Democratic Consolidation in Latin America and Southern Europe*, Cambridge: Cambridge University Press, 1992; Jeff Haynes, *Democracy and Civil Society in the Third World: Politics and New Political Movements*, Cambridge: Polity Press, 1997; Karen Dawisha and Bruce Parrott, eds., *The Consolidation of Democracy in East-Central Europe*, Cambridge: Cambridge University Press, 1997; Nelson Kasfir, ed., *Civil Society and Democracy in Africa: Critical Perspectives*, London: Frank Cass, 1998; Omar G. Encarnacion, *The Myth of Civil Society: Social Capital and Democratic Consolidation in Spain and Brazil*, New York:

Palgrave Macmillan, 2003.
44 Garry Rodan, "Civil Society and Other Political Possibilities in Southeast Asia," *Journal of Contemporary Asia*, Vol. 27, No. 2, March 1997, pp. 158-159.
45 Gideon Baker, "The Taming of the Idea of Civil Society," in Peter Burnell and Peter Calvert, eds., *Civil Society in Democratization*, London: Frank Cass, 2004.
46 Larry Diamond, "Toward Democratic Consolidation," in Larry Diamond and Marc F. Plattner, 2nd eds., *The Global Resurgence of Democracy*, Baltimore: Johns Hopkins University Press, 1996, pp. 228-236. 彼は，単著の中でも上述の論文と同様の捉え方をしている（Larry Diamond, *Developing Democracy*, pp. 218-260)。
47 Bronislaw Geremek, "Civil Society Then and Now," Richard Rose, "Postcommunism and the Problem of Trust," M. Steven Fish, "Russia's Fourth Transition," Iliya Harik, "Pluralism in the Arab World," Robert D. Putnam, "Bowling Alone: America's Declining Social Capital," in Larry Diamond and Marc F. Plattner, 2nd eds., *The Global Resurgence of Democracy*, Baltimore: Johns Hopkins University Press, 1996.
48 実際，雑誌 *Democratization* に掲載されている近年の論文では，市民社会の規範面と実体面との乖離を埋める必要性が説かれている。詳しくは，同雑誌の市民社会に関する論文をまとめた以下の著書を参照されたい。Peter Burnell and Peter Calvert, eds., *Civil Society in Democratization*, London: Frank Cass, 2004.
49 数少ない研究として以下のものを挙げておく。Dwayne Woods, "Civil Society in Europe and Africa: Limiting State Power through a Public Sphere," *African Studies Review*, Vol. 35, No. 2, September 1992; David M. C. Bartlett, "Civil Society and Democracy: A Zambian Case Study," *Journal of Southern African Studies*, Vol. 26, No. 3, September 2000.
50 たとえば，バーカーは，中南米と東欧の民主化の議論に焦点を当てながら，ラディカルの視座から市民社会を分析する必要性を説く（Gideon Baker, *Civil Society and Democratic Theory: Alternative Voices*, London: Routledge, 2002, pp. 87-112)。グリューゲルも，民主化分析においてリベラルとラディカル双方の議論を踏まえて市民社会の民主的機能を分析している（Jean Grugel, *Democratization: A Critical Introduction*, New York: PALGRAVE, 2002, pp. 92-96〔ジーン・グリューゲル著／仲野修訳『グローバル時代の民主化――その光と影』法律文化社，2006年〕)。
51 Iris Marison Young, "State, Civil Society, and Social Justice," in Ian Shapiro and Casiano Hacker-Cordon, eds., *Democracy's Value*, Cambridge:

Cambridge University Press, 1999, p. 152.
52 伊東孝之「民主化理論と中国——旧ソ連東欧諸国の経験を踏まえて」(多賀秀敏編『国際社会の変容と行為体』成文堂, 1999年) 106頁。
53 Samuel P. Huntington, *op. cit.*, pp. 121-122; Guillermo O'Donnell and Philippe C. Schmitter, *Transition from Authoritarian Rule: Tentative Conclusions about Uncertain Democracies*, Baltimore: Johns Hopkins University Press, 1986, pp. 15-64 (ギジェルモ・オドンネル, フィリップ・シュミッター著／真柄秀子, 井戸正伸訳『民主化の比較政治学——権威主義支配以降の政治世界』未來社, 1986年).
54 Graeme Gill, *The Dynamics of Democratization: Elites, Civil Society and the Transition Process*, New York: St. Martin's Press, 2000, pp. 82-83.
55 Michael Walzer, "The Concept of Civil Society," in Michael Walzer, ed., *Toward a Global Civil Society*, Providence: Berghahn Books, 1995, p. 24 (マイケル・ウォルツァー「市民社会概念」〔マイケル・ウォルツァー編／石田淳, 越智敏夫, 向山恭一, 佐々木寛, 高橋康浩訳『グローバルな市民社会に向かって』日本経済評論社, 2001年〕).
56 この点を踏まえて, 市民社会を国家との関係性の中で分析してゆく必要性を強調した研究として, 以下のものがある。Neera Chandhoke, *State and Civil Society: Explorations in Political Theory*, New Delhi: Saga Publications, 1995. 伊藤述史『市民社会とグローバリゼーション——国家論に向けて』御茶の水書房, 2006年。

第Ⅰ部 理論編

第1章
分析概念の検討

はじめに

　本章では，具体的な考察に入る前の準備作業として，本研究の中核をなす民主化，民主主義，市民社会という分析概念の整理を行う。

　民主化とは，端的には非民主主義から民主主義への移行を意味する。そこで問題となるのが，民主化の到達点たる民主主義の定義である。既存の民主化研究では，現実にある制度を重視する手続き的民主主義（procedural democracy）が，主として分析上の有効性を確保するために広く採用されてきた。この手続き的民主主義は，一見価値中立的に見えるが，実際には欧米の自由民主主義の成長過程の中で培われてきた選挙や議会といった民主的制度を暗黙裡に前提とした定義であることは論を俟たない。

　しかし，フィリピンを初めとする非欧米の発展途上国の内状を注意深く観察すると，欧米出自の手続き的民主主義が期待通りの機能を果たしていない様子が浮かび上がってこよう。それにもかかわらず，手続き的民主主義を無批判に到達点として採用した場合，その機能的欠陥が等閑視されるばかりか，発展途上国の民主主義が抱える特異性が看過されかねない。

　このような問題意識から，ここではまず民主化研究を代表する移行論（Transitology）と定着論（Consolidology）に焦点を当てて，手続き的民主主義に囚われた研究状況を確認する。その上で，フィリピンを含めた発

展途上国の民主主義体制が直面する問題性を意識しながら実質的民主主義 (substantive democracy) という概念の持つ重要性を示し，民主化および民主主義という概念の再構築を試みる。この作業は，欧米の自由民主主義を半ば無批判に到達点として採用してきた既存の民主化研究の姿勢に修正を迫ることにもつながろう。

　市民社会は，その登場から現在に至るまで曖昧で多義的な概念であり続けてきた。西洋の歴史の中でその意味が錯綜しただけでなく，近年のリバイバルにおいて様ざまな語義展開がなされていることがその背景にある。ミズタルが指摘するように，そこでは市民社会概念のインフレーションとも呼べる現象が生じており，概念自体が激しい論争の渦中にある。このようなある意味で扱いにくい市民社会概念の分析上の有効性を確保するには，それぞれの問題関心に引き寄せて整理しておかなければならない。

　市民社会については，少なくとも5つの側面を峻別する必要がある。すなわち，分析概念としての市民社会，規範概念としての市民社会，歴史概念としての市民社会，実体としての市民社会，戦略としての市民社会，である。本書は，民主化と民主主義の問題に切り込む際の分析概念として市民社会を用いながら，現実の政治過程における市民社会の実体を明らかにすることを主たる目的とする。とはいえ，市民社会は数世紀にわたる欧米の思想史の中で培われてきた概念であることに鑑み，歴史概念としてのエッセンスは確認し，現代の市民社会と民主主義の議論に引き寄せて概念の整理を行いたい。

　ここでは，市民社会という概念を大きく2つの立場に分けて議論を進める。1つは，ロックやスミスを嚆矢とするリベラルの系譜の市民社会論である。この系譜において市民社会は，個人の自由や平等，独立が実現するポジティブな領域と理解される。このリベラルの市民社会観が，1990年代以降の市民社会のルネッサンスでは優勢である。もう1つは，ヘーゲルやマルクス，グラムシを嚆矢とするラディカルの系譜の市民社会論である。周知のようにこの系譜は，市民社会をブルジョア社会として批判的に捉えてきたが，ネオ・マルクス主義からポスト・マルクス主義へと至る過程で，市民社会の諸矛盾がその解放の契機として捉え直されてきた。このラディカルの視座からも市民社会を照射することによって，リベラルの市民社会論が等閑視しが

ちな市民社会のネガティブな側面とラディカルな機能がより明確に把握されよう。

最後に，フィリピン国内での市民社会に関する議論を踏まえて，上述の議論との整合化を図る。フィリピンでは1990年代になるまで市民社会という概念が用いられることはほとんどなかった。しかし，市民社会概念のグローバルな拡大を受けて，フィリピン国内でもメディアや学会などで市民社会という概念が頻繁に用いられるようになっていった。ここでは市民社会に関する代表的な議論を取り上げる。

第1節　民主化・民主主義

1. 手続き的民主主義

民主主義は，多くの側面や要素を含んだ曖昧な概念である。その曖昧さゆえに20世紀初頭から，民主主義の本質を理念もしくは内容に求めるのか現実の制度もしくは手続きに求めるのかで激しい論争が繰り広げられてきた。ハンティントンによれば，1970年代までにこの論争は後者の勝利で終わり，後者の定義のみが分析的正確さと経験的枠組みを提供するという結論に達したとされる。この後者の定義の原点となったのが，シュンペーターを嚆矢とする手続き的民主主義であった。

シュンペーターは，その著書『資本主義，社会主義，民主主義』（1942年）において，「換言すれば，民主主義は政治的——立法的・行政的——決定に到達するためのある種の制度的装置に他ならないのであって，それゆえ一定の歴史諸条件のもとでそれがいかなる決定をもたらすかということと離れては，それ自体で1つの目的たりえないものである」と述べ，民主主義の本質を理念・内容とは区別される制度・手続きに求めた。さらに，彼は「古典的民主主義理論」と「いま1つの民主主義理論」とを区別し，後者において「民主主義的方法とは，政治的決定に到達するために，個々人が人民の投票を獲得するための競争的闘争を行うことにより決定力を得るような制度的装置」と定義した。これが手続き的民主主義の原点である。

この手続き的定義の流れを受け継いだ研究者の1人が，ロバート・ダー

ルであった。ダールは,シュンペーターと同様に,政治的理想と現実にある政治制度とを峻別する必要性を説き,現実の政治制度としての民主主義を表すポリアーキー (polyarchy) という概念を考案した。ダールは,民主主義を「市民の要求に対し,政府が政治的に公平に,常に責任を持って応えること」と定義し,この目標に近づくための指標として (1) 組織を形成し参加する自由,(2) 表現の自由,(3) 投票の自由,(4) 政治的指導者が民衆の支持を求めて競争する権利,(5) 多様な情報源,(6) 公職への被選出権,(7) 自由かつ公正な選挙,(8) 政府の政策を投票あるいはその他の要求の表現に基づかせる諸制度,を挙げる。この8つの指標は,さらに自由化 (異議申し立て) と参加 (包括性) という2つの次元に還元され,この両次元が高い政治システムがポリアーキーに他ならない。[9]ダールがポリアーキーという概念を考案して以来,対象とする地域や国がどこであっても,民主主義概念を用いたり民主主義の基準を定めたりする場合,それを直接的あるいは間接的に援用するのが一般的となっていった。

2. 移行論における民主主義

民主化研究も例外ではない。たとえば,ハンティントンは『第三の波』(1991年)の中で,シュンペーター学派の伝統に従うと断りながら,ポリアーキーの自由化と参加を加味して民主主義を「候補者が自由に票を競い合い,実質的に全ての成人が投票する資格を有する公平で公正な定期的選挙によって,その最も有力な決定作成者集団が選出される20世紀の政治システム」と簡潔に定義する。[10]民主化研究の代表的論客であるオドンネルとシュミッターも,民主化を自由選挙へ向けた政治アクター間の戦略的駆け引きと捉え,民主化移行の終点にポリアーキーを採用している。[11]手続き的民主主義は,しばしば最小限主義とも呼ばれ,論者によって強調する部分に相違はあっても,「自由で公正な定例選挙による政府の形成」が1つのメルクマールとなっている。[12]ハンティントンやオドンネルらの研究は,最小限主義の最たる例であろう。彼らに限らず民主化移行のダイナミズムに焦点を当てた移行論では,ほぼ例外なく民主主義の定義として手続き的民主主義が採用されている。[13]

手続き的民主主義が採用される最大の理由は,分析の煩雑さを避けるため

であろう。たとえば、ハンティントンは以下のように述べている。「選挙による民主主義の定義は最小限の定義である。ある人びとにとって、民主主義はもっと包括的で理想的な含意を持つかあるいは持つべきものである。彼らにとって『真の民主主義』とは、自由、平等、友愛、政策についての有効な市民のコントロール、責任能力のある政府、政治における公正と公開性、情報提供的で合理的な討議、対等な参加と権力、そして多様な他の市民的価値観を意味する。これらの大部分は良い点であり、人びとは彼らが望むならば、これらの点から民主主義を定義づけることができよう。しかし、そうした場合には、起源による民主主義の定義や目的による民主主義の定義が持ち出されるという問題も生じる。不明瞭な規範は有効な分析をもたらさない」[14]。

他方で、移行論の嚆矢とされるオドンネルとシュミッターは、手続き的民主主義を望ましい終点とはせず、社会経済的領域においても民主化が実現した社会主義的民主主義 (socialist democracy) への移行の可能性を仄めかし、そこに至るまでの移行過程を社会化 (socialization) と名づけている[15]。しかし、「社会化の観点から見て、より直接的な収穫を約束するように思える他の道を放棄するという代償を払ったとしても、政治的民主主義はそれ自体、達成するだけの価値のある目標」と述べる。その理由は、「そういう他の選択肢を採った場合の成功の可能性は極めて低く、権威主義的抑圧を促進する可能性が極めて高い」からである[16]。ここで言う政治的民主主義とはダールのポリアーキーに他ならない。彼らは、「現代のアクターが政治的民主主義の必要条件として合意するであろう一種の『手続き上の最低条件』」として、「秘密選挙、成人普通選挙、党派間競争、団体の承認およびそれに加盟できる権利、そして行政府責任の全て」を挙げる[17]。南欧と南米の比較分析から帰納的に四者アクターによる戦略ゲームの重要性を発見した彼らにとって、手続き的民主主義の根幹をなす自由選挙の実施は、民主主義体制への平和的な移行を実現する妥協点であり均衡点に他ならなかった。

3. 定着論における民主主義

移行論と同様に、定着論においても手続き的民主主義が民主主義の定義の主流を占めている。ただし、体制移行のメカニズムや条件に着目した移行論

と異なり定着論では，誕生した民主主義に付随する諸問題を受けて，いくつかの条件が加えられている。代表的な研究を取り上げて敷衍しておこう。

　民主主義への移行とその定着に関する体系的な著書を刊行したリンスとステパンは，2つの論点を強調して民主化移行を定義している。1つは選挙至上主義者の誤診である。軍部が直接的には政権を放棄したにもかかわらず幅広い特権を有している場合などは，実際に自由選挙で政府が選出されても法的に主権者とは見なされず，民主化移行が完了したとは言えない。[18] いわゆる後見的民主主義と呼ばれる政治体制であり，[19] これは選挙で新たに選出された政府における軍部の権力留保領域（reserve domains）に関わる問題でもある。[20] もう1つは民主主義制度に対する合意の有無である。自由選挙に基づき新たに民主的政権が誕生したとしても，政治エリートや大多数の人びとの間で，民主的な制度に関して深い対立や交錯が存在し続ければ，民主主義への移行は完了したとは言えず，その定着も困難になる。[21]

　この2点に留意する必要があるとしながらリンスとステパンは，「選出された政府を生み出す政治的手続きについて十分な合意があり，自由な普通選挙の直接の結果によって政府が権力の座に就き，この政府が事実上，一連の新しい政策を作る権限を有し，また新しい民主主義によって生まれた行政・立法・司法の権力が，法律上，他の諸機関と権力を共有する必要がない場合に民主主義への移行が完了する」という厳密な定義を示している。[22]

　しかし，体制としての民主主義への移行が完了しても，それが定着したと見なされるには数々の課題を克服しなければならない。かかる認識からリンスとステパンは，行動，態度，法という3つの次元で民主主義が「街で唯一のゲーム」となった場合にそれが定着したと見なす。行動の面では，体制の転覆や国家からの離脱を試みようとする重要なアクターが存在しない場合に，民主主義は街で唯一のゲームとなる。態度の面では，深刻な政治的・経済的危機の時でさえ，大多数の人びとが民主的な手続きと制度が最も適切だと考えている場合に，民主主義は街で唯一のゲームとなる。法の面では，政体内の全てのアクターが，政治的な対立は既定の規範に則って解決され，その規範を犯すコストは高いことを熟知した時に，民主主義は街で唯一のゲームとなる。[23]

第1章　分析概念の検討

南欧諸国の比較分析を行ったガンサーらも，リンスとステパンに近い定義を採用している。彼らは，民主主義を「結社，報道，通信といった基本的自由権の行使を通じて，そして非暴力的手段によって定期的に統治の要求を正当化する指導者間の自由競争のために，政治的選好が自由に形成されるシステム」と理解し[24]，重複する部分はあっても移行と定着は概念的に区別できると唱える。民主主義への移行は，「民主主義の中で政治制度が安定的配置となる」ことであり[25]，「新しい民主的システムの基本的な政治制度を構築し，市民，組織，統治エリートの政治的行動を規定する新しいルールを設計する」ことと定義する[26]。彼らにとって民主主義の定着とは，「新たな民主的制度とそれらが確立したゲームのルールに対して態度の面で実質的な支持が与えられ，行動の面で遵守が達成される」ことに他ならず[27]，「政治的に重要な全ての集団が鍵となる制度を政治的競争のための唯一の合法的枠組みと見なし，民主的なゲームのルールを遵守する場合」に民主主義が定着したと理解される[28]。

　以上のように，リンスやガンサーらを初めとする定着論においても，民主主義の定義として手続き的民主主義が広く採用されている。定着の捉え方については，最小限主義から最大限主義まで多様な立場があるが，概して手続き的民主主義の定着の域を出るものではない[29]。自由選挙の実施のみで民主主義と見なす選挙民主主義に対しては留保を示すものの[30]，手続き的民主主義が到達点として位置づけられている点では移行論と大差はない。そもそも定着論は，移行論の中から次の研究課題として生まれたプロジェクトであることから，基本概念としての民主主義の定義に連続性があっても不思議ではなかろう。手続き的民主主義を採用するのは，移行論と同様に分析の煩雑さを避けるためという理由があろう。また，ヴァレンズエラが指摘するように，長期間存続している先進国の民主主義体制でさえ多様な問題を抱えている現状では，包括的な定義を採用した場合，民主化したばかりの発展途上国で定着の問題を語ることは困難であるといった事情も挙げられよう[31]。

　こうして民主化研究者の多くは，シンが指摘するように「経験的平等と社会的正義を含む実質的ないし最大限的な民主主義概念よりも，手続き的ないし最小限的な民主主義概念を好んでいる」のが実情である[32]。

4. 手続き的民主主義と実質的民主主義

　さて，民主化研究で広く採用されている手続き的民主主義は，一見価値中立的に見えるが，実際には欧米で培われてきた自由民主主義を暗黙裡に前提としていることは疑いを入れない[33]。そのことは，シュンペーターとダールの言説からも読み取ることができる。

　たとえば，シュンペーターは，「歴史的に見れば，現代の民主主義は資本主義とともに出現したのであり，それと因果的な関係を持つ」「現代の民主主義は，やはり資本主義の産物である」と述べる[34]。同様に，ダールは，「民主化とは，いくつかの広範囲な歴史的変化から成立したものと考えることが便利である。1つは，抑圧体制と競合的寡頭体制から準ポリアーキーへの変化である。これは，本質的には19世紀西欧世界で進行した過程であった。2つ目は，準ポリアーキーから正ポリアーキーへの変化である。これは前世紀末から第1次世界大戦までのおよそ30年の間にヨーロッパで起こった変化であった。3つ目は，正ポリアーキーのさらなる民主化である。この歴史的過程は，大恐慌到来以来の民主的福祉国家の急速な発展に始まると言えるかもしれない」「ポリアーキーの制度は，歴史的に資本主義と結びつけられてきた」と述べている[35]。彼らの言説から，現実にある制度を重視したとされる手続き的民主主義は，資本主義と手を取り合ってきた歴史的概念でもあることが窺えよう。

　確かに，民主化を果たした多くの国が，手続き的民主主義の中核をなす自由選挙の実施を民主化の一環に位置づけ，国際社会の多様なアクターも民主化支援の名の下で各国の自由選挙の実施を支援してきたことは多言を要しまい[36]。また，理念を重視し制度や手続きを軽視した民主主義が，暴力革命やプロレタリア独裁へと向かった事実も見逃すことはできない。自由選挙の実施は，民主主義の十分条件ではないとしても，多様なアクターが合意できる妥協点となりうるし，あからさまな抑圧体制に対する「安全弁」として機能することも事実であろう。

　しかし，ここでの問題は，数世紀かけてゆっくりと民主的制度（手続き的民主主義）が根づいてきた先進国と異なり，国家自体が成立して間もない半周辺（semi-periphery）もしくは周辺（periphery）に位置する発展途上国では，

欧米出自の制度がきちんと機能するとは限らないという点にある。そのことは，発展途上国の民主主義が，半民主主義（semi-democracy），形式的民主主義（formal democracy），選挙民主主義（electoral democracy），外見だけの民主主義（façade democracy），疑似民主主義（pseudo-democracy）など，様ざまな形容詞と接頭辞を付して語られていることからも窺えよう。[37] そこでは，定期的に自由選挙が行われ議会が存在することから，体制としては民主主義と見なされうる。だが，ひとたび実態に分け入れば，制度が期待通りの機能を果たしていない姿が散見される。

　近年の民主化研究において，民主主義の実質の問題が積極的に取り上げられるようになっているのも，こうした実情を反映していよう。[38] たとえば，ダイアモンドとモルリノは，ダールのポリアーキーに倣い，民主主義の必要条件として普通選挙権，自由で公正な選挙，複数政党，多様な情報源を挙げ，体制がこれらの条件を満たした後には，理念面で政治的・市民的自由，人民主権，政治的平等という3つの目標を達成しているかを評価する必要があると説く。ここから彼らは，民主主義の質に関わる7つの要素を抽出する。5つは民主主義の手続き面に関するもので，法の支配，政治参加，選挙における競合性，有権者と立法機関に対する政治指導者の垂直的アカウンタビリティ，他の制度アクターに対する政治指導者の水平的アカウンタビリティである。残りの2つは民主主義の実質面に関するもので，市民的・政治的自由の尊重と政治的・社会的・経済的平等性の実現である。[39] このような民主主義の実質面への着目は，実質的民主主義（substantive democracy）という概念の重要性を喚起していよう。

　実質的民主主義に関しては，東中欧の民主化を分析したカルドーとヴォイヴォダが具体的に論じている。彼らによれば，ダール流の形式上の手続きは民主主義の必要条件だが，実質的な意味での民主主義の十分条件ではない。実質的民主主義とは，「個人が，社会に影響する重要な決定事項に関する議論の中で生活し，それに参加し，それに影響を与える機会が最大限になるように，権力関係を規定する方法であり，継続的に再生産されなければならないプロセス」と定義され，「より深い民主的生活」を意味する。カルドーらは，こうした実質的民主主義の鍵となる要素として以下の7つを挙げる。すなわ

ち，(1) 正当化された新憲法の機能，(2) 少数民族の権利を含めた人権，(3) 政治参加の手段としての政党の役割，(4) 幅広い政治討論を伝えることができるメディア，(5)諸個人が信頼できる真の公共サービスを提供する行政，(6) 地方の問題を管理しそれに対応できる地方政府，(7) 独立した組織と制度を有し，国家権力の氾濫を監視する活発な市民社会，である[40]。

　カルドーらが，東中欧の現状を念頭に置きながら政治的領域に焦点を当てて実質的民主主義を論じたのに対して[41]，発展途上国を分析対象とした場合，実質的民主主義はより広義に定義されうる。半封建的な社会構造が根強く残り，著しい貧富の格差が見られる発展途上国では，単なる手続き的民主主義の導入と定着だけでは不十分であるからに他ならない。発展途上国に対する近年の民主化支援においても議論されているように，民主的制度が整備されていても，それを支える社会経済的基盤が伴わず，ベーシック・ヒューマン・ニーズ（Basic Human Needs）が低い状態では，民主主義の意義を説いても説得力は乏しいというわけである[42]。

　たとえば，アブエヴァは，フィリピンを初めとする発展途上国が抱える問題性に留意して実質的民主主義をより広く捉える。彼は，「最低限度の手続き的な基準を越えて，民主主義の規範と期待に関連して民衆の意志がガバナンスのプロセスで反映され，政府と政治制度の機能を通じて，宣言された憲法と法律の目的・政策が達成され」，「公正で人道的な社会における，平和，法の支配，十分な社会的経済的条件」を備えた状態を実質的民主主義と定義する[43]。少数の政治経済エリートによる寡頭支配，解消されえない極端な貧富の格差，長期にわたる反政府勢力との紛争といった問題を抱えるフィリピンの現状を意識した定義と言えよう。

　さらに，インドに関心を置くヘラーは，既存の民主化研究では手続き的民主主義に焦点が置かれ，実質的民主主義が論じられたとしても手続き的民主主義とは別の現象として理解されることが多いことを指摘し，とりわけ発展途上国の分析では両者を分けて考察すべきではないと主張する。その主たる理由として，深刻な社会的不平等によって政治的権利の有効性が低下していること，そして民主主義体制の正統性が公正な分配を含めた実質面に依拠してきたことを挙げている[44]。

以上の議論から，実質的民主主義とは，政治的領域において政策決定過程への民衆の積極的な参加が図られ，民衆の意思が広く反映されるような民主的ガバナンスが構築されているだけでなく，社会経済的領域にまで民主化が及んでいる状態を意味すると理解できよう。大部分の発展途上国では，手続き的民主主義が十分に機能していないばかりか，社会経済的不平等によって多くの市民が政治的権利を十分に享受できないような状況が観察される。手続き的民主主義によって，実質的民主主義の実現が困難な場合さえある。このような実情からすれば，欧米流の手続き的民主主義の単なる導入とその定着というより，その改善を図りながら実質的民主主義をも追求してゆくことが，とりわけ発展途上国にとって重要な課題となる。このような概念設定は，研究者によって一方的に提示されたものではないことは，市民社会に着目する本書の考察を通じて明らかとなろう。市民社会の運動レベルから見れば，民主主義には政治的権利のみならず市民的権利，さらには社会経済的権利までもが含まれてこよう。

　以上の議論を踏まえて本書では，特定の文脈を除き，民主主義を制度面（手続き的民主主義）だけでなく実質面（実質的民主主義）をも含むものとして定義し，双方の重層的かつ長期的な発展過程を民主化と捉えることにしたい。民主主義体制と言った場合には，単純に民主的な諸制度を持つ政体を指すものとしたい。次節で検討する市民社会は，上述の意味での民主主義の発展を求めて多様な主体が躍動する領域に他ならない。

第2節　市民社会

1. リベラルの市民社会論

　内戦と革命に明け暮れた17世紀のイギリスに生きたロック（1632～1704年）は，私的利害によって本来は自由で平等で平和であるはずの自然状態が敵意，悪意，暴力，相互破壊に満ちた状態に下落してしまったと考えた。[45]このような状態では，ロックが自然権の中心に置いた所有権を確保することは困難である。そこでロックは，労働に基づいた所有権を擁護するために諸個人が契約を結ぶ必要性を説く。[46]この社会契約によって形成される秩序が市民

的社会(市民社会)に他ならない。こうして形成された市民社会は,その運営の手段として政府を作り出し,政府は市民社会によって一定の権限を付与されそれを行使する。ロックにとって政府とは,所有権を保護するための防御機構にすぎず,また市民社会は政治社会でもコモンウェルスでもあり,市民社会と政府および国家との区別は必ずしも明確ではなかった。しかし,ロックは,専制政治のように政治権力が無制限となり,政府が保障するはずの人民の所有権が侵害された場合には,その権力を剝奪する革命権を容認していた。ロックの思想には,強大な王権が市民生活に介入して市民の財産を恣意的に奪うことができた絶対主義国家への批判が込められていたことは周知の通りである。

　私的所有から市民社会の役割を説いたロックと異なり,スコットランドの啓蒙思想家ファーガソン(1723～1816年)は,人間は本質的に道徳的存在であると考え,市民社会はそうした道徳的感情によって基礎づけられると唱えた。彼によれば,こうした道徳的感情は,私的利害がもたらす弊害を緩和し,共同体の幸福との両立を可能にする。ファーガソンは,公正で有効な政府は市民社会の自由を確保するために不可欠であるが,政府の恣意的な権力を制限するためには道徳的感情に基礎づけられた市民社会が必要だと考えた。

　産業革命が進行する18世紀のイギリスに生きたスミス(1723～1790年)は,商業の自由な発展が旧社会における身分秩序や隷従状態を打ち破り,自由で平等で独立した個人が活動する市民社会を成立させると考えた。スミスにとって市民社会とは,自己調整的な市場によって組織され,分業が発達し等価交換関係が確立した商業社会に他ならなかった。商業社会では,諸個人が利己的に利益を追求して活動するが,それによって社会の分裂が生じるわけではない。そこでは,見えざる手によって意図せずして社会全体の公益が促進され調和が生み出されてゆく。市場における人びとの活動が市民社会の結束であり,それが諸国民の富をもたらす。スミスは,市民社会の自由な商業活動を規制するような政府や国家は不必要であるばかりか有害と見なし,国家権力は市民社会の財産を保護し不正を防ぐミニマムな存在であるべきと考えた。

　こうして初期のリベラルの思想家たちによって,封建的な身分的拘束から

解放された自由で平等で独立した市民に基づく自由主義的な市民社会観の基礎が築かれた。ロックは，自由で平等な人民の名の下で所有権に基づく市民社会を絶対主義に対置した。ファーガソンは，市民社会の道徳的感情の中に私的利害を緩和する可能性を見出した。スミスは，自由で独立した生産者を主体とする商業空間が公共善をもたらすと考えた。未だ国家や政府との区別は不明確ではあったが，市民社会の自由を阻害しない範囲で政治権力は許容された。しかし，トクヴィルやミルなど後のリベラルの思想家たちは，近代国家の予想以上の強権性を目の当たりにし，市民社会の自由は所与のものではなく積極的に守らなければならないことを悟る。

フランスの政治学者トクヴィル（1805〜1859年）は，フランスの議会制民主主義では中央集権的な国家によって社会制度が圧倒され，もはや市民革命のユーフォリアは失われてしまったと考えた[55]。しかし，既に複雑化した近代社会は，法と秩序を守護する国家を必要とする。それでは社会を侵食するまでに肥大化した政治制度を監視し制限するにはいかなる手段が有効か。トクヴィルは，アメリカの民主主義の経験から，市民による多様なアソシエーションの中にその可能性を求める。トクヴィルにとって市民社会とは，自発的なアソシエーションの空間に他ならない。そうしたアソシエーションは，多数者の専制を制御して民主主義の暴走を防ぐだけでなく[56]，個々の市民を連帯させて利己主義を制御し，社会性と市民的特性を涵養する[57]。トクヴィルは，市民社会の成長を促し民主主義を機能させる必須の条件として多様なアソシエーションに着目したのであった。

イギリスの哲学者ミル（1806〜1873年）は，トクヴィルと同様に民主主義が多数者による暴虐に陥る危険性があることを認識していた[58]。ミルは，社会と国家が個人に対して行使する権力の道徳的限界点から個人の自由を説く。彼の自由論の根幹は，他者に危害を加えない限りにおいて個人は自由であるべきとする他者危害排除の原理にある[59]。個人への社会と政府の干渉は，他者への危害を防ぐ範囲内でのみ正当化される[60]。ミルの思想は，個人的自由を徹底的に擁護しようとするものであった。

市民社会という言葉は明確に用いられていなかったとはいえ，上述のリベラルの思想家たちに共通するのは，市民社会のロマン化である。市民社会は，

ア・プリオリに自由，平等，独立といった善の価値観に特徴づけられた領域と理解された。冷戦終結後の市民社会論のルネッサンスでは，このようなリベラルの思想を受け継いだ市民社会観が広く浸透している。そこでは，市民社会を強大な政治権力への抵抗の手段と考えるロック的な意味での市民社会論と市民社会におけるアソシエーションの役割を重視するトクヴィル的な意味での市民社会論が大きな影響力を有している。

　リベラルの市民社会論を代表する現代の研究者は，アメリカの政治学者ダイアモンドであろう。彼は市民社会を，「自発的，自然発生的，（主として）自立的で，国家から自律的で法的秩序や共通の規則によって拘束され組織化された社会生活の領域」と捉え，「個人，家族生活，内向的な集団活動（たとえば，レクリエーション，娯楽，スピリチャリティー），個々の企業による営利行為，そして国家を支配する政治的努力」をそこから除外する。[61]ダイアモンドの関心は，もっぱら民主主義体制への移行とその定着にある。移行過程においては，各地で広く見られた現象としてロック的な意味での市民社会の機能に注目し，連帯した市民による民主化圧力が強権的な独裁国家を切り崩す原動力になった点を強調する。定着過程においては，トクヴィル的な意味での市民社会の役割に着目し，活発なアソシエーションが成立した民主主義体制の定着を促進する点を重視する。市民社会は，多様な民主的価値観を浸透させ政治参加を刺激することで民主主義体制を下支えし，それに伴い国家の統治能力の向上も図られる。[62][63]こうした市民社会の捉え方は，新自由主義者によって概ね好意的に受け止められている。[64]

　他方，国家だけでなく市場とも明確に区別された公的領域として市民社会を捉える議論に先鞭をつけたのは，ドイツの社会哲学者ハーバーマスであった。彼によれば，「市民社会の制度的核心は，自由な意志に基づく非国家的・非経済的な結合関係」であり，「もっぱら順不同にいくつかの例を挙げれば，教会，文化的なサークル，学術団体を初めとして，独立したメディア，スポーツ団体，レクリエーション団体，弁論クラブ，市民フォーラム，市民運動があり，さらに同業組合，政党，労働組合，オルターナティブな施設にまで及ぶ」。[65]ハーバーマスにとって市民社会は，国家と市場から区別されたアソシエーションの領域に他ならない。彼は，福祉国家主義と新保守主義に対する

アンチテーゼとして市民社会を提示し，国家における官僚化と経済における商品化に対して市民社会の自律性の確保と拡大を求める[66]。批判理論を展開するフランクフルト学派に属するとはいえ，ハーバーマスを嚆矢とする「公的領域モデル」は，伝統的な自由民主主義論者によっても頻繁に用いられるようになっている。

第一セクター（政府）と第二セクター（市場）と区別された第三セクターとして市民社会の役割を強調した議論は，上述の「公的領域モデル」の延長線上に位置づけることができよう[67]。そこでは「非政府組織」(Non-Governmental Organization = NGO) や「非営利組織」(Non-Profit Organization = NPO) が市民社会を代表するアクターとして取り上げられ，それらが公共性や公益性に関わる活動に積極的に従事することが期待される[68]。近年，先進国を中心に展開する「官」から「民」へのパワー・シフトに関する議論も，国家が独占してきた公益を社会（市民社会）にも担わせようとする政策的意図から生まれたものと言える[69]。

以上のようなリベラルの市民社会論の普及を促した歴史的背景として，まず東欧諸国の市民革命を挙げられよう。ポーランドの「連帯」の指導者らは，市民社会という概念を強権的な共産主義国家への対抗シンボルとして戦略的にも実践的にも用い，それが他の東欧諸国にも伝播していった[70]。そうした市民社会が，1980年代後半の東欧諸国の革命の原動力となったことで，市民社会によって国家権力を抑制しようと考えた古典的な自由主義の思想を復活させた。

第2は，こうした東欧の民主化を含め，1970年代から地球規模で拡大した民主化の「第三の波」である。南欧から始まった民主化の「第三の波」は，東欧のみならず南米，アジア，ソ連，アフリカをも飲み込んでいった。各地の民主化過程では，連帯した自発的な市民が独裁体制の崩壊を促す原動力となった。そうした市民が紡ぎだす空間が市民社会と捉えられたことで，国や地域を問わず民主化の橋頭堡として市民社会を位置づける議論が広く普及していった。

第3は，歴史の終焉論に見られるように，冷戦後の自由民主主義の謳歌である[71]。ソ連の崩壊によって資本主義と社会主義との対立は前者の勝利で幕を

閉じ，自由主義的資本主義もしくは自由民主主義に対抗するイデオロギーは事実上消滅した。周知のようにリベラルの系譜の市民社会論は，西欧の歴史の中で民主主義と結託した自由主義とともに発展してきた。それゆえ，自由民主主義の謳歌は，リベラルの市民社会観をも大きく台頭させたと言えよう。

　第4は，第3の歴史的背景とはやや逆説的ではあるが，先進国の福祉国家主義の破綻とそれを引き継いだ新自由主義の台頭である。この文脈において市民社会は，まず福祉国家体制を批判する上で国家と対抗関係を形成し，その後は新自由主義を批判する上で市場原理とは区別された空間と捉えられるに至った[72]。ここでの市民社会は，市場原理を掘り崩さない範囲内で無制限な資本主義の弊害を緩和しうる領域と位置づけられよう[73]。

2. ラディカルの市民社会論

　こうしたリベラルの系譜に対して，左派のラディカルの系譜では市民社会を批判的に捉えるとともに，市民社会により積極的な役割を付与する視座が提示されてきた[74]。

　遅れて近代化に突入したドイツではヘーゲル（1770～1831年）が，スミスの商業社会を市民社会として再定義し，それを家族と国家との間に位置づけた[75]。ヘーゲルにとって市民社会は，個々の私的人格が各自の特殊な欲求の実現を求めて互いに他の人格を利用しあう特殊的人格からなり，経済人としての市民の活動が私的利害と市場によって組織されることで市民社会は繁栄する[76]。しかし，市場によって組織された市民社会は，新しい欲求を無限に生産し，富裕と貧窮を生み出す不平等で不自由な領域，すなわち欲望の体系でもある[77]。このような市民社会において，合理性や普遍性，自由を実現することは不可能である。市民社会は，市場の外部にあるより高次の倫理的理念によって止揚されなければならない。この倫理的理念こそが，ヘーゲルの考える国家に他ならない。ヘーゲルは，国家によって自覚的自由という理性的生活と倫理的世界の体系が実現できると考えた[78]。

　ヘーゲルが外部から市民社会を統合する国家に関心を向けたのに対して，マルクス（1818～1883年）は市民社会そのものの構成過程を深く考察した。彼は，市民社会を全歴史のかまどとして歴史貫通的なものと規定する一方で，

それが必然的に資本主義社会へ転化するものとも考えた[79]。マルクスにとって市民社会は，一見対等に見える市民の水平的な関係の背後に資本家による支配関係が隠蔽されたブルジョア社会に他ならない。そこは，個人の自由と平等が形骸化し，資本家階級が支配する不自由で不平等な領域である。マルクスは，不平等を引き起こす市民社会の市場論理は，ヘーゲルが倫理的理念と考えた国家を超越しているだけでなく[80]，国家は市民社会によって構成され，支配階級に属する諸個人が共同の利益を実現する制度にすぎないと説く[81]。そこからマルクスは，ブルジョア社会を解体し，人間解放を実現する普遍的階級としてプロレタリアートを発見する[82]。マルクスは，このプロレタリアートによる国家権力の奪取の必要性を唱え，それによって階級が廃絶された後に国家は消滅すると考えた[83]。

　ファシズムが台頭するイタリアに生きたグラムシ（1891～1937年）にとって市民社会とは，諸階級や諸集団が様ざまな結社を通じて他の階級や集団から合意を獲得しながら全社会的な知的・道徳的主導権を掌握しようと活動する場であった[84]。この知的・道徳的主導権こそがヘゲモニーであり，市民社会は経済社会たる土台と上部構造たる国家との接点と捉えられた。資本主義国家では，ブルジョアジーが市民社会においてヘゲモニーを握っている。市民社会は，資本主義国家を支える横糸に他ならない[85]。グラムシにおいて広義の国家は，法を通じた直接支配の体系としての狭義の国家だけでなく，国家を支える合意でありヘゲモニーの体系でもある市民社会をも包含する。「国家＝政治社会＋市民社会」である。国家は，強制力の鎧をつけたヘゲモニーであり，指導階級が自己の支配を正当化するだけでなく，被統治者の能動的な合意を獲得する実践的かつ理論的な活動の総体でもある[86]。こうした強固なブルジョアジーの支配の下では，プロレタリアートは長く困難な陣地戦の準備をしなければならないとグラムシは考えた[87]。

　こうしてラディカルの系譜では，資本主義の成長に伴いブルジョア的市民社会が発達するにつれて，その負の側面を照射する作業が行われてきた。ヘーゲルにとって市民社会は，ブルジョア的個人が織りなす「欲望の体系」であり，国家によって止揚されるべき存在であった。マルクスにとって，市民社会はブルジョア社会であり，国家は支配階級の道具であり市民

社会の一部に他ならなかった。それゆえ市民社会の解体とともに国家の廃棄もが求められた。グラムシは、ブルジョア的市民社会を構成する文化とイデオロギーの自立的能力に焦点を当て、ヘゲモニーという概念によってブルジョアジー支配の構造を紐解き、市民社会の理論化を推し進めた。

　近年、リベラルの市民社会論がグローバルに拡大する中で、こうしたラディカルの市民社会論を下敷きにして市民社会内部の不平等性、抑圧性、排他性が改めて指摘されている。たとえば、インドの政治哲学者チャンドークは、マルクス主義の系譜を踏まえ、「国家が制限されるべきだとする要求は、もし市民社会それ自体の抑圧性に焦点を当てなければ、資本主義と現状維持主義イデオロギーへと堕落しうる」と述べ、市民社会はそれ自体の民主化とそれが抱える抑圧性と排他性の除去という課題を抱えている点を指摘する[88]。アメリカのニューレフトの理論的旗手であるウッズも、現代の市民社会論はかつて社会主義の伝統から学んだ市民社会の抑圧性という教訓を忘れかけており、市民社会を構成する搾取と支配関係が見えなくなっていると述べる[89]。同様にアメリカの社会学者クマールは、市民社会の分裂と不満こそが、不平等と不安定の源泉であると主張する[90]。

　実際、現実の市民社会は絶対的な自由と平等の空間ではない。とりわけ発展途上国において市民社会は、階級やジェンダー、エスニシティ、人種、性的嗜好に基づく様ざまな不平等の中心点となり[91]、市民社会の理念レベルと実存レベルとの間には大きな隔たりがある。加えて、経験的な市民社会は決して一枚岩ではない。そこは、多様な集団が主導権（ヘゲモニー）の獲得をめぐって対立や衝突を繰り広げる場に他ならない。上述のラディカルの系譜の論者の指摘は、市民社会を所与の正義として理想視するリベラルの議論に対する一種の警告とも捉えられよう[92]。

　こうして市民社会をア・プリオリに理想視することを戒める一方で、市民社会が抱える諸矛盾にそれ自身の解放の契機と資本主義国家の変革の可能性を見出そうとする議論も、左派のラディカルの系譜の中で展開されてきた。とりわけネオ・マルクス主義からポスト・マルクス主義へと至る過程では、力関係の諸水準に階級関係だけでなく人種的・民族的関係、男性の女性への抑圧、人間の自然に対するエコロジー的関係などが加えられ、社会主義

第1章　分析概念の検討　　47

政党運動や労働組合運動とともに民族解放運動やフェミニズム，環境保護運動，反核運動などのいわゆる新しい社会運動を社会変革の原動力と捉えて市民社会の理論化が進められた[93]。リベラルの系譜では，市民社会の領域で展開する革新的な社会運動はときに民主主義体制を不安定にすると考えられるのに対して，ラディカルの系譜では民主的生活の健全な兆候と見なされる。

たとえば，コーヘンとアラトーは，社会運動の役割を積極的に評価しながら市民社会の役割を論じている。彼らにとって社会運動とは，「活発で近代的な市民社会の鍵となる特徴」「市民生活への参加の一形態」であり，「諸権利の拡大，市民社会の自律性の防御，市民社会のさらなる民主化を求める社会運動は，民主的な政治文化をより存続させ」[94]，「現代市民社会のポジティブな潜在力を具象化しうる動的な要素」[95]に他ならない。社会運動のターゲットには，公共空間，社会制度（マスメディアと新聞），諸権利（結社，言論，集会），代表的政治制度，自立的な法システムなどが含まれる[96]。こうしたラディカルな社会運動が生起する市民社会は，経済権力にも挑戦し，資本主義経済によって生み出される不平等性の解消を国家に迫る役割をも果たすと考えられる[97]。

自ら「自己限定的ラディカリズム」[98]と名乗るコーヘンとアラトーに対して，よりラディカルな議論を展開するのはラディカル・デモクラシー論である。ラディカル・デモクラシー論は，「『民主主義の深化』という点だけで共通するさまざまな思想の寄合所帯」となっており，いまだ発展途上で多様な立場が存在するため，その輪郭は不明確であることは否めない[99]。リベラルな意味合いの強い市民社会という概念自体を用いることに対する警戒心も見られるが[100]，ここでは代表的論客である千葉とムフの議論を手がかりにラディカル・デモクラシー論を整理しておきたい[101]。

千葉によればラディカル・デモクラシーとは，民衆の下からの発意と自発的なネットワーキングに基づく自治を意味し，民衆に由来する権力ないし統治という民主主義の根源に立ち返る試みである[102]。そこでの民主主義は，「市民の政治への参加と自治のネットワークを中心とする政治のあり方，理念，思想，制度」に他ならず，民衆の活力を生かして，民主主義の種々の問題点を克服して民主主義を深化させてゆくことがより積極的に求められる[103]。ラディカル・デモクラシー論では，民主化を求める市民社会の蜂起は，民主主

義の根源的な意味への立ち返りと理解される。

　ラディカル・デモクラシー論の代表的論客であるムフは，現在の合理主義と個人主義に裏打ちされた自由主義的言説を批判的に吟味し，「根源的かつ多元的な民主主義」の構想によって，左派のプロジェクトの再構築を試みる。[104] 彼女は，自由民主主義が支配力を一層強めたポスト冷戦時代に要請されるオルターナティブな民主主義としてラディカル・デモクラシーを提示する。千葉と同様にムフにとってもラディカル・デモクラシーは，多種多様な民主的諸闘争を結合させ，民主主義の深化を求める試みである。[105] ここで言う民主的諸闘争とは，性差，人種，階級，性のあり方，環境などに関わる市民社会の様ざまな運動に他ならない。[106]「ラディカル・デモクラシーの市民としての政治的アイデンティティの創出は，それゆえ，かつての『新しい社会運動』はもちろんのこと，今日の多種多様な運動——女性運動，労働者運動，黒人運動，ゲイ運動，エコロジー運動——にも見出される数々の民主主義的な要求の間で，集団的な形の同一化が成り立つかにかかっている」。[107]

　自由民主主義との関係はどう理解されているのだろうか。千葉は，「デモクラシーを実現するためには，政党制や議会制や立憲主義的機構といった自由民主主義の諸制度だけでは不十分」との認識を示す。[108] そして「根源的にデモクラシーは，自由民主主義の種々の制度の欠陥と弱点を補完し，それらを活性化させ，自発的共同社会の自治と参加の精神を市民社会の中に受肉化させる課題を遂行していく」ものと捉えている。[109] 同様にムフも，自由民主主義の枠組み自体を放棄することを求めていない。彼女は，自由主義的伝統に多くを負っている現代の自由民主主義の枠内で，マルクス主義的社会主義と社会民主主義の陥穽の回避を模索する社会主義プロジェクトの再構成を目指している。[110]

　したがって，ラディカル・デモクラシーの議論は，議会と選挙を中心とする現存の自由民主主義の存在自体を放棄するものではない。千葉は，「ラディカル・デモクラシー論の試みは，自由民主主義に取って代わるべきものとして市民の自治と参加を基軸とするデモクラシーを具現化することではない。むしろその試図は，現実的かつ補正的なものである。つまり，自由民主主義の諸制度の枠組みのなかで本来のデモクラシーのさらなる深化と具現化

を模索し，それによって自由民主主義の諸制度をデモクラシーの理念に照らして再活性化させることである」と述べる。新左派のためのオルターナティブとしてラディカル・デモクラシーを提示するムフも，「自由民主主義の偉大な力は，（中略）もし適切に理解されたならば，敵対行為の契機を，その潜在力を拡散させる仕方で形成してゆくことを可能にする諸制度を備えて」おり，「左派の課題は，自由＝民主主義のイデオロギーを放棄することではなく，反対に，それらを根源的で複数的な民主主義の方向へと深化させ拡大することにある」と述べている。コーヘンとアラトーも，市民社会で生起する多様な社会運動を代議制民主主義の諸制度に取って代わるものとは考えていない。

　こうしてラディカル・デモクラシーでは，市民社会における多種多様な運動を通じてよりラディカルな改革が企図され，複数的な民主主義によって民主主義の深化が求められてゆく。星野が指摘するように，ラディカル・デモクラシーの基本的な立場は，「資本主義にたいする批判を基礎に据えながら，仕事，教育，余暇，家庭といった日常生活の領域に民主主義的な原理を拡大してゆくこと」に他ならず，その主たる目的は市民の自律的・自発的な政治討論とネットワーク，そして市民の発意によって民主主義の深化を促進することにある。加えて，左派の立場を汲み取ったラディカルの市民社会論では，市民社会に国家のみならず市場を変革する役割が付与され，市場ベースの社会を市民の希望する社会へと作り変えることが求められる。この点で，市場経済の悪弊を十分に省みずに既存の資本主義国家の役割を補完するものとして市民社会を捉えがちなリベラルの市民社会論とは区別されよう。

　ラディカルの系譜によって，リベラルの系譜が看過してきた市民社会の2つの側面が浮き彫りになった。すなわち，排他性や不平等性という抑圧的な側面と対抗的ヘゲモニーの形成による解放的な側面である。前者は，いたずらに市民社会を理想視するリベラルの姿勢を戒め，市民社会自体の民主化という課題を提起する。後者は，市民社会の排他性と不平等性の中に対抗的ヘゲモニーが形成される可能性を見出すものと言えよう。

(図1-1) 市民社会の限定モデルと包括モデル

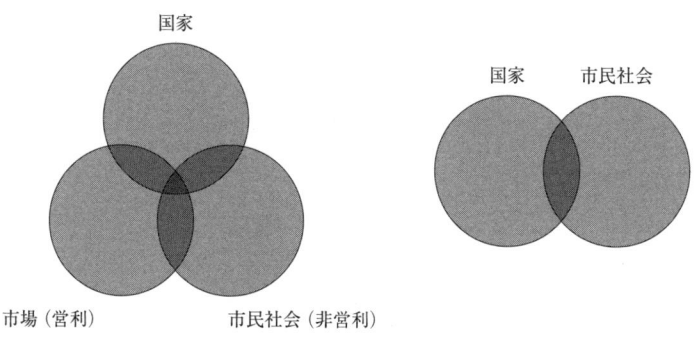

(出所) 筆者作成。

3. 現代フィリピンにおける市民社会論

　フィリピンにおける NGO の草分け的存在である「フィリピン農村再建運動」(Philippine Rural Reconstruction Movement = PRRM) のセラーノ副議長によれば，フィリピンにおいて市民社会という言葉は1990年代初頭から広く使われるようになったという。[118] それ以前には市民社会という言葉はほとんど用いられず，市民社会アクターは「大義重視団体」(Cause-Oriented Group = COG) や大衆組織，地方組織，共同体組織などと呼ばれていた。[119] 90年代になって市民社会論がグローバルに展開されたことで，フィリピンでも市民社会という言葉がメディアなどで頻繁に使用されるようになっていった。

　フィリピン国内では，研究者によって市民社会の捉え方はかなり異なるが，大きく分けて2つのモデルに整理することができよう。図1-1の左側の図は，市民社会をより限定的な空間として捉えているため，限定モデルと呼ばれる。たとえば，アテネオ・デ・マニラ大学のポリオは，市民社会を「国家と社会との間の政治的空間」「とくに国家と市場の間にある非営利セクターによって占められ生み出される空間」と定義し，「しばしば非営利セクターは，草の根組織や共同体組織と連携する NGO によって占められ」，「社会運動は市民社会の重要な一部を構成する」と述べる。[120] さらに，セラーノは，市民社会を「政治的に活発な大衆セクター」と定義し，NGO，「民衆組織」(People's Organization = PO)，COG，政治組織などを市民社会に含める。[121] 彼は，市民

第1章　分析概念の検討　51

社会を「望ましい社会秩序への創造的な解体と移行を求める勢力であり，国家と市場とのヘゲモニーに挑戦・抵抗する動的因子」と捉えている[122]。

以上のようなNGOの役割を強調した市民社会の定義は，「最もNGOが組織された国」と評されるフィリピンの現状を反映したものと言えよう[123]。また，市民社会を非営利セクターと捉えたポリオの定義はリベラルの市民社会の議論を，国家と市場への対抗ヘゲモニーと社会運動の重要性を意識したセラーノの定義はラディカルの市民社会の議論を汲み取ったものと言える。

他方で，フィリピン大学のフェレールは，図1-1の右側の図のように市民社会をより包括的に理解している。彼女は，市民社会を「集合的な関心事に関して自律的な団体や個人が相互作用する公的領域」と定義し，NGO，PO，宗教組織，学会，メディア，ビジネス，政治的社会的運動，政党，家族やクランなどの基礎共同体の活動を含む領域と捉える[124]。

ポリオやセラーノらの限定モデルは，現代の市民社会論において最も広く用いられている。しかし，市民社会の実証分析を行う際には，市民社会の領域に他の領域のアクターが入り込むことに留意しなければならない。他方で，フェレールのように包括的な定義を採用した場合，市民社会は社会全般とほぼ同義となり，市民社会が持つ様ざまな民主的機能や民主的特性が看過されかねない。以上の認識から本書では，限定モデルに依拠して市民社会の空間領域を捉えるが，現実の政治過程の分析においては市民社会アクターを便宜的に扱いながら分析を行うことにしたい。

さて，フィリピンのNGOの代表的論客であるコンスタンティーノ・ディビッドは，フィリピンのNGOとPOの見取り図を提示している。彼女は，NGOやPOを広い意味で用いており，その見取り図はフィリピンの市民社会の実態を把握する上で示唆に富む（図1-2）。

まず，市民社会は会員を基礎とする「会員制」とそうでない「機関」とに大きく分けられる。より単純に，前者がPO，後者がNGOと言い換えることもできよう。フィリピンにおいてPOは，労働組合や農民組織，農村協同組合などの伝統的組織の総称となっており，主としてメンバーの共益を推進するために結成された組織を指す。このPOは，政府が主導もしくは結成した「政府主導PO」(Government-Run and Initiated PO = GRIPO) と「真の自

(図1-2) フィリピン市民社会の概略図

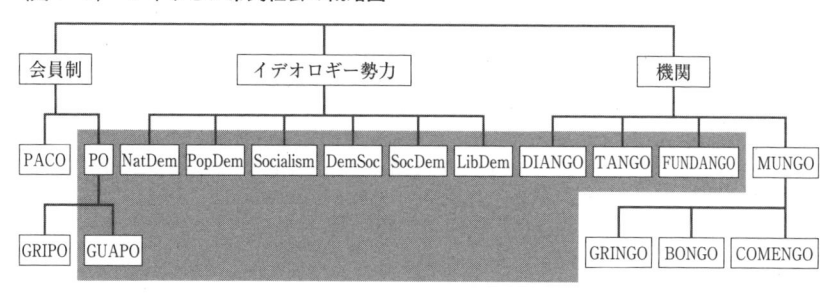

```
         ┌──────────┬────────────────────────────┬──────────────────┐
       会員制      イデオロギー勢力                機関
```

| PACO | PO | NatDem | PopDem | Socialism | DemSoc | SocDem | LibDem | DIANGO | TANGO | FUNDANGO | MUNGO |

| GRIPO | GUAPO | | | | | | | GRINGO | BONGO | COMENGO |

(出所) Karina Constantino-David, "From the Present Looking Back: A History of Philippine NGOs," in G. Sidney Silliman and Lela Garner Noble, eds., *Organizing for Democracy: NGOs, Civil Society and the Philippine State*, Honolulu: University of Hawai'i Press, 1998, p. 28 を一部修正して筆者作成。

律的なPO」(Genuine, Autonomous PO = GUAPO) とに分けられる。

　会員を基礎としない「機関」には，多様な組織がある。1つは「開発・正義・アドボカシーNGO」(Development, Justice, and Advocacy NGO = DJANGO) であり，文字通り開発やアドボカシーに取り組むNGOである。「伝統的NGO」(Traditional NGO = TANGO) は，慈善，福祉，救済を主たる目的とするNGOを指す。「資金調達NGO」(Funding Agency NGO = FUNDANGO) は，市民社会組織に財的支援を行うNGOを指す。

　「突然変異NGO」(Mutant NGO) と呼ばれるものもある。この中には，まず政治家や政府役人が組織する「政府主導のNGO」(Government-Run Initiated NGO = GRINGO) がある。GRINGOは，国家プロジェクト等で利用するために政府が作ったNGOや票集めのために政治家が組織したNGOであり，本質的には政府の官益もしくは政治家の個人的利益の実現のために存在する。「企業が組織したNGO」(Business-Organized NGO = BONGO) は，主として税金逃れや労働不安の抑制，慈善事業のイメージ作りのために企業によって作られたNGOである。最後に「NGO起業家」(COMEN'GO) は，NGOに送られる開発資金を得るために作られたもので，資金を獲得したらすぐに消滅することから「無責任NGO」(fly-by-night NGO) とも呼ばれる。

　プツゼルは，NGOとPOの区別は困難だが，組織面と機能面で大きな相違があると指摘する。まず，組織面では，NGOは会員に基づくものではな

く比較的小規模であるが，ある種の専門知識を持っている。逆にPOは，多くの会員を抱えていて組織の規模が大きい。機能面では第1に，NGOは特定の政策目標のための政策提言活動やロビー活動を行い，メンバーの共益を求めるPOと違って，より広い公益のために活動する。第2に，NGOは，地方の共同体や地方基盤のPOにサービスを供給する草の根支援活動を行うが，POはそうした支援の受け手である。第3に，NGOは，他のNGOやPOと広範囲な同盟を結成するネットワークの役割を果たす。最後にNGOは，大衆教育と呼ばれるものを発展させ，農村地域における持続可能な参加型開発モデルを推進する上で中心的な役割を果たす。これに対してPOの大衆教育は，そのメンバーの利益と結びついている。[125]

しかし，NGOとPOの境界は近年ますます曖昧になりつつある。NGOは会員を増やす一方で，POは専門的なスタッフを得て，NGOの支援を得ずに直接海外の資金を獲得するようになっている。POがロビー運動を行ったり，PO同士がより広範囲なネットワークを形成したりする場合もある。加えて，フィリピンの研究者の多くが，NGOとPOをまとめてNGOと呼んでいるだけでなく，フィリピン国内では様ざまな市民社会アクターがNGOと呼ばれている。フィリピンにおいてNGOは，広い意味で用いられているのが現状であろう。

最後にフィリピンでは，歴史的に「民族民主主義」(National Democracy = NatDem),「大衆民主主義」(Popular Democracy = PopDem),「社会主義」(Socialism),「民主社会主義」(Democratic Socialism),「社会民主主義」(Social Democracy = SocDem),「自由民主主義」(Liberal Democracy = LibDem) などの多様なイデオロギーを掲げる市民社会組織が国家政府に対して圧力政治を展開してきた。運動としての市民社会における民主主義の多元性が見てとれよう。多くの市民社会組織は，こうしたイデオロギーに直接的もしくは間接的に影響を受けている。かかる市民社会の特徴は，ラディカルの系譜の議論とも重なろう。以上のことから，図1-2の網掛けの部分が市民社会の領域となろう。

小　括

　本章では，フィリピンを初めとする発展途上国の現状を意識しながら，民主化，民主主義，市民社会という分析概念の整理に取り組んだ。

　民主化および民主主義については，まず欧米出自の手続き的民主主義に囚われた民主化研究の姿勢をやや批判的に検討しながら，手続き的民主主義とは区別される実質的民主主義の重要性を指摘した。そこから，フィリピンを含めた発展途上国の民主化の問題を考える場合，手続き的民主主義への単なる移行と定着に留まらず，その機能的欠陥を改善するとともに，実質的民主主義を実現してゆく必要があることを確認した。

　市民社会については，それを理想的に捉えがちなリベラルの系譜だけでなく，負の側面をも照射するラディカルの系譜の議論をも参照することで，分析概念および実体概念としての市民社会の精緻化を試みた。前者の議論によって市民社会のポジティブな側面を再確認し，後者の議論によって市民社会に隠蔽された排他性や不平等性を炙り出すとともに，市民社会のラディカルな役割をより明確に捉えることができた。

　最後に，フィリピン国内では，リベラルとラディカル双方の議論を汲み取った市民社会の議論がなされていることを概観した。そこでは，NGO と PO が市民社会を牽引する代表的なアクターと認識されていること，市民社会組織が多様なイデオロギーに特徴づけられていることを確認した。

　以上の点を踏まえて本書では，市民社会を狭義に捉える限定モデルを念頭に置き，リベラルとラディカル双方の分析視角に依拠しながら，市民社会の実証分析を行うことにしたい。

註 ─────
　1　いわゆるドガンらが指摘する「機能的対応関係」の問題である（マテイ・ドガン，ドミニク・ペラッシー著／櫻井陽二訳『比較政治社会学──いかに諸国を比較するか』芦書房，1983 年，46-54 頁）。
　2　この点に関連してアリソンは，民主化理論と民主主義理論を区別し，両者

はともに欧米の民主主義を基準としながらも，前者はそれを理想化するが，後者は批判的に検討していると指摘し，後者の理論的視座を踏まえて前者を再検討する必要性を唱えている (Lincoln Allison, "On the Gap between Theories of Democracy and Theories of Democratization," *Democratization*, Vol. 1, No. 1, Spring 1994)。本章もこのような問題意識から民主主義概念を再検討している。両者のすり合わせの必要性については，以下の中でも論じられている。外池力「民主化とデモクラシー論」『政經論叢』第64巻第3・4号，1996年。

3 Barbara A. Misztal, "Civil Society: A Signifier of Plurality and Sense of Wholeness," in Judith R. Blau, ed., *The Blackwell Companion to Sociology*, Malden: Blackwell, 2001, p. 74.

4 こうした概念の区別に関しては以下の研究の中で指摘されている。遠藤貢「アフリカをとりまく『市民社会』概念・言説の現在」(平野克己編『アフリカ比較研究——諸学の挑戦』アジア経済研究所，2001年) 161頁。John Keane, *Global Civil Society?*, Cambridge: Cambridge University Press, 2003, pp. 3-4.

5 この議論については以下の中で簡潔に整理されているので参照されたい。日下喜一『現代民主主義論』勁草書房，1994年，52-67頁。

6 Samuel P. Huntington, *The Third Wave: Democratization in Late Twentieth Century*, Norman: University of Oklahoma Press, 1991, pp. 6-7 (S・P・ハンチントン著/坪郷實，中道寿一，藪野祐三訳『第三の波——20世紀後半の民主化』三嶺書房，1995年)。

7 J. A. Schumpeter, 2nd ed., *Capitalism, Socialism and Democracy*, New York: Harper and Brothers, 1947, p. 242 (シュムペーター著/中山伊知郎，東畑精一訳『資本主義・社会主義・民主主義(中巻)』東洋経済新報社，1951年)。

8 *Ibid.*, p. 269.

9 Robert A. Dahl, *Polyarchy: Participation and Opposition*, New Haven: Yale University Press, 1971, pp. 1-9 (ロバート・A・ダール著/高畠通敏，前田脩訳『ポリアーキー』三一書房，1981年)。

10 Samuel P. Huntington, *op. cit.*, p. 7.

11 Guillermo O'Donnell and Philippe C. Schmitter, *Transition from Authoritarian Rule: Tentative Conclusions about Uncertain Democracies*, Baltimore: Johns Hopkins University Press, 1986, pp. 7-14 (シュミッター，オドンネル著/真柄秀子，井戸正伸訳『民主化の比較政治学——権威主義支配以降の政治世界』未來社，1986年)。

12 富崎隆「現代デモクラシーと自由民主主義体制」(堀江湛編『現代政治学III——比較政治学と国際関係』北樹出版，1998年) 68-70頁。

13 たとえば、プシュヴォルスキーは以下のように民主主義を定義する。「民主主義とは、政党が選挙で敗れる一種のシステムである。政党が存在する——利益、価値、意見の分裂がある。競争があり、ルールによって組織される。そして定期的な勝者と敗者が存在する。明らかに全ての民主主義が同じであるとは限らない。数多くのバリエーションを挙げることができ、民主的制度のいくつかのタイプを区別することができる。しかし、全ての制度的な多様性の中で、政治システムを民主主義として確認するには、1つの基本的な特徴——参加のために開かれた競合——だけで十分である」(Adam Przeworski, *Democracy and the Market: Political and Economic Reforms in Eastern Europe and Latin America*, Cambridge: Cambridge University Press, 1991, p. 10)。

14 Samuel P. Huntington, *op. cit.*, pp. 9-10.

15 Guillermo O'Donnell and Philippe C. Schmitter, *op. cit.*, pp. 11-12.

16 *Ibid.*, pp. 14-15.

17 *Ibid.*, p. 8.

18 Juan J. Linz and Alfred Stepan, *Problems of Democratic Transition and Consolidation: Southern Europe, South America, and Post-Communist Europe*, Baltimore: Johns Hopkins University Press, 1996, p. 4 (J・リンス, A・ステパン著／荒井祐介, 五十嵐誠一, 上田太郎訳『民主化の理論——民主主義への移行と定着の課題』一藝社, 2005年).

19 David Collier and Steven Levitsky, "Democracy with Adjectives: Conceptual Innovation in Comparative Research," *World Politics*, Vol. 49, No. 3, April 1997, p. 441.

20 Juan J. Linz and Alfred Stepan, *op. cit.*, pp. 67-68.

21 *Ibid.*, p. 4.

22 *Ibid.*, p. 3.

23 *Ibid.*, pp. 5-6.

24 Richard Gunther, P. Nikiforos Diamandouros, and Hans-Jurgen Puhle, "Introduction," in Richard Gunther, P. Nikiforos Diamandouros, and Hans-Jurgen Puhle, eds., *The Politics of Democratic Consolidation: Southern Europe in Comparative Perspective*, Baltimore: Johns Hopkins University Press, 1995, pp. 5-6.

25 *Ibid.*, p. 3.

26 *Ibid.*, p. xii.

27 *Ibid.*, p. 3.

28 *Ibid.*, p. 7.

29 民主主義の定着の定義のバリエーションについては、プラッサーらが7つに整理している (Fritz Plasser, Peter A. Ulram, and Harald Waldrauch,

Democratic Consolidation in East-Central Europe, New York: St. Martin's Press, 1998, pp. 44–45)。

30 Terry L. Karl, "Dilemmas of Democratization in Latin America," *Comparative Politics*, Vol. 23, No. 1, October 1990.

31 J. Samuel Valenzuela, "Democratic Consolidation in Post-Transitional Settings: Notion, Process, and Facilitating Conditions," in Scott Mainwaring, Guillermo O'Donnell, and J. Samuel Valenzuela, eds., *Issues in Democratic Consolidation: The New South American Democracies in Comparative Perspective*, Notre Dame: University of Notre Dame Press, 1992, pp. 59–61.

32 Don Chull Shin, "On the Third Wave of Democratization: A Synthesis and Evaluation of Recent Theory and Research," *World Politics*, Vol. 47, No. 1, October 1994, p. 142.

33 村田邦夫『史的システムとしての民主主義――その形成・発展と変容に関する見取り図』晃洋書房，1999年，59-65頁。

34 J. A. Schumpeter, *op. cit.*, pp. 296–297.

35 Robert A. Dahl, *op. cit.*, p. 10, p. 173.

36 Arturo Santa-Cruz, *International Election Monitoring, Sovereignty, and the Western Hemisphere Idea: The Emergence of an International Norm*, New York: Routledge, 2005.

37 Thomas Carothers, "The End of Transition Paradigm," *Journal of Democracy*, Vol. 13, No. 1, January 2000, pp. 8–9.

38 まとまった研究としては以下のものがある。Guillermo O'Donnell, Jorge Vargas Cullell, and Osvaldo M. Iazzetta, eds., *The Quality of Democracy: Theory and Applications*, Notre Dame: University of Notre Dame Press, 2004; Larry Diamond and Leonardo Morlino, eds., *Assessing the Quality of Democracy*, Baltimore: Johns Hopkins University Press, 2005.

39 Larry Diamond and Leonardo Morlino, "Introduction," in Larry Diamond and Leonardo Morlino, eds., *Assessing the Quality of Democracy*, Baltimore: Johns Hopkins University Press, 2005, pp. x–xxix.

40 Mary Kaldor and Ivan Vejvoda, "Democratization in Central and Eastern European Countries," *International Affairs*, Vol. 73, No. 1, January 1997, pp. 62–63, pp. 66–79.

41 プライダムも同様の立場から実質的民主主義の重要性を説いている（Geoffrey Pridham, *The Dynamics of Democratization: A Comparative Approach*, London: CONTINUUM, 2000, pp. 4–5)。

42 岩崎育夫「民主化を考える枠組み」（国際協力事業団『民主的な国づくりへの支援に向けて――ガバナンス強化を中心に』国際協力事業団，2002年3

月）5 頁。Kevin F. F. Quigley, "Political Scientists and Assisting Democracy: Too Tenuous Links," *Political Science and Politics*, Vol. 30, No. 3, September 1997, pp. 564-565.

43 Jose V. Abueva, "Philippine Democratization and the Consolidation of Democracy since the 1986 Revolution: An Overview of the Main Issues, Trends and Prospects," in Felipe B. Miranda, ed., *Democratization: Philippine Perspectives*, Quezon City: University of the Philippines Press, 1997, p. 2, p. 48. 同様にインドを中心とした発展途上国の民主主義の問題に着目するヴァーシュネイは，経済的平等性を強調しながら実質的民主主義の重要性を論じている（Ashutosh Varshney, "Why Have Poor Democracies not Eliminated Poverty?," *Asian Survey*, Vol. 40, No. 5, September-October 2000, p. 725)。

44 Patrick Heller, "Degrees of Democracy: Some Comparative Lessons from India," *World Politics*, Vol. 52, No. 4, July 2000, pp. 487-491.

45 ロック著／鵜飼信成訳『市民政府論』岩波文庫，1968 年，10 頁，24-25 頁。

46 同上書，31-55 頁。

47 同上書，9 頁。

48 同上書，81-91 頁，134 頁。

49 同上書，151 頁。

50 ファーガスン著／大道安次郎訳『市民社会史 上巻』白日書院，1948 年，43-44 頁，77 頁。

51 Adam Ferguson, *Principles of Moral and Political Science: Being Chiefly a Retrospect of Lectures Delivered in the College of Edinburgh*, Edinburgh: Printed for A. Strahan and T. Cadell, London; and W. Creech, Edinburgh, 1792, p. 467.

52 アダム・スミス著／大河内一男監訳『国富論 (1)』中央公論社，1978 年，133 頁。

53 同上書，13 頁，20-21 頁，24 頁。

54 アダム・スミス著／大河内一男監訳『国富論 (3)』中央公論社，1978 年，52-57 頁。

55 A・トクヴィル著／井伊玄太郎訳『アメリカの民主政治 上巻』講談社，1987 年，21-39 頁。

56 A・トクヴィル著／井伊玄太郎訳『アメリカの民主政治 中巻』講談社，1987 年，45-52 頁。

57 A・トクヴィル著／井伊玄太郎訳『アメリカの民主政治 下巻』講談社，1987 年，200-201 頁，205 頁。

58 J・S・ミル著／塩尻公明，木村健康訳『自由論』岩波書店，1971 年，14 頁。

59 同上書，24 頁。

60 同上書, 151-153 頁。
61 Larry Diamond, "Toward Democratic Consolidation," in Larry Diamond and Marc F. Plattner, 2nd eds., *The Global Resurgence of Democracy*, Baltimore: Johns Hopkins University Press, 1996, p. 228.
62 *Ibid.*, pp. 227-228.
63 *Ibid.*, pp. 230-234.
64 以下の研究が代表的なものである。Bob Edwards, Michael W. Foley, and Mario Diani, eds., *Beyond Tocqueville: Civil Society and the Social Capital Debate in Comparative Perspective*, Hanover: University Press of New England, 2001; Michael Edwards, *Civil Society*, Cambridge: Polity Press, 2004.
65 ユルゲン・ハーバーマス著／細谷貞雄，山田正行訳『公共性の構造転換——市民社会の一カテゴリーについての探求』未來社，1994 年，xxxviii 頁。
66 ユルゲン・ハーバーマス著／河上倫逸監訳『新たなる不透明性』松頼社，1995 年，213-217 頁。
67 たとえば以下の研究を参照されたい。佐藤慶幸『NPO と市民社会——アソシエーション論の可能性』有斐閣，2002 年，入山映『市民社会論——NGO・NPO を超えて』明石書店，2004 年。
68 非営利セクターとしての市民社会に関するクロスナショナルな比較研究は，サラモンとアンヘイアーによって精力的に進められている。Lester M. Salamon and Helmut K. Anheier, *The Emerging Nonprofit Sector: An Overview*, New York: Manchester University Press, 1996 (レスター・M・サラモン，H・K・アンヘイアー著／今田忠監訳『台頭する非営利セクター——12 カ国の規模・構成・制度・資金源の現状と展望』ダイヤモンド社，1996 年); Lester M. Salamon and Helmut K. Anheier, *Defining the Nonprofit Sector: A Cross-National Analysis*, New York: Manchester University Press, 1997; Helmut K. Anheier and Lester M. Salamon, *The Nonprofit Sector in the Developing World: A Comparative Analysis*, Manchester: Manchester University Press, 1998.
69 五百旗頭真，入江昭，大田弘子，山本正，吉田慎一，和田純『「官」から「民」へのパワー・シフト——誰のための「公益」か』TBS ブリタニカ，1998 年。
70 千葉眞「市民社会・市民・公共性」(佐々木毅，金泰昌編『国家と人間の公共性』東京大学出版会，2002 年) 199-120 頁。
71 Francis Fukuyama, *The End of History and the Last Man*, New York: Free Press, 1992 (フランシス・フクヤマ著／渡部昇一訳『歴史の終わり』三笠書房，1992 年)。
72 伊藤述史『市民社会とグローバリゼーション——国家論に向けて』御茶の水書房，2006 年，4-11 頁。

73 Jude Howell and Jenny Pearce, *Civil Society and Development: A Critical Exploration*, Boulder: Lynne Rienner Publishers, 2002, p. 64.
74 前者の意味でのラディカルの系譜の議論については，チャンドークの研究が示唆に富む（Neera Chandhoke, *State and Civil Society: Explorations in Political Theory*, New Delhi: Saga Publications, 1995, pp. 76-160）。後者の意味での議論については，バーカーの研究を参照されたい（Gideon Baker, *Civil Society and Democratic Theory: Alternative Voices*, London: Routledge, 2002, pp. 54-112）。また，グリューゲルは，後者の意味でのラディカルの系譜の市民社会の重要性を指摘し，リベラルとラディカル双方の視角を組み合わせたアプローチによって民主化の分析を行う必要性を説いている（Jean Grugel, *Democratization: A Critical Introduction*, New York: PALGRAVE, 2002, pp. 92-96〔ジーン・グリューゲル著／仲野修訳『グローバル時代の民主化——その光と影』法律文化社，2006年〕）。
75 ヘーゲル著／岡田隆平，速水敬二譯訳『法の哲學——自然法及び國家學』岩波書店，1950年，414頁。
76 同上書，413頁，418-421頁。
77 同上書，416-417頁，427-429頁，469-470頁。
78 同上書，301頁，479-480頁，498-516頁。
79 K・マルクス，F・エンゲルス著／花崎皋平訳『ドイツ・イデオロギー』合同出版，1992年，73頁，163頁。
80 マルクス著／真下信一訳『ヘーゲル法哲学批判序論』大月書店，1970年，306頁，311頁。
81 K・マルクス，F・エンゲルス著／花崎皋平訳，前掲書，73頁，166頁。
82 マルクス，エンゲルス著／大内兵衛，向坂逸郎訳『共産党宣言』岩波書店，1951年，38-69頁。
83 同上書，68-69頁。
84 アントニオ・グラムシ著／石堂清倫編訳『グラムシ問題別選集 第2巻』現代の理論社，1971年，212-213頁，アントニオ・グラムシ著／石堂清倫編訳『グラムシ問題別選集 第3巻』現代の理論社，1972年，88-89頁。
85 アントニオ・グラムシ著／石堂清倫編訳『グラムシ問題別選集 第1巻』現代の理論社，1971年，167頁，178頁，180頁，202頁。
86 同上書，207頁，アントニオ・グラムシ著／石堂清倫編訳『グラムシ問題別選集 第4巻』現代の理論社，1972年，16頁。
87 アントニオ・グラムシ著／石堂清倫編訳，前掲『グラムシ問題別選集 第3巻』，88頁。
88 Neera Chandhoke, *op. cit.*, p. 40.
89 Ellen Meiksins Wood, "The Uses and Abuses of 'Civil Society'," in Ralph Miliband and Leo Panitch, eds., *The Socialist Register 1990*,

London: The Merlin Press, 1990, p. 63, p. 74.
90 Krishan Kumar, "Civil Society: An Inquiry into the Usefulness of an Historical Term," *British Journal of Sociology*, Vol. 44, No. 3, September 1993, p. 389.
91 Garry Rodan, "Theorising Political Opposition in East and Southeast Asia," in Garry Rodan, ed., *Political Oppositions in Industrialising Asia*, New York: Routledge, 1996, p. 22.
92 我が国では平田がグラムシのヘゲモニー論を精力的に取り込み，市民社会の理論化を進めた（平田清明『市民社会とレギュラシオン』岩波書店，1993 年，241-297 頁）。平田は，市民社会を「性，人種，世代の諸闘争の場と位置づけ直した（平田清明『市民社会思想の古典と現代——ルソー，ケネー，マルクスと現代市民社会』有斐閣，1996 年，288 頁）。
93 加藤哲郎「現代レギュラシオンと国家——日本はシュンペーター主義的勤勉国家の最先端か？」（田口富久治，加藤哲郎編『現代政治学の再構成』青木書店，1994 年）285-286 頁，288 頁。
94 Jean L. Cohen and Andrew Arato, *Civil Society and Political Theory*, Massachusetts: The MIT Press, 1992, p. ix, pp. 19-20.
95 *Ibid.*, p. 492.
96 *Ibid.*, p. 497.
97 Jean L. Cohen, "Interpreting the Notion of Civil Society," in Michael Walzer, ed., *Toward a Global Civil Society*, Providence: Berghahn Books, 1995, p. 36（ジーン・コーヘン「市民社会概念の解釈」〔マイケル・ウォルツァー編／石田淳，越智敏夫，向山恭一，佐々木寛，高橋康浩訳『グローバルな市民社会に向かって』日本経済評論社，2001 年〕）。
98 Jean L. Cohen and Andrew Arato, *op. cit.*, p. 493.
99 田中智彦「ラディカル・デモクラシーの政治思想——シャンタル・ムフにおける自由・差異・ヘゲモニー」（千葉眞，佐藤正志，飯島昇蔵編『政治と倫理のあいだ——21 世紀の規範理論に向けて』昭和堂，2001 年）242 頁。
100 Lummis C. Douglas, *Radical Democracy*, Ithaca: Cornell University Press, 1996, pp. 30-37（C・ダグラス・ラミス著／加地永都子訳『ラディカル・デモクラシー——可能性の政治学』岩波書店，1998 年）。
101 この点に関連して千葉は，ラディカル・デモクラシーをより広義に捉え，それに結びつく議論を 5 つのアプローチに分類している。第 1 は，ウォリン，ムフ，ラミスなど市民の参加と自治とシチズンシップの観点から参加民主主義によってデモクラシーの深化を求めるアプローチである。第 2 は，ハーバマスを中心にした法治主義と立憲主義に基づく「審議的デモクラシー」を強調するアプローチである。第 3 は，トレンドに代表される社会民主主義の立場からのアプローチである。第 4 は，ラクラウやムフなどの

ポストモダンの視座から差異,闘争,抗争などの概念を強調するアプローチである。第5は,第4のアプローチとやや重なるが,ヤングやフレイザーなどの「差異の政治」からのアプローチである(千葉眞「デモクラシーと政治の概念——ラディカル・デモクラシーに向けて」『思想』1996年9月,通号867号,10-11頁)。

102 千葉眞『ラディカル・デモクラシーの地平——自由・差異・共通善』新評論,1995年,20-22頁。
103 同上書,35-36頁。
104 Chantal Mouffe, *The Return of the Political*, New York: Verso, 1993, p. vii(シャンタル・ムフ著/千葉眞,土井美徳,田中智彦,山田竜作訳『政治的なるものの再興』日本経済評論社,1998年)。
105 Chantal Mouffe, *op. cit.*, p. 18.
106 *Ibid.*, p. 7.
107 *Ibid.*, p. 70.
108 千葉眞,前掲『ラディカル・デモクラシーの地平』,147頁。
109 同上書,147頁。
110 Chantal Mouffe, *op. cit.*, p. 10.
111 千葉眞,前掲『ラディカル・デモクラシーの地平』,40頁。
112 Chantal Mouffe, *op. cit.*, p. 5.
113 Ernesto Laclau and Chantal Mouffe, *Hegemony and Socialist Strategy: Towards a Radical Democratic Politics*, London: Verso, 1985, p. 176(エルネスト・ラクラウ,シャンタル・ムフ著/山崎カヲル,石澤武訳『ポスト・マルクス主義と政治——根源的民主主義のために』大村書店,1992年)。
114 Jean L. Cohen and Andrew Arato, *op. cit.*, p. 19.
115 星野智「マルクスと政治学——政治の脱構築とポスト・ラディカル・デモクラシー」『アソシエ』第6号,2001年4月,150頁。
116 Paul Q. Hirst, *Associative Democracy: New Forms of Economic and Social Governance*, Cambridge: Polity Press, 1994, p. 12.
117 市民社会概念に関する整理を行ったものとして,以下の研究も参照されたい。浅野清,篠田武司「現代世界の『市民社会』思想」(八木紀一郎,山田鋭夫,千賀重義,野沢敏治編『復権する市民社会論——新しいソシエタル・パラダイム』日本評論社,1998年),山口定『市民社会論——歴史的遺産と新展開』有斐閣,2004年。
118 Isagani R. Serrano, "Civil Society in the Philippines Struggling for Sustainability," in David C. Schak and Wayne Hudson, eds., *Civil Society in Asia*, Aldershot: Ashgate, 2003, p. 104.
119 Miriam Coronel Ferrer, "Civil Society: An Operational Definition," in Maria Serena I. Diokno, ed., *Democracy and Citizenship in Filipino*

Political Culture, Quezon City: The Third World Studies Center, 1997, p. 8.

120 Emma Porio, "Civil Society and Democratization in Asia: Prospects and Challenges in the New Millennium," in Henk Schulte Nordholt and Irwarn Abdullah, eds., *Indonesia: In Search of Transition*, Yogyakarta: Pustaka Pelajar, 2002. また，非営利セクターとしての市民社会を論じた研究書として以下のものがある。Ledivina V. Cariño, ed., *Between the State and the Market: The Nonprofit Sector and Civil Society in the Philippines*, Quezon City: Center for Leadership, Citizenship and Democracy, National College of Public Administration and Governance, University of the Philippines, 2002.

121 Isagani R. Serrano, *On Civil Society*, Quezon City: Philippine Rural Reconstruction Movement, 1993, p. 43.

122 Isagani R. Serrano, "Reimagining Civil Society," *Intersect*, Vol. 8, No. 10, October 1994, p. 21.

123 Donald Goertzen "Agents for Change," *Far Eastern Economic Review*, Vol. 153, No. 32, August 20, 1991, p. 20.

124 Miriam Coronel Ferrer, *op. cit.*, pp. 13–14.

125 James Putzel, "Non-Governmental Organizations and Rural Poverty," in G. Sidney Silliman and Lela Garner Noble, eds., *Organizing For Democracy: NGOs, Civil Society, and the Philippine State*, Honolulu: University of Hawai'i Press, 1998, pp. 78–80.

第2章

分析枠組みの検討

はじめに

　比較政治学において発展を遂げてきた民主化研究では，戦後しばらくは社会的，経済的，文化的，歴史的条件が民主主義体制への移行を決定づけると考える構造主義アプローチが支配的であった。近代化論や政治文化論は，その代表的なアプローチと言えよう。だが，1970年代から世界規模に拡大していった民主化の「第三の波」では，構造的条件の異なる国が次つぎに民主化を果たしたことで，構造主義アプローチは多くの反証例を抱えることになり，その説得力を失っていった。

　こうした構造決定論に対するアンチテーゼとして1980年代後半に登場したのが，アクター中心アプローチであった。経済も文化も歴史も民主化の決定要因ではない。民主化に不利な構造的条件下であっても，民主主義を求めるアクターさえいれば民主化は可能である。民主化とは究極的には政治的手技の問題に他ならない。このような認識からアクター中心アプローチは，政治アクターに着目して民主化という現象を捉え直したのであった。アクター中心アプローチは，民主主義体制への移行過程に焦点を当てていることから，しばしば移行論（Transitology）とも呼ばれる。移行論は，その登場以来，民主化研究を牽引する代表的なアプローチとなり，多くの事例の分析に適用されていったことは周知の通りである。

1990年代には，民主化後の不安定な実情を踏まえ，民主主義体制の定着過程に焦点を当てた定着論（Consolidology）が登場する。定着論は，移行論を引き継ぐ形で生まれたプロジェクトであるが，移行論がアクターの役割を強調したのに対して，定着論は構造的要因にも着目した。初期の構造主義アプローチが注目した経済成長や政治文化といったマクロな独立変数は，民主化移行のダイナミズムを説明するには不十分であったが，民主主義体制の定着や存続の条件としてはより説得力を持っていたからである。

　以上のような民主化研究の変遷の中で，市民社会に着目する本書のアプローチはどのように位置づけられるのか。この点を明らかにするために，以下ではまず構造主義アプローチ，移行論，定着論の基本的特徴をまとめながら，それぞれのアプローチにおける市民社会の捉え方を検証する。この作業によって，既存のアプローチでは市民社会が粗雑に扱われてきたことが改めて確認され，市民社会に力点を置く本書のアプローチの特徴がより明確に理解されよう。

　無論，分析の焦点を市民社会に置くからといって，国家の役割を無視してよいというわけではない。市民社会が持つ可能性と限界は，国家との関係の中で検討してこそよりよく理解できよう。ここでは，非マルクス主義の国家論，ネオ・マルクス主義およびポスト・マルクス主義の国家論，非マルクス主義のポスト国家論の議論を援用したい。これらの国家論は，民主化や民主主義の問題を正面から扱っているわけではない。しかし，それらが提示する着眼点は，国家と市民社会との相互作用から民主化および民主主義の分析を行うための有効な足がかりとなろう。

　以上の作業を通じて本章では，新たな分析枠組みとして国家―市民社会アプローチを提示する。

第1節　構造主義アプローチにおける市民社会

1．近代化論

　1950年代から60年代にかけてアメリカを中心に，新興国家の政治変動を近代化もしくは政治発展という枠組みで理解しようとする研究が台頭し始め

る。近代化論，それを深化させ政治に焦点を当てた「政治発展論」と呼ばれるアプローチである。この時期は，一方でかつて先進諸国の帝国主義支配下にあった旧植民地諸国が次つぎと独立を果たし新興独立国への関心が大きく喚起され，他方でファシズムの敗戦，そしてスターリン主義の暴走に伴うマルクス主義への失望によって，欧米諸国の自由民主主義の成功が謳歌されていた[2]。こうした時代背景が近代化論の台頭を促したことは言うまでもない。

社会は長い時間をかけて発展してゆくが，近代化こそ社会の発展にとって最も重要な変化である。古い伝統社会（Gemeinschaft）から新しい近代社会（Gesellschaft）への変化は，避けることのできない社会変動であるばかりか，人間社会にとって有益で望ましいものである。欧米諸国が最も発展（近代化）した地域であり，それを手本に同じ経路をたどって発展途上国は発展する。近代化を達成しさえすれば，新興諸国も自ずと欧米諸国のような民主主義体制を手に入れることができる。このように近代化論は，新興諸国の政治変動を理解しようと試みた[3]。

社会学者であるリプセットが1959年に発表した「民主主義の社会的諸条件——経済発展と正統性」と題する論文と翌60年に刊行した『政治のなかの人間』という著書は，現在に至るまで近代化論を論じる場合に不可欠の準拠点となっている。「国家がより豊かになれば，民主主義が維持される可能性はより高まる」。この仮説をリプセットは，近代化指標（富，工業化，都市化，教育の4つ）を用いて，ヨーロッパ，アングロ・サクソン，ラテンアメリカの合計48カ国を対象としたクロス集計分析によって検証を試みた。その結果，経済発展は安定した民主主義体制で最も進み，安定した独裁体制で最も遅れ，不安定な民主主義体制と不安定な独裁体制では中間にあることが明らかとなった[4]。この「リプセットの仮説」を皮切りに，以後，多様な分析手法によって，近代化と民主主義体制との正の相関関係を支持する分析結果が示されていった[5]。

近代化論は，1960年代に比較政治学において最も有力なパラダイムとなった[6]。しかし，理論と現実との乖離に直面し，その光彩を失うのも早かった。大規模な経済援助は経済面での離陸（テイクオフ）と安定した民主主義体制をもたらすと考えられていたが，実際に発展途上国で見られたのは離陸や民

主化の失敗，頻発する軍事クーデターであった。また，若手研究者が発展途上国で現地調査に従事するようになると，欧米諸国の文化や歴史とは全く異なる現実が認識され，近代化論の分析枠組み自体の有効性が疑問視されるようになる。そこから登場した従属論やコーポラティズム論の台頭は，近代化論の失墜をさらに加速させた。既に明らかなように，近代化論の考える近代化とは，かつて欧米諸国が経験した発展プロセスに他ならない。その欧米中心的かつ単線的な発展観に対して，数多くの批判が浴びせられたことは周知の通りである[8]。

　しかし，多様な批判にもかかわらず，体制としての民主主義と経済発展との相関関係については，その後も計量分析によって継続的に支持されていった。その分析手法は，統計技術の発達に伴い精錬されてゆく。その中で次第にリプセットの仮説は，「経済が発展するほど，民主主義が出現する（民主化する）可能性は高まる」と読み替えられてゆく[9]。さらに，1980年代後半になると近代化論は息を吹き返し，経済発展が民主化を促すという仮説がより説得力を持って再び語られるようになる。この背景として，パイやヴァーバ，ハンティントンなどの近代化論者がアメリカ政治学会の会長に就任し，また近代化論の妥当性を喧伝する論文が数多く輩出されたことが挙げられよう[10]。

　近代化論の議論において，市民社会はどのように位置づけられてきたのだろうか。非欧米諸国が欧米諸国の近代化コースを模倣するとすれば，以下のことが想定されうる。すなわち，経済成長はコミュニケーションの増大と教育水準の上昇，さらには社会的流動性，わけても中間層の増大をもたらす。その中で伝統的な秩序は崩壊し，政治的組織化の新たな機会が増え，目覚めた市民が民主主義を望む。岩崎の議論を援用してやや単純化すれば，「経済成長→中間層の台頭→市民社会の形成→民主主義の出現」と表すことができる[11]。近代化論における市民社会の議論は，経済成長を背景とする中間層（ブルジョアジー）の台頭が1つのメルクマールになっていると言えよう。

　たとえば，近代化論の代表的論客であるダイアモンドは，市民社会の実質的な成長を促す重要なファクターとして社会経済的発展を取り上げ，台湾から中国，ソ連から南アフリカ，ブラジルからタイに至るまで，経済発展は以下のような効果を生んだと指摘する。「より人口密度の高い居住区への人び

との物理的な集中とより広汎で多様な交流ネットワークの分散。情報に対する分権的な統制とオルターナティブな情報源の増加。識字能力，知識，収入，その他の組織的資源のより広い人口層への分散。機能的な専門化，相互依存，そしてシステム全体を混乱させる機能的かつ明確な抗議（交通ストなど）の潜在能力の増加」。これらは，市場経済下での経済成長に伴う社会変化であり，そうした変化が中間層の台頭を介して市民社会の規模や資源を拡大させ，成長した市民社会が民主主義体制の出現を促すと考えられている[12]。

以上のような特徴を持つ近代化論は，以下のような欠点を有していた。第1に，統計技術を駆使して経済発展と民主主義体制との相関関係を証明したとしても，いかにして経済発展が民主主義体制への移行とその定着に結びつくのかに関しては十分な説明が加えられていない。このことは，民主化という体制変動と民主主義という政治体制とが十分に区別されていないことからも端的に読み取れよう。同様に，媒介変数としての市民社会の成長が，いかに民主主義体制への移行やその定着と結びつくのかについても説得力のある議論を行っていない。

第2に，民主化過程で中間層が市民社会の担い手として台頭してきたことは広く認められようが，市民社会にはそれ以外の集団も含まれることから，市民社会を中間層のみに還元することは実態的にも正確ではない。アラトーが言うように，近代化，工業化，社会的階層分化，都市化，教育，そしてコミュニケーションの現代技術の発展と市民社会の制度的ネットワークとを混同しないことが肝要である[13]。

第3に，マクロな構造的要因に重点を置くあまり，ミクロ・レベルの政治アクターを軽視しすぎた。その結果，市民社会アクターを含め個々のアクターの具体的な役割は等閑視され，市民社会は一枚岩的で曖昧な領域として扱われていた。

2. 政治文化論

政治文化と民主主義体制との関係を論じた先駆的な研究は，アーモンドとヴァーバの『現代市民の政治文化』（1963年）であろう。それ以前の研究では，政治に対する文化の影響は主観的に捉えられる傾向があった。これに対して

アーモンドらは，比較可能な経験的データに基づき，政治文化と民主主義体制との関係を初めて実証的に分析した。アーモンドとヴァーバは，政治文化（市民文化）に関する3つの変数に着目する。すなわち，人間相互の信頼感，政治制度への誇り，政治能力への感覚である。これらの変数に基づきアメリカ，イギリス，ドイツ，イタリア，メキシコで調査を行い，民主主義体制が成熟したアメリカとイギリスの方がドイツ，イタリア，メキシコよりも政治文化が成熟していることを明らかにした。彼らは，分析対象とした5カ国をいずれも民主主義体制と見なしており，非民主主義体制の政治文化を検証したわけではない。しかし，検証の結果から類推し，非民主主義的な新興諸国においても政治文化が成熟することで安定した民主主義体制の形成が可能になると考えた。彼らは，近代化論が民主化の心理的基盤を取りこぼしているだけでなく，重要な逸脱事例を説明できないという認識から政治文化の重要性を強調したが，結局は近代化が民主主義体制への機会を拡大すると説き，政治文化の育成にとって教育が重要であることを指摘したにすぎなかった。[14]

　政治文化論は，アーモンドとヴァーバの体系的な研究もあって1960年代に脚光を浴びたが，同時に多くの批判にもさらされ，没落するのも早かった。第1に，政治文化論は，結局はアングロ・サクソン文化の優越性を主張したものに他ならず，近代化論と同様にその欧米中心主義ゆえに痛烈な批判を受けた。[15]第2に，データの有効性の問題である。アーモンドらは，ある特定の時点のデータに基づき非時系列的な分析を行ったため，絶えず変化する政治文化を静態的なものとして扱ってしまった。第3に，因果関係の問題である。ある種の政治文化が民主主義体制を育成するのか，それとも民主主義体制がある種の政治文化を育成するのか。アーモンドらは，この問題を半ば不問に付し，前者を前提とした議論を展開した。こうした批判に加え，経済変数に基づく合理的選択アプローチがアメリカ社会科学の主流になると，政治文化を正面から扱う研究は次第に周辺へと追いやられていった。

　しかし，1980年代後半になると政治文化論は次第に復活を遂げ，政治文化を説明変数とした計量分析が積極的に行われるようになる。その火付け役となったのがイングルハートであった。彼は，88年に発表した「政治文化

の復興」と題する論文の中で，経済変数に基づく合理的選択モデルが優位な状況を批判しつつ文化的要因の重要性を改めて指摘し，経済発展と民主主義体制との媒介項として政治文化が機能することを計量分析によって示した。[16]
1993年には，ダイアモンドの編纂による『発展途上国における政治文化と民主主義』が刊行され，その序文でアーモンドは「政治文化の復帰」を声高らかに主張した。[17]同書でダイアモンドは，民主化と民主主義の分析における政治文化の扱いをやや批判的に捉え，3つの欠点を指摘して政治文化に関するアプローチの精緻化を試みている。第1にエリートに着目して大衆文化を軽視していること，第2に行動が持続的な価値観として根づく複雑なプロセスに関心を向けていないこと，第3に政治文化以外の要素を完全に無視していることである。ダイアモンドは，文化決定主義にはやや懐疑的な態度を示しているものの，結論的には政治文化が民主主義体制を促進すると唱えている。[18]

政治文化論では，アーモンドらが提起した市民文化が市民社会に根ざす政治的信条，指向性，価値観の総体として捉えられることが多い。その意味で，市民文化と市民社会は極めて親和性を持つものとして扱われている。社会資本（social capital）という概念を用いたパットナムの研究は，その代表例である。社会資本とは，「共有された目標を追求するために，より効果的に一緒に行動することを参加者に可能にする社会生活の諸特徴―ネットワーク，規範，信頼」と定義される。パットナムは，イタリア各地の有権者と地方議会議員に対する社会調査を20年以上にわたって行い，社会資本が充実している地域は経済的に発展し，行政サービスも充実して民主的制度が安定していることを明らかにした。パットナムにとってこの社会資本こそが，民主的制度を適切に機能させる要石である。そして市民社会の中核となる組織化された相互依存と市民的連帯のネットワークは，社会資本の重要な源泉と位置づけられている。[19]

また，政治文化論の代表的論客であるパイは，民主主義体制に不可欠な構成要素として市民性，社会資本，市民社会に着目する。市民性は人間同士の相互関係における最も一般的な規範であり，社会資本は共同体を形成し集合的に国家目標を達成するための潜在力を決定づけ，市民社会は多元的な民主

主義体制にとって不可欠な利益の表出と集約を行うための基礎を提供する。パイによれば三者の関係は以下のようになる。「ある国における特定の市民性の規範は，社会資本の蓄積を容易にするか阻害する。社会によって蓄えられた社会資本の量は，健全な市民社会の出現を促すきっかけを作り，そうして形成された市民社会が民主的政治のためのダイナミクスを生み出す」[20]。「市民性→社会資本→市民社会→民主主義」という発展図式である。

　市民社会，社会資本，民主主義の関係については，ブースとリチャードが中央アメリカの6カ国を事例とした計量分析によって検証を試みている。検証の結果，彼らは，活発な市民社会は政治的知識と相互信頼に基づく社会資本だけでなく政治参加と民主的価値観に基づく政治資本をも育成すること，また市民社会が活発なほど民主主義体制の発展レベルが高いことを明らかにした。民主主義体制との関係では，政治資本は民主主義体制の発展レベルと強い相関関係があったものの，社会資本は部分的にしか相関関係が認められないという結果を提示している[21]。これに加えて，政治文化と民主主義体制との相関関係自体についても疑義を呈する検証結果が提示されており[22]，未だに議論の決着はついていないのが現状であろう。

　本書の関心に引き寄せて言えば，政治文化論の欠点は以下の2点に集約されよう。第1に，近代化論と異なり政治文化論は，市民意識というミクロ・レベルの対象に注意を払ってはいたが，市民社会を一枚岩的な領域として扱い，個々の組織の役割を等閑視していた点では，近代化論と同断であった。

　第2に，民主化という動態的な体制変動に対する意識は，リバイバルした近代化論よりも希薄であった。そこでは，市民文化と市民社会の成長がいかにして民主主義体制を継続させうるのかに最大の関心が置かれ，それらの成長がどのように民主主義体制の誕生へと結びつくのかについては十分に意識されていたわけではない。近代化論と同様に，民主主義体制への移行過程とその定着過程との区分も不明瞭であった。

第2節　移行論と定着論における市民社会

1. 市民社会論の4つの学派

　前節で見たように構造主義アプローチでは，民主主義体制への移行過程とその定着過程との区別が曖昧であった。これに対して，移行過程を正面から扱ったのが移行論であり，その後継プロジェクトとも言える定着論の登場によって，移行過程と定着過程とが明確に区分されるようになっていった。

　移行論と定着論において，市民社会はどのように位置づけられているのだろう。この点については，ハイドンの整理が参考になろう。彼は，市民社会概念が資本主義の興隆と近代国家の発展と歴史的に結びついてきたことに着目し，市民社会を4つの思想的モデルに分類する。図2-1にあるように，市民社会が国家から本質的に自律しているか国家と組織的に結びついているかを縦軸に，市民社会の焦点を私的な経済活動に置くか個人を媒介項とするアソシエーションの役割に置くかを横軸にして市民社会モデルが整理されている。[23]

　オドンネルとシュミッターを嚆矢とする移行論における市民社会の議論は，レジーム学派の延長線上に位置づけられよう。レジーム学派は，絶対主義国家への対抗軸として市民社会を位置づけ，個人の自由を確保するために国家主権を制限する必要性を説いたロックの思想に示唆を受けている。[24] 民主化という政治変動との関係の中で市民社会を論じる移行論では，市民社会は市場経済とは区別され，民主主義体制への移行を促す政治的領域と捉えられている。

　市民社会のアソシエーションの役割を強調する立場は，アソシエーショナル学派に分類される。この学派では，トクヴィルの議論に基づき，強大な国家と多数者の専制に対する危惧から市民社会におけるアソシエーションの役割が重視される。定着論を含め，市民社会と民主主義との親和性を論じる研究の大半は，この学派に含められよう。そこでの市民社会は，組織化された社会生活の領域と定義され，個人と政治制度との中間領域と位置づけられる。[25]

　本書は，民主主義体制への移行過程においてミクロなアクターの役割に注

(図2-1) 市民社会論に寄与している主要な学派

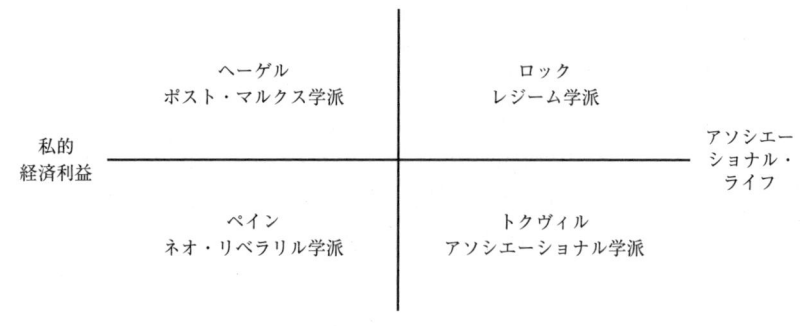

```
                     国家／市民社会の連結
                              │
              ヘーゲル         │        ロック
         ポスト・マルクス学派   │      レジーム学派
  私的                         │                      アソシエー
  経済利益 ────────────────────┼────────────────────  ショナル・
                               │                      ライフ
              ペイン           │       トクヴィル
         ネオ・リベラリル学派   │   アソシエーショナル学派
                               │
                     国家／市民社会の分離
```

(出所) Goran Hyden, "Building Civil Society in the Turn of the Millennium," in John Burbidge, ed., *Beyond Prince and Merchant: Citizen Participation and the Rise of Civil Society*, Brussels: Institute of Cultural Affairs International, 1997, p. 22, Figure 2を一部修正して筆者作成。

目する移行論と，民主主義体制の定着過程を正面から扱いしばしば自発的なアソシエーションの役割を重視する定着論と分析の視点を共有する。しかし，前章で指摘したように，移行論と定着論に代表される民主化研究では，手続き的民主主義（procedural democracy）が分析枠組みとして採用されている。この手続き的民主主義は，価値中立的な装いを呈しているが，実際には欧米の自由民主主義の中で実践されてきた諸制度を前提とした定義に他ならない[26]。そこでは，欧米の伝統的な民主主義理論に付随する2つの特徴，すなわちエリート主義に由来する市民社会の道具的な扱いと市民社会における過度の社会的動員に対する警戒心が見られる[27]。以下では，こうした移行論と定着論の特徴を確認しながら，市民社会に焦点を当てた本書のアプローチを検討する。

2. 移行論における市民社会

オドンネルとシュミッターを嚆矢とする移行論のシナリオを簡単に要約すれば，以下のようになろう。まず政府内で，ハト派とタカ派との間に亀裂が生じ，ハト派が自由化を宣言する。自由化が進むにつれ，反体制勢力も穏健派と急進派に分裂する。政府ハト派が，反体制穏健派を戦略的同盟者と見な

し接触を取る。政府ハト派は既得利益の保持のために，クーデターの可能性を匂わせる。しかし，ここで市民社会が復活して大衆的圧力が高揚し，反体制穏健派に主導権が移る。クーデターは，政府ハト派にとっても破滅に他ならない一方で，反政府穏健派は人民大攻勢による反政府急進派の台頭に畏怖する。この結果，両陣営の穏健派が協定を結び，双方の急進派を抑えつつ自由選挙を実施することで移行は完了する[28]。

　このように移行論では，市民社会の復活が民主化という体制移行を後押しするものとして位置づけられている。彼らは，市民社会の復活を公的空間の再建とも言い換え，爆発する社会の諸層と描写する。すなわち，「より一層公然の民主化，もしくは革命をも要求する旧政党の復活あるいは新政党の結成。長い間，検閲により抑圧されてきた主題についての書籍，雑誌類の突然の出現。労働組合，専門職集団，および大学のごとき旧制度の，政府統制機関から，利益，理想，そして体制に対する怒りの表現の道具への転換。権威主義支配によって長い間抑制されてきた要求を表出する草の根機関の出現。以前では当局への抜け目のない同調で知られていた宗教・信仰団体の倫理的懸念の表明，等々」[29]。

　しかし，移行論は，政治エリートの駆け引きを重視するあまり，市民社会をエリートの交渉の産物として扱う傾向が強く見られる。実際，オドンネルらは，「ひとたび，『何か』が起こったなら―ひとたび，ハト派がタカ派を圧倒し，個人および異議申し立ての権利のいくつかに対する保障の幅の拡大に着手し，選ばれた反体制人物たちと交渉を開始したなら―我々が『市民社会の復活』と呼ぶこととする，一般に拡大された動員が起こってくる」とし，市民社会の復活をあくまでエリートによる交渉の結果と捉えていた[30]。つまり，市民社会は，民主主義の目的として歓迎されるというよりは，政府ハト派に継続して交渉を行うよう仕向け，交渉での反政府穏健派の立場を優位にするものにすぎない[31]。移行論は，選挙を主な支持調達の手段として議会で権力の獲得を目指す政党や政治エリートが活動する空間，すなわち政治社会を強調したアプローチであった[32]。政治社会とは，「政治組織が公権力と国家に対する統制を掌握すべく，政治的な異議申し立てのために明確に自己編成する舞台」を意味する[33]。より具体的には，選挙，政党，議会を指そう。

第2章　分析枠組みの検討

ゲーム理論を応用したプシュヴォルスキの議論でも，同様の傾向が見られる。彼は，オドンネルとシュミッターと異なり，自由化を政府内ハト派の成長を背景とする上からのイニシアティブではなく，政府の分裂と市民社会の自発的組織化との相互作用の過程として捉え直し，市民社会を民主化ゲームの主要な構成要素としている。[34] 彼のシナリオは以下の通りである。まず，政府内の自由化支持者が現在の地位に甘んじ，政府内タカ派に同調した場合には，市民社会は抑圧され現状の独裁体制に留まる。自由化支持者が，市民社会の活動を許容する方向に向かえばゲームは次の局面へと進む。自由化に対して市民社会が体制によって作られた新しい組織に同調する場合，拡大された独裁体制（broadened dictatorship）へと帰着し，自由化戦略は成功したことになる。市民社会が自発的な組織化を継続した場合，ゲームは次の局面へと進む。自由化支持者が市民社会の抑圧に同意しそれに成功すれば，狭められた独裁体制（narrower dictatorship）へと帰着し，自由化支持者はタカ派に支配されることになる。抑圧に失敗した場合には暴動という最悪の結果となる。自由化支持者が自由化を継続して改革支持者へ変貌した場合には，民主化への道が開かれる。その場合，自由化局面で主要なプレイヤーであった市民社会は，ゲームの中から消滅する。[35] このように，市民社会の役割をより強調したプシュヴォルスキの議論でも，市民社会は移行を推し進めるエリート（とりわけこの場合は自由化支持者）の道具にすぎなかった。

　以上のように移行論は，エリート主義的な性格が強いだけでなく，構造主義アプローチと同様に市民社会を一枚岩的な領域として扱っているため，市民社会内部の複雑な動態を軽視していた。また，現実のアクターが自由選挙を嚆矢とする手続き的民主主義を求めていたとしても，あくまでそれは政治現象を分析する研究者の側が便宜的に設定した到達点にすぎない。民主主義体制への移行過程が手続き的民主主義に半ば矮小化され，市民社会アクターを含めた現実のアクターが実際に移行過程で要求する「民主主義」は等閑視されていたと言えよう。

3. 定着論における市民社会

　定着論では，より具体的かつ積極的な役割が市民社会に付与されていると

言えるだろう。ただし，定着論と言っても，既に多様な研究成果が出されていることから，ここでは代表的な研究をいくつか取り上げて論点を整理する。

まず，発展途上国の民主主義体制を比較考察したダイアモンド，リンス，ステパンは，リベラルの市民社会の立場から，定着過程における市民社会の具体的な機能を7つ挙げている。すなわち，(1) 国家権力を監視・制限し，役人にアカウンタビリティを持たせる手段を提供する，(2) 政治参加を刺激し，市民の政治的効力・技術を向上させることで，政党の役割を補完する，(3) 分裂や紛争を平和的かつ民主的に制御することを容易にする寛容，信頼，謙遜，和解といった価値観を吹き込む，(4) 多様な利益を表出・追求するための代替的なチャンネルを提供することで，民主主義体制の代表性を向上させる，(5) 新しい指導者を育成する，(6) 選挙監視活動や有権者教育などによって民主主義を改善する，(7) 政治システムのアカウンタビリティ，応答性，包括性，正統性を向上させることで，正統性と被統治性を強め，国家を尊敬しそれと積極的に関わることを市民に促す，ことである[36]。

同様に移行論の代表的論客であるシュミッターは，以下の5つのプロセスを通じて市民社会は民主主義体制の定着に貢献すると論じている。すなわち，(1) 社会団体内の期待を安定させ，それによって統治に関するより集約的で，信頼でき，実用的な情報を権威者に提供する，(2) 市民的な—すなわち全体を構成する単位として存在していることを気にかけ，民主的プロセスを尊重するような—利益の概念と行動の規範を吹き込む，(3) 個人と企業により近い自己表現と自己同一化の経路を提供し，その結果とくに遠く離れた国家役人に要求を行う時に政治システムからアクターが排除される可能性を低くする，(4) 集合的責務に関してそのメンバーの行動を管理し，それによって公的権力と私的生産者双方の管理の負担を軽減する，(5) 統治者が非合法の強奪者であれ狭量な多数者であれ，統治者による恣意的もしくは専制的な行動に対して潜在的に抵抗するために，重要だが独特ではない蓄積を提供する[37]。

このように定着論において市民社会には，多様な役割が付与されているが，実際には成立した民主主義体制を補完するという意味合いが強い。そればかりか，民主主義体制の定着において最も重要な要因は，市民社会ではなく政治社会とさえ主張される。事実，市民社会という分析視角から民主主義体制

の分析に取り組んでいるダイアモンドは，民主主義体制の定着において最も重要で緊急の要因は市民社会ではなく政治社会であると述べている[38]。移行論との連続性が窺えよう。

　市民社会の動員をエリートが交渉を有利に進めるための条件と考える移行論と異なるのは，定着論では市民社会における過度の政治的動員は誕生したばかりの民主主義体制の安定性を損なうか[39]，初期の代議制民主主義の崩壊に結びつくと考えられている点にある[40]。こうした市民社会の理解は，自由民主主義を基調とする手続き的民主主義を分析枠組みに採用していることと無関係ではない。ベイカーによれば，自由民主主義モデルは，市民社会の道具的な扱いと過度の社会的動員に対する警戒心を特徴とする[41]。それゆえ，市民社会の要求は，成立した民主主義体制を脅かさない程度で歓迎され，ともすればその要求を制限することでしか民主主義体制の安定と定着に資することができないと理解される[42]。

　民主主義体制への移行とその定着に関する体系的な著書を刊行したリンスとステパンは，やや異なる立場から政治社会と市民社会について論じている（表2-1）。まず，彼らは，民主主義体制の定着には5つの相互に関連する領域が必要であると述べる。すなわち，第1に，活発で独立した市民社会，第2に，十分に自律的な政治社会と統治上の手続きについての実効的な合意，第3に，立憲主義と法の支配，第4に，合理的で合法的な官僚的規範，第5に，制度化された経済社会（市場）である[43]。

　彼らは，どの領域も同程度に重要であると述べるが，とりわけ民主主義体制の定着にとって重要なのは政治社会と市民社会との相互補完性であると唱える。すなわち，「政治社会の民主化指導者は，正常な民主政治の発展のために，歴史的な役割を果たし終えた市民社会の動員解除を行うべきだと再三に渡り主張する。しかし，このような主張は，悪い民主主義理論であり，悪い民主政治である。政治的選択肢を生み出す能力や，政府と国家を監視する能力をもつ強い市民社会は，移行を開始し，逆戻りを防ぎ移行完了へと後押しし，民主主義の定着・深化に寄与する[44]」。このようにリンスとステパンは，民主主義体制の定着過程における市民社会の動員解除を戒めてはいるが，前章で指摘したように彼らが考える民主主義の定着とは手続き的民主主義が

(表2-1) 現代の定着した民主主義体制における5つの主要な領域

領域	固有の組織化の原則	他の領域からの不可欠な支え	他の領域への主要な影響
市民社会	結社とコミュニケーションの自由	・法的な保障を確立する法の支配 ・市民社会が組織する権利が侵害された場合に国家機構がそれを施行する ・市民社会に不可欠な自律性や活発さを支える経済社会の十分な多元性	・市民社会に存在する様々な利益と価値は政治社会の主要な発生源である ・市民社会は多様な考えを生み出し、国家機構と経済社会の監視に寄与する
政治社会	自由で包括的な選挙による競合	・市民社会からみた正統性を必要とする ・法の支配に支えられ、公平な国家機構によって維持される法的な保障が必要	・憲法および主要な法律を創出する ・国家機構を管理する ・経済社会を規制する全体的な枠組みを生み出す
法の支配	立憲主義	・市民社会に強い根を持ち、政治社会と国家機構によって尊重される法文化	・他の領域での諸活動に正統性を与え、予測可能性を与える階序制的な規範を確立する
国家機構	合理主義的で合法的な官僚の規範	・合理主義的で合法的な権威および正統な暴力の独占に対する、市民社会からの規範的な支持 ・経済社会が課税するのに十分な余剰を生み出すよう機能し、政治社会が徴税するという財政上の支持	・民主的に規定された法律と、政治社会によって確立された手続きを、市民社会、政治社会、経済社会に必ず従わせる
経済社会	制度化された市場	・政治社会が生み出し、国家機構が強化する法的な規制の枠組み	・国家が集合財を供給でき、市民社会および政治社会の多元性と自律性に物質的な基盤を提供するため、不可欠な余剰を生み出す

(出所) Juan J. Linz and Alfred Stepan, *Problems of Democratic Transition and Consolidation: Southern Europe, South America, and Post-Communist Europe*, Baltimore: Johns Hopkins University Press, 1996, p. 14 (J・リンス, A・ステパン著／荒井祐介, 五十嵐誠一, 上田太郎訳『民主化の理論——民主主義への移行と定着の課題』一藝社, 2005年).

「街で唯一のゲーム」となる場合に他ならない。結局、市民社会の動員は手続き的民主主義を超えない範囲でしか許容されないことになる。

以上のように定着論では、市民社会に多様な役割が付与されてはいるものの、成立した民主主義体制の安定化のための市民社会の動員解除といった移行論とは別の意味での市民社会の道具的な扱いが見られた。そこでの市民社

会は，成立した自由民主主義体制を支える以上のことはできない，もしくはすべきではないとも理解されうる。リンスとステパンはこうした姿勢の修正を求めているが，彼らも結局は欧米の自由民主主義を暗黙裡に前提とする手続き的民主主義の定着以上の役割を市民社会に付与してはいなかった。

4. 民主化における市民社会の再検討

　さて，移行論が指摘するように，民主主義体制への移行過程において政治社会が果たす役割は強調されてしかるべきであろう。事実，政治社会の自律性が極めて低い全体主義体制を別とすれば，体制側との協定による移行時や民主的制度の導入時に政治社会のアクターが重要な機能を果たすことは論を俟たない。とりわけ政治社会の中心的アクターである政治政党は，市民社会内の多様なアクターをまとめ上げ，広汎で安定した政治連合を実現させる統合的なメカニズムとして機能しうる[45]。

　しかし，政治社会は，完全に市民社会から自律して存在しているわけではない[46]。大衆の支持を獲得すべく政治社会のアクターは，市民社会内で拡大する大衆運動の性格によっては，その行動や選好を変更せざるをえない場合もあろう[47]。市民社会は，政治エリートが交渉を優位に進めるための単なる道具でも背後の騒音でもない。それは，政治社会と絡み合いながら移行過程を牽引する存在である。無論，民主化が政府の支配権を獲得するための公的異議申し立てを必要要件とする以上，市民社会が独裁体制を切り崩す原動力となりえても，それのみで民主主義体制への移行を達成することはできない。政治社会のアクターとの糾合が不可欠となる。このように移行過程を捉え直すならば，政治社会とは区別される市民社会固有の機能と役割を抽出するとともに，市民社会を政治社会との相互作用の中で検討することが分析上の課題となろう。

　しかし，そうした機能や役割を明らかにするだけでは，市民社会の実相を捉えたことにはならない。前章で指摘したように，理念としての市民社会と区別される経験的な市民社会は，決して同質的な空間ではなく，多様なアクターを包括する領域であり，様ざまな利害関係によって規定されている。ラディカルの市民社会論が提起するように，現実の市民社会は多様な集団や階

級が諸組織を通じて他の集団や階級から積極的な合意を調達すべく協力や対立を繰り広げるヘゲモニー争いの場である。そうした闘争は，民主化の主導権争いと重なり合いながら民主化の方向性にも影響を与えうる。こうした市民社会の実相を明らかにするには，構造主義アプローチや移行論のように市民社会を一枚岩的な空間として扱うのではなく，ヘゲモニーの行使を試みた主要なアクターに着目して市民社会内部の動態を丹念に検証する作業が不可欠となる。このように市民社会における現実のアクターに着目した場合，必ずしも手続き的民主主義の枠内には収まらない多様な要求が噴出し，実質的民主主義（substantive democracy）もが追求されている実態が浮かび上がってこよう。

　民主主義体制への移行過程と異なり，その定着過程における市民社会については，言うまでもなく成立した民主主義体制との関係が焦点となる。前章で指摘したように，フィリピンを初めとする発展途上国にとって定着過程の課題は，いかに制度と機能との乖離を埋め，民主主義体制の定着と発展を図ってゆくかにある。しかし，手続き的民主主義に囚われた既存の民主化研究では，手続き的民主主義を超えた発展，とりわけ実質的民主主義を求める市民社会の進歩的な社会運動の意義を十分に捉えることはできまい。市民社会の運動力学の中に手続き的民主主義を超えた発展のダイナミズムを見出すのであれば，リベラルの系譜が取り上げる民主的機能のみならず，ラディカルの系譜が提起する市民社会の解放的側面にも着目して分析を行う必要があろう。加えて，移行過程の分析と同様に，ラディカルの系譜が唱えるヘゲモニー闘争に注目することで，市民社会が民主主義体制の定着に与える負の影響が浮かび上がってこよう。

　以上の議論から本書では，市民社会をもっぱら政治社会とは区別し，前章で検討した分析概念の整理をも踏まえて，以下の着眼点から市民社会の分析を行う。

　第1に，民主主義体制への移行過程において市民社会は，一方でリベラルの市民社会論が指摘するように，自発的な組織や運動が国家の強権性を抑制し，民主化を求める非暴力的な社会運動が形成される領域となる。他方で，ラディカルの市民社会論が唱えるように市民社会は，多様な階級や集団によ

るヘゲモニー闘争の場となり，それが民主化をめぐる主導権争いと重なり合うように繰り広げられる。そこでは，手続き的民主主義のみならず実質的民主主義もが重要な争点となろう。

　第2に，民主主義体制の定着過程において市民社会は，一方でリベラルの市民社会論が着目するように，成立した民主主義体制の定着に貢献する多様な機能を発揮する。他方で，ラディカルの市民社会論の議論を踏まえれば市民社会は，手続き的民主主義を超えた民主主義，とりわけ実質的民主主義の実現を促す橋頭堡となりうるとともに，ヘゲモニー闘争によって民主主義体制の定着と発展を阻害する場合もありうる。

第3節　国家―市民社会アプローチ

　以上のように分析の力点を市民社会に置くからといって，国家の存在と役割を軽視してよいわけではない。そもそも市民社会は，権利，自由，法の支配という規範的な前提条件を制度化する政治的・法的枠組みを必要とし，国家以外にこうした枠組みを提供しえない[48]。また，しばしば現代の市民社会論では，市民社会の国家からの自律性が強調されるが，その自律性は決して絶対的なものではない。とりわけ非民主主義体制下では，国家によって市民社会の自律性は容易に制限されうる。民主主義体制下においても国家の存在は重要である。市民社会は，自己が掲げる目標を達成するために，しばしば国家に働きかけなければならないからである。ウォルツァーが言うように，「民主的国家のみが民主的市民社会を創造でき」，「民主的市民社会のみが民主的国家を支えることができる」[49]。したがって，民主化と市民社会との関係を検証する場合，国家と市民社会との関係にも着目しなければならない。

　国家については，1970年代以降に非マルクス主義とネオ・マルクス主義において活発な議論がなされて概念の精緻化が進み，80年代には国家の復権が叫ばれるに至る。以後，国家に対する関心は，大きく喚起されていった。以下では，こうした国家に関する議論をまとめながら，民主化の問題に引き寄せて国家と市民社会との関係を検討し，国家―市民社会アプローチを提示する。

1. 非マルクス主義の国家論

　戦後のアメリカ政治学に関する限り，国家という概念は非常に抽象的に捉えられ，はっきりとした定義がなされていなかった。そこで論じられるのは「政府」であり，その政府は経済的利益団体か規範的な社会運動が，公的政策を決定するために離合集散を繰り広げる舞台と考えられていた[50]。そこでは，個人や集団の政治行動に焦点を当てた行動論主義が主流をなし，国家や制度といったフォーマルで抽象的な概念に対する関心は大きく低下していた。だが，1960年代以降，こうした行動論的政治学の軌道修正を求める機運が生まれ，時代は脱行動論革命へと突入し，後述するネオ・マルクス主義の影響を受けながら国家という概念が見直されてゆく。これが，非マルクス主義における国家論の復興であった[51]。

　そこでの国家概念は，主としてウェーバーのそれから引き出されたものであった。ステパンによれば，国家とは「持続性を有する行政的，法律的，官僚機構的，強制的なシステム」である[52]。ここでの国家は，もはや社会や階級に還元されない。国家は，特定の社会集団から独立して独自の目標を持ち[53]，スコチポルが言うように「社会集団，階級，社会の要求もしくは利益を単に反映したものではない目標を策定し追求する」存在である[54]。この社会の諸集団からの独立の程度が国家の自律性であり，この自律性こそが国家の独自的な実在を裏づける論拠に他ならない。こうして非マルクス主義の国家論は，政府の政策を社会集団あるいは社会階級の活動の結果であるとする多元主義やマルクス主義の社会還元主義を批判し，国家を社会から独立した存在として捉えたのであった[55]。

　国家と市民社会との関係については，ステパンが先駆的な議論を展開している。すなわち，国家とは，「市民社会と公権力との関係だけでなく市民社会内の多くの重要な関係をも組織化する」存在であり，「国家の法律と官僚的手続きは，市民社会を反映するかもしれないが，国家に対して市民社会が提示する要求を形成する権力を国家に与えうる」[56]。ステパンは，こうした特徴を持つ国家がいかに市民社会を作り変え，その自律性を確保し政策を遂行していったのかをペルーの軍事政権を事例として分析を行った。そこでは，とくに国家装置の一部としての軍部に焦点が当てられた。

桐谷によれば，非マルクス主義の国家論は，アクター中心アプローチと制度中心アプローチとに大きく分けられる。アクター中心アプローチでは，政治家や官僚の利害の独自性や社会からの自律性が主に検討されてきた。そこでは，大統領，首相，閣僚，官僚などの諸個人の社会からの自律的な行動に力点が置かれる。国家は統治エリートと同義と言えよう。これに対して制度中心アプローチは，国家を手続き的ルールの総体もしくは組織構造と捉え，それが社会から自律している側面に着目する。ここでの国家は，「官僚装置と制度化された法的秩序の総体」と見なされ，中央政府の諸組織・機関，立憲的制度などのフォーマルな制度の特性とそれらの組織的編成に関心が寄せられる。両アプローチは，国家をどう捉えるかで相違はあっても，国家がいかに社会から自律して政策を策定しそれを実行に移すかに注目する点では共通する。

　こうして非マルクス主義の国家論によって，制度であれアクターであれ，国家は政府以上の存在であり，社会から自律した独自の目標と機能を有するという視点が示された。1985年にスコチポルらが『国家の復権』を刊行したのが決定的な追い風となり，以後，国家に対する学術的関心は大きく喚起されていった。

2. ネオ・マルクス主義およびポスト・マルクス主義の国家論

　国家に関する議論は，1960年代後半に登場したネオ・マルクス主義においても活発化していた。ネオ・マルクス主義が登場した背景には，一方でアメリカのベトナム侵略やIMF体制の崩壊といった欧米資本主義世界の矛盾の広がり，他方でソ連のチェコスロヴァキアへの軍事介入を初めとする一部の社会主義国の大国主義と覇権主義の誤診に由来する科学的社会主義への幻滅があった。ネオ・マルクス主義を主導したのは，プーランツァスやヒルシュ，オッフェ，ジェソップらであり，とりわけプーランツァスが70年代初頭にミリバンドと繰り広げた論争は，ネオ・マルクス主義の端緒と位置づけられる。以下，その論争の骨子に触れながら，ネオ・マルクス主義の国家論の特徴を簡単に押えておきたい。

　まず，ミリバンドは，国家を構成する要素を「政府，行政部，軍部及び警察，

司法部,地方政府,議会的会議体」と規定する。これらの諸制度において指導的な地位を占める国家エリートは,必ずしも支配階級には属していないが,支配階級の利益に奉仕せざるをえないような構造的制約が存在するため,結果的に国家は「その社会内の支配的な経済的諸利益の保護者であり擁護者」となる。そのため,「その『本質的』目的と使命は,支配的諸利益の継続的優位を確保する」ことにあるとミリバンドは主張した[60]。ミリバンドの認識は,国家を支配階級の道具と見なす「国家＝道具説」に依拠しており,国家の自律性を否定する従来のマルクス主義の伝統を受け継いだものであった。

これに対してプーランツァスは,支配階級と国家との関係は客観的かつ構造的なものであり,国家は支配階級の利益に反する政策を行う場合があるとして,国家の「相対的自律性」を強調した。プーランツァスは,「国家,ここでは資本主義国家は,本質的な実体と見なされるべきではなく,《資本》についてと同じように,関係として,より正確にいえば,諸階級および階級的諸分派間の力関係（常に種別的な形で国家の内部で表現されるような）の物質的凝縮」であると述べ[61],国家の支配階級からの自律性の源泉を階級関係に求めた。いわゆる「国家＝関係説」である[62]。

彼によれば,「資本主義国家は,その構造自体からして,被支配諸階級の経済的利益の保障を許し,場合によっては支配階級の短期的な経済的利益に反するかもしれないが,しかしそれは,支配階級の政治的利益,およびそのヘゲモニー的支配と矛盾するものでない」。つまり,階級的力関係の状態如何によって国家は支配階級から自律性を有するが,その自律性は支配階級の利益に奉仕する範囲内であることが前提となる[63]。とはいえ,プーランツァスによって国家の相対的自律性という概念が示されて以降,国家が支配階級から自律した側面を有することが多くの事例を通じて検証されていった[64]。

ネオ・マルクス主義は,資本主義国家における諸階級,とりわけ支配階級の政治的闘争をグラムシのヘゲモニーという概念を用いて検討したことからネオ・グラムシ主義とも呼ばれるが,このような議論はポスト・マルクス主義にも部分的に引き継がれてゆく。ラクラウやムフに代表されるように,ポスト・マルクス主義では,経済還元主義も階級還元主義も国家還元主義も排斥され,政治の優位性が正面から掲げられるようになる[65]。そこでは,政治

を権力をめぐる階級闘争に矮小化してきたマルクス主義の伝統が否定される。階級概念の特権的地位は拒斥され，非階級的力関係もが分析の射程に入れられ，市民社会レベルでのヘゲモニー闘争に焦点が当てられてゆく。[66]

ここに至って国家は，ネオ・マルクス主義が唱えたような，単一の階級利益によって明確に機能するものとは見なされない。それは，全く相反する諸利害によって構成され分解される舞台と理解される。無論，国家は，克服されることはないし，死滅することもない。[67]多元的市民社会から国家に対して必要な統制を加えることが，左派の課題と説かれる。[68]このような議論が，前章で検討したラディカル・デモクラシー論においても展開していった。

3. 非マルクス主義のポスト国家論

先述した非マルクス主義の国家論では，国家の社会からの自律性に主たる関心が置かれ，国家と社会もしくは市民社会との相互関係に対する関心は希薄であった。しかし，1990年代になると，国家が目的を達成するためには社会を必要とすることが次第に認識され，国家と社会との相互作用から国家の自律性が検討されてゆく。非マルクス主義のポスト国家論とも呼べるアプローチである。

たとえば，エヴァンスは，埋め込まれた自律性（embedded autonomy）という概念を用いて国家と社会との関係を論じている。埋め込まれた自律性とは，ネオ・マルクス主義が主張するような相対的自律性ではない。それは，「国家を社会に結びつけ，目標と政策の継続的な交渉および再交渉のための制度化されたチャンネルを提供する一連の具体的な社会的結びつき」と定義される。[69]エヴァンスは，この埋め込まれた自律性という分析概念を用い，韓国，ブラジル，インドを主たる事例としてハイテク産業の成長度の違いを検証している。エヴァンスは，とりわけ成功を収めた韓国では，国家が民間セクターのネットワークに十分に埋め込まれ，それらの協力をうまく引き出すことで，政策目標を達成したことを明らかにした。[70]エヴァンスが提起する埋め込まれた自律性は，国家と産業資本との間だけでなく，国家と多様な社会集団との間でも構築されうる。エヴァンスは別の編著で，開発分野における国家と社会との協力関係を検討し，埋め込まれた自律性という概念を発展させ，国家

と社会との相乗効果（synergy）という新たな概念を唱えた[71]。

相乗効果については，世界銀行の研究報告書の中でも具体的に論じられている。その報告書では，国家の能力が4つの側面，すなわち制度的能力，技術的能力，行政的能力，政治的能力に分けて捉えられ，これらの能力を強化する手段として国家と市民社会との相乗効果が強調されている。報告書では，開発分野を中心に多様な事例が検証されており，市民社会が国家のアカウンタビリティを向上させるように国家と交わることで，公共の利益にかなう堅固な官僚組織の形成と政策の実現が可能になると指摘されている[72]。埋め込まれた自律性や相乗効果という概念は，国家と社会（市民社会）が必ずしもゼロサムな関係にあるわけではないことを示したものと言えよう。

こうした国家と社会との相互作用については，ミグダルも早くから注目していた。彼は，社会の中の国家（state in society）という着眼点から，主に第三世界の経験を踏まえて国家を社会との関係で理解する必要性を説く[73]。非マルクス主義の国家論では，国家の社会からの自律性の度合いが高ければ，国家は独自の目標を実行できると考えられていた。しかし，国家が社会から自律して政策を立案・実施できる状況下にあったとしても，政策を実行に移す場合に社会集団の抵抗がなくなるわけではなく，国家が実際に政策を実行できるとは限らない。このような認識からミグダルは，非マルクス主義やネオ・マルクス主義の国家論のような国家を単体のアクターとして扱うアプローチを批判し，国家をより分化した存在と捉え直し，国家の多様な構成要素と社会における様ざまな集団との複雑な関係を検討する必要性を唱えた[74]。

なお，ミグダルは，本書が分析対象とする地方自治体について十分な議論を行っていないが，地方分権化が進んでいない場合には，それは国家の一部とも見なせよう。しかし，しばしば非国家アクターとして地方自治体が論じられていることからも窺えるように，地方分権化が進展している場合には，地方自治体は国家と社会との中間に位置する存在，場合によってはより社会に近い存在として扱うこともできよう。

さて，ミグダルは，国家の能力を「強力な社会団体の実際的もしくは潜在的な反対に抗して，もしくは扱いがたい社会経済的な状況の中で公的な目標を遂行する」能力と定義する[75]。この国家の能力の鍵となるのが国家の社会統

第2章　分析枠組みの検討　87

制（social control）である。社会統制とは，「国家の規則が定めた行動に沿うように，人びとの社会行動の意向もしくは他の社会組織が求める行動を成功裏に従属させること」を意味し，より単純には国家の基盤構造と言える[76]。これは3つの要素，すなわち整合性，参加，正統性から構成される。整合性は，最も初歩的な要素であり，人民の要求への国家の適合性を意味する。参加は，国家組織の指導者が国家機関の専門的な仕事のために人民を組織することを意味する。正統性は，最も有力なファクターとされ，国家が定めたゲームのルールを人民が受け入れることを意味する。社会統制のレベルが高ければ，国家は人民を動員し，社会から効果的に余剰を掬い上げ，外敵に対してもその強さを誇示することができるとされる[77]。

こうした国家の社会統制は，国家の自律性とも密接に結びつく。ミグダルは，社会統制のレベルが高ければ，「国家役人は，社会の規則がどうあるべきかに関して自己の選択を決定する際に，他の社会集団から自律性を確保できる。それらは，自己の選択を実行に移すために複雑に組織された機関を作ることができる。そしてそれらは，国家が規則を施行する過程で他の集団が抵抗しないよう，社会における強制手段を独占できる」と指摘する[78]。ミグダルの議論において，非マルクス主義の国家論が主張するような国家の社会からの自律性は，必ずしも強い国家を意味しない。社会統制を用いて社会との良好な関係を構築できる国家が，自律性と能力が高い強い国家ということになろう。

こうしてミグダルは，第三世界の「弱い」国家が，社会全体の利益に資する政策を立案・実行するためには，社会に分散した社会統制を国家が掌握する必要があることに着目した。しかし，このことは，国家と社会がゼロサムの関係にあることを意味するわけではない。ミグダルは，現実の世界では国家のある部分と社会のある部分とが協力関係を築き，双方のエンパワーメントが促進されうることを指摘している[79]。

以上のように，非マルクス主義のポスト国家論の議論によって，国家へと傾いた分析の振り子は再び社会の側に引き寄せられ，国家の自律性は社会との関係の中で分析する必要性が説かれた。また，国家と社会は常にゼロサムの状態にあるわけではなく，特定の条件下ではポジティブサムの関係が構築

されうることも示された。国家と社会および市民社会との協力関係については，とりわけ発展途上国における開発経済の分野で頻繁に論じられており，人的・財的資源が希少な発展途上国で国家が政策を実行するためには市民社会と協力関係を積極的に形成する必要性が唱えられている[80]。ここにおいて市民社会は，政策を実現する国家の能力を補完する存在と位置づけられていると言えよう。

4. 民主化における国家―市民社会関係の再検討

以上の議論を踏まえて，国家と市民社会との関係に関する分析の視点を，本書の問題関心に引き寄せて整理をすれば以下のようになろう。

第1に，非マルクス主義の国家論が示すように，国家はアクターもしくは制度として社会全般から自律性を有し，市民社会内部の諸関係を組織化するシステムとして機能する。それは，議会や政党，選挙を中心とする政治社会の領域とも分析的に峻別されよう。非民主主義体制下において国家は，社会に対して圧倒的な強制力を有し，政府の政策に抵抗する勢力を捻じ伏せ，市民社会の自律性を恣意的に奪いうる。よって，ここでの分析の焦点は，強権的な国家の登場によって市民社会の自律性がどのように変容したのか，民主主義体制への移行過程において国家が市民社会の自律性をどのように制限もしくは許容したのか，そして国家が市民社会アクターの選好や行動にどう作用したのかに置かれよう。とりわけマルコス体制は個人独裁的なスルタン主義に分類され，国軍の一部勢力によるクーデターが体制移行の一因となったことから，国家アクターとしてのスルタンおよび軍部，それらを含めた国家の組織的編成と市民社会との関係が注目されよう。

第2に，前章で詳細に検討したように市民社会は，一方でリベラルの市民社会論が提起するように，強権的な国家の民主化を促す橋頭堡となりうるが，他方でラディカルの市民社会論が唱えるように，多様な集団やアクターが主導権を争うヘゲモニー闘争の舞台ともなる。そうした闘争は，ネオ・マルクス主義とポスト・マルクス主義の国家論が示すように，階級的力関係のみならず多様な非階級的力関係によっても規定され，それが国家の形態にも影響を与えてゆく。民主主義体制への移行過程との関係で捉え直せば，反政府勢

力による国家権力の奪取を特徴とするフィリピンの場合，体制変動の最終局面から決定局面までの国家を従属変数としても扱わなければならない。すなわち，市民社会におけるヘゲモニー闘争が，体制変動の帰趨，より正確には新たに成立する民主主義国家の性格にどのような影響を与えうるのか考察することが肝要となろう。

第3に，フィリピンを初めとする発展途上国では，ネオ・マルクス主義の国家論が唱えるように，支配エリートからの国家の自律性が低く，国家が被支配層の利益を広く反映するような政策を実行することが困難であり，また実際に政策を実行できる国家の能力も低い。こうした国家の自律性と能力の低さは，民主主義体制の定着過程との関連で言えば，実質的民主主義を実現する上で大きな障害となろう。非マルクス主義のポスト国家論が指摘するように，そうした国家の自律性と能力は，国家の様ざまな構成要素と市民社会アクターを含む多様な社会的勢力との関係によって変化しうる。ポスト・マルクス主義の国家論の視点を加えるなら，国家の自律性と能力は，市民社会における階級的，非階級的力関係に由来するヘゲモニー闘争のあり様によっても変化してこよう。

小　括

本章では，市民社会という視角から民主主義体制への移行過程とその定着過程の分析に切り込むための分析枠組みを検討した。

まず，戦後に登場した構造主義アプローチである近代化論と政治文化論，そして1980年代後半以降に登場した移行論と定着論に着目し，それぞれのアプローチの特徴とそこでの市民社会の扱い方を確認した。近代化論，政治文化論，移行論は，市民社会を半ば一枚岩的な空間と見なし，市民社会内部の複雑な動態を等閑視している点で共通していたこと，移行論では市民社会よりも政治社会が重視されていたことを明らかにした。加えて，移行論と定着論は，自由民主主義を暗黙裡に前提とする手続き的民主主義を無批判に分析枠組みとして採用し，市民社会を道具的に扱っていることも確認した。

こうした既存研究の欠点を踏まえて本章では，現実の政治過程における市

民社会内部の実像を明らかにし、手続き的民主主義の枠を超えた発展とそこでの市民社会の役割を明らかにするという目的から、市民社会を政治社会の領域と峻別し、リベラルとラディカルの双方の視座から分析する必要性を説いた。

次に、国家論の議論を援用しながら、市民社会を国家との関係の中に位置づけて分析を行う国家―市民社会アプローチの構築に取り組んだ。非マルクス主義の国家論によって、国家を市民社会から自律したアクターもしくは制度と捉える視点が理解された。加えて、強権的な国家が政策目標を達成すべく自律性を確保するために、しばしば市民社会を恣意的に作り変えうることが把握された。ネオ・マルクス主義の国家論によって国家は、支配階級の利益に貢献する機能を有する一方で、それから自律した側面を持つことが理解された。ポスト・マルクス主義の国家論によって、市民社会における階級的、非階級的なヘゲモニー闘争を通じて国家が変革されうることが認識された。最後に、非マルクス主義のポスト国家論によって、国家の自律性と能力を市民社会との相互作用の中で分析する必要性が把握された。

註 ───────

1 Giuseppe Di Palma, *To Craft Democracies: An Essay on Democratic Transitions*, Berkeley: University of California Press, 1990, p. 8.
2 Richard A. Higgott, *Political Development Theory: The Contemporary Debate*, London: Croom Helm, 1983, p. 16（リチャード・A・ヒゴット著／大木啓介, 桐谷仁, 佐治孝夫, 李光一訳『政治発展論――第三世界の政治・経済』芦書房, 1987 年）.
3 Talcott Parsons, *The Social System*, New York: Free Press, 1951（パーソンズ著／佐藤勉訳『社会体系論』青木書店, 1974 年）; Daniel Lerner, *The Passing of Traditional Society: Modernizing the Middle East*, New York: Free Press, 1958; David E. Apter, *The Politics of Modernization*, Chicago: University of Chicago Press, 1965（D・E・アプター著／内山秀夫訳『近代化の政治学』未来社, 1982 年）; S. N. Eisenstadt, *Modernization: Protest and Change*, Englewood Cliffs: Prentice-Hall, 1966.
4 Seymour Martin Lipset, "Some Social Requisites of Democracy: Economic Development and Political Legitimacy," *American Political*

Science Review, Vol. 60, No. 1, March 1959, p. 75, pp. 69-80; Seymour Martin Lipset, *Political Man: The Social Bases of Politics*, London: Heinemann, 1960, p. 31（S・M・リプセット著／内山秀夫訳『政治のなかの人間』東京創元新社，1963年）.

5　たとえば，カットライトは，従来の研究では従属変数としての政治体制が曖昧に扱われていたことを踏まえて，民主主義の度合いをスケール化し，アフリカ以外の77カ国を対象として政治発展レベルと社会経済的発展レベル（教育，都市化，コミュニケーション，農業労働力）との相関関係を回帰分析によって検証した。その結果，社会経済的発展レベルによって政治発展レベルの相違の67％が説明できること，とりわけコミュニケーションの発展レベルと民主主義の発展レベルとの間に強い相関関係があることを証明した（Phillips Cutright, "National Political Development: Measurement and Analysis," *American Sociological Review*, Vol. 28, No, 2, April 1963）。オルソンも，115カ国を対象として政治発展と近代化との関係を検証し，両者の間に強い相関関係があることを明らかにしている（Marvin E. Olsen, "Multivariate Analysis of National Political Development," *American Sociological Review*, Vol. 33, No. 5, October 1968）.

6　より具体的には，政治の発展に焦点を当てた政治発展論が1960年代に台頭した。とりわけ社会科学研究評議会の比較政治学委員会で54年から63年まで委員長を務めたアーモンドの主導の下で，政治発展に関する研究書が矢継ぎ早に刊行され，その研究は大きく前進した。社会科学研究評議会の政治発展叢書として以下の6冊が刊行されている。Lucian W. Pye, ed., *Communications and Political Development*, Princeton: Princeton University Press, 1963; Joseph LaPalombara, ed., *Bureaucracy and Political Development*, Princeton: Princeton University Press, 1963; Robert E. Ward and Dankwart A. Rustow, eds., *Political Modernization in Japan and Turkey*, Princeton: Princeton University Press, 1964; James S. Coleman, ed., *Education and Political Development*, Princeton: Princeton University Press, 1965; Lucian W. Pye and Sidney Verba, eds., *Political Culture and Political Development*, Princeton: Princeton University Press, 1965; Joseph La Palombara and Myron Weiner, eds., *Political Parties and Political Development*, Princeton: Princeton University Press, 1966.

7　Howard J. Wiarda, *Introduction to Comparative Politics: Concepts and Processes*, Belmont: Wadsworth, 1993, pp. 58-59（ハワード・J・ウィーアルダ著／大木啓介訳『入門 比較政治学──民主化の世界的潮流を解読する』東信堂，2000年）.

8　この点に関する批判は枚挙にいとまがない。Reinhard Bendix, "Tradition and Modernity Reconsidered," *Comparative Studies in Society and History*,

Vol. 9, No. 3, April 1967, pp. 293-313; Joseph R. Gusfield, "Tradition and Modernity: Misplaced Polarities in the Study of Social Change," *American Journal of Sociology*, Vol. 72, No. 4, January 1967, p. 352; Rajni Kothari, "Tradition and Modernity Revisited," *Government and Opposition*, Vol. 3, No. 2, Summer 1968, pp. 274-281; Dean C. Tipps, "Modernization Theory and the Comparative Study of Societies: A Critical Perspective," *Comparative Studies in Society and History*, Vol. 15, No. 2, March 1973, p. 206. なお，1960年代後半以降は，近代化論の単線的発展観に修正がなされ，政治発展の失敗を政治的危機として概念化し，発展途上国は先進国とは別の方法で危機を通過して発展すると論じる研究（Leonard Binder, James S. Coleman, Joseph Lapalombara, Lusian W. Pye, Sidney Verba, and Myron Weiner, eds., *Crises and Sequences in Political Development*, Princeton: Princeton University Press, 1971; Charles Tilly, ed., *The Formation of National States in Western Europe*, Princeton: Princeton University Press, 1975; Raymond Grew, ed., *Crises of Political Development in Europe and the United States*, Princeton: Princeton University Press, 1978），政治発展パターンの多様性を論じた研究（C. E. Black, *The Dynamics of Modernization: A Study in Comparative History*, New York: Harper & Row, 1966〔C・E・ブラック著／内山秀夫，石川一雄訳『近代化のダイナミックス——歴史の比較研究』慶応通信，1968年〕），経済発展レベルの高い国を除外する閾値論の研究（Deane E. Neubauer, "Some Social Conditions of Democracy," *American Political Science Review*, Vol. 61, No. 4, December 1967; Robert W. Jackman, "On the Relation of Economic Development to Democratic Performance," *American Journal of Sociology*, Vol. 17, No. 3, August 1973）などが出されていった。それでもなお，最終的な到達点を欧米諸国の自由民主主義とする姿勢は保持された。

9 Martin Needler, "Political Development and Socioeconomic Development: The Case of Latin America," *American Political Science Review*, Vol. 62, No. 3, September 1967; Arthur K. Smith, Jr., "Socio-Economic Development and Political Democracy: A Causal Analysis," *Midwest Journal of Political Science*, Vol. 30, No. 1, February 1969; Arthur S. Banks, "Modernization and Political Change: The Latin American and American-European Nations," *Comparative Political Studies*, Vol. 2, No. 4, January 1970; Gilbert R. Winham, "Political Development and Lerner's Theory: Further Test of a Causal Model," *American Political Science Review*, Vol. 64, No. 3, September 1970; Robert W. Jackman, "On the Relation of Economic Development to Democratic Performance," *American Journal of Political Science*, Vol. 17, No. 3, August 1973; Kenneth A. Bollen, "Political

Democracy and the Timing of Development," *American Sociological Review*, Vol. 44, No. 4, August 1979; Kenneth A. Bollen, "World System Position, Dependency and Democracy: The Cross-National Evidence," *American Sociological Review*, Vol. 48, No. 4, August 1983; Kenneth A. Bollen and Robert W. Jackman, "A Political Democracy and the Size Distribution of Income," *American Sociological Review*, Vol. 50, No. 4, August 1985; Larry Diamond, "Economic Development and Democracy Reconsidered," *American Behavioral Scientist*, Vol. 35, Nos. 4/5, March/June 1992.

10 Zehra F. Arat, "Democracy and Economic Development: Modernization Theory Revisited," *Comparative Politics*, Vol. 21, No. 1, October 1988; Lucian W. Pye, "Political Science and the Crisis of Authoritarianism," *American Political Science Review*, Vol. 84, No. 1, March 1990, pp. 7-11; Seymour Martin Lipset, Kyoung-Ryung Seong, and John Charles Torres, "A Comparative Analysis of the Social Requisites of Democracy," *International Social Science Journal*, Vol. 163, No. 2, May 1993.

11 岩崎育夫「まえがき」(岩崎育夫編『アジアと市民社会——国家と社会の政治力学』アジア経済研究所, 1998年) iii 頁。

12 Larry Diamond, *op. cit.*, pp. 484-485.

13 Andrew Arato, "Social Movements and Civil Society in the Soviet Union," in Judit B. Sedaitis and Jim Butterfield, eds., *Perestroika from Below: Social Movements in the Soviet Union*, Boulder: Westview Press, 1991, p. 200.

14 Gabriel A. Almond and Sidney Verba, *The Civic Culture: Political Attitudes and Democracy in Five Nations*, Princeton: Princeton University Press, 1963, pp. 369-374 (G・A・アーモンド, S・ヴァーバ著/石川一雄他訳『現代市民の政治文化——5 カ国における政治的態度と民主主義』勁草書房, 1974年).

15 Carole Pateman, "Political Culture, Political Structure and Political Change," *British Journal of Political Science*, Vol. 1, No. 3, July 1971, pp. 1215-1220.

16 イングルハートは, 非時系列的な分析しか行わなかったアーモンドらの研究を時系列的なデータを用いて修正し, 1973年から87年の期間の24カ国を対象に政治文化の実証分析を行った。その結果, 政治文化指数として用いた生活満足度の高い国の方が, 低い国よりも民主的制度は早く出現し長く持続するという結論を得た (相関係数は0.85)。同時に彼は, 1900年以降の民主主義体制の継続年数を従属変数としたLISREL分析も行い, 経済発展は必ずしも民主主義体制をもたらすのではなく, 社会構造と市民文

化（人間相互の信頼／生活満足／革命的変化への支持率）に影響を与える範囲でのみ民主的制度の実現に向けた変化をもたらすこと，民主的制度が機能し続ける年数と市民文化（上述の３つの指標）との関係は，社会構造の効果をコントロールした場合，回帰係数は 0.74 であることを明らかにした（Ronald Inglehart, "The Renaissance of Political Culture," *American Political Science Review*, Vol. 82, No. 4, December 1988, pp. 1215-1220）。

17　Gabriel A. Almond, "Foreword: The Return to Political Culture," in Larry Diamond, ed., *Political Culture and Democracy in Developing Countries*, Boulder: Lynne Rienner Publishers, Inc., 1993.

18　Larry Diamond, "Introduction: Political Culture and Democracy," in Larry Diamond, ed., *Political Culture and Democracy in Developing Countries*, Boulder: Lynne Rienner Publishers, Inc., 1993, pp. 1-27.

19　Robert D. Putnam, *Making Democracy Work: Civic Traditions in Modern Italy*, Princeton: Princeton University Press, 1993（ロバート・D・パットナム著／河田潤一訳『哲学する民主主義──伝統と改革の市民的構造』NTT 出版，2001 年）。

20　Lucian W. Pye, "Civility, Social Capital, and Civil Society: Three Powerful Concepts for Explaining Asia," *Journal of Interdisciplinary History*, Vol. 29, No. 4, Spring 1999, p. 764.

21　John A. Booth and Patricia Bayer Richard, "Civil Society, Political Capital, and Democratization in Central America," *The Journal of Politics*, Vol. 60, No. 3, August 1998, pp. 780-800.

22　たとえば，ミュラーとセリグソンは，イングルハートとは正反対の結論を提示している。彼らは，1981 年から 91 年の期間で 27 カ国を対象にした計量分析によって以下の点を主張した。第１に，安定した民主主義体制の前提条件と考えられている人間相互の信頼は，民主主義体制の発展レベルとは無関係であり，民主主義体制の要因というよりも産物である。第２に，市民文化において重要とされる漸進的改革への支持が民主主義体制に与えるポジティブな効果は，所得の不平等性が与えるネガティブな効果と比べれば相対的に小さい。第３に，イングルハートが市民文化として取り上げた他の変数（生活満足度と革命的変化への支持）は統計的に見て民主主義体制の変化には十分な影響を与えていない。以上の点を踏まえて，市民文化的態度は民主主義体制を成立させる主たる要因にはならないと結論づけた（Edward N. Muller and Mitchell A. Seligson, "Civic Culture and Democracy: The Question of Causal Relationships," *American Political Science Review*, Vol. 88, No. 3, September 1994, pp. 646-647）。セリグソンは単独でも反論を示している。彼は，ラテンアメリカ諸国を加えた 54 カ国を事例に同様の分析を行った。その結果，政治文化変数の１つである

人間相互の信頼と民主主義レベルとの単線的な関係は，北欧や北米などの豊かな先進民主主義国を除き当てはまらず，一人当たりの国民所得をコントロールすると，むしろネガティブな関係さえ見出せるという結論を示した。また，人間相互の信頼度と民主主義への支持の度合いとの関係をラテンアメリカのみに焦点を当てて分析してみると，17カ国中わずか6カ国しか統計的に見て有意な関係が見られないことも明らかにした。これらを踏まえてセリグソンは，3つの誤りの可能性を示唆する。第1に，理論自体の誤りであり，政治文化ではなくエリートの合意や階級構造，経済発展など他の要因によって民主主義が生み出され支えられている可能性である。第2に，政治文化として取り上げた変数自体の誤りである。第3に，変数自体は正しくても，その扱い方の誤りである（Mitchell A. Seligson, "The Renaissance of Political Culture or the Renaissance of the Ecological Fallacy?," *Comparative Politics*, Vol. 34, No. 3, April 2002, pp. 287-288)。これに対してイングルハートは，ヴェルツェルとともに以下のように反論に対する反論を提示している。セリグソンは，個人レベルでの人間相互の信頼度および生活満足度と民主主義への支持の度合いには十分な相関関係がないことを示した。しかし，そのことによって，人間相互の信頼度と生活満足度の高いほうが社会レベルで民主的な制度を有する可能性が高いという仮説が否定されるわけではない。まして民主主義がリップサービス的に語られる現在の状況を踏まえれば，セリグソンの主張は十分な説得力を持ちえない。実際，イングルハートらは，従属変数を民主的制度の有効性に変えて再び検証を行ったところ，市民文化的態度と民主主義の有効性との間には高い相関関係があるという結論に達している（Ronald Inglehart and Christian Welzel, "Political Culture and Democracy: Analyzing Cross-Level Linkages," *Comparative Politics*, Vol. 36, No. 1, October 2003, pp. 61-76)。

23　Goran Hyden, "Building Civil Society in the Turn of the Millennium," in John Burbidge, ed., *Beyond Prince and Merchant: Citizen Participation and the Rise of Civil Society*, Brussels: Institute of Cultural Affairs International, 1997, p. 19.
24　*Ibid.*, p. 20, pp. 24-25.
25　*Ibid.*, p. 20, pp. 22-23.
26　Gideon Baker, Civil *Society and Democratic Theory: Alternative Voices*, London: Routledge, 2002, p. 108.
27　*Ibid.*, pp. 92-107.
28　Guillermo O'Donnell and Philippe C. Schmitter, *Transition from Authoritarian Rule: Tentative Conclusions about Uncertain Democracies*, Baltimore: Johns Hopkins University Press, 1986, pp. 15-64（シュミッター，

オドンネル著／真柄秀子，井戸正伸訳『民主化の比較政治学——権威主義支配以降の政治世界』未來社，1986 年).

29　*Ibid.*, pp. 48–56.
30　*Ibid.*, p. 48.
31　Guillermo O'Donnell, "Transitions to Democracy: Some Navigation Instruments," in Robert A. Pastor, ed., *Democracy in the Americas: Stopping the Pendulum*, New York: Homes & Meier Publishers, Inc., 1989, p. 67.
32　政治社会と市民社会との区別については，以下を参照されたい。Alfred Stepan, *Rethinking Military Politics: Brazil and the Southern Cone*, Princeton: Princeton University Press, 1988, pp. 3–6 (アルフレッド・C・ステパン著／堀坂浩太郎訳『ポスト権威主義——ラテンアメリカ・スペインの民主化と軍部』同文舘，1989 年).
33　*Ibid.*, p. 4.
34　Adam Przeworski, *Democracy and the Market: Political and Economic Reforms in Eastern Europe and Latin America*, Cambridge: Cambridge University Press, 1991, pp. 55–57.
35　*Ibid.*, pp. 61–62.
36　Larry Diamond, Juan J. Linz, and Seymour Martin Lipset, "Introduction: What Makes for Democracy," in Larry Diamond, Juan J. Linz, and Seymour Martin Lipset, 2nd ed., *Politics in Developing Countries: Comparing Experiences with Democracy*, Boulder: Lynner Rienner Publishers, Inc., 1995, pp. 28–29.
37　Philippine C. Schmitter, "Civil Society East and West," in Larry Diamond, Marc F. Plattner, Yun-han Chu, and Hung-mao Tien, eds., *Consolidating the Third Wave Democracies*, Baltimore: Johns Hopkins University Press, 1997, p. 247.
38　Larry Diamond, "Toward Democratic Consolidation," in Larry Diamond and Marc F. Plattner, 2nd eds., *The Global Resurgence of Democracy*, Baltimore: Johns Hopkins University Press, 1996, pp. 238–239.
39　Guillermo O'Donnell, *op. cit.*, p. 72.
40　Frances Hagopian, "After Regime Change: Authoritarian Legacies, Political Representation, and the Democratic Future of South America," *World Politics*, Vol. 45, No. 3, April 1993, p. 480.
41　Gideon Baker, *op. cit.*, pp. 107–112.
42　Jenny Pearce, "Civil Society, the Market and Democracy in Latin America," *Democratization*, Vol. 4, No. 2, Summer 1997, p. 60.
43　Juan J. Linz and Alfred Stepan, *Problems of Democratic Transition and*

Consolidation: Southern Europe, South America, and Post-Communist Europe, Baltimore: Johns Hopkins University Press, 1996, pp. 7-15 (J・リンス，A・ステパン著／荒井祐介，五十嵐誠一，上田太郎訳『民主化の理論――民主主義への移行と定着の課題』一藝社，2005年).

44 *Ibid.*, p. 9.

45 Gordon White, "Civil Society, Democratization and Development: Clearing the Analytical Ground," in Peter Burnell and Peter Calvert, eds., *Civil Society in Democratization*, London: Frank Cass, 2004, p. 12.

46 Valerie Bunce, "Comparative Democratization: Big and Bounded Generalizations," *Comparative Political Studies*, Vol. 33, No. 6/7, August/September 2000, p. 708; Graeme Gill, *The Dynamics of Democratization: Elites, Civil Society and the Transition Process*, New York: St. Martin's Press, 2000, pp. 82-83.

47 たとえば，以下の研究を参照されたい。Sidney Tarrow, "Mass Mobilization and Elite Exchange: Democratization Episodes in Italy and Spain," *Democratization*, Vol. 2, No. 3, Autumn 1995; Glenn Adler, and Eddie Webster, "Challenging Transition Theory: The Labor Movement, Radical Reform, and Transition to Democracy in South Africa," *Politics and Society*, Vol. 23, No. 1, March 1995; Nancy Bermeo, "Myths of Modernization: Confrontation and Conflict during Democratic Transitions," *Comparative Politics*, Vol. 29, No. 3, April 1997.

48 Neera Chandhoke, *The Conceits of Civil Society*, New Delhi: Oxford University Press, 2003, p. 51.

49 Michael Walzer, "The Concept of Civil Society," in Michael Walzer, ed., *Toward a Global Civil Society*, Providence: Berghahn Books, 1995, p. 24 (マイケル・ウォルツァー「市民社会概念」〔マイケル・ウォルツァー編／石田淳，越智敏夫，向山恭一，佐々木寛，高橋康浩訳『グローバルな市民社会に向かって』日本経済評論社，2001年〕).

50 Theda Skocpol, "Bringing the State Back in: Strategies of Analysis in Current Research," in Peter B. Evans, Dietrich Rusechemeyer, and Theda Skocpol, eds., *Bringing the State Back in*, Cambridge: Cambridge University Press, 1985, p. 4.

51 この経緯について詳しくは以下を参照されたい。加藤哲郎『国家論のルネッサンス』青木書店，1986年，3-10頁；中谷義和「アメリカ政治学における国家論の文脈」(中央大学社会科学研究所編『現代国家の理論と現実』中央大学出版会，1993年)。

52 Alfred Stepan, *The Sate and Society: Peru in Comparative Perspective*, Princeton: Princeton University Press, 1978, p. xii.

53 Stephen D. Krasner, *Defending the National Interest: Raw Materials Investments and U.S. Foreign Policy*, Princeton: Princeton University Press, 1978, p. 10.
54 Theda Skocpol, *op. cit.*, p. 9. これに関する理論的動向については以下も参照されたい。真渕勝「アメリカ政治学における『制度論』の復活」『思想』通号761号，1987年11月号，126-164頁。
55 Eric A. Nordlinger, *On the Autonomy of the Democratic State*, Cambridge: Harvard University Press, 1981, pp. 42-72; Theda Skocpol, *op. cit.*, pp. 4-7.
56 Alfred Stepan, *The Sate and Society*, p. xii.
57 桐谷仁「国家の自律性」（大木啓介，佐治孝夫，伊藤述史，菊島啓，高杉忠明，桐谷仁『国家と近代化』芦書房，1998年）139-156頁。
58 山口富男「科学的社会主義と『ネオ・マルクス主義』問題」（新日本出版社編集部編『ネオ・マルクス主義——研究と批判』新日本出版社，1989年）21-22頁。
59 この論争の概要について，詳しくは以下を参照されたい。田口富久治『現代政治学の諸潮流』未来社，1973年，170-194頁。
60 ラルフ・ミリバンド著／田口富久治訳『現代資本主義国家論——西欧権力体系の一分析』未来社，1970年，67頁，72-78頁，302-303頁。
61 ニコス・プーランツァス著／田中正人，柳内隆訳『国家・権力・社会主義』ユニテ，1984年，147頁。
62 同様にジェソップは，「国家権力は，ある特定の局面における社会的諸力の変化しつつある均衡を反映する複雑な社会関係」と位置づけた（Bob Jessop, "Capitalism and Democracy: The Best Possible Political Shell?," in Gary Littlejohn, ed., *Power and the State*, London: Croom Helm, 1978, p. 11)。なお，ブロックは，非マルクス主義とネオ・マルクス主義の国家の自律性の相違を検討し，後者を精緻化された道具主義にすぎないとしている（Fred Block, "The Ruling Class Does Not Rule," *Socialist Review*, No. 33, May-June, 1977, pp. 53-54)。
63 ニコス・プーランツァス著／田中正人，柳内隆訳，前掲『国家・権力・社会主義』157頁；ニコス・プーランツァス著／田口富久治，網井幸裕，山岸紘一訳『資本主義国家の構造 II——政治権力と社会階級』未来社，1979年，12頁。
64 主な研究として以下のものがある。Hanza Alavi, "The State in Post-Colonial Societies: Pakistan and Bangladesh," in Kathleen Gough and Hari P. Sharma, eds., *Imperialism and Revolution in South Asia*, New York: Monthly Review Press, 1973; Goran Therborn, *What Does the Ruling Class Do When It Rules?*, London: New Left Books, 1978; Nora Hamilton,

"State Autonomy and Dependent Capitalism in Latin America," *British Journal of Sociology*, Vol. 32, No. 3, September, 1981.

65 この変化に関する詳しい整理は,以下を参照されたい。加藤哲郎「現代レギュラシオンと国家——日本はシュンペーター主義的勤勉国家の最先端か?」(田口富久治,加藤哲郎編『現代政治学の再構成』青木書店,1994 年) 287-290 頁。

66 Ernesto Laclau and Chantal Mouffe, *Hegemony and Socialist Strategy: Towards a Radical Democratic Politics*, London: Verso, 1985, pp. 149-194 (エルネスト・ラクラウ,シャンタル・ムフ著/山崎カヲル,石澤武訳『ポスト・マルクス主義と政治——根源的民主主義のために』大村書店,1992年), Chantal Mouffe, *The Return of the Political*, New York: Verso, 1993, p. 7 (シャンタル・ムフ/千葉眞,土井美徳,田中智彦,山田竜作訳『政治的なるものの再興』日本経済評論社,1998 年). なお,反核運動,環境保護運動,女性解放運動など,階級関係には還元されない多様な社会運動についてはネオ・マルクス主義においても認識され,階級闘争との「接合」が意識されていたことは指摘しておきたい。Bob Jessop, *State Theory: Putting the Capitalist State in its Place*, Cambridge: Polity Press, 1990, pp. 41-44 (ボブ・ジェソップ著/中谷義和訳『国家理論——資本主義国家を中心に』御茶の水書房,1994 年).

67 Christopher Pierson, *Marxist Theory and Democratic Politics*, Cambridge: Polity Press, 1986, pp. 150-151.

68 加藤哲郎「永続民主主義革命の理論・その後——マルクス主義・市民社会・民主主義」『月刊フォーラム』第9巻第8号,1997 年 8 月,12-22 頁。

69 Peter Evans, "The State as Problem and Solution: Predation, Embedded Autonomy and Structural Change," in Stephan Haggard and Robert R. Kaufman, eds., *The Politics of Economic Adjustment: International Constraints, Distributive Conflicts, and the State*, Princeton: Princeton University Press, 1992, p. 164.

70 Peter Evans, *Embedded Autonomy: States and Industrial Transformation*, Princeton: Princeton University Press, 1995, p. 228.

71 Peter Evans, ed., *State-Society Synergy: Government and Social Capital in Development*, Berkeley: International and Area Studies, University of California at Berkeley, 1997.

72 World Bank, *State-Society Synergy for Accountability: Lessons for the World Bank*, Washington, D.C.: World Bank, 2004, pp. 1-4, pp. 13-35.

73 Joel S. Migdal, *Strong Societies and Weak States: State-Society Relations and State Capabilities in the Third World*, Princeton: Princeton University Press, 1988, pp. 10-33.

74 Joel S. Migdal, "The State in Society: An Approach to Struggle for Domination," in Joel S. Migdal, Atul Kohli, and Vivienne Shue, eds., *State Power and Social Forces: Domination and Transformation in the Third World*, Cambridge: Cambridge University Press, 1994, pp. 15-18.
75 Theda Skocpol, *op. cit.*, p. 9.
76 Joel S. Migdal, *Strong Societies and Weak States*, p. 22.
77 *Ibid.*, pp. 32-33.
78 *Ibid.*, p. 32.
79 Joel S. Migdal, "Introduction: Developing a State-in-Society Perspective," in Joel S. Migdal, Atul Kohli, and Vivienne Shue, eds., *State Power and Social Forces: Domination and Transformation in the Third World*, Cambridge: Cambridge University Press, 1994, pp. 3-4. なお、ステパンは早くから同様の見解を示していた。彼は、4つのパターンを提示する。すなわち、(1) 国家権力が市民社会に損失を与える形でゼロサムに拡大するケース、(2) 両領域のパワーがポジティブサムに拡大するケース、(3) ネガティブサムに拡大するケース、(4) 市民社会の力が拡大し国家の力が衰退するケース、である（Alfred Stepan, "State Power and the Strength of Civil Society in the Southern Cone of Latin America," in Peter B. Evans, Dietrich Rueschemeyer, and Theda Skocpol, eds., *Bringing the State Back in*, Cambridge: Cambridge University Press, 1985, p. 318）。
80 この点を詳細に論じ、「国家―開発―市民社会」という新たなトライアッド関係を検討する必要性を説いたものとして松下の研究がある。松下冽「発展途上国における国家の可能性再考（上）――『国家―開発―市民社会』の新たなトライアッド関係構築の視点から」『立命館国際研究』第17巻第3号、2005年3月；松下冽「発展途上国における国家の可能性再考（中）――『国家―開発―市民社会』の新たなトライアッド関係構築の視点から」『立命館国際研究』第18巻第2号、2005年10月；松下冽「発展途上国における国家の可能性再考（下）――『国家―開発―市民社会』の新たなトライアッド関係構築の視点から」『立命館国際研究』第19巻第1号、2006年6月。

第Ⅱ部 事例編（1）
民主主義体制への移行過程

第**3**章

フィリピン市民社会の歴史的変遷

はじめに

　内発的な視点で見れば，フィリピンにおける市民社会の萌芽は，植民地時代に見られよう。フィリピンではこの時期，救援活動や福祉活動を行う市民団体や植民地政府に改革を求める市民運動が出現した。

　戦後，アメリカから独立を果たした後は，アメリカ統治期に導入された民主的制度の下で，フィリピンの市民社会は比較的良好な成長を遂げてゆく。その成長は，マルコス独裁体制の登場によって一時的に停滞を余儀なくされるが，過酷な抑圧にあってもフィリピンの市民社会は粘り強く生きながらえ，1980年代の民主化運動の下地を築いていった。

　本章では，一方で植民地政府を含めた国家との関係を意識し，他方でヘゲモニー闘争という側面に留意しながら，スペイン植民地時代から1980年代に広範囲な民主化運動が形成されるまでの市民社会の盛衰の歴史を時系列的に考察する。本章は，第Ⅰ部で提示した分析視座を援用しながら民主化運動が本格化するまでの市民社会の歴史を俯瞰することで，次章以降への橋渡しとなろう。

第1節　スペイン・アメリカ植民地時代

　スペインは，1571年に植民地政策のための拠点をマニラに置き，キリスト教化を推し進めながら支配地域を拡大していった。17世紀までには，ルソン島からミンダナオ島北岸部がスペインの支配下に置かれるようになる。以後，1898年に米西戦争でスペインがアメリカに敗れるまでの約300年間，フィリピンはスペインの植民地下に置かれた。

　19世紀後半になるとヨーロッパから帰ってきたイルストラーダ（ilustrados）と呼ばれる有産・知識階級を中心にいわゆるプロパガンダ運動（Propaganda Movement）が形成される。これは，報道や集会の自由などの市民的権利や社会経済的自由をスペイン植民地政府に要求した市民運動であり，その一手段として『ラ・ソリダリダット』という機関紙が発刊された[1]。

　プロパガンダ運動の中心的人物の1人であったホセ・リサール（José Rizal）は，1892年に「フィリピン同盟」（La Liga Pilipina）を創設する。同組織は，平和的な改革を求める市民組織であったが，スペイン当局によって政治団体として危険視され，さらには結成直後にリサールが逮捕されたため，数カ月で活動停止に追い込まれた。こうした平和的な改革運動の挫折は，ボニファシオ（Andrés Bonifacio）を中心に武力革命によって独立を目指す「カティプナン」（Katipunan）という秘密結社の結成へと結びついていった[2]。

　非営利活動に目を向けてみると，この時代には救済活動や福祉活動に従事する市民団体が出現し始めた。その背景には，19世紀半ばから後半にかけて世界的に普及したフィランソロピーの影響があった。フィランソロピーとは，弱者救済を目的とする福祉援助のことである。この時期のフィリピンのフィランソロピーは，スペイン統治期に普及したキリスト教の影響を強く受けていたため，教会のイニシアティブで孤児院や貧民救済所，学校，病院などの施設が設立された[3]。コーテンの言う「第一世代」の「非政府組織」（Non-Governmental Organization = NGO）の出現である（表3−1）。

　フィランソロピーは，フィリピンにおける社会組織の主要単位であったエリート家族をも刺激した。エリート家族は，市民団体を作ることで社会的威

(表3−1) NGO の発展段階

	第一世代	第二世代	第三世代	第四世代
問題認識	モノ不足	地域社会の後進	制度・政策上の制約	民衆を動かす力を持ったビジョンの不足
持続期間	その場かぎり	プロジェクトの期間	10〜20年	無限
対象範囲	個人ないし家庭	近隣ないし村落	地域ないし一国	一国ないし地球規模
主体	NGO	NGOと地域共同体	関係する全ての公的・民間組織	民衆と諸組織の様ざまなネットワーク
NGOの役割	自ら実施	地域共同体の動員	開発主体の活性化（触発）	活動家・教育者

(出所) David C. Korten, *Getting to the 21st Century: Voluntary Action and the Global Agenda*, West Hartford: Kumarian Press, 1990, p. 117, Figure 1（デビッド・コーテン著／渡辺龍也訳『NGOとボランティアの世紀』学陽書房，1995年）を一部修正して作成．

信を高めると同時に行政官の役職を得て自己の経済的利益を確保することができた。同様にカトリック教会も，慈善組織や慈善施設を作ることで，有力なエリート家族から支持を調達し，その宗教的なヘゲモニーを維持することができた。こうして有力なエリート家族とカトリック教会のフィランソロピストが，飢餓や災害の救済で重要な役割を果たしていたことから，スペイン植民地政府は「慈善事業・公衆衛生全般検査」(General Inspection of Charities and Public Health) を設立するなどして社会福祉制度の整備を進め，フィランソロピー活動を支援していった。

1898年に米西戦争においてアメリカが勝利を収めたことで，フィリピンはアメリカの統治下に置かれることになる。アメリカ統治下では，フィリピン人エリートに対する融和政策が採られたこともあって，スペイン貴族の末裔であったタヴェラ (Pardo de Tavera) らを中心に融和的なサークルが形成される。1900年にこうした穏健的なグループは，フィリピンをアメリカ合衆国の1州として究極的独立を求める「連邦党」(Partido Federal) を結成した。

他方で，連邦党に反対する勢力は，オスメニャ (Sergio Osmeña) やパルマ (Rafael Palma) らを中心に穏健的な独立運動を形成してゆく。彼らは，1902年に合法的な手段によって独立を目指す「民主党」(Partido Democrata)

の結成を試みる[7]。しかし、そのような目標を掲げる政党の結成は、合法的とはいえ新たな革命の動きを惹起する危険性があるという理由で、タフト総督（William Howard Taft）に拒否され実現しなかった[8]。とはいえ、独立を求める合法的な運動の出現は、1907年に即時独立を掲げる「国民党」（Nacionalista Party = NP）という政党の結成へと結びついていった[9]。

アメリカ統治期には、アメリカ型民主主義の影響を受けて、YMCAや赤十字、ボーイ（ガール）スカウトなどの自発的組織が相次いで誕生している[10]。非営利セクターに関する制度の整備も本格的に進められ、1906年には「フィリピン会社法」（Philippine Corporation Law）が制定される。この法律によって宗教団体や福祉機関は、非営利セクターとして認可され、これらの団体への寄付は控除の対象となった[11]。1915年には「公共福祉委員会」（Public Welfare Board = PWB）が設置され、福祉関連団体のコーディネートが行われるようになった[12]。

こうした非営利団体に対してアメリカ植民地政府は、フィリピンの有力なフィランソロピストと個人的な関係を結んで資金援助を行った[13]。そこには市民団体に強い影響力を持つエリート家族の地位を強化して、政権を安定させようとする意図があった。パレデスが言う「植民地的クライアンテリズム」である[14]。市民団体は、アメリカの植民地戦略の一翼を担う重要な存在であったと言えよう。

ローカルな相互扶助組織も、この時期に誕生している。1915年に「農業共同組合法」（Rural Cooperative Bill）が制定され、植民地政府の管理下でさまざまな農業信用組合の設立が促されてゆく。24年までに46の組合が誕生し、そのメンバーは8万1,971人にまで増えていた[15]。27年には「農民協同組合市場連盟」（Farmers Cooperative Marketing Association = FACOMA）、39年には「消費者協同組合連合」（Consumers' Cooperatives League of the Philippines = CCLP）という大規模な組合が結成される。地方の信用組合の数もピーク時には570を数え、そのメンバーも10万5,000人に上った[16]。こうした相互扶助組織は、アジア諸国で広く見られる「民衆組織」（People's Organization = PO）の原型と言えるものであった[17]。

1920年代から30年代になると、世界恐慌への共鳴もあって、闘争的な

農民組合や労働組合が形成されるようになる。そうした動きは、29年に設立された「フィリピン社会党」(Socialist Party of the Philippines = SPP) と30年に設立された「フィリピン共産党」(Partido Komunista ng Pilipinas = PKP) を介して急速に拡大していった。

PKP は、創設に先立ち「フィリピン労働者会議」(Katipunan ng mga Anak Pawis sa Pilipinas = KAP) という労働者組織と「全フィリピン小作人同盟」(Kalipunang Pambansa ng mga Magbubukid sa Pilipinas = KPMP) という農民組織を結成していた。[18] PKP は、1931年に非合法化されたものの、KAP と KPMP を通じて労働運動と農民運動の拡大を図ってゆく。38年までに中部ルソンでは共産主義に強く影響を受けた約40の農民組織が形成され、[19] 19万人の労働者が PKP の支配下に置かれるようになった。[20]

他方、サントス (Pedro Abad Santos) によって設立された SPP は、中部ルソンを中心に「一般労働者組合」(Aguman ding Malding Talapagobra = AMT) という農民労働者からなる大衆組織を結成する。AMT は、SPP の大衆機関であり、7万人の組合員を有していた。[21] 1935年の第7回コミンテルン大会で「上からの統一戦線」が打ち出されたことを受け、SPP は38年に PKP に合流する。また、AMT は、共産党が非合法化された30年代に大きく成長を遂げ、38年には KPMP と連結した。[22]

こうして大衆運動が拡大する中で1935年に誕生したコモンウェルス政府 (独立準備政府) では、反ファシズム統一戦線を形成する目的もあって反共から容共への路線変更が進み、ケソン大統領 (Manuel L. Quezon) の下で「社会正義計画」(Social Justice Program) が採択され、CPP が要求する最低賃金や8時間労働などが保障されるようになる。しかし、その一方で、労働運動が政治的闘争へと変容してきたことに鑑み、コモンウェルス政府は「労使関係裁判所」(Court of Industrial Relations = CIR) による強制仲裁制度を導入し、ラディカルな労働運動の弱体化を図っていった。[23] 中部ルソンを中心に拡大しつつあった農民運動に対しては、36年に組織されたフィリピン国軍を用いて鎮圧に乗り出す。他方で、コモンウェルス政府は、懐柔策として農地改革を進める制度を導入するが、それらは主たる成果を挙げることができずに終わった。[24]

第2節　戦後から1960年代前半まで

　1946年にアメリカから独立を果たしたフィリピンは，40年代末から50年代にかけて，中部ルソンを中心に「フクバラハップ」(Hukbo ng Bayan Laban sa Hapon = Hukbalahap)の反乱に直面した。フクバラハップは，AMTとKPMPを中心にして42年に結成された，PKPの抗日ゲリラ軍である。戦後フィリピンでは，このフクバラハップが農民を取り込み，共産主義勢力の版図が拡大したため，国家は不安定な状態に置かれていた[25]。この時期は，こうした共産主義勢力の拡大を阻止して体制を安定化させるために，様ざまな制度や組織が形成されていった。

　フクバラハップの拡大は，まず独立したばかりのフィリピン政府に農民を直接的に支援する制度の整備を促した。たとえば，キリノ政権(1948～53年)では，アメリカの支援を受けて「農業信用組合金融局」(Agriculture Credit and Cooperative Financing Administration = ACCFA)が設立されている。ACCFAは，先述したFACOMAを通じて組織された農民に低金利で貸付を行うことを目的としたもので，1959年までに502のFACOMAが組織され，国家政府による農民のコントロールが図られた[26]。

　マグサイサイ政権(1953～57年)では，フクバラハップを弱体化させ農村開発を進めるために，1954年に「共同体開発計画協議会」(Community Development Planning Council = CDPC)，56年に「大統領共同体開発機関」(Presidential Assistant on Community Development = PACD)が新たに設立されている。CDPCとPACDは，それまで別個に運営されていた農村部の「共同体開発」(Community Development = CD)に関するプログラムをまとめ上げることを目的としたもので，それらを通じて多くの市民団体の農村開発への積極的な参加が促されていった[27]。地域共同体の住民の自立的な行動を支援する「第二世代」のNGOの出現である。

　続くガルシア政権(1957～61年)においても，農村開発を行う市民団体との協力関係は維持され，1958年には農村開発を含め様ざまな社会サービスを行う非営利団体に関する法律として「科学法」(The Science Act)が新

たに制定された。同法では，フィランソロピー活動の組織化を促すために，科学技術や社会サービスの発展に貢献する民間団体に対する税控除が規定された。同時に「国家科学発展庁」（National Science and Development Board = NSDB）が新設され，民間団体の認定が行われるようになった。[28]

この時期，農村開発の分野では，フィリピン最大のNGOの1つである「フィリピン農村再建運動」（Philippine Rural Reconstruction Movement = PRRM）が1952年に設立されている。PRRMは，「国際農村運動」（International Rural Reconstruction Movement = IRRM）の設立者であるイェン博士（James Yen）を中心にマニラの政治経済エリートによって結成されたNGOである。PRRMは，とりわけマグサイサイ政権と協力しながら，農村を中心に保健衛生サービスや教育サービスを提供し，農村部におけるフクバラハップの拡大を抑える役割を果たしてゆく。[29]マカパガル政権（1961～65年）も，PRRMの協力を得て，フクバラハップの活動が盛んな中部ルソンで復興プロジェクトに取り組んでいった。[30]

他方で，フクバラハップの指導者は，都市部での労働運動の再編に努め，1945年に「労働組織委員会」（Committee on Labor Organization = CLO）を設立したことで，日本占領下では禁止されていた労働運動が次第に活気を取り戻していった。同委員会は，46年に「労働組織会議」（Congress of Labor Organization = CLO）へと名称を変え，78の支部連盟を傘下に治め，110万人のメンバーを有するまでに成長する。[31]初の全国的な労働運動であるCLOは，4万人の労働者を動員して49のストライキを各産業で行い，その多くが勝利を収めた。[32]

こうした労働運動の台頭を受けてフィリピン政府は，1953年に「産業平和協定」（Industrial Peace Act = IPA）を制定する。同協定によって，労働者のストライキ権，団結権，団体交渉権が正式に承認された。翌年には「全国労働組合」（National Labor Union = NLU）や「労働組合連盟」（Associated Labor Union = ALU），そして「フィリピン労働組合センター」（Philippine Trade Union Center = PTUC）などの非共産主義系の連合組織が労使交渉を優位に進めるために結成された。[33]

元来反共であったカトリック教会は，社会主義と共産主義が台頭する

1930年代に「ベラルミン証言組合」(Bellarmine Evidence Guild)や「チェスタートン証言組合」(Chesterton Evidence Guild = CEG) などの反社会主義・反共産主義組織を既に結成していた。教会は，労働運動や農民運動へ直接的に関与したわけではなかったが，早くから社会問題に関心を向け，社会正義に関する教会の思想の普及に努めた。こうした流れを受けて，47年にはフィリピンで最初の教会系NGOと言われる「社会秩序協会」(Institute of Social Order = ISO) が設立される。教会は，共産主義に対抗すべくISOを介して労働運動と農民運動に関与し，50年に「自由労働連盟」(Federation of Free Workers = FFW)，53年に「自由農民連盟」(Federation of Free Farmers = FFF) という反共組織の設立を支援した。このFFFは，農民の組織化とその利益の実現を目指す一方で，政府の福祉サービスやFACOMAの管理を補助する役割を果たした。

加えて，カトリック教会は，キリノ大統領 (Elpidio R. Quirino) が再選を果たした1949年の大統領選挙で広範囲な選挙不正が行われたことによってフクバラハップの勢力が拡大し革命的状況が助長されたと考え，「自由選挙のための国民運動」(National Movement for Free Elections = NAMFREL) の結成をも後押しした。NAMFRELは，伝統的に選挙不正が絶えないフィリピンの選挙をより公正にする目的で，「青年会議所」(Junior Chamber of Commerce) や「ライオンズ・クラブ」(Lions Clubs) などのビジネス・セクターの主導によって51年に設立された市民団体である。NAMFRELは，選挙不正を阻止するために有権者教育や選挙監視活動を精力的に行った。20年代に結成された「フィリピン・カトリック行動」(Catholic Action of the Philippines = CAP) も，17万人のメンバーを動員してNAMFRELの活動を支援した。NAMFRELは，無党派を表明していたが，共産主義勢力の台頭を阻止する目的もあって，実際には野党の大統領候補であったマグサイサイ (Ramon D. Magsaysay) よりの組織であった。

共産主義の台頭を阻止するという目的では，アメリカ政府も「中央情報局」(Central Intelligence Agency = CIA) を通じてNAMFRELの結成を後押ししている。アメリカがNAMFRELを通じて間接的にマグサイサイを支援したのは，汚職と腐敗によって弱体化したキリノ政権にはフクバラハップの拡大

に対処する能力がないと判断したためであった。アメリカは，CIAや「アジア財団」(Asia Foundation) などを通じてPRRMやFFF, FFWにも資金援助を行ってゆく。マカパガル政権時には，衰えたとはいえフクバラハップが活動する中部ルソンの復興プログラムが「アメリカ国際開発庁」(U.S. Agency for International Development = USAID) の援助によって実施されている。こうしてアメリカは，共産主義に傾斜する農民運動や労働運動を切り崩すために，直接的もしくは間接的に独立政府や市民団体を支援していった。

第3節　1960年代後半から戒厳令布告まで

1960年代以降に西欧諸国で噴出した新しい社会運動の波は，世界各地に波及し，従来の階級運動や労働運動とは異なる学生運動や平和運動の形成を促しながら伝統的なパラダイムに挑戦を迫った。加えて，62年から3年間に渡って開かれた第2回ヴァチカン公会議は，カトリック教会をより進歩的なスタンスへと推し進める決定的な契機となる。こうしたパラダイム・シフトは，フィリピンにも浸透していった。60年代前半までが左派への対抗軸として市民社会の形成が促されたとすれば，この時期は新しい社会運動の浸透と新たな共産主義勢力の台頭によって左派の側から市民社会の形成と拡大が促された時期であった。

カトリック教会では，社会改革への教会の積極的な参加を求める姿勢が強まった。既に1955年に結成されていた「フィリピン主要宗教連合」(Association of Major Religious Superiors in the Philippines = AMRSP) は，教会の政治的役割を担った最初の教会組織と言われており，いち早く社会改革への取り組みを開始した。66年には「社会行動，正義，平和のための全国事務局」(National Secretariat for Social Action, Justice and Peace-Caritas Philippines = NASSA) が設立される。NASSAは，教会の最高決定機関である「フィリピン司教会議」(Catholic Bishops' Conference of the Philippines = CBCP) に直属する市民団体であり，社会改革への教会の積極的な参加を通じて，暴力的な革命と共産主義による政権奪取を阻止し，社会的紛争を解消することをその目的の1つとしていた。教会内の進歩派は，これらの組織を

足場として社会改革に身を投じ，その一部は共産主義勢力に呼応して72年2月に「キリスト教徒連合」(Christians for National Liberation = CNL) を結成した。[43]

教会の支援で設立されたFFFも，1967年から直接的な政治行動を取り始め，69年には58日間のピケを行った。このピケを受けて，未分配の農地を迅速に分配するために「社会正義と農地改革のための大統領連絡委員会」(Presidential Coordinating Committee for Social Justice and Agrarian Reform = PCCSJAR) が設置されている。FFFは，71年9月から再び83日間のピケを行い，政府に農地改革法の修正と農地改革省の設置を促すことに成功した。FFFは，72年までに38人の司祭と30以上の修道女の支援を獲得していたとされており，教会の支持を背景に勢力を拡大していった。[44]

教会の動きに呼応するように，ビジネス・セクターも社会改革への関心を高めてゆく。1970年12月には「フィリピン・ビジネス社会開発財団」(Philippine Business for Social Progress = PBSP) という民間非営利財団が結成され，貧困解消に向けた社会経済開発プロジェクトが開始された。[45] PBSPは，その場限りの性格が強かった従来の企業フィランソロピーを，より持続的かつ組織的な形態に変えることを目指した。[46] 71年2月には「ビショップ・ビジネスマン会議」(Bishops-Businessmen's Conference for Human Development = BBC) という連絡協議機関が設立され，カトリック教会とビジネス・セクターとの協力関係の制度化が促されていった。[47]

共産主義勢力は，フクバラハップに対する抑圧によって弱体化しつつあったが，1960年代後半になると学生運動の後押しを受けて再び活力を取り戻してゆく。64年11月にPKPの大衆組織として新たに誕生した「農民自由連盟」(Malayang Samahang Magsasaka = MASAKA) は，労働省の合法組織として登録を受け，メンバーの拡充を図りながら63年に制定された「農地改革法」(Agricultural Land Reform Code) の実行をマカパガル政権とマルコス政権 (1965～1972年) に求めた。MASAKAのメンバー数は，68年までに中部ルソンだけで6万5,000人にまで増加していた。[48]

また，フィリピン大学では「フィリピン大学学生文化協会」(Student Cultural Association of the University of the Philippines = SCAUP) という学生

団体が1959年に設立されていたが，64年11月にはシソン（Jose M. Sison）を中心により闘争的な「愛国青年団」（Kabataang Makabayan = KM）が結成される。KMは，都市部だけでなく農村部の労働組合や農民連盟の設立をも支援してゆく。このKMとMASAKAを中軸として，65年1月には大統領官邸とアメリカ大使館の前で反米デモが，66年10月にはマニラ・サミットの開催にあたって反米デモがそれぞれ組織された。KMの組織は全国に拡大し，そのメンバーの数は60年末には1万人，72年までには2万人を超えるまでに増加していた。

1969年1月にはKMのシソンを初代議長として，毛沢東主義と民族民主主義を掲げる「フィリピン共産党」（Communist Party of the Philippines = CPP）が親ソ派のPKPから分離して新たに誕生する。69年3月には，その軍事組織として「新人民軍」（New People's Army = NPA）が組織された。新たな共産主義勢力の台頭は，ラディカルな大衆運動をさらに拡大させてゆく。69年3月には「フィリピン農民同盟」（Pagkakaisa ng Manggagawang Pilipino = PMP）という闘争的な農民組織が誕生し，土地改革を求める大規模なデモが組織される。こうした大衆運動の高揚は，「第1四半期の嵐」と呼ばれる広範囲な反マルコス抗議運動へとつながっていった。

1969年の大統領選挙では，マルコス大統領（Ferdinand E. Marcos）がフィリピン史上初の再選を果たした。しかし，70年1月26日，議会の開会とマルコスの年頭教書発表に際して，マルコスの再選は不正と暴力の結果だとして，学生を中心に5万人が抗議デモを行った。これを契機に帝国主義とファシスト・マルコス打倒を掲げる大衆抗議運動が，首都マニラを中心に毎週のように行われてゆく。運動を主導したのは，緩やかな左派連合「民主フィリピン運動」（Movement for a Democratic Philippines = MDP）であった。いわゆる「第1四半期の嵐」であり，この運動は70年3月末まで継続した。こうした大衆抗議運動を通じて共産主義勢力は，様ざまな大衆組織を形成してゆく。先述したCNLに加え，「労働組合同盟」（Katipunan ng Samahan ng mga Manggagawa = KASAMA）や「フィリピン全国労働運動」（Pambansang Kilusan ng mga Manggagawang Pilipino = PAKMAP）などの大規模な大衆組織が新たに結成された。

第4節　戒厳令布告以降

　このような左派の台頭による市民社会の政治化は，皮肉にもマルコスに戒厳令布告の口実を与えることになる。1972年9月21日，マルコスは，共産主義勢力の拡大を主たる理由として戒厳令を布告する。戒厳令によって議会と政党の活動を禁止したマルコスは，行政，立法，司法の三権を掌握し，国軍を私物化して政敵や自分を批判する人物を様々な理由を付けて逮捕していった。戒厳令の布告から77年までに逮捕された政治犯は，6万人とも7万人とも言われている[54]。

　リンツとステパンによれば，マルコス体制はスルタン主義に分類される。スルタン主義とは，公私混同が見られ，全体主義と異なり洗練されたイデオロギーもなく，自分自身の裁量で無制限に権力を行使する極めて個人的で家産主義的な体制を指す。スルタン主義では，法の支配は欠如し，スルタンの独善的な意志に従わない市民社会の空間も否定される[55]。

　市民社会に対する弾圧については，それを支えるメディアを見れば明らかであり，戒厳令によって多くのメディアが営業停止に追い込まれた。たとえば，首都マニラで7つの英語日刊新聞，3つのフィリピン語日刊新聞，1つの英語・フィリピン語日刊新聞，11の英字週刊誌，1つのスペイン語日刊新聞，4つの中国語日刊新聞，3つのビジネス刊行物が禁止され，1つのニュースサービスと7つのテレビ局が閉鎖されている。州レベルでは66の地域新聞が禁止され，全国で292のラジオ局が閉鎖された[56]。

　スルタン主義による公私混同は，マルコスの個人的な友人や親戚が所有する親政府メディアの保護という形で現れた。マルコスの級友であったベネディクト（Roberto S. Benedicto）が所有するラジオ局 Kanlaon Broadcasting System と Daily Express 紙，マルコスの軍人時代の友人であるメンジ（Hans M. Menzi）の Bulletin Today 紙，イメルダ夫人の弟ロムアルデス（Benjamin K. Romualdez）の Times Journal 紙，同夫人の伝記作家ツヴェラ（Kerima Polotan Tuvera）の Evening Post 紙などが最たる例である。これらのメディアが政府を支持する記事を掲載したことは言うまでもない[57]。こうして戒厳令

の布告によって，合法的な異議申し立ての空間は縮小する。この結果，多くの市民団体は地下活動へ向かい，市民社会は脱政治化していった。

強権的な国家に対する市民社会の批判的機能は低下したが，非営利活動では一定の発展が見られた。すなわち，唯一残された合法的な社会組織である教会を中心にCD，さらにはCDの限界を受けて登場した「共同体組織化」(Community Organizing = CO) という戦略によって社会改革が試みられた。「第三世代」のNGOである。

カトリック教会は，前述したNASSAの地方支部をミンダナオ (1972年)，ビサヤ (73年)，ルソン (74年) に設立し，1981年までには68の教区社会行動センターを設置してその活動基盤を全国に拡大した。その過程でNASSAは，「基礎教会共同体」(Basic Christian Community = BCC) を通じてCDを推進し，75年には「基礎教会共同体・共同体組織化」(BCC-CO) というプログラムを開始してCOに着手する。78年にはBCC-COの全国会議が組織され，全国規模でプログラムを展開してゆくことが決定された。[58]

プロテスタント教会も，1960年代後半からCDに取り組み始め，マニラのトンド地区に「トンド海岸・共同体組織化連盟」(Confederation of Tondo-Foreshore and Community Organization = CTFCO) を結成した。[59] CTFCOの活動は，71年にカトリック教会との協力の下で結成された「共同体組織化のためのフィリピン・キリスト教委員会」(Philippine Ecumenical Council for Community Organizing = PECCO) へと受け継がれる。PECCOが77年に分裂した後は，「共同体エンパワーメントのためのフィリピン教会統一運動」(Philippine Ecumenical Action for Community Empowerment = PEACE) がその役割を引き継いでCOを主導していった。[60]

以上のような共同体ベースでの活動の拡大に加え，マルコス独裁体制下では新たな分野で市民団体の結成が促された。また，1970年代後半以降には，76年の憲法修正を経て78年に暫定議会選挙の実施，81年に戒厳令の解除と正常化が進んだことで，市民社会の自律性は次第に回復し，市民団体同士のネットワークが進んでいった。

たとえば，戒厳令体制下での人権侵害は，人権擁護を求める市民団体の設立を促進した。1974年にはフィリピン最大の人権擁護団体の1つであ

る「フィリピン拘留者対策委員会」(Task Force Detainees of the Philippines = TFDP) が AMRSP によって結成された。同年，フィリピンを代表するもう1つの人権擁護団体である「自由法律支援団体」(Free Legal Assistance Group = FLAG) も誕生する。TFDP と FLAG は，政府の弾圧に直面しながらマルコス体制による人権侵害を非難する先鋒的な運動を展開してゆく。80年には，これらの市民団体を中心として「フィリピン人権擁護連合」(Philippine Coalition for Human Rights = PCHR) というネットワーク組織が結成された[61]。

都市貧困に取り組む市民団体としては，1970年に戦闘的組織の先駆的存在として知られる「トンド第一区組織」(Zone One Tondo Organization = ZOTO) が20の市民団体によって結成されていた。ZOTO は，戒厳令に対する抗議活動を行いながら，PEACE などの支援を得て CO に取り組んだ[62]。この ZOTO を中心として82年には7つの市民団体からなる「強制撤去反対貧民連合」(Alyansa ng mga Maralita Laban sa Demolisyon = ALMA) が誕生する。ALMA は，都市貧困問題への対応を政府に迫る一方で，都市部の貧困解消を目指して CO を推し進めていった[63]。

環境分野では，1972年に「ハリボン協会」(Haribon Society) という環境保護団体が結成された。当初は野鳥観察クラブであったこの団体は，83年に「ハリボン財団」(Haribon Foundation for the Conservation of Natural Resources = Haribon) へと名称を変え，ロケ会長 (Celso R. Roque) の指導の下で本格的な自然保護団体へと成長してゆく[64]。79年には「フィリピン環境会議」(Philippine Environmental Congress) が開催され，これを契機に共同体ベースで環境保護を目指す初の全国的なネットワーク組織として「フィリピン環境問題連合」(Philippine Federation for Environmental Concerns = PFEC) が誕生した[65]。

ジェンダーの分野では，それまでいくつかの女性組織が結成されていたが[66]，本格的なアドボカシー運動を展開する組織が登場する。1975年には「新フィリピン連合」(Katipunan ng Bagong Pilipina = KABAPA) が結成され，CPP と密接な関係を持ちながら女性の政治的，社会的，経済的エンパワーメントを求める活動を展開した[67]。81年には社会開発におけるジェンダーの

役割を強調する「フィリピン女性運動」(Kilusan ng Kababaihang Pilipino = Philippine Women's Movement = PILIPINA) が，83年には民族解放運動に引き寄せてジェンダーの問題を取り上げる「自由のための女性連盟」(Katipunan ng Kababaihan para sa Kalayaan = KALAYAAN) が誕生し，ネットワークを形成しながら反マルコス運動に加わっていった。[68]

正常化の中で，メディアも少しずつ回復してゆく。1977年にはWe Forumという反政府新聞の刊行が許され，反政府活動が徐々に紹介されるようになる。このWe Forumの創設者であるブルゴス (Jose Burgos) は，81年3月に同じく反政府系新聞としてMalayaを刊行する。それ以外にもFilipino TimesやGuardian, Manila Paperなどのオルターナティブ・プレス (Alternative Press) と呼ばれる反政府系の新聞が次つぎに刊行され，政府を批判しつつ反政府運動の動向をも詳細に報じるようになっていった。[69]

最後に左派革命勢力は，戒厳令体制による抑圧にもかかわらず次第に勢力を拡大し，とりわけCPPは東南アジアで最大の共産党と呼ばれるまでに成長した。戒厳令当初は，国軍を中心とする激しい弾圧により多数のメンバーが逮捕されたが，組織は次第に地方分散的に拡大し，1972年に4州だけであったNPAの活動地域は74年には34州に広がり，農地改革の実行を求める農村がNPAに取り込まれていった。[70]

1973年には，CPPとNPAの非公然組織である「民族民主戦線」(National Democratic Front = NDF) が結成され，都市部での大衆組織の強化が図られてゆく。都市部では戒厳令の布告に伴いストライキは禁止されていたが，75年には戒厳令体制に挑んだ初のストライキがマニラで起こり，この直後に「フィリピン労働者連帯」(Bukluran ng Manggagawang Pilipino = BMP) が結成される。BMPは，全国各地でストライキを展開し，150の労働組合を傘下に収めるまでに一時は成長を遂げるが，厳しい弾圧により短命に終わる。[71] 80年1月には，急進的な労働組合である「5月1日運動」(Kilusang Mayo Uno = KMU) がCPPの主導によって組織される。KMUは，マルコス政権に対する全国規模のストライキと抗議運動を展開し，81年にはマルコス独裁体制下で最大規模のデモを組織する。[72] こうした左派革命勢力は，TFDPやZOTO，KALAYAANなどをも支援することで市民社会に深く浸透し，強

権的な国家権力に抗する市民社会の機能を下支えする役割を果たしていった。[73]

小　括

　本章では，植民地政府を含めた国家政府との関係に加え，諸勢力によるヘゲモニー闘争に留意しながら，植民地時代から1980年代初頭までの市民社会の盛衰の歴史を簡単に振り返ってみた。

　社会運動という側面に目を向ければ，スペイン統治期にはイルストラーダによって平和的な改革運動が形成され，アメリカ統治期になると合法的な独立運動が出現する。1920年代以降になると，社会主義と共産主義の台頭に伴い農民運動や労働運動が高揚し，反政府的な大衆抗議運動が拡大していった。他方で，非営利活動に目を向けてみると，フィランソロピーの影響を受けたエリート家族とカトリック教会によって，早くから救済活動や福祉活動に取り組む市民団体が結成された。そうした活動は，エリート家族の社会的地位と教会の宗教的ヘゲモニーの維持を可能にする一方で，植民地統治の安定化にも寄与するものであったことから，植民地政府による積極的な支援を獲得した。

　農村部でフクバラハップが拡大した戦後には，一方で政府やアメリカの支援によって，他方で教会やビジネス・セクターのイニシアティブによって，市民社会の成長が促された。1960年後半以降になると，政治的スペクトラムの左側から市民社会の活性化が図られてゆく。新しい社会運動の波がフィリピンにも浸透し，社会改革を志向する多様な運動や組織が形成された。加えて，新たな共産主義勢力の台頭が，農民運動や労働運動を刺激し，市民社会の政治化を促進していった。

　しかし，こうした市民社会の政治化は，皮肉にもマルコスに戒厳令布告の口実を与えることになり，市民社会の成長は一時的に停滞を余儀なくされる。それでも，唯一の合法的な社会組織とも言える教会を中心にCDとCOによる草の根活動が推し進められ，市民社会の基底部の強化が図られていった。他方で，この時期には，人権や環境，ジェンダーなどの問題に取り組む市民団体が出現し，それぞれの分野で全国的なネットワークが形成され始め

た。こうしてマルコス戒厳令体制を粘り強く生きながらえた市民社会は，次章で見るように，経済危機と政治危機によってマルコス体制の正統性が決定的に失墜すると一気に政治化し，反マルコス民主化運動の橋頭堡となってゆく。

　自発的なアソシエーションの役割を強調するリベラルの市民社会論では，左派勢力は市民社会と対立するものとして扱われることが多い。しかし，ヘウィソンとロダンも指摘するように，東南アジアでは左派勢力が独裁的な国家に抗する市民社会の形成を促してきた。本章で見たように，フィリピンにおいても左派勢力の台頭は，市民社会の多様な大衆運動を生み出し，市民社会の政治化を促進する原動力となっていた。他方で，こうした左派勢力の台頭は，フィリピン政府やアメリカ政府の保護の下で，カトリック教会やビジネス・セクターによる反共組織の形成をも促した。次章で見るように，こうした諸集団によるヘゲモニー闘争は，体制変動過程になると民主化の主導権争いと重なり合いながらより顕在化してゆく。

　以上のように市民社会の盛衰は，国家との関係性は言うまでもなく，ヘゲモニーの獲得を目指す諸アクター間の闘争によって規定されてきたことが明らかとなった。

註

1　Renato Constantino, *The Philippines: A Past Revisited*, Quezon City: Tala Publishing Services, 1974, pp. 146-151（レナト・コンスタンティーノ著／鶴見良行他訳『フィリピン民衆の歴史』勁草書房，1978 年）.

2　Teodoro A. Agoncillo, *A Short History of the Philippines*, New York: New American Library, 1975, pp. 50-65（テオドロ・アゴンシルリョ著／岩崎玄訳『フィリピン史物語――政治・社会・文化小史』勁草書房，1977 年）.

3　Ma Gisela T. Velasco, "Philippines: Overview of Organized Philanthropy in the Philippines," in Tadashi Yamamoto, ed., *Emerging Civil Society in the Asia Pacific Community: Nongovernmental Underpinnings of the Emerging Asia Pacific Regional Community*, Singapore: The Institute of Southeast Asian Studies, 1995, p. 593.

4　Gerard Clarke, *The Politics of NGOs in South-East Asia: Participation and Protest in the Philippines,* London: Routledge, 1998, p. 52.

5 Eliodro G. Robles, *The Philippines in the Nineteenth Century*, Manila: Malaya Books Inc., 1969, pp. 229-231.
6 Michael Cullinane, *Ilustrado Politics: Filipino Elite Responses to American Rule, 1898-1908*, Quezon City: Ateneo de Manila University Press, 2003, pp. 52-72.
7 Maximo M. Kalaw, *The Development of Philippine Politics, 1872-1920: An Account of the Part Played by the Filipino Leaders and Parties in the Political Development of the Philippines*, Manila: Oriental Commercial Co. Inc., 1926, pp. 285-287.
8 Peter W. Stanley, *A Nation in the Making: The Philippines and the United States, 1899-1921*, Cambridge: Harvard University Press, 1974, p. 73.
9 Michael Cullinane, "Playing the Game: The Rise of Sergio Osmeña, 1898-1907," in Ruby R. Raredes, ed., *Philippine Colonial Democracy*, Quezon City: Ateneo de Manila University Press, 1989, pp. 76-84.
10 Ma Gisela T. Velasco, *op. cit.*, p. 593.
11 Ledivina V. Cariño and Ramon L. Fernan III, "Social Origins of the Sector," in Ledivina V. Cariño, ed., *Between the State and the Market: The Nonprofit Sector and Civil Society in the Philippines*, Quezon City: Center for Leadership, Citizenship and Democracy, National College of Public Administration and Governance, University of the Philippines, 2002, pp. 37-38.
12 Eliodro G. Robles, *op. cit.*, pp. 198-199.
13 Lewis E. Gleeck, Jr., *American Institutions in the Philippines, 1898-1941*, Manila: Historical Conservation Society, 1976, pp. 71-89.
14 Ruby R. Paredes, "The Origin of National Politics: Taft and the Partido Federal," in Ruby R. Raredes, ed., *Philippine Colonial Democracy*, Quezon City: Ateneo de Manila University Press, 1989, pp. 41-66.
15 W. Cameron Forbes, *The Philippine Islands*, Vol. I, Boston: Houghton Mifflin Company, 1928, p. 287.
16 Alan G. Alegre, "The Rise of Philippine NGOs as Social Movement: A Preliminary Historical Sketch: 1965-1995," in Alan G. Alegre, ed., *Trends and Traditions, Challenges and Choices: A Strategic Study of Philippine NGOs*, Quezon City: Ateneo Center for Social Policy and Public Affairs, 1996, p. 6.
17 ASEAN諸国のNGOの活動概況を分析した首藤が内発的な視点から、このような相互扶助組織をNGOの「第一世代」と位置づける議論を展開している（首藤もと子「ASEAN諸国のNGO――活動概況と国際関係」『政治学論集』第45号, 1997年3月, 6-7頁）。

18 Alfredo B. Saulo, *Communism in the Philippines: An Introduction*, Quezon City: Ateneo de Manila University Press, 1990, p. 8, p. 17, pp. 19-23.
19 Harlan R. Crippen, "Philippine Agrarian Unrest: Historical Backgrounds," *Science and Society*, Vol. 10, No. 4, Fall 1946, p. 354.
20 Renato Constantino, *op. cit.*, pp.362-378.
21 Benedict Kerkvliet, "Peasant Society and Unrest Prior to the Huk Revolution in the Philippines," *Asian Studies*, Vol. 9, No. 2, August 1971, p. 198.
22 Gerrit Huizer, *Peasant Movements and Their Counterforces in South-East Asia*, New Delhi, Marwah Publications, 1980, pp. 132-133.
23 Aruna Gopinath, *Manuel L. Quezon: The Tutelary Democrat*, Quezon City: New Day Publishers, 1987, pp. 73-83.
24 James Putzel, *A Captive Land: The Politics of Agrarian Reform in the Philippines*, New York: Monthly Review Press, 1992, pp. 58-59.
25 Benedict J. Kerkvliet, *The Huk Rebellion: A Study of Peasant Revolt in the Philippines*, Berkeley: University of California Press, 1977, pp. 156-248.
26 Frank H. Golay, *The Philippines: Public Policy and National Economic Development*, New York: Cornell University Press, 1961, p. 287.
27 Jose V. Abueva, *Ramon Magsaysay: A Political Biography*, Manila: Solidaridad Pub. House, 1971, pp. 357-375.
28 勝又英子「フィリピンの非営利活動」(国際公益活動研究会監修『アジアのNPO——10カ国の非営利団体レポート』アルク，1997年) 216頁。
29 Gerard Clarke, *op. cit.*, pp. 139-141.
30 Diosdado Macapagal, *A Stone for the Edifice: Memoirs of a President*, Quezon City: Mac Publishing House, 1968, pp. 160-165.
31 Jose Pepz Cunanan, "Philippines," in Documentation for Action Group in Asia, ed., *Evolution of Labour Legislation in Asia*, Hong Kong: Documentation for Action Group in Asia, 1986, Chapter 1.
32 Ecumenical Institute for Labor Education and Research, *Manggagawa: Noon at Ngayon*, Manila: Ecumenical Institute for Labor Education and Research, 1982, p. 83.
33 Leopoldo J. Dejillas, *Trade Union Behavior in the Philippines, 1946-1990*, Quezon City: Ateneo de Manila University Press, 1994, pp. 43-44.
34 Wilfredo Fabros, *The Church and its Social Involvement in the Philippines 1930-1972*, Quezon City: Ateneo de Manila University Press, 1988, pp. 18-20.
35 *Ibid.*, pp. 38-45. FFFについては以下の研究が詳しい。Sonya Diane Cater, *The Philippine Federation of Free Farmers: A Case Study in Mass*

Agrarian Organizations, Ithaca: Southeast Asia Program, Department of Far Eastern Studies, Cornell University, 1959. 木村昌孝「フィリピン農民運動史における自由農民連合（FFF）の意義」『社会科学論集』第32号, 1999年3月。

36　Blondie Po, "Rural Organizations and Rural Development in the Philippines: A Documentary Study," in Marie S. Fernande, ed., *Rural Organizations in the Philippines*, Manila: Institute of Philippine Culture, Ateneo de Manila University, 1980, pp. 49-51.

37　Eva-Lotta E. Hedman, *In the Name of Civil Society: From Free Election Movements to People Power in the Philippines*, Honolulu: University of Hawai'i Press, 2006, pp. 45-53.

38　Amy Blitz, *The Contested State: American Foreign Policy and Regime Change in the Philippines*, Lanham: Rowman and Littlefield, 2000, pp. 90-95.

39　Stephen Rosskamm Shalom, *The United States and the Philippines: A Study of Neocolonialism*, Philadelphia: Institute for the Study of Human Issues, 1981, pp. 103-104, pp. 123-129, p. 138.

40　Blondie Po, *op. cit.*, p. 47.

41　Pasquale T. Giordano, *Awakening to Mission: The Philippine Catholic Church, 1965-1981*, Quezon City: New Day, Publishers, 1988, pp. 166-167.

42　anon., "NASSA Development Program," *Impact*, Vol. 3, No. 6, July 1968, pp. 11-12.

43　E. San Juan, *Crisis in the Philippines: The Making of a Revolution*, Massachusetts: Bergin and Garvey Publishers, Inc., 1986, pp. 33-34.

44　Rolando Yu and Mario Bolasco, *Church-State Relations*, Manila: St. Scholastica's College, 1981, pp. 69-71.

45　PBSPの活動については以下が詳しい。Victoria Paz Cruz and Mediatrix P. Valera, *PBSP's Experiences in Funding and Development of Agribusiness Projects*, Manila: Philippine Business for Social Progress, 1979.

46　Eva-Lotta E. Hedman, *op. cit.*, p. 100.

47　Pacifico A. Ortiz, ed., *Not by Bread Alone: Bishops-Businessmen's Conference Dialogues on Human Development under Martial Law*, Manila: Bishops-Businessmen's Conference, 1980, p. vii.

48　Gerrit Huizer, *op. cit.*, pp. 153-155.

49　Kathleen Weekley, *The Communist Party of the Philippines, 1968-1993: A Story of its Theory and Practice*, Quezon City: University of the Philippines Press, 2001, pp. 20-22.

50　Jose Maria Sison, *The Philippine Revolution: The Leader's View*, New York: Crane Russak, 1989, pp. 34-36（ホセ・マリア・シソン著／鈴木武,

岩本エリ子訳『内側から見たフィリピン革命』梓書店, 1994年).
51　*Ibid.*, p. 36.
52　Jose F. Lacaba, *Days of Disquiet, Nights of Rage: The First Quarter Storm and Related Events*, Manila: Salinlahi Publishing House, 1982, pp. 40-137.
53　Jose Maria Sison, *op. cit.*, p. 37.
54　戒厳令体制下の人権侵害の概要については以下が詳しい。David A. Rosenberg, ed., *Marcos and Martial Law in the Philippines*, Ithaca: Cornell University Press, 1979, pp. 145-179.
55　Juan J. Linz and Alfred Stepan, *Problems of Democratic Transition and Consolidation: Southern Europe, South America, and Post-Communist Europe*, Baltimore: Johns Hopkins University Press, 1996, pp. 51-54（J・リンス, A・ステパン著／荒井祐介, 五十嵐誠一, 上田太郎訳『民主化の理論——民主主義への移行と定着の課題』一藝社, 2005年). トンプソンも, マルコス体制をスルタン主義と捉えて論じている (Mark R. Thompson, *The Anti-Marcos Struggle: Personalistic Rule and Democratic Transition in the Philippines*, New Haven: Yale University Press, 1995, pp. 49-63)。また, マルコス体制の家産的性格についてはワーフェルも指摘している。ワーフェルは, マルコス体制は家産制と呼ぶには複雑すぎ, あまりにも近代性を帯びすぎているが, 権力は有効な官僚制に第一義的な基礎を置いていないことから家産的権威主義 (patrimonial authoritarianism) ないし新家産制 (neo-patrimonial) と呼んでいる (David Wurfel, *Filipino Politics: Development and Decay*, Ithaca: Cornell University Press, 1988, p. 153〔デイビット・ワーフェル著／大野拓司訳『現代フィリピンの政治と社会——マルコス戒厳令体制を越えて』明石書店, 1997年〕)。吉川も, マルコス体制を「近代的家産制国家」と捉えて議論している (吉川洋子「マルコス戒厳令体制の成立と崩壊——近代的家産制国家の出現」〔河野健二編『近代革命とアジア』名古屋大学出版会, 1987年〕)。
56　Primitivo Mijares, *The Conjugal Dictatorship of Ferdinand and Imelda Marcos*, San Francisco: Union Square Publications, 1976, p. 327.
57　Desmond Smith, *Democracy and the Philippine Media, 1983-1993*, Lewiston: The Dewin Meller Press, 2000, pp. 108-112.
58　Robert L. Youngblood, *Marcos against the Church: Economic Development and Political Repression in the Philippines*, Ithaca: Cornell University Press, 1990, p. 76, pp. 83-85.
59　*Ibid., op. cit.*, p. 86.
60　Alan G. Alegre, *op. cit.*, pp. 9-10, p. 13.
61　Gerard Clarke, "Human Rights Non-Governmental Organizations in the

Philippines: A Case Study of Task Force Detainees of the Philippines," in G. Sidney Silliman and Lela Garner Noble, eds., *Organizing for Democracy: NGOs, Civil Society and the Philippine State*, Honolulu: University of Hawai'i Press, 1998, pp. 157–169.

62 John J. Carroll, S. J., "Philippine NGOs Confront Urban Poverty," in G. Sidney Silliman and Lela Garner Noble, eds., *Organizing for Democracy: NGOs, Civil Society and the Philippine State*, Honolulu: University of Hawai'i Press, 1998, pp. 116–120.

63 シンシア・D・ノラスコ著／アジア社会学セミナー訳『フィリピンの都市下層社会』明石書店，1994年，86–95頁。

64 ハリボン財団のホームページより（http://www.haribon.org.ph/haribon/?q=taxonomy/page/and/40）。アクセス日：2007年6月11日

65 Alan G. Alegre, *op. cit.*, p. 18.

66 女性運動の簡単な歴史については，以下の研究を参照されたい。Luzviminda G. Tancangco, "Women and Politics in Contemporary Philippines," *Philippine Journal of Public Administration*, Vol. 34, No. 4, October 1990, pp. 325–328.

67 Socorro L. Reyes, "Strengthening the Linkage between Women's Groups and Women in Government," *Asia Pacific Women's Studies Journal*, No. 1, 1992, pp. 71–72.

68 Carmel V. Abao and Elizabeth U. Yang, *Women in Politics: Limits and Possibilities; The Philippine Case*, Bonn: Friedrich-Ebert-Stiftung, 1998, p. 17.

69 Desmond Smith, *op. cit.*, pp. 176–186.

70 David Wurfel, *op. cit.*, pp. 226–227.

71 Jose Pepz Cunanan, *op. cit.*, Chapter 1.

72 Kim Scipes, *KMU: Building Genuine Trade Unionism in the Philippines, 1980–1994*, Quezon City, Philippines: New Day Publishers, 1996, p. 22, pp. 33–34.

73 John J. Carroll, S. J., *op. cit.*, pp. 119–120; Gerard Clarke, "Human Rights Non-Governmental Organizations in the Philippines: A Case Study of Task Force Detainees of the Philippines," in G. Sidney Silliman and Lela Garner Noble, eds., *Organizing For Democracy: NGOs, Civil Society, and the Philippine State*, Honolulu: University of Hawai'i Press, 1998, pp. 147–150.

74 Kevin Hewison and Garry Rodan, "The Ebb and Flow of Civil Society and the Decline of the Left in Southeast Asia," in Garry Rodan, ed., *Political Oppositions in Industrialising Asia*, New York: Routledge, 1996.

第4章

民主化移行局面における市民社会

はじめに

　マルコス独裁体制の崩壊劇は，多くの研究者の知的好奇心を駆り立てる現象であった。その最大の理由は，市民社会による下からの民主化圧力が極めて象徴的に観察された点に求められよう。こうした経験的事実に基づき，マルコス体制崩壊過程の市民社会に対しては，実に多様な説明や解釈が加えられてきた。[1]

　しかし，先行研究を俯瞰すると，市民社会を単に独裁体制に対峙する同質的な空間として扱うか，特定のアクターの活動にのみ焦点を当てた分析が大半を占める。このため，市民社会を舞台に多様なアクターが繰り広げた複雑な動態とその作用は，等閑視されてきたと言わざるをえない。よって，研究の蓄積にもかかわらず，市民社会の実像については，未だ不完全な形でしか把握されていないのが実情であろう。

　こうした研究の欠落をも踏まえて本章では，市民社会の政治化を一気に促した1983年8月のアキノ暗殺事件以降の政治過程における市民社会内部の動向を政治社会との関係に留意しながら時系列的に考察する。こうした考察を通じて，マルコス体制崩壊過程において市民社会がいかなる実態にあったのか，そして市民社会は民主化の帰趨にいかなる影響を与えたのかが明らかとなろう。

以下では，まず国家の統治構造に触れながら，国家の正統性を失墜させ市民社会の政治化を一気に促した経済危機と政治危機の経緯について簡単にまとめる。次に，アキノ暗殺事件直後の政治的スペクトラムを階級的・イデオロギー的差異に注目して整理する。その後，市民社会の動向をヘゲモニー闘争に留意しながら時系列的に考察する。最後に本章で明らかになった点を踏まえ，国家の統治構造と国家装置の一部としての軍部に着目しながら比較の視座から考察を加える。

第1節　正統性の失墜

　国家の統治形態に着目した場合，マルコス独裁体制はスルタン主義に分類される。スルタン主義は，フィリピンのマルコス体制だけでなく，ハイチのデュバリエ体制，ドミニカ共和国のトルヒーヨ体制，イランのシャー体制などに共通して見られる極端な家産主義的傾向を有する体制を指す。スルタン主義の主たる特徴は，第1に全体主義と異なり合理化された非個人的なイデオロギーがなく，支配者自身の無制限な自由裁量によって権力が行使されること，第2に公私が混同され支配者による公権力の私的利用が広範囲に及び，一族による強い王朝的世襲傾向が見られることである[2]。

　公権力の私的利用と王朝化は，クローニー資本主義（crony capitalism）と呼ばれる経済運営として現れた。マルコス（Ferdinando E. Marcos）は，政府機構改革の一環として主要産業への政府の積極的介入を進めるために各分野で新たに政府機構を設立し，これらの機関を個人的な友人や親戚に委ねた。この取り巻きの企業家が「クローニー」であり，彼らは投資機会や事業資金，納税面などで優遇された[3]。かかる経済運営によって，マルコス一族とクローニーは国家機構に寄生して私的蓄財を行っていったことは周知の通りである[4]。体制を支える軍部においても同様の傾向が見られた。マルコスは従弟のベール（Fabian Ver）を参謀総長に置き，同じイロコス出身の軍人を優遇するなどして恩顧関係を築いた[5]。官僚機構においても，中央省庁の幹部ポストがマルコスとその側近のパトロネージ資源として利用された[6]。こうして，マルコスを頂点とした巨大なパトロン・クライアント関係からなるマルコス王朝が

築かれていった。

さて，フィリピン経済は，戒厳令後の積極的な開発政策によって好調なスタートを切ったかに見えた。実際，GNP成長率は，第一次石油危機を乗り越え6％前後を維持していた。しかし，製造業の成長は1977年の7.5％をピークに低下し始める。財政は75年から赤字に転じ，経常収支赤字も同年から巨額になり，フィリピン経済は急速に悪化してゆく。この背景には，第二次石油危機と一次産品価格の下落という国際環境の変化があったが，国内の経済政策の失敗も大きな要因であった。すなわち，クローニー資本主義に象徴されるような政府の過度の経済介入と経済政策における政治化と腐敗，そして農業開発の失敗である[7]。

政府の過度の介入は，1972年から79年の間に政府の経済介入に関する688の大統領令と283の公文書が出されたことからも窺えよう[8]。これに加えて，石油産業，木材産業，セメント産業，そして伝統的な輸出産業の最重要部門であるココナツ産業と砂糖産業は，国家の管理下に置かれクローニーの手に委ねられた[9]。

たとえば，ココナツの場合を見てみると，1974年に「フィリピンココナツ庁」(Philippine Coconut Authority = PCA) が新設され，農民は生産したコプラを販売する際，課徴金の支払いを義務づけられ，その資金は政府のココナツ油の構造改善事業へ費やされた。PCAの長官には，大統領の側近であるコファンコ (Eduardo M. Cojuangco, Jr.) が任命された。コファンコは，自分が経営する「ユナイテッド・ココナツ・プランターズ・バンク」(United Coconut Planters Bank = UCPB) で課徴金を無利子で預かりその運用を任され，共同経営の形で民間搾油会社を統合して80％のシェアを握った[10]。

砂糖の場合は，1974年の米比間特恵の執行に伴う砂糖産業の再編が大統領令で行われ，「フィリピン砂糖委員会」(Philippine Sugar Commission = Philsucom)，「国家砂糖貿易会社」(National Sugar Trading Corporation = NASUTRA)，「リパブリック・プランターズ・バンク」(Republic Planters Bank = RPB) という3機関が流通と金融を独占することになった。ココナツ産業と同様に，この3機関の長には，マルコスの側近であるロベルト・ベネディクト (Roberto S. Benedicto) が任じられている[11]。こうした政府による

公共機関の独占は，その機関が大統領の関係者に委ねられたことで私的独占と化してゆく。このようなクローニー優先の経済政策の下では，汚職や腐敗が蔓延し，合理的な経済計画が妨げられたことは言うまでもない。

　農業開発に関しては，1973 年 5 月に農民全体の所得向上と農地改革の円滑な実施を目的とした「マサガナ 99 計画」(Masagana 99 Programme) が打ち出された。これは，稲作農民に高収量品種の採用とそれに伴う化学肥料，農薬，資材などの農業用投入財の一括使用を義務づけ，必要な資金を低利，無担保で貸し付ける政府信用計画であった。この計画により，米の生産高は 1973 年から 85 年の間に 2 倍近くになったものの，高収量品種はそれまでの品種よりも多くの肥料や殺虫剤を必要としたため，裕福な農民だけしかそうした品種を植えることができなかった。これに加え，農村のインフラ不足とクローニーによるココナツと砂糖の独占によって農業生産は脅かされた。農業セクターを近隣のアジア諸国と比較して見ると，73 年から 79 年まではフィリピンの農業生産総利益は，インドネシア，マレーシア，タイを上回っていたが，80 年から 85 年にはこれら 3 カ国だけでなくベトナムとビルマをも下回るようになっていた。[12]

　結局，1970 年代のフィリピン経済を総体的に見ると，GDP 成長率は年平均約 6.3％ と 60 年代の 5.1％ を上回ったものの，[13] 農地改革の遅れに見られるように所得の均等配分には手をつけず，外国援助，借款などでパイを大きくした成長にすぎなかった。フィリピンは，戒厳令前の 16 年間で総額 20 億ドルの政府開発援助を受けたが，戒厳令以降の 72 年から 85 年までに，その額は約 100 億ドルに急増している。72 年に 11 億 5,830 万ドルであった対外債務残高も 81 年には 113 億 420 万ドルにまで膨れ上がっていた。[14]

　こうした構造的な欠陥に追い討ちをかけるように，第二次石油危機が発生し主要一次産品の国際価格が暴落する。加えて，1981 年にはデューイ・ディー事件を直接の原因とする金融恐慌が起こり，[15] フィリピンは債務累積，財政赤字，貿易赤字というトリプル危機に陥った。[16]

　アキノ暗殺事件は，このような経済危機の中で起こった。マルコスの最大の政敵であったベニグノ・アキノ元上院議員 (Benigno S. Aquino, Jr.) は，心臓手術を受けるために獄中から渡米し，手術の成功後，1983 年 8 月 21 日に

帰国の途に着いたが，フィリピン国際空港で暗殺された[17]。この事件は，相次ぐ資本逃避を引き起こし，経済危機をさらに深刻化させた。6月に切り下げられていたペソは10月にも切り下げられ，政府は対外借款返済の一時停止を宣言せざるをえなくなる。84年に7.1％だったGNP成長率は，85年には4.2％にまで落ち込んだ。78年の第1四半期に15％だった失業率も，84年の第1四半期には40％を超え，インフレ率は戦後最悪の50％となった[18]。

第3章で見たように，スルタン主義とはいえマルコス独裁体制では，1970年代後半以降に正常化路線が取られたことで，政治的多元主義が部分的に許容され，市民社会と政治社会の自律性が少しずつ回復していた。こうした状況の中で経済危機と政治危機のスパイラルが起こり，体制の正統性が決定的に失墜したことで，国家は市民社会と政治社会の自律性をコントロールすることが困難な状態へと陥っていった。

第2節　アキノ暗殺事件直後の政治的スペクトラム

階級的・イデオロギー的差異と闘争形態の相違に着目してアキノ暗殺事件直後の諸アクターを整理すると，一方で上方右側から財界，教会，野党，他方で下方左側から革命勢力が，自己の求める民主化を実現すべく市民社会の支持を調達しようとする動きが浮かび上がってくる。両者の間でイデオロギー的には「自由民主主義」（Liberal Democracy = LibDem），「社会民主主義」（Social Democracy = SocDem），「民族民主主義」（National Democracy = NatDem）に分類される組織が，ひしめきあうように活動を繰り広げていた（図4−1）[19]。

まず，財界は，マルコスの取り巻き企業家である「クローニー」に対して優遇措置が取られていたとはいえ，議会の干渉を排除し外資導入を積極的に進めるマルコス体制を当初は歓迎した。しかし，1979年の第二次石油危機とそれに伴う経済不況が状況を一変させた。それまで体制を支えてきた財界は，マルコス体制が海外債権者の信用損失に直面すると，遂に政府に対して批判的な見解を示すようになる。その先鋒となったのが81年10月に結成された「マカティ・ビジネス・クラブ」（Makati Business Club = MBC）と

(図4-1) アキノ暗殺事件直後の政治的スペクトラム

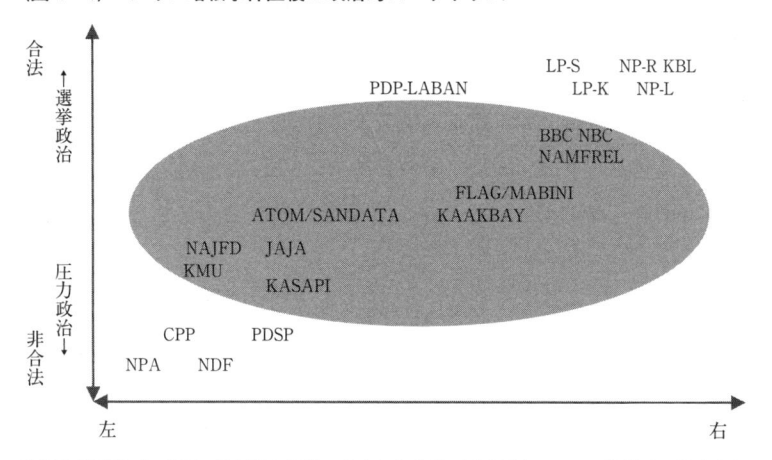

```
合法  ↑           PDP-LABAN    LP-S   NP-R KBL
      選挙                     LP-K   NP-L
      政治
                               BBC NBC
                               NAMFREL
                     FLAG/MABINI
              ATOM/SANDATA  KAAKBAY
      圧力
      政治   NAJFD  JAJA
              KMU    KASAPI
非合法 ↓
              CPP   PDSP
              NPA   NDF
      左                                  右
```

(出所)筆者作成。図は，代表的な組織の大まかな位置づけを示している。網掛けの部分がおおよその市民社会の領域となる。市民社会の上方には政治社会の領域が位置し，その主要な組織は政治政党である。市民社会の下方には暴力的な手段に訴える地下組織が位置する。本文中に出てこないNP-RはNPロイ派，NP-LはNPラウレル派，LP-SはLPサロンガ派，LP-KはLPカラウ派を表す。

いう非営利企業連合体であった。有力企業が名を連ねるMBCは，政府の中央集権体制や経済介入，汚職と腐敗などを批判し始める。[20] アキノ暗殺事件による経済的混乱は，財界の政治への介入姿勢をさらに加速させた。事件後にMBCは，財界を代表するもう1つの利益団体「フィリピン商工会議所」(Philippine Chamber of Commerce and Industry = PCCI) とともに大統領後継問題に関する提言を行い，言論，報道，情報，集会の自由の回復，人身保護令状と司法の独立の回復，独裁的な大統領令の破棄，そして有意義な議会選挙の実施を要求した。[21]

財界を後追いするかのようにカトリック教会も政府に対して批判的な姿勢を取り始める。教会内部の分裂はさておくとして，指導者層を代表する「フィリピン司教協議会」(Catholic Bishops' Conference of the Philippines = CBCP)の態度が示すように，教会は戒厳令には同意しないもののマルコス体制を黙認するという批判的協調の立場を取ってきた。しかし，1980年代になると体制への批判的態度を強めてゆく。[22] この背景には，マルコス体制による人権侵害のエスカレートと左派勢力の台頭があった。後者に関しては，司祭の多

くが土地所有者階級や資本家階級に属していたことが共産主義勢力による糾弾の的になっていた。教会の批判姿勢はアキノ暗殺事件以降により顕在化する。とりわけ83年11月27日に発表された教書は，政治改革の必要性を訴え，人身保護令状の回復，抑圧的な大統領令の破棄，公正な選挙の実施，大統領後継問題の立憲的解決，汚職・腐敗の解消を要求するものであった。周知のように，国民の9割近くがカトリック教徒であるフィリピンにおいて，教会の発言は政治的に大きな影響力を持つ。

財界と教会は，1971年に「ビショップ・ビジネスマン会議」(Bishops-Businessmen's Conference for Human Development = BBC) を設立して早くから連絡を取り合ってきた。暗殺事件後に経済的特権階級として両者が懸念したのは，大衆が急進化し共産主義へ傾斜することであった。そのような革命的危機を回避するには，イデオロギーや階級を超えて市民を選挙という穏健な手段へと導く必要がある。そこで誕生したのが，市民ボランティアを利用した「自由選挙のための全国市民運動」(National Citizens' Movement for Free Elections = NAMFREL) という選挙監視団体であった。教会の支援を得た財界の有力者によって設立されたNAMFRELには，BBCやMBC，PCCIを初めとする70の市民団体が支援組織として参加した。

反政府内で穏健勢力の対局に位置していたのが「フィリピン共産党」(Communist Party of the Philippines = CPP) を中心とする急進的な革命勢力であった。共産主義勢力については，不明確な部分はあるものの，1980年代には勢力を拡大したとする見解で一致する。戒厳令布告後の戦略的成功の1つは，73年に結成した「民族民主戦線」(National Democratic Front = NDF) を足掛かりに都市部で大衆運動の組織化に乗り出し，市民社会により浸透していったことであろう。80年5月に結成された「5月1日運動」(Kilusang Mayo Uno = KMU) という労働組合は，その1つの到達点と言ってよい。85年には，闘争的な農民運動として「フィリピン農民運動」(Kilusang Magbubukid ng Pilipinas = KMP) が結成される。これらの組織は，イデオロギー的にはNatDemに属していた。NatDemは，帝国主義と封建主義の打倒を目指すCPPが喧伝したイデオロギーであり，社会主義への移行段階をも意味していた。

1983年11月に結成された「正義，自由，民主主義のための民族主義者同盟」（Nationalist Alliance for Justice, Freedom and Democracy = NAJFD）は，このNatDemの影響を強く受けた組織である。[31] 民族主義者として知られるタニャーダ元上院議員（Lorenzo M. Tañada）を議長とするNAJFDは，非暴力的な手段によって労働者と農民を中核とする全ての民主的セクターおよび団体の解放を目指し，[32] 反米・反帝を掲げたデモや集会に多くの市民を動員していった。[33] NAJFD，KMU，KMP以外にNatDemに属する代表的な市民団体としては，77年に設立された「フィリピン学生連盟」（League of Filipino Students = LFS）という闘争的な学生団体や84年に結成された「改革，清兼，平等，指導力，行動のための結束した女性総会」（General Assembly Binding Women for Reforms, Integrity, Equality, Leadership, and Action = GABRIELA）などがあった。

　穏健派と急進派との間に位置する組織としては，アキノ暗殺事件直後にアキノの実弟アガピト・アキノ（Agapito A. Aquino）らビジネスマンが結成した「8月21日運動」（August Twenty-One Movement = ATOM）があった。ATOMは，非暴力的かつ平和的な手段による真実，正義，民主主義，自由の獲得を目的として結成され，イデオロギー的にはSocDemに属していた。[34]

　戦後のフィリピンにおけるSocDemというイデオロギーは，1960年代にマンラプス（Raul Manglapus）が主導した「キリスト教社会運動」（Christian Social Movement = CSM）を介して徐々に普及した。戒厳令体制以降は73年に設立された「フィリピン民主社会党」（Partido Demokratiko Sosyalist ng Pilipinas = PDSP）や「フィリピン人擁護会議」（Kapulungan ng mga Sandigan Pilipino = KASAPI）がSocDemの主たる担い手となった。SocDemは，フィリピン社会を半封建的で半植民地的と見なし，マルコス独裁体制の打倒には武力闘争が必要だと考える点ではNatDemと認識を共有していた。しかし，革命的前衛を受け入れず，革命において非暴力的な大衆行動と都市を基盤とするゲリラ闘争を重視していたことから，NatDemとは対立関係にあった。[35] SocDemは，NatDemと同様に学生や労働者，農民の支持を集めていったが，後者に比べればその影響力は小さかった。しかし，その担い手としてアガピト・アキノのATOMやギンゴーナ（Teofisto T. Guingona, Jr.）によって設

立された「自由のための人民闘争」(Sandata ng Bayan Laban sa Kalayaan = SANDATA) などが登場すると，SocDem は多くの市民を惹きつけるようになった。

ATOM や SANDATA の出現は，都市中間層の政治化という側面から捉えておく必要があろう。都市中間層の反体制的なスタンスは，その多くが職場を有するマカティ地区を中心に暗殺事件直後から反体制デモが噴出したことから見てとれる[36]。それまでにも人権弁護士や大学教員などの中間層は，独裁体制を批判する組織や運動に参加していたが[37]，フィリピン経済を支えるマカティ地区でのビジネスマンを中心とする大規模な抗議運動は従来にはない現象であり，体制の正統性を大きく動揺させるものであった。ATOM は，マカティを中心にビジネス街でデモを主導した中心的存在であり[38]，「自由を愛する中間セクターのフィリピン人組織」という立場を表明して[39]，多くの中間層を動員した[40]。その後，ATOM を中心に 12 の組織からなる「マカティ協会連合」(Alliance of Makati Associations = AMA) が結成され，マカティ地区における抗議運動はさらに拡大していった[41]。

都市中間層を主体とする組織としては，ジョクノ元上院議員 (Jose W. Diokno) を議長とする都市小ブルジョア急進派組織「国民主権と民主主義のための運動」(Kilusan sa Kapangyarihan at Karapatan ng Bayan = KAAKBAY) も挙げられよう。イデオロギー的には LibDem に分類される KAAKBAY は，NAJFD や ATOM ほどの大衆動員能力を持っていたわけではなかったが，ジョクノの個人的な人気もあって大衆の間で一定の影響力を有していた。KAAKBAY は，ナショナリズムを強く掲げながらマルコスの辞任を求めた[42]。

KAAKBAY 以外に LibDem に分類される組織としては，1974 年に結成された「自由法律支援団体」(Free Legal Assistance Group = FLAG) という弁護士団体や「友愛，清兼，民族主義のための弁護士運動」(Movement of Attorneys for Brotherhood, Integrity and Nationalism, Inc. = MABINI) などもあった。これらの組織は，人権擁護を中心に政治領域に主たる関心を持っていたことから，NatDem や SocDem の組織に比べて教会や財界などの穏健勢力に近い立場にあった。

以上の組織を包括するように市民社会の中心に位置していたのが，アキノ

暗殺事件直後に結成された「アキノに正義を，全ての者に正義を」(Justice for Aquino, Justice for All = JAJA) という汎イデオロギー組織であった。全国委員長はNAJFDのタニャーダ，副委員長はATOMのアガピト・アキノ，広報担当はKAAKBAYのタベラ (Mita Pardo de Tavera) とタン (Sr. Christine Tan) が務めた。JAJAは，マルコス政権の即時解体を掲げ，全てのセクターと階級が連帯する必要性を唱えた[43]。JAJAは，結成から僅か2カ月で90の組織が参加するまでに成長し[44]，NAJFDやATOMなどと連係して広汎な大衆抗議運動を推し進めていった[45]。

　この時期の大衆抗議運動を統計的に見てみると，1983年9月から12月までの間に合計134の大衆抗議デモが行われている。参加人数が不明確な43を除く91のデモのうち参加人数が1万人以上のものが44，5,000人以上のものが14あり，その多くにJAJAが関与している[46]。多数の市民が大衆抗議運動に動員され，その中心にJAJAが位置していた様子が窺えよう。その後，デモの数は84年に266件，85年に393件，ストライキの数は83年に155回，84年に282回，85年に405回と増加の一途をたどってゆく[47]。市民社会の政治化が一過性のものではなかったことは明らかである。こうした運動の継続性は，以下で検討する市民社会の多様なアクターによる組織的な大衆動員努力によるところが大きい。

　以上取り上げた市民社会のNAJFD，ATOM，SANDATA，AMA，KAAKBAY，FLAG，MABINI，JAJAなどの組織は，伝統的に争点を明確にせずパトロネージ政治に従事してきた政治政党と異なり特定の大義や争点を強調していたことから「大義重視団体」(Cause-Oriented Group = COG) と呼ばれていた。COGは，民主化を実現する手段として非暴力的な大衆運動を重視した点でも野党勢力と異なっていた。主要なCOGが提示した民主化の争点をまとめたものが表4-1である。財界や教会に代表される穏健勢力が自由選挙の実施を中心とする政治領域に民主化の主眼を置いていたのに対し，総じてCOGは対外従属の解消を含めたマルコス政権の即時退陣と社会経済領域の民主化をも求めていたことが読み取れよう。

　最後に政治社会の野党勢力を簡単に整理しておく。戦後フィリピンでは，「国民党」(Nacionalista Party = NP) と「自由党」(Liberal Party = LP) が二

(表4-1) COGの主な主張

KAAKBAY	
・マルコス政権退陣と暫定政府の樹立 ・暫定政府の監視下での公明選挙の実施 ・戒厳令構造および措置の解体 ・司法の独立性と一貫性の確立 ・報道の自由の回復	・大統領拘禁令と予防拘禁措置の廃止 ・人身保護令状の回復 ・全ての政治犯の釈放 ・外国による全ての干渉の排除 ・暗殺事件の完全かつ公平な調査
ATOM	
・現体制の抑圧的な政策に対する平和的な闘争 ・真に民主的な主権国家の確立 ・意義のある国民和解とマルコスの辞任 ・自由で公正な議会選挙の実施 ・言論・報道・集会・結社の自由の回復	・全ての政治囚の釈放 ・全ての社会生活で人民の完全で有効な参加の実現 ・労働者のスト権の回復 ・不当かつ搾取的な外国の干渉と支配の排除 ・暗殺事件の真相の解明
NAJFD	
・アメリカ・マルコス独裁体制の解体 ・民主的で代表的な制度に基づく連合政府の確立 ・全ての独裁的・反民主的・反主権の法令の廃棄 ・軍事化，恐怖政治，軍人による市民の虐待の停止 ・全ての政治犯の無条件釈放 ・経済的・政治的支配からの農民と労働者の解放	・あらゆる形態の外国軍と政治的介入の排除 ・外国が所有する基幹産業の国有化 ・真の経済発展を阻害する外債の無効 ・抑圧的な制度に対する文化的共同体の闘争の支持 ・人民の生活の保護
JAJA	
・マルコス政権退陣と移行政府の樹立 ・全セクター・階級からなる政府への積極的参加 ・社会の軍事化，抑圧，恐怖政治の停止 ・司法の独立性と信頼性の回復 ・言論・報道・平和的な集会の自由，その他全ての憲法上の権利と市民的自由の完全な回復	・人身保護令状の即時回復 ・全ての政治囚の即時釈放 ・全ての政治的反対者への無条件の大赦 ・アメリカを含む全ての外国による内政干渉の停止 ・暗殺事件の公平かつ厳正な調査

(出所) Nationalist Alliance for Justice, Feedom, and Democracy, Nationalist Alliance for Justice, Feedom, and Democracy First National Assembly, Pope Pius XII Catholic Center, UN Avenue, Metro Manila, November 3-4, 1983, August Twenty-One Movement, Primer of the August Twenty-One Movement, September 21, 1983, Kilusan sa Kapangyarihan at Karapatan ng Bayan, Resignation: The Key to National Recovery, October 6, 1983, Justice for Aquino, Justice for All, Primer of the Justice for Aquino, Justice for All' Movement, September 1983 などより筆者作成。

大政党としてほぼ交互に政権を担ってきたが，戒厳令布告に伴う議会の解散と反政府活動に対する厳しい弾圧によって両者は凋落の一途をたどった。しかし，1978年に暫定議会選挙が実施されたことで，以後，野党は徐々に復活を果たしてゆく。この選挙でNPは，与党である「新社会運動」(Kilusang Bagong Lipunan = KBL) の傘下に入りその一翼を担うことになったが，NPのホセ・ラウレル (Jose B. Laurel) によるマルコス批判を契機に79年12月

にはKBLからの分裂が決定的となった。LPは，暫定議会選挙をボイコットしたことでKBLへの協力党員を多く出し弱体化していた。

こうした野党の弱体化を克服するために，1980年8月にはNPのラウレル派とLP党員を中心に「民主野党連合」(United Democratic Organization = UNIDO) という新たな野党連合が結成される。合法野党の中ではこのUNIDOが中心的な位置を占めていたと言ってよい。UNIDOは，81年6月に予定されていた大統領選挙を見据え大統領候補の一本化に乗り出したが，野党に不利な選挙条件もあってボイコットを選択した。82年5月には組織替えによって「民族主義者民主連合」(United Nationalist Democratic Organization = UNIDO) へと名称を変え，サルバドール・ラウレル (Salvador H. Laurel) を委員長とする単一指導制が採られることになる。NPとLPはUNIDOに参加しつつも，前者はロイ派とラウレル派，後者はカラウ派とサロンガ派にそれぞれ分裂していた。

それ以外の野党としては，暫定議会選挙で獄中から出馬したアキノ元上院議員を支持するために結成された「国民の力」(Lakas ng Bayan = LABAN) があった。LABANは，1982年にUNIDOから離脱し，同じくUNIDOから離脱して82年2月に結成された「フィリピン民主党」(Partido Demokratiko Pilipino = PDP) と83年2月に合流し，「フィリピン民主党・国民の力」(PDP-LABAN) という新たな中道左派政党を結成した。[48]

これらの野党勢力は，しばしばCOGと連携して大衆抗議運動にも関与したが，大衆抗議運動が空前の広がりを見せる状況ではCOGのヘゲモニーが優勢であった。また，少なくともこの時点までは，市民社会の亀裂も明確な形では現れていなかった。

第3節　選挙への参加をめぐる市民社会の亀裂

1983年末になると民主化勢力の関心は，84年5月に予定されていた議会選挙に向けられていった。選挙に際しては，マルコスが失墜した正統性の回復を求めていただけでなく，財界や教会，アメリカが公明選挙を行うよう強い圧力をかけていた。この結果，議会選挙では戒厳令布告後，初めて野党勢

力が実質的に参加を許されることになる。

　しかし，選挙が近づくにつれ，一方で選挙を主戦場とする既成野党が選挙参加へと態度を軟化させ，他方で圧力政治を展開する JAJA などの COG が不参加を支持したため，緩やかながらも保持されていた民主化勢力の結束は綻び始めた。そこで市民社会と政治社会の諸勢力は，足並みを揃えるために大規模な会議を開催する。それが 1984 年 1 月 7 日と 8 日に開催された「フィリピン市民議会」（Kongreso ng Mamamayang Pilipino = KOMPIL）であった。会議には 2,371 人の代表が全国から集結し，反政府勢力の方向性と統一性について議論を交わした[49]。

　KOMPIL は，ATOM のアガピト・アキノを主唱者として JAJA や AMA などの COG のイニシアティブで組織された会議であった。このため，KOMPIL の政治綱領には，COG の非妥協的かつ進歩的な姿勢が反映され，マルコスの辞任と暫定政権の樹立，社会経済的不正義の解消などが含まれていた（表4-2）。

　最大の争点である選挙への参加については，最終的に条件つき参加で妥協が図られた。その条件を土台に反政府勢力は 1984 年 1 月 19 日，マルコスに対して「意義のある選挙を求めて」と題する公開書簡で 6 つの参加条件を提示した。すなわち，(1) 76 年憲法修正第 6 号（大統領による議会解散権および大統領立法権）の破棄，(2) 治安関係の大統領諸令の破棄，(3) 戒厳令布告に議会の 3 分の 2 の同意を必要とする憲法の修正，(4) 76 年憲法第 7 条第 10 項（議会の同意なしに政府役人を任命できる大統領権限）の修正，(5) 全ての政治犯への恩赦とその釈放，(6) 選挙制度改革，である[50]。だが，マルコスが選挙監視員の欠員の任命や新しい有権者名簿の作成といった 6 点目の要求の一部以外を拒否すると，反政府勢力は次第に分裂の様相を呈してゆく。

　与党に有利な選挙制度に加えて大統領立法権がある限り，選挙によって誕生する議会がマルコスの翼賛議会と化することはある程度予想できた。だが，勝算を見込んだ野党勢力は次つぎと参加を表明してゆく。まず UNIDO は，武装暴力の危険性を緩和するために選挙参加の重要性を唱え，いち早く選挙への参加意志を表明した[51]。LP は，選挙への参加をめぐってサロンガ派とカラウ派に分裂し，後者は「団結のために憂慮する LP 指導者」（Concerned

(表4-2) KOMPILの政治綱領

A.独裁体制の解体	1. 大統領,大統領夫人,首相の辞任 2. 大統領および軍部の恣意的な権力を容認する全ての法律と布告の破棄:憲法で規定された適切な任務への軍部の復帰 3. 6カ月以内に選挙を実施するまで暫定政権による国家の管理
B.民主的プロセスの回復	1. 政府役人の全地位の自由で公正な選挙による選出 2. 市民的権利の回復と恣意的な権力の掌握を阻止する憲法上の保証の採択 3. 民主的な原則と平和的な手続きに献身するという条件で,政府のプログラムに対しあらゆる提案を自由に行えることを保障する多元的かつ民主的なプロセス
C.より高い生活の質への公約	1. より平等な富の分配を目指す経済政策 2. 基本的必需品を提供し浪費と汚職を解消するように合理化された資源の経済管理 3. 農民に最大限の利益となるよう必要な支援技術に留意した実効的な土地改革の追求
D.フィリピン国民の主権	1. 天然資源,工業,金融を問わず,国の資源を使用するフィリピン国民の主要な権利の尊重 2. フィリピン人による経済の支配を損なわない領域と目的での外資と外債 3. 現存公約の見直しと不平等な部分の再交渉
E.社会の全セクター間の和解	1. 政治的・軍事的抑圧の全犠牲者のために正義の獲得を目指す努力 2. 文化,慣習,伝統的権利に沿って統治される少数民族の権利の尊重 3. 政府のイニシアティブは常に,それが影響を与える社会の全セクターとの協議を介してのみ行われる

(出所) Kongreso ng Mamamayang Pilipino, Primer of the Kongreso ng Mamamayang Pilipino, January 7-8, 1984 より筆者作成。

Liberal Party Leaders for Unity = CLPLU) と称して UNIDO とともに選挙への参加を選択する[52]。PDP-LABAN は内部分裂を回避するために選挙参加の可否を決めない方針を採ったが,党員の選挙参加は認める決定を下した[53]。結局,LP サロンガ派を除きほぼ全ての野党勢力が選挙への参加を選択した。その一方で,アメリカも,大衆の共産主義勢力への傾斜を憂慮すべき事態と認識し,体制を安定させうる自由選挙の実施をマルコスに求めた[54]。大衆の急進化を危惧する財界と教会も,NAMFREL を支援することで選挙への参加を選択し,野党と連携して選挙を通じた穏健的な民主化を目指した[55]。

これに対して JAJA を中心とする COG は,選挙不正が予想されるだけでなく,現行体制下の議会では自分たちが求める民主化の実現が困難と考えボイコットを選択し,対抗ヘゲモニーの形成を試みる。そこで新たに結成されたのが 58 の組織からなる「民主主義回復のための組織連合」(Coalition of

Organizations for the Restoration of Democracy = CORD）であった。CORDは，ATOM, JAJA, KAAKBAY, MABINI, NAJFDなどCOGを主体とする汎イデオロギー組織であり，「自由のための行進」(Lakad para sa Kalayaan ng Bayan = Lakbayan) というボイコット運動を各地で展開し多くの市民を惹きつけていった[57]。

　こうしてボイコット運動が拡大しても，穏健派の民主化プロジェクトが捨て去られたわけではなかった。たとえば，1983年11月に市民団体が行った世論調査と84年4月にBBCが行った世論調査を比較すると，議会選挙は自由で信頼できると答えた人の割合は20％から53％に増加し，信頼できないと答えた人の割合は59％から27％に減少している[58]。財界と教会に支えられたNAMFRELの存在が，選挙に対する市民の期待をより高めていったと言えよう。

　選挙では各地で不正が相次いだものの，選挙監視に15万人の市民ボランティアを動員したNAMFRELの援護もあって野党勢力は予想以上に善戦した。NAMFRELの活動の中で不正の阻止に最も効果的だったのは，ボランティアを用いて政府の公式集計よりも早く非公式集計を行う「クイックカウント作戦」(Operation Quick Count = OQC) であった。この作戦によって都市部を中心に集計結果を早く発表し不正操作を阻止したことで，野党勢力は都市部で28議席中21議席，全体では183議席中60議席を獲得することができた[59]。結果だけを見れば，穏健派の民主化プロジェクトはある程度の成功を収めたと言えよう。

　野党の躍進に鑑み，選挙参加を支持した教会とアメリカは選挙の公正さをある程度認め[60]，財界も議会を通じた改革を目指してゆく[61]。穏健派のヘゲモニーが優位となり，民主化の主導権もUNIDOを中心とする野党勢力に移ったかに見えた。しかし，大統領立法権の破棄を求める決議案や首相・内閣不信任決議案は，多数派与党KBLによってことごとく潰されてゆく[62]。政治社会の制度を通じた民主化の限界は，すぐに明らかとなった。

　他方，ボイコットを選択したCORDは，大衆抗議運動を拡大させて「人民ゼネスト」を実行し，ヘゲモニーの巻き返しを図りながら独裁体制の正統性を切り崩しにかかる。その要求は，マルコス政権の退陣と民主的連立政府

の樹立へと収斂してゆく。反政府勢力では、再びCOGのヘゲモニーが優位となっていった。

第4節 市民社会の巻き返し

　大衆抗議運動が高揚して民主化の主導権が左側へと傾きつつある中、1984年末頃から主導権を再び右側に引き戻そうとする動きが見られるようになる。それは87年に予定されていた大統領選挙に向けた大統領候補の絞り込み作業を通じて顕在化し、「召集者グループ」(Convenor Group = CG) と「全国統一委員会」(National Unification Committee = NUC) が対立関係にあった。

　1984年12月に誕生したCGは、アテネオ・デ・マニラ大学長でイエズス会管区長のベルナス (Fr. Joaquin G. Bernas) や前フィリピン大学長のソリアノ (Emanuel V. Soriano) らが組織した「促進者」(Facilitators) と呼ばれるグループに端を発する。彼らは議会選挙が終了してから大統領選挙に備えて統一候補について議論し、「堅持！」(Manindigan!) という実業家や専門家からなるCOGを結成する。それがCGへと発展したため、そのスタッフは財界、教会、大学系の人物から構成されていた。CGの呼びかけ人には、穏健派で財界からの信頼も厚いMBCのハイメ・オンピン副会長 (Jaime V. Ongpin)、COGを代表するNAJFDのタニャーダ、両者の中間に位置しアキノ元上院議員の妻であるコラソン・アキノ (Corazon C. Aquino) が選出された。

　CGが結成された背景には、野党の中心にいて保守的なUNIDOへの対抗の意図があった。実際、UNIDOに対するアキノ派閥の拡大を企図してCGが示した11人の大統領候補には、アキノの実弟であるコファンコ (Jose J. Cojuangco) が事務局長を務めるPDP-LABANのメンバー4人とATOMのアガピト・アキノが含まれていた。

　他方でCGは、強大なマルコス政権を打倒するには多くの市民を動員できるCOGの組織力が不可欠だと考え、COGの取り込みをも目指してゆく。たとえば、1984年12月26日に合意されたCGの統一宣言では、反米・反帝と社会経済的不平等の解消を掲げるCOGの主張に鑑み、第3原則で外国基地の除去、第4原則で所得の再分配と土地改革の実行が明記された（表4-

3)。CGの大統領候補を選出する選挙人の数も，14人から140人に拡大され，COGにその3割が与えられた[67]。

CGが財界，教会，政界の保守改革派の指導者を中心とする緩やかなグループであったのに対して，NUCはUNIDOのラウレル委員長の主導下で結成された既成野党を包括する組織であった。NUCは，1985年3月に全国会議を開催して既成野党の結束力の強化に成功するが[68]，443人の代表のうち市民団体には60人しか割り当てていない[69]。CGとは対照的に，NUCは市民社会との十分な接点を有していなかったと言ってよい。

CGとNUCは，主に大統領候補の選出方式とCOGの扱いをめぐって対立していたが，1985年4月以降は次第に歩み寄って連合の可能性を模索してゆく[70]。こうしてNUCの強化とそれとCGとの接近によって伝統的な政治家が民主化の主導権を掌握することに危惧を感じたCOGは，対抗ヘゲモニーの強化に乗り出す。そこで誕生したのがCORDを母体とする「新民族主義者同盟」（Bagong Alyansang Makabayan = BAYAN）であった[71]。

BAYANは，225の組織からなる汎イデオロギー連合であり，1985年3月21日に大衆組織の指導力と結束力の強化を目的として結成された。BAYANには，FLAG，MABINI，ATOM，NAJFDなど既存のCOGの大半が参加した[72]。議長にはNAJFDのタニャーダ，会長にはKAAKBAYのジョクノ，副会長にはNAJFDのパディラ（Ambrosio B. Padilla），事務局長にはATOMのアガピト・アキノがそれぞれ就任した。

BAYANは，COGが提示してきた民主化の争点を，大衆民主主義（ファシスト独裁とエリート民主主義への対抗），国家主権（帝国主義と外国の支配への対抗），人民の福祉と経済発展（経済的不平等を蔓延させる社会構造の解消），国民統合（真の愛国的・民主的な全階級・セクター・勢力の連帯）という4原則に集約する。BAYANは，合法的な圧力政治によってこの4原則の実現を目指した[73]。

BAYANの4原則には戦後のエリート民主主義への対抗が含意されていた点は強調しておきたい。エリート民主主義とは，戒厳令布告前の政治の実態を端的に表した概念である。そこでは，一握りの社会経済的エリートが議会で多数派を形成し，農地改革などの社会経済改革を阻止するような状態が

(表4-3) CG7原則の要約

1. 良心と宗教の自由への信念
   - 良心と宗教の自由の保障
   - 信念に基づく国民生活への積極的参加の尊重
2. 人間個人の尊厳に関わる不可侵の権利への信念
   - 適法手続き，言論・情報・報道・結社の自由，不当捜査・逮捕からの自由，運動の自由，移動・定住の自由などの基本的権利が法令集と法律学のみならず政府の運営の中でも通用される
   - 人権侵害者を速やかに訴追する
   - 全政治犯・政治的反対者への無条件の大赦
3. 独立国家の充実と国益の至高性への信念
   - あらゆる外国政府と国際機関・団体によるあらゆる形態の経済的，文化的，政治的支配からの国家の保護
   - 全国民の所得の向上，国内市場の拡大，適切な基幹産業の発展，有効な科学技術の利用，フィリピン人の創造性と資質の活用，そして資源の利用と発展の成果の分配における平等性を促すために，自己決定的で自立的な経済的・文化的・社会的・技術的・政治的発展の追求
   - 国民の福祉が外国の経済・金融利益を満たすために犠牲にならないように全ての経済・金融協定を定期的かつ公に再検討する
   - 全ての国民に教育の機会が与えられ，国家のアイデンティティ，望ましい価値観，批判的思考，創造性，科学的調査，科学技術の発展，責任ある市民の育成を促進するような教育システムの確立
   - とくにASEAN，概して東南アジアを，自由で平和的で東南アジアを，全ての核兵器と全ての外国勢力から自由な地帯にするために近隣諸国と積極的な協力関係を構築する
   - フィリピン領土内の外国基地の除去
4. 発展の促進，貧困削減，資源の合理的利用のために主要な生産手段の所有を分散し所得を均等に分配することへの信念
   - 貧困者と所有権を奪われた者への抑圧を永続化する社会構造の解消
   - 実効的な協同組合の奨励
   - 自由な労働組合主義の奨励と団結・ピケ・ストライキの権利の精力的な保護
   - 恵まれない人にとって真に利益となる実効的な土地改革計画の精力的かつ誠実な遂行
5. 自由で公正な秩序ある選挙への信念
   - 新しい指導者の着任から8カ月以内に新憲法を制定し国民投票にかける
   - 新憲法は以下のことを規定する：
     ①権力を可能な限り人民に近い場所に留める新制度
     ②政府の業績を監視するために社会の全セクター・階級からなる代議制
     ③任期があり人民による直接投票で選出される政府
     ④独立して有能で公正な司法
     ⑤抑制と均衡，公的責任性を有する適切な制度
     ⑥軍当局に対する文民の優位性
6. 多元的社会への信念
   - 新しい指導者は非暴力的理念と計画の自由を尊重
   - フィリピン共産党の合法化
   - 武力闘争に訴えてきた全ての集団の苦情の処理を速やかに処理する
7. 指導者の人民へのサービスと責任性の信念
   - 全ての公選／任命の公務員を解雇する効果的制度
   - 公私を問わず汚職と腐敗の解消

(出所) "The Convenors' Statement," in Daniel B. Schirmer and Stephen Rosskamm Shalom, eds., *The Philippines Reader: A History of Colonialism, Neocolonialism, Dictatorship, and Resistance*, Boston: South End Press, 1987, pp. 305–308 を要約して筆者作成。

見られた[74]。こうした過去の経験に鑑みれば，保守的な野党の主導の下で民主主義体制への移行が実現した場合，民主化の射程が狭められ，エリート民主主義の復活へとつながりかねない。このような認識からBAYANは，各地で「人民ストライキ」（Welgang Bayan）を成功させて，対抗的ヘゲモニーの拡大を図っていった[75]。

第5節　市民社会の分裂と政治社会への吸収

しかし，革命勢力が主導権を掌握しようと市民社会に浸透してゆくと，COGの対抗的ヘゲモニーは徐々に引き裂かれてゆく。CPPは，暗殺事件直後は高揚する市民社会内の大衆抗議運動にそれほど興味を示していなかったが，運動の成長を目の当たりにして，それを革命路線へ惹きつけようと考えるようになる[76]。その姿勢はBAYANの中でより顕在化してゆく。当初，BAYANでは，イデオロギー別に3分の1ずつ代表が割り当てられていたが，NatDemが次第に勢力を拡大してゆく。BAYANの代表の内訳をイデオロギー別で見ると，LibDemが14，SocDemが12，NatDemが29，その他が44と，NatDemの影響力の拡大は明白であった[77]。このため，1985年5月に行われた15人の指導者を決めるBAYANの全国評議会選挙では，ATOMを中心にNatDemの影響力を嫌ったSocDemとFLAGやMABINIなどのLibDemがボイコットを選択し，BAYANを脱退した[78]。

　BAYANの分裂によってCOGの影響力が低下することを危惧したSocDemは，LibDem，キリスト教民主主義，非同盟主義と合流して102の組織からなる「国民精神目標統合運動」（Bansang Nagkakaisa sa Diwa at Layunin = BANDILA）を設立し，新たな対抗的ヘゲモニーの形成を目指した。会長にはATOMのアガピト・アキノ，議長にはSANDATAのギンゴーナがそれぞれ就任した。BANDILAは，専門家や弁護士，学生，都市貧困層，労働者など多様な階層が参加するマルチ・セクター組織であり，ATOMやSANDATA以外にもManindigan!，そしてPDSPやKASAPI傘下の大衆組織がそのメンバーとなった[79]。

　BANDILAは，マルコス独裁体制だけでなく伝統的な右派のパトロネー

ジ政治と極左の中央集権的な前衛主義に対するオルターナティブという立場を取った。野党勢力と共産主義勢力からの自律性の確保を目指したと言えよう。そして外国支配の除去，より強いナショナリズムと主権，反独裁姿勢，エリート民主主義に対する民衆寄りの枠組みという進歩的な4原則を提示し[80]，その実現を目指して大衆抗議運動を展開した[81]。

このようにBAYANとBANDILAが大衆運動を精力的に推し進めても，COGが大きく分断された状況では，優勢になりかけた対抗的ヘゲモニーの回復を図ることは困難であった。以後，大統領選挙という政治社会の舞台に局面が移るにつれて，市民社会は次第に政治社会へと取り込まれ，民主化の主導権も政治社会が掌握してゆくことになる。

政治社会の領域では，1985年11月3日にマルコスが大統領選挙を繰り上げて86年2月に実施することを発表したことを受けて，大統領候補の一本化と野党連合の形成が急ピッチで進んでゆく。その背景には，マルコス自身の健康面での問題，86年5月の地方選挙で敗退した場合に再選が危うくなるといった不安，さらには政権の安定継承に主眼を置きマルコスに大統領選挙の早期実施を促すアメリカの圧力があった[82]。11月21日には，NUCがCGの統一宣言に歩み寄る形で最小綱領に署名がなされる[83]。だが，大統領選挙への出馬の野心を抑えきれないラウレルは，NUCから距離を置き，最大野党UNIDOの委員長としてCGと対立していった[84]。

CGでは圧倒的人気から最終的にコラソン・アキノが大統領候補として浮上し，彼女を支援すべく11月25日にCGを母体として「国民の闘い」(Labang Bayan = LABAN) が結成される。LABANは，LPサロンガ派やPDP-LABAN，「キリスト教民主国民連合」(National Union of Christian Democrats = NUCD)，「ミンダナオ連合」(Mindanao Alliance = MA) などの8政党とBANDILAからなる連合体であった。大統領候補の一本化をめぐりアキノ陣営とラウレル陣営は最後まで対立したが，カトリック教会のシン枢機卿 (Cardinal Sin) の仲介もあって，最終的にはアキノが大統領候補，ラウレルが副大統領候補として出馬することで合意がなされた[85]。

市民社会では，NAMFRELが前回の選挙と同様に選挙監視体制を整え[86]，MBCが資金面でNAMFRELに援助を提供した[87]。カトリック教会も選挙直

前の教書で，選挙不正に抵抗することを市民に呼びかけて暗に野党への支持を促すとともに，NAMFRELへの全面的な支援を表明して人的資源を提供した。[88] FLAGやMABINI，KAAKBAYなども，次つぎとアキノへの支持を表明して選挙への参加に向かった。[89]

これらの市民社会勢力が半ば無条件でアキノを支持していったのに対し，BAYANは距離を置いて野党の政治綱領をNatDemよりにするために圧力をかけてゆく。[90] 1985年12月22日にはUNIDOに対して，米比軍事基地協定の即時破棄，真の土地改革，IMFと世界銀行の要求の却下という3つの条件を提示する。[91] 86年1月3日にはアキノに「民衆よりの政府プログラム」と題する革新的な15項目を野党の政治綱領に含めるよう要求した。すなわち，(1) 米比軍事基地協定の即時無効と91年までに全てのアメリカ軍基地施設の除去，(2) 全ての不平等な協定の破棄，人民の主権を損ない外国の経済的支配を強めるような全ての法律と布告の破棄，(3) 人民の利益とならない全ての外債の無効，(4) 基本的階級（たとえば農民と労働者）と重要なセクター（たとえば若者，女性，少数民族，専門家など）の完全かつ適正な代表性が確保された憲法制定議会の即時召集，(5) 全ての抑圧的・反人民的法律・布告の破棄，(6) フィリピン社会の全てのセクターと階級を真に代表する民主的政府の樹立への尽力，(7) 基幹産業・戦略的産業の国有化と民族資本の保護，(8) 労働者の自己組織化，ストライキ，ピケ，集合的バーゲニングの権利の促進とこれらの権利を保障・保護する経済政策の採択，(9) 真の土地改革プログラムの実行，(10) 私的独占の即時解体，(11) ナショナリスト的，科学的，民衆よりの教育への尽力と全てのレベルでの無償教育の提供，(12) 全ての政治犯の即時無条件の釈放，政治犯と政治犯に問われている全ての人への無条件の大赦，(13) アメリカの支援を得たマルコス独裁体制に対する闘争を行っている全ての政治団体・勢力の承認，(14) 全ての人権侵害の調査・訴追，政治的抑圧による全ての犠牲者に対する損害賠償，(15) バンサモロ，コルディエラなどの文化的共同体の自決権に対する支持と先祖代々の土地を保有する権利の保護，である。[92] だが，野党陣営が交渉に応じないばかりか，米軍基地，外債，土地改革，戦略産業の国有化などに関する認識の相違から，BAYANはCPPやNDFとともに選挙への不参加を選択した。[93]

大統領選挙を直前に控えアキノへの支持が急速に高まっている状況では，不参加を選択したBAYANが対抗的ヘゲモニーを強化することは困難であり，選挙不正に直面して急進化した大衆を吸収することが唯一残された道となった。後述するように，この目論みは失敗に終わる。他方，大衆動員能力の点ではBAYANより遥かに劣るLibDemやSocDemが，単独で対抗的ヘゲモニーを確立できたわけでもなかった。結局，これらの勢力は，野党勢力への合流を選択する。それは同時に民主化の主導権が野党へと移り，市民社会のヘゲモニーが右側に引き寄せられることを意味していた。

　このようなヘゲモニー闘争の様相は，1986年1月3日にUNIDOとLABANが政策協定を成立させた後にアキノ陣営が提示した政治公約の内容にも影響を与えている（表4-4）。選挙に向けた具体的な政策のため，KOMPILの政治綱領やCG7原則と単純に比較することはできないが，優先度の高い「100日以内の実行項目」を見てみると，外国基地は91年まで遵守するとされ土地改革は除外されていることから，穏健派のヴィジョンをより反映する形になっていたことは否めない。しかし，公約全体で見ると，真の土地改革や労働者の地位向上などSocDemとNatDemが強く要求した項目が含まれている。民主化の主導権が右側に移りCOGの結束が崩れたとはいえ，そこにCGやLABANを介してCOGが形成してきた対抗ヘゲモニーの影響を読み取ることができよう。

　最後にアメリカについて簡単に触れておく。アメリカは，議会選挙が比較的公正であったことに望みをつなぎ，引き続きマルコスを支援して左派革命勢力の台頭の阻止を目指した。[94]しかし，状勢は一向に変わらず，左派勢力の拡大によってニカラグアのような共産主義革命の可能性が憂慮されるにつれ，マルコスに対して改革を強く求めてゆく。1984年11月には，「国家安全保障研究指令」（National Security Council Study Directive = NSSD）が出される。NSSDは，米軍基地の存続と共産主義勢力の駆逐を求める一方で，反政府穏健派の要求を汲み取ってクローニー資本主義の解消や選挙改革などをも求めたものであった。NSSDは，マルコスに政治的・経済的・軍事的改革を迫るとともに反政府穏健勢力との接触を公的に認めた公文書に他ならない。[95]しかし，改革に対するマルコスの意欲が希薄であるばかりか，共産主義勢力が版

(表4-4) アキノ陣営の政治公約の要約

経済プログラム	
1. 汚職 　◎官僚の汚職とクローニズムの一掃 ③④ 　◎不正蓄財の回収 ③④ 　◎政府機関の信頼性を回復するために縁故人事の廃止 ④ 2. 貧困と失業 　◎新売上税の廃止と燃料・電力税の引下げ ④ 　◎必要な農業資材の非課税 ④ 　◎農業融資の拡大と利率の引き下げ ④ 　◎ココナツ産業，砂糖産業の独占解体 ①④ 　・失業者を受容する公共サービス・施設の回復 ① 3. 対外債務 　◎対外債務返済条件緩和の再交渉による外貨獲得 ①④ 　◎経済的混乱と輸入自由化の延期による失業の阻止 ①④	4. 民間部門 　・民間事業からの政府の速やかな撤退と民間部門の活性化 ① 　・国内資本が不足する重点領域における外資の奨励 ① 　・フィリピン人による全ての公共事業と天然資源事業の管理 ① 　・労働集約的で農村基盤の中小企業に対する投資の奨励 ①② 　・資本集約的で都市を基盤とする産業計画の延期 ①② 5. 土地開発・農村開発 　・国内・輸入農作物に対する耕作地の割り当ての見直し ① 　・受益者に対する適切な貸付と自律を可能にする販売技術支援を提供する真の土地改革計画の実行 ①

社会プログラム	
1. 土地改革 　・高い生産性と土地の利益・所有の平等な共有の実現 ② 　・緊急事態に適した土地改革制度の模索 ② 　・土地なし労働者のための再定住計画と協同組合の導入 ② 　・ミンダナオの森林と天然資源の違法伐採者・搾取者からの保護 ② 2. 労働 　・抑圧的な労働三法の改正 ②④ 　・労働者の団結権，団体交渉権，正当な苦情を処理する合法的手段の支持 ① 　・労働者を半隷属的にする経済構造の解体 ② 　・利益の平等な共有と人間開発を目指す労使の協調 ②	3. 教育 　◎大統領令1177号による教員給与の引上げ ④ 　◎政府の教育支配となる国民徴兵法の廃止 ④ 　・教員の団結権とスト権の承認 ② 　・安価で便利な教育の実現 ② 4. 保健医療 　・適切で安価な医療サービスの提供 ② 　・医療学校における医療訓練制度の強化 ② 5. 住宅 　・都市の人口密集地以外での就業機会の創出と自足共同体の設立 ② 6. 文化的共同体 　・分権化によるムスリムの自治の促進 ② 　・少数民族の権利の尊重 ② 7. 女性 　・女性の権利の保護 ②

政治プログラム	
1. 人権 　◎人身保護令状の回復 ③④ 　◎全ての政治囚の釈放 ②③④ 　◎反乱軍に対する6カ月間の停戦の呼びかけ ②③④ 　◎予防拘禁措置と逮捕に関する全ての大統領令の破棄 ④ 2. メディア 　◎メディアの自由化 ③④ 　◎政府のメディア管制の廃止 ③④ 　◎メディアの私的独占の禁止 ③④ 3. 憲法 　◎議会による速やかな憲法制定会議の招集 ④ 　◎大統領立法権（修正第6号）の破棄 ④	4. 軍部 　◎軍の専門職業主義と名誉の回復 ④ 　◎定年後の居座り将軍の退役 ④ 5. 司法 　◎司法制度の公正化 ④ 6. 外交政策 　◎全ての国との平和的，公正的，友好的な関係の維持 ④ 　◎ASEAN諸国との関係の強化 ④ 　◎アメリカ，日本，西欧，アジア太平洋諸国との均衡のとれた平等な関係の促進 ④ 　◎帰化市民の地位向上 ④ 　◎米比軍事基地協定を1991年まで遵守 ④

(出所) Building form the Ruins, speech delivered at the Intercontinental Hotel, Makati, January 6, 1986, Broken Promises in the Land of Promise, speech delivered at Ateneo de Davao, Davao City, January 16, 1986, Tearing Down the Dictatorship, Rebuilding Democracy, speech delivered at the Manila Hotel, Manila, January 23, 1986, Rescue from Disgrace in a Pharaoh's Prison, speech delivered at the Intercontinental Hotel, Makati, February 3 を元に筆者作成。日付順にそれぞれ①②③④とした。①は経済プログラム，②は社会プログラム，③は政治プログラム，④は100以内に実行する政策を主な内容とする演説に含まれていた項目である。◎が④を表す。

図を拡大していったため，アメリカはマルコスから距離を取り始める一方で[96]，秘密裡に穏健勢力を支援していった[97]。

第6節　市民社会と政治社会の糾合

1986年2月7日の繰り上げ大統領選挙で NAMFREL は，前回よりも遥かに多い50万人のボランティアを選挙区の85％に配置して監視活動と OQC を行った[98]。BBC が85年8月に行った全国世論調査では，「NAMFREL は84年の選挙を公明にするのに大いに役立ったか」という質問に対して，「役立った」と答えた人の割合はフィリピン全体で53％，「役に立たなかった」と答えた人の割合は12％であり，階級別に見ても同様の結果であった[99]。財界と教会に支えられた NAMFREL が，全階級から広汎な支持を得ていた様子が窺えよう。

アキノの人気の高さを考えれば，選挙不正を行わずにマルコスが選挙に勝つことは困難であった。しかしながら，選挙不正によって政府の「選挙管理委員会」(Commission on Elections = COMELEC) がマルコスの勝利を宣言しても，NAMFREL の OQC による集計結果がアキノの勝利を示すものであれば，体制への不信感は一気に強まることになる。それほどまでにNAMFREL の信頼度は高くなっていた。たとえば，世論調査で「あなたは誰を信頼するか」という質問をしたところ，NAMFREL が65％，地方公務員が36％，最高裁判所が32％，議会が28％，警察が23％，COMELECが23％という結果であった[100]。結局，権力を手放すまいとするマルコスは，NAMFREL の選挙監視と国際社会の注目にもかかわらず，投票箱のすり替えや軍による脅迫などの選挙不正を各地で大規模に行った[101]。

2月9日には，COMELEC の不正操作にオペレーターら30人が抗議して職場を放棄し，マルコスの不正がほぼ公のものとなる。13日の時点での集計結果は，COMELEC がマルコスのリード，NAMFREL がアキノのリードをそれぞれ報じていた（表4-5）[102]。しかし，当選者を宣言する憲法上の権限は KBL が支配する国民議会にあったため，2月15日に議会は強引にマルコスの当選を確定した[103]。

(表 4-5) 1986 年繰り上げ大統領選挙における COMELEC と NAMFREL の集計比較

	COMELEC		NAMFREL	
	マルコス	アキノ	マルコス	アキノ
2月 8日	11,593	6,575	383,131	568,087
2月 9日	1,112,275	1,079,228	3,455,548	4,306,684
2月10日	3,056,236	2,903,348	4,806,166	5,576,319
2月11日	3,813,688	3,610,099	5,971,693	6,658,838
2月12日	5,899,873	5,384,368	6,281,510	6,933,989
2月13日	7,032,095	6,384,364	6,532,362	7,158,679
2月14日	7,239,306	6,597,351	6,532,362	7,158,679
最終結果	10,807,197	9,291,761	7,053,068	7,835,070

(出所) *Business Day*, February 8-15, 1986 より筆者作成。なお，NAMFREL の集計は全投票所の約 70％であった。

　反政府側では，まず 2 月 11 日に BAYAN がいち早くデモを行い，反政府勢力に対して団結して政府の集計結果を拒否するよう呼びかけた。[104]しかし，アキノ陣営に決定的に有利な状況を作ったのは教会であった。マルコスの当選が確定する直前の 13 日に CBCP は，マルコスの不正を厳しく批判しつつ，不正と闘った NAMFREL の活動を賞賛し，市民に非暴力的抵抗を呼びかける内容の教書を発表した。[105]これに呼応して 16 日に野党陣営は，マニラで 50 万人以上の市民が集まる中で，NAMFREL の集計結果に基づき勝利宣言を行い，マルコスがアキノの勝利を認めるまで全国的な不服従運動を実行することを宣言した。[106]BAYAN などの NatDem は，後追いする形でこの不服従運動に合流した。[107]さらに，レーガン大統領（Ronald Reagan）の政府批判とアメリカ上院の当選無効宣言がマルコスに追い討ちをかけ，遂にはアメリカ特使が野党と政権を分かち合うようマルコスに要請する。[108]こうして選挙不正に伴う混迷の中で大衆抗議運動が高揚しても，民主化の主導権は左派に移ったわけでも COG によって掌握されたわけでもなかった。大統領選挙を通じて形成された野党勢力が主導権を掌握したまま事態は進行していった。
　そこでエンリレ（Juan P. Enrile）とラモス（Fidel V. Ramos）が率いる「国軍改革運動」（Reform the Armed Forces Movement = RAM）の蜂起が起こる。フィリピン国軍は，マルコス独裁体制の柱として肥大化してきたが，それに伴い国軍内の対立関係も強まっていった。すなわち，フィリピン士官学校出身の将校と一般大学出身の将校との対立である。この対立は伝統的なも

のであったが，戒厳令以後，マルコスが一般大学出身者を優遇するにつれてより顕在化してゆく。両者の対立は，マルコスと同じフィリピン大学出身のベールと士官学校出身のラモスとの対立によく表れている。ベールは，マルコスのボディガードを務め，そこから出世した人物であったが，ラモスはプロフェッショナルな軍人で戦闘経験もあった。1981年にベールを参謀総長，ラモスを参謀次長に任命したことは，ラモスを中心とするプロフェッショナルな軍人に対するベールを中心とするマルコス忠誠派の勝利を意味していた。以後，ラモスを中心とするプロフェッショナルな勢力の不満は大きくなってゆく。これに拍車をかけたのがアキノ暗殺事件であった。この事件によって，暗殺疑惑でベールが休職し，ラモスが参謀総長代行に任命されたが，ベールの権力は依然として強く国軍の信用回復を初めとする改革はうまくいかなかった。RAMは，こうしたマルコスによる私物化によって低下した国軍の専門職業意識の回復を目的として結成された。RAMの存在は85年初頭には公となり，アメリカの支援を背景に影響力を強めていった。政治的機能を担う一部の高級将校を「政府としての軍部」，軍事的機能を担当する職業軍人を「制度としての軍部」とすれば，RAMの出現は両者の明確な亀裂を示していた。

　「制度としての軍部」であるRAMは，「政府としての軍部」の支配力が遙かに優位な現体制下での国軍改革は困難と見て，1985年半ば頃からクーデター計画を画策する。9月にはクーデターを成功させるために，アキノに計画を打ち明け，シン枢機卿にも協力を仰いでいる。両者は街頭デモに多くの大衆を動員する能力を有していたため，RAMは彼らの協力によって武器を持たない大群衆をマルコス派正規軍への緩衝材にしようと考えていた。大統領選挙直前には，選挙不正を阻止する独自の組織を公に結成して穏健派の支援を取りつけ，選挙後には教会が提唱した非暴力的抵抗にも支持を表明する。体制からのRAMの離反は，ほぼ公然のものとなっていたと言えよう。RAMは，86年2月23日にクーデターの決行を計画していたが，計画が直前に察知されたため急遽計画によることなく蜂起せざるをえなくなる。こうしてピープルパワー革命の幕が切って落とされた。

　1986年2月22日午後，エンリレとラモス率いるRAMは，ケソン市のア

ギナルド基地とクラメ基地に籠城し，アキノが正当に選出された大統領であるとしてマルコスに辞任を迫った。しかし，500人にも満たない反乱軍が正規軍に勝つことは不可能であった。この不利な形勢を逆転させたのが，反乱軍を守るために基地周辺に集結した多数の市民であった。

　市民を動員する上で重要な役割を演じたのは，シン枢機卿とカトリック教会であった。同日夜，シンは教会系のラジオ局であるヴェリタスを通じて市民に反乱軍を守るために集まるよう呼びかけた。それに呼応して無数の市民が基地のあるエドサ通りに集結し，正規軍から反乱軍を守るために人間バリケードを作った。ヴェリタスを初めとする教会の緩やかなネットワークが市民の結集を促す役割を果たしたと言えよう[113]。23日には，セブ市で遊説していたアキノもRAMへの全面的支持を表明する[114]。その声明は，ヴェリタスなどを通じてフィリピン全土に伝えられ，さらに多くの市民を基地周辺に呼び寄せた。これがピープルパワーであった。その圧倒的なエネルギーの前に正規軍は市民への発砲を躊躇し，マルコスは武力による反乱軍の制圧を断念せざるをえなくなる。24日には，アメリカがほぼ公然と反政府勢力への支持を表明する。こうしてマルコスは，自己を支持する勢力を全て失い，国外への逃亡を余儀なくされ，アキノを大統領とする新体制が成立した[115]。

　ピープルパワーは，強権的な独裁政権に対峙した市民の結集という意味で，市民社会の蜂起であったことは疑いを入れない。それは，市民社会のCOGが中心となって進めてきた圧力政治の一形態とも捉えられよう。しかし，ピープルパワーは，あらゆる階層の市民によって自発的に形成され，圧倒的なアキノ支持者から構成されていたことが指摘されている[116]。このことは，それまで市民社会を規定してきたイデオロギー性も階級性も希薄であったことを意味しよう。

　こうしたピープルパワーの性格は，大統領選挙を介したヘゲモニー闘争の動態から説明することができよう。まず，大統領選挙へと至るまでに市民社会は，野党，教会，財界を中心とする穏健勢力と急進的な革命勢力との綱引き，そして内部のイデオロギー的差異によって徐々に引き裂かれてゆく。組織的な大衆抗議運動を展開してきたCOGの対抗的ヘゲモニーは低減し，市民社会は次第に野党勢力に取り込まれ，後者が民主化の主導権を握るように

なる。これによって、野党を支持してきた財界や教会などの穏健派のヘゲモニーが優位となり、それが選挙後の政治過程を大きく規定していった。それゆえ、大衆抗議運動が高揚して軍の蜂起が起こっても、状況はアキノの擁立へと収斂し、それが未組織の圧倒的なアキノ支持者からなるピープルパワーの出現へと結びついたと言えよう。

第7節　民主化と市民社会の比較考察

　これまで本章では、市民社会内部の動向に焦点を当てながら、マルコス体制の崩壊に至るまでの政治過程を時系列的に考察してきた。立場や主張の相違はあっても、市民社会アクターがマルコス体制の崩壊を促す原動力であったことは疑いを入れない。それではなぜフィリピンでは市民社会の圧倒的な民主化圧力が生じ、市民革命という形で独裁体制が崩壊したのだろうか。近隣諸国に目を向けると、同じように体制が正統性の危機に直面し、大衆運動が高揚したにもかかわらず、民主主義体制への移行が生じなかったミャンマーやマレーシアのようなケースがあることから、比較政治学にとってもフィリピンのケースは興味深い。

　ハンティントンが指摘するように、「全ての国、もしくは1国の民主主義の発展を説明するのに十分な単一の要因はない」とすれば、[117] 市民社会の蜂起のみで民主主義体制への移行を達成することは困難であろう。実際、フィリピンにおいても、市民社会の蜂起は、重要なファクターではあっても、それのみで移行が達成されたわけではなかった。その意味で、市民社会は、移行を決定づける必要条件とはなりえても十分条件ではない。かかる認識に基づき以下では、いかなる要因によってフィリピンは民主主義体制へ移行したのか、そしてその中でなぜ市民社会が中心的な役割を演じることになったのかを、既存の民主化研究の分析枠組みを援用しながら検証しておきたい。

　まず、革命による移行か否かといった移行経路に関してはハンティントンが、アクター間の相対的力関係に注目しながら整理を行っている。彼は、オドンネルとシュミッターによる4者ゲームを発展させ、政府内で民主主義体制への移行に賛成する「改革派」、反対する「保守派」、反政府内で賛成する

(表4-6) ハンティントンが提示する3つの移行経路

移行経路	体制改革	体制転換	体制変革
主導権	政府	政府と反政府	反政府
成立条件	改革派＞保守派 穏健派＞急進派 政府＞反政府	保守派≒改革派 穏健派＞急進派 政府≒反政府	保守派＞改革派 穏健派＞急進派 反政府＞政府
権力の移転	×	△	○

(出所) Samuel P. Huntington, *The Third Wave: Democratization in Late Twentieth Century*, Norman: University of Oklahoma Press, 1991, pp. 121-163 (S・P・ハンチントン著／坪郷實, 中道寿一, 藪野祐三訳『第三の波——20世紀後半の民主化』三嶺書房, 1995年) の議論を元に筆者作成。

「穏健派」, 反対する「急進派」と, 4者アクターをより明確に整理する。ここから4者アクターの相対的力関係に注目して,「体制改革」「体制転換」「体制変革」という3つの移行経路を提示している (表4-6)。[118]

体制改革は, 政府主導の移行であり, 両陣営で民主化支持勢力が優位で, 政府が反政府勢力よりも強い状況で成立する。体制転換は, 協定による移行であり, 政府内では保守派と改革派の力が同程度で, 反政府側では移行を支持する穏健派の方が急進派よりも強く, 政府と反政府の力が拮抗しているときに成立する。最後に体制変革は, 反政府主導の移行であり, 上述の2つの移行経路と同様に, 反政府内では移行に賛成する穏健派の方が急進派より強いが, 政府内では移行に反対する保守派の方が改革派よりも強く, 政府と反政府側の力関係で後者が強い場合に成立する。

また, ハンティントン自らが指摘するように体制改革においても, 改革派が保守派に対してより優位な立場を維持するために, 反政府内から支持を取り付ける協定が行われる。体制改革と体制転換の相違は, 前者では改革派と穏健派との協定において改革派が優位で, 後者では穏健派の方がより影響力を持っている点にある。よって, 体制変革のみが協定を介さない移行経路ということになる。

政府の交代, すなわち国家権力の移転が生じるかどうかについても触れておこう。体制改革では, 統治エリートが国家権力を保持したまま暫定的に体制移行を進めるため, 旧体制との連続性が最も強く, 権力の移転は生じない。体制転換の場合には, 体制改革と同様に統治権力の移転は生じないが, 移行

過程で政府側の影響力が体制改革に比べて低いため，政府と反政府との間で統治権力の共有が生じる可能性がある。この2つの経路に対して体制変革は，権力の移転が生じる移行ケースである。

　フィリピンでは，アキノ暗殺事件によって反政府運動が高揚し，政府への圧力が一気に強まった。反政府側では急進派である共産主義勢力が，1980年代に入って勢力を拡大していたが，暗殺事件を契機に穏健派としてのカトリック教会とビジネス・セクターが民主化運動を形成してゆく。さらに，穏健派は，84年5月の議会選挙，そして86年2月の繰り上げ大統領選挙を通じて，広範囲な大衆の支持を集めることに成功するが，一貫して選挙へのボイコット戦略を選択した急進派は，反政府内で次第に孤立してゆく。他方で，政府内においても，アキノ暗殺事件を契機にエンリレとラモスを中心に改革派が形成されてゆく。それは国軍の分裂を惹起しながら，政権の綻びを内外に示すものとなっていった。85年中頃になると改革派は，マルコスを追放し新たな政権の樹立を企てるクーデター計画を練り，その準備を進めてゆく。このクーデター計画には，改革派と穏健派による一種の協定という側面があったが，実行直前に発覚したため実現せず，予期せぬ大衆蜂起によってマルコス体制は崩壊した。以上の点からフィリピンは，権力の移転を伴う体制変革に分類され，政府と民主化勢力によるゼロサム・ゲームを後者が征して民主主義体制への移行が達成された事例となる。

　改革派と穏健派の形成にもかかわらず，なぜフィリピンでは協定による移行（体制改革もしくは体制転換）が成立しなかったのだろうか。その原因は，政府内で協定に必要な条件が整っていなかったことに求められよう。すなわち，反政府側では穏健派の方が急進派よりも優位であったが（穏健派＞急進派），政府内では改革派が形成されてもマルコスを中心とする保守派に比べてその勢力は弱かった（保守派＞改革派）。改革派と穏健派による協定が，クーデター計画という形を取らざるをえなかったのも，政府内で改革派の存在が弱く，協定を実現できる余地がなかったからだと考えることができよう。

　政府内の改革派の弱さは，政治体制という構造的・制度的要因によって説明できよう。リンツとステパンは，民主主義，権威主義，全体主義という従

(表4–7)　リンツとステパンによる政治体制とその特徴

	権威主義	全体主義	ポスト全体主義	スルタン主義
改革派の成長	○	×	○	×
政治社会の自律性	低～中	低	低	低
市民社会の自律性	中～高	低	低～中	低～中
協定による移行	○	×	○	×

(出所) Juan J. Linz and Alfred Stepan, *Problems of Democratic Transition and Consolidation: Southern Europe, South America, and Post-Communist Europe*, Baltimore: Johns Hopkins University Press, 1996, pp. 56–65 (J・リンス，A・ステパン著／荒井祐介，五十嵐誠一，上田太郎訳『民主化の理論――民主主義への移行と定着の課題』一藝社，2005年) の議論を元に筆者作成。なお，政治社会は，政治組織がはっきりと自己編成して，公権力と国家装置に対する制御を行使する合法的な権利を求めて争う舞台を意味する。市民社会は，自己組織化した団体，運動，個人が，国家から相対的に自律して，価値観を表明し，結社と連帯を生み出し，自分たちの利益を向上させようとする舞台を意味する (*Ibid.*, pp. 7–8)。

来の3類型を改め，ポスト全体主義とスルタン主義の2つを加えた5類型を唱えた[119]。この類型に基づき彼らは，オドンネルとシュミッターが主張した協定による移行が可能なのは，権威主義とポスト全体主義だけであり，改革派の成長が困難なスルタン主義と全体主義では不可能だと指摘した (表4–7)[120]。

　マルコス体制のスルタン主義的な特徴については，既に指摘した。スルタン主義の場合，体制側の主要な人物がスルタンの個人的スタッフとして存在するため，スルタンの失脚を狙って反政府勢力と表立って交渉を行うハト派が存在する余地は限りなく少ない[121]。このため，韓国やウルグアイ，ポーランドなどで見られた政府ハト派と反政府穏健派による協定に基づく移行は実質的に不可能となる。スルタン主義の移行は，独裁者の自然死や暗殺というケースを除けば，軍の反乱か大規模な市民社会運動による暫定政府樹立を経て実現される可能性が最も高いとされる[122]。事実，フィリピンの体制移行は，協定ではなくRAMの離反を契機とする市民社会の蜂起によって実現した。かかる構造的・制度的特徴に鑑みれば，市民社会の政治化が一気に進んだアキノ暗殺事件以降に民主主義体制への移行が実現した場合，市民社会の活躍はある程度予見できたと言えよう。

　無論，スルタン主義の崩壊が，民主主義の誕生へと結びつく必然性はない。協定による移行が困難であるスルタン主義の均衡点としては，以下の4つを想定できよう。すなわち，革命，内戦，軍部支配，民主主義である。これら

(表4-8) スルタン主義の体制変動の類型

軍の自律性	穏健勢力	革命勢力	帰結
低	弱	強	革命（キューバ，イラン，ニカラグア）
低	弱	弱	政治的安定（ザイール）
低	強	弱	内戦（アメリカ侵攻前のパナマ）
高	弱	弱	軍部支配（ハイチ，パラグアイ）
高	強	強	民主主義（フィリピン）
高	強	弱	民主主義（ベネズエラ）

(出所) Richard Snyder, "Explaining Transitions from Neopatrimonial Dictatorships," *Comparative Politics*, Vol. 24, No. 4, July 1992, pp. 381-382 の議論を元に筆者作成。

の従属変数の相違を説明する独立変数は，(1) スルタンからの軍部の自律性の程度，(2) 反政府穏健勢力の強さ，(3) 反政府革命勢力の強さ，である（表4-8）。[123]

第1の変数である国家装置の一部としての軍部から検討しておこう。本来，軍部は，対外的安全保障をその主たる任務とする。しかし，発展途上国では軍部が国内の治安維持，さらには政治，行政，経済などの非軍事的分野にまで深く進出している姿が広く見られる。これを，ステパンは新しい専門職業主義（new professionalism）と呼んだ。[124]

新しい専門職業主義は，文民政権という形態を採っていたとはいえ，マルコス体制においても顕著に見られた。国軍は，フクバラハップの反乱を鎮圧するために早くから国内治安の役割を担っていた。戒厳令が布告されてからは，「新人民軍」（New People's Army = NPA）や「モロ民族解放戦線」（Moro National Liberation Front = MNLF）の活動が活発化したことに伴い，国軍の治安維持機能はさらに拡大する。これに加えて国軍は，開発行政への積極的な関与を通じて国家建設の担い手になることも求められた。軍人は，開発全般を担当する国家経済開発庁管轄下の中央省庁，地方開発プログラムの実施を担当する大統領地域開発庁などの政府諸機関の要職に登用された。1980年代には，参謀総長を含む国軍指導層が閣僚会議や与党幹部会へ参加するようになっていた。[125]

先述したようにステパンは，軍部の構成要素を大きく2つに分けて議論している。すなわち，「政府としての軍部」と「制度としての軍部」である。前者は，政治組織として政府を指揮する中核軍人を指し，後者は，兵舎にい

て軍務に服している軍人を指す。軍部の政治化は，この「政府としての軍部」と「制度としての軍部」との機能分化を必然的に引き起こす。また，政治への過度の介入が，派閥抗争の激化を引き起こし，軍部の組織的結束や恒久的利益を脅かす。そこからステパンは，軍部が政治からの撤退を決断するのは「制度としての軍部」が結束や組織利益を重視するからだと結論づけた。[126] そうした状況をもたらす大きな要因は，専門職業化水準の発達であり，軍部が本来の任務である対外安全保障に従事するようになれば，その政治介入は抑制される。[127] しかし，専門職業化水準の発達が，必ずしも軍部の政治からの撤退と体制維持からの決別をもたらすわけではない。軍部の政治化が，必ずしも「政府としての軍部」と「制度としての軍部」との制度的分化をもたらすわけでもない。軍全体への専門職業主義の浸透度と「政府としての軍部」と「制度としての軍部」との相対的力関係が重要であった。

　ベール参謀総長に代表されるように，マルコスは自分と同じ大学や出身地の軍人を優遇して恩顧関係を築いていった。そのことは，軍に対する支配を強めることになったというよりも，軍全体の専門職業化水準を低下させ，ベールを中心とする「政府としての軍部」とラモスを中心とする「制度としての軍部」との制度的分裂を促した。1980年代には，後者を中心として，国軍の私兵化と政治化を批判し，軍部の専門職業主義の回復を求めるRAMが形成される。RAMは，アメリカの支援を背景に勢力を拡大していったが，結局，マルコス・ベール体制下では専門職業主義の回復は困難と見て，マルコス政権打倒を目的とするクーデター計画を模索するようになる。このようにフィリピンでは，「政府としての軍部」と「制度としての軍部」との制度的分裂が顕在化し，後者を中心に専門職業主義が回復しつつあった。しかし，前者の支配力が遙かに優位であったため，「制度としての軍部」は突発的なクーデターという手段を選択せざるをえなかった。

　こうしてフィリピンでは，「制度としての軍部」が体制離脱クーデターを画策するまでに軍部の制度的分裂が進行し，体制の抑圧能力は著しく低下していった。ゴールドストーンが指摘するように，最終的に体制を崩壊させ革命を決定づけるファクターは国家の抑圧能力であり，ブリトンが言うように，政府が軍部の支持を失うかそれを効果的に用いる能力を失うまでは政府は崩

壊しない[128]。1988年に同じように広範囲な民主化運動が生じたにもかかわらず、ミャンマーで民主主義体制への移行が実現しなかったのは、軍部の結束力が保持され、体制の抑圧能力が低下しなかったからだと考えることができよう[129]。

こうしてフィリピンでは、ハイチやパラグアイのように、国家装置としての軍部の一部が国家アクターとしてのスルタンから自律的な行動を取るようになっていた。付言するに、革命勢力が十分な勢力を有していたフィリピンでは、キューバやイランのように革命政権が誕生する可能性もあった。しかし、フィリピンの体制崩壊の帰結は、軍部支配でも共産主義革命でもなかった。その理由は、2つ目の変数である反政府穏健勢力の強さに求められよう。

アキノ暗殺事件以降に出現した広範囲な大衆運動が共産主義勢力へ傾斜することを危惧したカトリック教会や財界などの穏健勢力は、暴力的な革命に取って代わる穏健的かつ平和的な手段として選挙の重要性を訴え、多くの市民を選挙へと動員して革命勢力への市民の傾倒を切り崩した。さらに、繰り上げ大統領選挙では、大半の市民社会勢力が、アキノ大統領候補の下で大統領選挙へと参加し、政治社会と市民社会との紐合が成立する。加えて、最終局面において、ピープルパワーという広範囲な市民社会によって支えられた反政府穏健勢力と国軍の反乱分子との間で一時的な同盟が成立し、それにアメリカの支持が加わったことで、革命勢力による政権奪取も軍事政権の樹立も困難となった。政治社会と市民社会との紐合は、アキノを大統領とする民主主義体制が体制崩壊後の権力の真空を埋めることを可能にした点でも重要な意味を持っていた。

最後に、なぜ市民社会が体制崩壊を決定づけるほどフィリピンでは大きく伸張しえたのだろうか。ここでは主として国家に関する2つの構造的・制度的要因を指摘しておきたい。まず、支配の正統性の問題である[130]。正統性がある程度確保されている限り、反政府勢力が動員能力を向上させることも体制移行を推し進めることも困難である。フィリピンでは、1970年代後半から徐々に顕在化していった経済危機とアキノ暗殺事件という政治危機が、マルコス体制の正統性を決定的に失墜させた。こうした国家の正統性の失墜によって、反政府組織は多くの市民を広範囲な反政府民主化運動に動員するこ

とができた。

　しかし，正統性の危機に直面しても，マレーシアのように大規模な大衆抗議運動が出現せず，体制の崩壊や移行に至らないケースもある。フィリピンの民主化過程で市民運動が空前の広がりを見せたのは，国家の支持基盤の性格が関係していた。国家の社会に対する支配形態が包括的か排他的かによって反政府勢力の成長は大きく左右されうる。たとえば，シンガポールやマレーシアの非民主主義体制は，幅広いエリートを基盤とし，社会統制においても強制的な側面はあるものの比較的協調的な手段を採用してきた[131]。こうしたコーポラティズム的な国家の統治形態が，反政府勢力の伸張を抑制し，体制の安定化を促してきたことは間違いない[132]。対照的にネメンゾが「ボナパルチズム」と揶揄するように，マルコス体制は狭いエリート基盤に基づく排他的な国家の支配構造を特徴とし，深刻な社会的分裂と抗争を軍部の力で押さえつけた[133]。このような排他的な支配スタイルは，体制が正統性の危機に直面したときに広範囲な反マルコス市民運動の形成につながったと言えよう。

小　　括

　独裁体制への対抗軸として市民社会を捉えた場合，フィリピンでは主としてCOGによる大衆抗議運動とNAMFRELによる選挙監視活動を介して独裁体制に対峙する市民社会の領域が構築されたと言えよう。COGは，デモやストなど多彩な抗議運動へ市民を継続的に動員して体制に圧力をかけ，NAMFRELは，選挙監視活動に多数の市民を動員して政府の集計に対する不信感を高め，体制の正統性を切り崩す役割を果たした。階級的・イデオロギー的差異から求める民主主義の内容は異なってはいても，市民社会の諸アクターは独裁体制の解体という目標へと収斂し，民主主義体制への移行を促す原動力となったことは間違いない。

　しかし，ヘゲモニー闘争に着目した場合，体制変動過程の市民社会はより複雑な様相を呈していたことが明らかとなった。市民社会の亀裂は，まず1984年の議会選挙に際して野党勢力とともに穏健的な要求を掲げるNAMFRELと急進的な要求を提示するCORDとの間で顕在化した。85年

に入って政治社会の野党勢力が民主化の主導権を握ろうと連合の形成に乗り出すと，後者はBAYANという反マルコス統一戦線の結成を試みる。しかし，左派革命勢力によるヘゲモニー掌握の動きが強まると，COGは大きく分断されCORD以来の汎イデオロギー的結束は脆くも崩れ去った。大統領選挙へと至る過程では，COGは分裂したまま野党勢力に取り込まれ，COGの対抗的ヘゲモニーは低減し，穏健派のヘゲモニーと野党勢力のイニシアティブが優位となる。この延長線上にピープルパワーは出現した。このことは，市民社会の蜂起とはいえピープルパワーが，BAYANやBANDILAが求めたオルターナティブな民主化構想を具現化する場とはなりえなかったことを意味していた。

しかし，そうした構想が全て失われたと結論づけるのは早計であろう。争点を明確にせず当初から選挙への参加に傾斜した野党勢力と市民社会の穏健勢力とは対照的に，市民社会のCOGは争点重視の大衆抗議運動を積極的に推進した。とりわけSocDemとNatDemの影響を受けた運動は，独裁体制の打倒だけでなく対外従属と社会経済的不正義の解消をも強く求め，大衆のナショナリズムを惹起しながら民主化勢力の要求の射程を社会経済的領域にまで拡大させる役割を果たした。実際，COGは，KOMPILの政治綱領とCG7原則に自分たちの主義主張を盛り込むことに成功した。最終局面で野党陣営のマニフェストに社会経済的不正義の解消などが含まれることになったのも，対抗的ヘゲモニーを生成し続けたCOGの努力と無関係ではあるまい。こうして市民社会は，独裁体制の崩壊を促すだけでなく民主化の方向性にも影響を与えるファクターであった。それではこのような市民社会の様態は，成立する民主主義国家の性格にいかなる影響を与えたのだろうか。この点を具体的に明らかにするには，コラソン・アキノ政権の誕生から新憲法が制定されるまでの民主化決定局面を扱う次章をも踏まえなければなるまい。

最後に，国家と市民社会との関係で見れば，最終的にマルコス体制の崩壊を決定づけたのは，国家の抑圧能力の低下と市民社会の蜂起としてのピープルパワーの出現によるところが大きい。一方で，国家装置の一部としての軍部における「政府としての軍部」と「制度としての軍部」との制度的分裂が，マルコス体制の抑圧能力を低下させていった。他方で，市民社会においては，

ヘゲモニー闘争を介して巨大な民主化圧力が生み出され,それがマルコス体制の抑圧能力を徐々に奪っていった。低下した国家の抑圧能力を上回る市民社会の蜂起,すなわちピープルパワーが出現したその時,マルコス体制の崩壊が決定的となった。

註 ────────

1 藤原帰一「フィリピンにおける『民主主義』の制度と運動」『社会科学研究』第40巻第1号,1988年7月,69-72頁。Isagani R. Serrano, *On Civil Society*, Quezon City: Philippine Rural Reconstruction Movement, 1993, pp. 43-48; G. Sidney Silliman and Lela Garner Noble, "Introduction," in G. Sidney Silliman and Lela Garner Noble, eds., *Organizing for Democracy: NGOs, Civil Society and the Philippine State*, Honolulu: University of Hawai'i Press, 1998, p. 17; Mary Racelis, "New Visions and Strong Actions: Civil Society in the Philippines," in Marina Ottaway and Thomas Carothers, eds., *Funding Virtue: Civil Society Aid and Democracy Promotion*, Washington, D.C.: Carnegie Endowment for International Peace, 2000, pp. 169-172; Miriam Coronel Ferrer, "The Philippine State and Civil Society," *Korea Observer*, Vol. 35, No. 3, Autumn 2004, pp. 546-547; Jennifer C. Franco, "The Philippines: Fractious Civil Society and Competing Visions Democracy," in Muthiah Alagappa, ed., *Civil Society and Political Change in Asia: Expanding and Contracting Democratic Space*, Stanford: Stanford University Press, 2004, pp. 106-109; Eva-Lotta E. Hedman, *In the Name of Civil Society: From Free Election Movements to People Power in the Philippines*, Honolulu: University of Hawai'i, Press, 2006, pp. 142-166.

2 Juan J. Linz and Alfred Stepan, *Problems of Democratic Transition and Consolidation: Southern Europe, South America, and Post-Communist Europe*, Baltimore: Johns Hopkins University Press, 1996, pp. 51-54(J・リンス,A・ステパン著/荒井祐介,五十嵐誠一,上田太郎訳『民主化の理論──民主主義への移行と定着の課題』一藝社,2005年)。

3 Paul D. Hutchcroft, "Oligarchs and Cronies in the Philippine State: The Politics of Patrimonial Plunder," *World Politics*, Vol. 43, No. 3, April 1991, pp. 434-442.

4 マルコス一族とその取り巻きによる汚職と腐敗に関する実証的な研究として,以下のものがある。Belinda A. Aquino, *Politics of Plunder: The Philippines under Marcos*, Quezon City: Great Books Trading and U.P.

College of Public Administration, 1987（ベリンダ・A・アキノ著／伊藤美名子訳『略奪の政治――マルコス体制下のフィリピン』同文舘，1992 年）.
5 Alfred W. McCoy, "After the Yellow Revolution: Filipino Elite Factions and the Struggle for Power," in Peter Krinks, ed., *The Philippines under Aquino: Papers Presented at a Conference Held in Sydney, November 1986 and Organised by the Development Studies Colloquium, Sydney and the Australian Development Studies Network*, Canberra: Australian Development Studies Network, 1987, p. 22; David Wurfel, *Filipino Politics: Development and Decay*, Ithaca: Cornell University Press, 1988, p. 147, p. 150（デビット・ワーフェル著／大野拓司訳『現代フィリピン政治と社会――マルコス戒厳令体制を越えて』明石書店，1997 年）.
6 片山裕「マルコス政権下の官僚制――とくに幹部公務員制度に焦点をあてて」（矢野暢編『講座政治学Ⅲ　地域研究』三嶺書房，1987 年）225-227 頁。
7 David G. Timberman, *A Changeless Land: Continuity and Change in Philippine Politics*, Singapore: Institute of Southeast Asian Studies, 1991, p. 106.
8 *Ibid.*, pp. 106-107.
9 Charles C. McDougald, *The Marcos File: Was He a Philippine Hero or Corrupt Tyrant?*, San Francisco: San Francisco Publishers, 1987, p. 218.
10 小池賢治「フィリピン――マルコス期の企業経営」（米川伸一，小池賢治編『発展途上国の企業経営――担い手と戦略の変遷』アジア経済研究所，1986 年）68-70 頁。
11 同上論文，70-72 頁。
12 David G. Timberman, *op. cit.*, p. 109, pp. 108-112. 田巻松雄『フィリピンの権威主義体制と民主化』国際書院，1993 年，139-140 頁。
13 World Bank, *World Development Report 1983*, New York: Oxford University Press, 1983, p. 15.
14 田巻松雄，前掲書，129-130 頁。
15 織物業を営む中国系フィリピン人のディー（Dewey Dee）が，ギャンブルで深刻な財産危機に見舞われ，会社名義の債務総額約 64 億ペソを残したまま国外逃亡した事件である。
16 末廣昭「東南アジア経済論――思想の輸出から工業製品の輸出へ」（東京大学社会科学研究所編『現代日本社会――国際比較［2］』東京大学出版，1992 年）311-312 頁。
17 事件の経過について，詳しくは以下を参照されたい。G・ヒル，T・ヒル著／出川沙美雄訳『アキノ暗殺――真相究明！』講談社，1984 年。
18 David G. Timberman, *op. cit.*, pp. 135-136.
19 分析は粗いが，政治的スペクトラムを用いてマルコス体制崩壊過程の整

理を行った研究として以下のものがある。Emanuel V. Soriano, "Organized Forces in the Philippine Setting," in Emanuel V. Soriano, Patricia B. Licuanan, and Ledivina V. Cariño, *Understanding People Power: A Collection of Papers Presented at a DAP Symposium on People Power*, Metro Manila: Development Academy of the Philippines, 1987.

20 Makati Business Club, Policy Suggestions for Regional Development, September 10, 1982; *MBC Economic Papers*, Vol. 1, No. 5, March 1982, p. 9; *MBC Economic Papers*, Vol. 2, No. 3, December 1982, p. 13; *MBC Economic Papers*, Vol. 2, No. 12, September 1983, p. 7.

21 "An Appeal to President Marcos to Resolve the Succession Issue," *Business Day*, November 18, 1983, p. 9; "Mr. President, the KBL Proposal Does not Solve the Problem of Succession," *Business Day*, December 2, 1983, p. 19; anon., "Businessmen rap press coverage," *Business Day*, September 28, 1983, p. 4; *MBC Economic Papers*, Vol. 3, No. 7, April 1984, p. 3; "An Appeal to President Marcos to Heed the Call for Meaningful Elections," *Business Day*, February 3, 1984, p. 3; anon., "Business sector joins political fray," *Business Day*, March 1, 1984, p. 11.

22 Pasquale T. Giordano, *Awakening to Mission: The Philippine Catholic Church, 1965-1981*, Quezon City: New Day Publishers, 1988, pp. 140-141.

23 Dennis Shoesmith, "The Church," in R. J. May and Francisco Nemenzo, eds., *The Philippine after Marcos*, London: Croom Helm, 1985, pp. 72-84.

24 Catholic Bishops' Conference of the Philippines, A Dialogue for Peace: Joint Pastoral Letter of the Catholic Bishops' Conference of the Philippines, February 20, 1983; Catholic Bishops' Conference of the Philippines, Pastoral Guidelines for Priests, Religious and Lay Workers in the Task of Social Justice, July 12, 1983; Catholic Bishops' Conference of the Philippines, Message to the People of God, August 7, 1983; Catholic Bishops' Conference of the Philippines, Reconciliation Today: A Statement of the Catholic Bishops' Conference of the Philippines, November 27, 1983.

25 Fr. Pacifico A. Oritez, S. J., ed., *Not by Bread Alone: Bishops-Businessmen's Conference Dialogues on Human Development under Martial Law*, Metro Manila: Bishops-Businessmen's Conference, 1980, pp. vii-x.

26 Jose Concepcion, Jr., "A free and honest election is the last great hope for democracy," *Mr. & Ms.*, December 2, 1983, p. 19; Dette Pascual, "Organizing People Power in the Philippines," *Journal of Democracy*, Vol. 1, No. 3, Winter 1990, pp. 102-105.

27 National Citizens' Movement for Free Elections, *Manual for Organizing City & Municila Chapters*, Metro Manila: National Citizens' Movement for

Fee Elections, 1984, pp. 14-15. NAMFREL 指導部の特権階級性については，以下で指摘されている。Belinda Olivares-Cunanan, "150,000 watchdogs: More bark than bite?," *Mr. & Ms.*, May 11, 1984, p. 14.

28　米上院外交委員会調査報告「フィリピンの現状分析と展望（上）」『国際開発ジャーナル』第342号，1984年4月；米上院外交委員会調査報告「フィリピンの現状分析と展望（下）」『国際開発ジャーナル』第343号，1984年5月。

29　KMPについては以下を参照されたい。Kilusang Magbubukid ng Pilipinas, Unang Pambansang Kongreso ng Kilusang Magbubukid sa Pilipinas, Hulyo 24-27, 1985, Lunsod Quezon.

30　Amado Guerrero, *Philippine Society and Revolution*, Oakland: International Association of Filipino, 1979, pp. i-iv.

31　Kathleen Weekly, *The Communist Party of the Philippines 1968-1993: A Story of its Theory and Practice*, Quezon City: The University of the Philippines, 2001, pp. 122-123.

32　Nationalist Alliance for Justice, Freedom, and Democracy, Nationalist Alliance for Justice, Freedom, and Democracy First National Assembly, Pope Pius XII Catholic Center, UN Avenue, Metro Manila, November 3-4, 1983, pp. 2-3, p. 6.

33　Joel Saracho, "Boycott campaign reels off at rally," *Malaya*, February 20, 1984, p. 2; anon., "Protest march hits US meddling," *Business Day*, April 11, 1984, p. 10; anon., "Alliance raps FM on debt statement," *Malaya*, June 26, 1984, p. 1, p. 6; anon., "A new attempt at deception," *Malaya*, July 14, 1984, pp. 1-2.

34　August Twenty-One Movement, Primer of the August Twenty-One Movement, September 21, 1983.

35　P. N. Abinales, "The Post-Marcos Regime, the Non-Bourgeois Opposition, and the Prospects of a Philippine 'October'," *Kasarinlan*, Vol. 1, No. 4, 2nd Quarter 1986, p. 40.

36　マカティ地区での都市中間層の抗議運動に関する実証的な研究として，以下のものがある。Ma. Cynthia Rose Banzon-Bautista, *The Protest Movement and the White-Collar Workers of Makati*, Quezon City: Department of Sociology College of Social Sciences and Philosophy, University of the Philippines, 1985.

37　田巻松雄，前掲書，197-199頁。Temario C. Rivera, "Middle Class Politics: The Philippine Experience," *The Journal of Social Science*, Vol. 45, 2002, pp. 7-9.

38　Alex Magno, "The Contagious Revolt of the Middle Class," *WHO*, October 19, 1983, p. 7; anon., "Teachers' march Tuesday," *Malaya*, November 21-

23, 1983, p. 1, p. 8; Manuel Sanchez, "Sitdown demo to be held in Makati tomorrow," *Malaya*, December 16-18, 1983, p. 1, p. 7.

39　August Twenty-One Movement, *op. cit.*

40　木村によればATOMのメンバー114人の内訳は，資本家4人，新中間層34人，旧中間層7人，周辺的中間層39人，労働者22人，未確認8人であった（木村昌孝「フィリピンの中間層生成と政治変容」〔服部民夫，船津鶴代，鳥居高編『アジア中間層の生成と特質』アジア経済研究所，2002年〕188頁）。

41　Nicolas V. Quijano, "Is There Profit in Protest?," *WHO*, Vol. 5, No. 37, December 14, 1983, p. 20.

42　Kilusan sa Kapangyarihan at Karapatan ng Bayan, Resignation: The Key to National Recovery, October 6, 1983.

43　Justice for Aquino, Justice for All, Primer of the Justice for Aquino, Justice for All Movement, September 1983.

44　Ma. Serena I. Diokno, "Unity and Struggle," in Aurora Javate-de Dios, Petronilo Bn. Daroy, and Lorna Kalaw-Tirol, eds., *Dictatorship and Revolution: Roots of People's Power*, Metro Manila: Conspectus Foundation Incorporated, 1988, p. 134.

45　anon., "Boycott of Manila dailies launched," *Malaya*, September 12-14, 1983, p. 1, p. 8; anon., "JAJA's defiance: To resume demos," *Malaya*, October 10-12, p. 1, p. 3; anon., "September 21 '83 at Liwasang Bonifacio," *Mr. & Ms.*, September 30, 1983, pp. 12-18; anon., "March, confetti in Ermita, Makati," *Malaya*, October 24-26, 1983, p. 8; Edmund Coronel, "Bulacan protest events," *Malaya*, November 17-20, 1983, p. 2; anon., "National honors Ninoy," *Malaya*, November 27-29, 1983, pp. 1-2; anon., "Iloilo city," *Mr. & Ms.*, December 2, 1983, p. 25; anon., "Pampanga," *Mr. & Ms.*, December 9, 1983, p. 13; anon., "Cotabato, Samar rallies," *Malaya*, December 9-11, 1983, p. 2; anon., "Southern rallies," *Malaya*, December 26-27, 1983, p. 2.

46　*The Situationer*, September-October 1983, pp. 166-172; *The Situationer*, November-December, 1983, pp. 216-229.

47　Misagh Parsa, "Entrepreneurs and Democratization: Iran and the Philippines," *Comparative Studies in Society and History*, Vol. 37, No. 4, October 1995, p. 824; Kim Scipes, *KMU: Building Genuine Trade Unionism in the Philippines, 1980-1994*, Quezon City: New Day Publishers, 1996, p. 32.

48　これらの政治政党の歴史的変遷については，以下の研究が詳しい。Rommel C. Banlaoi and Clarita Carlos, *Political Parties in the Philippines:*

From 1900 to the Present, Manila: Konrad Adenauer Foundation, 1996; Clarita R. Carlos, *Dynamics of Political Parties in the Philippines*, Makati City: Konrad Adenauer Foundation, 1997.

49 Horacio V. Paredes, "KOMPIL: Will it slap divided opposition into shape?," *Mr. & Ms.*, December 9, 1983; Belinda Olivares-Cunanan, "Strange bedfellows make it to Kompil's magic 15," *Mr. & Ms.*, January 13, 1984, pp. 10–15; Marites Danguilan-Vitug, "Opposition leaders divided over question of Batasan poll boycott," *Business Day*, January 9, 1984, p. 11; anon., "KOMPIL's decision: Elections," *Malaya*, January 9–10, 1984, p. 1, p. 3.

50 *Business Day*, January 19, 1984, p. 7.

51 C. Valmoria, Jr., "Unido to join May polls: Will fight KBL for 183 Batasan seats" *Bulletin Today*, February 18, 1984. p. 1, p. 4.

52 Marites Dañguilan-Vitug, "LP split on election boycott issue," *Business Day*, February 13, 1984, p. 14.

53 anon., "PDP-LABAN: For both boycott, participation," *Business Day*, February 27, 1984, p. 15.

54 Mercedes Tira-Andrei, "Free elections, human rights: US Congress conditions for aid to RP," *Business Day*, February 13, 1984, pp. 4–5; Marites Dañguilan-Vitug, "Polls draw US attention," *Business Day*, March 19, 1984, p. 16; anon., "US restates interest in free, fair polls," *Business Day*, May 9, 1984, p. 11.

55 Marites Dañguilan-Vitug, "Businessmen push own political platform," *Business Day*, April 2, 1984, p. 5; Raissa Lamson Espinosa, "KBL skips businessmen's forum," *Business Day*, April 27, 1984, p. 15.

56 Coalition of Organizations for the Restoration of Democracy, *Gabay para sa Boykot*, n.p.: Center for Community Services, 1984, p. 9.

57 Coalition of Organizations for the Restoration of Democracy, Isang Tagumpya Ngayon, Mas Maramt Pang Tagumpay Bukas, Marso 7, 1984. たとえば、ルソン島で3月1日から7日まで行程265キロに及ぶLakbayanを、4月にはダバオ市で再びLakbayanを行った。選挙直前には1,600キロにも及ぶ「自由のための行進」(Sakay para sa Kalayaan ng Bayan = Sakbayan) を実施してボイコットを呼びかけた (anon., "Lakbayan," *Malaya*, February 29, 1984, pp. 1–2; anon., "Boycott journeys from South to North," *Mr. & Ms.*, March 9, 1984, pp. 9–17; P. Angelo Lavina, "More 'Lakbayan' marches for boycott," *Malaya*, April 19, 1984, pp. 1–2; anon., "On the Road with Sakbayan '84," *Mr. & Ms.*, May 11, 1984, pp. 10–11)。Lakbayanについては以下も参照されたい。Vic Soriano, "LAKBAYAN,

Boycott and Civil Disobedience," *Diliman Review*, Vol. 32, Nos. 3-4, July-August 1984.

58　Jose Concepcion, Jr., *op. cit.*, p. 18; The Bishops-Businessmen's Conference for Human Development, *The BBC Nationwide Sociopolitical Opinion Surveys*, Manila: The Bishops-Businessmen's Conference for Human Development, 1985, pp. 55-56.

59　Kaa Byington, *Bantay ng Bayan: Stories from the NAMFREL Crusade (1984-1986)*, Manila: Bookmark, 1988, pp. 41-42, pp. 57-61; Mark R. Thompson, *The Anti-Marcos Struggle: Personalistic Rule and Democratic Transition in the Philippines*, New Haven: Yale University Press, 1995, pp. 127-128.

60　anon., "Namfrel reviews elections," *Business Day*, May 30, 1984, p. 5; anon., "Sin credits people for polls," *Business Day*, May 31, 1984, p. 18.

61　たとえば，MBCが毎月刊行する*MBC Economic Papers*では1984年6月号から議会ビジネス（Batasan Business）というコラムが掲載され，議会の状況が報告された。

62　anon., "PDP-Laban to attack Amendment 6," *Business Day*, July 25, 1984; anon., "2 more BP resolutions seek to curb presidential powers," *Business Day*, August 3, 1984; anon., "KBL puts off deliberations on stand on Amendment No. 6," *Business Day*, September 11, 1984; anon., "Opposition files no-confidence motion against Virata, Cabinet," *Business Day*, September 25, 1984; anon., "Amendment 6 issue refused to die," *Business Day*, November 29, 1984.

63　anon., "Aim for today's rally explained," *Business Day*, August 21, 1984, p. 20; anon., "March to Malacañiang, nationwide rallies set," *Business Day*, September 20, 1984, p. 24; anon., "The opposition: a house divided?," *Malaya*, September 22, 1984, p. 1, p. 8; anon., "Demonstration ends peacefully," *Business Day*, October 8, 1984, p. 14; Joel C. Paredes, "Tañada pushes coalition government," *Malaya*, November 5, 1984, p. 1, p. 8; anon., "General strike paralyzes Davao," *Business Day*, November 27, 1984, p. 10.

64　Nick Joaquin, *Jaime Ongpin the Enigma: A Profile of the Filipino as Manager*, Metro Manila: Jaime V. Ongpin Institute of Business and Government, 1990, pp. 232-237. CGのスタッフは，前述したベルナスとソリアノに加え，株式会社ハシエンダ・ルイシタの総支配人であったロパ（Ricardo Lopa），アジア貯蓄銀行のデルロサリオ会長（Ramon del Rosario, Jr.），メディカルシティ総合病院の重役であったベンソン（Alfredo R. A. Bengzon），MABINIのタニャーダ（Wigberto Tañada），アテネオ・デ・マニラ大学のネブレス神父（Father Bienvenido Nebres）がいた。

65 Mark R. Thompson, *op. cit.*, p. 134. なお，11人の大統領候補は，UNIDO のラウレル，LPサロンガ派のサロンガ（Jovito R. Salonga），LPカラウ派のカラウ（Eva Estrada Kalaw），PDP-LABANのピメンテル（Aquilino Q. Pimentel, Jr.），ミトラ（Ramon V. Mitra），ギンゴーナ（Teofisto T. Guingona, Jr.），ATOMのアガピト・アキノ，KAAKBAYのジョクノ，「自由フィリピン運動」（Movement for a Free Philippines = MFP）のマンラプス，NAJFDのパディラ，国連職員のサラス（Rafael Salas）であった（anon., "Convenor Group explains sheme," *Business Day*, December 14, 1984, p. 12)。

66 この点はCGのメンバーであったデルロザリオが，インタビューの中で明らかにしている（Nick Joaquin, *op. cit.*, p. 241)。

67 Belinda Olivares-Cunanan, "The Convenor reach out to the cause-oriented groups," *Mr. & Ms., Special Edition*, January 25-31, 1985, p. 8; Belinda Olibares-Cunananm, "Unity could be so divisive," *Mr. & Ms., Special Edition*, February 15-21, 1985, pp. 26-29.

68 Belinda Olivares-Cunanan, "Unity could be so divisive," *Mr. & Ms., Special Edition*, February 15-21, 1985; Joel Paredes and Ben Evardone, "PDP, LP, NP form new alliance," *Malaya*, March 11, 1985, p. 1, p. 8.

69 Ma. Serena I. Diokno, *op. cit.*, p. 156.

70 anon., "Opposition groups invited to confab," *Business Day*, February 1, 1985, p. 22; David Briscoe, "Largest opposition in 16 years lays down platform," *Business Day*, March 11, 1985, p. 12; anon., "2 opposition groups agree to meet," *Business Day*, April 10, 1985, p. 12; anon., "Convenors, NUC to form alliance," *Business Day*, April 19, 1985, p. 24.

71 Jose F. Lacaba, "The New Politics: Priority on programs, principles & the critical mass but flexible on tactics," *Mr. & Ms., Special Edition*, May 3-9, 1985, p. 30; Belinda Olivares-Cunanan, "Insurgency is propaganda trap," *Mr. & Ms., Special Edition*, May 17-23, 1985, p. 26.

72 Sen. Lorenzo Tañada, "Keynote Address," in Bagong Alyansang Makabayan, Documents of the Second National Congress of the Bagong Alyansang Makabayan, July 1986, p. 1.

73 Bagong Alyansang Makabayan, General Program of Action, May 4, 1985, pp. 3-7.

74 Davild G. Timberman, *op. cit.*, pp. 35-36, pp. 48-49.

75 anon., "3,000 march against 'illegal dispersal'," *Malaya*, March 29, 1985, pp. 1-2; anon., "Mindanao 'Welgang Bayan' a success," *Malaya*, May 16-17, 1985, pp. 1-2; anon., "Central Luzon Welgang Bayan set," *Business Day*, June 17, 1985, p. 16; anon., "Welgang Bayan paralyzes Bataan despite military actions; rally set today" *Business Day*, June 20, 1985, p. 20.

76 このような CPP の姿勢は，共産党の機関誌 *Ang Bayan* からも読み取ることができる（*Ang Bayan*, Vol. 16, No. 1, March 1984, pp. 2-4; Vol. 16, No. 2, April 1984, pp. 1-3）。

77 Belinda Olivares-Cunanan, "Giving 'BAYAN' the old college try," *Mr. & Ms., Special Edition*, May 10-16, 1985, p. 25.

78 Jose Maria Sison, *The Philippine Revolution: The Leader's View*, New York: Crane Russak, 1989, pp. 116-119（ホセ・マリア・シソン著／鈴木武，岩本エリ子訳『内側から見たフィリピン革命』梓書店，1994年）．

79 Masataka Kimura, "Rise and Fall of BANDILA: A Study of a Middle Force Alliance and the Urban Middle Class in Philippine Politics," *Pilipinas*, No. 24, Spring 1995, p. 6, pp. 24-27.

80 Ma. Serena I. Diokno, *op. cit.*, p. 161; Francoise Joaquin, "Out of BAYAN... and into BANDILA," *Mr. & Ms., Special Edition*, June 7-13, 1985, p. 31.

81 anon., "New opposition alliance set," *Business Day*, August 14, 1985, p. 12; The Business Day Staff, "Marches mark Aquino's 2nd death anniversary," *Business Day*, August 22, 1985, p. 16; Aurelio A. Pena, "Yellows & Reds team up for 'Impeach Marcos' drive in Davao," *Mr. & Ms., Special Edition*, September 13-19, 1985.

82 David Wurfel, *op. cit.*, p. 295.

83 Ma. Serena I. Diokno, *op. cit.*, p. 158, pp. 623-624.

84 Teodoro Y. Montelibano, "Palma quits NUC after 'ugly scene' with Laurel in meeting," *Business Day*, November 18, 1985, p. 14; anon., "NUC prospects appear dim with derailment of selection process," *Business Day*, November 19, 1985, p. 20.

85 anon., "Sin to mediate between Laurel, Cory to avert election debate," *Business Day*, November 25, 1985, p. 10; Marites Dañguilan-Vitug, "Cory, Laurel seen to reach agreement on common ticket," *Business Day*, December 2, 1985, p. 15; anon., "Aquino-Laure Unido slate formed," *Business Day*, December 12, 1985, p. 11.

86 Kaa Byington, *op. cit.*, pp. 63-87.

87 *MBC Economic Paper*, Vol. 5, No. 3, December 1985, p. 11.

88 Catholic Bishops' Conference of the Philippines, Joint Pastoral Exhortation of the Catholic Bishops' Conference of the Philippines on the Snap Elections: We Must Obey God Rather than Men, January 25, 1986; Robert L. Youngblood, "The Corazon Aquino 'Miracle' and the Philippine Churches," *Asian Survey*, Vol. 27, No. 12, December 1987, p. 1245.

89 KAAKBAY は，1985年12月9日の声明で，アメリカ軍基地の無条件除去や真の農地改革プログラムの布告などをアキノへの支持の条件として提

示していたが("KAAKBAY Supports Cory Aquino's Quest for Freedom and Democracy, December 9, 1985," in Daniel B. Schirmer and Stephen Rosskamm Shalom, eds., *The Philippines Reader: A History of Colonialism, Neocolonialism, Dictatorship, and Resistance*, Boston: South End Press, 1987, pp. 346-348),選挙直前には無条件支持へと態度を軟化させた(anon., "KAAKBAY sets no conditions," *Business Day*, January 6, 1985, p. 16)。

90　Tezza O. Parel, "Anesthesia, Anyone?," *National Midweek*, Vol. 1, No. 5, December 4, 1985, p. 5.

91　anon., "BAYAN sets conditions for poll participation," *Business Day*, December 23, 1985, p. 27.

92　Joey Salgado, "Bayan gives Unido 15-point program," *Malaya*, January 3, 1986, p. 1, p. 7.

93　Leandro Alejandro, "BAYAN Annual Report," in Bagong Alyansang Makabayan, Documents of the Second National Congress of the Bagong Alyansang Makabayan, July 1986, pp. 12-13.

94　Lewis M. Simons, *Worth Dying for*, New York: W. Morrow, 1987, pp. 113-116(ルイス・サイモンズ著／鈴木康雄訳『アキノ大統領誕生——フィリピン革命はこうして成功した』筑摩書房,1989年).

95　"U.S. Policy toward Marcos, National Security Study Directive," in Daniel B. Schirmer and Stephen Rosskamm Shalom, eds., *The Philippines Reader: A History of Colonialism, Neocolonialism, Dictatorship, and Resistance*, Boston: South End Press, 1987, pp. 321-326.

96　Stanley Karnow, *In Our Image: America's Empire in the Philippines*, New York: Random House, 1989, pp. 406-410.

97　たとえば,カトリック教会系のラジオ局であるヴェリタスやNAMFRELなどにアメリカの資金が流入していた点が指摘されている(Raymond Bonner, *Waltzing with a Dictator: The Marcoses and the Making of American Policy*, New York: Times Book, 1987, p. 408; Amuy Blitz, *The Contested State: American Foreign Policy and Regime Change in the Philippines*, Lamham: Rowman & Littlefiels Publishers, Inc., 2000. p. 167)。

98　Kaa Byington, *op. cit.*, p. 89.

99　The Bishops-Businessmen's Conference for Human Development, *op. cit.*, p. 31.

100　Kaa Byington, *op. cit.*, p. 81.

101　National Citizens' Movement for Free Elections, *The NAMFREL Report on the February 7, 1986 Philippine Presidential Elections*, n.p.: National Citizens' Movement for Free Elections, 1986, pp. 15-67.

102　*Business Day*, February 10, 1986, p. 1, p. 28, February 14, 1986, p. 1.

103 大統領選挙の結果に関しては、デグズマンらが選挙後に 91 の選挙区を対象に調査を実施し、アキノとラウレルが勝利していたと結論づけている (Raul P. De Guzman and Luzviminda G. Tangangco, "An Assessment of the 1986 Special Presidential Elections: A Summery of Findings," *Philippine Journal of Public Administration*, Vol. 30, No. 2, April 1986)。

104 anon., "Bayan hits poll results in rally," *Business Day*, February 12, 1986, p. 27.

105 Catholic Bishops' Conference of the Philippines, Post-Election Statement, February 13, 1986.

106 anon., "Cory calls general strike, boycott of crony companies," *Business Day*, February 17, 1986, p. 16; anon., "FM hints at measures against civil disobedience campaign," *Business Day*, February 20, 1986, p. 1, p. 20.

107 anon., "Bayan throws support to Cory," *Business Day*, February 19, 1986, p. 19; Joey Salgado, "Two major trade unions support Aquino boycott," *Malaya*, February 20, 1986, p. 1, p. 8.

108 anon., "Reagan changes mind, now says fraud calls into question," *Business Day*, February 17, 1986, p. 14; Mercedes A. B. Tira-Andrei, "US Congress rejects legitimacy of Marcos victory in snap polls," *Business Day*, February 17, 1986, p. 28; anon., "US Senate rejects FM win," *Business Day*, February 21, 1986, p. 1, p. 28; Nayan Chanda, "US Rethinks and Agrees Marcos Should Step Down," *Far Eastern Economic Review*, Vol. 131, No. 9, February 27, 1986, p. 12.

109 Alfred W. McCoy, *Closer than Brothers: Manhood at the Philippine Military Academy*, New Haven: Yale University Press, 1999, pp. 191-193, pp. 222-234; Eva-Lotta E. Hedman, "The Philippines: Not So Military, Not So Civil," in Muthiah Alagappa, ed., *Coercion and Governance: The Declining Political Role of the Military in Asia*, Stanford: Stanford University Press, 2001, pp. 178-180.

110 Alfred Stepan, *Rethinking Military Politics: Brazil and the Southern Cone*, Princeton: Princeton University Press, 1988, pp. 32-44（アルフレッド・C・ステパン著／堀坂浩太郎訳『ポスト権威主義——ラテンアメリカ・スペインの民主化と軍部』同文舘、1989年).

111 Lewis M. Simons, *op. cit.*, pp. 257-277.

112 anon., "AFP reform movement sets own campaign," *Business Day*, January 7, 1986, p. 20.

113 Lewis M. Simons, *op. cit.*, pp. 279-281.

114 この点は、革命後のインタビュー調査によって明らかにされている。Ma. Stella L. Casal, Diosnel Centurion, SVD, and Ely D. Gomez, *Communication*

Roles of the Roman Catholic Church in the February 1986 Philippine Revolution, Laguna: Institute of Development Communication, University of the Philippines at Los Banos College, 1988.
115   Cecilio T. Arillo, *Breakaway: The Inside Story of the Four-Day Revolution in the Philippines, February 22-25, 1986*, Metro Manila: CTA & Associates, 1986, pp. 27-76; Lewis M. Simons, *op. cit.*, pp. 282-288.
116   Conrado de Quiros, "People Power and the Paradigm of Salvation," *The Sunday Times*, March 16, 1986, pp. 13-14; Victoria A. Bautista, "People Power as a Form of Citizen Participation," *Philippine Journal of Public Administration*, Vol. 30, No. 3, July 1986, p. 269.
117   Samuel P. Huntington, *The Third Wave: Democratization in Late Twentieth Century*, Norman: University of Oklahoma Press, 1991, p. 38 (S・P・ハンチントン著／坪郷實, 中道寿一, 藪野祐三訳『第三の波──20世紀後半の民主化』三嶺書房, 1995年).
118   *Ibid.*, pp. 124-142.
119   Juan J. Linz and Alfred Stepan, *op. cit.*, pp. 38-54.
120   *Ibid.*, pp. 55-65.
121   *Ibid.*, p. 61, p. 65.
122   *Ibid.*, pp. 70-71.
123   Richard Snyder, "Explaining Transitions from Neopatrimonial Dictatorships," *Comparative Politics*, Vol. 24, No. 4, July 1992, pp. 380-387.
124   Alfred Stepan, "The New Professionalism of Internal Warfare and Military Role Expansion," in Alfred Stepan, ed., *Authoritarian Brazil: Origins, Policies and Future*, New Haven: Yale University Press, 1973, p. 52.
125   Carolina Galicia-Hernandez, The Extent of Civilian Control of the Military in the Philippines: 1946-1976, Ph.D Thesis: State University of New York, 1979, pp. 223-228; Viberto Selochan, "The Armed Forces of the Philippines and Political Instability," in Viberto Selochan, ed., *The Military, the State, and Development in Asia and the Pacific*, Boulder: Westview Press, 1991, pp. 86-88.
126   Alfred Stepan, *Rethinking Military Politics*, pp. 30-32.
127   武田康裕『民主化の比較政治──東アジア諸国の体制変動過程』ミネルヴァ書房, 2001年, 84-87頁。
128   Crane Brinton, *The Anatomy of Revolution*, New York: Vintage Books, 1965, p. 89. 同様の見解は以下でも見られる。Chalmers Johnson, *Revolutionary Change*, Boston: Little, Brown, 1966; D. E. H. Russell,

Rebellion, Revolution and Armed Force: A Comparative Study of Fifteen Countries with Special Emphasis on Cuba and South Africa, New York: Academic Press, 1974.

129 フィリピンとミャンマーの比較分析を行った以下の研究を参照されたい。五十嵐誠一「フィリピンとビルマの民主化比較考察――統合的アプローチを手がかりとして」『アジア研究』第48巻第4号, 2002年10月。関連してハンティントンは, 体制変革に分類される6カ国のうちアルゼンチンを除く5カ国, すなわちポルトガル, フィリピン, ルーマニア, 東ドイツ, チェコスロバキアでは, 軍部の離反と傍観が体制崩壊を決定づける重要な要因であったと指摘している（Samuel P. Huntington, *op. cit.*, pp. 145-146）。

130 この視角から東南アジア諸国の比較分析を行った研究として, 以下のものがある。Muthiah Alagappa, ed., *Political Legitimacy in Southeast Asia: The Quest for Moral Authority*, Stanford: Stanford University Press, 1995.

131 Donald K. Crone, "State, Social Elite, and Government Capacity in Southeast Asia," *World Politics*, Vol. 40, No. 2, January 1988, pp. 259-262.

132 Garry Rodan, "State-Society Relations and Political Opposition in Singapore," in Garry Rodan, ed., *Political Oppositions in Industrialising Asia*, New York: Routledge, 1996. また, ゲデスは, 一党優位体制の方が軍事独裁や個人独裁よりもパトロネージを利用して効果的に指導者層と大衆の忠誠を獲得できると指摘している（Barbara Geddes, "What Do We Know about Democratization after Twenty Years," *Annual Review of Political Science* Vol. 2, No. 1, June 1999）。

133 Francisco Nemenzo, "The Left and the Traditional Opposition," in R. J. May and Francisco Nemenzo, eds., *The Philippine after Marcos*, London: Croom Helm, 1995, p. 50.

第5章

民主化決定局面における市民社会

はじめに

　前章で見たように,マルコス独裁体制は,ピープルパワーという市民社会の圧倒的な力によって劇的に終焉を迎えた。だが,独裁体制が崩壊したからといって,すぐに新たに誕生した民主主義体制が正統性を確保できたわけではなかった。とりわけコラソン・アキノ政権は,独裁体制と決別すべく1973年憲法を破棄し新憲法を制定する道を選択したため,87年2月の国民投票によって新憲法が承認されるまで制度面での正統性を確保するのに約1年もの歳月を要した。それゆえ,この時期の最大の争点は新憲法の是非にあったと言えよう。

　既存の民主化研究,とりわけ移行論（Transitology）は,いかに民主化するのかに焦点を当て,自由選挙の実施を民主化の一応の終点に据えていたため,民主的制度の構築に対する関心は希薄であった[1]。一方,近年注目を集める新制度論（New Institutionalism）も,制度が政治アクターの行動をいかに規制するのかという点ばかりに着目し,制度は従属変数というより独立変数として扱われる傾向が強い[2]。しかし,本章の主たる関心は,市民社会の動向にも十分に目を向けながら体制変動過程の動態が成立する民主的制度の性格をいかに規定するのかにある。よって,ここでの制度は従属変数,アクターは独立変数として扱われよう。

シュミッターが言うように,現代の民主主義体制は1つのレジーム(制度)ではなく部分的レジームの複合体であるとすれば,憲法は他のレジームに明確な任務を与えることで国家に凝縮性を付与しうる唯一の包括的なメタ・ルールである。憲法は,民主主義体制の屋台骨であり,その性格を規定する主要な制度と位置づけられよう。

　フィリピンに限らず体制変動期の憲法制定過程では,政治社会だけではなく市民社会のアクターも様ざまな形で関与している。ピープルパワーによって独裁体制の崩壊が決定づけられたフィリピンでは,そうした市民社会の関与はより明確な形で見られた。しかしながら,先行研究を俯瞰すると,この時期の市民社会の動向については十分に考察が行われていないのが現状である。こうした研究の欠落をも踏まえて本章では,前章と同様に市民社会と政治社会の動きに留意しながら,新憲法が制定されるまでの政治過程を検証する。この作業を通じて,新憲法制定過程における市民社会の影響力を抽出し,前章の考察結果をも踏まえて,誕生する民主主義国家の性格に市民社会がいかなる影響を与えたのかを明らかにする。

第1節　アキノ政権の誕生と憲法制定委員会の発足

　1986年2月25日,コラソン・アキノ(Corazon C. Aquino)はクラブ・フィリピーノで大統領就任式を行った。大統領の就任宣言に続きアキノ大統領は,大統領行政命令第1号を発してラウレル(Salvador H. Laurel)を首相に任命する。同時にエンリレ(Juan P. Enrile)を国防相に再任し,ラモス(Fidel V. Ramos)を昇進させて参謀総長に任命した。翌26日には新内閣名簿を発表する。表5-1はアキノ政権下で任命された閣僚をまとめたものである。選挙前に「国民の闘い」(Laban ng Bayan = LABAN)と「民族主義者民主連合」(United Nationalist Democratic Organization = UNIDO)との間で,後者に閣僚の25%から30%を割り当てるとする協定がなされていたが,ピープルパワーによってマルコス独裁体制の崩壊が決定づけられたことで,その協定は意味を失う。加えて,体制崩壊過程で市民団体や市民運動が果たした役割が評価され,31人の閣僚のうち15人が市民社会関係者から登用された。この

(表5−1) アキノ政権で任命された閣僚

閣僚名	ポスト	所属団体もしくは経歴
Salvador H. Laurel	外務大臣	UNIDO
＊Jaime V. Ongpin	大蔵大臣	Manindigan!/MBC
Aquilino Q. Pimentel, Jr.	自治大臣	PDP-LABAN
Juan P. Enrile	国防大臣	再任
Ramon V. Mitra	農業・食料大臣	PDP-LABAN
＊Jose S. Concepcion, Jr.	貿易・工業大臣	NAMFREL/MBC
Neptali A. Gonzales	法務大臣	PDP-LABAN
＊Augusto S. Sanchez	労働大臣	MABINI/BAYAN
＊Lourdes R. Quisumbing	教育・文化・スポーツ大臣	フィリピン・カトリック教育協会
Rogaciano M. Mercado	公共事業・道路大臣	UNIDO
＊Hernando B. Perez	運輸・通信大臣	弁護士
José A. U. Gonzales	観光大臣	実業家
Ernesto M. Maceda	天然資源大臣	UNIDO
Alberto G. Romulo	予算大臣	UNIDO
＊Alfredo R. A. Bengzon	保健大臣	Manindigan!
＊Mita Pardo de Tavera	社会福祉大臣	BANDILA/BAYAN/GABRIELA
＊Herherson T. Alvarez	農地改革大臣	ニノイ・アキノ運動
Antonio V. Cuenco	国務大臣（政務担当）	PDP-LABAN
Victor A. Ziga	国務大臣（行政担当）	LP
＊Solita C. Monsod	経済計画大臣／国家経済開発庁長官	AWARE
＊Joker Arroyo	官房長官	MABINI/FLAG
Jovito R. Salonga	大統領行政規律委員長	LP
Luis R. Villafuerte	大統領行政改革委員長	UNIDO
＊Jose W. Diokno	大統領人権委員会委員長	KAAKBAY/FLAG
＊Rene Saguisag	大統領特別顧問	MABINI/BANDILA
Teodoro L. Locsin, Jr.	情報大臣／大統領特別顧問	再任／元ジャーナリスト
Teodoro Benigno	大統領報道官	ジャーナリスト
＊Teofisto T. Guingona, Jr.	会計監査院長	PDP-LABAN/BANDILA
Jose B. Fernandez	中央銀行総裁	再任
＊Vicente R. Jayme	フィリピン・ナショナル銀行会長	MBC/NAMFREL
＊Vicente T. Paterno	フィリピン国営石油会社会長	Manindigan!/MBC

（出所）各種資料を元に筆者作成。＊が市民社会関係者。
（注）略語については，紙幅の関係上，略語一覧を参照されたい。

　結果，アキノ政権は，LABANの主勢力である「自由党」(Liberal Party = LP) のサロンガ派と「フィリピン民主党・国民の力」(Partido Demokratiko Pilipino-Lakas ng Bayan = PDP-LABAN)，「国民精神目標統合運動」(Bansang Nagkakaisa sa Diwa at Layunin = BANDILA) が主流をなす中道左派に位置することになった。

　アキノ政権の合法性については，アキノが大統領選挙で事実上勝利を収め

就任式を行ったことから，現行憲法による立憲政権であるとする説と，民衆の力を背景にマルコス（Ferdinando E. Marcos）を追放した革命政権であるとする説との間で論争があった。1986年3月25日にアキノは暫定憲法を公布し，新政権を暫定政権と位置づけることでこの論争に決着をつける[7]。暫定政権という言葉を用いてはいたものの，暫定憲法によって国民議会と首相職を廃止し，新憲法が制定されるまでの間は大統領に立法権が付与されていたことから[8]，新政権は実質的には革命政権に近かった。立憲政権として出発しなかったのは，一方でマルコスの支持基盤であった「新社会運動」（Kilusang Bagong Lipunan = KBL）が議会で多数派を形成していたため政権運営の困難が予想されたこと，他方で政権内の主流派が革命政権派であったことが主たる理由であった[9]。

また，暫定憲法では，大統領が60日以内に30人から50人の憲法起草委員を選任して「憲法制定委員会」（Constitutional Commission = Con-Com）を設置し，同委員会が新憲法起草を大統領に提出した日から60日以内に国民投票を実施することが明記された[10]。これに基づき4月23日にアキノは，憲法制定委員会法を布告する[11]。その後，有資格者の推薦と同名簿の公表という手続きが取られた末[12]，5月25日にアキノは44人の委員を任命し[13]，翌26日に5人の委員を追加任命する[14]。辞退者もあって最終的には48人の委員が任命された（表5-2）。

Con-Comは，幅広い政治勢力から構成されていた。こうした任用は，アキノ大統領の公正さを示してはいたが，イデオロギー別に見れば保守派（自由主義，反共，反マルコス）が31人，急進派が9人，旧体制派（KBL）が4人，旧体制派（反マルコス）が2人，穏健派（中立派）が2人と保守派が優勢な構成であった[15]。このようなCon-Comの構成は，前章で見たように，マルコス独裁体制の崩壊過程で保守層・穏健層が次第に民主化の主導権を掌握し，「新民族主義者同盟」（Bagong Alyansang Makabayan = BAYAN）を中心とする「民族民主主義」（National Democracy = NatDem）が蚊帳の外に置かれていったことと無関係ではなかった。

ただし，Con-Comの3割以上（48人中17人）の委員が，市民社会関係者から登用されたことは注目に値する。「大義重視団体」（Cause-Oriented

(表5-2) 憲法制定委員会のメンバー

	所属委員会 ① ② ③ ④ ⑤ ⑥ ⑦ ⑧ ⑨ ⑩ ⑪ ⑫ ⑬ ⑭ ⑮ ⑯ ⑰	経歴・所属組織
Cecilia Muños Palma		LABAN共同議長, CWP
＊Ambrosio B. Padilla	○　　　○　　○　　○	元上院議員　BAYAN副議長
Napoleon G. Rama	○　　　　　　　　○	前制憲会議代議員
Jose D. Calderon	○○　　◎	前制憲会議代議員
Decoroso R. Rosales	●　　　○	元上院議員
Gregorio J. Tingson	◎　　　○○	前制憲会議代議員, 福音教会
Jose B. Laurel, Jr.	●	元下院議員
＊Fr. Joaquín G. Bernas	○　○　　　　○	アテネオ・デ・マニラ大学長
Hilario G. Davide, Jr.	●○○　　　○	元暫定国民議会議員, 弁護士
Adolfo S. Azcuna	◎○　　　　○	アテネオ・デ・マニラ大学教授
Lorenzo M. Sumulong	○○　　　　○	元上院議員
Florenz D. Regalado	◎○○	サンペタ大学法学部長
Roberto R. Concepcion	○○●○　　○	元最高裁長官
Ricardo J. Romulo	◎　○○　○　　　　　○	実業家, NAMFREL委員
Vicente B. Foz	○●　○○	新聞記者, 大統領記者団長
Cirilo A. Rigos	◎	プロテスタント牧師
Jose N. Nolledo	○　　　●○　　○○	前制憲会議代議員
Chistian S. Monsod	●○　　　○	実業家, NAMFREL委員長
Jose C. Colayco	○　○　◎○	元判事, 弁護士
Bernardo M. Villegas	○○　　　　○	経済学者
＊Jaime S. L. Tadeo	◎　　○	KMP代表, BAYAN
＊Florangel R. Braid	○　　　　　●　　　○	Manindigan!
Teodoro C. Bacani	○◎　　○	地区司祭
＊Jose E. Suarez	○　　　●　　　○	前制憲委員会代議員, BAYAN
Blas F. Ople	○○○	前労働大臣
＊Jose F. S. Bengzon, Jr.	○　　　　●　　○	前制憲委員会, Manindigan!
Yusup R. Abubakar	○　○　　　●○	元外交官, イスラム教徒指導者
Minda Luz M. Quesada	○　　　　　○◎　　○○	HWA
Francisco A. Rodrigo	○○　　　　　　○	元上院議員, 前NUC委員
Efrain B. Treñas	○　　　○　◎	イロイロ大学法学部長
Serafin V. C. Guingona	○　　　　　○●○	アラネタ大学財団理事長
＊Edmundo G. Garcia	○　　　　　　◎　○	フィリピン大学, KAAKBAY
Wilfrido V. Villacorta	○○●○	デラサール大学教授
Lugum U. Uka	○　○○　　　◎	大学教授
Ma. Teresa F. Nieva	○○○　　　　●	BBC事務局長, NAMFREL
＊Felicitas S. Aquino	○　○○	MABINI, GABRIELLA
Ahmad D. Alonto	○○○○　　　○	イスラム教徒指導者
Ponciano L. Bennagen	○　　　　　　　　○	フィリピン大学教授
Lino O. Brocka	○　　　○○	CAP役員, 映画監督
Rustico F. de los Reyes	○　　　○○○	KBL
Crispino M. de Castro	○○○	退役将軍
＊Jose C. Gascon	○　　○○○	BANDILA執行委員
Alberto M. K. Jamir	○○○○	前制憲委員会代議員
Eulogio R. Lerum	○○○　　　　　○	労働組合指導者
Regalado Maambong	○　　○	KBL
Teodulo C. Natividad	○　　　　　　　　　　○	弁護士, KBL
Rena V. Sarmiento	○　○　○　　NAJFD	FLAG, NAJFD委員長
＊Christian Tan	○　　　　　　　　○○	KAAKBAY, HWA

(出所) Republic of the Philippines, *Journal of the Constitutional Commission*, Vol. 1, Manila: Institute for Public Policy, 1990, pp. 34-37 より作成。網掛けが市民社会関係者、＊はCOG関係者を表す。数字は以下を示す。①前文・国土、諸原理の宣言委員会、②国籍・権利章典・政治的権利・義務・人権委員会、③立法委員会、④行政委員会、⑤司法委員会、⑥憲法委員会・機関委員会、⑦地方政府委員会、⑧公務員の責務委員会、⑨国家経済と国有財産委員会、⑩一般規定委員会、⑪改正・経過規定委員会、⑫運営委員会、⑬特権委員会、⑭様式委員会、⑮スポンサー委員会、⑯人材委員会、⑰社会正義・社会サービス委員会。●は委員長、◎は副委員長、○はメンバーを意味する。略語については、紙幅の関係上、次頁および略語一覧を参照されたい。

Group = COG）に参加していた人物だけを数えても 11 人に上る[16]。具体的には，BAYAN の書記長であったパディラ（Ambrosio B. Padilla）とスアレス（José E. Suarez），「フィリピン農民運動」（Kilusang Magbubukid ng Pilipinas = KMP）の代表であるタデオ（Jaime S. L. Tadeo），「正義，自由，民主主義のための民族主義者同盟」（Nationalist Alliance for Justice, Freedom and Democracy = NAJFD）の委員長であるサルミエント（Rene V. Sarmiento），BANDILA の執行委員であるガスコン（Jose C. Gascon），「堅持！」（Manindigan!）のベルナス（Fr. Joaquin G. Bernas），ベンソン（Jose F. S. Bengzon, Jr.），ブレイド（Florengal R. Braid），「友愛，清廉，民族主義のための弁護士運動」（Movement of Attorneys for Brotherhood, Integrity and Nationalism, Inc. = MABINI）のフェリシタス・アキノ（Felicitas S. Aquino），「国民主権と民主主義のための運動」（Kilusan sa Kapangyarihan at Karapatan ng Bayan = KAAKBAY）のガルシア（Edmundo G. Garcia）とタン（Sr. Christine Tan），「自由選挙のための全国市民運動」（National Citizens' Movement for Free Elections = NAMFREL）のロムロ（Ricardo J. Romulo）とモンソド（Christian S. Monsod），「ビショップ・ビジネスマン会議」（Bishops-Businessmen's Conference for Human Development = BBC）の事務局長で NAMFREL の設立にも関与したニエヴァ（Ma. Teresa F. Nieva），「医療従事者協会」（Health Workers Association = HWA）のケサダ（Minda Luz M. Quesada），「憂慮するフィリピン女性の会」（Concerned Women of the Philippines = CWP）のパルマ（Cecilia Muñoz Palma），「憂慮する芸術家連合」（Concerned Artists of the Philippines = CAP）のブロッカ（Lino O. Brocka）である。こうして市民社会関係者が数多く任命されたことで，市民社会勢力はその主義や主張を新憲法に反映させることがより容易になった。

第2節　新憲法草案の審議過程における市民社会と政治社会

この時期の市民社会勢力は，大きく3つのグループに分けることができる。1つ目は，選挙前に UNIDO と LABAN への全面的支持を表明して大統領選挙に参加したグループである。このグループには，教会と財界に支えられた NAMFREL，「自由民主主義」（Liberal Democracy = LibDem）に属しア

キノ政権の一翼を担う「自由法律支援団体」(Free Legal Assistance Group = FLAG) と MABINI，そして LABAN に吸収される形で大統領選挙に参加した「社会民主主義」(Social Democracy = SocDem) の BANDILA などが含まる。2つ目は，戦略的な目的からアキノを支援したグループである。これには，LibDem の KAAKBAY や BAYAN から分離して「社会主義」(Socialism) を掲げる勢力が1985年に結成した「独立党員派」(Independent Caucus = IC) などが含まれる。[17] 3つ目は，大統領選挙でボイコットを選択したグループであり，BAYAN や「5月1日運動」(Kilusang Mayo Uno = KMU)，KMP などの NatDem が主たる勢力である。

まず，第1のグループの中で穏健派に属する NAMFREL は，1986年2月25日に最終的な集計結果を新聞広告で発表し，繰り上げ大統領選挙でのアキノの勝利をいち早く支持した。[18] 前節で見たように，NAMFREL の議長を務めるコンセプション (Jose S. Concepcion, Jr.) は，貿易・工業大臣に任命されている。NAMFREL を支える財界と教会も，3月3日に「マカティ・ビジネス・クラブ」(Makati Business Club = MBC),「フィリピン商工会議所」(Philippine Chamber of Commerce and Industry = PCCI)，BBC などの連名で，アキノ大統領の指導力に全幅の信頼を置くことを新聞広告で表明している。[19] 5月18日には「フィリピン・カトリック司教協議会」(Catholic Bishops' Conference of the Philippines = CBCP) が教書の中で，アキノ政権が任命した Con-Com を受け入れることを表明し，BBC が主催する全国会議で国民の意見を集約して Con-Com に提示してゆくことを国民に訴えた。[20]

市民社会の穏健勢力が無批判にアキノ政権への支持を示していったのに対して，第1グループで SocDem に属する BANDILA と第2グループで「社会主義」を掲げる IC と LibDem の KAAKBAY などの COG は，自分たちの要求を具現化するためにマルコス体制の崩壊直後から連合の形成に乗り出し，1986年3月2日に「人民の力」(Lakas ng Sambayanan = LAKAS) という汎イデオロギー連合を結成した。LAKAS のスポークスマンには BANDILA のソリアノ (Emanuel V. Soriano) と IC のダヴィッド (Randolf S. David)，事務局長には KAAKBAY のガルシアがそれぞれ就任した。LAKAS のマニフェストによれば，その目的は「真の大衆民主主義政権の下で国益とフィリ

ピン国民の大多数の利益のために社会革命を進めるべく」「無敵の人民の力を生かすこと」にある。LAKASは，「より自律的な民衆組織の触媒作用を主導して政府との協議メカニズムの迅速な形成を支援し，独裁制度が残存する領域に対して抗議活動を行い」，「真の民衆よりのプログラムを追及するアキノ政権の決意を支持する」ことを表明した。[21]

「大衆民主主義」(Popular Democracy = PopDem) を掲げるLAKASには，「大衆民主主義のためのボランティア」(Volunteers for Popular Democracy = VPD) も関与していた。VPDは，革命後に釈放された「民族民主戦線」(National Democratic Front = NDF) のデラトーレ (Edicio de la Torre) とモラレス (Haracio R. Morales, Jr.) の主導で結成されたCOGであり，PopDemを掲げてNatDem，SocDem，LibDemとの連合の形成を目指してゆく。VPDは，モラレスとデラトーレがオブザーバーとなる形でLAKASに参加する。[22] VPDには，大統領顧問の1人であったManindigan!のベルナスを中心とする「アテネオ社会政策センター」(Ateneo Center for Social Policy) も合流する。これによってVPDは，Con-Comと市民とをつなぐ協議機関として機能していった。[23]

前章で見たようにPopDemとは，BAYANがその4原則の1つとして提示したイデオロギーであり，フィリピンではNatDemに近い立場にある。VPDのデラトーレによれば，PopDemは人民民主主義と同義であり，そこではブルジョア民主主義やプロレタリア民主主義のような1つの階級による寡頭支配ではなく階級横断的な支配が追求される。また，ピープルパワーの継続的な制度化と直接民主主義的な方法による政治介入が目指され，「非政府組織」(Non-governmental Organization = NGO) と「民衆組織」(People's Organization = PO) の役割が重視される。その意味で，ここで言うPopDemは，大衆迎合的なポピュリズムとは明確に区別され，イデオロギー的には「民主社会主義」(Democratic Socialism = DemSoc) とNatDemとの間に位置づけられよう。[24]

しかし，LAKASは短命に終わる。まず，LAKASの中で穏健な立場を取るBANDILAは，アキノを支持する政党連合であるLABANの一翼を担っていたことから，そのメンバーの多くは誕生したアキノ政権でポストを

獲得して政権に取り込まれていた。たとえば，BANDILA の代表を務めたアガピト・アキノ（Agapito A. Aquino）は，コルディリラとミンダナオの少数民族による武装組織に対する交渉役に任命され，議長のギンゴーナ（Teofisto T. Guingona, Jr.）は，会計監査院長に任命されるとともに NDF との和平交渉団の長に指名された。[25] これに加えて，LAKAS の中で急進的な立場にあった IC が，大統領選挙でボイコット戦略とは距離を置いていた NatDem の組織を LAKAS に加えようとしたことで，LAKAS は左右に引き裂かれ，5月までに実質的な活動を停止した。[26]

IC は，体制崩壊後に「社会主義者の理論と実践の前進を目指す連合」(Bukluran sa Ikauunlad ng Sosyalistang Isip at Gawa = BISIG) へと名称を変え，[27] 1986年3月23日には政策綱領を提示して以下の6つの項目の実現を目指した。すなわち，(1) 政府の分権化とセクター別の評議会による民衆の有効な参加，(2) マルコスの債務の返済拒否，フィリピン企業の保護と育成，産業の地理的分散など，全てのフィリピン人が発展の利益を共有できるような民族主義的な経済政策の採用，(3) 基幹産業と没収企業の社会的所有と労働者による管理，民間企業の共同決定と共同所有，抑圧的な労働法の破棄，団結権・団体交渉権・ストライキ権の保障，(4) 政府担保の農地の農民組合への分配による真の土地改革，全ての主要な農地を含めた土地改革の範囲の拡大，低コストの有機肥料の研究，米・トウモロコシ農家のための価格維持，農業的独占の解体，(5) 予防的・再生的な手段による環境と天然資源の破壊と枯渇からの保護，(6) 公用語としてのフィリピン語の促進と発展，大衆的かつ有意義な識字運動，民衆よりの文化の普及，民族的・文化的遺産の保護，教育の民主化，メディアの独占の解体，である。[28]

BISIG は，フィリピン大学のネメンゾ教授（Francisco Nemenzo, Jr.）を議長にして1986年5月24日と25日に創設議会を開き，その年間行動計画として (1) 地位の強化と拡大，(2) 社会主義者教育運動の実行，(3) LAKAS や SocDem との連盟，(4) 政府との連携，を掲げる。[29] 社会主義を掲げる BISIG の立場は，イデオロギー的には NatDem に近い。しかし，BISIG は，社会主義に至るまでに民族民主主義を経る必要はないと考え，中央集権化された組織構造ではなく複数政党制の重要性を強調する点で，NatDem とも既

存の海外の社会主義とも異なっていた[30]。BISIGは，SocDemとPopDemの中間に位置し，DemSocに分類される場合もあった。その後，BISIGは，6月12日と7月4日に大規模な大衆運動を展開し，外国による支配と社会的搾取という構造的呪縛からフィリピンが完全に解放される必要があることを訴えるとともに，外国基地と核兵器の排除を謳った新憲法草案の作成を求める声明を発表した[31]。

市民社会の中では最も批判的な勢力であったBAYANは，LAKASには合流せず独自の路線を歩み，1,000近くの組織を抱えるまでに成長を遂げていた[32]。体制崩壊直後の1986年3月6日と7日にBAYANは，全国協議会を招集し，マルコス体制が崩壊してもフィリピンの社会経済的構造は変化せずファシスト的要素も残存しているという認識から，「信条による注意深い支持」という立場を採用する。同時に，当面の目標をマルコス独裁体制の残骸の解体と民族独立・民主主義の完全な実現に置き，アメリカの継続的な政治介入を暴いて未だに続く軍事化に対する反対運動を展開することを決定した[33]。

BAYANを中心とするNatDemは，まず1986年5月29日にマルコス政権下で労働大臣を務めたオプル（Blas F. Ople）ら旧体制派4人をCon-Comのメンバーから除外するようにアキノ政権に要求する。結局，この要求は，Con-Comの運営を頓挫させることになりかねないという理由で拒否される[34]。6月12日のフィリピン独立記念日には，軍による人権侵害とCon-Comの非民主的な選出方法を批判する抗議デモを行い[35]，公聴会直前の6月25日には全ての外国基地の撤去と全ての核兵器・化学兵器の持込・保持の禁止を新憲法条文に盛り込むことを目指してCon-Comにロビー活動を行った[36]。BAYANのメンバーであったKMUも，6月29日に他の労働組合と合流し，新憲法に労働者の団結権とストライキ権を明記することをCon-Comに求めた[37]。

1986年7月19日と20日に開催されたBAYANの第2回全国会議の基調演説で議長のタニャーダ（Lorenzo M. Tañada）は，BAYANは「自由，正義，民主主義の枠内で平等社会のために戦い」，「民衆よりの目的を掲げる現政府を支援し，それに支持を与え，民衆の基盤を通じて明らかに優勢な現状維持勢力に対抗し，最終的には打ち勝つことができる民衆の力を維持・強化する

ことを促す」と述べ[38]，BAYANが新政権を批判的に支持してゆくことを改めて表明した。加えて，以下の目的のために大衆運動を行うことが決定された。すなわち，(1) 民衆が獲得した民主的利益を保護し促進すること，(2) アメリカの継続的な支配と介入を暴露し，それに反対すること，(3) 民衆の基本的な経済的・政治的要求を促進し，多様なセクター闘争を前進させること，(4) 民族主義的かつ民主的な憲法を実現し，正義，民族主義的自由，民主主義に基づく平和と和解を求めること，である[39]。

新憲法に関しては，BAYANは既に1986年5月10日と11日に開かれた全国協議会の第三回定例会議において，民族主義的な新憲法の制定を求めてタニャーダを議長とする民衆委員会（People's Panel）を設置し，7月14日には民族主義的な内容の新憲法草案をCon-Comのパルマ議長に提出している。その内容は大きく3つに分けられる。1つ目は，戦争と国際関係に関するもので，国策としての戦争の放棄，外国基地の除去，領土内での核兵器および構成部品と化学戦争の材料の所有・保存・輸送の禁止，難民の保護と逃亡犯の身柄引き渡しの禁止が求められた。2つ目は，基本的人権に関するもので，ジェンダーの平等，母親・高齢者・障害者に対する特別な保護と配慮，不当な逮捕・捜査・拘禁からの保護，社会的関心事に関する情報を獲得する権利の保障，公的異議申し立ての権利の保障，乳幼児の保護などが求められた。3つ目は，労働者と農民に関するもので，国家による労働の保護，完全雇用の促進，労使関係の調整などが求められた[40]。

以上のようにBISIGやBAYANを初めとする市民社会のCOGによるロビー活動が展開される中で，1986年7月6日から8日にはマルコス派将校がマニラホテルを占拠し，86年の繰り上げ大統領選挙で与党の副大統領候補であったトレンティーノ（Arturo M. Tolentino）を大統領代理として祭り上げるマニラホテル占拠事件が起こった。アキノ政権の不安定性を曝け出したこの事件は，アキノ大統領が首謀者らが暫定憲法に忠誠を誓えば不問に付すとしたことで，流血なしに穏便に収束して事なきをえた[41]。

トレンティーノとKBLを中心とする旧体制派は，当初からアキノ政権に対して批判的な態度を示しており，新憲法の制定自体にも消極的で[42]，現行憲法を用いた正統性の確保を求めていた[43]。暫定憲法が発効された後も，KBL

第5章　民主化決定局面における市民社会　　185

が支配する現行議会の廃止に抵抗し，86年4月14日には反乱議会を開催して，マルコス大統領が不在であればトレンティーノが73年憲法に従い正当に選出された副大統領であると主張した。また，Con-Comのメンバーが選挙で選出されなかったことに対しても，国民を分裂させることになりかねないと指摘していた。他方で，オプルを中心とする政権よりの旧体制派は，KBLから離脱して「フィリピン国民党」（Partido Nacionalista ng Pilipinas = PNP）を結成し，アキノ政権と協力する姿勢を見せる。新憲法草案についても，アキノとラウレルの任期を定めた経過規定に対して留保条件を付けたものの，最終的には賛成した。これに対してKBLを中心とする旧体制派は，Con-Comはアキノとラウレルに6年の任期を与える権限を持っていないとして，最後まで新憲法草案に反対した。

　こうした旧体制派の動きを受けて，独裁体制への逆行を危惧した市民社会のCOGは，1986年7月15日に「民主主義の防衛と維持のための連合」（Coalition for the Defense and Preservation of Democracy = CDPD）という汎イデオロギー連合を結成する。CDPDは，LibDemのMABINI，SocDemの「自由のための人民闘争」（Sandata ng Bayan Laban sa Kalayaan = SANDATA），DemSocの「フィリピン社会主義者の確立」（Pandayan para sa Sosyalistang Pilipinas = Pandayan），社会主義のBISIG，PopDemのVPD，NatDemのBAYANとKMUなど37の市民団体および市民団体連合から構成され，マニラホテル占拠事件を「2月革命によって実現した民主的偉業を覆し」，「独裁体制へと引き戻す試み」と批判した。だが，LAKASと同様にCDPDも，連合に対するコミットメントの弱さから，結束を維持することができず，消滅する運命をたどった。

　市民社会の連合形成が失敗に終わる中で，1986年8月3日にBAYANは，米軍基地の除去を求める動きに抵抗したオプルら旧体制派をCon-Comから追放することを要求し，9月11日には米軍基地の即時撤去を求めるロビー活動を行った。その一方で，BAYANは，8月30日には自身を母体として新たに「人民党」（Partido ng Bayan = PnB）という政治政党を結成する。PnBの議長には，KMUのオラリア（Rolando Olalia）が就任した。PnBは，長期にわたる外国支配と封建支配の終焉，真の土地改革計画の実行，国の

工業化,新人民的文化,人民連合政府の樹立を目指すことを表明し,その行動綱領で民族主義人民民主政府の樹立,進歩的・自立的経済,民族的人民文化,自主的対外政策を掲げた。PnB が結成された背景には,BAYAN に実質的な影響を与えていた「フィリピン共産党」(Communist Party of the Philippines = CPP) の路線修正があったことは間違いない。CPP は,繰り上げ大統領選挙でのボイコット戦術の誤りを認め,体制崩壊直後から選挙への合法的な参加の準備を進めていった。PnB という NatDem の合法政党の結成を発案したのは,CPP の委員長を務めるシソン (Jose M. Sison) と「新人民軍」(New People's Army = NPA) の初代総司令官であるブスカイノ (Bernabe Buscayno) ら8人の元政治囚であった。PnB は,NatDem による議会闘争の試みに他ならなかった。

第3節　新憲法草案の基本的特徴

こうして Con-Com への市民社会関係者の登用と COG による継続的な圧力政治によって,1986 年 10 月 12 日に Con-Com で採択された新憲法草案には,市民社会が掲げてきた要求が数多く盛り込まれることになった。ここでは,審議過程を簡単に振り返りながら,新憲法草案の基本的な特徴と市民社会が掲げてきた要求と関係する主な条項を整理する。

まず,新憲法草案の基本的性格を一言で言えば,戒厳令下で制定された 1973 年憲法を否定し,35 年憲法への復帰を目指したものと言えるだろう。すなわち,アメリカ型大統領制と二院制を基本的骨格とする一方で,マルコス独裁体制の経験から大統領権限を縮小して議会の役割を強化することで,独裁体制の阻止を求めている。三権から見ていこう。

1973 年憲法では,大統領権限の強化を反映して第7条に大統領と副大統領に関する規定があり,続く第8条に議会に関する規定が置かれていた。これに対して新憲法では,35 年憲法と同様に立法府の規定を行政府の前に置き,大統領権限の縮小が図られている。具体的には,まず政権の長期化に起因する弊害の排除のために大統領の任期は1期6年として再選は認めていない。選出方法については,35 年憲法と同様に正副大統領とも有権者から直

接選ばれる。最低得票数の規定はなく，決戦投票が行われない点も同じである（第7条第4節）。大統領への権力の集中を排除するため，76年修正憲法で付与された大統領の非常時立法権が廃止され，戒厳令の布告期間および人身保護令状の停止期間は60日以内と規定されている（同条第18節）。外国借款には通貨委員会による事前の同意，同委の議会への報告を義務づけられている（同条第20節）。また，大統領のネポティズムを阻止するために，任期中の配偶者，四親等以内の血族・姻族の憲法委員会，オンブズマン（行政苦情特別調査官）の委員，各省庁・政府企業の部局長への任命禁止などの措置が講じられている（同条第13節）。35年憲法と同様に，大統領には法案拒否権が付与されているが，議会各院が3分の2以上の多数をもって可決した場合には法律にできるとされている（第6条第27節（1））。

議会は，1981年の憲法改正によって一院制とされていたが，35年憲法体制と同じく上院と下院の二院制に改められた。上院は24人，下院は250人以内で構成される（第6条第2節，第5節）。上院議員の任期は6年で連続選出は二期までであり，選出方法は全国1区完全連記制を採る。下院議員の任期は3年で連続選出は三期までであり，選出方法は小選挙区制を採用する（同条第4節，第5節（1），第7節）。大統領による戒厳令の布告および人身保護令状の停止措置に対しては，全議員の過半数で議会が無効にでき，また議会のみがそれを延長することができる（第7条第18節）。

両議会に付与されている権限も，1935年憲法に類似している。まず，下院先議の原則が規定され，歳出法案，関税法案，公債増額授権法案，地方債法案および個別適用法案については下院が先議する。上院は，修正を提案し，または修正に賛同することができる（第6条第24節）。他方で，上院には条約批准権が与えられている。条約もしくは国際協定は，上院の総議員の3分の2以上の同意がなければ無効となる（第7条第21節）。大統領の弾劾裁判に関しては，下院が弾劾を発議できる唯一の機関とされ，上院が弾劾裁判を行う唯一の機関と位置づけられている。弾劾の申し立てもしくは決議は，全下院議員の3分の2以上をもって行われなければならず，全上院議員の3分の2以上の同意によってのみ有罪の判決がなされる（第11条第3節（1）（4）（6））。

司法府に関しては，マルコス政権では最高裁判所と下級裁判所の判事は，大統領が任命していたため，司法の自律性は事実上制限されていた。新憲法では，最高裁判所を頂点とする司法の独立を保障するために，最高裁判所と下級裁判所の判事は，法曹委員会の推薦する3人の中から大統領が任命するとしている（第8条第8節，第9節）。また，司法府の財政的独立が保障され，下級裁判所への行政監督権が大統領から最高裁判所に移されている（同条第3節，第6節）。最高裁判所の違憲審査については，1935年憲法では判事の3分の2以上の同意を要するとされていたが，新憲法では過半数の同意に改められた（同条第4節 (2)）。最後に，戒厳令下での人権侵害に対する反省から，最高裁判所に戒厳令ないし人身保護令状の停止の相当性に対する審査権が付与されている（第7条第18節）。

　以上のように新憲法草案は，大統領再選禁止や議員の再選制限といった点で相違はあるものの，基本的な統治構造としては1935年憲法への回帰を目指したものと言えよう。[57]

　さて，政治社会アクターとの相違に留意して，COGを中心とする市民社会アクターが掲げてきた要求を見れば，エリート民主主義に対する民衆よりの枠組みとしての政治参加の拡大，農地改革の実行や労働者の保護などを初めとする社会経済的不公正の是正，外国基地撤廃などのナショナリズムの尊重に集約されよう。以下，これらの内容に関係する条項を中心に検討する。

　BAYAN, BANDILA, LAKASが掲げていたエリート民主主義に対する民衆よりの枠組みを具現化した制度としては，下院の政党名簿制を挙げることができよう。同制度は，全下院議員数の20％を政党名簿によって選出される議員に割り当てることを求めたもので，一種の比例代表制である。デラサール大学のヴィラコルタ（Wilfrido V. Villacorta）によれば，政党名簿制の狙いは，周辺セクターの利益を保護するためにその代表者の議席を確保することにあるとされる。[58]また，BANDILAのガスコンは，セクターの代表を議会に入れることで議会が人民の真の必要性に応えることができ，真の大衆民主主義の発展が可能になると述べている。[59] 1986年7月7日，COGの指導者を中心に同制度の導入を求める決議案が「議会委員会」に提出された。[60] 8月1日には，COGの指導者を含む23人の委員によって，下院の構成に関す

る規定に同制度を明記した条文を挿入することを求める修正案が提出され，「政党名簿制による議員は，自己を含めた全下院議員数の20％でなくてはならない。（中略）政党名簿による議員に割り当てられた議席の半分は，法律の定めるところにより，労働団体，農民団体，都市貧民団体，地方民族団体，婦人団体，青年団体そのほか宗教団体を除く法律の定める団体に，選任または選挙による職として割り当てられる」という規定が全会一致で採択された（第6条第5節（2））[61]。第9章で詳しく見るように政党名簿制は，98年の総選挙から正式に導入されている。

　同様の制度は，地方政府でも導入され，「地方政府議会は，法律の定めるところによりセクター代表を持つこととする」と規定された（第10条第9節）。この制度に対しては，下院の政党名簿から代表を選出することを求めた代替案や条項自体の削除案が出された。これに対して1986年8月16日にMABINIのフェリシタス・アキノは，公聴会では地方政府のセクター代表制度が圧倒的な支持を得ていたことを強調し，同制度が地方政府の政治プロセスの民主化にとって必要不可欠であると主張した。NAJFDのサルミエントも，同条項がピープルパワーを強化して人民発案と人民投票を補完する役割を果たすという認識から，同制度の導入を後押しした。こうした意見を受けて，代替案は取り下げられ，削除案は投票の末，否決された[62]。

　政治的王朝化に関する規定も，エリート民主主義への予防措置である。第2条第26節では，「法律の定めるところにより政治的王朝化は禁止される」と明記されている。この条項に対しては，1986年9月23日にUNIDOを中心とする「全国統一委員会」（National Unification Committee = NUC）の元委員長であるロドリゴ（Francisco A. Rodrigo）を中心に削除を求める動きがあったが，COGの指導者の大半が反対に回り，18対21で削除案は辛うじて否決された[63]。

　議員の再選制限の規定も，政治的王朝化を阻止するものと言えよう。1986年7月24日にManindigan!のベンソンが提案した「上院議員は再選なしで，下院は1回に限り再選あり」という案が多数の支持を得て議論の出発点となったことで，議論は再選回数を制限する方向に向かっていった。翌25日には，上院議員については「再選あり」が，下院議員については「2回に限

り再選あり」が多数の支持を得て可決された。[64]

　体制変動過程で市民社会勢力が求めた主義や主張が最も多く取り込まれているのは，第13条の「社会正義」という項目である。この項目を審議した「社会正義・社会サービス委員会」の17人の委員のうち7人がCOGの指導者であったことに加え，急進派とされる7人が委員であったことで，進歩的な内容の条項が全体会議に付されることになった。[65]

　1986年8月2日に社会正義に関する諸条項を全体会議に提出するにあたって，「社会正義・社会サービス委員会」の委員長を務めるBBCのニエヴァは，2月革命は単なる独裁体制に対する戦いでも人権の回復を求める戦いでもなく，国家の資源と権力の平等な共有を要求するものでもあったと述べ，社会正義が憲法の最重要項目であり，人間の基本的必要性，生産資源への平等なアクセス，POの促進が明記されなければならないと説明した。同様に同委員会のメンバーであったKAAKBAYのガルシアは，全体会議において，社会正義の実現には経済的富と政治権力の再配分が必要であると主張した。[67]

　まず，第13条第1節では，「議会は，全ての国民が人間として尊重される権利を擁護・強化し，社会的，経済的，政治的不平等を追放し，共通の利益のために財貨と政治権力をも公平に分配することによって文化の相違による不平等を除去することに全力をあげて従事する」と謳っている。第2節では，「社会正義は，自立自主を原理としながらもなお，経済的機会の提供に努めることによって増進させるべきものである」と明記され，政治的民主化のみならず社会経済的民主化も求められている。関連して第2条第10節では，「国は国家発展のあらゆる局面で，社会正義の実現に努める」と規定されている。当初この条項は，第13条第1節に置かれていたが，第2条の「諸原理と国策の宣言」に持ってくることで，国家による社会正義の実現義務をより強調する形を取った。

　第3節からは個別規定となり，労働，農地改革と資源改革，都市土地改革および住宅問題，健康，女性，POの役割，人権の順に条文が続く。

　第3節では，「国は，労働に対しては十分な保護を与え，地方，海外，組織，未組織を問わない。また全ての人に対する完全雇用と平等の機会を実現する

ことに努める」とされ，労働者の包括的な保護が謳われている。さらに，「国は，法律の定めるところによる罷業権のほか，団結権，団体交渉権，平和的手段による団体行動権を全ての労働者に保障する」と述べられ，1953年の「産業平和協定」（Industrial Peace Act ＝ IPA）によって初めて公的に認められた罷業権が正式に承認されている。[68] 関連して第2条第18節では，「労働が社会的経済的活力の基本であることは自明であり，労働者の諸権利が保障されると同時に，その福利が増進させられなくてはならない」と規定されている。

第4節では，「国は農業者および農地労働者であって農地を持たない者の権利を承認し，法律により，農地改革計画によって，直接もしくは集団で自己の耕作する土地の所有，または他の農業労働者の場合は正当な利益の分与が行われるようにしなければならない。この目的のために国は全ての農地を，国会が規定する順序と制約にしたがって，適正に配分するように努めなければならない。この場合，環境問題，開発との関連，公平な実施に留意しなければならず，配分にあたっては正当な補償が必要とされる」と規定されている。KMPのタデオによれば，ここで言う農地とは耕作可能な全ての土地を指す。[69] よって，包括的な農地改革を求めている点で，新憲法草案はそれまでの憲法とは異なる。

第5節では「国は，農業者，農地労働者，地主および協同組合，その他農民の自治団体が，農地改革の策定，実行組織の設定，管理の方式のいずれにも参加することを認め，技術と研究を通じて農業を振興し，財政，生産，市場その他の面で援助を与えるものとする」と述べられ，NGOとのパートナーシップの促進が求められている。[70]

第9節では，「国は法律により，公共の利益のために，民間との協力関係を保ちながら，住居に恵まれない都市部および再定住圏の低所得者に対し，低廉な価格で文化的な住宅および必需設備を提供するため，都市部土地改革および住宅計画を推進する。同時に低所得者のための雇用機会が確保されるよう努力する」と述べられ，都市貧困問題に対する国の取り組み姿勢が謳われている。

第14節では，「国は女性労働に対し，安全かつ健康な労働条件を保障し母性保護を配慮する。また，女性の福祉を増進し，国家の発展のために婦人の

能力が残り少なく展開されるよう施設を提供し機会を用意する」として女性労働の保護が明記されている。ジェンダーに関しては，第2条第14節でも「婦人が国家建設において果たす役割は十分認識されなければならない。また，法の下における男女の基本的平等が保障される」と規定されている。

第15節と第16節は，市民社会の役割を直接的に明記した条文である。第15節では，「国家は，人民が民主主義の枠内で正当かつ共同の利益と希望を追求し保護することを可能にする独立した民衆組織の役割を尊重する」，第16節では「社会的，政治的，経済的意志決定のあらゆる段階に，民衆およびその組織が有効かつ合理的な範囲で参加する権利は制限されない。国家は，法律によって，実効性のある参加の制度が活用されるように努める」と謳われている。これに関連して第2条第23節では，「国家は，国民の福祉を促進する非政府組織，コミュニティに基礎を置く組織，あるいは部門組織を奨励する」と規定されている。市民社会を代表するNGOとPOの政策決定過程への積極的な参加を奨励したものと言えよう。第15節と第16節に関しては，「社会正義・社会サービス委員会」のメンバーであったKAAKBAYのガルシアが1986年8月9日に，民衆に権限を与えることは社会正義を実現する鍵であり，平和的な方法で大衆的・社会的改革を追求する主要な手段としてPOの役割を認識する必要があるとして，これらの条文の重要性を訴えた。[71]

第17節では，独立機関として人権委員会の設置が謳われ，マルコス政権下で蔓延した軍や警察による人権抑圧に対する防止策が講じられている。人権に関しては，第2条第11節でも「国は全ての人間の尊厳を価値として認め，人間としての権利に最大の敬意が払われることを保障する」と規定されている。

既に明らかなように，これらの社会正義に関する条項は，主としてSocDemやNatDemに代表されるCOGが大衆抗議運動を通じて継続的に要求してきたものである。それらは，経済的・社会的不平等の是正を含めた実質的民主主義（substantive democracy）の実現を求めたものに他ならない。

市民団体の政策決定過程への積極的な参画を求めた規定は，政府の「選挙管理委員会」（Commission on Elections = COMELEC）に関する項目にもある。

第9条（C）第2節（5）では，「周知がはかられたのちに，政党，組織，会派の登録を行うこと。これらの団体は，自己の綱領もしくは統治計画を提出する等の義務を負う。また，選挙管理委員会の民間協力組織を認定すること」と規定されている。ここで言う民間協力組織とは，NAMFREL に代表される選挙監視などを通じて公明選挙の実施を目指す NGO を指し，COMELEC はそれらと協力して公明選挙の確立に努めることが求められている。同条項をめぐっては，1986年7月15日に PNP のオプルが，メンバーが政府職に任命されていることを理由に，NAMFREL が無党派の組織であるかは疑わしいと批判した。これに対して，同条項を審議した「憲法制定委員会・機関委員会」のメンバーであった NAMFREL のモンソドは，そのような指摘をするのは選挙不正を企む人物であると反論し，NAMFREL を初めとする市民団体の重要性を強調した。[72]

同様に，第10条の地方政府に関する規定の第14節でも，「大統領は，地域開発会議もしくはこれに類する機関を設置し，県市町村の職員，行政各部そのほかの政府機関の地域における長および地域における民間団体代表でこれを組織する」と規定されており，地方政府の政策決定過程における市民社会の参画が奨励されている。

さらに，第6条第32節では，人民発案と人民投票が規定されている。「議会は，できるだけ早い時期に，人民発案および人民投票，すなわち人民が直接に法律を提案もしくは制定するか，議会や地方議会によって制定された法令の全部もしくは一部を承認ないし否認する制度の通則を定めなければならない。ただし，そのために，選挙者総数の10分の1以上の署名があり，選挙区ごとに有権者の100分の1によって代表されるような請願が提出されなければならない」と謳われている。

前章で検討したように，体制変動過程ではとくに SocDem や NatDem に属する市民社会の COG が，ナショナリズムを掲げて広範囲な大衆動員を行ったことから，新憲法草案ではナショナリズムが大きな争点になった。最も論争を呼んだのは，経済政策原則と米軍基地に関する条文である。

経済政策原則に関しては，1986年8月18日の全体会議において25対17で再検討が否決された条項に対して，11人が民族主義派を形成して反対の

意を表明した．11人とはKAAKBAYのガルシアとタン，MABINIのフェリシタス・アキノ，BANDILAのガスコン，BAYANのスアレス，NAJFDのサルミエント，KMPのタデオ，HWAのケサダ，フィリピン大学の人類学者ベナゲン（Ponciano L. Bennagen），デラサール大学のヴィラコルタ，映画監督のブロッカである．民族主義派は，採択された「国は不公正な国際競争および取引慣行からフィリピン企業を保護する責任を有する」という条文では保護が不徹底になるとの理由で，「不公正」という言葉の削除を求めて会議をボイコットした[73]．8月23日には再び全体会議で，外資の参加比率を75対25にする修正案が否決されただけでなく，当初は66.67対33.33であった外資の参加比率が60対40に修正されて採択されたことに対して民族主義派を含む17人が不満を訴え，スアレス，タデオ，ケサダ，ヴィラコルタ，ベナゲン，ブロッカの6人が辞意を表明した[74]．結局，ブロッカを除く5人は辞意を撤回し，外資参加比率の見直しを求めたが[75]，保守派が多数を占めていたことに加えて，アキノ政権では経済政策の継続性が重視されていたため，修正案は取り上げられなかった[76]．最終的には，第12条第1節で「国は不公正な国際競争および取引慣行からフィリピン企業を保護する責任を有する」，第2節で「国は直接開発等を行うほか，フィリピン国籍の企業家もしくは資本の60％以上がフィリピン人によって保有される法人ないし団体との，共同生産，合併事業，利益分与協定に依ることができる」とそれぞれ規定された．

　米軍基地問題に関しても，民族主義派の11人が基地の撤廃を強く要求した．彼らを含め17人の委員は1986年7月3日に，91年に基地協定が失効した後は国内に外国基地の存在を認めないとする決議を提出し[77]，これを受けて7月17日に「前文・国土委員会」は，91年の条約失効後は米比基地協定を延長せず，外国の基地，軍隊，施設のフィリピン国土での存在を認めないとする決議を6対2で採択した[78]．しかし，9月になって本格的な議論が始まると，保守派を中心に同条項の修正を求める動きが強まる．とりわけNUCのロドリゴは，軍事基地問題に関する政府の権限に憲法的な制限を課すことはできないと主張して，同規定の削除を提案する．それに対してManindigan!のベルナスは，基地は超越的な問題であり，政府のみに委ねることはできないと述べて反論を展開した[79]．結局，米軍基地の撤去に関する

第5章　民主化決定局面における市民社会

条項は，9月18日の全体会議に付され，民族主義派が反対に回ったものの，29対15で削除された[80]。しかし，ベルナスは，91年以降の扱いを経過規定に入れるという妥協案を提示する。その結果，「軍事基地に関するフィリピン共和国とアメリカ合衆国との協定が91年に失効した後は，外国の軍事基地，軍隊，施設はフィリピン国内で認められない。ただし，上院で承認され，国家の希望で行われた国民投票で過半数により承認されかつ相手国でも条約としての扱いを受ける条約による場合はこの限りではない」という条文が，26対15（棄権2）で承認され，第18条の「経過規定」の第25節に挿入されることになった[81]。

こうして新憲法草案は1986年10月12日，BAYANのスアレスとKMUのタデオが農地改革，国家経済，外国基地に関する条項の不十分さを理由に反対票を投じたものの，賛成44，反対2で可決された[82]。

第4節　新憲法草案の批准をめぐる市民社会と政治社会

1986年10月以降の焦点は，Con-Comで採択された新憲法草案の是非にあった。この新憲法草案をめぐって市民社会と政治社会の各勢力は，再び合従連衡の様相を呈していった（図5–1）。賛成勢力の方から見ておこう。

Con-Comに対してロビー活動を展開していたBISIGは，1986年11月2日に政策表明を行い，労働者階級の立場を保護する社会主義の観点からすれば新憲法草案は不十分であること，二院制はエリート民主主義の復活へとつながりかねないこと，そして外国によるフィリピン経済の略奪を阻止する十分な保障がないことを批判している。しかし，BISIGは，新憲法草案が反ファシスト的な性格を持ちPOの積極的な役割を承認している点を評価し，右派の台頭による現体制の不安定化を阻止するために新憲法草案を批判的に支持してゆく立場を表明した[83]。

BISIGの不安が的中するかのように，1986年11月10日と22日にはエンリレ国防大臣と「国軍改革運動」（Reform the Armed Forces Movement = RAM）によるクーデター未遂事件（女王陛下万歳計画）が起こる。その目的は，左派分子の排除とアキノ大統領を象徴元首に棚上げすることにあった[84]。この

(図 5-1) マルコス体制崩壊後の政治的スペクトラム

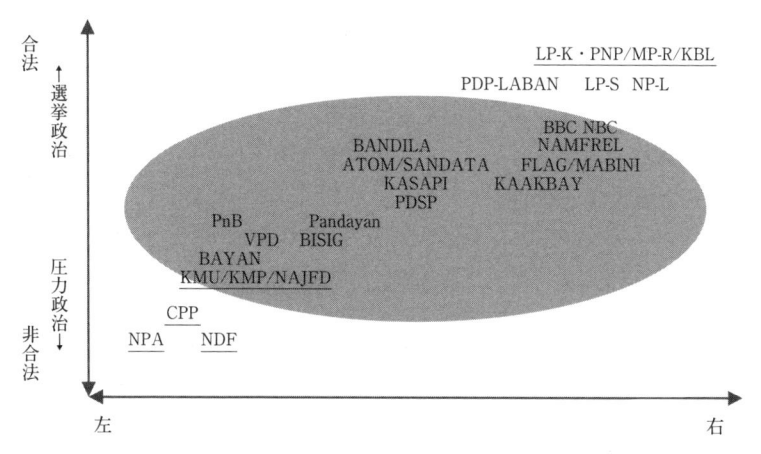

```
合法  ↑
  ↑ 選
  │ 挙
  │ 政                              LP-K・PNP/MP-R/KBL
  │ 治              PDP-LABAN    LP-S  NP-L
  │                                BBC  NBC
  │                BANDILA          NAMFREL
  │              ATOM/SANDATA    FLAG/MABINI
  │                KASAPI        KAAKBAY
  │                   PDSP
  │ ↑         PnB      Pandayan
  │ │        VPD      BISIG
  │ 圧        BAYAN
  │ 力      KMU/KMP/NAJFD
  │ 政
  │ 治        CPP
  │ ↓   NPA    NDF
非合
法                                                     →
         左                                         右
```

(出所) 筆者作成。図は代表的な組織の大まかな位置づけを示している。網掛けの部分がおおよその市民社会の領域となる。下線の組織が，新憲法草案に対して反対の姿勢を取ったもの。

未遂事件の背景には，共産主義勢力に対する政府の対応への不満があったことは明らかである。実際，86年6月から続いてきた共産主義勢力との停戦交渉に対しては，エンリレとRAMが不満をたびたび示してきた。こうした国軍の動きは，体制を安定化させるために新憲法草案の批准を求める動きを促すことになる。

メンバー組織を434にまで拡大していたBANDILAは，1986年10月に第2回全国会議を開催する。同会議では，政党になることが提案されたが，投票の結果否決され，既成政党と連携を持つ運動として活動することで合意がなされた。これを受けて86年11月初めにBANDILAは，LPサロンガ派，PDP-LABAN，「キリスト教民主国民連合」(National Union of Christian Democrats = NUCD) などの既成政党，マルコス体制崩壊後に合法的な活動へと移行した「フィリピン民主社会党」(Partido Demokratiko Sosyalista ng Pilipinas = PDSP)，そして「自由労働連盟」(Federation of Free Workers = FFW) とともに「憲法承認のための連合」(Coalition for the Constitution's Approval = CCA) を結成する。CCAは，86年12月から87年2月にかけて新憲法草案の批准運動を展開した。

批判的支持を表明していたBISIGは，1987年1月12日，Pandayanや VPDなど同じく批判的支持の立場を取る非BAYAN系の左派勢力と「批判的支持に向けた民衆組織連合」(People's Organizations United Towards Critical Yes = People's Outcry) を結成し，新憲法草案の批判的批准を求める運動を開始する。この市民連合は，新憲法をフィリピン社会が抱える多様な問題を解決する最終的な枠組みとしてではなく，自己が掲げる民主主義を前進させるための1つのステップと捉えた[87]。

　市民社会の穏健勢力を見ると，まずCBCPは1986年11月21日に新憲法に関する教書を発行し，新憲法草案の条項が福音の教えと一致していると述べ，その批准を支持することを表明する[88]。87年1月26日には再び教書の中で，「新憲法草案と来るべき国民投票に関係して，平和に向けた努力を妨害し，脅迫，暴力行為，虚報によって良心の自由を侵害するあらゆる過激な政治陣営を非難する」と宣言した[89]。NAMFRELもCOMELECの公認を得て，市民ボランティアを動員して有権者登録や選挙監視活動の準備を進めていった[90]。

　政治社会では1986年11月8日に，法務大臣であるゴンザレス (Neptali A. Gonzales) を委員長として「国家の力」(Lakas ng Bansa = LAKAS) が結成されている[91]。LAKASは，アキノ大統領を支持する超党派の連合体であり，87年5月の議会選挙までに政党へと発展するが，それまでの間は新憲法草案の批准を求める運動体として機能した[92]。

　非主流派に追いやられたとはいえ，アキノ政権の一翼を担うラウレル副大統領のUNIDOは，新憲法の制定には賛成していたが[93]，アキノ政権の正統性を疑問視する声があることを憂慮し，新憲法草案がCon-Comで採択された後に，正副大統領の任期の問題は国民投票とは切り離して考えるべきだとする提案を行った[94]。こうした認識からUNIDOは，新憲法草案に対して条件つきの賛成という立場を表明していたが，最終的には体制を安定させるために新憲法草案の批准が不可欠と考えるに至った[95]。

　他方で，新憲法草案に反対する勢力は大きく2つに分かれていた。先述したオプルを中心とするPNPは，最終的にはアキノとラウレルの任期を定めた経過規定につき留保条件を付した上で新憲法草案に賛成していた[96]。また，トレンティーノとKBLを中心とする旧体制派は，Con-Comがアキノと

ラウレルに6年の任期を与える権限はないとして，草案が可決された翌10月13日に政府の正統性を確立するためにアキノとラウレルは改めて選挙で選出されなければならないと主張する。その上で，新憲法草案は安定性をもたらさないとして，KBLを中心にそれを批判する運動を行っていった。87年1月14日には，旧体制派は，「民主的行動のための連合」(Coalition for Democratic Action = CODA) を結成する。CODAには，KBL，LPロイ派，LPカラウ派などが参加し，既に新憲法草案に反対する立場を表明して国軍の支持を得ていたエンリレも合流した。

新憲法草案に反対するもう1つの勢力はNatDemである。1986年6月から停戦交渉が開始されたが，アキノ政権とNatDemとの関係は決して良好ではなかった。先述したように軍部の台頭によって和平交渉が進まない中で，86年11月13日にはPnBの議長でKMUの委員長でもあるオラリアが惨殺死体で発見され，これに追い討ちをかけるように87年1月22日には国軍兵士がメンディオラ橋で農地改革の完全実施を求める農民のデモへ発砲する事件が起こったからである。こうした事件を受けて，NatDemは次第に新憲法草案への反対姿勢を強めてゆく。しかし，NatDemも一枚岩であったわけではない。大統領選挙におけるボイコット戦略の失敗もあって，分裂の様相を呈していた。

CPPは，新憲法草案が採択された後，すぐに反対運動を行うことを宣言する。CPPは，機関誌 *Ang Bayan* の中で，新憲法草案はファシスト独裁の可能性を完全に除去しているが，大衆の多くが直面する差し迫った問題に注意を向けておらず，とりわけ外国基地の存続に交渉の余地を残し，土地改革についても土地の所有を求める農民の要求に応えていないとして新憲法草案に反対した。メンディオラ事件を契機にNDFも，和平交渉の一方的打ち切りを宣言する。労働者の権利の保障が不十分であるという理由から1986年10月13日に新憲法草案に反対の意を表明していたKMUは，オラリアの殺害に軍が関与していたと主張して抗議のゼネストを展開し，農地改革条項に不満を唱えていたKMPとともに，最後まで反対の姿勢を貫いた。

他方で，PnBとBAYANは，異なる立場を取った。PnBは，新憲法草案が採択された直後から，それに対する反対運動を開始していたが，議会闘争

第5章 民主化決定局面における市民社会　199

を目的としていたこともあって，1986年11月にはその反対姿勢を和らげ批判的同意の立場を表明する。BAYANも同様の立場を取った。[105]

こうして政治社会と市民社会の大半のアクターが新憲法草案への支持を表明する中で，1987年2月2日に国民投票が行われた。賛成76.4％，反対22.7％という圧倒的大差で新憲法草案は承認された。

小　括

本章では，アキノ政権が誕生してから新憲法が制定されるまでの約1年の政治過程を，市民社会と政治社会の諸アクターの動向に焦点を当てて分析を行った。

閣僚の構成とCon-Comのメンバーから明らかなように，誕生したアキノ政権では市民社会の活動家が数多く登用された。前章で考察したように，マルコス体制崩壊過程で市民社会が決定的な役割を果たしたからに他ならない。

市民社会のCOGは，体制内で影響力を行使できるようになっただけでは不十分と考え，マルコス体制の崩壊後も継続して大衆運動を行い，連合を形成する動きさえ見せていった。COGは，体制崩壊直後にピープルパワーの制度化を求めてLAKASという汎イデオロギー連合を結成する。1986年7月以降に旧体制派が主導権を取り戻そうとする動きを強めると，民主化の逆行を阻止すべくCDPDという連合を結成した。

新憲法草案がCon-Comで可決されてからは，市民社会の大半の勢力が批准を求める方向へと向かう。SocDemのBANDILAは，既成野党と連携して新憲法草案の批准を求めるCCAを結成し，社会主義のBISIGはDemSocのPandayanやPopDemのVPDとともに批判的支持の立場からPeople's Outcryを形成して批准運動を展開した。PnBとBAYANも，最終的には批判的同意の立場を表明した。政治社会では超党派のLAKASが結成され，批准運動を行った。左右両極からの批判に直面しながらも，新憲法草案が国民投票で圧倒的な支持を獲得したのは，市民社会の大半の勢力が政治社会の諸勢力と協力して新憲法草案を支持したことと無関係ではあるまい。

新憲法草案に対しては批判的な態度を取る組織が多かったものの，最終的

に大半の組織が批准を求める方向へ向かったのは，草案に評価できる数多くの条項が含まれていたからに他ならない。そうした条項が含まれることになったのは，前章で見たように体制変動過程でCOGがその主義や主張の制度化を求めて対抗的ヘゲモニーを継続的に形成したこと，Con-Comのメンバーに多くの市民社会関係者が登用されたこと，そして体制変動後もCOGが継続してロビー活動を展開したことによるところが大きい。市民社会は，その指導者をCon-Comに送り込むことで内堀を，ロビー活動によって外堀を埋めることで，自分たちが掲げる主義や主張を新憲法に反映させることができた。

　本章の冒頭で述べたように，フィリピンの民主化は保守層・穏健層の意向を反映する方向に帰着したとする評価が一般的である。しかし，市民社会の動向に着目した前章と本章の考察を通じて，COGによる対抗的ヘゲモニーの生成によってフィリピンの民主化は保守層の意向を反映するだけには留まらないアンビバレントな方向へと帰着したことが実証的に証明されたと言える。

　周知のように，その後アキノ政権は，度重なる軍事クーデターに直面し，次第に右傾化してゆく。最大の社会問題である農地改革についても多様な勢力の中で板挟みになり徐々に消極的になってゆく。そして1987年5月の議会選挙で伝統的な政治エリートが数多く当選を果たすと，エリート民主主義の復活が懸念されるようになる。市民社会の進歩的な勢力からすれば，自分たちが求めた民主化との乖離が一層浮き彫りになった。

　しかし，新たに誕生した民主主義体制を，戦後のエリート民主主義と同列に語ることはできまい。市民社会の多様なアクターは，新憲法で保障された諸権利を足掛かりに成立した民主主義体制の欠陥を修復しながら，その深化と発展を促す原動力となっているからである。こうした市民社会のエンパワーメントこそが，ピープルパワーが残した最大の遺産に他ならなかった。

註

1 Guillermo O'Donnell and Philippe C. Schmitter, *Transition from Authoritarian Rule: Tentative Conclusions about Uncertain Democracies*, Baltimore: Johns Hopkins University Press, 1986（ギジェルモ・オドンネル，フィリップ・シュミッター著／真柄秀子，井戸正伸訳『民主化の比較政治学——権威主義支配以降の政治世界』未來社，1986年）．

2 桐谷仁「国家の自律性」（大木啓介，佐治孝夫，伊藤述史，菊島啓，高杉忠明，桐谷仁『国家と近代化』芦書房，1998年）129-130頁．

3 Philippe C. Schmitter, "Civil Society East and West," in Larry Diamond, Marc F. Plattner, Yun-han Chu, and Hung-mao Tien, eds., *Consolidating the Third Wave Democracies*, Baltimore: Johns Hopkins University Press, 1997, pp. 234-245.

4 この点に関しては，近年，「国際民主化選挙支援機構」（International Institute for Democracy and Electoral Assistance = IDEA）が，民主主義の構築と紛争管理（Democracy Building and Conflict Management）というプロジェクトの中で多くの事例研究を交えて分析を進めており，憲法制定過程における市民社会についても数多く取り上げている（http://www.idea.int/conflict/cbp/）．アクセス日：2010年10月2日．それ以外の先行研究としては以下のものがある．Willy Mutunga, *Constitution-Making from the Middle: Civil Society and Transition Politics in Kenya, 1992-1997*, Nairobi: Sareat and Mwengo, 1999; Chris Maina Peter, "Constitution-making in Tanzania: The Role of Civil Organisation," in Kivutha Kibwana, Chris Maina Peter, and Nyangabyaki Bazaara, *Constitutionalism in East Africa: Progress, Challenges, and Prospects in 1999*, Kampala: Fountain Publishers, 2001.

5 Teodoro Y. Nontelibano, "Aquino, Laurel inaugurated as president, vice-president," *Business Day*, February 26, 1986, p. 12.

6 浅野幸穂『フィリピン——マルコスからアキノへ』アジア経済研究所，1991年，226-228頁．アキノ政権については，ラジャレトナムが中道連合と位置づけているが（M. Rajaretnam, ed., *The Aquino Alternative*, Singapore: Institute of Southeast Asian Studies, 1986, p. 3），ハワイ大学のベリンダ・アキノ教授（Belinda Aquino）はその誤りを指摘し，中道左派連合と位置づけている（*Pacific Affairs*, Vol. 61, No. 4, Winter 1988-1989, p. 716）．筆者も，アキノ政権の構成からベリンダ・アキノ氏の意見に賛成である．アキノ政権の閣僚については，以下でも詳しく整理されている．吉川洋子「アキノ政権の勢力基盤と内政課題」『国際問題』第327号，1987年6月．

7 anon., "Aquino adopts new charter; MPs declare 'open revolt'," *Business*

Day, March 26, 1986, p. 1, p. 24.
8　Proclamation No. 3, March 25, 1986.
9　野沢勝美「アキノ新政権の課題――基調報告」『アジアトレンド』第34号，1986年，50-54頁。
10　Proclamation No. 3, March 25, 1986.
11　Proclamation No. 9, April 23, 1986.
12　anon., "More nominees to Con-Com listed," *Business Day*, May 12, 1986, p. 12, p. 14; anon., "Gabriela seeks more women representatives in Con-Com," *Business Day*, May 19, 1986, p. 1, p. 13.
13　anon., "44 Con-Com delegates named," *Business Day*, May 26, 1986, p. 13.
14　anon., "Cory name opposition delegates to Con-Com," *Business Day*, May 27, 1986, p. 1, p. 20.
15　野沢勝美「新憲法審議の焦点」『アジアトレンド』第35号，1986年，35-37頁。
16　また，14人の委員がCOGによって支持されていたことが指摘されている（Raissa Lamson Espinosa, "The Charter Makers," *New Day*, Vol. 1, No. 20, June 9, 1986, pp. 12-13）。
17　Independent Caucus, Philippine Socialism: A Preliminary Vision, 1985.
18　"NAMREL Statement on the Philippine Presidential Elections," *Business Day*, February 25, 1986, p. 18.
19　"Rebuilding Society," *Business Day*, March 3, 1986, p. 6.
20　Catholic Bishops' Conference of the Philippines, Pastoral Exhortation on Constitutional Commission and its Work, May 18, 1986.
21　"Lakas ng Sambayanan Manifesto," *Kasarinlan*, Vol. 1, No. 4, 2nd Quarter 1986, p. 50.
22　Max R. Lane, *The Urban Mass Movement in the Philippines, 1983-87*, Canberra: Department of Political and Social Change, Research School of Pacific Studies, Australian National University, 1990, pp. 26-27.
23　Marites Davguilan Vitug, "People involvement in charter eyed," *Business Day*, April 28, 1986, p. 16.
24　Edicio de la Torre, "The Politics of Popular Democracy," paper presented to a forum sponsored by the Third World Studies Center and the Institute for Popular Democracy at the University of the Philippines Faculty Center, September 22, 1986, pp. 1-5, pp. 7-9. イデオロギーの位置づけについては，第3章の図1－2を参照されたい。
25　その他のメンバーが就いたポストについては，以下で詳しく整理されている。Masataka Kimura, "Rise and Fall of BANDILA: A Study of a Middle

Force Alliance and the Urban Middle Class in Philippine Politics," *Pilipinas*, No. 24, Spring 1995, pp. 18-19.
26 Max R. Lane, *op. cit.*, pp. 26-27.
27 Andrew Nette, "Ferment in the Philippine Left," *Green Left Weekly*, Issue 25, August 28, 1991, p. 15. BISIGの初代会長であるネメンゾ (Francisco Nemenzo, Jr.) とのインタビュー (November 24, 2005, Quezon City)。BISIGの設立の経緯については,以下が詳しい。Vincent Boudreau, *Grass Roots and Cadre in the Protest Movement*, Quezon City: Ateneo de Manila University Press, 2001, pp. 36-42, p. 182.
28 Bukluran sa Ikauunlad ng Sosyalistang Isip at Gawa, From Rebellion to Revolution, March 23, 1986.
29 anon., "Socialists form new organization," *Business Day*, June 9, 1986, p. 13.
30 Bukluran sa Ikauunlad ng Sosyalistang Isip at Gawa, Philippine Socialism: Preliminary Vision, May 24, 1986; Benjamin Oimentel, Jr., "BISIG and the Socialist Vision," *National Midweek*, Vol. 1, No. 33, August 20, 1986, pp. 3-5.
31 Bukluran sa Ikauunlad ng Sosyalistang Isip at Gawa, Real Freedom for All Filipinos, June 12, 1986; Bukluran sa Ikauunlad ng Sosyalistang Isip at Gawa, The U.S. Base, July 4, 1986.
32 Sen. Lorenzo Tañada, "Keynote Address," in Bagong Alyansang Makabayan, Documents of the Second National Congress of the Bagong Alyansang Makabayan, July 1986, p. 4.
33 Leandro Alejandro, "BAYAN Annual Report," in Bagong Alyansang Makabayan, Documents of the Second National Congress of the Bagong Alyansang Makabayan, July 1986, p. 16.
34 anon., "Ople ouster from Con-Com urged," *Business Day*, May 29, 1986, p. 12; anon., "Palma heads Con-Com," *Business Day*, June 3, 1986, p. 20; anon., "Con-Com rejects Ople ouster move," *Business Day*, June 4, 1986, p. 24.
35 anon., "Aquino leads independence celebration," *Business Day*, June 16, 1986, p. 22.
36 anon., "BAYAN lobbies at charter body on non-negotiable provisions," *Business Day*, June 26, 1986, p. 26.
37 anon., "Labor unions reject mandated wages," *Business Day*, June 30, 1986, p. 24.
38 Sen. Lorenzo Tañada, *op. cit.*, p. 4.
39 anon., "Advance the People's Struggle for the Full Realization of

National Freedom and Democracy!," in Bagong Alyansang Makabayan, Documents of the Second National Congress of the Bagong Alyansang Makabayan, July 1986, pp. 28–32.

40 "Proposals for a Nationalist and Democratic Constitution (Part 1)," *Malaya*, July 15, 1986, p. 16; "Proposals for a Nationalist and Democratic Constitution (Part 2)," *Malaya*, July 16, 1986, p. 6; "Proposals for a Nationalist and Democratic Constitution (Last of a Series)," *Malaya*, July 18, 1986, p. 3.

41 野沢勝美「マニラホテル占拠事件の意味」『アジアトレンド』第36号，1986年，2-8頁。

42 Leo A. Deocadiz, "KBL to cooperate with Aquino," *Business Day*, March 4, 1986, p. 20.

43 anon., "I'm the veep, Tolentino says," *Business Day*, March 4, 1986, p. 20; anon., "KBL to legitimaze gov't if Constitution is upheld," *Business Day*, March 5, 1986, p. 1, p. 12.

44 anon., "MPs set to convene Batasan April 14," *Business Day*, March 27, 1986, p. 16; anon., "KBL members bent on opening Batasan," *Business Day*, April 1, 1986, p. 20; anon., "Loyalists proclaim Tolentino president," *Business Day*, May 26, 1986, p. 15.

45 anon., "Tolentino to boycott Con-Com," *Business Day*, May 9, 1986, p. 26; anon., "Wider representation in Con-Com eyed," *Business Day*, May 15, 1986, p. 22; anon., "KBL to form umbrella group of opposition political parties," *Business Day*, May 26, 1986, p. 15.

46 anon., "Opposition split on Con-Com," *Business Day*, May 12, 1986, p. 12.

47 anon., "Terms of office of Aquino, Laurel should be decided by people: Ople," *Business Day*, September 29, 1986, p. 13; anon., "Con-Com okays new charter," *Business Day*, October 13, 1986, p. 22.

48 anon., "KBL hits Con-Com," *Business Day*, October 9, 1986, p. 28; anon., "Tolentino scores Con-Com decision," *Business Day*, October 10, 1986, p. 14.

49 Pandayanは，体制変動過程で政府に取り込まれていったSocDemから離脱し，草の根運動に深く関わっていた若い活動家によって結成された組織である。

50 "The Ominous Implications of the 'Manila Hotel Siege'," *Malaya*, July 21, 1986, p. 16.

51 anon., "BAYAN presses for ouster of three Con-Com members," *Business Day*, August 4, 1986, p. 14.

52 anon., "Con-Com takes up base issue," *Business Day*, September 12,

1986, p. 16.
53 加藤博「人民党結成へ!――終焉告げる?門閥的政治支配」『文化評論』第308号,1986年11月,99頁,102-103頁。
54 *Ang Bayan*, Vol. 18, No. 3, May 1986, p. 1.
55 加藤博,前掲論文,102頁。
56 この点については既に多くの論者が指摘している。たとえば,以下を参照されたい。野沢勝美「フィリピン――新憲法草案の特色と意義」『アジアトレンド』第37号,1987年,70-72頁。新憲法については,中川剛「和訳・フィリピン1987年憲法」『廣島法學』第11巻第1号,1987年7月,を参照した。フィリピンにおける憲法の歴史については,以下で簡単にまとめられている。荻野芳夫「フィリピン憲法の構造と特徴」『関東学院法学』第1巻第1号,1991年12月;中川剛「フィリピン憲法の歴史的展開」『廣島法學』第16巻第4号,1993年3月;神尾真智子「フィリピンの憲法制度」(作本直行編『アジア諸国の憲法制度』アジア経済研究所,1997年)。また,新憲法における制度改革の焦点については,以下の中で簡単に整理されている。川中豪「フィリピンの民主化と制度改革」(作本直行,今泉慎也編『アジアの民主化過程と法――フィリピン・タイ・インドネシアの比較』アジア経済研究所,2003年)28-32頁。
57 1935年憲法と新憲法の比較については以下が詳しい。Carmelo V. Sison, *Comparative Study of the 1987, 1973 and 1935 Philippine Constitutions*, Quezon City: Law Publishing House, Legal Resources Center, 1988.
58 Republic of the Philippines, *Record of the Constitutional Commission*, Vol. 2, Manila: Institute for Public Policy, 1990, July 22, 1986.
59 *Ibid.*, July 21, 1986.
60 Republic of the Philippines, *Record of the Constitutional Commission*, Vol. 1, Manila: Institute for Public Policy, 1990, July 7, 1986. モンソド,ヴィラコルタ,アキノ,オプル,スアレス,ケサダ,タデオ,ガルシアとダヴィデ,アズキナ,ウカ,ベナゲン,ジャミール,ニエヴァ,ブロッカ,ブライド,ヴィレガスによる決議。
61 *Ibid.*, August 1, 1986.
62 *Ibid.*, August 16, 1986.
63 Republic of the Philippines, *Record of the Constitutional Commission*, Vol. 4, Manila: Institute for Public Policy, 1990, September 23, 1986. アキノ,ケサダ,ガルシアとタン,サルミエント,スアレス,ベルナス,ギンゴーナ,タデオが反対票を投じている。
64 Republic of the Philippines, *Record of the Constitutional Commission*, Vol. 2, July 24, July 25, 1986.
65 野沢の分類によれば,急進派とは,ケサダ,タデオ,アキノ,ガスコン,

ベナゲン，ガルシア，タンである（野沢勝美，前掲「新憲法審議の焦点」，42-44頁）。
66　Republic of the Philippines, *Record of the Constitutional Commission*, Vol. 2, August 2, 1986.
67　*Ibid.*
68　*Ibid.*
69　*Ibid.*
70　*Ibid.*
71　Republic of the Philippines, *Record of the Constitutional Commission*, Vol. 3, Manila: Institute for Public Policy, 1990, August 9, 1986.
72　Republic of the Philippines, *Record of the Constitutional Commission*, Vol. 1, July 15, 1986.
73　Republic of the Philippines, *Record of the Constitutional Commission*, Vol. 3, August 18, 1986; anon., "Coalition of 11 boycotts Con-Com," *Business Day*, August 19, 1986, p. 14.
74　Republic of the Philippines, *Record of the Constitutional Commission*, Vol. 3, August 23, 1986; Tara S. Singh, "Bloc questions change in equity sharing for public utility firms," *Business Day*, August 21, 1986, p. 24; Tara S. Singh, "Protest rally set at Con-Com," *Business Day*, August 25, 1986, p. 16.
75　Tara S. Singh, "5 commissioners who walked out decide to resume work," *Business Day*, August 28, 1986, p. 16.
76　Tara S. Singh, "Amendments to economic provisions nixed," *Business Day*, September 1, 1986, p. 16; Tara S. Singh, "Article on economy okayed," *Business Day*, September 4, 1986, p. 24.
77　anon., "Termination of US bases accord eyed," *Business Day*, July 9, 1986, p. 24; Republic of the Philippines, *Record of the Constitutional Commission*, Vol. 1, July 3, 1986.
78　Tara S. Singh, "Foreign bases, nuke weapons banned," *Business Day*, July 18, 1986, p. 16.
79　Republic of the Philippines, *Record of the Constitutional Commission*, Vol. 4, September 18, 1986.
80　*Ibid.*
81　*Ibid.*
82　賛成44，反対2で可決。反対はスアレスとタデオであった（Tara S. Singh, "Con-Com okays new chater," *Business Day*, October 13, 1986, p. 22; Republic of the Philippines, *Record of the Constitutional Commission*, Vol. 5, October 12, 1986）。

83 Bukluran sa Ikauunlad ng Sosyalistang Isip at Gawa, Policy Statement, The New Constitution, November 2, 1986.
84 Alfred W. McCoy, *Closer than Brothers: Manhood at the Philippine Military Academy*, New Haven: Yale University Press, 1999, pp. 268-273.
85 anon., "Enrile has reservations on current peace talks," *Business Day*, June 19, 1986, p. 9; anon., "Communists inconsistent: RAM," *Business Day*, June 30, 1986, p. 20; anon., "Leftists in gov't known: Enrile," *Business Day*, August 5, 1986, p. 18; anon., "Enrile pinpoints Reds in Gov't bureaucracy," *Business Day*, August 12, 1986, p. 18; anon., "Enrile lashes back at critics," *Business Day*, September 9, 1986, p. 16; Joel D. Lacsamana, "No ceasefire, Enrile tells NDF," *Business Day*, September 10, 1986, p. 28; Joel D. Lacsamana, "Enrile tells military to prepare for showdown with communists," *Business Day*, September 16, 1986, p. 20; Joel D. Lacsamana, "Enrile expresses impatience over gov't policy on rebels," *Business Day*, October 7, 1986, p. 24; anon., "Cory gov't has no concrete anti-rebel plan, Enrile says," *Business Day*, October 10, 1986, p. 16; anon., "Enrile warns vs Reds anew," *Business Day*, October 20, 1986, p. 20; anon., "Enrile gets military backing," *Business Day*, October 21, 1986, p. 24; Lacsamana, "Enrile lists conditions in fighting communism," *Business Day*, October 27, 1986, p. 16; anon., "God save the Queen," *Business Day*, November 5, 1986, p. 4; anon., "Cory fires Enrile, starts gov't revamp, warns insurgents," *Business Day*, November 24, 1986, p. 20; Joel D. Lacsamana, "Pro-Enrile soldiers reported holed up in Zamvales, Bataan," *Business Day*, December 4, 1986, p. 9.
86 anon., "CCA Confident of charter ratification," *Business Day*, November 13, 1986, p. 24; Masataka Kimura, *op. cit.*, p. 8.
87 Bukluran sa Ikauunlad ng Sosyalistang Isip at Gawa, Policy Statement, People's Outcry, January 12, 1986.
88 Catholic Bishops' Conference of the Philippines, A Pastoral Letter of the Catholic Bishops' Conference of the Philippines on the Ratification of the 1986 Constitution of the Philippines, November 21, 1986.
89 Catholic Bishops' Conference of the Philippines, The Fruit of Justice is Peace: A Pastoral Statement of the Catholic Bishops' Conference of the Philippines, January 26, 1987.
90 anon., "Plebiscite participation up?," *Business Day*, November 25, 1986, p. 22; anon., "NAMFREL sets information drive," *Business Day*, December 2, 1986, p. 8; anon., "Registration turnout seen at 25M," *Business Day*, December 5, 1986, p. 18; anon., "NAMFREL corrects report against

Tillah," *Business Day*, December 11, 1986, p. 19.
91   Michael D. Marasigan "Cabinet officials prepare for elections," *Business Day*, October 8, 1986, p. 24; anon., "Lakas ng Bansa gains ground," *Business Day*, October 16, 1986, p. 19; Ding Marcelo, "New political group launched," *Manila Bulletin*, November 9, 1986.
92   anon., "LABAN head campaigns for charter approval," *Business Day*, January 14, 1987, p. 22.
93   anon., "Laurel bats for new constitution," *Business Day*, March 4, 1986, p. 23.
94   Abrino Aydinan, "People's consent on 6-year term urged," *Business Day*, October 30, 1986, p. 16.
95   anon., "Laurel cites conditions for political stability," *Business Day*, September 24, 1986, p. 24; anon., "UNIDO stand on constitution explained," *Business Day*, January 6, 1987, p. 19.
96   anon., "Con-Com okays new charter," *Business Day*, October 13, 1986, p. 22.
97   anon., "KBL hits Con-Com," *Business Day*, October 9, 1986, p. 28; anon., "Tolentino scores Con-Com decision," *Business Day*, October 10, 1986, p. 14.
98   anon., "Presidential election urged," *Business Day*, October 14, 1986, p. 21.
99   anon., "KBL hits Con-Com," *Business Day*, October 9, 1986, p. 28; anon., "Campaign for new charter may realign political forces" *Business Day*, October 20, 1986, p. 19; anon., "Charter will not bring about stability: Tolentino," *Business Day*, October 23, 1986, p. 22; anon., "Constitution defective: KBL," *Business Day*, December 30, 1986, p. 15; anon., "Aquino campaign for charter approval a waste of funds: KBL," *Business Day*, January 2, 1986, p. 19; anon., "KBL criticizes Aquino, Cabinet, Church anew," *Business Day*, January 5, 1987, p. 11.
100   anon., "Enrile begins 'no' drive today," *Business Day*, January 2, 1987, p. 19; anon., "Enrile urges support for Military," *Business Day*, January 6, 1987, p. 18; anon., "Enrile: Peaceful change of a regime still possible," *Business Day*, January 8, 1987, p. 19; anon., "Enrile: Cory gov't is a corrupt dictatorship," *Business Day*, January 12, 1987, p. 26; anon., "Enrile criticizes Aquino government," *Business Day*, January 13, 1987, p. 26; anon., "Charter oppositions launch CODA today," *Business Day*, January 14, 1987, p. 23; anon., "Opposition groups join forces," *Business Day*, January 15, 1987, p. 18.

101 *Ang Bayan*, Vol. 18, No. 8, October 1986, p. 1.

102 Jun Bandayrel, "NDF pulls out from talks," *Manila Bulletin*, January 31, 1987, p. 1, p. 14.

103 anon., "Labor group may reject new charter," *Business Day*, October 14, 1986, p. 24; anon., "Farmers eye free land distribution program," *Business Day*, October 20, 1986, p. 20; anon., "4-day strike starts today," *Business Day*, November 17, 1986, p. 14; anon., "KMU claims success in protest drive," *Business Day*, November 18, 1986, p. 16; anon., "Protest march to mark Olalia burial; family gets security," *Business Day*, November 20, 1986, p. 24; anon., "Olalia buried; gov't questions, frees 3 suspects," *Business Day*, November 21, 1986, p. 16; Pet G. Clete, "Why KMU says 'no'," *Business Day Magazine*, Vol. 1, No. 9, January 9, 1987, p. 6.

104 Tara S. Singh, "Campaign for new charter may realign political forces," *Business Day*, October 20, 1986, p. 19.

105 Mark Turner, "The Quest for Political Legitimacy in the Philippines: The Constitutional Plebiscite of 1987," in Mark Turner, ed., *Regime Change in the Philippines: The Legitimating of the Aquino Government*, Canberra: Department of Political and Social Change, Research School of Pacific Studies, Australian National University, 1987, pp. 85–86.

第Ⅲ部 事例編（2）民主主義体制の定着過程

第6章

アキノ政権以降の民主主義の実態（1）

はじめに

　前章で見たように，アキノ政権では新憲法が制定され，大統領制と二院制を骨格とするアメリカ型の民主主義体制が確立した。しかし，ひとたびその実態に分け入ると，選挙や議会といった民主的制度が期待通りの機能を果たしていない姿が散見される。こうした現象は，フィリピンに限ったものではない。発展途上国で広く観察される現象と言えよう。本章では，このような現象を民主主義の制度と機能との乖離と捉えて考察を行う。

　フィリピンにおける民主主義の制度の欠陥をより明確に把握するために，本章ではまず既存の民主化研究で広く用いられているフリーダムハウス（Freedom House）とポリティプロジェクト（Polity Project）が提供するデータを参照し，主として民主主義の制度面の成熟度を探る。両者は異なる指標を用いてはいるが，相関度は極めて高い。両データを参照すると，フィリピンではアキノ政権の登場によって民主主義体制が復活を果たし，現在に至るまで概ね定着してきたと評価できよう。

　しかし，このような評価とは対照的に，フィリピンの選挙は3G（Gun〔銃〕，Goon〔私兵団〕，Gold〔金〕の頭文字を採った言葉）や3P（Patronage〔パトロネージ〕，Pay-off〔報酬〕，Personality〔パーソナリティ〕の頭文字を採った言葉）と揶揄され，民主主義はカシケ民主主義やエリート民主主義，政党なき民主主義と呼ばれ

てきた。これらのネガティブな言説は，現実の機能面に着目した場合に観察される政治の欠陥を捉えたものに他ならない。本章では，これらの言説を手がかりに，フィリピンの民主主義の実態を炙り出す。また，エリート民主主義と呼ばれる実態との関連で，フィリピン国家の自律性と能力の低さについても明らかにする。

第1節　フィリピンの民主主義の成熟度

　民主主義の客観的な基準を設けるのは困難であるが，フリーダムハウスの指標はよく知られている。フリーダムハウスは，ニューヨークに本部を置く非営利団体で，1972年以来，世界の政治体制のモニタリングをしてきた。フリーダムハウスは，世界各国の民主主義の度合いを継続的かつ慎重に考察しており，そのデータは民主化研究において頻繁に引用されている。アメリカの援助庁である「アメリカ国際開発庁」(U.S. Agency for International Development = USAID) や世界銀行なども，発展途上国への援助に際してフリーダムハウスのデータを参考にしている。

　フリーダムハウスは，政治的権利と市民的自由にそれぞれ1から7のポイントを与え，その2つの平均が1から2.5なら自由 (Free)，3から5.5なら部分的自由 (Partly Free)，5.5から7なら非自由 (Not Free) に分類する。[2]数字が小さいほど民主主義が成熟していることになる。

　政治的権利は，(1) 国家もしくは政府の指導者その他の主要な権威者が自由で公正な選挙によって選ばれているか，(2) 立法府の代表が自由で公正な選挙によって選ばれているか，(3) 公正な選挙法が施行され，平等な選挙運動の機会が保障され，投票が公正であって票の集計が信頼できるものであるか，(4) 有権者は自由選挙で選ばれた代表に真の権力を委託できるか，(5) 様ざまな政党もしくは自分が選択したその他の競合的な政治団体を組織する権利を持つか，システムがこれらの政党と団体に対して開かれたものであるか，(6) 十分な反対票，事実上の野党勢力，そして野党勢力が支持を得ることで選挙を通じて権力を獲得する可能性があるか，(7) 国民は軍，外国の支配，全体主義的な政党，宗教的ヒエラルキー，経済面での寡頭支配，その他の強

力な団体から自由であるか，(8) 意思決定過程において文化的集団，民族的集団，宗教的集団，その他の少数集団がインフォーマルな合意を介して，正当な自決権，自治権，自立権，参加する権利を持っているか，の8つである。[3]

市民的自由は，(1) 自由で独立したメディア，文学，その他の文化的な表現手段があるか，(2) 開放的な公的討論，自由な私的討論が行われているか，(3) 集会とデモを行う自由はあるか，(4) 政治的組織もしくは準政治的組織を結成する自由はあるか，(5) 司法は独立しているか，(6) 市民と犯罪に関する問題に法の支配が浸透しているか，市民は法の下で平等であるか，警察は文民統制されているか，(7) 集団がシステムを支持するしないにかかわらず，政治的恐怖，不当な投獄，追放，拷問から保護されているか，戦争もしくは内乱的状態から自由であるか，(8) 労働組合と農民組織もしくはそれに相当する組織を結成する自由はあるか，有効な集合的バーゲニングが行われているか，専門的組織その他の私的組織を結成する自由はあるか，(9) 所有権は保障されているか，市民は私的企業を設立する権利を持つか，私的な企業活動が政府役人，治安部隊もしくは組織的な犯罪によって不当な影響を受けているか，(10) 自由な宗教的施設，自由な公的・私的宗教的表現があるか，(11) ジェンダーの平等，運動の自由，居住の選択，結婚と家族数の選択などを含め個人の社会的自由はあるか，(12) 経済的利益を合法的に共有するのに障害となる地主，雇用主，組合の指導者，官僚による搾取もしくはそれらへの依存からの自由を含め機会の平等はあるか，(13) 極端な政府の無関心と汚職から自由であるか，という13の基準である。[4]フリーダムハウスによれば，フィリピンの民主主義の成熟度は表6−1のように推移してきた。

第4章で見たように，フィリピンはマルコス独裁体制下にあったとはいえ，1984年の議会選挙において野党が実質的に参加を許されたことで，84年に政治的権利が5から4に繰り上がっている。市民的権利も83年のアキノ暗殺事件以降は，反マルコス民主化運動が高揚し市民社会の空間が一気に拡大したことに伴い，5から4になっている。86年にはピープルパワー革命によってマルコス独裁体制が終焉を迎え，それまで抑圧されていた様ざまな市民的権利が回復したことで市民的自由は2になった。さらに，翌87年に実施された議会選挙が比較的公正であったことを受けて，政治的権利は4から

(表6-1) フリーダムハウスによるフィリピンの民主化度の推移

年	72	73	74	75	76	77	78	79	80	81	82	83	84	85	86	87	88	89
政治的権利	4	5	5	5	5	5	5	5	5	5	5	5	4	4	4	2	2	2
市民的自由	6	5	5	5	5	5	5	5	5	5	5	5	4	3	2	2	3	3
ステイタス	P	P	P	P	P	P	P	P	P	P	P	P	P	P	P	F	F	F

90	91	92	93	94	95	96	97	98	99	00	01	02	03	04	05	06	07	08	09	10
3	3	3	3	3	2	2	2	2	2	2	2	2	2	2	2	3	3	4	4	4
3	3	3	4	4	4	3	3	3	3	3	3	3	3	3	3	3	3	3	3	3
P	P	P	P	P	F	F	F	F	F	F	F	F	F	F	F	P	P	P	P	P

(出所) フリーダムハウスのホームページのデータより筆者作成 (http://www.freedomhouse.org/uploads/FIWrank7305.xls)。ステイタスのPは部分的自由 (partly free), Fは自由 (free) を表す。アクセス日：2010年5月25日

2に上昇する。以後、政治的権利は2か3、市民的権利は3か4で推移している。

政治的権利が1にならない主たる理由としては、選挙において暴力や不正が絶えないこと、政治権力を経済的特権層、裕福な地主、少数の政治エリートが掌握していることなどが挙げられている。市民的自由が1にならない主な理由としては、汚職の蔓延、政治犯や一般の犯罪者に対する警官の拷問、治安維持軍や一部のイスラム勢力による人権侵害などが挙げられている。

このデータに関して注意が必要なのは、2006年頃からマルコス独裁体制の崩壊前と同程度にまで評価が後退している点である。2004年の大統領選挙における大幅な不正行為と軍による3度のクーデター未遂が評価を下げた最大の理由であるが、民主主義の制度自体が放棄されたわけではない。周知のように、マルコス体制崩壊以後、現在に至るまで、大統領選挙が4回（92年、98年、04年、10年）、議会選挙が8回（87年、92年、95年、98年、01年、04年、07年、10年）実施され、選挙を通じた民主的で平和的な政権交代が実践されてきた。よって、制度面を重視すれば、フィリピンは、様ざまな問題を抱えてはいても、体制としては民主主義と見なされうるが、その安定性は2006年頃から大きく損われ、定着から未定着の方向へ進みつつあると言えよう。

民主主義の制度面を客観的に評価する上では、ポリティプロジェクトのデータも参考になる。フリーダムハウスが、1972年以降しかデータを作成していないのに対して、ポリティプロジェクトは1800年以降のデータを作

(図6-1) ポリティプロジェクトによるフィリピンの民主化度の推移

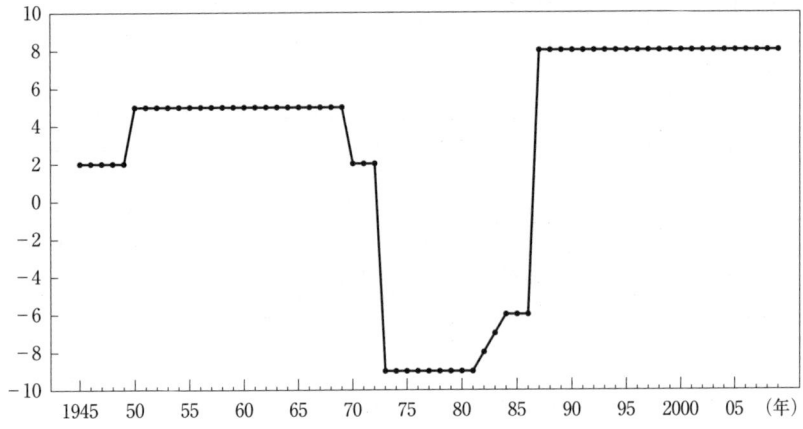

(出所) Polity Ⅳ Project のウェブサイトにあるデータベースより筆者作成 (http://www.systemic peace.org/polity/phi2.htm)。アクセス日：2010年7月13日

成している。フィリピンは，72年に戒厳令が布告される以前も民主主義体制であったことから，このポリティプロジェクトのデータも簡単に見ておきたい。

　ポリティプロジェクトは，1974年にガーが発表した「1800年から1971年の政治システムの持続性と変化」という論文を嚆矢として始まったプロジェクトであり，現在までにⅣのプロジェクトにまで発展している。ポリティプロジェクトでは，民主政治と独裁政治の度合いがそれぞれ測定され，その度合いが最も高い場合は10点，最も低い場合は0点と評価される。体制の民主化度は民主政治の点数から独裁政治の点数を引いて出された数字，すなわち -10から +10までの21段階で示される。数値化を行う際には以下の6つの変数が基準となる。(a) 行政府の長を補充する際の規定度，(b) 行政府の長を補充する際の競合度，(c) 行政府の長を補充する際の開放度，(d) 行政府の政策決定に対する制度的拘束度，(e) 政治参加の規制度，(f) 政治参加における競合度，である。これらの指標が，ダールが考案したポリアーキーの参加と競合を踏まえたものである。このデータによれば，フィリピンの民主化度は図6-1のように推移してきた。

このデータに基づきジャガーズとガーは，政治体制を以下の4つに分類している。すなわち（1）定着した民主政治（+10から+7），（2）未定着の民主政治（+6から0），（3）未定着の独裁政治（0から-6），（4）定着した独裁政治（-6から-10），である。[8]この分類から未定着か定着かの相違はあっても，マルコス独裁体制期を除きフィリピンは，概ね民主政治に分類され，マルコス体制以前よりも体制以後の方が民主政治の発展度合いは高いと評価できよう。

　しかしながら，ひとたび詳細に分け入ると，こうした評価が疑問視されるような実態が至る所で観察される。以下では，3G，3P，カシケ民主主義，ボス民主主義，エリート民主主義というキーワードを手がかりに，そうした民主主義の実態を明らかにする。

第2節　3G，3P，カシケ民主主義，ボス民主主義

　フィリピンにおいて選挙は，伝統的に3Gと揶揄されてきた。銃，私兵団，金の英語の頭文字を採った3Gは，選挙において暴力と金が蔓延している様子を捉えた表現である。暴力は主として有権者に対する脅しを，金は主として買票のための金品を示している。[9]

　戒厳令体制以前では，1949年と69年の大統領選挙で3Gが顕著に観察された。49年の大統領選挙は，前代未聞の3G選挙だったと言われている。キリノ大統領（Elpidio R. Quirino）は，この選挙で勝利を収めるが，与党による政治的暴力と選挙経費の使い込みは目に余るものがあった。69年の大統領選挙では，マルコス大統領（Ferdinando E. Marcos）が再選をかけて立候補し勝利を収めるが，キリノと同様に政治的暴力を用い買票に選挙経費を使い込んだために，選挙後に野党勢力のデモと財政赤字を引き起こす結果となった。[10]アキノ政権以後も3Gは一向に解消されていない。

　フィリピンでは，有権者に対する脅しや投票箱の強奪などに私兵団が用いられてきた。[11]民主化移行に伴い自由選挙を実施するにあたって，私兵団の復活が懸念されたため，新憲法では私兵団の廃止が規定された。[12]しかし，私兵団を用いた政治的暴力は解消されなかったため，ラモス大統領（Fidel V.

Ramos）は，1993年7月にアルナン内務自治相（Rafael M. Alunan）に私兵団の解体作戦の実行を命じ，フィリピン国家警察，フィリピン国軍，国家捜査局の3機関によって組織された「解体合同特殊部隊」(Joint Task Force Paglansag）が協同で私兵団の解体にあたった。11月の作戦終了時には，全国で461の私兵団を解体し，2万2,629丁の銃器を押収したと発表した[13]。

こうした努力にもかかわらず，現在に至るまで私兵団による暴力事件は後を絶たない。1995年の中間選挙では，198人の候補者が未だに私兵団を保持し，そのうち少なくとも42人が再選を目指す下院議員，州知事，市町長候補であることが政府によって公表された[14]。2001年の中間選挙と2004年の総選挙でも，100以上の私兵団が存在し，それらが選挙関連の暴力事件の原因であることが確認されている[15]。また，特定の候補者を支持する軍人や警察官，選挙の妨害を目的とする共産主義勢力やイスラム分離主義勢力による政治的暴力の存在も指摘されている[16]。図6-2から明らかなように，選挙関連の死傷者数は，やや増加傾向にさえある。

選挙における暴力的な要素は，カシケ民主主義と揶揄されることからも窺えよう。アメリカの植民地統治によって代議制が導入されると，スペイン植民地期に登場した地方の裕福なメスティーゾが国政レベルの政治権力へアクセスすることが可能となり，有力エリートによる寡頭支配構造の基礎が築かれた。戦後独立を果たした後も有力エリートは，私兵団を用いるなどして選挙で勝利を収め支配を継続してゆく。こうした暴力的かつ略奪的な有力エリートをアンダーソンはカシケ（cacique）と呼び，カシケが支配する民主主義体制をカシケ民主主義と名づけた。彼は，アキノ政権の下で民主主義体制が復活したことでカシケ民主主義も復活を果たしたと指摘する[17]。

サイデルが唱えるボス民主主義という概念も，こうしたカシケによる暴力的な支配の実態を照射したものである。サイデルは，社会経済的変化に伴いパトロン・クライアント関係が崩壊しても政治エリートが支配を継続できた理由を，長い歴史を持つ政治的暴力に求めた。サイデルの言うボスとは，「与えられた領域的権限あるいは管轄内で強制と経済資源に対する独占的な支配を達成している略奪的な権力ブローカー」を意味する[18]。サイデルは，地方選挙において選挙不正や政治的暴力が蔓延している状況から，地方ボスによる

(図6-2) 選挙における死傷者数の推移

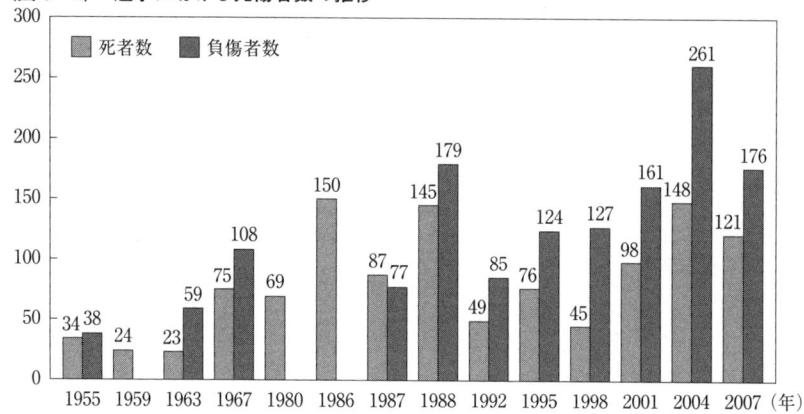

年	死者数	負傷者数
1955	34	38
1959	24	
1963	23	59
1967	75	108
1980	69	
1986	150	
1987	87	77
1988	145	179
1992	49	85
1995	76	124
1998	45	127
2001	98	161
2004	148	261
2007	121	176

(出所) 1955年から67年までの数字は，Mark R. Thompson, *The Anti-Marcos Struggle: Personalistic Rule and Democratic Transition in the Philippines*, New Haven: Yale University Press, 1995, p. 37. 80年と86年の数字は，Marvin P. Bionat, *How to Win (or Lose) in Philippine Elections: The Dynamics of Winning or Losing in Philippine Electoral Contests*, Pasig City: ANVIL PUBLISHING, INC., 1998, pp. 107-108. 87年と88年までの数字は，Leda A. Esguerra, Sandra S. Aquinaldo, Esther C. Tanquintic, and Cecilia S. Aquino, "RP polls: still guns, goons and gold," *Business World*, May 9, 1995. 92年から2007年の数字は，anon., "In the know: Election violence form 1992 to 2007," *Philippine Daily Inquirer*, March 12, 2010 を参照した。

暴力的な支配構造を見出した。このようなボスによる政治支配は，後述する有力エリート家族の存在とも結びついている。

買票行為については枚挙にいとまがない。選挙のたびに各地で買票行為の報告が挙がってくる。おそらく買票行為は，最も広く見られる選挙不正であり，政治文化の一部といっても過言ではない。たとえば，「政治・選挙改革研究所」（Institute for Political and Electoral Reform = IPER）が2003年に行った世論調査では，回答者の40.2％が買票を選挙の一般的な慣習だと考えていることが明らかにされた。また，フィリピンを代表する民間の世論調査機関である「社会気候局」（Social Weather Station = SWS）は，2002年7月のバランガイ選挙で有権者の6.7％が何らかの報酬を提供されたと指摘している。富裕層よりも貧困層の方がより多く買票にさらされていることも読み取れよう（表6-2）。この数字から試算すれば，全国でおよそ300万人の有権者が何らかの形で買票にさらされていることになる。

(表6−2) 2002年7月のバランガイ選挙で何らかの報酬を提供された有権者の割合

フィリピン全体	6.7%	都市部	4.4%
マニラ首都圏	1.7%	農村部	8.5%
ルソン	4.7%	ABC階級	1.9%
ビサヤ	9.3%	D階級	7.2%
ミンダナオ	11.3%	E階級	7.1%

(出所) Social Weather Station, *Report on the Survey Items Commissioned by Dr. Fredric Schaffer: SWS August 24-September 8, 2002 National Survey*, Quezon City: Social Weather Stations, 2003, p. 5. A階級は上層，B階級は中間層（上），C階級は中間層（下），D階級は下層，E階級は最下層を表す。

　こうした3G以外にも，フィリピンでは様ざまな選挙不正が散見される。選挙監視活動を行う市民団体によれば，有権者名簿の不正操作，有権者の誘拐や隔離，候補者に関する偽情報の流布，投票場所や選挙区の通知なしの変更，投票意欲を削ぐための交通機関の混乱，選挙用具の配送の遅延，投票用紙の強奪，他人の名前での投票，複写道具を用いた投票内容の漏洩行為，投票箱の強奪，開票時・集計時における票の加算・削減（タガログ語でDagdag-Bawas）などが頻繁に行われる選挙不正である。[22]

　次に，パトロネージ，報酬，パーソナリティの英語の頭文字を採った3Pは，3Gと重複する側面を有するが，必ずしも選挙不正を意味しているわけではない。3Pは，主に選挙における候補者の集票行動と有権者の投票行動の特徴を表している。[23]

　パトロネージと報酬は，ほぼ同義と捉えてよい。これらは，パトロン・クライアント関係や政治マシーンに見られるような候補者と有権者との垂直的な関係を示している。[24]パトロン・クライアント関係は，パトロン（候補者）とクライアント（有権者）との無限定的かつ感情的な互酬関係を表す。前者が日常的に提供する保護や物理的な福祉に対し，後者が政治的な支持や個人的な奉仕で応えるといった関係を指す。政治マシーンは，パトロン・クライアント関係よりも道具的かつ取引的な性格が強く，選挙に特化した限定的な関係である。個人的な忠誠というより物質的報酬に基づき，しばしば買票とも結びつく。[25]こうした相違はあるものの，垂直的な動員が行われ，投票行動が候補者の所属やイデオロギーよりも特定の便益との交換によって規定されている点で両者は共通する。

パーソナリティは、選挙において争点よりも候補者個人の人気が重視される傾向を捉えた表現である。工業化や都市化に伴い大衆社会化が進む近年においては、メディアに頻繁に登場して大衆の人気を獲得した人物の当選をも含意する。実際、全国区で選出される上院選挙では、芸能界出身の役者やニュース・キャスターがトップ当選を果たしており、小選挙区で選出される下院選挙と地方選挙でも同様の現象が見られるようになっている[26]。

　以上のことから3Pとは、選挙で所属政党や争点、政策、イデオロギーよりもパトロネージやパーソナリティといった伝統的もしくは大衆的な要素が強い影響力を持っている様子を捉えた表現と言える。工業化や都市化に伴い社会構造の変容が進んだ現在において、地方の農村部では未だに伝統的なパトロネージが根強く残っている一方で、都市部では政治マシーンやパーソナリティが集票能力をより発揮するようになっている。

第3節　エリート民主主義

　以上のような選挙の実態は、エリート民主主義と呼ばれる実態とも密接に関係している。エリート民主主義とは、政治が一部のエリートの権益のみを反映することを示した概念である[27]。ここで言うエリートとは、フィリピンの政治社会で根強く権力を保持し続ける裕福なエリート家族を指す。エリート家族の政治支配については、「フィリピン調査報道センター」（Philippine Center for Investigative Journalism ＝ PCIJ）の研究が詳しい。表6－3から明らかなように、体制移行後の下院におけるエリート家族出身の議員の割合は継続して6割を超える[28]。エリート家族は3Gや3Pを用いて支配を継続している点もしばしば指摘されている[29]。

　こうしたエリート民主主義は、発展途上国で広く見られる手続き的民主主義（procedural democracy）の欠陥を端的に捉えた表現でもある。アブエヴァが指摘するように、フィリピンにおいて選挙や議会といった手続き的民主主義は、裕福な上中間層の権益を反映し、多数の市民、とりわけ下層階級を蚊帳の外に置く[30]。エリート民主主義とは、極端な貧富の格差が解消されないフィリピンの現状を揶揄した言葉でもあり、手続き的民主主義が実質的民主主義

(表6-3) 下院におけるエリート家族出身の議員数

年	1987年	1992年	1998年	2001年
議員数	122	128	136	140
%	62	64	62	61

(出所) Sheila S. Coronel, Yvonne T. Chua, Luz Rimban, and Booma B. Cruz, *The Rulemakers: How the Wealthy and Well-Born Dominate Congress*, Quezon City: Philippine Center for Investigative Journalism, 2004, p. 48.

(substantive democracy) の障害となりうることをも含意している。

　この点に関連して，再びPCIJの研究を参照しながら当選議員が関心を持つビジネスを見てみると，1992年の選挙では農業と土地所有に関心を持つ議員の数が最も多く，132人であった。[31] 66％が地主議員という計算になる。このような地主議員による議会の支配によって，フィリピン最大の社会問題の解消を目指した農地改革法案は審議過程で地主有利の内容に修正された。手続き的民主主義の中核をなす議会が，実質的民主主義を阻害した最たる例である。この農地改革法案の審議過程については，第10章で詳しく扱う。

　地主議員が多数を占めていた議会も，現在までに変化を遂げてきた。表6-4は，下院議員が関心を持つビジネスの推移を表している。この表から，1992年に最も多かった農地や農業事業に関心を持つ議員の数は，未だに多いとはいえ徐々に減少し，議会はより多様な関心を持つ議員によって構成されつつある様子が読み取れよう。しかし，農業利益からの自律性はより確保されつつあるものの，関心の多様性が首尾一貫した経済プログラムの実行を困難にしていることが指摘されている。[32]

　下院におけるエリート家族の個別利益が問題となった代表的な法律としては，「付加価値税適用拡大法」(The Expanded Value-Added Tax Law = E-VAT Law) を挙げられよう。E-VAT法は，消費税の引き上げを目的としたもので，財政赤字と対外債務を抱えるフィリピン経済を再建する切り札としてラモス政権で成立した。しかし，審議過程で議員が法案の可決に反対しただけでなく，自身が関心を持つビジネスにおいて税控除を盛り込もうとしたため，審議は袋小路に陥った。このためラモス政権は，ポークバレル (pork barrel) を用いて法案の可決を急いだ。ポークバレルとは，政府の予算から

(表6-4) 下院議員が関心を持つビジネス（複数回答）

	1992年		1998年		2001年	
農地	116	(58%)	92	(42%)	89	(39%)
農業事業	64	(32%)	63	(29%)	63	(28%)
水産業	29	(15%)	24	(11%)	18	(8%)
銀行業	37	(19%)	33	(15%)	29	(13%)
金融業	41	(21%)	31	(14%)	29	(13%)
マスコミ業・出版業，電気通信業	21	(11%)	30	(14%)	34	(15%)
建設業	21	(11%)	29	(13%)	18	(8%)
食品製造業	17	(9%)	25	(11%)	22	(10%)
非食品製造業	36	(18%)	37	(17%)	32	(14%)
貿易業	69	(35%)	75	(34%)	71	(31%)
運搬業	23	(12%)	32	(15%)	33	(14%)
不動産業	104	(52%)	115	(52%)	111	(49%)
サービス業	41	(21%)	62	(28%)	58	(25%)
鉱山業，電力業，石油業，エネルギー業	30	(15%)	27	(12%)	24	(11%)
木材業	15	(8%)	13	(6%)	13	(6%)
教育業	13	(7%)	13	(6%)	9	(4%)
その他	48	(24%)	55	(25%)	53	(23%)
申告なし	33	(17%)	34	(15%)	38	(17%)

(出所) Sheila S. Coronel, Yvonne T. Chua, Luz Rimban, and Booma B. Cruz, *The Rulemakers: How the Wealthy and Well-Born Dominate Congress*, Quezon City: Philippine Center for Investigative Journalism, 2004, p. 38, Table 1.24 より筆者作成．

各議員に分配される公共事業資金であり，それを用いて各議員は自身の選挙区で支持基盤を獲得できる[33]。一般予算と異なり歳入に応じて大統領がポークバレルの分配権を持つため，その支出は法案可決の取引材料としてしばしば使用されてきた[34]。E-VAT法では年間80億円の増税が見込まれていたが，この法律を可決させるために使用されたポークバレルの総額は実に97億円に上った。最終的には，審議過程で議員が支持したセクターだけでなく従来のVAT法が対象としていたセクターにまで税控除の適用が拡大されることになった。

このようなエリート家族の強靭さは，政党の結束力を低下させる要因ともなる。エリート家族という社会単位が政治社会において優位なため，選挙が争点よりも家族間の争いに矮小化され，プログラム志向の政党の成長が阻害されうる[35]。政党の弱さは，議会における議員の投票行動から読み取ることができる。たとえば，第9回議会（1992～95年）の議員の投票行動を調査した「フィリピン人権情報センター」（Philippine Human Rights Information

(表6-5) 下院における提出法案数の推移

	提出法案数	国家法案数	地方法案数
1987-92年	35,420	5,237 (15%)	30,183 (85%)
1992-95年	14,632	3,184 (22%)	11,448 (78%)
1995-98年	10,551	3,785 (36%)	6,766 (64%)
1998-01年	12,935	4,197 (32%)	8,738 (67%)
2001-04年	6,677	2,916 (44%)	3,761 (56%)

(出所) Sheila S. Coronel, Yvonne T. Chua, Luz Rimban, and Booma B. Cruz, *The Rulemakers: How the Wealthy and Well-Born Dominate Congress*, Quezon City: Philippine Center for Investigative Journalism, 2004, p. 38, Table 3.1 を一部修正して筆者作成。

Center) によれば，論争を招く法案においては党派に依拠して投票した議員の割合は45%にすぎない。こうした投票行動は，あまり議論を必要としない法案の採決においても見られる。政党の弱さは，後述するように頻繁な党籍変更を助長する要因にもなっている。

　エリート家族の支配力が強く政党が弱い状況では，議会は政策やイデオロギーよりもエリート家族の個別利益の集合体と化す。事実，小選挙区で選出されたエリート家族出身の下院議員の大半は，自身の選挙区に利益をもたらすパトロンもしくはブローカーとなり，再選を目指して自己の選挙区の利益となるプロジェクトの獲得に精力を注ぐため，議会はローカルな利益に囚われることになる。表6-5は，下院における提出法案数の推移とその内訳である。国家法案数よりも地方法案数の方が明らかに多い。こうして再選を目指すエリート家族の個別利益に囚われた議会では，より長期的な成長や開発よりも目先の短期的なインフラプロジェクトに多くの労力が費やされることになる。

　以上検討してきた手続き的民主主義の機能的欠陥は，市民意識からも窺い知ることができよう。図6-3から明らかなように，とくに1990年代後半以降，「民主主義の機能に対する満足度」は低調のまま推移している。前述した民主主義の制度面を指標化したポリティプロジェクトの評価とは，ある意味で対称的である。

(図6-3) 民主主義の機能に対する満足度（％）

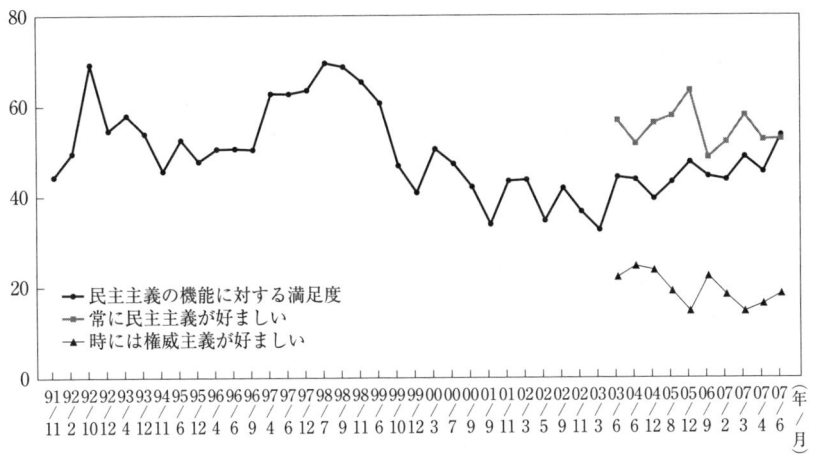

(出所) Social Weather Stations Data Library の内部資料より筆者作成。

第4節 国家の弱さ

　このようなエリート民主主義は，フィリピン国家の弱さとも密接に関係してこよう。そもそもフィリピンを初めとする発展途上国では，主として強い意志を持つ行政府か官僚機構が大胆な指導力を発揮して改革に取り組み，議会は保守的で偏狭な利益に囚われていることが多い。実際，急速な経済成長を遂げた東アジアで特徴的に見られたのは，強い国家の主導的な役割であった[38]。これに対してフィリピン国家の弱さを指摘する研究は，枚挙にいとまがない[39]。デラサール大学のヴィラコルタは次のように述べる[40]。「フィリピン国家の弱さの根底にあるのは，オリガーキーの利益との関係を断てないことである。フィリピンでは，地主エリートが産業セクターをも支配する。この経済の独占支配は，政治システムにおいても観察される。大部分の議員は，地主・資本家エリート出身か，それらから支持を得ている。官僚は，同様にこの既得利益から逃れられない[41]」。ここで論じられる国家の弱さとは，議会を支配するオリガーキーの個別利益という呪縛から国家（行政府）が自律できないことを意味する。

第6章　アキノ政権以降の民主主義の実態（1）

国家の自律性の低さの萌芽は，植民地時代から見られた。アメリカ植民地期には，エリートを懐柔して平和的な間接統治を行うという目的から，スペイン植民地期に形成された大土地所有制度と地主エリートが保護された。独立後もそうした制度が残存したため，地主エリートによる議会の寡頭支配は継続し，農地改革に代表される社会経済的改革は遅々として進まなかった。アキノ政権以後も地主エリートは議会を支配し，農地改革には強く反対していった。

　さらに，フィリピン国家は，政策を実行する能力の点でも弱いと言わざるをえない。フィリピンにおける行政学の第一人者であるブリランテスは，次のように指摘する。「フィリピン国家は，基本的なサービスの供給と効率的に法を施行する一般的な能力を持たないために，本質的に弱いということは広く同意を得てきたことである。たとえば，保健衛生と社会サービスのレベルは，フィリピン国民の必要性を充たすには明らかに不十分である。法と秩序を維持・保全することが，国家構造の主要な課題であり続けている。他の全ての第三世界の国のように，物理的インフラ，通信手段のインフラ，エネルギーからその他の社会的インフラに至るまで，政府の『開発』に必要な基本的サービスの供給は，相対的に不足したままである。それゆえ，ある程度，国家の政治・行政経済は，国家の存在理由である基本的なサービスを提供するという基本的機能を，十分効果的に果たせないできた。そういうわけで，この意味において，フィリピンは弱い国家であると特徴づけるのが適切であろう」[42]。

　国家の能力を大きく規定するのは，官僚機構の質である。フィリピンの官僚制は，戦後から現在に至るまで脆弱であり続けてきた。たとえば，ワーフェルは，戒厳令前のフィリピン国家は，腐敗して肥大化した官僚機構が十分な徴税が行えず，社会サービスも効率よく提供することができなかったことから，軟性国家（soft state）であったと指摘する[43]。また，1993年に出版された世界銀行の『東アジアの奇跡』では，フィリピンの官僚機構は東南アジアで最も質が悪いと評価されている[44]。

　フィリピンの官僚制を脆弱にする制度的原因は，給与の低さと実力主義の欠如に求めることができる。給与に関しては世界銀行が指摘するように，一

(表6-6) 民間部門の給与に対する公的部門の給与の割合 (%)

	上級職員	中堅職員	新入職員
シンガポール	114.0	115.0	107.0
韓国	98.8	81.3	83.6
マレーシア	40.0	34.3	—
タイ	47.6	33.6	78.9
フィリピン	27.7	25.0	62.5

(出所) World Bank, *The East Asian Miracle: Economic Growth and Public Policy*, New York: Oxford University Press, 1993, p. 177 (世界銀行著/白鳥正喜監訳『東アジアの奇跡――経済成長と政府の役割』東洋経済新報社, 1994年) を一部修正して筆者作成.

　般的に公的部門における総合的な給与水準が民間部門よりもよければ官僚機構は優秀となる。民間部門の給与に対する公務員の給与の割合を，他のアジア諸国と比較してみると，フィリピンは明らかに低い（表6-6）。

　こうした公務員の給与の低さは，民間への優秀な人材の流出，給与以外の手段による収入確保，すなわち汚職や腐敗の温床ともなりうる。実際，汚職の例は枚挙にいとまがない。そのため，キリノからマルコス，そしてアキノ，ラモス政権に至るまで，様ざまな汚職取締機関が作られてきたが，根本的な解決には至っていない。

　汚職の度合いを客観的に見るには，世界各国の汚職度を調査する「トランスパレンシー・インターナショナル」（Transparency International = TI）の指標が参考になる。TIは，各国の汚職度を0から10までの数字で評価している。10に近いほど汚職は少ない。表6-7から明らかなように，フィリピンの汚職度は明らかに高い。

　また，フィリピンでは政治的任命が深く浸透し，実力主義の欠如が顕著である。これが低い給与とあいまって官僚能力の低下を引き起こしている。実際，世界銀行は，フィリピンの官僚能力指数を，他の東アジア諸国の3分の1と評価している。

　最後に，国家の資源動員能力としての税収集力を見ておく。表6-8は，アキノ政権以降のGDPに対する税収率の推移を表している。当初は増加しているが，これは1986年にアキノ政権が行った税制改革計画によるところが大きい。90年代後半からは一転して税収率は低下の一途をたどる。加えて，世界銀行の報告をもとに他の東南アジア諸国と比較してみると，フィリピン

第6章 アキノ政権以降の民主主義の実態 (1)

(表6-7) 世界各国の汚職度

	1995年	1996年	1997年	1998年	1999年	2000年	2001年
デンマーク	9.3 (2)	9.3 (2)	9.9 (1)	10.0 (1)	10.0 (1)	9.8 (2)	9.5 (2)
シンガポール	9.3 (3)	8.8 (7)	8.7 (9)	9.1 (7)	9.1 (7)	9.1 (6)	9.2 (4)
日本	6.7 (20)	7.1 (17)	6.6 (21)	5.8 (25)	6.0 (25)	6.4 (23)	7.1 (21)
マレーシア	5.3 (21)	5.3 (26)	5.0 (32)	5.3 (29)	5.1 (32)	4.8 (36)	5.0 (36)
韓国	4.3 (27)	5.0 (27)	4.3 (34)	4.2 (43)	3.8 (50)	4.0 (48)	4.2 (42)
タイ	2.8 (34)	3.3 (37)	3.1 (39)	3.0 (61)	3.2 (68)	3.2 (60)	3.2 (61)
フィリピン	2.8 (36)	2.7 (44)	3.1 (40)	3.3 (55)	3.6 (54)	2.8 (69)	2.9 (65)
インドネシア	1.9 (41)	2.7 (45)	2.7 (46)	2.0 (80)	1.7 (96)	1.7 (85)	1.9 (88)
調査国数	41	54	52	85	99	90	91

2002年	2003年	2004年	2005年	2006年	2007年	2008年	2009年
9.5 (2)	9.5 (3)	9.5 (3)	9.5 (4)	9.5 (4)	9.4 (1)	9.3 (1)	9.3 (2)
9.3 (5)	9.4 (5)	9.3 (5)	9.4 (5)	9.4 (5)	9.3 (4)	9.2 (4)	9.2 (3)
7.1 (20)	7.0 (21)	6.9 (24)	7.3 (21)	7.6 (17)	7.5 (17)	7.3 (18)	7.7 (17)
4.9 (33)	5.2 (37)	5.0 (39)	5.1 (39)	5.0 (44)	5.1 (43)	5.1 (47)	4.5 (56)
4.5 (40)	4.3 (50)	4.5 (47)	5.0 (40)	5.1 (42)	5.1 (43)	5.6 (40)	5.5 (39)
3.2 (64)	3.3 (70)	3.6 (64)	3.8 (56)	3.6 (63)	3.3 (84)	3.5 (80)	3.4 (84)
2.6 (77)	2.5 (92)	2.6 (102)	2.5 (117)	2.5 (121)	2.5 (131)	2.3 (141)	2.4 (139)
1.9 (96)	1.9 (122)	2.0 (133)	2.2 (137)	2.4 (130)	2.3 (143)	2.6 (126)	2.8 (111)
102	133	145	158	163	179	180	180

(出所) Transparency International のホームページのデータを元に筆者作成 (http://www.transparency.org/)。1995年と1996年の数字は小数点第2位を四捨五入した。カッコ内の数字は順位を表す。アクセス日: 2010年7月27日

(表6-8) フィリピンにおける税収入およびGDPに対する税収の割合 (単位: ペソ)

	税収入	GDP	税収／GDP
1990年	151,698	1,077,237	14.08%
1991年	182,275	1,248,011	14.61%
1992年	208,706	1,351,559	15.44%
1993年	230,170	1,474,457	15.61%
1994年	271,305	1,692,932	16.03%
1995年	310,517	1,906,328	16.29%
1996年	367,895	2,171,922	16.94%
1997年	412,164	2,426,473	16.99%
1998年	416,586	2,665,060	15.63%
1999年	431,688	2,976,905	14.50%
2000年	489,859	3,631,474	13.49%
2001年	489,859	3,631,474	13.49%
2002年	496,372	3,963,873	12.52%
2003年	537,361	4,316,402	12.45%
2004年	598,014	4,858,835	12.31%

(出所) National Economic and Development Authority の Nantional Economic Indicators Online (http://localweb.neda.gov.ph/cgi-bin/st2.cgi?/eds/db/national/pfinance/national_govt_revenues_a.sc) より筆者作成。アクセス日: 2010年7月27日

の税収集能力は決して高いとは言えない。たとえば，各国のGNPに占める税収の割合は，マレーシアが22.5％，シンガポールが17.1％，タイが17.0％，インドネシアが16.3％，フィリピンが15.1％であった。[50] 以上のことから，フィリピン国家は能力の点でも弱いと言わざるをえない。

小　括

　フィリピンではアキノ政権の下で手続き的民主主義が復活を果たし，現在に至るまで崩壊を経験することなく存続してきた。しかし，議会や選挙といった手続き的民主主義の中核をなす政治社会の諸要素は，期待通りの機能を果たしていないのが現状である。民主主義の制度と機能との間に著しい乖離が生じているのが，ポスト・マルコス時代の民主主義の実態であった。それを端的に表現したのが，3G，3P，カシケ民主主義，ボス民主主義，エリート民主主義といったネガティブな言説に他ならない。また，とくにエリート民主主義と呼ばれるような一握りの政治エリート家族による寡頭支配は，フィリピン国家の弱さと表裏一体であることも指摘した。
　プツゼルは，このような欠陥を持つフィリピンの民主主義の発展を促す条件を3つ提示する。すなわち，国家の自律性の拡大，貧困の解消，市民社会の成長である。[51]
　国家の自律性を拡大するには，なにより議会を支配するエリート家族から自律性を確保することが肝要である。それは，エリート民主主義と呼ばれる状況を解消し，強い国家を形成することに他ならない。国家が策定した政策を実際に実行できる能力の強化も鍵となろう。
　貧困は，極端な二層構造に特徴づけられてきたフィリピンにとって最も重要な社会問題となってきた。貧困は，実質的民主主義と直接的に関わる問題である。換言すれば，単なる手続き的民主主義の改善のみならず実質的民主主義を実現してゆくことが重要な課題となる。
　最後に市民社会は，上述の2つの課題に取り組む重要なアクターである。第9章以降で具体的に検討するように，体制変動過程を通じて成長を遂げた市民社会は，政策決定過程に積極的に介入することで，国家の自律性と能力

を高め,手続き的民主主義の欠陥を修復し,実質的民主主義の実現を促すアクターとして重要な役割を果たしてゆく。

註

1　ジャガーズとガーによれば,両者の相関係数は0.92である(Keith Jaggers and Ted R. Gurr, "Tracking Democracy's Third Wave with the Polity Ⅲ Data," *Journal of Peace Research*, Vol. 32, No. 4, November 1995, p. 475)。

2　Adrian Karatnycky, ed., *Freedom in the World: The Annual Survey of Political Rights and Civil Liberties 1997-1998*, New York: Transaction Books, 2001, pp. 597-598.

3　*Ibid.*, p. 593.

4　*Ibid.*, pp. 595-596.

5　詳しくは,*Freedom in the World* のフィリピンの項目を参照されたい。

6　Ted R. Gurr, "Persistence and Change in Political Systems, 1800-1971," *American Political Science Review*, Vol. 68, No. 4, December 1974.

7　Polity Ⅳ Project については以下のウェブサイトを参照されたい(http://www.cidcm.umd.edu/inscr/polity/index.htm)。アクセス日:2010年7月3日

8　Keith Jaggers and Ted R. Gurr, *op. cit.*, pp. 473-474, pp. 478-479.

9　Michael Cullinane, "Patron as Client: Warlord Politics and the Duranos of Danao," in Alfred W. McCoy, ed., *An Anarchy of Families: State and Family in the Philippines*, Quezon City: Ateneo de Manila University Press, 1994, p. 188.

10　Mark R. Thompson, *The Anti-Marcos Struggle: Personalistic Rule and Democratic Transition in the Philippines*, New Haven: Yale University Press, 1995, pp. 24-25, pp. 35-42.

11　Marvin P. Bionat, *How to Win (or Lose) in Philippine Elections: The Dynamics of Winning or Losing in Philippine Electoral Contests*, Pasig City: ANVIL PUBLISHING, INC., 1998, pp. 109-110.

12　第18条第24節で「権限ある当局の承認を受けていない私設軍隊その他の軍隊は,解体される。この憲法により認められた国民軍と容れない民間国防軍等の非正規軍は,解体され,または適宜正規軍に編入される」と規定されている。

13　アジア経済研究所『アジア動向年報　1994年版』アジア経済研究所,1994年,294-295頁。

14 Sandra S. Aguinaldo, Leda A. Esguerra, and Esther C. Tanquintic, "Officials with private armies named," *Business World*, March 31, 1995.

15 anon., "Armed groups tagged," *Business World*, May 17, 2001; Karen L. Lema and Friena P. Guerrero, "Arroyo orders private armies' dismantling," *Business Day*, March 19, 2004; Friena P. Guerrere "Intensify campaign against private armies, gov't troops told," *Business World*, March 20, 2004.

16 Patrick Patino and Djorina Velasco, Election Violence in the Philippines, Online Papers, Friedrich Ebert Stiftung, 2004, pp. 8-9 (http://library.fes.de/pdf-files/bueros/philippinen/50071.pdf). アクセス日：2009年8月6日

17 Benedict Anderson, "Cacique Democracy in the Philippines: Origins and Dreams," *New Left Review*, No. 169, May/June 1988, pp. 10-31.

18 John T. Sidel, Coercion, Capital, and the Post-Colonial State: Bossism in the Postwar Philippines, Ann Arbor: UMI, 1995, pp. 42-43 (reprinted of Ph.D. Dissertation of Cornell University).

19 こうしたサイデルの研究成果を踏まえてラカバらは、5つの地方政治を事例としてアキノ政権以降のボス支配の様子を詳細に論じている（Jose F. Lacaba, ed., *Boss: 5 Case Studies of Local Politics in the Philippines*, Quezon City: Philippine Center for Investigative Journalism, Institute for Popular Democracy, 1995）。

20 Marvin P. Bionat, *op. cit.*, pp. 103-105.

21 Institute for Political and Electoral Reform, *The Voter's Choice: Myself. A Psychographics Study on Voting Behavior of the Filipino Electorate*, Manila: Institute for Political and Electoral Reform, 2004, p. 53.

22 Parish Pastoral Council for Responsible Voting, *Pollwatching Manual*, Manila: Parish Pastoral Council for Responsible Voting National Research and Voter's Education Committee, 1998, pp. 38-41; National Citizens' Movement for Free Elections, 2001 Elections Manual for Organizing Provincial, City and Municipal Chapter, March 2001, pp. 32-37.

23 Catholic Bishops' Conference of the Philippines, Catechism on the Church and Politics: Catholic Bishops' Conference of the Philippines Prayer for the National Elections of May 11, 1998, February 22, 1998.

24 Mary R. Hollnsteiner, *The Dynamics of Power in a Philippine Municipality*, Quezon City: Community Development Research Council, University of the Philippines, 1963; Jean Grossholtz, *Politics in the Philippines*, Boston: Little, Brown and Company, 1964; Carl H. Landé, *Leaders, Factions, and Parties: The Structure of Philippine Politics*, New Haven: Yale University Southeast Asia Studies, 1965; Louis P. Benson, "A

Research Note on Machine Politics as a Model for Change in a Philippine Province," *American Political Science Review*, Vol. 67, No. 2, June 1973; K. G. Machado, "Changing Patterns of Leadership Recruitment and the Emergence of the Professional Politician in Philippine Local Politics," in Benedict J. Kerkvliet, ed., *Political Change in the Philippines: Studies of Local Politics Preceding Martial Law*, Hawaii: The University Press of Hawaii, 1974; James A. Curry, "Continuity and Change in Philippine Electoral Politics: A Re-Evaluation," *Journal of Southeast Asian Studies*, Vol. 7, No. 2, September 1976.

25 Christian Schafferer, "Democracy and Democratization in East Asia: Myth or Reality," *Modern East Asia*, Vol. 1, No. 3, August 2002, pp. 17-18.

26 Chay F. Hofileña, *The Corruption and Commercialization of the Philippine Media*, Quezon City: Philippine Center for Investigative Journalism, 2004, pp. 26-54; Edna E. A. Co, Jorge V. Tigno, Maria Elissa Jayme Lao, and Margarita A. Sayo, *Philippine Democracy Assessment: Free and Fair Elections and the Democratic Role of Political Parties*, Quezon City: Friedrich Ebert Stiftung and National College of Public Administration and Governance, University of the Philippines, 2005, pp. 70-80.

27 エリート民主主義について詳しくは以下も参照されたい。Michael Pinches, "Elite Democracy, Development and People Power: Contending Ideologies and Changing Practices in Philippine Politics," *Asian Studies Review*, Vol. 21, Nos. 2-3, November 1997; Paul D. Hutchcroft, "Oligarchs and Cronies in the Philippine State: The Politics of Patrimonial Plunder," *World Politics*, Vol. 43, No. 3, April 1991.

28 出所は異なるが，2007年の選挙でも，75％の議員がエリート家族出身であることが指摘されている（anon., "75% sa bagong Kongreso mula sa political dynasty," GMA NEWs TV, June 29, 2007〔http://www.gmanews.tv/story/48929/75-sa-bagong-Kongreso-mula-sa-political-dynasty〕アクセス日：2010年7月27日）。

29 Sheila S. Coronel, Yvonne T. Chua, Luz Rimban, and Booma B. Cruz, *The Rulemakers: How the Wealthy and Well-Born Dominate Congress*, Quezon City: Philippine Center for Investigative Journalism, 2004, pp. 78-97.

30 Jose V. Abueva, "We have elite democracy that favors the rich," *Philippine Daily Inquirer*, July 13, 2002.

31 Eric Gutierrez, *The Ties That Bind: A Guide to Family, Business and Other Interests in the Ninth House of Representatives*, Metro Manila:

Philippine Center for Investigative Journalism and Institute for Popular Democracy, 1994, p. 4, p. 39.
32 Sheila S. Coronel, Yvonne T. Chua, Luz Rimban, and Booma B. Cruz, *op. cit.*, p. 38.
33 フィリピンのポークバレルに関するまとまった研究として以下を挙げておく。Sheila S. Coronel, ed., *Pork and Other Perks: Corruption and Governance in the Philippines*, Quezon City: Philippine Center for Investigative Journalism, 1998.
34 大統領と議会との利益調整に関して詳細な分析を行った最新の研究として以下のものがある。川中豪「フィリピンの大統領制と利益調整」(日本比較政治学会編『比較のなかの中国政治』早稲田大学出版部，2004 年)。
35 Eric Gutierrez, *op. cit.*, 1994, p. 17.
36 Philippine Human Rights Information Center, *Inside the Chambers: The Performance of the Ninth Congress on Human Rights*, Quezon City: Philippine Human Rights Information Center, 1996, pp. 28–34.
37 それ以外にも，「マカティ・ビジネス・クラブ」(Makati Business Club = MBC) がホームページ上で公開している議会監視 (Congress Watch) で，議員の投票行動が詳細にまとめられている。CongressWatch Report, No. 79, August 2003 (http://www.mbc.com.ph/congresswatch/cwrep/cwrarchive/cw79/default.htm); ConressWatch Report, No. 110, November 2005 (http://www.mbc.com.ph/congresswatch/cwrep/cwrarchive/cw110/default.htm). アクセス日：2010 年 7 月 9 日
38 Renato S. Velasco, "Does the Philippine Congress Promote Democracy?," in Felipe B. Miranda, ed., *Democratization: Philippine Perspectives*, Quezon City: University of the Philippines Press, 1997, p. 282.
39 この点を踏まえて世界銀行が毎年刊行する『世界開発報告』の 1997 年度版は，開発における国家の役割を扱った特集号となっている。World Bank, *World Development Report 1997: The State in a Changing World*, Oxford: Oxford Univeristy Press, 1997 (世界銀行著／海外経済協力基金開発問題研究所訳『世界開発報告 1997——開発における国家の役割』東洋経済新報社，1997 年)。
40 Francisco A. Magno, "Weak State, Ravage Forests: Political Constraints to Sustainable Upland Management in the Philippines," *Philippine Political Science Journal*, Nos. 33–36, June 1991-December 1992; Alex B. Brillantes, "Decentralization: Governance from Below," *Kasarinlan*, Vol. 10, No. 1, 3rd Quarter 1994; Amando Doronila, "Reflections on a Weak State and the Dilemma of Decentralization," *Kasarinlan*, Vol. 10, No. 1, 3rd Quarter 1994; Wilfrido V. Villacorta, "The Curse of the Weak State:

Leadership Imperatives for the Ramos Government," *Contemporary Southeast Asia*, Vol. 16, No. 1, June 1994; Alfred W. McCoy, "An Anarchy of Families: The Historiography of State and Family in the Philippines," in Alfred W. McCoy, ed., *An Anarchy of Families: State and Family in the Philippines*, Quezon City: Ateneo de Manila University Press, 1994; G. Sidney Silliman and Lela Garner Noble, "Introduction," in G. Sidney Silliman and Lela Garner Noble, eds., *Organizing for Democracy: NGOs, Civil Society and the Philippine State*, Honolulu: University of Hawai'i Press, 1998; Patricio N. Abinales, "The Philippines: Weak State, Resilient President," in Daljit Singh, ed., *Southeast Asian Affairs 2008*, Singapore: Institute of Southeat Asian Studies, 2008.

41　Wilfrido V. Villacorta, *op. cit.*, p. 67.
42　Alex B. Brillantes, *op. cit.*, p. 42.
43　David Wurfel, *Filipino Politics: Development and Decay*, Ithaca: Cornell University Press, 1988, p. 327（デイビット・ワーフェル著／大野拓司訳『現代フィリピンの政治と社会——マルコス戒厳令体制を越えて』明石書店, 1997年).
44　World Bank, *The East Asian Miracle: Economic Growth and Public Policy*, New York: Oxford University Press, 1993, p. 175（世界銀行著／白鳥正喜監訳『東アジアの奇跡——経済成長と政府の役割』東洋経済新報社, 1994年).
45　*Ibid.*, pp. 94-96.
46　世界銀行の報告でも，公共部門賃金と民間部門賃金の格差は，汚職と正の相関関係を持つことが指摘されている（*Ibid.*, pp. 103-104)。
47　フィリピンの行政官僚の汚職および制度的問題に関しては以下を参照されたい。Belinda A. Aquino, *Politics of Plunder: The Philippines under Marcos*, Quezon City: Great Books Trading and U.P. College of Public Administration, 1987（ベリンダ・A・アキノ著／伊藤美名子訳『略奪の政治——マルコス体制下のフィリピン』同文舘, 1992年). 片山裕「マルコス政権の行政官僚制度」『国際問題』第322号, 1987年1月；片山裕「アキノ政権下の行政改革」『年報行政研究』第25号, 1990年；藤原帰一「フィリピン政治と開発行政」（福島光丘編『フィリピンの工業化——再建への模索』アジア経済研究所, 1989年)。
48　World Bank, *The East Asian Miracle*, pp. 92-94.
49　詳しくは以下を参照されたい。ベンジャミン・E・ディクノ「フィリピンにおける租税と民間部門資源の動員」（ラウル・V・ファベリア, 坂井秀吉編『フィリピンの国内資源動員とその利用』アジア経済研究所, 1995年)。
50　World Bank, *World Development Report 1996: From Plan to Market*,

New York: Oxford University Press, 1996, pp. 214-215（世界銀行著／世界銀行東京事務所訳『世界開発報告 1996——計画経済から市場経済へ』イースタン・ブック・サーヴィス，1996 年）.

51　James Putzel, "Democratization and Clan Politics: The 1992 Philippine Elections," *South East Asia Research*, Vol. 3, No. 1, March 1995, pp. 21-22.

第7章

アキノ政権以降の民主主義の実態（2）

はじめに

　二大政党制であった戒厳令前と比べると，アキノ政権以降は政党の弱さが目立つ。1992年の選挙について大野は，「自由党や左派系のいくつかの弱小政党を除けば，政策や政治信条を中心に結びついている政党は1つもない。（中略）どの同盟も安定しておらず，政党の名称は次から次へと変わり，離合集散が繰り返されてきた」と寸評した。同様に，マニラ・クロニクル紙の編集長であったドロニラは，92年の選挙の様子からフィリピンを政党なき民主主義と揶揄した。彼は，98年の選挙においても「フィリピン史上最も不安定で弱い政党システム」と述べている。これらの指摘を裏づけるように，アキノ政権以降のフィリピンでは政党が離合集散を繰り返し，大規模な鞍替えも頻繁に見られるため，政党の持つ意味は極めて低下している。

　こうした政党の脆弱性は，マルコス独裁体制の登場と崩壊が引き起こしたとも指摘されている。確かに独立してから26年間続いた二大政党制が，戒厳令に伴う政党活動と議会の停止によって崩壊したのは間違いない。マルコス体制の崩壊過程で政党組織の分裂が進んだことも事実であろう。だが，マルコス体制が崩壊してから20年以上が経過した現在においても政党の弱さが指摘されているということは，その根本的な原因は別にあることを示していよう。

これまで政党の弱さを引き起こす原因については，合理的な選択を行う政党と有権者を想定する現代政党理論とは相容れない要素，すなわちパトロン・クライアント関係や家族主義といった非合理的かつ伝統的な政治文化とも言いうる要素に求められる傾向があった。この指摘は間違いではないとしても，政治文化が強調されるあまり，政党の行動を規定する大統領制や選挙制度といった政治制度が持つ作用は等閑視されてきた。フィリピン国内では大統領制から議院内閣制への移行が政党の強化に結びつくとする議論がたびたび行われている状況を踏まえれば，政治制度が政党に与える作用はなおさら看過できまい。

　政治文化と政治制度に加えて，政党の弱さと密接に関係する要素として検証しておきたいのが社会構造とその変化である。フィリピンの場合，比較的同質的で極端な貧富の格差に特徴づけられる社会構造が，パトロン・クライアント関係と有力エリート家族による寡頭支配を助長し，政策やイデオロギーに基づく政党の成長を阻害してきた。加えて，大衆社会の急速な拡大という社会構造の変化が，候補者の集票行動と有権者の投票行動に変化を引き起こし，政党の弱さをさらに助長してきたと考えられる。

　このような認識から以下では，制度的要因，文化的要因，構造的要因に着目しながらアキノ政権以降の政党なき民主主義の実態を検証する。

第1節　アメリカ植民地期における政党政治の開始

　フィリピンで選挙に伴う政党政治が開始されたのは，アメリカの植民地統治期であった。まず，1901年にミューニシパリティ・レベルの選挙，次いで1902年に州レベルの選挙が実施された。1907年にはフィリピン人から構成される議会の開設に先立ち議会選挙が行われ，これに伴い国政レベルの政党政治が開始される。植民地支配下にあったにもかかわらず，民主的制度が導入された背景には，フィリピンを「デモクラシーのショーケース」にしようとするアメリカ政府の意図があったことは周知の通りである。

　フィリピンで最初の政党は，比米戦争中の1900年にフィリピン人エリートによって結成された「連邦党」（Federal Party）であった。連邦党は，ア

メリカ合衆国の主権受諾による和平を望む従順なアメリカ御用政党であった。しかし，1907年の議会開設に伴い，独立を掲げる政党の設立禁止規制が緩和されると，新政党が次つぎに誕生する。その中で，即時独立を求める諸政党によって結成されたのが「国民党」(Nacionalista Party = NP) であった。1907年に行われた議会選挙では，連邦党が選挙前に改名して結成した保守的な「進歩党」(Progressive Party) が80議席中わずか16議席しか獲得できなかったのに対し，NPは58議席を獲得して勝利を収めた[8]。以後，NPの一党優位体制が独立を果たすまで続いた。

　植民地統治期にアメリカ政府は，武力による制圧のコストを回避してスムーズな統治を行うために，フィリピン人エリートを懐柔し，それらを通じて平和的な間接統治を行う政策を推し進めた。パイが指摘するように，アメリカ人によって政治とは選挙であり官僚のキャリアではないという考えがフィリピン人エリートの間に浸透し，大きな公約と密室での駆け引きに特徴づけられるパトロン中心の政治が根づいていった[9]。

　ここで言うフィリピン人エリートとは，スペイン植民地期に台頭してきた地主やカシケ (cacique) のことである[10]。カシケとは，商業志向の地主を指し，スペイン植民地期後期にマニラを中心に農業輸出が成長を遂げ農業の商業化が起こる過程で出現した[11]。つまり，フィリピン人エリートとは，歴史的に集約された土地資産に基盤を置く地主階層に他ならない。アメリカ植民地政府は，スペイン植民地時代に形成された地主的土地所有形態を解消するどころか土地所有権確定事業を行い，地主階級に多大な利益と隔絶した地位をもたらした[12]。加えて，地主エリートの既得権益を取り上げることなく民主的制度を導入したことで，政治権力は地主エリートに従属することになった。ここに，前章で検討したエリート民主主義と国家の弱さの萌芽を見ることができよう。

　選挙政治に伴い，選挙権も早くから拡大した。当初は，英語とスペイン語の識字能力のある23歳以上の男性のみに選挙権が付与されていたが，1916年のジョーンズ法で識字能力のある21歳以上の男性に拡大された[13]。しかし，選挙権の拡大によって，健全な競争原理が培われたわけではない。植民地支配は，非合理的な権力観，すなわち権力は社会に分散してはならず支配階級

や特別なエリートの独占物でなくてはならないという権力観を浸透させたからである。[14] このため選挙権の拡大は，皮肉にもエリートと非エリートとの溝を拡大することとなった。

1930年代になると，独立の準備が本格的に行われてゆく。35年には大統領制と一院制に基づくコモンウェルス（独立準備）政府が誕生し，NPのケソン（Manuel L. Quezon）が初代大統領に就任した。40年には憲法改正によって，議会が全国区で選出される上院と小選挙区で選出される下院に分けられ，現行とほぼ同じ二院制が確立した。

植民地統治下にあったとはいえ，大統領にはアメリカ州知事と同等の権限が与えられていた。ケソン大統領は，この権限を巧みに利用して，ミューニシパリティに至るまでパトロネージ・ネットワークを構築し，NPの一党支配体制を確固たるものにしてゆく。ケソンが率いるNPは，1940年の州知事選挙において43州中41州で勝利を収める。ミューニシパリティ・レベルの選挙でも，一部の選挙区で野党に議席を許しただけで，NPがほとんどの議席を獲得した。41年に行われた議会選挙では，ケソンが選出した24人の上院候補が全員当選を果たし，下院でNPは98議席中95議席を獲得した。[15]

こうして大統領制の導入によって，それまで分散していたパトロネージが一元化し，大統領を頂点とするパトロネージ型政党の原型が誕生した。

第2節　戦後の二大政党制

フィリピンは1946年にアメリカから独立を果たしたものの，他の新興独立国と同様に大土地所有制度と一次産品輸出経済を特徴とする植民地的な経済構造は残存し，土地資産を持つ有力エリート家族による寡頭支配構造もそのまま保持されることになった。ただし，政党制に関しては，独立してから戒厳令が布告されるまでの26年間，NPとそこから分派してマヌエル・ロハス（Manuel A. Roxas）が46年に組織した「自由党」(Liberal Party = LP) が，ほぼ交代で政権を担当する二大政党制が続いた点で，コモンウェルス期の一党支配体制とは異なっていた。

この時期の政治制度は，コモンウェルス期の政治制度を引き継ぎ，大統

(表7-1) 歴代フィリピン大統領の所属政党（戒厳令布告まで）

大統領	任期	所属政党
ケソン（Manuel L. Quezon）	1935～44年	NP
オスメニャ（Sergio Osmeña）	1944～46年	NP
ロハス（Manuel A. Roxas）	1946～48年	LP
キリノ（Elpidio R. Quirino）	1948～53年	LP
マグサイサイ（Ramon D. Magsaysay）	1953～57年	NP
ガルシア（Carlos P. Garcia）	1957～61年	NP
マカパガル（Diosdado P. Macapagal）	1961～65年	LP
マルコス（Ferdinando E. Marcos）	1965～72年	NP

(出所) 筆者作成。ロハスとキリノの任期が短いのは，任期途中の1948年にロハスが死去し，当時副大統領であったキリノが大統領に昇格したためである。キリノは翌年49年の大統領選挙で当選した。

(表7-2) 戒厳令前の上院選挙の結果

年	1946	1947	1949	1951	1953	1955	1957	1959	1961	1963	1965	1967	1969
NP	7	1	0	9	5	9	6	5	2	4	5	6	7
LP	8	7	8	0	0	0	2	2	6	4	2	1	1
その他	1	0	0	0	3	0	0	1	0	0	1	1	0
政権党	LP				NP				LP		NP		

(出所) Commission on Elections の内部資料より筆者作成。

(表7-3) 戒厳令前の下院選挙の結果

年	1946	1949	1953	1957	1961	1965	1969
NP	36	32	59	80	73	35	87
LP	44	64	30	18	27	59	16
その他	16	3	12	3	3	8	7
政権党	LP		NP		LP	NP	

(出所) Commission on Elections の内部資料より筆者作成。

領制と二院制を基本的な骨格としていた。大統領の任期は4年で，連続2期までに制限されていた。上院議員の任期は6年で定数は24人，全国1区から選出され，2年毎に定数の3分の1が改選された。下院議員の任期は4年，定数は約100人で，小選挙区から選出された。

　選挙結果を見ると，LPの大統領候補が当選した1946年，49年，61年の上院選挙ではLPが勝ち，NPの大統領候補が当選した53年，57年，65年の上院選挙ではNPが勝利を収めている（表7-1，表7-2）。下院では，61年と65年のケースを除き，政権党となる政党が過半数を獲得している。例

外となる61年と65年にしても，政権党となる政党は大敗してはいない（表7-3）。以上の点を踏まえれば，戦後から戒厳令が布告されるまでのフィリピンは二大政党制に分類できよう。

政治制度論では，議院内閣制と比べて大統領制は有効な政党の数を減少させる機能があることが指摘されている。レイプハルトが述べるように，議院内閣制と比べ，大統領制はゼロサムな性質を持つため，大統領という最大の政治的報酬を勝ち取る力のある政党だけが生き残ることができるからである。[16] 通常，大統領制を採る国では，閣僚は政権党のメンバーから構成される。また，議院内閣制と異なり大統領制では，選挙によって行政府の長である大統領が選ばれ，議会単独の決定では原則的に大統領を解任できない。大統領選挙で敗れた政党は，大統領の任期が終了するまで行政権というパトロネージなしに活動せざるをえない。この結果，弱小政党はさらに弱体化してゆく。

これを裏づけたのが，ステパンとスキャッチの研究である。彼らは，議院内閣制を採る34ヵ国，大統領制を採る5ヵ国，半大統領制を採る2ヵ国を対象として，有効政党数の比較分析を行った。対象期間は1979年から89年である。分析の結果，議院内閣制を採る34ヵ国のうち11ヵ国の有効政党数は3.2から7.0の間，大統領制を採る5ヵ国の有効政党数は全て2.6以下，半大統領制を採る2つの国の有効政党数は3.2と3.6であった。[17] 有効政党数は，各政党が獲得した議席数に基づき計算される。[18] この研究は，大統領制が二大政党制の形成を促す機能を有することを示したものと言えよう。

戦後のフィリピンにおいても，大統領制は第三の政党の出現を困難にしてきた。NPとLPがほぼ交代で政権を握っている限り，第三の政党には選挙運動を有利にするポークバレルやパトロネージに接近する手段がなかったからである。政策やイデオロギーに重点を置く第三の政党がいくつか結成されたが，いずれも消滅していった。[19]

しかし，なぜNPとLPという政党だけがほぼ交代で政権を握るパターンが26年間も続いたのだろうか。加えて，大統領制によって二大政党制が継続したとするならば，同じ制度を採用するアキノ政権以降はなぜ多党制になったのだろうか。これらの疑問を明らかにするには，大統領制だけでなく選挙制度と政治文化，さらには社会構造とその変化にも着目して政党の動態

を分析しなければならない。

　多くの論者が指摘するように，NPとLPはパトロネージの連鎖で結束したエリート家族の連合体にすぎなかった。フィリピンにおけるエリート家族の支配は，強い家族主義という伝統的な政治文化が具現化したものと考えることができる。[20]こうした家族主義の台頭には，フィリピンの社会構造も関係していた。ランデが指摘するように，同質的な共同体と双方系の親族関係に特徴づけられるフィリピンのような社会では，家族の集合体が派閥の中心になる傾向があるからである。[21]こうして形成された強い家族主義は，両親や祖父母が政治家なら自分も政治家にといった強い世襲主義と結びつき，各地で政治的王朝を生み出していった。[22]

　加えて，不平等な土地所有構造に起因する極端な二層社会構造と農業依存的な産業構造が，有力地主家族の支配力を補強した。戦後のフィリピンは，人口の約70％が農村に住み，労働人口の約6割が農業部門に従事する産業構造であり，東南アジアの中でも地主と小作人の関係がとくに進んだ国であった。[23]たとえば，1960年における自作農，自小作農，小作農の割合は，それぞれ44.7％，14.4％，39.9％で，地主と小作関係にあった農民は全農民の半数以上に達していた。フィリピンの小作農の大部分は刈分小作で，刈分小作料は収穫の半分にすぎなかった。生産性が極めて低かったことを加味すれば，小作農民にとって小作料は高額であったと言えよう。さらに，小作農民は，慢性的な負債を抱えていたため，その生活は極めて貧しかった。[24]この結果，裕福な有力地主家族と貧しい小作人との間で，庇護者と従属者というパトロン・クライアント関係が形成され，有力地主家族の支配力が強められた。

　パトロン・クライアント関係とは，「構造的な友情関係を有する二者の特別なケース」であり，そこでは「社会経済的に高い地位の者（パトロン）が，低い地位の者（クライアント）に対して保護と利益を与えるために，その影響力と資源を用い，クライアントは個人的なサービスを含む一般的な支持と援助をパトロンに提供して報いる」[25]。伝統的なフィリピン社会のパトロンは，クライアントに対して保護や物理的な福祉など様ざまなサービスを与えてきた。クライアントもパトロンに対して，政治的な支持や個人的な奉仕などで

忠誠を示した。パトロン・クライアント関係を支えるのは内なる負債を意味するウタン・ナ・ローブ（utang na loob）である。これは個人的に大きな犠牲を払ってでも恩に報いることを動機づける価値観である。報恩を怠るとワラン・ヒヤ（walang hiya），つまり恥知らずとされる。こうしてクライアント（有権者）は，本人ないし身内の誰かが直接的あるいは間接的に世話になったパトロン（候補者）に票を投じた[26]。

　しかし，当選するのに十分な小作人を持つことは不可能である。有力地主家族は，パトロン・クライアント関係に加えてコンパドラスゴ（compadrazgo）と呼ばれる儀礼親族制を用い，非親族にまで家族関係を拡大して選挙の票集めに利用した[27]。また，工業化の進んだ地域の有力地主家族は，リデル（lider）と呼ばれる集票人を持っていた。たとえば，北カマリネス州の調査を行ったベンソンは，下院議員と州知事がミューニシパリティ・レベルとバリオ・レベルで候補者1人につき1,600人から2,000人のリデルを持っていたことを明らかにしている。加えて，リデルの大半がミューニシパリティ・レベルで政治職に就いていたこと，リデルと下院議員もしくは州知事との関係は家族，コンパドラスゴ，仕事，プロジェクト，金に依拠していたことが指摘されている[28]。リデルを介した集票行動は，短期的かつ物質的な報酬に基づくものであり，理論的には政治マシーンに近い。

　政治マシーンとは，「機能的であるが必ずしもフォーマルな組織ではなく，通常は政党の中に組み込まれ，その政党内で権力が集中し，そのメンバーがイデオロギー的な考慮よりも分配可能な物質的誘因によって動機づけられている」[29]。パトロン・クライアント関係は，無限定的で感情的な関係であるのに対して，政治マシーンは，道具的で取引的な性格が強く，選挙に特化した限定的な関係である。政治マシーンは，個人的な忠誠というより物質的報酬に依拠しており，金，贈り物，仕事などは集票マシーンとして配置されている。こうした相違はあるが，垂直的な動員が行われ，所属やイデオロギーというより特定の便益との交換に基づく投票行動が見られる点で両者は共通する。どちらも広義の政治的クライアテリズムに含めることができよう。

　政治マシーンについては，社会経済的な変化に伴い1970年代以降に議論されるようになった[30]。たとえば，マチャドは，産業と商業が発達したバタン

(図7-1) パトロン・クライアント関係の類型

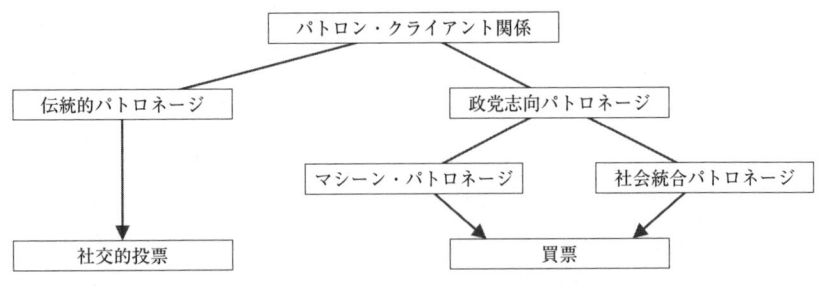

```
              パトロン・クライアント関係
                 ／          ＼
       伝統的パトロネージ    政党志向パトロネージ
            │            ／          ＼
            │    マシーン・パトロネージ  社会統合パトロネージ
            ↓            ↓          ↓
       社交的投票              買票
```

(出所) Christian Schafferer, "Democracy and Democratization in East Asia: Myth or Reality," *Modern East Asia*, Vol. 1, No. 3, August 2002, p. 18, Figure 1を一部修正して筆者作成。フィリピンでは伝統的パトロネージ, 韓国ではマシーン・パトロネージ, 台湾では社会統合パトロネージが支配的であると指摘されている。

ガス州と農業が支配的で少数の有力地主家族に土地が集中しているカピズ州との比較分析を行い，リデルに対する依存度は前者の方が後者の2倍であることを明らかにした。[31] また，カリーは，州知事と NP, LP との間に短期的で物質的な誘因に基づく政治マシーンが構築されていたことを指摘している。[32]

加えて，有力地主家族は，しばしば買票や暴力という手段を用いて支配を継続していたことが指摘されている。[33] 河田が述べるように，買票は限定的かつ取引的な交換に基づく投票行動であり，政治的クライアンテリズムに含めることができよう。[34]

この点に関してシャフェラーは，パトロン・クライアント関係を伝統的パトロネージと政党志向パトロネージに分け，さらに後者をマシーン・パトロネージと社会統合パトロネージに分けて議論の整理を行っている。マシーン・パトロネージでは，政党が自己の資金を用いて有権者の支持を獲得する必要がない。これに対して社会統合パトロネージは，多様な利益集団のネットワークを介したパトロネージであり，強固な政党のネットワークと利益集団に対する統制を必要とする。伝統的パトロネージによって生じる投票行動が社交的投票であり，政党志向パトロネージによって生じる投票行動が買票となる（図7-1）。物理的な暴力は，政治的クライアンテリズムには含められない強制という要素を持つが，投票行動が合理的か非合理的かという点で見れば，買票と同様に非合理的な投票行動に分類できよう。

こうした非合理的な手段を用いた有力エリート家族の支配は，小選挙区制という政治制度とも密接に関係していた。比例代表制に比べて小選挙区制は，日常的な互恵関係に基づくパトロン・クライアント関係によって票を獲得するには有利な制度であった。他方で，比例代表制や大選挙区制と比べると，小選挙区はゼロサム的な選挙制度であり，候補者間の競争を激化させ，私兵団を用いた政治的暴力の使用を促す要因にもなった。

　選挙制度と政党制との関係に関してはサルトーリが，政党制が構造化されている場合とされていない場合とを区別して論じている。候補者がその個人的な影響力によって当選し，所属政党の持つ意味が低下している場合，政党制は構造化されていない。逆に，党の持つイメージで候補者が当選すれば，政党制は構造化されている。小選挙区制と構造化された政党制との組み合わせでは，選挙制度による削減効果が発揮されて政党数が減少する。小選挙区制と構造化されていない政党制との組み合わせでは，全国規模での削減効果は生じないが，選挙区内では削減効果が現われ，2人の候補者による競合が促進される[35]。政党制の構造化の度合いを計ることは困難ではあるが，NPとLPは有力家族の集合体にすぎず，小選挙区内では裕福な有力エリート家族が支配的であった状況から判断すれば，フィリピンの政党制が構造化されていたとは言い難い。よって，フィリピンでは，小選挙区制によって全国規模での政党数の削減効果は生じないことになる。

　しかし，小選挙区制とそれに伴う有力エリート家族の支配，その結果でもある構造化されていない政党制は，大統領制下でのNPとLPによる二大政党制を支える機能を果たしていた。小選挙区において裕福で政党組織から自律している有力エリート家族にとって政党への所属は，政策やイデオロギーというよりも自分の選挙区で支持を獲得して当選に有利にする手段にすぎず，政党はパトロネージとポークバレルを手に入れるブローカーに他ならなかった。それゆえ，有力エリート家族は，政権党となる可能性が高いLPかNPを選択し，公共事業予算や各種利権の配分，政治資金の提供を大統領から受ける代わりに，自己の地盤から票の取りまとめをしたのである。

　しかし，両党ともイデオロギーや政策によって結束が保たれているのではなく，パトロネージを求める有力家族の連合体にすぎなかったとすれば，ゼ

ロサム的な大統領制の下ではパトロネージとポークバレルを容易に獲得できる政権党が有利で、その支配が継続することが予想されよう。実際、政権党の勝率は、大統領選挙後の第1回目の州知事選挙で75%から82%であったし、大統領選挙でもロハス（LP）の後にキリノ（LP）、マグサイサイ（NP）の後にガルシア（NP）が勝利を収めている（表7-1）。しかし、政権獲得後の第2回目の州知事選挙では、政権党の勝率は50%から66%に下がり、政権党の支配も2期以上続いていない。この理由は、フィリピンの政治文化の1つである打算的な実利主義によって説明されよう。

トンプソンは、1つの政党が長く大統領職を掌握すると、限られた政府の資源をめぐって内部の争いが激しくなり、政権党のメンバーは見返りが少ないと感じ始めるようになったこと、さらに次の大統領選挙で勝った場合により大きなパイを与えることを約束して党籍変更を促したことで、野党が勝利を収めたと指摘する。独立を直前に控えた1946年の選挙でのLPの勝利も、61年と65年の選挙での野党の勝利も、より大きなパイを求める実利的な政治家による支持の変更がその背景にあった。だが、全ての議員が政権党に吸収されるわけではない。ワーフェルが指摘するように、パイが同じで所属議員を増やせばそれだけ分け前が減るからである。こうして2つの政党を中心として、打算的で実利的なエリートによるバーゲニング政治が展開していたと言えよう。

最後に上院について簡単に見ておく。上院でもNPとLPの候補者が多くの議席を獲得し、第三の政党が当選者を出すことはほとんど不可能であった（表7-2）。また、NPとLPの上院候補には、ほぼ例外なく州知事か下院議員、政府高官であった人物が選ばれている。上院議員は、大統領と同様に全国区で選出されたため、下院議員や州知事から大統領になるための重要なステップと考えられていた。

この時期のNPとLPは、強い政党と言えるだろうか。ランデによれば強い政党とは、長期間持続して存在できる安定性、末端レベルに至るまでの組織力、政策等の点で内部的な統一性を持っている政党を指す。これまで見てきたように、長期的な安定性にしても選挙での勝利も、政党の持つ政策やイデオロギーによって有権者の支持を得た結果というよりは、地方の有力エ

リート家族がポークバレルを得ようとして政権党となりうる政党を選んだ結果であった。NPとLPが強かったというよりは，単に有力エリート家族が強かったにすぎず，それゆえ政党の結束力は弱く党籍変更も頻繁に起こった。組織力にしても，政党の政策やイデオロギーが下位レベルにまで浸透していたというよりは，単に便益との交換によって上位レベルの政治家と下位レベルの政治家との間に垂直的な関係が築かれていたにすぎなかった。したがって，政権を獲得し多くの議席を保持していたからといって，必ずしも政党が強いということにはならない。

　以上のように，強い家族主義と双方系の家族構造によって重要な社会単位となった有力エリート家族は，パトロン・クライント関係や政治マシーンといった手段を利用しながら支配を継続した。農業依存的な社会構造と小選挙区制は，そうした手段を用いる有力エリート家族にとって有利に働いた。そしてゼロサム的な大統領制と打算的な政治文化は，政権党になりうる政党への有力エリート家族の党籍変更を助長して二大政党制の形成を促す一方で，政策やイデオロギーによる政党の成長を阻害していった。

　こうして26年間続いた二大政党制は，マルコス（Ferdinando E. Marcos）が戒厳令を布告し，議会と政党の活動を停止したことで終焉を迎える。1978年には戒厳令下にあったとはいえ，暫定議会選挙が行われるが，与党であった「新社会運動」（Kilusang Bagong Lipunan = KBL）の圧勝で終わる。84年に行われた議会選挙では，野党勢力は多くの議席を獲得するが，第4章で見たように健全な複数政党制と呼べるものではなかった。また，マルコス体制崩壊過程では反マルコスという旗印の下に諸政党が結集したことで，政治社会は流動的な状態のままアキノ政権の下で民主主義体制が復活を果たした。しかし，アキノ政権以降の政党の弱さの原因を，マルコス独裁体制下での政党政治の崩壊と体制変動過程での政治社会の流動化にのみ求めるのは正確ではない。その根本的な原因は，政治制度，根強く残るフィリピンの政治文化，社会構造とその変化の相互作用に求められる。この点を次節では具体的に検討する。

第3節　社会経済的条件の変容

　第5章で見たように，アキノ政権以降のフィリピンは，新憲法に基づき戒厳令前と同じ大統領制と二院制を採用している。しかしながら，制度はほぼ同じであっても，戦後独立してから半世紀が経過する間にフィリピンの社会構造は大きく変化を遂げ，いわゆる大衆社会の空間が拡大した点で決定的に異なる。戒厳令前は人口の約70％が農村部に住み，労働人口の約6割が農業部門に従事し，貧富の格差が顕著な二層社会であった。そのため，多くの非エリートは，伝統的な農村社会内で裕福な地主エリートに依存する貧しいクライアントにすぎなかった。しかし，工業化，都市化，マスメディアの発達は，社会的流動化を促して伝統社会を打ち壊し，大衆社会の空間を拡大させた（表7-4，表7-5，表7-6，表7-7，表7-8）[43]。

　ただし，フィリピンの大衆社会を，先進国の大衆社会と同一視することには留保が必要である。社会全体の生活水準が著しく向上した先進国と異なり，都市部の中間層の割合は比較的多いものの全体としては増加していないこと（表7-9，表7-10），都市化と工業化によって社会的流動化が進んでも極端な貧富の格差に特徴づけられる二層社会構造は未だに解消されていないことから（表7-7），フィリピンの大衆社会は綿貫が指摘する危機における大衆社会と常態における大衆社会という2つの側面をあわせ持っている。前者は，危機における大衆の病理的亢進が生み出した極限的常態としてのナチ社会の研究から，後者は，戦後アメリカ社会のホワイトカラー層の研究から生み出された概念である[44]。

　大衆社会における社会的・政治的状況の規模の拡大と複雑化は，知的水準の向上にもかかわらず，マスメディアの擬環境創出機能によって社会機構と政治機構の理解可能性を低下させる。危機においては，状況の意味を求めて単純な教義とスローガンに強制的に取り縋る危機階層の心理を生み出す。この大衆社会が創出する無力感と孤独感は，危機階層の心理を極度に高揚させ，その不安と焦燥はカリスマ的指導者への一体化を生み出す。常態においては，受益感に由来する全体的認識の断念や消費性向の増大による知識と行動の分

(表7-4) 農業部門と非農業部門における労働人口の推移（%）

	農業部門	非農業部門
1956 年	59.0	31.0
1965 年	56.7	43.3
1977 年	51.5	48.5
1980 年	48.6	51.4
1990 年	45.2	54.8
1996 年	41.7	58.3

(出所) *Philippine Statistical Yearbook*, 各年版より作成。

(表7-5) 農業部門・工業部門・サービス部門の対GDP比（%）

	農業部門	工業部門	サービス業部門
1970 年	28.9	29.5	41.6
1980 年	25.6	36.1	38.3
1990 年	22.3	35.5	42.2
1996 年	21.0	35.7	43.4

(出所) *Philippine Statistical Yearbook*, 各年版より作成。

(表7-6) 都市と農村の人口推移（%）

	都市	農村
1970 年	31.8	68.2
1980 年	37.3	62.7
1990 年	48.6	51.4

(出所) *Philippine Statistical Yearbook*, 各年版より作成。

(表7-7) フィリピン全体に占める貧困層の割合の推移（%）

	全体	都市部	農村部
1961 年	59.25	56.91	60.33
1965 年	51.47	42.66	55.54
1971 年	52.23	38.57	58.66
1985 年	53.94	50.18	55.94
1988 年	44.24	36.90	48.27
1991 年	44.59	50.77	41.13

(出所) Arsenio M. Balisacan, *Poverty, Urbanization and Development Policy: A Philippine Perspective*, Quezon City: University of the Philippine Press, 1994, p. 28, Table 2.4 より筆者作成。

(表7-8) テレビ，ラジオ，新聞の普及率（1,000人当)

	テレビ	ラジオ	新聞
1960 年	1	22	21
1974 年	17	43	18
1985 年	27	91	40
1990 年	44	141	56
1993 年	47	143	50

(出所) The Statistical Division, Department for Economic and Social Information and Policy Analysis, *Statistical Yearbook*, 各年版より作成。

(表7-9) フィリピン全体における新旧中間層の割合（%）

	1965年	1975年	1985年	1994年
新中間層	9.61	9.95	10.30	10.01
旧中間層	7.97	9.54	12.52	14.27
合計	17.58	19.49	22.82	24.28

(出所) International Labour Office が毎年刊行する *Year Book of Labour Statistics* の1971年版，1976年版，1986年版，1995年版より筆者作成。新中間層は田巻の定義に従い，(1)専門・技術職，(2)行政・管理職，(3)事務職の雇用主・自営業者・雇用者，旧中間層は加納の定義に従い，(1)販売職，(2)サービス業従事者，(3)製造業従事者，(4)不明の雇用主・自営業者として算出した。[45]

(表7-10) 都市部と農村部の中間層の割合（%）

	1965年	1975年	1985年	1995年
都市部	23.74	24.93	20.83	17.90
農村部	5.09	3.92	5.72	6.20

(出所) フィリピン政府が刊行する *Labor Force* の1965年5月号，1975年8月号，1985年度版，1995年1月号より筆者作成。旧中間層に関しては，資料が雇用主と雇用者を区別していなかったため，算出できなかった。

離による知識の消費化が起こり，全般的な政治的非活動とムードに左右されやすい他人との同調性の強い状況が生まれる。[46] リースマンの言うシンボル操作にかかりやすい他人志向型の大衆である。[47] さらに，常態における受益階層では，茫漠たる不安が生み出され，娯楽や消費志向が増大する。娯楽や消費による政治的無関心が進み，政治に対する態度と行動は，娯楽や消費における動機と関心によって導かれる。それは，政治指導者のパーソナリティが持つ魅力への喝采として発散されてゆく。[48]

常態における大衆社会は，1995年の地方選挙でマニラ首都圏を中心に6人のテレビタレントが当選したこと，[49] 全国区で選出される上院選挙で芸能人やニュースキャスターが上位で当選したことに表れている。2001年の選挙では無所属のニュースキャスターがトップ当選を果たしている（表7-11，表7-12，表7-13，表7-14，表7-15，表7-16，表7-17）。危機における大衆社会は，後述するように98年の大統領選挙でエストラーダ（Joseph M. Estrada）が当選したことに表れている。無論，人口の約半数が未だに農村に住み，労働人口の約40%が農業部門に従事するフィリピンでは（表7-4，表7-6），縮小しつつあるとはいえ伝統的な政治空間の占める割合は依然と

(表7-11) 1992年上院選挙の当選議員とその経歴

名前	経歴
1. Vicente C. Sotto III (LDP)	芸能界役者
2. Ramon B. Revilla, Jr. (LDP)	芸能界役者
3. Edgardo J. Angara (LDP)	上院議員
4. Ernesto F. Herrera (LDP)	上院議員
5. Alberto G. Romulo (LDP)	上院議員
6. Ernesto M. Maceda (NPC)	上院議員
7. Orlando S. Mercado (LDP)	上院議員
8. Neptali A. Gonzales (LDP)	上院議員
9. Heherson T. Alvarez (LDP)	上院議員
10. Leticia R. Shahani (LAKAS-NUCD)	上院議員
11. Blas F. Ople (LDP)	マルコス時代の労働雇用大臣
12. Freddie N. Webb (LDP)	下院議員, 元バスケットボール選手
13. Gloria Magapagal-Arroyo (LDP)	元大統領の娘, 元貿易産業省事務次官
14. Teofisto T. Guingona, Jr. (LDP)	上院議員
15. Santanina T. Rasul (LAKAS-NUCD)	上院議員
16. Jose D. Lina, Jr. (LDP)	上院議員
17. Anna Dominique Coseteng (NPC)	下院議員, 芸能界役者
18. Arturo M. Tolentino (NPC)	マルコス時代の外務大臣
19. Raul S. Roco (LDP)	下院議員
20. Rodolfo G. Biazon (LDP)	元国軍副参謀長
21. Wigberto E. Tañada (LP・PDP-LABAN)	上院議員
22. Francisco S. Tatad (LDP)	マルコス時代の情報大臣
23. John Henry Osmeña (NPC)	上院議員
24. Agapito A. Aquino (LDP)	上院議員

(出所) Commission on Electionsによる選挙結果と各種報道資料より筆者作成。

(表7-12) 1995年上院選挙の当選議員とその経歴

名前	経歴
1. Gloria Magapagal-Arroyo (LDP)	上院議員
2. Raul S. Roco (LDP)	上院議員
3. Ramon B. Magsaysay, Jr. (LAKAS-NUCD)	元大統領の息子
4. Franklin M. Drilon (LAKAS-NUCD)	前司法省長官
5. Juan M. Flavier (LAKAS-NUCD)	前保健省長官
6. Miriam Defensor-Satiago (PRP)	1992年大統領選の次点
7. Sergio R. Osmeña III (LAKAS-NUCD)	元大統領の孫
8. Francisco S. Tatad (LDP)	上院議員
9. Gregorio B. Honasan (無所属)	元中佐
10. Mercelo B. Fernan (LDP)	前最高裁長官
11. Juan P. Enrile (LP)	下院議員
12. Anna Dominique Coseteng (NPC)	上院議員

(出所) Commission on Electionsによる選挙結果と各種報道資料より筆者作成。

(表7-13) 1998年上院選挙の当選議員とその経歴

名前	経歴
1. Loren B. Legarda-Leviste (LAKAS-NUCD)	ニュースキャスター
2. Renato L. Cayetano (LAKAS-NUCD)	前大統領主席法律顧問
3. Vincente C. Sotto III (LAMMP)	上院議員,芸能界役者
4. Aquilino Q. Pimentel, Jr. (LAMMP)	元上院議員
5. Robert Z. Berbers (LAKAS-NUCD)	前内務地方自治省長官
6. Rodolfo G. Biazon (LAMMP)	元上院議員,元国軍参謀長
7. Blas F. Ople (LAMMP)	上院議員,元労相
8. John Renner Osmeña (LAMMP)	下院議員
9. Robert S. Jaworski (LAMMP)	元バスケットボールスター
10. Ramon B. Revilla (LAKAS-NUCD)	上院議員,芸能界役者
11. Teofisto T. Guingona, Jr. (LAKAS-NUCD)	前司法省長官,元上院議員
12. Teresa Aquino-Oreta (LAMMP)	下院議員

(出所) Commission on Elections による選挙結果と各種報道資料より筆者作成。

(表7-14) 2001年上院選挙の当選議員とその経歴

名前	経歴
1. Noli L. de Castro (無所属/PnM)	ニュースの総合司会
2. Juan M. Flavier (LAKAS-NUCD)	上院議員
3. Sergio R. Osmeña III (PDP-LABAN)	上院議員
4. Franklin M. Drilon (無所属/PPC)	上院議員
5. Joker P. Arroyo (LAKAS-NUCD)	アキノ政権の官房長官
6. Ramon B. Magsaysay, Jr. (無所属/PPC)	上院議員
7. Manuel B. Villar, Jr. (無所属/PPC)	下院議員議長
8. Francis N. Pangilinan (LP/PPC)	ニュースの総合司会
9. Edgardo J. Angara (LDP/PnM)	元上院議員
10. Panfilo M. Lacson (LDP/PnM)	元国家警察長官
11. Luisa P. Ejercito-Estrada (無所属/PnM)	元大統領の夫人
12. Ralph G. Recto (LAKAS-NUCD/PPC)	元下院議員
13. Gregorio B. Honasan (無所属/PnM)	上院議員

(出所) Commission on Elections による選挙結果と各種報道資料より筆者作成。改選が13議席となったのは,1998年に当選したギンゴーナが副大統領に転じて欠員が生じたため。「ピープルパワー連合」(People Power Coalition=PPC) は LAKAS-NUCD を中心とする与党連合,「大衆の力」(Puwersa ng Masa=PnM) は LAMP に代わって結成された LDP や NPC を中心とする野党連合である。

(表7-15) 2004年上院選挙の当選議員とその経歴

名前	経歴
1. Manuel A. Roxas II (K4/Liberal Party)	元大統領の息子，下院議員
2. Ramon B. Revilla, Jr. (K4/LAKAS-CMD)	元知事，元映画俳優
3. Aquilino Q. Pimentel, Jr. (KNP/PDP-LABAN)	上院議員
4. Maria Ana Consuelo Madrigal-Valade (KNP/LDP)	元大統領顧問
5. Richard J. Gordon (K4/LAKAS-CMD)	元市長，元観光省長官
6. Pilar Juliana Cayetano-Sebastian (K4/LAKAS-CMD)	弁護士
7. Miriam Defensor-Santiago (K4/PRP)	元上院議員
8. Alfredo S. Lim (KNP/無所属)	元市長
9. Juan P. Enrile (KNP/PMP)	元上院議員
10. Jose E. Estrada (KNP/PMP)	元市長，元大統領の息子
11. Manuel M. Lapid (K4/LAKAS-CMD)	知事，元映画俳優
12. Rodolfo G. Biazon (K4/Liberal Party)	元軍人，元上院議員

(出所) Commission on Elections による選挙結果と各種報道資料より筆者作成。「未来のための公正・実績連合」(Koalisyon ng Katapatan at Karanasan sa Kinabukasan＝K4) は与党連合，「統一フィリピン連合」(Koalisyon ng Nagkakaisang Pilipino＝KNP) は野党連合である。

(表7-16) 2007年上院選挙の当選議員とその経歴

名前	経歴
1. Loren B. Legarda-Leviste (GO/NPC)	上院議員，ニュースキャスター
2. Francis Joseph G. Escudero (GO/NPC)	下院議員
3. Panfilo M. Lacson (GO/United Opposition)	元国家警察長官
4. Manuel B. Villar, Jr. (GO/Nacionalista)	上院議員議長
5. Francis N. Pangilinan (Liberal)	上院議員，ニュースの総合司会
6. Benigno S. Aquino III (GO/Liberal)	元大統領の息子，下院議員
7. Edgardo J. Angara (TEAM Unity/LDP)	上院議員
8. Joker P. Arroyo (TEAM Unity/KAMPI)	上院議員
9. Alan Peter S. Cayetano (GO/Nacionalista)	下院議員
10. Gregorio B. Honasan II (無所属)	上院議員
11. Antonio F. Trillanes IV (GO/United Opposition)	元軍人
12. Juan Miguel F. Zubiri (TEAM Unity/LAKAS-CMD)	下院議員

(出所) Commission on Elections による選挙結果と各種報道資料より筆者作成。TEAM Unity は与党連合，GO (Genuime Opposition) は野党連合である。

(表7-17) 2010年上院選挙の当選議員とその経歴

名前	経歴
1. Ramon B. Revilla, Jr. (Lakas-CMD)	元映画俳優，上院議員
2. Jose E. Estrada (PMP)	上院議員
3. Miriam Defensor-Santiago (PRP)	上院議員
4. Franklin M. Drilon (LP)	元上院議員
5. Juan P. Enrile (PMP)	上院議員
6. Pilar Juliana Cayetano-Sebastian (NP)	上院議員
7. Ferdinand R. Marcos, Jr. (NP)	下院議員，元大統領の息子
8. Ralph G. Recto (LP)	元上院議員
9. Vicente Sotto III (NPC)	元上院議員
10. Sergio R. Osmeña III (無所属)	元上院議員
11. Manuel M. Lapid (Lakas-CMD)	上院議員
12. Teofisto L. Guingona III (LP)	下院議員

(出所) Commission on Elections による選挙結果と各種報道資料より筆者作成。

して大きい。

以上の点を踏まえ，次節では4つの大統領選挙に伴う諸政党の動向から政党なき実態を明らかにする。

第4節　ポスト・マルコス時代の政党なき民主主義

　1992年の大統領選挙では，大統領候補の数は最終的に7人となった。[50] まず，上下両院で最大の勢力を誇っていた与党第一党の「民主フィリピンの闘い」（Laban ng Demokratikong Pilipino = LDP）では，2人の候補が党公認の座をめぐって対立していた。ミトラ下院議長（Ramon V. Mitra）とピープルパワー革命の立役者で91年3月にLDPに入党したラモス元国防長官（Fidel V. Ramos）である。[51] この争いは，91年11月30日に行われた州別予備選挙で，ミトラが勝利を収めたことで決着がつく。党の公認を得られなかったラモスは，選挙直前の92年2月に「国家の力・キリスト教民主国民連合」（Lakas ng Bansa-National Union of Christian Democrats = LAKAS-NUCD）を結成して出馬を表明した。

　与党第二党のLPは，戒厳令前と比べると勢力の衰えは否めなかった。1988年の地方選挙後に一時は上院三役を独占するまでに勢力を拡大したが，88年9月にLDPが結成されると徐々に議席を減らしてゆく。大統領選挙までにLDPは下院で145議席を保持していたのに対し，LPの議席はわずか18となっていた。[52] LPの大統領候補にはサロンガ上院議員（Jovito R. Salonga），副大統領候補にはギンゴナ（Teofisto T. Gingona, Jr.）が選ばれ，公認から漏れたエストラーダ上院議員は離党して「フィリピン大衆党」（Partido ng Masang Pilipino = PMP）を結成し，大統領選挙への出馬を表明した。しかし，最終的にエストラーダは，資金不足からNPのコファンコ大統領候補（Eduardo M. Cojuangco, Jr.）と組んで副大統領候補となった。

　与党第三党で中道左派である「フィリピン民主党・国民の力」（Partido Demokratiko Philipino-Lakas ng Bayan = PDP-LABAN）では，委員長で上院議員のピメンテル（Aquilino Q. Pimentel, Jr.）が対立候補なしで大統領候補に選出されていた。しかし，ピメンテルは，最終的に出馬を断念して思想的に

最も近いLPと連合協定を組み,エストラーダと同様に副大統領候補となった。

野党勢力では,その中心にいたNPがラウレル派,コファンコ派,エンリレ派に分裂し,それぞれが正統性を主張していた。この対立は,選挙直前に政府の「選挙管理委員会」(Commission on Elections = COMELEC)がラウレル副大統領(Salvador H. Laurel)のNPラウレル派を正統派と認めたことで,ラウレルがNPの正式な大統領候補となり決着がついた。マルコスのクローニーであったコファンコは,選挙直前の1992年1月にマルコス時代のKBLの一派を集めて「民族主義国民連合」(Nationalist People's Coalition = NPC)を結成して大統領選挙に臨んだ。エンリレ(Juan P. Enrile)は下院への転出を決めた。

残る2人は,既に1990年12月に「人民改革党」(People's Reform Party = PRP)を創設して出馬を表明していた元農地改革省長官のサンティアゴ(Miriam Defensor-Santiago)とKBLのイメルダ・マルコス元大統領夫人(Imelda R. Marcos)であった。

1986年の繰り上げ大統領選挙では,反マルコスか否かという明白な対立があった。しかし,92年の大統領選挙では,多くの大統領候補が争ったにもかかわらず,争点は不明確で,各政党間の政策の相違もほとんど見られなかった[53]。

以上の動向から全体的に政党の弱さが目立つ。4つの政党は選挙直前に有力な大統領候補によって結成されたばかりのものである。NPとLPなどの既存の政党も戒厳令前に比べれば弱体化し,イメルダのKBLも下院に数議席を持つだけで,その衰えは否めなかった。サンティアゴのPRPに至っては下院候補を持たず,数人の上院候補を立てただけであった。選挙結果を見ても,獲得議席数の少ないPRP, KBL, NP, LP, PDP-LABANの弱さが目立つ(表7-18)。

1998年の大統領選挙は10人の大統領候補によって争われたが,そこでは92年の大統領選挙と同様の現象が見られた。まず,ラモス大統領の与党LAKAS-NUCDは,92年の選挙後に起こった大規模な党籍変更と95年の中間選挙での圧勝によって最大勢力を誇っていた[54]。LAKAS-NUCDでは,8人

(表7-18) 1992年総選挙の結果

	得票数		順位	政党	上院	下院
Ramon V. Mitra	3,316,661	(14.6%)	4	LDP	16	83
Eduardo M. Cojuangco, Jr.	4,116,376	(18.2%)	3	NPC	5	30
Fidel V. Ramos	5,342,521	(23.6%)	1	LAKAS-NUCD	2	49
Jovito R. Salonga	2,302,124	(10.2%)	6	LP/PDP-LABAN	1	7
Imelda R. Marcos	2,338,294	(10.3%)	5	KBL	0	4
Salvador H. Laurel	770,046	(3.4%)	7	NP	0	6
Miriam Defensor-Santiago	4,468,173	(19.7%)	2	PRP	0	0

(出所) Commission on Elections の内部資料より筆者作成。

が党公認の座をめぐって争っていた。その中でも有力視されていたのが，デヴィラ国防長官（Renato de Villa）とデヴェネシア下院議長（Jose de Venecia, Jr.）である。デヴィラは，ラモス大統領と同じ経歴の持ち主で，参謀長官と国防長官を歴任し，97年6月にLAKAS-NUCDに入党していた。これに対してデヴェネシアは，92年の政権交代以来，下院議長を務めて影響力を拡大してきた伝統的な政治家であった。残りは，財務省長官のオカンポ（Roberto de Ocampo），社会経済計画省長官のハビト（Cielito Habito），上院議員のアルバレス（Heherson T. Alvarez），フィリピン慈善宝くじ事務局議長のモラト（Manuel Morato），バラカン州知事のパグダンガナン（Pagdanganan），そして上院議員のマグサイサイ（Ramon B. Magsaysay, Jr.）である。最終的にはラモス大統領の決断で，97年12月にデヴェネシアがLAKAS-NUCDの公認候補に選ばれた。公認から漏れたデヴィラは，LAKAS-NUCDを離党し，選挙直前の98年1月に「民主改革党」（Partido para sa Demokratikong Reporma = Reporma）を立ち上げて出馬を表明する。同様にモラトは，「高潔な国民党」（Partido ng Bansang Marangal = PBM）に移籍して出馬を表明した。

　野党側は，与党に対抗するため統一候補を擁立する動きを見せていた。1997年6月にエストラーダ副大統領のPMP，アンガラ上院議員（Edgardo J. Angara）のLDP，マセダ上院議員（Ernesto M. Maceda）のNPCが連合を組み，「民族主義フィリピン民衆の闘い」（Laban ng Makabayang Masang Pilipino = LAMMP）を新たに結成した。党公認の大統領候補にはPMPのエストラーダ，副大統領候補にはLDPのアンガラがそれぞれ選出された。

しかし，野党連合が形成される過程で離党者が続出した。LDP所属のアロヨ上院議員（Gloria Magapagal-Arroyo）は，アンガラとの対立から1997年1月にLDPを離党し，LDPを離党したメンバーによって結成された「自由フィリピン連盟」（Kabalikat ng Malayang Pilipino = KAMPI）に入党してその大統領候補になるが，最終的にはLAKAS-NUCDに入党し，その副大統領候補になった。同じくLDP所属のロコ上院議員（Raul S. Roco）は，大統領選挙への出馬のためにLDPを離党し，97年10月に「民主行動党」（Aksyon Demokratiko = AD）を新たに立ち上げて出馬を表明した。タタド上院議員（Francisco S. Tatad）も，大統領選挙への出馬のためにLDPを離党し，97年12月に「国民のための大連合」（Gabay ng Bayan = GAB）を結成するが，最終的には単独での出馬を表明していたサンティアゴのPRPと連合を組み，副大統領候補にまわった。

以上の7人の大統領候補に加えて，警察出身でマニラ市長であるリム（Alfredo S. Lim）がLP，実業家のデュムラオ（Santiago Dumlao, Jr.）が「国民回復運動」（Kilusan para sa Pambansang Pagpapanibago = KPP），元セブ州知事のエミリオ・オスメニャ（Emilio M. Osmeña）が結成したばかりの「地方分権のための進歩的運動」（Probinsya Muna Development Initiative = Promdi），エンリレ上院議員が無所属で，それぞれ出馬を表明した。[55]

1992年の大統領選挙と同様に，争点のない選挙戦となったが，[56]この選挙でも全体的に政党の弱さが目立つ。大統領選挙に伴い影響力のある人物によってReporma，AD，PBMなどの新党が選挙前に結成されている。また，サンティアゴのPRP，[57]ロコのAD，モラトのPBM，オスメニャのPromdiは，上院候補を1人も擁立していない。デヴィラのReformaは8人，デュムラオのKPPは5人の上院候補を擁立したが，リムのLPはわずか2人で，改選議席数となる12人の上院議員候補を擁立できたのはLAKAS-NUCDとLAMMPだけであった。大統領候補を擁する9政党のうち7政党が，上院候補なしか候補を擁立するだけの党組織を持ち合わせていなかったことになる。加えて，下院では，政権党であったLAKAS-NUCDを除けば，LAMMPがある程度の議席を獲得しただけで，ほとんどの政党が議席を獲得できていない（表7-19）。程度の差こそあれ，LAKAS-NUCDと

(表7-19) 1998年総選挙の結果

	得票数		順位	政党	上院	下院
Joseph M. Estrada	10,722,295	(39.6％)	1	LAMMP	7	58
Jose de Venecia, Jr.	4,268,483	(15.9％)	2	LAKAS-NUCD	5	110
Raul S. Roco	3,720,212	(13.6％)	3	AD	0	1
Emilio M. Osmeña	3,347,631	(12.2％)	4	Promdi	0	4
Alfredo S. Lim	2,344,362	(8.7％)	5	LP	0	14
Renato de Villa	1,308,352	(4.8％)	6	Reporma	0	5
Miriam Defensor-Santiago	797,206	(2.9％)	7	PRP	0	0
Juan P. Enrile	343,139	(1.2％)	8	無所属	―	―
Santiago Dumlao, Jr.	32,212	(0.14％)	9	KPP	0	0
Manuel Morato	18,644	(0.06％)	10	PBM	0	0

(出所) Commission on Elections の内部資料より筆者作成。

LAMMP 以外の政党は，大統領候補擁立の役割しか果たしていなかったことになろう。

　2004年の大統領選挙は，5人の候補によって争われた。2001年1月の政変で，エストラーダ大統領が失脚し，副大統領であったアロヨが大統領に昇格したため，この選挙はアロヨ政権の信任を問う選挙でもあった。アロヨ大統領は，2003年11月に立候補を表明し，「国家の力・キリスト・ムスリム民主主義者」(Lakas ng Bansa-Christian Muslim Democrats = LAKAS-CMD)，NPC，LP の議員を中心に「未来のための公正・実績連合」(Koalisyon ng Katapatan at Karanasan sa Kinabukasan = K4) という与党連合を結成して選挙に臨んだ。

　野党陣営では大統領候補の擁立をめぐる争いから，第一野党である LDP が分裂の様相を呈していた。それは，ラクソン上院議員 (Panfilo M. Lacson) とアンガラ上院議員との対立に端を発するものであった。ラクソンは早くから出馬を表明していたが，LDP の党首を務めるアンガラは2003年12月に LDP，PDP-LABAN，PMP を中心に「統一フィリピン連合」(Koalisyon ng Nagkakaisang Pilipino = KNP) という野党連合を結成し，映画俳優であるポー (Fernando Poe, Jr.) を統一候補として擁立する動きを見せた。最終的には最高裁判所が，LDP の公認候補は党首であるアンガラが擁立するポーであるとの判断を示したため，ラクソンは無所属で立候補することになった。

　ポーは，エストラーダ元大統領とも親しく，彼と同様に映画俳優として

(表7-20) 2004年総選挙の結果

	得票数	順位	政党	上院	下院
Gloria Macapagal-Arroyo	12,905,808 (40.0%)	1	K4	7	175 (注1)
Fernando Poe, Jr.	11,782,232 (36.5%)	2	KNP	5	19 (注2)
Panfilo M. Lacson	3,510,080 (10.9%)	3	無所属	—	—
Raul S. Roco	2,082,762 (6.5%)	4	Alyansa ng Pag-asa	0	1
Eduardo C. Villanueva	1,988,218 (6.2%)	5	BPM	0	0

(出所) Commission on Elections の内部資料より筆者作成。
(注1) 内訳は，LAKAS が91，NPC が48，LP が29，その他が7であった。
(注2) 内訳は，KNP が4，LDP が7，PMP が4，PDP-LABAN が2，その他が2であった。

抑圧された人たちの味方を演じた経験を持つことから，貧困層から高い支持を獲得できると考えられていた。有力な候補を確保できない野党陣営が，政権獲得のために人気のあるポーを担ぎ出したと言えよう。この動きに賛同したレガルダ上院議員（Loren B. Legarda-Leviste）とギンゴーナ副大統領は，LAKAS-CMD を離脱して KNP に合流し，前者は副大統領候補となった。K4 の副大統領候補にはポーの人気を意識して，前回の上院選挙でトップ当選を果たした元ニュースキャスターのデカストロ（Noli L. de Castro）が指名された。

残りの3人は，AD のロコ上院議員，宗教関係者で「フィリピン奮起運動」（Bangon Pilipinas Movement = BPM）のヴィラヌエヴァ（Eduardo C. Villanueva），実業家のヒル（Eddie C. Gil）である。ロコの AD は，与党連合の一翼を担っていたが，ロコが大統領候補として出馬することに伴い連合から離脱し，デヴィラの Reporma とオスメニャの Promdi と合流して「希望連合」（Alyansa ng Pag-asa）という野党連合を結成する。副大統領候補には，タルラク州のアキノ下院議員（Herminio S. Aquino）を擁立した。ヴィラヌエヴァの BPM は，彼が創設した「イエスは主なり」（Jesus Is Lord = JIL）という宗教団体を母体として結成されたもので，選挙直前の1月30日に COMELEC に承認されたばかりの新党である。ヴィラヌエヴァは，副大統領候補を擁立せずに選挙に臨んだ。最後にヒルは，COMELEC によって立候補が受理されたものの，選挙直前に結成した「統一国家精神党」（Partido Isang Bansa, Isang Diwa = PIBID）が全国規模の選挙運動を行う能力を持っていないという理由から，選挙前に資格を取り消された。このため，最終的

には5人の大統領候補によって選挙は争われた（表7－20）。

2004年の大統領選挙は，政権党が勝利を収めた点で1992年と98年の大統領選挙と異なっていたが，共通点も多く見られる。まず，上院議員に関しては，K4とKNPは改選議員数となる12人を擁立したが，ロコのAlyansa ng Pag-asaは6人，ヴィラヌエヴァのBPMは0人であり，前者は1議席も獲得できていない。下院を見ると，与党連合K4が圧勝し，ロコのAlyansa ng Pag-asaがわずか1議席を獲得しただけで，BPMは1議席も獲得していない。無所属で出馬したラクソンを除けば，ロコのAlyansa ng Pag-asaとヴィラヌエヴァのBPMは大統領候補擁立の役割しか果たしていなかった。

2010年の大統領選挙は，9人の候補で争われた。与党LAKAS-CMDでは前国防長官であるテオドロ（Gilbert C. Teodoro）が公認候補となった。副大統領候補には，芸能人で元副市長のマンザノ（Eduardo B. Manzano）が指名された。野党陣営では，まず与党連合から離脱したLPがベニグノ・アキノ上院議員（Benigno S. Aquino III）を大統領候補，上院議員のロハス（Manuel A. Roxas II）を副大統領候補に指名した。NPでは，上院議員のビリヤール（Manuel B. Villar, Jr.）が大統領候補，NPCのレガルダ上院議員が副大統領候補となった。PMPからは元大統領のエストラーダが大統領候補，マカティ市長のビナイ（Jejomar C. Binay）が副大統領候補となった。これらの有力候補に加え，2004年の大統領選挙と同様にヴィラヌエヴァが大統領候補としてBPMから出馬を表明し，弁護士のヤサイ（Perfecto R. Yasay, Jr.）がその副大統領候補となった。また，上院議員のゴードン（Richard J. Gordon）が，マニラ首都圏開発局長のフェルナンド（Bayani F. Fernando）を副大統領候補として，2009年4月に立ち上げたばかりの「新しいフィリピンのためのボランティア」（Bagumbayan-Volunteers for a New Philippines = Bagumbayan）から出馬を表明した。さらに，オロンガポ市議のレイエス（John Carlos de los Reyes）が，弁護士のチペコ（Dominador F. Chipeco, Jr.）を副大統領候補として2004年に結成した「同胞党」（Ang Kapatiran）から出馬を表明した。これらに加え，社会運動家のペルラス（Nicanor Perlas）と上院議員のマドリガル（Jamby Madrigal）が，無所属で出馬した（表7－21）。2004年の大統領選挙と同様に，この選挙においてもBPM，Bagumbayan，Ang Kapatiranは，

(表7-21) 2010年総選挙の結果

	得票数		順位	政党	上院	下院
Benigno S. Aquino III	15,208,678	(42.1%)	1	LP	3	45
Joseph M. Estrada	9,487,837	(26.3%)	2	PMP	2	6
Manuel B. Villar, Jr.	5,573,835	(15.4%)	3	NP	2	26
Gilbert C. Teodoro	4,095,839	(11.3%)	4	LAKAS-CMD	2	106
Eduardo C. Villanueva	1,125,878	(3.1%)	5	BPM	0	0
Richard J. Gordon	501,727	(1.4%)	6	Bagumbayan	0	0
Nicanor Perlas	54,575	(0.15%)	7	無所属	―	―
Jamby Madrigal	46,489	(0.13%)	8	無所属	―	―
John Carlos de los Reyes	44,244	(0.12%)	9	Ang Kapatiran	0	0

(出所) Commission on Elections の内部資料より筆者作成。

両院で1議席すら獲得できておらず，大統領候補擁立の役割しか果たしていない。

これまで見てきたように，4つの大統領選挙に概ね共通して見られる特徴は，選挙前に大統領候補擁立のための「ご都合政党」が出現している点である。なぜ大統領選挙に伴い新党が結成されるのか。その理由は，まず戒厳令前とは異なり，勝利がほぼ確実なNPやLPのような政党が存在しなくなった点に求めることができよう。しかし，より重要なのは，前述したように大衆社会の拡大に伴い政治マシーンの効力が低下し，結成したばかりの新党が政権党に対抗しうるほどの票を獲得できるようになったことである。

1992年の大統領選挙では，最大の党組織を誇るLDPのミトラの得票数は，結成したばかりで党組織が脆弱なLAKAS-NUCDのラモス，党組織をほとんど持たないPRPのサンティアゴの得票数よりも少なかった。当選したラモスに関しては，コラソン・アキノ大統領の人気が大統領選挙にまで影響を与えていたこと，人口数の多い地域から支持を得たことが勝利に結びついたとランデは分析している。[59] しかし，ラモスと接戦を演じたサンティアゴは，伝統的な政治家ではないばかりか，出入国管理局長時代の汚職取締の実績を売り物にしただけで，ラモスのように現職大統領の支持もミトラのように強力な党組織もなかった。メディアを通じて不正や汚職の撲滅を訴え続ける彼女の戦闘的かつカリスマ的な姿勢と巧みなスピーチが，都市部を中心に多くの大衆を惹きつけたことが指摘されている。[60]

1998年の大統領選挙でも，政権党であったLAKAS-NUCDの大統領候補

(表7−22) Social Weather Stations による社会経済階級別出口調査の結果（%）

	全体	ABC (8%)	D (71%)	E (21%)
Joseph M. Estrada	38.8	23.9	37.9	47.7
Jose de Venecia, Jr.	16.5	12.6	16.6	17.7
Raul S. Roco	13.6	27.0	13.4	8.8
Emilio M. Osmeña	11.7	6.7	12.0	12.5
Alfredo S. Lim	9.3	19.5	9.2	5.5
Renato de Villa	4.7	6.7	4.9	3.0
Miriam Defensor-Santiago	3.0	1.5	3.6	1.6
Juan P. Enrile	1.4	1.0	1.5	1.2
Imelda R. Marcos	0.9	0.7	0.7	1.5
Santiago Dumlao, Jr.	0.2	0.0	0.2	0.4
Manuel Morato	0.03	0.4	0.0	0.0

（出所）Social Weather Stations Data Library の内部資料より筆者作成。なお，AB は富裕層，C は中流層，D は貧困層，E は最貧困層を表す。

は敗れた。当選したのは LAMMP のエストラーダであった。エストラーダの勝因は，映画俳優を通じて獲得した個人的人気と「貧困層のためのエラップ」という単純かつ明確な標語によって獲得した貧困層の圧倒的な支持に求めることができる（表7−22）。言い換えれば，エストラーダの勝利は，常態における大衆社会がもたらす社会心理の冷ややかな麻痺と危機における大衆社会がもたらす社会心理の熱狂と単純なスローガンに取りすがる危機階層心理の結果であったと考えることができよう。

これに対して政権党であった LAKAS-NUCD のデヴェネシアは，1992 年の大統領選挙で敗れた LDP のミトラのように，パトロネージを用いて約 160 人の LAKAS-NUCD 議員が支配する下院の議長になった伝統的な政治家であった。デヴェネシアは，ラモス大統領の後継指名を受けていた点でミトラとは異なっていたが，得票率はわずか16%にすぎず，結成されたばかりの AD のロコと地方政党とも言われた Promdi のオスメニャの得票率と大差はなかった。

このように政権党が敗れるのは，社会構造の変化によって政治マシーンの効力が低下していることと無関係ではあるまい。実際，社会経済的に発展した地域では，政治マシーンは十分に効力を発揮しないという分析結果も出されている。[61]当選した大統領の政党と議会の第1党が異なるのも，政治マシーンの効力が低下してきている証左である。

1998年の大統領選挙に関して，フィリピン・デイリィ・インクワイアラー紙のドロニラが「人気がマシーンを打ち破る」とタイトルを付けたように[62]，政治マシーンに代わって動員能力を発揮しつつあるのが候補者個人の大衆人気である。フィリピンでは，所属政党よりも候補者のパーソナリティが伝統的に重視される傾向があったが，大衆社会の進行によってその傾向がより顕著になりつつある[63]。2004年の大統領選挙で，野党連合が政治経験のない映画俳優のポーを大統領候補に擁立し，与党連合も副大統領候補に元ニュースキャスターのデカストロを擁立したのも，大衆社会の拡大による投票行動の変化を読み取った結果と言えよう。

　したがって，政党の持つ意味を低下させる原因は，パーソナルでゼロサム的な性格を持つ大統領制に伴う新党の乱立と，その制度の下で著しく進行する大衆社会に求めることができよう。既存の強力な党組織がなくても，候補者個人の人気によって当選が可能になり，著名な人物によって「ご都合政党」が生み出される。この結果，政党の持つ意味が著しく低下し，リンスが指摘するような，政党の支持も政治指導者としての経歴も持たない部外者（outsider）を当選させる可能性を高めることになる[64]。

　加えて，上院も政党の弱さを助長する要因となっている。上院議員は全国区から選出されるため，当選する上院議員は全国的な知名度を有する。上院には条約批准権という外交上の最重要権限が与えられており，24人という少数であることを考えれば一人ひとりが持つ政治的影響力は極めて大きい。大衆社会化が進み知名度のある人物がより多くの票を集めることができる状況では，著名な上院議員が新党を立ち上げて大統領に当選する可能性も高くなる。前述したように，1992年の選挙では1つ，98年の選挙では3つの新党が上院議員によって選挙直前に結成されていた。

　上院議員の党派を無視した政治行動も，政党を弱める原因である。上院では，次期大統領の座を狙って政治的影響力を拡大するために，党派を無視したパーソナルな権力闘争がしばしば行われる。ラモス政権下で起こった三度の議長交代劇は，その最たる例である。そこでは同じ所属政党の議員が，多数派と少数派に分かれて行動していたため，政党への所属の意味は著しく低下していた（表7-23, 表7-24, 表7-25）。

第7章　アキノ政権以降の民主主義の実態 (2)

(表7−23) 1992年12月の議長交代劇後の多数派・少数派

多数派	少数派
議長　Edgardo J. Angara (LDP) 副議長　Teofisto T. Guingona, Jr. (LDP) 与党院内総務　Alberto G. Romulo (LDP) Blas F. Ople (LDP)　Ernesto F. Herrera (LDP) Raul S. Roco (LDP)　Orlando S. Mercado (LDP) Ramon B. Revilla (LDP)　Feddie N. Webb (LDP) Vicent C. Sotto III (LDP)　Rodolfo G. Biazon (LDP) Gloria Macapagal-Arroyo (LDP) Santanina T. Rasul (LAKAS)　Leticia R. Shahani (LAKAS) John H. Osmeña (NPC)　Arturo M. Tolentino (NPC) Francisco S. Tatad (NPC)　Anna Dominique Coseteng (NPC) Ernesto M. Maceda (NPC)	野党院内総務　Wigberto E. Tañada (LP) Neptali A. Gonzales (LDP) Heherson T. Alvarez (LDP) Jose D. Lina, Jr. (LDP) Agapito A. Aquino (無所属)

(出所) Elizabeth Perez, "Angara is now Senate president," *The Manila Chronicle*, January 19, 1993 より筆者作成。

(表7−24) 1995年9月の議長交代劇後の多数派・少数派

多数派	少数派
議長　Neptali A. Gonzales (LDP) 副議長　Leticia R. Shahani (LAKAS) 与党院内総務　Alberto G. Romulo (LDP) Heherson T. Alvarez (LDP)　Orlando S. Mercado (LDP) Ramon B. Revilla (LDP)　Vicent C. Sotto III (LDP) Feddie N. Webb (LDP)　Raul S. Roco (LDP) Sergio R. Osmeña III (LAKAS)　Juan M. Flavier (LAKAS) Ramon B. Magsaysay, Jr. (LAKAS) Ernesto M. Maceda (NPC)　Anna Dominique Coseteng (NPC) Juan P. Enrile (LP)　Gregorio B. Honasan (無所属)	野党院内総務　Edgardo J. Angara (LDP) Ernesto F. Herrera (LDP) Gloria Macapagal-Arroyo (LDP) Francisco S. Tatad (LDP) Marcelo B. Fernan (LDP) Blas F. Ople (LDP) Franklin M. Drilon (LAKAS) Miriam Defensor-Santiago (PRP)

(出所) Rey Requejo, "Angara forms 'conscience bloc'," *The Manila Chronicle*, September 2, 1995 より筆者作成。

(表7−25) 1996年10月の議長交代劇後の多数派・少数派

多数派	少数派
議長　Ernesto M. Maceda (NPC) 副議長　Blas F. Ople (LDP) 与党院内総務　Francisco S. Tatad (LDP) Edgardo J. Angara (LDP)　Feddie N. Webb (LDP) Ernesto F. Herrera (LDP)　Orlando S. Mercado (LDP) Ramon B. Revilla (LDP)　Marcelo B. Fernan (LDP) Vicent C. Sotto III (LDP) Juan M. Flavier (LAKAS)　Franklin M. Drilon (LAKAS) Anna Dominique Coseteng (NPC)　Juan P. Enrile (LP) Miriam Defensor-Santiago (PRP)　Gregorio B. Honasan (無所属)	野党院内総務　Neptali A. Gonzales (LDP) Leticia R. Shahani (LAKAS) Alberto G. Romulo (LDP) Gloria Macapagal-Arroyo (LDP) Raul S. Roco (LDP) Heherson T. Alvarez (LDP) Sergio R. Osmeña III (LAKAS) Ramon B. Magsaysay, Jr. (LAKAS)

(出所) Rey Requejo, Eric Garafil, Rhowena Parungao, and Bella de Mesa, "Coup topples Gonzales; chairmanships changed," *The Manila Chronicle*, October 11, 1996 より筆者作成。

(表7-26) 1992年上院選挙の当選議員の所属政党の変化 (1998年5月の総選挙まで)

1. Vicente C. Sotto III	LDP→KAMPI (97年5月)→LAMMP (98年1月)
2. Ramon B. Revilla	LDP→LAKAS (97年8月)
3. Edgardo J. Angara	LDP→LAMMP (97年6月)
4. Ernesto F. Herrera	LDP→LAMMP (97年6月)
5. Alberto G. Romulo	LDP→無所属 (96年10月)→KAMPI (97年4月)→LP (98年2月)
6. Ernesto M. Maceda	NPC
7. Orlando S. Mercado	LDP→PMP (97年1月)→LAMMP (97年6月)
8. Neptali A. Gonzales	LDP→PMP (97年1月)→LAKAS (97年7月)
9. Heherson T. Alvarez	LDP→無所属 (96年10月)→LAKAS (97年7月)
10. Leticia R. Shahani	LAKAS
11. Blas F. Ople	LDP→LAMMP (97年6月)
12. Freddie N. Webb	LDP→KAMPI (97年5月)→LAMMP (98年1月)
政権党	LAKAS (1992年5月~98年5月)

(出所) 各種新聞より筆者作成。上位12人の任期は6年である。初めの列は当選当時の所属を表す。なお,LDP,NPC,PMPは連合を組んでLAMMPを結成した。

(表7-27) 1995年上院選挙の当選議員の所属政党の変化 (2001年5月の中間選挙まで)

1. Gloria Macapagal-Arroyo	LDP→KAMPI (97年1月)→LAKAS (98年1月)	LAKAS (98年5月に副大統領に当選)
2. Raul S. Roco	LDP→AD (97年10月)	AD
3. Ramon B. Magsaysay, Jr.	LP→LAKAS (97年10月)	LAKAS→LAMP (98年8月)→無所属 (00年11月)
4. Franklin M. Drilon	LAKAS→LAMMP (98年1月)	LAMP→無所属 (00年11月)
5. Juan M. Flavier	LAKAS	LAKAS
6. Miriam Defensor-Santiago	PRP	PRP
7. Sergio R. Osmeña III	LAKAS→無所属 (97年12月)→LP (98年5月)	LP→無所属 (01年1月)
8. Francisco S. Tatad	LDP→GAB (97年12月)	GAB
9. Gregorio B. Honasan	無所属	無所属→LAMP (99年7月)→無所属 (01年1月)
10. Marcelo B. Fernan	LDP→LAMMP (97年6月)	LAMP (99年6月辞任)
11. Juan P. Enrile	LP→無所属 (98年1月)	無所属→LAMP (99年7月)→LDP (01年1月)
12. Anna Dominique Coseteng	NPC→LAMMP (97年6月)	LAMP→無所属 (00年11月)
政権党	LAKAS (1992年5月~98年5月)	LAMP (1998年5月~2001年1月)

(出所) 各種新聞より筆者作成。左欄の初めの列は当選当時の所属を表す。右欄の初めの列は2001年1月の政変によりアロヨ副大統領が大統領に就任した時の所属を表す。LAMMPは選挙後にLAMPに名称を変えている。

(表7−28) 1998年上院選挙の当選議員の所属政党の変化 (2004年5月の総選挙まで)

1. Loren B. Legarda-Leviste	LAKAS	LAKAS→無所属/KNP (03年10月)
2. Renato L. Cayetano	LAKAS	LAKAS
3. Vincente C. Sotto III	LAMMP/LDP	LAMP/LDP
4. Aquilino Q. Pimentel, Jr.	LAMMP/PDP-LABAN	LAMP/PDP-LABAN
5. Robert Z. Barbers	LAKAS	LAKAS
6. Rodolfo G. Biazon	LAMMP/LDP→LDP (00年11月)	LAMP/LDP→LP (04年1月)
7. Blas F. Ople	LAMMP/LDP	LAMP/LDP→LAKAS (03年12月)
8. John H. Osmeña	LAMMP/NPC→ALAYON (00年12月)	ALAYON
9. Robert S. Jaworski	LAMMP→無所属 (00年11月)	無所属→LAKAS (02年7月)
10. Ramon B. Revilla	LAKAS→LAMP (98年9月)→無所属 (00年11月)	無所属→LAKAS (04年1月)
11. Teofisto T. Guingona, Jr.	LAKAS	LAKAS→KNP (03年10月)
12. Teresa Aquino-Oreta	LAMMP/LDP	LAMP/LDP
政権党	LAMP (1998年5月〜2001年1月)	LAKAS (2001年1月〜2004年5月)

(出所) 各種新聞より筆者作成。左欄の初めの列は当選当時の所属を表す。右欄の初めの列は2001年1月の政変によりアロヨ副大統領が大統領に就任した時の所属を表す。本文中に出てこないALAYONは、Alayon Alang sa Kalambu-an ng Kalinawの略称で、中部ビサヤの地方政党。

(表7−29) 2001年上院選挙の当選議員の所属政党の変化 (2007年5月の中間選挙まで)

1. Noli L. de Castro	無所属/PnM→LAKAS (04年1月) (04年5月の選挙で副大統領に当選)
2. Juan M. Flavier	LAKAS
3. Sergio R. Osmeña III	PDP-LABAN
4. Franklin M. Drilon	無所属/PPC→LP (03年11月)
5. Joker P. Arroyo	Aksyon Demokratiko/無所属→無所属 (02年1月)
6. Ramon B. Magsaysay, Jr.	無所属/PPC
7. Mannel B. Villar, Jr.	無所属/PPC→NP (03年11月)
8. Francis N. Pangilinan	LP/PPC
9. Edgardo J. Angara	LDP/PnM
10. Panfilo M. Lacson	LDP/PnM→無所属 (04年1月)
11. Luisa P. E. Estrada	PMP/LDP/PnM
12. Ralph G. Recto	LAKAS→NP (03年3月)
13. Gregorio B. Honasan	無所属/PnM (04年5月で任期終了)
政権党	LAKAS (2001年1月〜2007年5月)

(出所) 各種新聞より筆者作成。初めの列は当選当時の所属を表す。「ピープルパワー連合」(People Power Coalition＝PPC) は、LAKASやLPを中心とする与党連合、「大衆の力」(Puwersa ng Masa＝PnM) は、LDPやNPCを中心とする野党連合である。

(表7-30) 2004年上院選挙の当選議員の所属政党の変化（2010年5月の中間選挙まで）

1. Manuel A. Roxas II	LP
2. Ramon B. Revilla, Jr.	LAKAS
3. Aquilino Q. Pimentel, Jr	PDP-LABAN
4. Maria Ana Consuelo Madrigal-Valade	LDP→GO (07年5月)→無所属 (09年6月)
5. Richard J. Gordon	LAKAS→Bagumbayan (09年4月)
6. Pilar Juliana Cayetano-Sebastian	LAKAS→無所属 (05年1月)→NP (06年1月)
7. Miriam Defensor-Santiago	PRP
8. Alfredo S. Lim	PMP→LP (09年1月)
9. Juan P. Enrile	PMP
10. Jose E. Estrada	PMP
11. Manuel M. Lapid	LAKAS
12. Rodolfo G. Biazon	LP→LDP (04年1月)
政権党	LAKAS (2004年5月～2010年5月)

(出所) 各種新聞より筆者作成。初めの列は当選当時の所属を表す。

　フィリピンのフルーツであるバリンビン (balimbing) は，政治用語で自分の政治生命のために政党を移動する党籍変更を意味する。このバリンビンは，上院で頻繁に見られる。上院では，1992年に当選した上位12人の議員のうち7人が98年までに，95年に当選した12人の議員のうち10人が2001年までに，2001年に当選した12人のうち4人が2006年までに，2004年に当選した12人のうち5人が2010年までに党籍変更を行っている（表7-26，表7-27，表7-28，表7-29，表7-30）。こうしたナショナル・レベルの政治家による新党結成と党籍変更は，政党の持つ意味をより一層低下させる。大統領制下での大衆社会化の進行が，そうした上院議員の行動を助長していると言えよう。

　大統領制に伴う新党の乱立と上院における党籍変更や党派を無視した行動に加え，政党の持つ意味をさらに低下させる要因となっているのが，小選挙区制を採る下院である。全国区を採る大統領選挙と上院選挙では大衆社会化の影響はより顕著に見られるが，下院では伝統的な政治スタイルが未だに健在である。新憲法で規定された三選禁止条項は，身内を立候補させることで支配を継続しようとする行為が各地で見られるため形骸化している。たとえば，1998年の選挙では，三選禁止条項に抵触する82人のうち43人が親類を立候補させ，そのうち33人が当選している。また，当選した208人中132人が第1期目であったが，そのうち67人以外は前下院議員の親類であっ

た。下院では，政党よりも家族が重要な政治単位となっており，パトロン・クライアント関係，リデル，買票，私兵団といった伝統的な要素が根強く見られる。前章で見たように，下院で特徴的に見られるエリート家族の支配がエリート民主主義と呼ばれる状況であり，その暴力的な側面を強調した表現がカシケ民主主義やボス民主主義に他ならない。

　下院でも上院と同様に党籍変更が頻繁に見られるが，その規模は遥かに大きい。1992年の選挙で政権党となったLAKAS-NUCDは，下院で200議席中わずか49議席しか獲得できなかった。しかし，93年6月までに多くの議員が入党して112議席に増え，単独で過半数を支配するようになった。同様に98年の下院選挙では，政権党になったLAMMPは，58議席しか獲得できなかった。しかし，選挙からわずか1カ月の間に，エストラーダがLAMMPを再編して結成した「フィリピン民衆の闘い」(Lapian ng Masang Pilipino = LAMP) に次つぎと入党し，LAMPは単独で過半数を支配するようになった。より下位の地方レベルでも，こうした党籍変更は頻繁に見られる。

　このように大統領選挙後に起こったのは，連合の形成といった政党単位の駆け引きではなく，大統領制に伴うポークバレルを求める政治家の政権党への大量の党籍変更であった。大衆社会化の進行によって，ナショナル・レベルで新党の結成と党籍変更が起こり政党システムが不安定な状況では，打算的な行動がより助長されることになる。結局，戒厳令前と同様に，有力家族にとって政党は，自分の当選を有利にするパトロネージとポークバレルを獲得するためのブローカーにすぎない。政権党は，多くの議員を抱えてはいても，政策やイデオロギーというよりはパトロネージとポークバレルによって結束が保たれ，戒厳令前と同様に政党の結束力は決して強いとは言えない。

　有力な大統領候補が出馬のためだけに結成するご都合政党が増え，選挙後には勝った大統領候補の政党に100人近い議員が党籍変更する。民意を問うはずの選挙ではなく，大量の鞍替えによって政権党が第1党になる。まさに，そこでは「政党なき」実態が見られた。

小　括

　本章では，政治社会の主要なアクターである政党に注目し，革命後のフィリピンにおいて，なぜ政党が「ない」とまで言われるほど弱くなっているのかを検証した。

　政党を弱める大きな要因は，まず大統領制というパーソナルでゼロサムな制度に求めることができた。しかし，より正確には，そのような特徴を持つ大統領制の下で，選挙制度，政治文化，社会構造という複数の要因が複雑に作用した結果，政党なき民主主義と呼ばれる状況が生じていたことが明らかとなった。それはまた，未だに残る伝統的な空間と社会経済的な条件の変化に伴い拡大する大衆社会的な空間との狭間で生じていた現象とも言いうる。この双方の空間に引き裂かれて，政党は有力な大統領候補の単なる個人クラブかポークバレルを手に入れるためのブローカーに成り下がっていた。

　冒頭でも触れたように，こうした政党の弱さを解消する手段として，フィリピンでは大統領制から議院内閣制への移行が，これまで幾度となく議論されてきた。執政府と立法府との対立の解消による政策パフォーマンスの向上と政治的安定性の確保，さらには凝縮性の高い政党の育成が，主たる目的である。

　周知のように，両院制は，現在の日本で見られるようなねじれ現象を生み出しうる。フィリピンでも，2007年の中間選挙によって野党支配の上院と与党支配の下院というねじれ現象が発生した。しかし，そうしたねじれがない状態でも，政党内の利益調整が機能せず政策に基づく政党間の対立が生じないフィリピンでは，選出方法の相違によって異なる利益を代表する両院が対立し，政治的停滞を引き起こすことも少なくない。加えて，上院と下院で大統領の所属政党が多数派を獲得したとしても，政党の凝縮性が弱いため，大統領が望む政策を所属議員が積極的に支持するとは限らず，立法過程で時間とコストがかかるという状況が生じやすい。[70]前アロヨ政権も，2005年8月に憲法改正諮問委員会を設置するなどして議院内閣制の導入を求める憲法改正を検討したが，現在までに大きな進展は見られない。

いずれにせよ，前章の考察をあわせて言えば，3G，3P，カシケ民主主義，ボス民主主義，エリート民主主義，政党なき民主主義と呼ばれる政治社会の問題をいかに解消して民主主義の発展を図ってゆくのかが，市民社会アクターの主要な課題となろう。それは，手続き的民主主義の欠陥を修復し，実質的民主主義を実現してゆくプロセスとも言い換えられる。次章以下では，具体的な事例を通じて，こうした市民社会の機能を実証的に分析する。

註

1　大野拓司「1987年から97年——アキノ政権とラモス政権」（デイビット・ワーフェル著／大野拓司訳『現代フィリピンの政治と社会——マルコス戒厳令体制を越えて』明石書店，1997年）491頁。

2　Amando Doronila, "Passing through a Turbulent Transition," *Manila Chronicle*, May 8, 1992.

3　Amando Doronila, "Tribal politics impacts on nat'l unity," *Philippine Daily Inquirer*, February 15, 1998.

4　藤原帰一「フィリピンの政党政治——政党の消えた議会」（村嶋英治，萩原宜之，岩崎育夫編『ASEAN諸国の政党政治』アジア経済研究所，1993年）102-114頁。

5　マルコス体制下における政党組織の分裂と流動化に関しては，以下を参照されたい。Mark R. Thompson, *The Anti-Marcos Struggle: Personalistic Rule and Democratic Transition in the Philippines*, New Haven: Yale University Press, 1995, pp. 64-137.

6　Florencio Abad, "Should the Philippines Turn Parliamentary: The Challenge of Democratic Consolidation in Institutional Reform," in Glenda M. Gloria, ed., *Shift*, Quezon City: Ateneo Center for Social Policy and Public Affairs, 1997, pp. 75-81.

7　W. Cameron Forbes, *The Philippine Islands*, Vol. 2, Boston and New York: Houghton Mifflin Company, 1928, pp. 101-107.

8　*Ibid.*, p. 119. その後，進歩党は，NPの離党者が結成した「国民民主党」（Democratas Nacionales）と連合を組み，1917年に「民主党」（Partido Democrata）を結成してNPに対抗する有力野党となる。しかし，有権者の支持を得るためにはナショナリズムに訴えるしかなく，民主党も即時独立を掲げたため，NPとのイデオロギーの差はほとんどなくなった（*Ibid.*, p. 113）。

9　Lucian W. Pye, *Asian Power and Politics: The Cultural Dimensions of*

Authority, Cambridge: The Belknap Press of Harvard University Press, 1985, p. 93 (ルシアン・W・パイ著／園田茂人訳『エイジアン・パワー』大修館書店, 1995年). また, パレデスは, 1907年の議会選挙でNPが勝利したのは, 後に大統領となるケソンやオスメニャらNPに属するフィリピン人エリートが, アメリカ人高官とパトロン・クライアント関係を巧みに築き, 彼らの支持を得ていたからだと指摘している (Ruby R. Paredes, "The Origins of National Politics: Taft and the Partido Federal," in Ruby R. Paredes, ed., *Philippine Colonial Democracy*, Quezon City: Ateneo de Manila University Press, 1989).

10　コンスタンティーノによれば, 1907年の議会選挙で当選した議員のほとんどが地主かカシケであったという (Renato Constantino, *A History of the Philippines: From the Spanish Colonization to the Second World War*, New York: Monthly Review Press, 1975, p. 315). また, プツゼルは, 80人中73人がスペイン植民地下で公職に就いた経験を持っていたと指摘している (James Putzel, *A Captive Land: The Politics of Agrarian Reform in the Philippine*, London: Catholic Institute for International Relations, 1992, p. 54).

11　David G. Timberman, *A Changeless Land: Continuity and Change in Philippine Politics*, Singapore: Institute of Southeast Asian Studies, 1991, p. 8. スペイン植民地期前半は, 農業生産中心の産業構造であった. しかし, 後半になると, 産業革命に伴う新しい農産物需要の展開を背景に商品生産が進展した. それに伴い一部の特権階級や商人階級へ土地が集中し, 19世紀後半には地主的土地所有が広範囲に形成されるようになった (Renato Constantino, *The Philippine: A Past Revisited*, Quezon City: Tala Publishing Services, 1974, pp. 109-128 〔レナト・コンスタンティーノ著／鶴見良行他訳『フィリピン民衆の歴史』勁草書房, 1978年〕).

12　*Ibid.*, pp. 299-300.

13　W. Cameron Forbes, *op. cit.*, pp. 114-115.

14　Lucian W. Pye, *op. cit.*, p. 93.

15　Alfred W. McCoy, "Quezon's Commonwealth: The Emergence of Philippine Authoritarianism," in Ruby R. Paredes, ed., *Philippine Colonial Democracy*, Quezon City: Ateneo de Manila University Press, 1989, pp. 123-125.

16　Arend Lijphart, "Constitutional Choices for New Democracies," in Larry Diamond and Marc F. Plattner, 2nd eds., *The Global Resurgence of Democracy*, Baltimore: Johns Hopkins University Press, 1996, pp. 163-164.

17　Alfred Stepan and Cindy Skach, "Presidentialism and Parliamentarism Comparative Perspective," in Juan J. Linz and Arturo Valenzuela, eds., *The Failure of Presidential Democracy: Comparative Perspectives*, Baltimore: Johns Hopkins University Press, 1994, pp. 121-122（アルフレッド・ステパン，シンディ・スカッチ「大統領制と議会内閣制に関する比較研究」〔J・リンス，A・バレンズエラ編／中道寿一訳『大統領制民主主義の失敗——その比較研究』南窓社，2003年〕）.

18 有効政党数は，ラークソとターガペラが提示した計算式によって算出される（Markku Laakso and Rein Taagepera, "'Effective' Number of Parties: A Measure with Application to West Europe," *Comparative Political Studies*, Vol. 12, No. 1, April 1979）。

19 ナショナリズムを強調した「民族主義市民党」（National Citizens' Party = NCP）と社会改革を主張した「フィリピン進歩党」（Progressive Party of the Philippines = PPP），「フィリピン進歩党」（Party of Philippine Progress = PPP）などである（David Wurfel, *Filipino Politics: Development and Decay*, Ithaca: Cornell University Press, 1988, pp. 100-103〔デイビット・ワーフェル著／大野拓司訳『現代フィリピンの政治と社会——マルコス戒厳令体制を越えて』明石書房，1997年〕）.

20 Fernando N. Zialcita, "Barriers and Bridges to a Democratic Culture," in Maria Serena I. Diokno, ed., *Democracy and Citizenship in Filipino Political Culture*, Quezon City: The Third World Studies Center, 1997, pp. 46-47. 実際，多くの研究者が，フィリピン社会における家族の重要性と家族の結びつきの強さを指摘している。たとえば以下の研究がある。L. R. Quisumbing, "Characteristic Features of Cebuano Family Life amidst a Changing Society," *Philippine Sociological Review*, Vol. 11, Nos. 1-2, January-April 1963. ワーフェルも，フィリピン社会における家族の影響力と相互信頼性を指摘している（David Wurfel, *Filipino op. cit.*, pp. 34-35）。

21 Carl H. Landé, *Leaders, Factions, and Parties: The Structure of Philippine Politics*, New Haven: Yale University Southeast Asia Studies, 1965, pp. 17-18.

22 たとえば，セブのオスメニャ家（Osmeña），バタンガスのラウレル家（Laurel），タルラクのコファンコ家（Cojuangco），イロイロのロペス家（Lopez）などである。

23 農業部門の労働人口の数字は1956年のものである（National Economic and Development Authority, *1982 Philippine Statistical Yearbook*, Manila: Republic of the Philippines, National Economic and Development Authority, 1983, pp. 452-453）。農村人口の数字は70年のものである（National Economic and Development Authority, *1985 Philippine Statistical Yearbook*, Manila: Republic of the Philippines, National Economic and Development Authority, 1985, p. 37）。

24 滝川勉『戦後フィリピン農地改革論』アジア経済研究所, 1976年, 3-11頁。
25 James C. Scott, "Patron-Client Politics and Political Change in Southeast Asia," *American Political Science Review*, Vol. 66, No. 1, March 1972, p. 92.
26 David Wurfel, *op. cit.*, pp. 34-35.
27 菊地京子「フィリピンの家族・親族」(北原淳編『東南アジアの社会学——家族・農村・都市』世界思想社, 1989年) 93-95頁。
28 Louis P. Benson, "Changing Political Alliance Patterns in the Rural Philippines: A Case Study from Camarines Norte," in Benedict J. Kerkvliet, ed, *Political Change in the Philippines: Studies of Local Politics Preceding Martial Law*, Hawaii: The University Press of Hawaii, 1974, pp. 133-140.
29 Francisco A. Magno, "State Patronage and Local Elite," *Kasarinlan*, Vol. 4, No. 3, 1st Quarter 1989.
30 スコットは, 政治マシーンが出現する政治的条件を3つ挙げている。すなわち, (1) 選挙を通じた指導者の選出, (2) 普通選挙権, (3) 選挙での高度なレベルの競争, である (James Scott, "Corruption, Machine Politics, and Political Change," *American Political Science Review*, Vol. 63, No. 4, December 1969, p. 1143)。フィリピンでは, アメリカ植民地期に選挙が導入され, 選挙権も早くから拡大していた。また, 下院で小選挙区制という選挙制度が採用され候補者間の激しい競争が行われてきたことから, 上述の3つの条件が整っていたと考えることができる。
31 K. G. Machado, "Changing Patterns of Leadership Recruitment and the Emergence of the Professional Politician in Philippine Local Politics," in Benedict J. Kerkvliet, ed., *Political Change in the Philippines: Studies of Local Politics Preceding Martial Law*, Hawaii: The University Press of Hawaii, 1974, pp. 77-129.
32 James A. Curry, "Continuity and Change in Philippine Electoral Politics: A Re-Evaluation," *Journal of Southeast Asian Studies*, Vol. 7, No. 2, September 1976.
33 この点については以下の研究の中で8つの有力家族の事例が取り上げられている。Alfred W. McCoy, ed., *An Anarcy of Families: State and Family in the Philippines*, Quezon City: Ateneo de Manila University Press, 1994.
34 河田潤一『比較政治と政治文化』ミネルヴァ書房, 1989年, 130頁。
35 Giovanni Sartori, 2nd ed., *Comparative Constitutional Engineering: An Inquiry into Structures, Incentives and Outcomes*, New York: New York University Press, 1997, pp. 27-48 (ジョヴァンニ・サルトーリ著／岡沢憲芙監訳・工藤祐子訳『比較政治学——構造・動機・結果』早稲田大学出版部, 2000年).

36 James A. Curry, *op. cit.*, pp. 229-230.
37 *Ibid.*
38 たとえば，グロスホルツは，フィリピンの政治文化は「バーゲニング文化」であると指摘している（Jean Grossholtz, *Politics in the Philippines*, Boston: Little, Brown and Company, 1964, pp. 157-175）。パイも，利益誘導的で駆け引きの政治文化をフィリピンに見出している（Lucian W. Pye, *op. cit.*, pp. 121-127）。同様にワーフェルも，フィリピンの政治文化の中に打算的な実利主義的な要素が存在することを指摘している（David Wurfel, *op. cit.*, p. 36）。
39 Mark R. Thompson, *op. cit.*, p. 16.
40 たとえば，LPは1953年と57年の選挙で敗れたが，61年の選挙では少なくともNPの有力政治家9人とNPの大統領候補であったガルシアを支持しない政治家の支持を得ていたことが指摘されている（Martin Meadows, "Philippine Political Parties and the 1961 Elections," *Pacific Affairs*, Vol. 35, No. 3, Autumn 1962, pp. 265-270）。党籍変更も公然と行われていた。たとえば，ロハスは46年に離党してLPを結成し，LP党員であったマグサイサイは53年の公認指名大会直前にNPに移籍した。また，マルコスはLPの党首であったが，マカパガル大統領が再選に向けて立候補を決意すると，NPに鞍替えして65年の大統領選挙で当選した。
41 David Wurfel, *op. cit.*, p. 97.
42 Carl H. Landé, *Post-Marcos Politics: A Geographical and Statistical Analysis of the 1992 Presidential Election*, New York: St. Martin's Press, 1996, p. 129.
43 フィリピンにおける大衆社会の出現については，川中も指摘している。川中豪「『寡頭支配の民主主義』——その形成と変容」（岩崎育夫編『アジアと民主主義——政治権力者の思想と行動』アジア経済研究所，1997年）124-128頁。
44 綿貫譲治「大衆の社会意識」（福武直編『講座社會學 第7巻 大衆社會』東京大学出版会，1957年）。
45 加納弘勝「中東からみたNICS」『社会学雑誌』第6号，1989年3月，81頁。
46 綿貫譲治，前掲論文，45-46頁。
47 David Riesman, *The Lonely Crowd: A Study of the Changing American Character*, New Haven: Yale University Press, 1961（D・リースマン著／加藤秀俊訳『孤独な群衆』みすず書房，1964年）．
48 綿貫譲治，前掲論文，45-46頁。
49 *The Sunday Chronicle*, Vol. 33, No. 1173, May 14, 1995, p. 1, p. 7.
50 ちなみに，戦後から戒厳令布告までの大統領選挙における候補者数は1946年が3人，49年が4人，53年が2人，57年が7人，61年が2人，65

年が12人，69年が2人であった．

51　1987年の議会選挙では，与党連合「国民の力」(Lakas ng Bayan = LABAN) が圧勝し，上院では24議席中22議席，下院では総議席数の3分の2以上を獲得した．与党連合は，「フィリピン民主党・国民の力」(Partido Demokratiko Philipino-Lakas ng Bayan = PDP-LABAN)，「民族主義者民主連合」(United Nationalist Democratic Organization = UNIDO)，LPサロンガ派，「国家の力」(Lakas ng Bansa = LAKAS)，「国民精神目標統合運動」(Bansang Nagkaisa sa Diwa at Layunin = BANDILA)，「キリスト教民主国民連合」(National Union of Christian Democrats = NUCD) から構成されていた．しかし，88年の地方選挙までに，与党連合内部で対立が深まり，LPを中心にアキノに対する批判が強まった．そして地方選挙を機に，LPは上下両院で勢力拡大を試み，一時は上院三役を独占した．こうしたLPの党勢拡大に危機感を抱いたLAKASとPDP-LABANによって，88年9月に結成されたのがLDPであった．

52　アジア経済研究所『アジア動向年報　1990年版』アジア経済研究所，1990年，326頁．

53　この点について詳しくは以下を参照されたい．福島光丘「フィリピン大統領選挙とラモス新政権の課題」『アジアトレンド』第59号，1992年．

54　1995年の中間選挙では，LAKAS-NUCDとLDPは連合を組み，上院の改選議員12人に対して6人ずつ候補を擁立した．結果は，LAKAS-NUCDとLDPなどの与党連合（他にLP, NP, PDP-LABANなど）の勝利で終わった．改選議員12名のうち，LAKAS-NUCDが4人，LDPが4人，PRPが1人，NPCが1人，無所属が1人であった．この結果，上院の勢力は，LDPが14人，LAKAS-NUCDが5人，NPCが2人，PRPが1人，LPが1人，無所属が1人となり，与党対野党は20対4になった．下院でも与党連合が圧勝し，LAKAS-NUCDはその議席数を選挙前の158から164に伸ばした．LPやNPなどの与党系無所属をあわせると180議席になった．

55　当初，大統領候補の数はKBLのイメルダ・マルコスを加えた11人であったが，イメルダが4月末に出馬を辞退したため10人になった．

56　明確な争点はなかったが，デヴェネシアは前政権の経済政策との継続を強調した．ロコは，青年や女性の役割を重視し，教育による人的資源の開発を唱えた．デヴィラは，健全な経済社会政策による投資家の信頼回復を，リムは，法と秩序の回復を強調した．オスメニャは，地方の改革を訴え，地方開発と地方分権の促進を強調した．サンティアゴは，前回の選挙と同様に腐敗と汚職の追放を訴えた（鈴木有理佳「『大衆のための政治』を目指すエストラーダ新政権——フィリピンの大統領選挙」『アジ研ワールド・トレンド』第38号，1998年9月）．

57　選挙管理委員会への立候補届けの締め切り日となる2月9日には，PRP

所属の上院候補は 12 人いたが，最終的には COMELEC によって除外された．

58 1998 年の選挙後に「フィリピン統一ムスリム民主主義」(United Muslim Democrats of the Philippines = UMDP) が加入して LAKAS-NUCD は LAKAS-NUCD-CMD となり，2001 年 5 月の中間選挙から LAKAS-CMD に名称を変更した．

59 Carl H. Landé, *Post-Marcos Politics*, pp. 9–15.

60 *Ibid.*, pp. 15–20, Marvin P. Bionat, *How to Win (or Lose) in the Philippine Elections: the Dynamics of Winning or Losing in Philippine Electoral Contests*, Pasig City: ANVIL PUBLISHING, INC., 1998, pp. 67–68.

61 ビオナットは，社会経済指標（失業率，貧困レベル，農村人口，メディアへのアクセス等）に基づきフィリピンの各地域をランクに分けた上で，1992 年の選挙におけるミトラとサンティアゴの獲得票を照らし合わせながら政治マシーンの効力を分析している．この分析によって彼は，指標が高い地域，すなわち社会経済的に発展した地域では，政治マシーンの効力が低かったことを明らかにしている（*Ibid.*, pp. 3–5）．

62 Amando Doronila, "Popularity smashes the machine," *Philippine Daily Inquirer*, May 13, 1998.

63 この点に関連して，1969 年に行われた全国調査を見ると，大統領を選出する基準は，候補者の誠実さが 90%，自分の地域の援助が 65%，候補者の政策が 57%，自分の地域出身の候補者が 50%，自分の地域を援助してくれるという公約が 32%，候補者の政党が 32%，候補者の親しい友達かコンパドレスが 16% という結果であった．政党への所属よりも候補者個人のパーソナリティが重要な基準になっていたと言えよう（Harvey A. Averch, John E. Koehler and Frank H. Denton, *The Matrix of Policy in the Philippines*, Princeton: Princeton University Press, 1971, p. 36）．

64 Juan J. Linz, "Presidential or Parliamentary Democracy: Does It Make a Difference?," in Juan J. Linz and Arturo Valenzuela, eds., *The Failure of Presidential Democracy: Comparative Perspective*, Baltimore: Johns Hopkins University Press, 1994, pp. 26–29（フアン・リンス「大統領制民主主義か議会内閣制民主主義か――その差異について」〔J・リンス，A・バレンズエラ編／中道寿一訳『大統領制民主主義の失敗――その比較研究』南窓社，2003 年〕）．

65 anon., "11th Congress power shifts all in the family, study finds," *Business World*, March 22, 2002; anon., "Letter from Minadao: A family affair" *Philippine Daily Inquirer*, March 30, 1998; Oscar Rabaja, "Church slams emerging dynasty," *Philippine Daily Inquirer*, April 29, 1998; Antonio Lopez, "Keeping It All in the Family: Despite Term Limits, the

Same Names Are Showing up in Public Office," *Asiaweek*, Vol. 24, No. 18, May 8, 1998.
66 Jaime Biron Polo, "'Trapo' culture alive and kickin' in the Eastern Visayas," *Philippine Daily Inquirer*, February 6, 1998; Vicente S. Labro, "Leyte politics: All in the family," *Philippine Daily Inquirer*, March 29, 1998; The PDI Visayas Bureau, "All in the family: Osmeñas of Cebu top list of Visayas political dynasties," *Philippine Daily Inquirer*, May 6, 1998; PDI Northern Luzon Bureau, "Political dynasties: Ramos kin running in Pangasinan, Ilocos," *Philippine Daily Inquirer*, May 7, 1998; PDI Southern Luzon Bureau, "All in the family: Villllafuertes, Padillas, Escuderos, Villarosas...," *Philippine Daily Inquirer*, May 7, 1998; anon, "All in the family," *Philippine Daily Inquirer*, May 18, 1998; Norman P. Aquino, "Dynasty still a driving force in local politics: Cebu: a matter of whose faction has more elected family members," *Business World*, May 10, 2001; Ruffy L. Villanueva, "Dynasty still a driving force in local politics: La Union: A 100 years of clan leadership, and no potential challenger on sight," *Business World*, May 10, 2001; Manolette C. Payumo, "Dynasty still a driving force in local politics: Pampanga: justifying the presidential line," *Business World*, May 10, 2001; Cathy Rose A. Garcia, "Dynasty still a driving force in local politics: Tarlac: Bloodline remains alive despite schi," *Business World*, May 10, 2001; Jennee Grace U. Rubrico, "Dynasty still a driving force in local politics: Ilocos Sur: unbroken loyalty pledge," *Business World*, May 10, 2001; Norman P. Aquino, "Dynasty still a driving force in local politics: Cavite: maintaining family stronghold in new," *Business World*, May 10, 2001; Manolette C. Payumo, "Dynasty still a driving force in local politics: For M. Manila, garbage still main concern," *Business World*, May 10, 2001.
67 政治一族と政治的暴力に関する最新の研究として，フィリピン南部の事例を検証したクロイツェルのものがある。Peter Kreuzer, *Political Clans and Violence in the Southern Philippines*, Frankfurt: Peace Research Institute Frankfurt, 2005.
68 Yasmin Lee G. Arpon, "Villar defection to hit LAMMP too, say solons," *Business World*, June 8, 1998; Yasmin Lee G. Arpon and Norman P. Aquino, "Solons support creation of new Estrada Party," *Business World*, June 19, 1998.
69 たとえば，上院のクーデターでゴンザレス上院議員が追放された後，1996年10月にマンダルヨン市の役人32人が下院議員でゴンザレス上院議員の息子とともにLDPを離党した（Jemileen U. Nuqui and Ma. Christina

V. Deocadiz, "Mandaluyong officials bolt Laban camp," *Business World*, October 21, 1996)。96年11月には，LDPの事務総長でバタンガスの下院議員も，バタンガスの知事と約1万人のLDPのメンバーを引き連れて離党している（Carlo B. M. Santos, "Perez, Mandanas to leave Laban," *Business World*, November 4, 1996; Carlo B. Santos and Leotes Marie T. Lugo, "Mitra woos Perez, Gonzales," *Business World*, November 7, 1996）。同じ地域で上位のパトロン政治家が党移籍をすれば，下位のクライアント政治家もともに党移籍をする。党に対する忠誠心よりも個人に対する忠誠心が強い政治的クライアンテリズムが相変わらず優勢な証左である。

70　この点に関して詳しくは，以下の研究を参照されたい。川中豪「フィリピン大統領制と利益調整」(日本比較政治学会編『比較の中の中国政治』早稲田大学出版会，2004年); 川中豪「民主主義の制度変更——フィリピンにおける議院内閣制導入論をめぐって」『アジア経済』第46巻第3号，2005年3月。

第8章
アキノ政権以降の市民社会のエンパワーメント

はじめに

　前章で検討したように，コラソン・アキノ体制以降のフィリピンの民主主義はカシケ民主主義，ボス民主主義，エリート民主主義，政党なき民主主義などと揶揄され，その制度と機能との間に著しい乖離が見られた。これらの言葉が示唆する民主主義の欠陥は，なにもアキノ政権以降に突如現われたわけではなく，戒厳令布告前の民主主義体制においても少なからず見られた。体制変動過程で進歩的な市民社会勢力が対抗的ヘゲモニーを形成し，エリート民主主義に対するオルターナティブな民主主義を提示したのも，そうした過去の経験を踏まえてのことであった。

　しかし，復活した民主主義体制は，エリート民主主義や政党なき民主主義といった特徴を持つ点で戦後のそれと共通する部分はあっても，市民社会が体制変動過程で原動力となったことでそれが大きくエンパワーメントされている点において決定的に異なる。

　本章では，現代フィリピンにおける市民社会の特徴を概観するとともに，市民社会のエンパワーメントを促した要因を具体的に検証する。ここでは，新憲法と「地方政府法」(Local Government Code = LGC) による法的地位の保障，国家―市民社会関係の制度化，海外からの援助の増大といった3つの要因に焦点を当てて順に検討する。本章は，こうした市民社会の特徴を整理

することで，次章以降の分析の橋渡しをすることが目的となる。

第1節　現代フィリピンの市民社会の概況

フィリピンにおける市民団体の正確な数は，明確に把握されているわけではない。たとえば，「財団協会」(Association of Foundations = AF) によれば，その数は協同組合を含めて約2万になるという[1]。テベスとルイスは約1万8,000と試算し，そのうち3分の2が自発的組織と見なしている[2]。また，ティグノは，1990年の時点で6万5,000であった述べている[3]。このように数字が異なるのは，市民団体の定義が異なることに起因する。

非営利団体の数を把握する政府のモニターとしては「証券取引委員会」(Securities and Exchange Commissions = SEC) がある。非営利団体は，SECへ非営利団体として登録することで法人格を獲得できる。SECによれば，2008年3月までの累積登録数は7万6,512に上る[4]。SECは，これらのうち約75％が「非政府組織」(Non-Governmental Organization = NGO) であると見積もっていることから，NGOの数は約5万7,000ということになろう。

しかし，SECの数字は，カリーナの言う「突然変異NGO」(Mutant NGO = MUNGO) が数多く登録され真のNGOとの区別が難しいこと[5]，消滅分を把握していないこと，地方のNGOは登録していないこと[6]，そして左派系のNGOは意味がないとして登録していないこともあって[7]，大まかな数字でしかない。それでも他国との比較で見れば，フィリピンの市民団体の数はかなり多い。表8-1は，アジア諸国のNGOの数とその密度である。アジア諸国の中でもフィリピンのNGOの密度は抜きん出て高い。フィリピンの市民社会の発達ぶりを端的に読み取ることができよう。

それではアキノ政権以降の市民社会は，いかなる特徴を持っているのだろうか。以下，5つの特徴を挙げておきたい。

第1に，政治的・抵抗的姿勢である[8]。マルコス体制崩壊過程での経験から，フィリピンの市民社会はアキノ政権以降も活発な政治的活動を展開している。市民社会は，政府の汚職や腐敗に対して敏感であり，しばしば強力な抵抗勢力と化す。その代表的な例が，2001年1月に出現したピープルパワーⅡで

(表8-1) アジア諸国のNGOの数とその密度

国	NGOの数	人口（百万）	NGO／人口（百万）
アフガニスタン	148	—	—
バングラデシュ	1,200	115.2	10.42
インド	12,000	898.2	13.36
インドネシア	1,000	187.2	5.34
ネパール	140	20.8	6.73
フィリピン	6,000	64.8	92.59
スリランカ	500	17.9	27.93
タイ	200	58.1	3.44

(出所) Julie Fisher, *Nongovernments: NGOs and the Political Development of the Third World*, West Hartford: Kumarian Press, 1998, p. 164, Table 6.1 を修正して筆者作成。

ある。この市民の結集は，不正献金に関与したエストラーダ大統領（Joseph M. Estrada）の追放を促した。市民社会は，リベラルの系譜が提起するように，民主主義体制の権力の行き過ぎをチェックする機能を果たしていると言える[9]。

第2に，活発な公論形成である。市民社会アクターは，会議やセミナー，ワークショップなど様ざまな場で共有したファインディングスを普及させながら，政府の経済的・政治的政策を批判して改革を求めている[10]。1991年に行われた初のNGOの全国会議は，その最たる例である。こうした会議を通じてフィリピンの市民社会は，国家，経済，政治社会といった他のセクターに対して社会のあるべきヴィジョンの実現を求めている[11]。

第3に，政策決定過程への積極的な参加である。市民社会は，農地改革，都市貧困，環境保全，司法制度，反テロリズム，ジェンダーなど多様な分野で政策決定過程に介入し，政策の修正や変更を促している[12]。そうした市民社会の活動を受けて，現在までに市民社会が政策決定過程に合法的に介入できる制度や機関が各分野で整備されている。この点については後述する。

第4に，ネットワークの発達である。1991年に結成されたフィリピン最大のNGOネットワークである「開発NGOネットワーク会議」（Caucus of Development NGO Networks = CODE-NGO）を初め[13]，保健衛生の分野では87年に56のNGOによって「人口，健康，福祉のためのフィリピンNGO評議会」（Philippine NGO Council on Population, Health and Welfare = PNGOC）が[14]，農地改革の分野では87年に13のNGOと13の「民衆組織」（People's Organization

= PO）によって「民衆による農地改革のための全国会議」(Congress for a People's Agrarian Reform = CPAR）が，環境保護の分野では89年に約200の環境NGOによって「グリーン・フォーラム・フィリピン」(Green Forum Philippine = GFP）がそれぞれ結成されている[15]。

第5に，市民社会の制度化である。1970年代から80年代にかけて市民社会の中核をなしていた社会運動や政治運動の大部分は，永続的な社会構造に取って代わった。市民社会の運動は，フォーマルな構造を通じて形成されるのが一般的となっている[16]。そのことは，大衆運動を重視する「大義重視団体」(Cause-Oriented Group = COG）からNGOやPOに市民社会の主役の座が移ったことからも見てとれよう。

第2節　新憲法と地方政府法における市民社会条項

アキノ政権では，新憲法と地方政府法に市民社会条項が盛り込まれたことで，市民社会の法的地位は一気に向上した。とりわけ国家の最高法規たる憲法にそうした条項が存在するということは，市民社会の存在と役割が最重要視されている証左である。

第5章でも見たように新憲法では，第2条第23節において「国家は，国民の福祉を促進する非政府組織，コミュニティに基礎を置く組織，あるいは部門組織を奨励する」と明記され，国家がNGOの活動を奨励するものとされている。また，第13条「民衆組織の役割と組織」の第15節では「国家は，人民が民主主義の枠内で正当かつ共同の利益と希望を追求し保護することを可能にする独立した民衆組織の役割を尊重する」，第16節では「社会的，政治的，経済的意志決定のあらゆる段階に，民衆およびその組織が有効かつ合理的な範囲で参加する権利は制限されない。国家は，法律によって，実効性のある参加の制度が活用されるように努めるものとする」と規定され，POの政策決定過程への参加が奨励されている。

このような条項が盛り込まれたのは，既に第4章と第5章で検討したように，マルコス独裁体制の崩壊からアキノ民主体制が誕生するまでの過程で様ざまな市民団体や市民運動が重要な役割を果たし，憲法制定委員の3割以上

が市民社会の関係者から登用されたことが大きかったと言える。

　こうした市民社会条項は，1991年に制定されたLGCにも存在する。LGCでは，第4章に「民衆組織・非政府組織と地方政府の関係」という項目が設けられ，NGOとPOに関する規定がある。第34条の「民衆組織と非政府組織の役割」では「地方政府は，地方自治を推進する上で活発なパートナーとなる民衆組織および非政府組織の設立と活動を促進するものとする」とし，第35条の「民衆組織と非政府組織とのリンケージ」では「地方政府は，特定の基本的サービス，能力構築や生活設計の供給に従事し，生産性と所得の向上，農業の多様化，農村の工業化の促進，生態系のバランスの向上，民衆の経済的社会的福祉の向上を目的とした地方事業を発展させるような民衆組織あるいは非政府組織と，合同投機やその他の協力的な措置を始めることができる」としている。さらに，第36条の「民衆組織と非政府組織への支援」では，「地方政府は，当該地方の最高責任者を通じて，当該地方政府議会の同意を得て，領土管轄区域内で施行される経済的，社会志向的，環境的，文化的プロジェクトのために，民衆組織と非政府組織に財的支援などを提供できる」としている[17]。これらの規定は，ローカル・ガバナンスへの市民社会の積極的な参画を奨励したものと言えよう。

　また，新憲法の第10条第14節の「大統領は，地域の自治体の自治能力を強化し，それらの経済的，社会的な成長と発展を促進する行政上の分権化のために，地域内の地方政府の役人，政府各省庁の地域における長，非政府組織の代表からなる地域開発議会もしくはそれに類する機関を設置するものとする」という規定を受け[18]，LGC施行規則第62条では，以下のことが明記されている。すなわち，「地方政府はPO，NGO，プライベート・セクターの設立と活動を促進し，それらが地方自治を促進する上で活発なパートナーとなるようにする。この目的のために，PO，NGO，プライベート・セクターは以下の地方政府の計画，プログラム，プロジェクト，活動に直接関わるものとする：(a)「地方特別機関」(Local Special Body = LSB), (b) 基本的サービスと施設の供給，(c) 合同投機や協同プログラムまたは事業，(d) 財的支援やその他の支援，(e) 周辺部の漁民の組織や協同組合の特別待遇，(f) 協同組合発展のための特別待遇，(g) インフラ計画に対する融資，その設計，

第8章　アキノ政権以降の市民社会のエンパワーメント　283

維持，実施，管理」[19]。

　LSBには，「地方開発評議会」(Local Development Council = LDC)，「地方入札資格事前審査・裁定委員会」(Local Prequalifications, Bids, and Awards Committee = PBAC)，「地方保健委員会」(Local Heath Board = LHB)，「地方教育委員会」(Local School Board = LSB)，「地方平和秩序委員会」(Local Peace and Order Council = POC)，「民衆法施行委員会」(People's Law Enforcement Board = PLEB) がある。州からバランガイ・レベルまで設置されるのはLDCのみである。PBAC，LHB，LSB，POCは，バランガイ・レベル以外の全ての自治体に設置される[20]。PLEBは市町レベルにのみ設置される。LDCでは，全構成員の少なくとも4分の1がNGO，PO，プライベート・セクターに与えられる。PBACでは，LDCの代表となっているNGOとPOから代表2人，LHBでは保健衛生サービスに関わるNGO，プライベート・セクターから代表1人，LSBではNGO，プライベート・セクターから代表3人，POCではプライベート・セクターから代表3人が，それぞれ委員会のメンバーとして参加できる[21]。これらの諸機関を通じてNGOとPOは，地方レベルの政策決定過程に直接介入できるようになっている（表8−2）。

　LSBのメンバーになるためには，地方政府の承認が必要となる。地方政府法施行規則の第64条（b）によれば，その基準は以下のように規定されている[22]。(1) SEC，「生活協同組合開発庁」(Cooperatives and Development Authority = CDA)，「労働雇用省」(Department of Labor and Employment = DOLE)，「社会福祉開発省」(Department of Social Welfare and Development = DSWD)，またはPO，NGO，プライベート・セクターを承認する他の国家政府機関に登録していること。正式に登録していない場合，LSBのメンバーになる最低限の条件を満たす目的で地方政府議会によって承認されてもよい。(2) 組織の目的が共同体の組織化と発展，制度構築，地方事業の開発，生活設計の構築，能力構築やそれに類似した開発目的を含むもの。(3) 共同体ベースのプロジェクト開発とその実施の経験が少なくとも1年はあること。(4) 組織の委員会書記官によって正式に証明される年報の準備と年次総会の実施によって信頼性があるもの。(5) PBACの場合，インフラもしくはその他のプロジェクトの賞与において組織もしくはそのメンバーの利益が衝突

(表8−2) 地方特別機関の種類

名称	市民社会の代表の割合	州	市	町	村
地方開発評議会（LDC）	4分の1がNGO, PO, PS	○	○	○	○
地方入札資格事前審査・裁定委員会（PBAC）	LDCの代表のNGO, POから2名	○	○	○	—
地方保健衛生委員会（LHB）	保健衛生に関わるNGO, PSから1名	○	○	○	—
地方教育委員会（LSB）	NGO, PSから3名	○	○	○	—
地方平和秩序委員会（POC）	PSから3名	○	○	○	—
民衆法施行委員会（PLEB）	共同体から3名	—	○	○	—

（出所）Department of the Interior and Local Government, Participative Local Governance: A Primer, pp. 24-25 より筆者作成。○が設置あり。PSはプライベート・セクターを意味する。

しないもの。

　LSBにおけるNGO, PO, プライベート・セクターの承認に対して責任を持つのは，地方政府の議会である。地方政府の議会は，上で述べた基準以外に独自の承認基準を設けることもできる[23]。

第3節　国家と市民社会との協力関係

　第5章で見たようにアキノ政権では，主要省庁の大臣に多くの市民社会関係者が任命されたこともあって，政府各省庁と市民社会との協力関係の制度化が進展した。1989年3月には「国家経済開発庁」（National Economic and Development Authority = NEDA）の理事会決議第2号が公布され，全ての政府機関にNGO局の設置が命じられた[24]。これを受けて，1990年までに18の政府省庁と5つの特別政府機関にNGO連絡デスクが設置された[25]。現在までに国家と市民社会との協力関係は，様ざまな分野で進んでいる。代表的な省庁を取り上げてその動きを簡単に見ておこう。

　まず，フィリピン最大の社会問題である農地改革に取り組む「農地改革省」（Department of Agrarian Reform = DAR）では，早くから市民社会との連携が進んだ。たとえば，アキノ政権下で1987年7月に発効された大統領令第229号は，農地改革計画の実行メカニズムを明記したもので，その第18節では「農民，農業労働者，地主，協同組合，そして／または独立した農民組織は包括的農地改革プログラムの立案，組織化，管理に参加する権

利を有する」と規定された。また，第19節では，バランガイ・レベルで農地改革を実行するために設置される「バランガイ農地改革会議」(Barangay Agrarian Reform Council = BARC) に農業共同組合，農民組織，NGO の代表を参加させることも求められた。[26] 87年7月に出された大統領令第129A号においても，その第3節 (h) で「国家は，農地改革の政策策定，計画実行，評価において政府と農民，農業労働者の組織とのパートナーシップの制度化に取り組む」と述べられ，第5節 (m) ではDARに「フィリピン国軍を含むあらゆる政府機関とNGOに対して計画の実行のために完全な支持と協力を要請できる」権限が与えられた。[27] また，1988年に出された農地改革省行政命令第1号によって，DAR と NGO との協力関係のガイドラインとメカニズムが示され，[28] NGO・POと直接的な調整を行う機関として新たに「農地改革受益者開発局」(Bureau of Agrarian Reform Beneficiaries Development = BARBD) が設置された。[29] 88年6月に「包括的農地改革法」(Comprehensive Agrarian Reform Law = CARL) が制定されてからは，DAR はその実行に精力を注いでゆく。[30] 89年には CARL を実行するための一戦略として，DAR, NGO, PO の協力関係の構築を促す「農地改革と農村開発のための三者間協力」(Tripartite Partnership for Agrarian Reform and Rural Development = TriPARRD) が開始された。[31] 続くラモス政権下では，「フィリピン・ビジネス社会開発財団」(Philippine Business for Social Progress = PBSP) の代表取締役であるガリラオ (Ernesto D. Garilao) が DAR の長官に任命され，DAR と市民社会との協力関係の制度化がさらに進んだ。93年にはTriPARRDを発展させる形で「農地改革共同体」(Agrarian Reform Community = ARC) が設置される。[32] このような DAR と市民社会との協力関係については，第10章で具体的に検討する。

「農業省」(Department of Agriculture = DA) では1986年4月に，農民への迅速なサービスの供給を目的として特別プロジェクト室にNGOアウトリーチ局が設置され，DA と NGO との協力関係の調整が開始され，民衆の政策決定過程への参加が促された。[33] 87年1月30日に公布された大統領令第116号では，DA の主たる業務は農家所得の向上と雇用機会の創出にあるとされ，農業の政策決定機関に各セクターの代表を含めた民衆の参加を奨励す

ることがDAに求められた[34]。88年には，農民組織の融資，経営知識，市場取引への迅速なアクセスを目的として「農業開発のための生活向上」(The Livelihood Enhancement for Agricultural Development = LEAD) というプログラムが導入された。これと同時にDAとNGOを含めたプライベート・セクターとの協議機関として「農業・漁業会議」(Agriculture and Fishery Councils = AFCs) が各行政レベルに設置され，DAの主要なプログラムに対して助言を行いそれを監視する役割がAFCsに与えられた。DAとNGOとの協力関係を正面から求めた最も大きな政策は，97年12月に成立した共和国令第8435号，すなわち「農業・漁業近代化法」(Agriculture and Fisheries Modernization Act = AFMA) であろう。同法は，文字通り農業と漁業の近代化によって主として貧困の削減，社会的不平等性の解消，食料の確保を目指したもので，そこでは政策決定過程への民衆の直接的な参加が求められている。また，民衆の参加を奨励するためにNGOとPOを強化する必要性が唱えられ，DAは中長期的な視野に立った包括的な農業・漁業の近代化計画を策定・実行する際にNGO・POと協議を行うことが求められた[35]。このAFMAを踏まえて1999年には「黄金の収穫」(Gintong Ani = GA) という中期計画が開始される。このGAは，アロヨ政権で「黄金の大収穫」(Ginintuang Masaganang Ani = GMA) へと名称が変更され，継続して実施された。

「保健省」(Department of Health = DOH) では，1987年1月に公布された大統領令第119号の第4節によって「保健衛生に関係する活動で，国際組織を含む地方共同体，機関，利益団体を支援し，またそれらと連係・協力すること」がDOHに求められ，「保健衛生に関わる活動，プログラム，プロジェクトにおいて，地方政府とNGOとの関係を調整するための計画・プログラムの案出・施行に関係するサービスを提供する」部局として新たに「共同体保健衛生サービス」(Community Health Service = CHS) が設置された[36]。さらに，91年10月に発効された行政命令第112号は，「保健衛生政策・プログラムにおけるパブリック・セクターとプライベート・セクター間の協力に関する保健省の政策」と題され，大統領令第119号の規定と矛盾しない範囲でDOHがプライベート・セクターと協力して政策プログラムを実行することが明記されている[37]。こうして市民社会との協力関係の制度化を目指した

代表的な戦略プログラムが，1989年に打ち出された「共同体保健衛生開発のためのパートナーシップ」(Partnership for Community Health Development = PCHD) である。PCHDは，共同体への基本的な保健衛生サービスの供給を容易にすることを目的としたもので，これを介してDOH，地方政府，NGO・POのパートナーシップの構築が促された。[38] ラモス政権では，フィリピン最大のNGOの1つである「フィリピン農村再建運動」(Philippine Rural Reconstruction Movement = PRRM) の元代表のフラヴィエ (Juan M. Flavier) がDOHの長官に任命され，DOHと市民社会との協力関係はさらに進展する。たとえば，94年7月から開始された「医療人的資源開発・配置プログラム」(Medical Human Resource Development and Placement Program = HRDPP) では，LHBとNGOとの医療分野におけるリンケージの強化が求められた。[39] 96年7月から導入された「バランガイ薬局」(Botica ng Barangay = BnB) というプログラムでは，各バランガイにBnBが設置され，地方政府と共同体組織とが協力して余分な薬を貧困層に提供することが求められた。[40] 現在に至るまでDOHの数多くのプログラムで，市民社会とのパートナーシップが構築されている。

「環境・天然資源省」(Department of Environmental and Natural Resources = DENR) では，1987年1月に出された大統領令第192号によって，天然資源の開発，利用，保護に関してプライベート・セクターと適切な協議を行い，天然資源の管理において民衆の参加とプライベート・セクターのイニシアティブを促進する政策を実施することが求められた。[41] 同年3月には，DENRの腐敗と非効率性を改善するためにマセダ (Ernesto M. Maceda) に代わってファクトラン (Fulgencio S. Factoran, Jr.) が新たに長官に任命された。これに加えて，フィリピンを代表する環境NGOである「ハリボン財団」(Haribon Foundation for the Conservation of Natural Resources = Haribon) のロケ会長 (Celso R. Roque) と環境NGOの全国的な連合組織体である「フィリピン環境問題連合」(Philippine Federation for Environmental Concerns = PFEC) のガナピン代表 (Delfin J. Ganapin, Jr.) が事務次官に任命されたことで，DENRとNGOとの協力関係はさらに進展する。[42] 89年には環境・天然資源省行政命令第120号が公布され，持続可能な開発のためにNGOの参

加を促進することを基本政策として採用することが求められた。[43]同時に特別命令第750号によってNGO局が作られ、それにDENRとNGOとの協力関係に関する全ての活動を調整する役割が付与された。[44]続くラモス政権では、環境NGOの活動家であるアルカラ（Angel C. Alcala）が長官に任命され、市民社会との協力関係の強化が図られた。たとえば、92年6月に地域の天然資源、生物多様性、歴史的文化遺産を保護する目的で制定された共和国令第7586号によって「全国統合保全地域制度」（National Integrated Protected Areas System = NIPAS）が導入され、各保護区に設置される委員会にNGOの3人の代表を含めることが求められた。[45]94年10月からはNIPASに該当する10の優先的な地域を設置する「優先保護地域プロジェクト」（Conservation of Priority Protected Areas Project = CPPAP）が開始される。95年2月に出された環境・天然資源省行政命令第5号では、CPPAPにおいてNGO・POと政府との積極的なパートナーシップを奨励・促進する役割がDENRに付与された。[46]それ以外にも93年4月から実施された「共同体森林プログラム」（Community Forest Program = CFP）では、共同体ベースの天然資源の保護管理と持続可能な開発のためにDNER、地方政府、教育機関、NGOの制度的能力を高めることが求められた。[47]94年9月から開始された「共同体ベースのマングローブ林管理のためのNGO支援プロジェクト」（Non-Governmental Organization Assisted Community-Based Mangrove Forest Management = NGO-Assisted CBMFM）は、NGOを主体とするマングローブの保護計画である。[48]以上のように、DOHと同様にDENRにおいても、数多くのプロジェクトの中でNGOとの協力関係が構築されている。

国家と市民社会との協力の重要性は、政府の中期フィリピン開発計画の中でも謳われている。たとえば、1986年―92年中期フィリピン開発計画では、プライベート・セクターは開発の首唱者であるだけでなく主導者でもあると位置づけられ、とりわけビジネス・セクター、NGO、民間非営利組織は、社会経済的条件の改善を目指すプログラムとプロジェクトを請け負い、それを支える役割を果たすとされている。[49]1993年―98年中期フィリピン開発計画においても、持続的な農業開発、農地改革の実行、人間開発、人的資源など様ざまな分野で政府が目標を達成するためにNGOと協力する必要がある

と唱えられている。[50]

第4節　海外からの援助

　フィリピンの市民社会の成長を促したのは，こうした国内的要因だけではない。海外からの援助の増加も市民社会の成長を後押ししてきた。

　海外からの援助は，1960年代頃から開始され，とくに欧米の教会系財団による資金援助が早くから実施されていた。たとえば，オランダの「開発プログラム合同投機のための中央組織」（Centrale Bemiddeling bij Medefinanciering van Ontwikkelingsprogramma's = CEBEMO）やドイツの「ミゼレオール」（MISEREOR）などのカトリック系の財団は，フィリピンのカトリック教会を通じてNGOとPOに活動資金を提供していた。オランダの「開発協力のための国際協議調整委員会」（Interkerkelijke Coodinatie Commissie voor Ontwikkelingssammenwerking = ICCO）やドイツの「世界にパンを」（Bread for the World = BFW），イギリスの「クリスチャンエイド」（Christian Aid = CA）などのプロテスタント系の財団も，フィリピンを代表するプロテスタント系の市民団体である「フィリピン全国教会会議」（National Council of Churches in the Philippines = NCCP）に資金援助を行っていた。[51]この中でもCEBEMOやMISEREOR，ICCOは，戒厳令体制下で進歩的な活動を展開する市民団体の支援者となり，抑圧的な体制に抵抗する市民社会の政治的機能を補助する役割を果たした。[52]

　1980年代後半になると国際機関や政府機関が，市民社会の成長を促すためにNGOコミュニティに直接的に資金援助を行うようになる。それを受けてNEDAは，理事会決議第2号によって，援助国政府によるフィリピンのNGOへの直接的な資金提供，フィリピン政府を通じたフィリピンのNGOへの資金提供，海外のNGOによるフィリピンのNGOへの直接的な資金提供という3つの資金援助の形態に分類し，「政府開発援助」（Official Development Assistance = ODA）の資金をNGOに割り当てることを公的に認めるガイドラインを示した。[53]このガイドラインは，NGOによるODAの直接管理を公的に承認したものでもあった。このようにNGOの役割が重視

(表8-3) 主要先進国のNGOに対する政府開発援助額（百万ドル）

	アメリカ	カナダ	オランダ	日本
総額	224.00	17.60	19.75	458.92
NGO	10.00	6.16	4.79	0.16
対総額比（％）	4.46	35.0	24.25	0.03

(出所) James Putzel, "Non-Governmental Organizations and Rural Poverty," in G. Sidney Silliman and Lela Garner Noble, eds., *Organizing for Democracy: NGOs, Civil Society, and the Philippines*, Honolulu: University of Hawai'i Press, 1998, p. 85, Table 1 より筆者作成。数字は1991年時のもの。

されるようになった背景には，一方で政府の非効率性といった国家の弱さがあり，他方で社会サービスにおけるNGOの役割に対する高い評価があった。[54]

プツゼルの整理によれば，1991年のODAのうち約7％がNGOに直接流入している。中でもカナダとオランダの割合は高い（表8-3）。また，ゴンザレスは，共同出資プロジェクトだけを見ても，90年代前半にNGOに提供された資金額は年間約5,610万ドルになると試算している。[55] これらの数字を見るだけでも，かなりの援助資金がNGOに直接的に与えられるようになったことは読み取れよう。[56]

二国間援助では，「アメリカ国際開発庁」（U.S. Agency for International Development = USAID）と「カナダ国際開発庁」（Canadian International Development Agency = CIDA）が，フィリピンの市民社会にとって重要な資金提供者となってきた。

USAIDは，「海外支援法」（Foreign Assistance Act of 1961）が1961年に制定されたことで，登録したアメリカベースの「民間非営利組織」（Private Voluntary Organization = PVO）に助成金を与えることができるようになった。それ以来，USAIDは，「民間非営利協力」（Private Voluntary Cooperation = PVC）の名の下で，とくに紛争を抱える国で活動するPVOと現地のNGOの成長を支援してきた。フィリピンでは，USAIDのフィリピン事務所によって80年に助成機構が作られ，「共同出資プロジェクト」（Co-Financing Project）の下で開発に携わるPVOと現地のNGOへの援助が開始される。80年から86年のプロジェクトIでは8のPVOと10のNGOに661万ドル，84年から92年のプロジェクトIIでは12のPVOと24のNGOに1,726

万ドル，89年から96年のプロジェクトⅢでは16のPVOと32のNGOに2,440万ドル，93年から開始されたプロジェクトⅣでは3つのPVOと9つのNGOに636万9,000ドルの助成金が与えられた。プロジェクトⅠからⅢでは貧困層の支援が中心であったが，Ⅳでは漁業，貧困，女性，児童などの分野でPVOとNGOとの連帯を促す連合形成プロジェクトが行われた。[57]

CIDAは，1970年代中頃から農業組合や共同体ベースで開発に関わるNGOの支援を開始した。86年以降は，本格的にフィリピンの市民社会に対する支援体制を確立してゆく。86年から2001年までにCIDAは，フィリピンに対して2億9,860万ドルの資金を提供し，そのうち7,340万ドルをNGOの支援に割り当てている。[58]こうしたNGOに対する支援の中心的なプロジェクトが，「フィリピン開発援助プログラム」(Philippine Development Assistance Program = PDAP)と「フィリピン・カナダ人材育成プログラム」(Philippines-Canada Human Resource Development Program = PCHRD)である。

PDAPは，フィリピンの貧困解消と持続可能な開発を目指してCIDAのイニシアティブで1985年に設立されたNGOの連合体であり，カナダの16のNGOとフィリピンの6つのNGO連合からなる。フィリピンからは，「アジア農地改革・農村開発NGO連合」(Asian NGO Coalition for Agrarian Reform and Rural Development = ANGOC)を初め，国内でも最大規模のNGOが参加している。[59] PDAPの活動資金収入の9割以上がCIDAからの資金援助である。[60] PDAPは，86年から93年までの間にPhaseⅠとⅡを完了し，302の共同体ベースのプロジェクトを支援した。[61] 97年から2001年には，農村部の貧困を緩和し持続可能な事業への貧困層の参加を促すために「持続可能な事業における参加促進」(Promoting Participation in Sustainable Enterprises = PPSE)というプログラムを行い，5,409ヘクタールの農村地区が30のPOと8つのNGOによって管理された。[62]

PCHRDは，PDAPを補完するために1990年4月に設立された開発援助プログラムであり，人材育成やパートナーシップの向上，アドボカシー活動などを通じた貧困緩和が目指された。プログラムの基金は，フィリピンの9つの開発NGOネットワークの代表とカナダの調整委員会の4人の代表によって構成される合同委員会によって管理された。PCHRDは，5年間で総

額150万カナダドルのプログラムであり96年に終了している[63]。

国際機関の援助としては，地球環境保護のために途上国への資金援助を目的として1991年に「国際連合開発計画」（United Nations Development Programme = UNDP）が設立した「地球環境ファシリティ」（Global Environmental Facility = GEF）の助成金プログラムがある。このプログラムでは，助成金を現地のNGOや共同体ベースの組織に直接付与しその活動を支援する形態が取られている。GEFは，これまで1,200以上のNGOプロジェクトに上限5万ドルの助成金を与えてきた[64]。フィリピンのNGOに対しては，92年から95年までの試験段階で35のプロジェクトに約59万ドル，96年から98年の第1運用段階で22のプロジェクトに約60万ドル，99年から現在まで続く第2運用段階で42のプロジェクトに約128万ドルの助成金を付与している[65]。

また，世界銀行は，1970年代に環境問題を通じて早くから市民社会との対話を開始していた。81年にNGOとの関係を明記した運用政策覚書が総会で認められ，NGO世界銀行協議会が設立される。以来，世界銀行の政策やプログラム，プロジェクトなどを議論する定期的な会合を通じて，市民社会との連携の強化が図られてきた。市民社会と連携したプロジェクト数は，90年には全プロジェクトの21.5％であったが，その割合は徐々に増加し，2004年には約75％を占めるに至っている（図8-1）。

世界銀行の市民社会に対する支援プロジェクトの1つは，助成金プログラムである。1983年から開始された同プログラムは，開発プロセスへの貧困層・周縁層の参加を促進するために，そうした活動に携わる市民社会組織の支援を目的としたものであり[66]，フィリピンの市民社会に対しては98年に2万5,000ドル，99年に5万ドルがそれぞれ付与されている[67]。

同様にアジア開発銀行は，1987年からNGOの少額融資プロジェクトを行うためにフィリピン政府への融資を開始し，翌年からはNGO主導のプロジェクトを実行する。加えて，NGOに関する業務は，93年に環境課から農業部内の社会課に移され，95年には新たに設立された環境・社会開発局の下でフルタイムのNGOのコーディネーターが登用された[68]。90年以降のアジア開発銀行の融資プロジェクトを概観してみると，NGOを含む融資プロジェクトの数は増加しつつある。このうちフィリピンに対しては，26のプロジェ

(図8−1) 世界銀行のプロジェクトにおける市民社会の関与

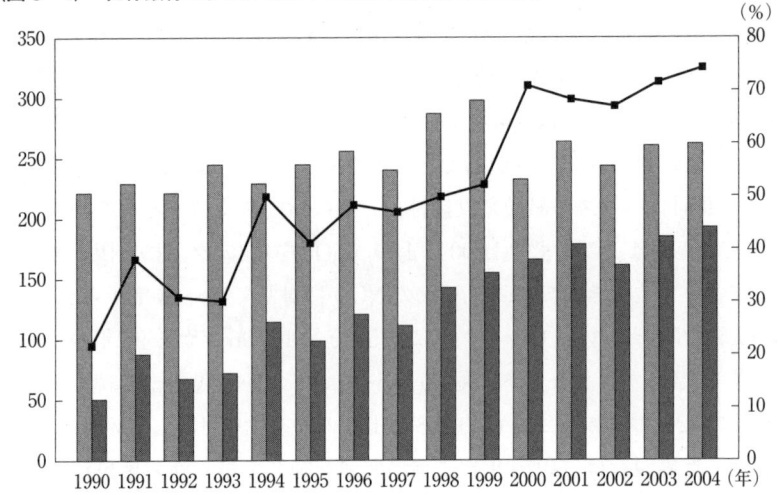

(出所) World Bank, *World Bank-Civil Society Engagement: Review of Fiscal Years 2002-2004*, Washington D.C.: The International Bank for Reconstruction and Development／The World Bank, 2005, p. 18, Figure C. 薄い棒グラフが総プロジェクト数，濃い棒グラフは市民社会が関与したプロジェクト数を表す。線グラフは，総プロジェクトのうちの市民社会が関与したプロジェクトの割合を表す。

クトに融資が行われている（図8−2）。

　また，アジア開発銀行では，1998年に「アジア開発銀行とNGOとの協力」という政策が正式に採用され，両者の関係はより強化される方向へと向かった。この流れの中から生まれたのが「貧困削減日本基金」（Japan Fund for Poverty Reduction = JFPR）である。JFPRは，新興市場国の経済危機の影響を受けたアジア開発銀行加盟の発展途上国の貧困対策を支援することを目的としたもので，日本からの資金拠出を受けて2000年5月にアジア開発銀行によって創設された。JFPRでは，市民社会の直接参加によって貧困削減が目指される。2004年までにフィリピンに対して承認されたプロジェクト数は6つで，助成金額は1,090万ドルであった。[69]

　フィリピンのNGOの大半は，海外の援助機関から資金援助を受けている。非公式の試算によれば，海外ドナーへの依存度は，年間予算の50％から最大95％にもなる。[70] このように海外からの資金援助が増え，それが直接的も

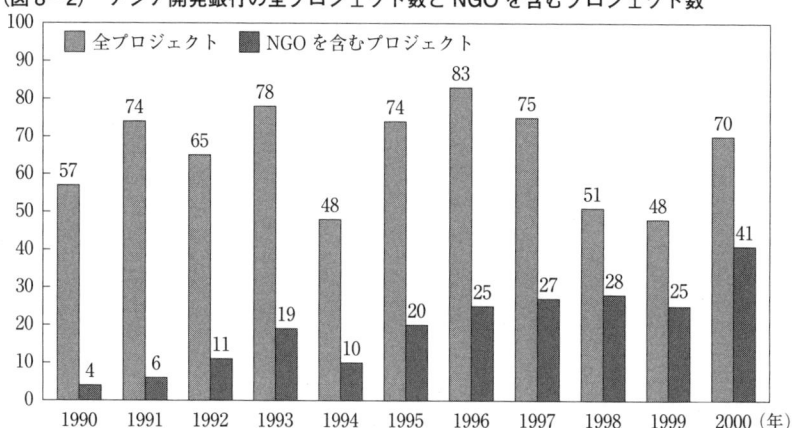

(図8-2) アジア開発銀行の全プロジェクト数とNGOを含むプロジェクト数

年	全プロジェクト	NGOを含むプロジェクト
1990	57	4
1991	74	6
1992	65	11
1993	78	19
1994	48	10
1995	74	20
1996	83	25
1997	75	27
1998	51	28
1999	48	25
2000	70	41

(出所) Asia Development Bank, Report of the Task Forces on Institutional Arrangements for Cooperation with Nongovernmental Organizations, 29 November 2000, p. 3 (http://www.adb.org/NGOs/docs/2000repot.pdf). アクセス日：2010年7月26日

しくは間接的にNGOに与えられるようになったことで，市民社会の成長がさらに促されたと言えよう。

小　括

　ピープルパワーによって誕生したアキノ政権では，新憲法と地方政府法によって市民社会，とくにNGOとPOの法的な地位が保障され，国家と市民社会との協力関係の制度化が進み，海外からの援助も盛んになったことで，市民社会は良好な成長を遂げることができた。こうしてエンパワーメントされた市民社会は，各分野で民主主義の欠陥を修復し，その定着と発展を促すために様ざまな活動を展開している。次章以下では，公明選挙，農地改革，都市貧困という3つの分野に焦点を当てて，そうした市民社会の活動を具体的に検証する。

註 ―――

1 木村宏恒『フィリピン――開発・国家・NGO』三一書房, 186頁。
2 Aurea G Miclat-Teves and David J. Lewis, "Overview," in John Farrington and David J. Lewis, eds., *Non-Governmental Organizations and the State in Asia: Rethinking Roles in Sustainable Agricultural Development*, London: Routledge, 1993, p. 230.
3 Jorge Tigno, "Democratization through Non-Governmental and People's Organizations," *Kasarinlan*, Vol. 8, No. 3, 1st Quarter 1993, p. 65.
4 Security and Exchange Commission, List of Non-Stock, Non-Profit Corporations, 2008.
5 SECの外資課長であるカタラン (Benito A. Cataran) とのインタビュー (August 6, 1998, Mandaluyong City)。MUNGOについては第1章第2節3を参照されたい。
6 Gerard Clarke, *The Politics of NGOs in South-East Asia: Participation and Protest in the Philippines*, London: Routledge, 1998, p. 70.
7 木村宏恒, 前掲書, 186頁。
8 Enda A. Co, "Reinterpreting Civil Society: The Context of the Philippine NGO Movement," in Alan G. Alegre, ed., *Trends and Traditions, Challenges and Choices: A Strategic Study of Philippine NGOs*, Quezon City: Ateneo Center for Social Policy and Public Affairs, 1996, pp. 197-198; Miriam Coronel Ferrer, "The Philippine State and Civil Society Discourse and Praxis," *Korean Observer*, Vol. 35, No. 3, Autumn 2004, pp. 539-541.
9 Larry Diamond, "Toward Democratic Consolidation," in Larry Diamond and Marc F. Plattner, 2nd eds., *The Global Resurgence of Democracy*, Baltimore: Johns Hopkins University Press, 1996, p. 230.
10 Mary Racelis, "From the Fringes to the Mainstream," *Intersect*, Vol. 8, No. 4, April-May 1994, p. 8.
11 Jun Atienza, "An Alternative Framework for Social Change," *Intersect*, Vol. 8, No. 4, April-May 1994, p. 6.
12 詳しくは, 以下の研究を参照されたい。Marlon A. Wui and Glenda S. Lopez, eds., *State-Civil Society Relations Policy-Making*, Quezon City: The Third World Studies Center, 1997.
13 100以上のメンバーを持つAFや100以上の協同組合からなる「協同組合訓練センター全国連合」(National Confederation of Cooperatives = NATCCO), 45のNGOをメンバーに持つ「フィリピン・サポートサービス協力パートナーシップ」(Partnership of Philippine Support Service Agency = PHILSSA), ビジネス・セクターが主導する「フィリピン・ビ

ジネス社会開発財団」(Philippine Business for Social Progress = PBSP), 66のNGOをメンバーに持つ「農村人材開発フィリピン連合」(Philippine Partnership for the Development of Human Resources in the Rural Areas = PhilDHRRA), カトリック教会系の「社会行動, 正義, 平和のための全国事務局」(National Secretariat for Social Action, Justice and Peace-Caritas Philippines = NASSA), プロテスタント教会系の「フィリピン全国教会会議」(National Council of Churches in the Philippines = NCCP), その他にも「民衆開発評議会」(Council for People's Development = CPD), 「開発のための統一キリスト教センター」(Ecumenical Center for Development = ECD), 「社会開発のための全国評議会」(National Council for Social Development = NCSD) などの大規模なNGOを初め, 2,500以上のNGOとPOがCODE-NGOに加入している。詳しくは, CODE-NGOのホームページを参照されたい (http://www.codengo.org/)。
14 GFPの事務局長であるフェレール (Sam Ferrer) とのインタビュー (August 5, 1998, Quezon City)。
15 PNGOCの事務局長であるデヴィナグラシア (Eden R. Devinagracia) とのインタビュー (August 9, 1998, Quezon City)。
16 G. Sidney Silliman and Lela Garner Noble, "Intoroduction," in G. Sidney Silliman and Lela Garner Noble, eds., *Organizing for Democracy: NGOs, Civil Society and the Philippine State*, Honolulu: University of Hawai'i Press, 1998, pp. 19–20.
17 *Local Government Code of 1991*: A. V. B. Printing Press, pp. 15–16, Chapter 4, Sec. 34, Sec. 35, Sec. 36.
18 *The 1987 Constitution of the Republic of the Philippines*, p. 36, Article X, Section 14.
19 Department of the Interior and Local Government, Participative Local Governance: A Primer, p. 27.
20 *Ibid.*, pp. 24–25.
21 *Ibid.*, pp. 3–4, pp. 7–8.
22 *Ibid.*, pp. 38–39.
23 *Ibid.*, pp. 8–9.
24 NEDA Board Resolution No. 2, Series of 1989.
25 National Economic and Development Authority, *1991 Philippine Development Report*, Manila: National Economic and Development Authority, 1992, pp. 232–235.
26 Executive Order No. 229.
27 Executive Order No. 129-A.
28 DAR Administrative Order No. 1, Series of 1988.

29 Antonio B. Quizon, "A Survey of Governmental Policies and Programmes on Non-Governmental Organizations in the Philippines," in Antonio B. Quizon and Rhoda U. Reyes, eds., *A Strategic Assessment of Non-Governmental Organizations in the Philippines*, Metro Manila: Asian Non-Governmental Organizations Coalition for Agrarian Reform and Rural Development, 1989, p. 10.

30 Republic Act No. 6657.

31 Philippine Partnership for the Development of Human Resources in Rural Areas and Center for Community Services, *Making Agrarian Reform Work: Securing the Gains of Land Tenure Improvement*, Quezon City: The Philippine Partnership for Development of Human Resources in Rural Areas, 1997, p. xiii.

32 John Batara, *The Comprehensive Agrarian Reform Program: More Misery for the Philippine Peasantry*, Manila: IBON Foundation, 1996, p. 70.

33 Carlos Fernandez and Tess del Rosario, "The Philippines Department of Agriculture's NGO Outreach Desk," in John Farrington and David J. Lewis, eds., *Non-Governmental Organizations and the State in Asia: Rethinking Roles in Sustainable Agricultural Development*, London: Routledge, 1993, pp. 256-257.

34 Executive Order No. 116.

35 Republic Act No. 8435.

36 Executive Order No. 119.

37 Administrative Order No. 112.

38 Development Partners, Inc., "A Rapid Appraisal of PCHD," in Victoria A. Bautista and Eleanor E. Nicolas, eds., *Primary Health Care*, Quezon City: College of Public Administration University of the Philippines and Community Health Service Department of Health, 1998, pp. 15-16.

39 Administrative Order No. 29, Series of 1994.

40 Administrative Order No. 23-A, Series of 1996; Administrative Order No. 70, Series of 2002; Administrative Order No. 144, Series of 2004.

41 Executive Order No. 192.

42 Gerard Clarke, *op. cit.*, p. 86; Raymond L. Bryant, "Explaining State-Environmental NGO Relations in the Philippines and Indonesia," *Singapore Journal of Tropical Geography*, Vol. 22, No. 1, March 2001, pp. 20-21.

43 DENR Administrative Order No. 120, Series of 1989.

44 Special Order No. 750, Series of 1989.

45 Republic Act No. 7586.

46 DENR Administrative Order No. 05, Series of 1995.

47　DENR Administrative Order No. 22, Series of 1993.
48　DENR Administrative Order No. 30, Series of 1994.
49　Republic of the Philippines, *Medium Term Development Plan 1987-1992*, Manila: Republic of the Philippines, 1986, p. 39.
50　Republic of the Philippines, *Medium Term Development Plan 1993-1998*, Manila: Republic of the Philippines, 1995, pp. 1-14.
51　G. Sidney Silliman, "The Transnational Relations of Philippine Non-Governmental Organizations," in G. Sidney Silliman and Lela Garner Noble, eds., *Organizing for Democracy: NGOs, Civil Society and the Philippine State*, Honolulu: University of Hawai'i Press, 1998, pp. 55-56.
52　Gerard Clarke, *op. cit.*, p. 111.
53　NEDA Board Resolution No. 2, Series of 1989.
54　Consuelo Katrina A. Lopa, "The Rise of Philippine NGOs in Managing Development Assistance," in Natasha Amott, ed., *Financing Development in Southeast Asia: Opportunities for Collaboration and Sustainability*, New York: Sage Publications, 2003, pp. 2-3.
55　Raul Gonzales, *Official Development Assistance in the Philippines: 1986-1996*, Quezon City: The Caucus of Development NGO Networks, 1998, pp. 89-90.
56　ODAが支援するプロジェクトへのフィリピン市民社会の参加に関する先駆的な研究として，以下のものを挙げておく。Official Development Assistance Watch, *Engaging ODA: Lessons in Civil Society Participation*, Quezon City: Official Development Assistance Watch, 2005.
57　Lynne Cripe and Gregory Perrier, *Evolution of a PVO CO-Financing Program: Lessons Learned at USAID/Philippines*, Metro Manila: Office of Governance and Participation of the U.S. Agency International Development, 1997, pp. 1-5.
58　Canadian International Development Agency, Philippine Country Program Evaluation, 1989/90-2001/2002, Summary Report, June 4, 2004, pp. 35-36.
59　ANGOC以外のフィリピンのNGOは，AF，PBSP，PhilDHRRA，NCSD，「アッシジ開発財団」（Assisi Development Foundation = ADF）である。
60　Philippine Development Assistance Programme, Inc., Annual Report 2001-2002, p. 4; Philippine Development Assistance Programme, Inc., Annual Report 2002-2003, p. 6.
61　PDAPホームページより（http://www.pdap.net/history.html）。アクセス日：2010年1月12日
62　PDAPホームページより（http://www.pdap.net/programs.html）。アク

セス日:2010年1月12日

63 Segundo E. Romero, Jr. and Rostum J. Bautista, "Philippine NGOs in the Asia Pacific Context," in Tadashi Yamamoto, ed., *Emerging Civil Society in the Asia Pacific Community: Nongovernmental Underpinnings of the Emerging Asia Pacific Regional Community*, Singapore: The Institute of Southeast Asian Studies, 1995, p. 196(セグンド・ロメロ他「フィリピン」〔日本国際交流センター監修『アジア太平洋のNGO』アルク,1998年〕).

64 Global Environmental Facility, Small Grants Programme, Hands-on Action for Sustainable Development 1992-2002, pp. 1-13.

65 助成金プログラムの全プロジェクトの概要が掲載されているUNDPのホームページのデータから算出した(http://www.undp.org.ph/sgp/prog.htm)。アクセス日:2010年7月21日

66 この点について詳しくは以下を参照されたい。Beryl Levinger and Jean Mulroy, *Making a Little Go a Long Way: How the World Bank's Small Grants Program Promotes Civic Engagement*, Washington, D.C.: Social Development, The World Bank, 2003.

67 Raul Gonzales, *Trends in Official Development Assistance for Philippines NGOs: A Follow-Up Study*, Quezon City: The Caucus of Development NGO Networks, 2000, pp. 24-25.

68 Asian Development Bank, *A Study of NGOs: Philippines*, Manila: Asian Development Bank, 1999, p. 59.

69 Asian Development Bank, Japan Fund for Poverty Reduction 2004 Annual Report, pp. 33-34.

70 Fernando Aldaba, Paula Antezana, Mariano Valderrama, and Alan Fowler, "NGO Strategies beyond Aid: Perspectives from Central and South America and the Philippines," *Third World Quarterly*, Vol. 21, No. 4, August 2001, p. 675.

第9章

公明選挙と市民社会

はじめに

本章では，選挙監視活動に従事する無党派の市民団体が，いかにして自由で公正で有意義な選挙の実施を促し，民主主義体制の定着と発展に寄与してきたのかを具体的に検証する。代表的な市民団体は，マルコス体制崩壊過程で重要な役割を果たした「自由選挙のための全国市民運動」(National Citizens' Movement for Free Election = NAMFREL) である。アキノ政権以降も選挙不正が絶えなかったため，NAMFREL の活動は引き続き必要とされた。

1991年には，カトリック教会系の市民団体である「社会行動，正義，平和のための全国事務局」(National Secretariat for Social Action, Justice and Peace-Caritas Philippines = NASSA) が「公正で真の信頼できる選挙へ向けた有権者組織，訓練，教育」(Voters Organization, Training and Education toward a Clean, Authentic and Responsible Election = VOTECARE) を設立する一方で，教会からはより独立した「責任ある投票のための教区会議」(Parish Pastoral Council for Responsible Voting = PPCRV) という市民団体も新たに誕生し，公明選挙の実施に向けて全国規模で活動を開始する。NAMFREL とともに NASSA と PPCRV は，選挙で数十万人規模の市民ボランティアを動員することから，フィリピンのメディアではしばしば選挙の「番人」(watchdog) と称され注目を集めてきた。また，政府の「選挙管理委員会」(Commission on

Elections = COMELEC）の公認を得て公明選挙を支えてきた代表的な市民団体でもある。

これらの市民団体は，選挙を最大限に利用することで，第6章と第7章で考察した選挙における 3G（Gun〔銃〕，Goon〔私兵団〕，Gold〔金〕の頭文字を採った言葉）や 3P（Patronage〔パトロネージ〕，Pay-off〔報酬〕，Personality〔パーソナリティ〕の頭文字を採った言葉）の解消，さらにはエリート民主主義や政党なき民主主義と呼ばれるような民主主義体制の欠陥の改善を目指して様ざまな活動を展開している。

以下では，まずフィリピンの選挙ガバナンスの有効性が相対的に低く，市民団体の活動に過度に依存している現状を定量面から確認する。次に，選挙ガバナンスを支える市民団体の設立の経緯と組織の概要を整理した上で，それらの活動を選挙監視，非公式集計，有権者教育，選挙改革アドボカシーに分けて考察し，定量的分析の結果を定性面から裏づける。その後，市民団体がどの程度まで公明選挙の実施に貢献しているのかを，主として選挙の実態面と選挙に対する市民の態度面および行動面から評価する。以上の考察を踏まえて最後に，市民団体が選挙ガバナンスへの関与を通じて民主主義体制の定着と発展にいかなる影響を与えうるのかを検証する。

第1節　COMELEC と選挙ガバナンス

1940 年に憲法が修正されるまで，選挙は内務省内の実行局によって管理され，それが廃止された後は内務省によって管理された。しかし，内務省の官房が，公正な選挙のためではなく自身が所属する与党の利益になるように選挙法を管理しているという疑いが強まった。加えて，内務省長官は，大統領に対して直接責任を負い，大統領の意向と任期次第でその在職期間が決定されたため，選挙に対する信頼性を十分に確保できなかった。このため議会は，40 年の憲法修正によって独立機関として COMELEC を設立し，選挙に対する信頼性の回復を図った。COMELEC のメンバーは3人で，任期は9年であったが，73 年憲法によってメンバーは9人に増やされ，任期は7年になった。[1]

新憲法においても，COMELECは政府の独立機関と位置づけられている。メンバーは，委員長1人と6人の委員から構成され，任期は7年である。委員長と委員は，任命時に35歳以上で，学士号を有し，直近の選挙で候補者でなかった人物とされている。また，委員長および半数以上の委員は，フィリピン弁護士協会の会員であり，10年間以上法律実務に従事した者でなければならない。委員長および委員の任命は，議会の「任命委員会」（Commission on Appointments）の同意の下で大統領によって行われる。新憲法によればCOMELECの主な権限は，選挙，国民投票，人民発案，承認投票および解職請求の実施に関わる法律その他の規則を執行し管理すること，当選した公務員の資格に関わる一切の争訟に唯一の，かつ始審的管轄権を行使することとされている。

　マルコス政権下では，行政の末端レベルに至るまで様ざまな形で汚職と腐敗が蔓延した。COMELECも例外ではなかった。マルコス大統領（Ferdinando E. Marcos）は，自分に忠誠を誓う人物を登用して選挙不正を行った。このためアキノ大統領（Corazon C. Aquino）は，就任にあたって「憲法制定委員会」（Constitutional Commission = Con-Com）のメンバーであったダヴィデ（Hilario G. Davide, Jr.）やNAMFRELのモンソド（Christian S. Monsod），人権弁護士のヨラック（Haydee B. Yorac）などの信頼できる人物を委員に任命してCOMELECの信頼回復を図った。しかし，後述するようにCOMELECの信頼度は，現在に至るまで不安定である。

　それ以上に問題なのは，COMELECの行政能力の低さである。そもそもCOMELECの常設機関はわずか5,000にすぎず，有権者の数，選挙区の数，国政選挙のポスト数を考慮すれば，公明選挙を効率的に管理する十分な能力を持っているとは言い難い。COMELECが行う有権者教育も不十分であり，政治参加の質を十分に向上させることができていない。選挙法の違反者もめったに起訴されない。こうした管理能力の低さゆえにCOMELECは，無党派の市民団体の活動に依存してきた。

　表9−1は，各国の選挙監視機関の有効性（法律上の独立性，事実上の独立性・専門性・処理能力）をまとめたものである。いわゆる低所得国もしくは低中所得国に分類される国の大半において，選挙監視機関の有効性が低い。その

(表9-1) 各国の選挙監視機関の有効性

順位	国	GI	FH	WB	順位	国	GI	FH	WB
1	イスラエル*	100	F	H		インドネシア*	60	F	LM
	インド	100	F	LM		シエラレオネ	60	PF	L
	トルコ	100	PF	UM		バングラデシュ	60	PF	L
	南アフリカ*	100	F	UM		ブルンジ	60	PF	L
5	日本	95	F	H		ロシア	60	NF	UM
	スペイン	95	F	H	41	アメリカ	55	F	H
	ガーナ*	95	F	L		コンゴ*	55	PF	L
8	ブラジル*	90	F	UM		コロンビア	55	PF	LM
	ペルー	90	F	LM		タジキスタン	55	NF	L
	ブルガリア	90	F	UM		パキスタン	55	NF	L
11	フランス	85	F	H		メキシコ	55	FE	UM
	セネガル*	85	F	L		モルドバ	55	PF	LM
	ラトビア	85	F	UM	48	ウガンダ	50	PF	L
	イタリア	80	F	H		ナイジェリア	50	PF	L
	ケニア	80	PF	L		フィリピン	50	PF	LM
	コスタリカ	80	F	UM		ルーマニア	50	F	UM
	ベニン*	80	F	L	52	エクアドル	45	PF	LM
	リベリア*	80	PF	L		キルギス	45	PF	L
19	ボスニア・ヘルツェゴビナ	75	PF	LM	54	アルジェリア	40	NF	LM
	カザフスタン	75	NF	UM		カメルーン	40	NF	LM
	タンザニア	75	PF	L		セルビア*	40	F	UM
22	アルゼンチン	70	F	UM		ニカラグア*	40	PF	LM
	グアテマラ*	70	PF	LM		タイ	40	PF	LM
	スリランカ	70	PF	LM	59	ジンバブエ	35	NF	L
	ナミビア	70	F	LM		モザンビーク	35	PF	L
	バヌアツ	70	F	LM	61	中国	30	NF	LM
	マラウィ	70	PF	L	62	エジプト	20	NF	LM
28	ウクライナ	65	F	LM	63	スーダン*	15	NF	LM
	エチオピア*	65	PF	L	64	ベトナム*	10	NF	L
	グルジア	65	PF	LM					
	ネパール	65	PF	L					
	東ティモール	65	PF	LM	Fの平均	78.6	LMの平均	56.3	
	イエメン*	65	PF	L	PFの平均	60.4	UMの平均	74.6	
34	アゼルバイジャン	60	NF	LM	NFの平均	42.3	Hの平均	85.0	
	アルメニア	60	PF	LM	Lの平均	60.5	全体の平均	63.8	

(出所) Global Integrity Report (http://report.globalintegrity.org/) と Freedom in the World (http://www.freedomhouse.org/template.cfm?page=15) を元に筆者作成 (アクセス日: 2010年2月8日)。GIは, Global Integrityの2007年の評価(*のみ2006年の評価)で, 100が最も良いパフォーマンスを表す。法律上, 選挙監視機関が設置されていないという理由で評価されていないレバノンとヨルダンは除外した。FHは, フリーダムハウスの2007年のステイタスを表し(*のみ2006年のステイタス), FがFree(自由), PFがPartly Free(部分的自由), NFがNot Free(非自由)を意味する。WBは, 世界銀行による所得の分類を表す。LがLow Income(低所得国), LMがLow Middle Income(低中所得国), UがUpper Middle Income(高中所得国), HがHigh Income(高所得国)を示す。

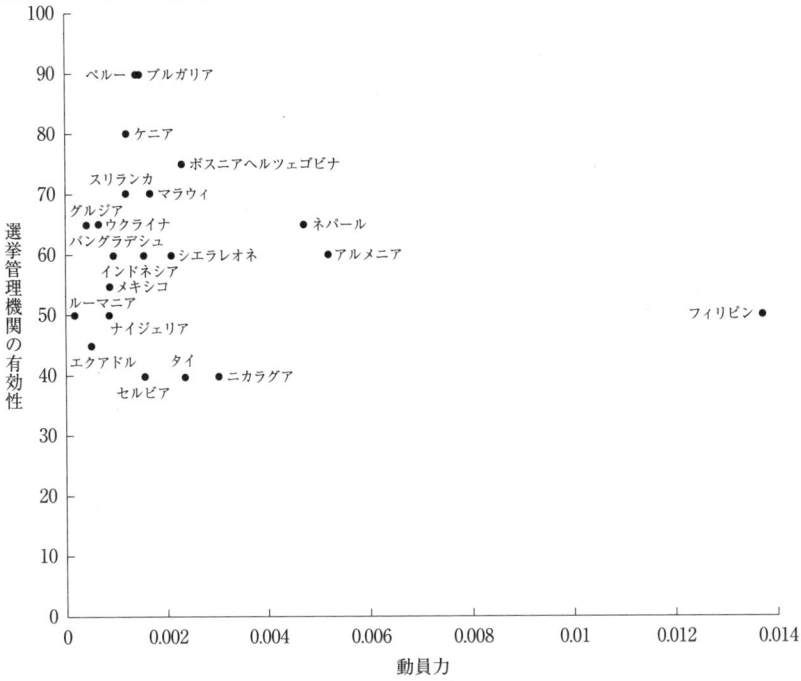

(図9-1) 選挙監視機関の有効性と民間選挙監視団体の動員力

（出所）動員力は，市民団体が選挙監視に動員したボランティアの数を有権者数で割ったもの。ボランティアの動員数は，各種報道資料を参照した。有権者数は「国際選挙制度財団」(International Foundation for Election Systems＝IFES) のホームページ (http://www.electionguide.org/index.php) に掲載されているデータを参照した。アクセス日：2010年2月8日

中でもフィリピンの有効性は相対的に低いことが読み取れよう。また，図9-1は，選挙監視機関の有効性と選挙監視を行う市民団体の動員力の関係を示した散布図である。フィリピンは，選挙監視機関の有効性は低いが市民団体の動員力が高いことから，選挙ガバナンスを市民団体に大きく依存している状態にあることが窺えよう。

第5章でも触れたように，選挙ガバナンスに関与する市民団体に関しては，国家の最高法規たる新憲法に規定がある。第9条C第2節 (5) において，COMELECが自身を支えうる市民団体を公認することが求められている。その公認を獲得しながら，選挙ガバナンスを支えてきた代表的な組織が，NAMFREL，NASSA，PPCRVである。

第9章　公明選挙と市民社会　305

第2節　市民団体の結成の背景と組織概要

1. NAMFREL

　第3章で見たように，無党派で選挙監視を行う市民団体の歴史は1950年代にまで遡る。選挙時の不正や暴力を阻止し，公正で自由な選挙の確立を求めて51年に結成された「自由選挙のための国民運動」(National Movement for Free Elections = NAMFREL) が，フィリピンで最初の民間選挙監視団体であった。NAMFRELは，53年の大統領選挙で全国規模のボランティアを動員して選挙監視活動に従事した。69年にも「市民による全国選挙会議」(Citizen National Electoral Assembly = CNEA) という市民団体が結成されている。CNEAは，COMELECの本部内に事務所を置き，違法有権者の登録排除や無党派の選挙監視員の募集などを行った。[4]

　第4章で見たように，1951年に結成されたNAMFRELと同名のNAMFRELが，ビジネスエリートとカトリック教会の主導によって83年10月に結成された。マルコス体制下で新たに誕生したNAMFRELの主たる活動は，選挙当日の選挙監視活動と政府の公式集計と平行して行う「クイックカウント作戦」(Operation Quick Count = OQC) という非公式の集計作業であった。これらの活動を通じてNAMFRELは，84年の議会選挙で政府による選挙不正を可能な限り食い止め，野党勢力の躍進を後押しした。86年の繰り上げ大統領選挙においてもNAMFRELは，選挙監視とOQCに50万人の市民ボランティアを動員し，不正を行った政府の集計に対する不信感を高めることでマルコス政権の正統性を切り崩し，その崩壊とアキノ政権の誕生に大きく貢献した。

　マルコス体制下では，無党派であるはずのNAMFRELは野党を，本来中立の立場にあるはずのCOMELECは与党を支持する形となり対立関係にあった。しかし，アキノ政権以後の両者は，協力して公明選挙の確立に努めている。事実，NAMFRELは，COMELECの公認の市民団体として20の国政選挙と地方選挙に参加してCOMELECを支えてきた。NAMFRELは，1992年の総選挙までは有権者教育から選挙監視，OQCに至るまで，ほぼ全

(図9-2) NAMFREL の組織図

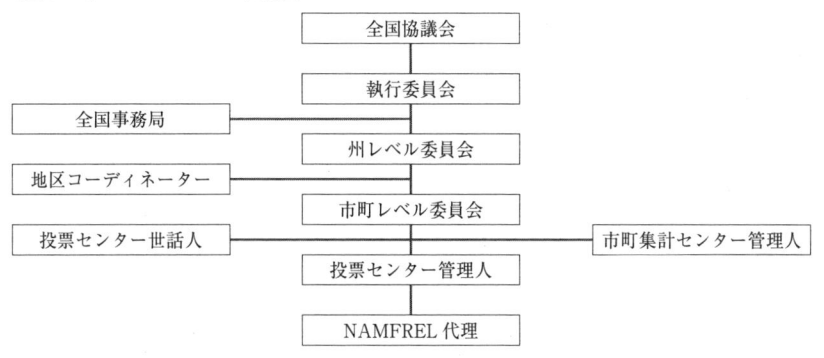

```
                        ┌─────────────┐
                        │  全国協議会  │
                        └──────┬──────┘
                        ┌──────┴──────┐
                        │  執行委員会  │
                        └──────┬──────┘
  ┌─────────────┐              │
  │  全国事務局  │──────────────┤
  └─────────────┘       ┌──────┴──────┐
                        │ 州レベル委員会│
  ┌─────────────────┐   └──────┬──────┘
  │地区コーディネーター│───────┤
  └─────────────────┘   ┌──────┴──────┐
                        │市町レベル委員会│
  ┌─────────────────┐   └──────┬──────┘  ┌──────────────────────┐
  │投票センター世話人│──────────┤─────────│市町集計センター管理人│
  └─────────────────┘   ┌──────┴──────┐  └──────────────────────┘
                        │投票センター管理人│
                        └──────┬──────┘
                        ┌──────┴──────┐
                        │ NAMFREL 代理 │
                        └─────────────┘
```

(出所) National Citizens' Movement for Free Elections, Manual for Provincial, City and Municipal Chapters (Organizing and Conducting the OVC): For the May 10, 2004 National and Local Elections, pp. 9-10.

ての選挙関連の活動を一手に担っていたが，後述するカトリック教会系の市民団体が91年に設立されてからは，OQCに重点を置いて活動を展開している。

　組織形態に関しては，最高機関として120以上の参加組織から構成される全国協議会が置かれている。執行委員会がNAMFRELの計画と政策を遂行し，その活動を監視する機能を果たす。地方レベルでは80の州支部があり，首都地域には17の市町村支部がある（図9-2）[5]。

　NAMFRELは，投票を通じて有権者の意志が尊重されるように，その使命として（1）選挙の信頼性を高め，その結果の承認を容易にし，平和的な政権交代を実現すること，（2）優秀な人材の立候補を奨励すること，（3）政府の公正さと良い統治を促進すること，を掲げている[6]。

　無党派の組織としてNAMFRELは，政府からも政党からも資金提供を受けていない。NAMFRELの使命を支持する多くの市民と組織から資金提供を受けているが，その活動は設立当初から現在に至るまで財界とカトリック教会によって支えられてきたことは疑いを入れない。2007年3月まで議長を務めたコンセプション（Jose S. Concepcion, Jr.）は，フィリピン屈指の総合食品企業であるRFMコーポレーションの会長であり，共同議長はカトリック教会のグティエレス大司教（Dinualdo Gutierrez, D.D.）が2004年まで

務めた。2006年7月まで事務局長を務めたルス（Guillermo M. Luz）は，大企業が結成する圧力団体である「マカティ・ビジネス・クラブ」（Makati Business Club = MBC）の代表取締役であった。NAMFRELの支援組織を見ても，フィリピンの有力企業が名を連ねる。後述するようにOQCでは，カトリック教会系のNASSAのボランティアネットワークが活用されている。

2. NASSA

NASSAは，カトリック教会の最高決定機関である「フィリピン司教会議」（Catholic Bishops' Conference of the Philippines = CBCP）に直属する市民団体であり，社会改革における教会の積極的な参加を促すために1966年に結成された。NASSAは，91年からその政治教育プログラムの1つであるVOTECAREを通じて有権者教育や選挙監視に取り組んできた。

NASSAは，マニラに本部，ルソン，ビサヤ，ミンダナオに地域事務所（LUSSA, VISSA, MISSA）を置き，全国に85の「司教区社会行動センター」（Diocesan Social Action Center = DSAC）を持つ。DSACの下には2,000以上の教区があり，さらにその下に20から25の家族からなる「基礎キリスト教共同体」（Basic Ecclesial Community = BEC）が約5万ある。NASSAの関心は幅広く，政治教育，天然資源管理，幼児保護，労働，人権，ジェンダー，貧困などに及ぶ。NASSAは，BECをベースに活動を行い，その組織強化をDSACが担う。このDSACが，NASSAの全国プログラムの実行役であり，そのプログラムの1つがVOTECAREであった（図9-3）。

VOTECAREの誕生は，1991年7月に出された司教教書に端を発する。教書では，92年の総選挙に参加するにあたって以下の3つの必要条件が掲げられた。第1は「賢明で，知識があり，組織された有権者」であり，「報酬，パトロネージ，パーソナリティ（3P）に基づく我々の典型的な政治を拒否し」，「政治的，社会的，経済的争点とプログラムに基づき投票する」ことが強調された。第2は「有権者が賢明に選択できる条件」であり，選挙における「銃，私兵団，金（3G）の慢性的な使用」の解消が求められた。第3は「選挙区レベルに至るまでの人民の組織」であり，この組織によって様ざまな選挙不正の阻止が目指された。91年10月には，ナガ市で第23回全国社会行動総会

(図9-3) NASSAの組織図

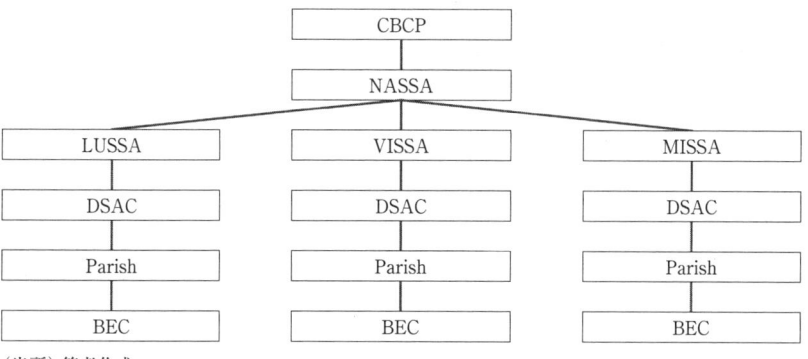

```
              CBCP
               │
             NASSA
        ┌──────┼──────┐
      LUSSA   VISSA  MISSA
       │       │      │
      DSAC    DSAC   DSAC
       │       │      │
     Parish  Parish Parish
       │       │      │
      BEC     BEC    BEC
```

(出所) 筆者作成。

が開催され，総選挙へのカトリック教会の積極的な参加について議論がなされ，新たに市民団体を設立することで合意が成立した。当初，市民団体の名前はVOTEHOPE (Voters' Organization-Training and Education for Honest and Peaceful Elections) であったが，ラモス大統領候補 (Fidel V. Ramos) を支持する選挙団体としてHOPEがあったことに鑑み，混乱を避けるためにVOTECAREに名前が変更され，91年11月に正式に誕生した[11]。

VOTECAREは，以下の5つの目的を掲げていた。すなわち，(1) 有権者に対して社会問題と候補者選出の基準に関する教育を行うこと，(2) VOTECAREを正式な選挙団体として採用する全ての教区でボランティアの組織と訓練を行うこと，(3) 他のCOMELEC公認の市民団体と協力して信頼できる選挙の確立を目指すCOMELECの活動を支援すること，(4) 選挙規則に熟知し脅威に対処できる公平で中立的な選挙監視組織を作ること，(5) 当選した候補者の行動を監視するために組織されたボランティアを最大限に生かすこと，である[12]。

既に明らかなようにVOTECAREとは，政治教育に関するNASSAのプログラムの1つであった。にもかかわらず，VOTECAREが新聞や雑誌などで「非政府組織」(Non-Governmental Organization = NGO) と呼ばれていたのは，選挙ごとに多くのボランティアを動員する1つの組織として機能していたからに他ならない[13]。NASSAは，1998年にVOTECAREを終了したが，

その後は有権者教育に重点を置き，その効果を広く浸透させるために選挙期間に限らず継続して実施している。また，後述するように，2007年の中間選挙と2010年の総選挙では，そのボランティアネットワークを用いて，不正操作疑惑で信頼性を損ったNAMFRELのOQCを支援している。

3. PPCRV

PPCRVは，1991年の1月から2月に開かれたCBCPの「第二回総会」(The Second Plenary Council of the Philippines = PCP-Ⅱ) に端を発する。総会では，一般信徒の積極的な政治参加が急務であることが認識された[14]。さらに，91年5月にシン枢機卿 (Cardinal Sin) は，COMELECのヨラック委員長 (Haydee B. Yorac) や「フィリピン一般信徒会議」(The Council of the Laity of the Philippines = CLP) のデヴィラ会長 (Henrietta de Villa) らを招いて朝食会を開き，92年の総選挙で3Gを阻止するために「巨大で組織的かつ体系的な努力」が必要であることを議論した。こうした議論の末，91年10月に約1,000人の一般信徒によって結成されたのがPPCRVであった[15]。

PPCRVの最高機関は全国連絡協議会であり，その下に全国執行委員会，全国事務局と続く。さらに下位組織は，地域調整役，司教区調整役，教区会議，バランガイ調整役と細分化されている（図9-4）。PPCRVでは，司教区 (Diocese) よりも小さい教区 (Parish) にあるPPCRVユニットの機能が重視される[16]。また，NASSAと同様にカトリック教会の主導で設立された市民団体ではあるが，PPCRVは教会から組織的に独立している点でNASSAとは異なる。PPCRVは，無党派の市民運動であり，「各々の教区会議の役員と会員によって主導・運営され」，「真の民主主義，良いガバナンス，人民の共通の福祉を促進する一般信徒運動」と自らを位置づけている[17]。

PPCRVは，その目的として (1) 公正で平和的で意義があり信頼できる選挙の確立，(2) 責任ある市民の育成，(3) 政治改革，を掲げている[18]。これらの目的のためにPPCRVは，3つのプログラムを行っている。1つは，「有権者教育開発」(Voter's Education Development = VOT-ED) である。この目的は，福音書の価値観に沿った意識構築を通じて，市民の権利，義務，責任に関する教育を継続して行い，政治生活へ参加するためのキリスト教徒

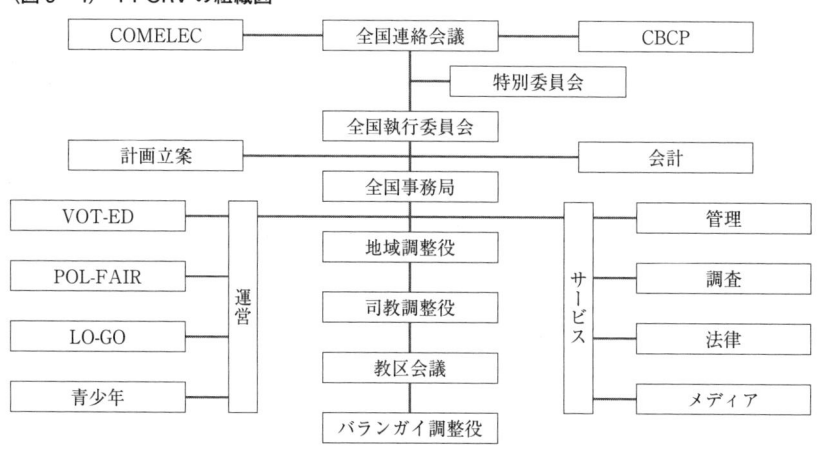

(図9-4) PPCRVの組織図

```
COMELEC ─── 全国連絡会議 ─── CBCP
                │
             特別委員会
                │
          全国執行委員会
計画立案 ─────────┼───────── 会計
          全国事務局
             │
VOT-ED ─┐   地域調整役   ┌─ 管理
POL-FAIR ┤運  司教調整役  サ├─ 調査
LO-GO   ┤営           ー├─ 法律
        │   教区会議    ビ│
青少年 ─┘           ス└─ メディア
          バランガイ調整役
```

(出所) Parish Pastoral Council for Responsible Voting, *Revitalization Seminar (Manual for Speakers)*, Manila: Parish Pastoral Council for Responsible Voting National Research and Voter's Education Committee, 1998, p. 26.

の基準を形成することにある。2つ目は,「ローカル・ガバナンス」(Local Governance = LO-GO) である。これは,政府の構想,使命,目的,戦略,計画を知ることで,市民の権利,義務,責任に関する情報を得るとともに,地方レベルでの市民の政治参加を促すことを目的とする。最後は「政治問題」(Political Affairs = POL-FAIR) であり,選挙改革アドボカシーの促進,公正で平和で信頼できる選挙の確立,3Gや3Pなどの悪癖の阻止を目的とする。[19]

第3節 市民団体の活動概況

1. 選挙監視

　市民団体による選挙監視は投票日だけに限らない。フィリピンでは,有権者名簿の不正操作が頻繁に行われてきたため,選挙前の有権者名簿の確認作業も市民団体による重要な選挙監視活動の一部となってきた。

　マルコス時代の有権者名簿の多くが二重登録や不正登録に曝されていたため,アキノ政権では,1986年12月に有権者登録が改めて実施された。こ

の有権者登録によって有権者数は，2,627万8,744人から2,504万9,936人に減少した。とくに減少の多い地域を見ると，南ラナオ州で26.44％，北ラナオ州で19.83％の減少が見られ，人口よりも登録有権者数の方が多かったダバオ市では44.33％も減少した。それ以外にもアブラ州，ベンゲット州，北イロコス州，南イロコス州，ラ・ウニオン州，マウント・プロビンス州，パンガシナン州で合計10.66％，バタネス州，カガヤン州，イフガオ州，イザベラ州，カリンガ・アパヤオ州，ヌエバ・ビスカヤ州，キリノ州で合計12.97％，東サマール州，北サマール州，レイテ州，南レイテ州で合計7.51％の減少が見られた。[20]これとは逆に増えた地域もあった。たとえば，パラワン州では10.43％，プエルト・プリンセサ市では11.73％，スルー州では19.55％，タウィタウィ州では17.66％も増加した。これらの有権者の増加率は，通常の人口増加率を加味しても異常であったため，何らかの不正が行われたと見られている。[21]こうした有権者名簿の異常は，92年の総選挙前にも見られた。たとえば，イリガン市では，約3,000人の違法登録者が見つかった。[22]逆にラオアグ市では約1,000人，セブでは約4万人の名前が名簿から削除されていた。[23]

　このような有権者名簿の不正操作を阻止するために，COMELECは1993年から有権者名簿の電子化に取り組み，95年の中間選挙から「電子有権者名簿」(Computerized Voters' List = CVL) を導入する。CVLの導入によって有権者名簿の異常を迅速に確認できるようになったが，不正操作は完全になくなったわけではない。有権者名簿の異常は，COMELECが発見することもある。しかし，全ての名簿を調べるにはかなりの時間を要し，COMELECの職員と政治家が共謀して不正を行う場合もあるため，市民団体による確認作業は，公正な選挙を実施するために不可欠となっている。[24]

　このCVLの確認作業では，PPCRVが1997年以来，「確認計画」(Oplan Verified Accuracy of Listing Indicative of the Democratic Authenticity of the Electorate = OPLAN VALIDATE) というプログラムの中でCOMELECと協力して取り組んでおり，選挙前には各地で有権者支援デスクを設置して有権者の登録の確認を支援している。[25]2004年の総選挙ではPPCRVは，CVLの不正操作に備えてCOMELECと協力し，有権者がCVLにアクセスして自

分の選挙区の場所や住所，名前を検索できる「選挙区検索」（FindPrecinct）というウェブサイトを開設している。このウェブサイトによって，有権者に登録状況と投票場所を予め確認させ，有権者名簿の不正操作による選挙権剥奪の阻止を目指した。

選挙権剥奪は，選挙の信頼性を失墜させうる深刻な問題であり，市民団体の精力的な活動にもかかわらず解消されていない。実際，2004年の総選挙では2百万人もの有権者がCVLで自分の名前を発見できなかったとされている。2007年の中間選挙と2010年の総選挙でも，選挙権剥奪は広範囲に観察された。選挙権剥奪は，政治家が雇った私兵団や党派的な軍人・警察官によっても引き起こされることから，市民団体による選挙監視活動だけでは十分に対処できない問題とも言える。

選挙監視の最大の仕事は，言うまでもなく投票日当日の監視活動である。ここでの選挙監視の目的は2つある。すなわち，投票過程が不正や脅しに曝らされないようにすること，そして正確で公正な開票作業を保障することである。この段階での不正は，様ざまな方法で行われる。PPCRVの『選挙監視マニュアル』では，以下の9つの不正が挙げられている。（1）他の有権者のふりをして，その人の名前で投票する。（2）投票ボックスまで投票者に付き添い，特定の候補者の名前を書かせる。（3）シャトル投票（Lanzadera）——予め用意した白紙の投票用紙や偽の投票用紙に候補者の名前を書いて投票者に渡し，投票者は投票場でその投票用紙を投票箱に入れ，自分に割り当てられた白紙の投票用紙を持ち帰る。その白紙の投票用紙に候補者の名前を記入しておき，別の投票者に渡して同じことを繰り返す。（4）カーボン紙やパラフィンなどの複写道具を用いて，投票用紙の内容を票の買い手や指導者に漏らす。（5）投票用紙や他の選挙用具の配送を遅らせ，投票意欲を失わせる。（6）投票日に交通機関を混乱させ，投票を阻止する。（7）有権者名簿から有権者の名前を削除するか移動する。（8）非識字の有権者，身体に障害を抱えた有権者に付き添い，その人が選んだ候補者と異なる候補者に投票する。（9）投票所にある投票箱を無理矢理奪う。

こうした多様な選挙不正を阻止するために市民団体は，COMELECの公認を得て選挙監視活動を行う。公認が得られた場合には，市民団体のボラン

ティアには以下の選挙監視の権利が与えられる。すなわち，(1) 投票所の中で選挙監視のために確保された場所にいる権利，(2) 選挙監査官の行動を見て知る権利，(3) 見聞したことをメモする権利，(4) 投票の進行と出来事の写真を撮る権利，(5) 不正や違法行為に対し抗議する権利，(6) 抗議の証明を委員会から得る権利，(7) 投票用紙と選挙結果用紙を触れずに読む権利，(8) 要求に応じて選挙監査官によって正しく署名された候補者獲得票証明を得る権利，(9) 投票箱と選挙結果用紙の運搬に際し選挙監査官のメンバーに同伴する権利，である[30]。選挙監視ボランティアは，これらの選挙監視の権利を行使して，不正が行われることを未然に防ぎ，また怪しい行為がなされた場合には記録を取って COMELEC に異議申し立てを行うことができる。

　以上の選挙監視活動では，PPCRV と NASSA が主導的な役割を果たしてきた。PPCRV は，COMELEC 公認の NGO として 1992 年の総選挙で約 36 万人，95 年の中間選挙で約 27 万人，98 年の総選挙で約 50 万人，2001 年の中間選挙で約 30 万人，2004 年の総選挙で約 30 万人，2007 年の中間選挙で 50 万人，2010 年の総選挙で約 50 万人の市民ボランティアを選挙監視に動員している[31]。PPCRV は，各地に活動センターを設置して選挙監視に取り組んでおり，98 年の総選挙で 63 件，2004 年の総選挙で 209 件の不正や異常を報告した（表 9-2）[32]。2007 年の中間選挙でも，126 件の問題を発見し，それを公表している[33]。NASSA も VOTECARE を通じて，92 年の選挙で約 30 万人，95 年の選挙で約 50 万人のボランティアを動員した[34]。

2. 非公式集計

　投票後の市民団体の活動としては，NAMFREL が取り組む OQC という非公式集計作業がある。OQC の主要な目的は，(1) 市民を投票所と集計の監視に動員することで選挙不正を阻止し，選挙区での結果の信頼性を高めること，(2)「選挙結果用紙」(Election Return = ER) に基づく正確な非公式の集計結果を提示し，市町村・州レベルでの選挙結果の操作を阻止すること，(3) 選挙結果の容認性を高めること，である[35]。NAMFREL は，1998 年の総選挙で約 25 万人，2001 年の中間選挙で約 15 万人，2004 年の総選挙で約 30 万人，2007 年の中間選挙で約 20 万人の市民ボランティアを OQC に動員し

(表9-2) 2004年の選挙においてPPCRVが直面した不正および異常の件数

問題	1998年	2004年
1. 投票権剥奪	8	65
2. 選挙用具の不足	8	18
3. 二重登録，有権者の減少，二重投票	3	17
4. 改ざん防止インクの使用	5	16
5. 不適切な手続き	5	13
6. 照明	5	12
7. 選挙委員との衝突	7	11
8. 買票	4	10
9. 選挙運動	5	8
10. 軍の違法参加	1	8
11. 投票用紙・投票箱の強奪	2	7
12. 嫌がらせ	6	6
13. 票の水増しと削除	3	5
14. 選挙結果用紙の不適切な扱いと紛失	1	4
15. 選挙委員の代表の不在	0	3
16. 偽りの報告	0	2
17. 有権者の登録記録	0	2
18. 選挙の失敗の宣言	0	1
19. 運搬の遅延	0	1

(出所) Parish Pastoral Council for Responsible Voting, *Consolidated Election Monitoring Report for the 2004 National and Local Elections*, Manila: Parish Pastoral Council for Responsible Voting, 2004, pp. 58-64.

ている。

OQCは，ERの第6コピー（自動集計の場合は第4コピー）を用いてCOMELECの公式の集計と同時に行われる（共和国令第8173号第1条／共和国令第8436号第18条／共和国令第9369号第19条）。ERは，全ての投票所に用意され，選挙日時，投票場，総投票数，候補者が獲得した票数が記載されている。ERに加えてNAMFRELには「集計証明」（Certificate of Canvass = COC）の第4コピーが与えられる（共和国令第7166号第29条／共和国令第8436号第22条／共和国令第9369号第21条）。COCには，各選挙区で候補者が獲得した票数の合計が記載されており，これを用いて国政レベル（正副大統領と上下院議員）の集計結果の再チェックを行う。

OQCによって大規模な不正が明らかになったケースとして，1995年の上院選挙を挙げられよう。この選挙で上院議員に立候補したピメンテル（Aquilino Q. Pimentel, Jr.）は，COMELECの集計結果とNAMFRELの

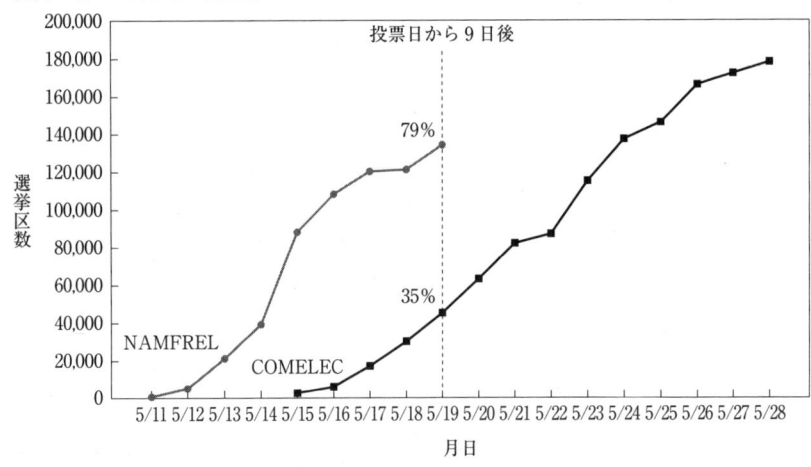

(図9−5) 1998年上院選挙における NAMFREL と COMELEC の集計速度の相違

(出所) National Citizens' Movement for Free Elections, 2001 Elections Manual for Organizing Provincial, City & Municipal Chapter, March 2001, p. 4 を一部修正して筆者作成。

集計結果の順位差から大規模な不正を発見した。NAMFREL の集計の方が早く行われ，その集計ではピメンテルは当選ラインの12位以内に位置していたが，ホナサン（Gregorio B. Honasan），コステン（Anna Dominique Coseteng），エンリレ（Juan P. Enrile）は12位以内に入っていなかった。だが，COMELEC の集計が始まるとピメンテルの順位は15位に落ち，ホナサンは9位，エンリレは11位，コステンは12位という結果に終わった。ピメンテルは，この大きな順位の変動を不信に思い調査した結果，大規模な票の操作があったことを発見した。[36] COMELEC は，98年3月にこの大規模な不正に少なくとも20人の COMELEC の職員が関与していたことを公表した。[37] 2001年の中間選挙でも，NAMFREL の OQC によって，イロイロ州やビリラン州，レイテ州，リサール州などで不正が発覚している。[38]

通常，OQC は COMELEC の公式集計よりも早く完了する（図9−5）。非公式とはいえ集計結果を早く提示するのは，選挙の公式集計作業に時間がかかり，その間にいわゆる票の水増しと削除（タガログ語で Dagdag と Bawas）が頻繁に行われてきたからである。NAMFREL が OQC によって集計結果を先に公表することで，公式の集計結果の信頼性が確保されてきたと言って

(図9−6) 市町村の集計から州の集計に移行する際に行われた Dagdag-Bawas の例

Manipulation in the Canvassing

From　Municipal Certificate of Canvass　　To　Provincial Certificate of Canvass

1382　　4382

Zamboanga del Norte,

(出所) National Citizens' Movement for Fee Elections, Manual for Provin-cial, City and Municipal Chapters (Organizing and Conducting the OVC) : For the May 10, 2004 National and Local Elections, p. 37.

も過言ではない。Dagdag-Bawas では，数字の書き換えだけで大幅な票操作が可能であることから大規模な不正につながりうる（図9−6）。NAMFREL の元代表取締役であったラオク（Telibert C. Laoc）が言うように，アキノ政権以降に NAMFREL が直面した最悪の不正は Dagdag-Bawas であった[39]。

2004年の総選挙で NAMFREL は，OQC による集計結果の精度を高めるために100％の ER の回収を目指した。最終的には，選挙区の82.98％からしか ER を回収できなかったが，2001年の中間選挙の77％よりも高い回収率を達成している。また，OQC の速度をさらに速めるために，携帯電話のショートメール機能を利用した集計作業も試みている。この新たな試みは，ボランティアの訓練不足とデータベースの不備から十分に機能しなかったが，より迅速な集計結果の提示は Dagdag-Bawas を阻止する有効な手段になると考えられている[40]。

このような精力的な活動にもかかわらず，2004年の総選挙以降，NAMFREL の OQC の信頼性は，大きく損なわれることになる。選挙後に，OQC の監視のために選挙に参加したボランティアによって，OQC が不正に操作されたことを示す極めて信頼性の高い報告が出されたからである。この報告書は，NAMFREL の OQC がアロヨ大統領候補（Gloria

Macapagal-Arroyo) に有利になるよう操作されていたことを暴露するものであった。[41] この結果，NAMFREL の主要な関係者が不正に関与した疑いが浮上し，NAMFREL の信頼性は大きく失墜した。この事態に対処するために NAMFREL は，2007 年の中間選挙に際して NASSA の支援を得て合同で OQC を行うことで，その信頼性の回復を図った。[42]

2010 年の総選挙では，電子投票システムが導入されたことに伴い，NAMFREL の OQC の不要論が浮上し，最終的に NAMFREL は COMELEC の公認を得られなかった。このため NAMFREL は，ER の第 4 コピーを入手することができなかったため，NASSA などと協力して，入手可能な ER を用いて独自に OQC を実施している。[43]

3. 有権者教育

伝統的に根づいた政治文化とも言える 3G や 3P を解消して有意義な選挙を実施するには，有権者の意識改革が必要となる。このような認識から市民団体は，様ざまな方法で有権者教育に継続的に取り組んできた。有権者教育では，NASSA と PPCRV が主導的な役割を果たしている。

NASSA で VOTECARE のナショナルコーディネーターを務めていたギヤノは，次のように述べる。「フィリピンの政治は，権力，人気，ペソの支配に特徴づけられている。公人は，そのサービス，社会アジェンダ，ガバナンスの政治要綱に基づいて選ばれていない。草の根の市民は，短期的な救済のために票を売って自分たちの未来を犠牲する。人びとが伝統的な政治を容認しそれに従事するために悪循環が続く。さらに，近年では映画俳優などが当選しており，状況はより混乱している。」[44]

NASSA は，有権者教育を通じて，このような伝統的な政治と大衆人気の政治の改善を目指して活動してきた。その代表的な有権者教育プログラムが先述した VOTECARE である。1992 年の総選挙では 79 の司教区のうち 59 が，95 年の中間選挙では 51 が，98 年の総選挙では 50 が VOTECARE を採用した。[45] VOTECARE を採用した司教区には，NASSA がその司教区に資金面などで支援した。全ての司教区が VOTECARE を採用しなかったのは，司教区の自律性を容認していたためである。

NASSA は，1998 年の総選挙をもって VOTECARE を終了したが，その後は VOTECARE の経験に基づき，「民主的ガバナンスのための政治教育プログラム」(Political Education for Democratic Governance Program) の中で有権者教育を継続している。BEC を基盤とするこのプログラムでは，未だに解消されないエリート志向の政治に対して下からの参加志向の政治の重要性が強調され，「フィリピン社会の完全な変革に向けて，市民の政治的成熟を促し，ガバナンスと政治改革における積極的かつ有意義な参加を確立する」ことが目指されている[46]。NASSA は，有権者の意識を変えるには，選挙前だけでは不十分と考え，98 年以降は選挙後も継続して有権者教育を実施するようになっている。NASSA の有権者教育は，セミナー，ワークショップ，フォーラム，教義問答，教書の朗読，祈祷集会，教会のラジオ局を用いたメディア・キャンペーンなど様ざまな手段で行われている[47]。

　NASSA と同様に PPCRV も，3G と 3P に特徴づけられるフィリピンの伝統的な政治文化を改革し，争点に基づく選挙を実現する有効な手段として有権者教育を位置づけている[48]。PPCRV の有権者教育では，有権者の意識改革の一環として候補者選出の基準が提供されている。そこでは，汚職と 3G に関与する候補者は失格とされ，個人の属性，政治要綱，業績の 3 つが判断材料として提示されている。まず，個人の属性とは，候補者がどのような人物かを問うもので，清廉で能力があるか，平和と正義を求める人物であるかなどが問われる。政治要綱では，その候補者の選挙公約が，憲法，民主主義，国家を支持しているか，貧困層，教会の味方であるか，非暴力を支持しているかなどが問われる。最後に業績では，政治家としての判断力や指導者としての力量などが問われる[49]。このような基準を提供するものの，最終的にどの候補者を選ぶかは有権者の判断に委ねられる。それ以外にも PPCRV の有権者教育では，3G や 3P の解消を求める祈祷が有権者教育の一環として行われている[50]。

　2004 年の総選挙からは PPCRV は，COMELEC と国家警察の協力を得ながら，「公正で秩序ある平和的な選挙」(Honest, Orderly, and Peaceful Elections = HOPE) と呼ばれるプログラムを有権者教育の一環として全国的に展開している。HOPE は，PPCRV が実施する候補者フォーラムの構成要素の一部

でもある。PPCRVは，そこで候補者に3Gを行使しないことを謳った誓約書に署名をさせることで，公正で平和的な選挙の実施を促している。[51] 2007年の中間選挙でもPPCRVは，COMELECと国家警察の協力を得て，候補者フォーラムの中でHOPEを全国的に推進した。パサイやバコロド，アンヘレス，イロコス，ビコールなどでは，HOPEが暴力の阻止に有効であったと指摘されている。[52] 加えてPPCRVは，1998年から選挙期間外の有権者教育として「バランガイ監視」(Bantay Barangay)というプログラムを実施しており，市民のローカル・ガバナンスへの積極的な参加を促すことで，より大きな政治改革と社会改革の実現を目指している。[53]

PPCRVの有権者教育は，ワークショップや候補者を招いたフォーラム，シンポジウムに加えて，[54] プリント・メディア，ラジオ，テレビ，携帯電話のメールなど，様ざまな手段を通じて行われている。[55]

NASSAとPPCRVの有権者教育は，ともにカトリック教会系の市民団体であるため多くの共通点を持つ。主たる相違は，NASSAがCBCPの神父説教との関係で有権者教育を行うのに対し，PPCRVは選挙制度の説明をも含めて有権者教育を行っている点にある。COMELECは，選挙制度に関する情報を有権者に十分に提供できていないのが実情である。[56] そのため，PPCRVは，COMELECの承認を得て有権者登録や投票の方法などに関する情報を有権者に提供し，COMELECの活動を補完する役割を果たしている。たとえば，1998年の総選挙でPPCRVは，1月から5月にかけて全国62カ所で新たに導入された政党名簿制の説明を有権者教育の一環として実施した。[57] 2004年の総選挙では，COMELECが進める選挙の近代化についての説明を全国71カ所で行っている。[58]

4. 選挙改革アドボカシー

選挙までに行われるもう1つの重要な活動は，選挙改革アドボカシーである。これまで市民団体は，選挙関連の改革を求めて議会や政府に様ざまな政策提言を行ってきた。その内容は，選挙不正の阻止を求めるものからエリート民主主義や政党なき民主主義と呼ばれる状況の改善を目的とするものまで幅広い。

アキノ政権以降の大規模なロビー活動としては，1993年から開始された「新選挙法」(New Election Code = NEC)の制定に関するロビー活動を挙げられよう。NECは，選挙関連法を1つに統合し，有権者登録から集計結果の発表に至るまでの一連の選挙プロセスを合理的にまとめることを目的としたものであった。COMELECは，この法律を考えるにあたって「選挙改革のための市民運動」(Kilusang Mamamayan para sa Reprmang Elektoral = KUMARE-KUMPARE)と協議した。KUMARE-KUMPAREは，NAMFREL，PPCRV，NASSAが連合を組んだ「選挙改革議会」(Congress for Electoral Reforms)やフィリピン最大のネットワークNGOである「開発NGOネットワーク会議」(Caucus of Development NGO Networks = CODE-NGO)，「フィリピン労働組合議会」(Trade Union Congress of the Philippines = TUCP)，「フィリピン民主社会主義者女性団体」(Democratic Socialist Women of the Philippines)などの13の市民団体からなる連合体である。KUMARE-KUMPAREは，全国でアドボカシー運動を展開しながら，議会のヒアリングに積極的に参加してロビー活動を行った。[59]こうした努力によって，NECの中のいくつかの項目が法制度化される方向へと向かっていった。[60]

　その1つは，選挙システムの近代化プロジェクトである。とりわけ，1998年8月にCOMELECの近代化担当に就任したタンカンコ委員(Luzviminda G. Tancangco)の下で開始された近代化プロジェクトでは，「有権者登録・確認システム」(Voters' Registration and Identification System = VRIS)に議論が集中した。VRISとは，有権者の指紋のデジタル化による改ざん防止IDカードの発行を目的とした有権者登録システムであり，二重登録などの登録時の不正を実質的に不可能にするものであった。VRISに対しては，NAMFRELが財界と教会の支持を得て，共和国令第8436号ではCOMELECにその導入の権限は与えられていないとして，当初から反対のロビー活動を展開した。最終的には2002年9月に最高裁判所が，予算制度上の問題を理由に落札したフォトキナ社との契約を無効とする判決を下したことで，VRIS計画は消滅した。[61]

　VRISの代わりにNAMFRELが継続して実現を求めてきたのが，「自動開票連結システム」(Automated Counting and Consolidation of Results System

= ACCORS）の導入である。NAMFRELの精力的なロビー活動もあって，1996年3月にはムスリム・ミンダナオ自治区の選挙で「自動開票機器」（Automated Counting Machine = ACM）の予備実験が行われ，98年には共和国令第8436号によってACMの完全導入が決定された。前述したように，集計の遅れは選挙不正の可能性を高めることから，ACMによる迅速な集計はDagdag-Bawasのような選挙不正を阻止する有効な措置となる。2004年1月には，COMELEC内部での委員間の対立から訴訟が起こされ，最高裁判所が落札と契約の無効を宣言する判決を下したことで，2004年の総選挙でのAMCの完全導入は見送られた。ようやく2010年の総選挙からAMCが完全導入されることになった。同選挙では，一部の投票所で稼働しなくなるなどの事故が発生したものの，これまで数週間かかっていた集計作業が大幅に短縮され，記録的な速さで選挙結果が全政党に受け入れられた。

　こうした選挙の近代化だけでなく，市民団体は政党の弱さやエリート家族の寡頭支配の解消を促す制度の速やかな導入をも求めている。その1つは1995年3月に制定された政党名簿制である（共和国令第7941号）。フィリピンは伝統的に政党が弱く，議会がエリート家族の個別利益へと向かうことは第6章と第7章で指摘した。政党名簿制は，エリート以外の疎外されてきたセクターを議会の代表に入れることを目的とする一種の比例代表制であり，下院の総議席の20％が政党名簿の代表に割り当てられる。議会では同制度の導入に対して慎重な姿勢が見られたため，NAMFRELを初めとする市民団体が連合を形成して導入を求めるロビー活動を展開した。

　政党名簿で当選した議員には，小選挙区制で選ばれた下院議員と同じ権利と給料が与えられる。ここで言う政党とは，セクター政党，セクター組織，政党，連合の4つである。とくにセクター政党は，労働者，農民，漁民，都市貧民，土着の文化的共同体，高齢者，身体障害者，女性，青年，退役軍人，海外労働者，専門家という12セクターの利益のために組織された市民団体を指す。議席を獲得するには，少なくとも総投票数の2％を必要とする。仮に100万人が政党名簿に投票した場合，2万人で1議席，4万人で2議席，6万人で3議席を獲得できる。獲得できるのは最大で3議席である。この制度によって，小政党や周辺セクターが議会に参入できるようになり，少数のエ

リートの利益に囚われた議会がより広い利益を反映する方向へと向かうことが期待されている。また，登録した政党を変更すれば議員の資格を失うことから，政党の強化を促す制度的措置ともなりうる。

しかしながら，政党名簿制が初めて導入された1998年の総選挙では，予想外の結果が生じた。同選挙では，52議席が政党名簿制に割り当てられ，123の政党組織が競い合ったが，選挙結果を見ると総投票数の4％以上を獲得した政党組織はわずか1つ，2％以上は12であり，政党名簿制による当選議員はわずか14となった[66]。

2001年の中間選挙でも，同様の結果が生じている。この選挙では，53議席が割り当てられ，163の政党組織が争ったが，6％以上を獲得した政党は2つ，4％以上が1つ，2％以上が7つで，政党名簿制への割り当て議席数は15となった。この選挙では，1998年の総選挙で参加できなかった5大政党が参加を許され2議席を獲得し[67]，また政府から補助金を受けている政党も3議席を獲得した。このため，周辺セクターの代表を選ぶことを目的とした制度の理念に反するという批判がなされ，最高裁判所の判断に委ねられた[68]。その結果，資格要件の見直しが行われることになり，議席数が増やされたが，それでも政党名簿制に割り当てられた議席は10％に留まった。

2004年の総選挙と2007年の中間選挙でも，政党名簿制に割り当てられた議席数はそれぞれ24議席と21議席であった。政党名簿制によって，闘争的な左派系の市民団体などそれまで阻害されてきたセクターの選挙への参加が促され[69]，当選した議員が様ざまな法案の作成に関与できるようになったことは間違いない。しかし，上述の結果を鑑みるに，同制度が多様なセクターの利益を十分に反映できていないとは言い難い[70]。このため，NAMFRELとPPCRVを初めとする40の市民団体は「選挙改革連合」(Consortium on Electoral Reforms = CER) を形成し，政党名簿制の修正を含めた選挙改革を求めるロビー活動に取り組んでいる[71]。

政党名簿制以外に市民団体が早期実現を求めているものとしては，地方セクター代表法，党籍変更禁止法，王朝化禁止法などが挙げられよう[72]。

地方セクター代表法は，上述した政党名簿制の地方政府版である。新憲法第10条第9節にある「地方政府議会は，法律の定めるところによりセクター

代表を持つこととする」という規定を受けて,地方政府法の第41条 (C) では,議会のセクター代表として女性に1議席,労働者に1議席,その他（都市貧困者,先住民,障害者など）に1議席を与えると明記されている。[73]

　党籍変更禁止法は,議員の党籍変更に対してペナルティを与えることで頻繁に起こる党籍変更を抑制し,政党を強化することを主たる目的とする。具体的には,候補者と当選者が選挙前後の6カ月間に党籍変更することを禁止し,党籍変更した場合には選挙への立候補が禁止され,当選した場合でもそれを取り消すものとしている。[74]

　王朝化禁止法は,新憲法第2条第26節の「国家は公職に就く機会の平等を保障し,法の定めるところにより政治的王朝化を禁止する」という規定を受け,有力エリート家族による寡頭支配の解消を目的としたものである。これまで議会に提出された法案の大半において,現職の2親等以内の人物の現職と同じ市または州での立候補の禁止を求めている。[75]そもそも新憲法には,下院議員は連続3期,上院議員は連続2期を超えて在職することを禁止する規定がある。しかし,血族や親類を代わりに立候補させ同族支配を永続化させているため,この規定は形骸化している。

　市民団体は,1990年代半ば以来,選挙改革の一環としてこれらの法律の制定を求めてロビー活動を行っているが,議会の抵抗もあっていずれも成立していない。

第4節　市民団体の効用

　前節では,無党派の市民団体が様ざまな手段で選挙ガバナンスを支えている様子を明らかにした。そうした市民団体の活動努力は,どの程度まで自由で公正かつ有意義な選挙の実施に結びついているのだろうか。

　選挙の公正度を客観的に測定することは困難であるが,ここではフリーダムハウス（Freedom House）のデータを用いたい。フリーダムハウスでは,政治的権利（Political Right）の下位カテゴリーの1つとして「選挙プロセス」を設け,国家元首選挙の公正度,議会選挙の公正度,選挙法枠組みの公正度にそれぞれ4ポイントを与えて評価している。図9－7は,先述したGIに

(図 9-7) 選挙監視機関の有効性と選挙の公正度

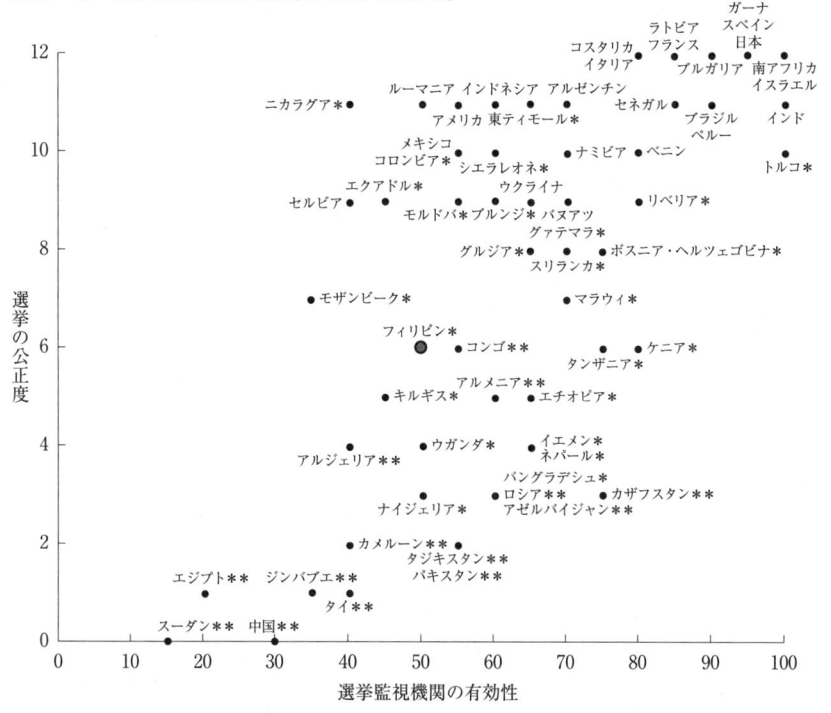

(出所)選挙監視機関の有効性は表 9-1 と同じ Global Integrity Report を，選挙の公正度とステイタスはフリーダムハウスのホームページ (http://www.freedomhouse.org/template.cfm?page=372 および http://www.freedomhouse.org/template.cfm?page=414) を参照した（アクセス日：2010 年 2 月 8 日）。なお，＊はフリーダムハウスの分類で部分的自由 (Partly Free) の国，＊＊は非自由 (Not Free) の国，＊がないのは自由 (Free) の国を表す。

よる選挙監視機関の有効性とフリーダムハウスによる選挙の公正度の関係を表したものである。フリーダムハウスのステイタスで非自由（Not Free）に分類される国は，そもそも選挙自体が実施されていないか，実施されても自由で公正でない場合がほとんどである。そこで，フィリピンを同じ部分的自由（Partly Free）の国と比較してみよう。部分的自由の国の選挙の公正度の平均は 6.85 である。フィリピンの選挙の公正度は 6.0 で，平均を下回る。しかし，選挙監視機関の能力が相対的に低いだけでなく，伝統的に選挙不正が蔓延している状況に鑑みれば，一定程度の選挙の公正度が保たれていると考えられる。また，フィリピンの選挙ガバナンスが無党派の市民団体の活動に

第 9 章　公明選挙と市民社会

大きく依存している事実を踏まえれば，それらの活動がなければ選挙の公正度は大きく低下することが予想されよう。

市民団体の活動の効用を，市民の態度と行動からも見ておこう。図9-8は，COMELEC, NAMFREL, PPCRVの信頼度の推移である。NAMFRELとPPCRVの信頼度は，COMELECにほぼ等しいか，それより高い場合さえある。このようにNAMFRELとPPCRVの信頼度が高いのは，それらが公明選挙の実施に大きく貢献していると広く認識されているからに他ならない。

このことを念頭に置いて，選挙自体に関する市民の態度を見てみよう。選挙の公明性に関しては，「社会気候局」(Social Weather Station = SWS)が行った一連の世論調査がある。図9-9が示すように，選挙の公平性と秩序性に対する期待度は，僅かずつではあるが上昇傾向にある。しかしながら，図9-10から明らかなように，選挙不正に対する予想の度合いは，次第に増加傾向を見せている。とりわけ買票についてはSWSの調査が示すように，「良心に従って投票するならお金を受け取ることは悪いことではない」という質問に同意する割合は実質的に変化していない（図9-11）。階級別に見ると2004年2月の調査では，富裕層・中流層は34.97％，貧困層は45.07％，最貧困層は43.45％が同意しており，下層階級の方が買票を容認する人の割合は高い。

選挙の有意義性はどうであろうか。既述したように，フィリピンの選挙では伝統的に争点や綱領よりもパトロネージや人気が投票行動を規定する重要なファクターとなってきた。市民団体は，有権者教育を通じてこうした投票行動を変えて争点に基づく有意義な選挙の実施を目指してきた。しかし，「政治・選挙改革研究所」(Institute for Political and Electoral Reform = IPER)が行った世論調査は，候補者を選択する際に最も重要なファクターは依然として個人利得であり，2番目が政治マシーン，3番目が人気であることを明らかにしている。また，SWSの世論調査では，回答者の35％が候補者の選定において争点は無関係だと答えている。階級別に見ると，富裕層・中流層が21％，貧困層が36％，最貧困層が42％であり，買票と同様に下層階級ほど割合が高い。[77]

(図 9−8) COMELEC, NAMFREL, PPCRV の信頼度の推移 (%)

(出所) Social Weather Station.

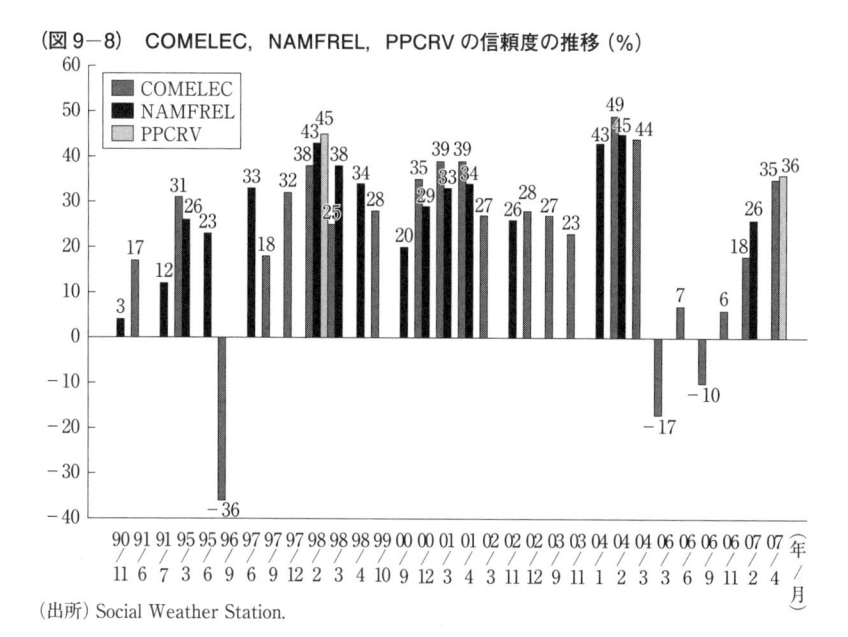

(図 9−9) 選挙区での選挙の公平性と秩序性に対する期待感 (%)

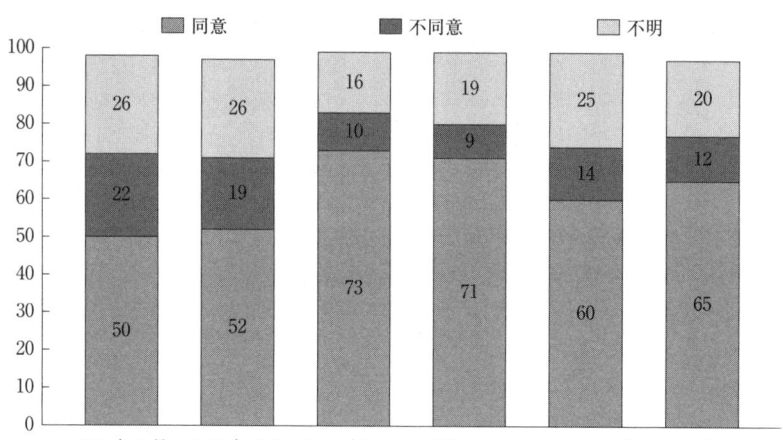

(出所) Social Weather Station.

第 9 章 公明選挙と市民社会　327

(図9−10) 選挙不正の予想（%）

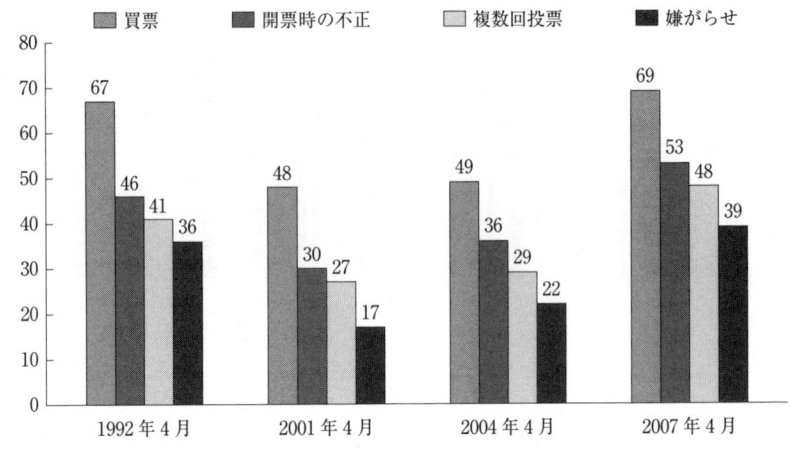

■ 買票　■ 開票時の不正　□ 複数回投票　■ 嫌がらせ

年月	買票	開票時の不正	複数回投票	嫌がらせ
1992年4月	67	46	41	36
2001年4月	48	30	27	17
2004年4月	49	36	29	22
2007年4月	69	53	48	39

（出所）Social Weather Station.

(図9−11) 「良心に従って投票するならお金を受け取ることは悪いことではない」（%）

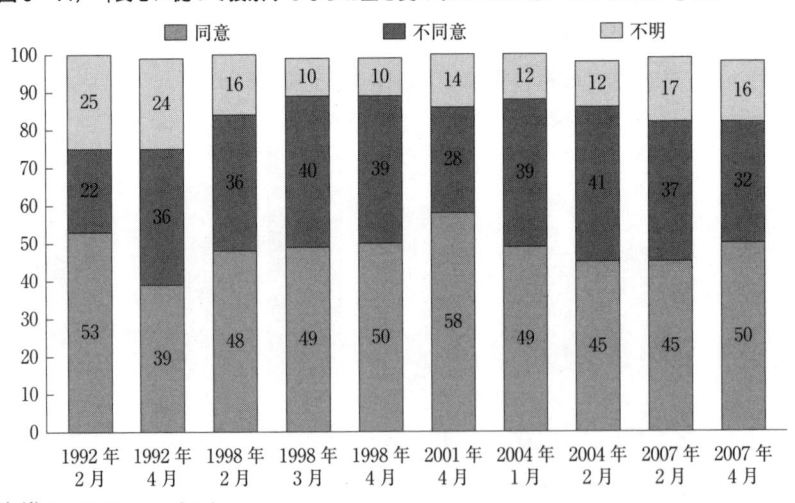

□ 同意　■ 不同意　□ 不明

年月	同意	不同意	不明
1992年2月	53	22	25
1992年4月	39	36	24
1998年2月	48	36	16
1998年3月	49	40	10
1998年4月	50	39	10
2001年4月	58	28	14
2004年1月	49	39	12
2004年2月	45	41	12
2007年2月	45	37	17
2007年4月	50	32	16

（出所）Social Weather Station.

このような市民意識は，政党なき民主主義やエリート民主主義と呼ばれる現状とも関連していよう。第6章で見たように，下院ではエリート家族出身の議員の割合が継続して6割を超えている。エリート家族が強く政党が弱い状況では，選挙は争点よりもエリート家族同士の争いへと矮小化される。その結果，政党に対する帰属意識や政党の凝縮力が弱められ，プログラム志向の政党の成長が阻害される。実際，SWSの調査では，67％の回答者が自分の生活を改善する政党はないと答えている。[78] 先述したように，政党名簿制によって，政党名簿で選出された議員が様ざまな法案の準備に関与できるようになったが，政党自体の強化が促されているわけではない。制度の改革による寡頭支配の解消と政党の強化が未だに実現しないばかりか，政党に対する市民の期待感も低い状況では，今後も政党なき民主主義やエリート民主主義と呼ばれる状況は存続することになろう。[79]

　以上のことから市民団体は，公明選挙の実施とそれに対する期待感の向上に貢献してはいるものの，3Gや3Pに特徴づけられた選挙を十分に改善できてはいない。このことは，市民団体の継続的な努力にもかかわらず，民主化移行から25年が経過した現在に至っても民主主義の制度と実践との間に根強い乖離があることを示している。このような状況の中で，市民社会依存型選挙ガバナンスは，民主主義体制の定着と発展にどのような影響を与えるのだろうか。

第5節　市民社会依存型選挙ガバナンスの功罪

　既に指摘したように，NAMFRELは財界とカトリック教会によって支えられてきた。NASSAとPPCRVは，カトリック教会のイニシアティブで設立され，前者は教会直属の市民団体であり，後者は組織的に独立してはいるものの教会と密接な関係を有する。財界の主たる関心は，平和的な選挙を通じて既存の民主主義体制の安定性と正統性を確保し，それによって資本主義体制における経済活動を促進することにある。他方で，カトリック教会は，伝統的に保守的で，多くの司祭が支配的な資本家階級に属している。このことは，財界と教会が支配階級として多くの利益を共有していることを意味し

よう。ヘドマンが指摘するように、これらの穏健派に属する支配連合は、「権威とヘゲモニーの継続的な危機に直面した時に市民社会の名において自由選挙運動を率いてきた」のである。[80] 公明選挙を通じた穏健的な改革に限界があろうとも、NAMFREL や PPCRV が公明選挙に固執し続けるのは、それら[81]が支配連合のヘゲモニーに囚われているからに他ならない。

市民団体を囚える支配階級のヘゲモニーは、公明選挙を推進する上で大きな問題を孕んでいる。NAMFREL と PPCRV に参加するボランティアの大半が中間層であり、有権者教育の教育者の大半が上中間層出身である。こうした支配階級が主導する有権者教育では、下層階級はしばしば不快で侮辱的な扱いを受けるため、3G や 3P の影響をより受けやすい彼らの意識や行動を変えることは容易ではない。[82]

そもそも上中間層と下層との間には、民主主義観に相違があると指摘されている。たとえば、シャファーの調査によれば、上中間層にとって民主主義と結びつくキーワードは「争点」、「清潔」、「責任性」、「透明性」であるが、下層にとっては「個人的尊厳」、「思いやり」、「親切」、「慈悲」であった。[83] NAMFREL や PPCRV が推進する公明選挙プロジェクトは、上中間層の民主主義観と結びついていることは否定できない。

このような支配階級のヘゲモニーに囚われた自由選挙運動は、「政治を手続き的な政策決定に制限するブルジョア民主主義を安定化させる運動」と見なされ、下層階級の利益をより直接的に反映しうる実質的民主主義[84] (substantive democracy) の実現を阻害しているとの批判を受けることになる。さらに、支配階級の強力なヘゲモニーに支えられた公明選挙運動への過度の依存は、民主主義体制の不安定化を招くことにもなりかねない。そうした不安定性は、とりわけエストラーダ (Joseph E. Estrada) が登場してからピープルパワーⅡが出現するまでの過程で露見された。

1998年の大統領選挙でエストラーダは、貧困層からの圧倒的な支持と元映画俳優としての人気によって当選を果たした。しかし、縁故主義が次第に顕在化し、フエテン・スキャンダルが発覚する。これによって辞任要求が一気に強まり、遂にはフィリピン史上初となる大統領弾劾裁判が開始されるが、上院におけるエストラーダの巧みな政治工作もあって裁判は無期限停止

となった。しかし，辞任を要求する声は一向に収まらず，2001年1月19日にはエストラーダの辞任を求めるピープルパワーⅡが出現した。ピープルパワーⅡは，大部分が上中間層からなり，そこでは市民社会の名の下で財界と教会が大衆の動員を促す中心的な役割を果たした[85]。たとえば，シン枢機卿（Cardinal Sin）は，エストラーダの辞任を求めた最初の著名人であったし[86]，CBCPもエストラーダが「汚職，縁故主義，不道徳，無能力によって，国を治める道徳的権威を失った」と宣言している[87]。財界も，エストラーダの汚職，縁故主義，無能力を痛烈に批判した[88]。ヘドマンがいみじくも言うように，「財界と教会の指導者がマルコスに対してNAMFRELとピープルパワーを支持するために手を携えてから15年後に，これらの支配階級はエストラーダに対して正面攻撃を行った」のであった[89]。

　しかし，その約3カ月後，今度はエストラーダの復帰を求める広範囲な大衆運動が起こる。2001年4月25日にエストラーダが逮捕されると，その直後からエドサ通りでエストラーダ支持者による集会が始まった。その数は徐々に膨れ上がる。これがピープルパワーⅢであった。このピープルパワーⅢの参加者のほとんどが貧困層だったと指摘されている[90]。貧困層は，大統領弾劾裁判とその後のエストラーダの逮捕を自分たちの最大のパトロンに対する不当な政治的攻撃と受け取った。5月1日には，エドサ通りからマラカニアン宮殿への行進が開始する。これに対してピープルパワーⅡに参加した市民団体は，ピープルパワーⅡが勝ち取ったユーフォリアを守るために市民を動員して貧困層の排除へと動き出す。最終的には，アロヨ大統領（Gloria Macapagal-Arroyo）が「反乱状態」を宣言してデモ参加者を逮捕し，事態は収束へと向かった。ベロが指摘するように，ピープルパワーⅡとピープルパワーⅢとの間には明確な相違があった。前者では，汚職反対と良いガバナンスが上中間層を動員する喊声となった。後者では，より良い生活の約束，人間としての尊厳が求められた[91]。

　エストラーダは，エリート民主主義と呼ばれる状況の中で疎外されてきた貧困層の圧倒的な支持と大衆社会の重要なファクターである映画俳優としての大衆人気によって当選を果たした。皮肉にも財界と教会は，自分たちのヘゲモニーを守るためにNAMFREL，PPCRV，NASSAを通じて支えて

きた公明選挙の当選者であるエストラーダを，選挙という手続き的民主主義（procedural democracy）の枠を越えたピープルパワーⅡという手段を通じて追放せざるをえなかった。換言すれば，エストラーダの出現とピープルパワーⅡの蜂起は，民主主義の制度と実践との乖離とそれによって引き起こされる民主主義体制の不安定性を解消しうる市民社会の民主的機能の証左であった一方で，無党派の市民団体を通じてヘゲモニーを守ろうとする支配階級の失敗と挽回を示すものでもあった。

　こうした支配階級によるヘゲモニーの行使は，市民団体の中立性を損う事態にも結びつく。たとえば，2004年の大統領選挙前に市民団体は，その無党派性を疑問視される事態に直面した。この選挙でPPCRVとNASSAは，有権者教育の中でCBCPの司教教書を用いたが，その内容は有権者に投票を促すのみならず能力，良心，献身を有する候補者を選出することを求めたもので，エストラーダの後継者として担ぎ出された野党の大統領候補で映画俳優のポー（Ferdinando Poe, Jr.）に投票しないことを暗に訴えるものでもあった。[92] NAMFRELに関しては，その主要な支持組織であるMBCがアロヨ大統領への支持を表明したことで，NAMFRELの中立性が大きく損われることになった。

　大統領選挙後にはNAMFRELのOQCの不正を示す報告書が出され，OQCの信頼性が大きく失墜した。これに加えて「ハロー・ガルシ事件」によって選挙の信頼性が損なわれたことを懸念して，2007年の中間選挙ではカトリック教会がNASSAを介してNAMFRELのOQCを直接的に支援してOQCの信頼性の回復が図られた。この一連の動きは，支配階級の危機への対応能力の高さを示す一方で，市民社会依存型選挙ガバナンスの弱さをも露呈するものでもあった。

　中間選挙によってアロヨ政権の正統性は回復の兆しを見せたが，再び大統領の汚職疑惑が浮上した。国立ブロードバンドネットワークと大統領の弾劾をめぐる汚職疑惑である。財界と教会は，比較的公正であったと評価した大統領選挙で当選した大統領の辞任を再び求めざるをえない状況に直面した。[93] 最終的には教会が，アロヨ大統領に辞任ではなく汚職の究明を求める教書を発表したことで，[94] 政権崩壊の危機は回避される方向へと向かったが，その後

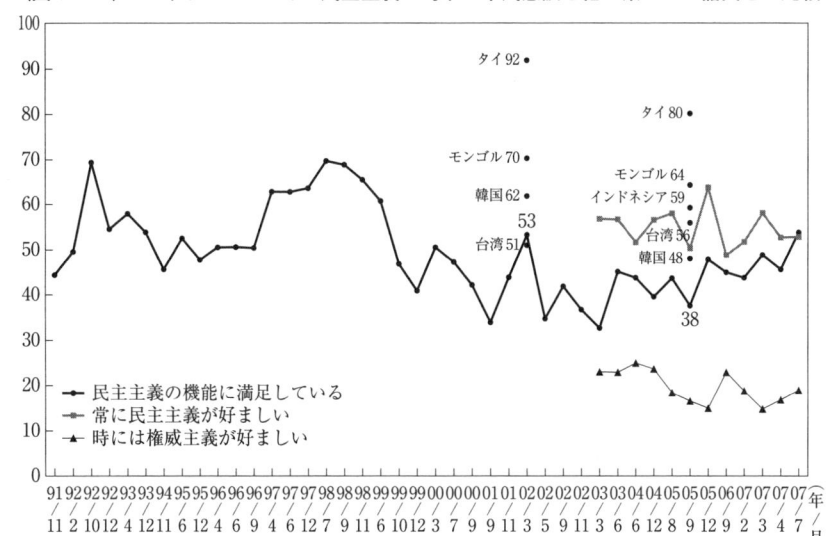

(図9−12) フィリピンにおける民主主義に対する市民意識と他の東アジア諸国との比較

(出所) SWSのホームページのデータ (http://www.sws.org.ph/pr070911.htm), East Asian Barometer 2001-2003, Asian Barometer 2005 より作成。アクセス日：2010年7月8日

も不安定な政局運営は継続した。

　以上のことから，選挙における3Gや3Pを駆逐し，選挙を通じた民主主義体制の定着を求める市民団体とそれを支える支配階級のヘゲモニーは，1998年と2004年の大統領選挙を見るかぎり，決して成功したとは言えまい。

　このことは，民主主義に関する世論調査からも端的に読み取ることができる。図9−12は，フィリピンにおける民主主義と権威主義に対する選好度と民主主義の機能に対する満足度の推移を表している。また，東アジアバロメーターとアジアバロメーターを参照し，他のアジア諸国における民主主義の機能に対する満足度も加えてある。フィリピンの場合，とくに1990年代後半以降に低下傾向を見せており，民主主義体制の定着にとっては好ましい状況とは言えまい。他のアジア諸国と比較しても，フィリピンにおける民主主義の機能に対する満足度は低い。こうした傾向は，下からの鬱積した諸要求に民主的制度が対応しきれないというフィリピンの民主主義の欠陥を表すものでもあろう。[95]

ここに，フィリピンが民主主義体制の定着過程で直面するジレンマがある。選挙ガバナンスが市民団体に依存するほど，無党派性が疑問視された時に危機の度合いが増す。だが，市民団体の活動がなければ一定程度の選挙の公明性を確保するのは困難であり，民主主義体制は遥かに不安定となることから，市民団体の活動は必要とされる。さりとて，民主主義の制度と実践との間に著しい乖離がある状況では，支配階級の強力なヘゲモニーによって支えられ，それを支えるためでもある選挙監視活動によって，欠陥を抱えたままの民主主義体制が一定程度の正統性を付与されることになる。

小　括

　本章では，手続き的民主主義の根幹をなす公明選挙の実施を支えてきた無党派の市民団体の活動を具体的に検証した。本章で取り上げた市民団体は，選挙における3Gや3Pを解消するだけでなくエリート民主主義や政党なき民主主義と呼ばれる状況を改善するために，様ざまな活動を通じて選挙ガバナンスへ積極的に関与していた。

　COMELECの事務局長であったボーラ（Resurreccion Z. Borra）は，「不正は組織されて行われ，COMELEC内部でもわからないことがある。それゆえ，NAMFRELなどのNGOと協力して選挙をより公正なものにしてゆく必要がある」と述べている[96]。他方で，NAMFRELの事務局長であったルスは，「新聞などではCOMELECとNAMFRELは対立しているように報じられているが，実際には自由で公正な選挙の実施に向けて密接な協力関係を築いている」と言う[97]。市民団体はCOMELECを支えるべく選挙ガバナンスへ積極的に関与することで，平和的な政権交代による手続き的民主主義の定着に貢献してきたことは間違いない。

　しかし，民主主義の制度と実践との著しい乖離が解消されておらず，それが1990年代以降の民主主義体制の不安定性の一因にもなっている状況を踏まえれば，市民団体はその目的を十分に達成しているとは言い難い。それでもなお公明選挙を求める活動は継続する。それが支配階級のヘゲモニーを守る有効な手段に他ならないからである。市民団体の活動がなければ，公明選

挙の実施を保証する選挙ガバナンスの有効性を維持することが困難である現状をも鑑みれば，選挙ガバナンスを市民団体に依存する状態は今後とも継続するであろう。

これに対しては，市民団体に大きく依存すること自体に破綻の理由が内在しているという批判もあろうが，両者の役割は交換可能ではない。選挙ガバナンスの主役はあくまで COMELEC であり，市民団体の側も選挙改革の一環として主役たる COMELEC の機能強化を求めている。しかし，そうした機能強化をすぐに実現できるわけではあるまい。それゆえ現状では，市民団体に依存して最悪の結果を阻止しながら，COMELEC の機能強化を図ってゆくしかない。

他方で，こうした市民社会依存型選挙ガバナンスの下では，市民団体の無党派性が疑問視されると，選挙の信頼性が低下し，民主主義体制の定着が阻害される危険性も高くなる。加えて，中長期的に見れば支配階級の強力なヘゲモニーに支えられた選挙監視活動は，欠陥を抱えたままの民主主義体制に一定程度の正統性を付与し，それが実質的民主主義の実現を阻害しうることも予見された。さりとて，そうしたヘゲモニーに支えられた広範囲な市民団体の活動がなければ，COMELEC のみで選挙の信頼性を確保することは困難であり，体制としての民主主義は遥かに不安定になることが予想される。これこそが，フィリピンが直面する民主主義のジレンマの一端に他ならなかった。

註 ─────

1 Commission on Elections, *The Commission on Elections*, Manila: Commission on Elections, n.d., pp. 2-5.

2 *The 1987 Constitution of the Republic of the Philippines*: National Book Store, pp. 30-31, Sec. 1, Sec. 2.

3 Asian Development Bank, Country Governance Assessments: Philippines, pp. 123-124 (http://www.adb.org/Documents/Reports/CGA/pga-feb-2005.pdf); Peter Erven, Beverly Hagerdon Thakur, Craig Jenness, and Ian Smith, IFES Final Report: 2004 Philippine National Election, August 2004, pp. 7-9 (http://www.ifes.org/publication/899bba 68af1bc80415544d96cce58

0a9/Philippines_2004_ElectionReport.pdf).アクセス日：2010 年 2 月 27 日
4　詳しい経緯は以下を参照されたい。Eva-Lotta E. Hedman, *In the Name of Civil Society: From Free Election Movements to People Power in the Philippines*, Honolulu: University of Hawai'i Press, 2006.
5　NAMFREL のホームページより（http://www.namfrel.com.ph/aboutus/organization.htm）。アクセス日：2010 年 8 月 6 日
6　National Citizens' Movement for Free Elections, 2001 Elections Manual for Organizing Provincial, City & Municipal Chapter, March 2001, p. 2.
7　NAMREL のホームページより（http://www.namfrel.com.ph/aboutus/investors.htm）。アクセス日：2010 年 8 月 6 日
8　当時 VOTECARE のナショナルコーディネーターであったギヤノ（Edilberto Calang Guyano）と NASSA のアドボカシー・リサーチ・コミュニケーションプログラムのコーディネーターであるベソ（Honey Beso）とのインタビュー（September 19, 2006, Intramuros）。
9　National Secretariat for Social Action, Justice and Peace-Caritas Philippines, *Alay Kapwa 1998 Resource Book*, Manila: National Secretariat for Social Action, Justice and Peace-Caritas Philippines, 1998, pp. 79-80.
10　Catholic Bishops' Conference of the Philippines, Pastoral Letter on Preparing for the 1992 Elections, July 22, 1991.
11　Edilberto Guyano, "Let's All Work Hard for Democratic Elections," *NASSA NEWS*, Vol. 23, No. 1, January-February 1995, pp. 19-20.
12　*Ibid.*, p. 19.
13　当時 VOTECARE のナショナルコーディネーターであったギヤノとのインタビュー（July 3, 1998, Intramuros）。
14　Catholic Bishops' Conference of the Philippines, *Acts and Decrees of the Second Plenary Council of the Philippines*, Manila: PCP-II Secretariat, 1992.
15　Teodoro C. Bacani, Jr., *Church in Politics*, Manila: Bacani's Press, 1992, pp. 39-40.
16　Parish Pastoral Council for Responsible Voting, *Organizing Guidelines in the Parish Community: A Community's Faith Response to the Call for Clean, Peaceful, and Meaningful Elections*, Quezon City: Simbahang Lingkod ng Bayan, Loyala House of Studies, 1995, pp. 2-3.
17　Parish Pastoral Council for Responsible Voting, Organizational Brochure, p. 3.
18　Parish Pastoral Council for Responsible Voting, *Revitalization Seminar (Manual for Speakers)*, Manila: Parish Pastoral Council for Responsible Voting National Research and Voter's Education Committee, 1998, p. 6.

19　*Ibid.*, p. 6.
20　Haydee B. Yorac, "Prospects of Electoral Reforms: Philippine Experience," in Ed Garcia, Julio P Macuja II, and Benjamin T. Tolosa, Jr., eds., *Participation in Governance: The People's Right*, Manila: Ateneo de Manila, 1993, pp. 162-163.
21　*Ibid.*, p. 198.
22　*Manila Chronicle*, May 11, 1992.
23　*Manila Chronicle*, May 12, 1992.
24　たとえば，1995年の中間選挙前にはパラナク市で，COMELECの役人が関与して少なくとも3,000人の不正登録者が有権者名簿に水増しされていることをPPCRVが発見した（anon., "Voter's list yields mystery in Parañaque," *Philippine Daily Inquirer*, May 19, 1995）。98年の総選挙前には，NAMFREL，PPCRV，VOTECAREなどの39のNGOが「市民の希望名簿98」（Citizens Hope List'98）という連合を形成し，有権者名簿の確認作業に取り組んだ。その結果，ラスピナスやマギンダナオでは，有権者登録数が140%にまで増加し，登録者の多くが登録した住所には実際に住んでいなかったことが明らかになった（Donna S. Cueto, "Watchdogs detect early poll fraud," *Philippine Daily Inquirer*, March 8, 1998）。マニラのサンワンでも，約2万人が数件の住所で登録していたことが発見されている（Donna S. Cueto, "Voters' list padded, Comelec finds," *Philippine Daily Inquirer*, March 18, 1998）。
25　Parish Pastoral Council for Responsible Voting, *Consolidated Election Monitoring Report for the 2004 National and Local Elections*, Manila: Parish Pastoral Council for Responsible Voting, 2004, pp. 11-12, p. 35.
26　*Ibid.*, pp. 67-69.
27　Margaux Ortiz, "Still same story of missing names, precinct search," *Philippine Daily Inquirer*, May 15, 2007; ABC-CBN News, 5 million Filipinos disenfranchised-NAMFREL, May 15, 2010（http://www.abs-cbnnews.com/video/nation/05/14/10/5-million-filipinos-disenfranchised-namfrel）．アクセス日：2010年8月8日
28　National Democratic Institute for International Affairs and National Citizens' Movement for Free Election, *Making Every Vote Count: Domestic Election Monitoring in Asia*. n.p.: National Democratic Institute for International Affairs, 1996, p. 37.
29　Parish Pastoral Council for Responsible Voting, *Pollwatching Manual*, Manila: Parish Pastoral Council for Responsible Voting National Research and Voter's Education Committee, 1998, p. 39.
30　Commission on Elections, *Omnibus Election Code of the Philippines*,

Manila: Commission on Elections, 1992, p. 53, Article XV, Sec. 179.
31　PPCRVの事務局長であるソリタ（Bro. Crifford T. Sorita）とのインタビュー（August 1, 1998, September 15, 2006, Manila）と各種報道資料より。
32　Parish Pastoral Council for Responsible Voting, *Consolidated Election Monitoring Report for the 2004 National and Local Elections*, pp. 40-58.
33　Lesley Claudio and Marysol Balane, "Irregularities, Fraud Top Poll Problems So Far-PPCRV," *NewsBreak*, May 21, 2007.
34　当時VOTECAREのナショナルコーディネーターであったギヤノとのインタビュー（July 3, 1998, Intramuros）。
35　National Citizens' Movement for Free Elections, Manual for Provincial, City & Municipal Chapters (Organizing and Conducting the OVC): For the May 10, 2004 National & Local Elections, 2004, p. 11.
36　Ernesto M. Hilario, "Dagdag-Bawas: New Math of Philippine Elections Equals Fraud," *Political Brief*, Vol. 6, No. 5, May 1998.
37　Carlito Pablo, "Nene says 20 poll officials members of 'dagdag-bawas'," *Philippine Daily Inquirer*, March 12, 1998.
38　Lira Dalangin, "Dagdag-bawas uncovered in Iloilo," *Philippine Daily Inquirer*, May 18, 2001; Lira Dalangin, "Binangonan bet got 7,000 votes from 'dagdag-bawas'-Namfrel," *Philippine Daily Inquirer*, May 20, 2001; Lira Dalangin, "Namfrel bares dagdag-bawas in Iloilo, Biliran, Leyte," *Philippine Daily Inquirer*, May 22, 2001; Erwin Oliva, "Namfrel says vote-shaving seen in Lanao del Sur," *Philippine Daily Inquirer*, June 12, 2001.
39　Raissa Robles, "At the Frontlines of the Region's Elections" *Asiaweek*, Vol. 26, No. 13, April 7, 2000.
40　National Citizens' Movement for Free Elections, Terminal Report Quick Count 2004 Operation.
41　Roberto Verzola, "The True Results of the 2004 Philippine Presidential Election Based on the NAMFREL Tally," *Kasarinlan*, Vol. 19, No. 2, 2004.
42　National Citizens' Movement for Free Elections, NASSA NAMFREL Operation Quick Count 2007, Partial and Unofficial as of June 2, 2007, 11:41pm.
43　National Citizens' Movement for Free Elections, NAMFREL to Conduct Bilang ng Bayan, Press Release, May 5, 2010.
44　当時VOTECAREのナショナルコーディネーターであったギヤノとのインタビュー（July 3, 1998, Intramuros）。
45　Edilberto Guyano, "Let's All Work Hard for Democratic Elections," p. 22; Edilberto Guyano, "Success at the Grassroots," *NASSA NEWS*, Vol. 23, No. 3, May-June 1995, p. 13; National Secretariat for Social Action,

Justice and Peace-Caritas Philippines, Building and Upgrading BEC-Based Democratic Governance Initiatives: National Country Program, 1998–2000, p. 5.
46 National Secretariat for Social Action, Justice and Peace-Caritas Philippines, *Introduction to the Political Dimension of the Social Crisis in the Philippines, Module 1*, Manila: National Secretariat for Social Action, Justice and Peace-Caritas Philippines, 2000; National Secretariat for Social Action, Justice and Peace-Caritas Philippines, *Citizenship Building for Participatory Politics and Governance, Module 2*, Manila: National Secretariat for Social Action, Justice and Peace-Caritas Philippines, 2000; National Secretariat for Social Action, Justice and Peace-Caritas Philippines, *Social Advocacy: A Strategy for Participatory Politics and Governance, Module 3*, Manila: National Secretariat for Social Action, Justice and Peace-Caritas Philippines, 2000.
47 Edilberto Guyano, "Success at the Grassroots," p. 13.
48 Parish Pastoral Council for Responsible Voting, *Revitalization Seminar (Manual for Speakers)*, pp. 8–9.
49 *Ibid.*, pp. 10–11; Parish Pastoral Council for Responsible Voting and Simbahang Lingkod ng Bayan, Pinoy Voters' Academy (Ang Drama sa Likod ny Halalan): Trainer's Manual-English Version, 2004, pp. 42–44.
50 Parish Pastoral Council for Responsible Voting, *Halalan Pagbabagong Hagad*, Manila: Parish Pastoral Council for Responsible Voting, 2004, pp. 11–15.
51 Simbahang Lingkod ng Bayan, A Proposal for Political Engagement in the May 2007 Elections.
52 James Konstanin Galvez, "Pasay City pols also sign covenant," *The Manila Times*, April 3, 2007; Leilanie G. Adriano, "Ilocos Norte candidates sign peace covenant," *The Ilocos Times*, April 22, 2007; Chrysee Samillano, "8 city bets ink peace pact," *Visayan Daily Star*, April 25, 2007; Rey M. Nasol, "Peaceful polls in Bicol noted," *Serbisyong Bikolnon*, May 20, 2007; Rhay G. Navales, "Angeles poll rivals sign peace covenant," *Sun Star Pampanga*, April 30, 2007.
53 Bro. Clifford T. Sorita, *Bantay Barangay and the Filipino Social Ideology*, Manila: Parish Pastoral Council for Responsible Voting, 1998.
54 Parish Pastoral Council for Responsible Voting, *Organizing Guidelines in the Parish Community: A Community's Faith Response to the Call for Clean, Peaceful, and Meaningful Elections*, Quezon City: Simbahang Lingkod ng Bayan, Loyala House of Studies, 1995, pp. 2–3, p. 12.

55 Parish Pastoral Council for Responsible Voting, *Consolidated Election Monitoring Report for the 2004 National and Local Elections*, pp. 16-25, pp. 96-99.
56 Peter Erben, BeverLty Hagerdon Thakur, Craig Jenness, and Ian Smith, Strengthening the Electoral Process, IFES Final Report, Augst 2004, pp. 14-15.
57 Parish Pastoral Council for Responsible Voting, Report of the Parish Pastoral Council for Responsible Voting to the Commission on Elections and to the Catholic Bishops' Conference of the Philippines, 1998, pp. 6-8.
58 Parish Pastoral Council for Responsible Voting, *Halalan Pagbabagong Hagad*, pp. 19-28.
59 Hermilando Aberia, "Congress Shelves Electoral Reforms – Again," *Intersect*, Vol. 9, No. 3, March 1995, pp. 4-5, p. 22.
60 Anthony S. Emboltura, "The Election Code: Can It Make a Difference?," *Legislative Alert*, Vol. 2, No. 4, April-June 1994, pp. 2-7.
61 Brendan Luyt, "The Hegemonic Work of Automated Election Technology in the Philippines," *Journal of Contemporary Asia*, Vol. 37, No. 2, May 2007, pp. 152-154. 木村昌孝「フィリピンの選挙におけるICTの導入」『茨城大学政経学会雑誌』第78号, 2008年3月, 61-62頁。
62 National Citizens' Movement for Free Elections, The Automation of the Elections: A Success Story in the ARRM and the Philippines' Proud Legacy of Democracy to the Rest of the World, September 11, 1999.
63 同上論文, 63-65頁。
64 Consortium on Electoral Reforms, 2nd National Electoral Reform Summit, September 1-3, 2004, pp. 28-31, pp. 35-37.
65 Anthony S. Emboltura, "The Election Code: Can It Make a Difference?," *Legislative Alert*, Vol. 2, No. 4, 1994; Alberto C. Agra, "The Non-Passage of the 1993 Proposed Election Code," *Kasarinlan*, Vol. 13, No. 2, 4th Quarter 1997.
66 Agustin Martin G. Rodriguez and Djorina Velasco, *Democracy Rising?: The Trials and Triumphs of the 1998 Party-List Elections*, Quezon City: Institute of Politics and Governance and Friedrich Ebert Stiftung, 1998, pp. 7-13.
67 5大政党とは,「国家の力・キリスト教民主国民連合」(Lakas ng Bansa-National Union of Christian Democrats = LAKAS-NUCD),「自由党」(Liberal Party = LP),「民主フィリピンの闘い」(Laban ng Demokratikong Pilipino = LDP),「民族主義国民連合」(National People's Coalition = NPC),「新社会運動」(Kilusang Bagong Lipunan = KBL) である。

68 Julio Teehankee, "Electoral Politics in the Philippines," in Aurel Croissant, Gabriel Bruns, and Marei John, eds., *Electoral Politics in Southeast and East Asia*, Singapore: Friedrich-Ebert-Stiftung, 2002, pp. 183-186.
69 政党名簿制の導入以降の左派系の市民団体の態度と行動の変化については，以下の研究が詳しい。Nathan Gilbert Quimpo, "The Left, Elections, and the Political Party System in the Philippines," *Critical Asian Studies*, Vol. 37, No. 1. March 2005.
70 Institute for Political and Electoral Reform and Friedrich Ebert Stiftung, *Fairing Well: The Philippine Party-List System Current Lessons and Implications*, Quezon City: Institute for Political and Electoral Reform and Friedrich Ebert Stiftung, 2005, pp. 20-41, pp. 63-88.
71 Consortium on Electoral Reforms, 2002 National Electoral Reform Summit, April 29-30, 2002; Consortium on Electoral Reforms, 2nd National Electoral Reform Summit, September 1-3, 2004.
72 PPCRVの事務局長であるソリタ（Bro. Crifford T. Sorita）とのインタビュー（September 15, 2006, Manila），「政治・選挙改革研究所」（Institute For Political and Electoral Reform = IPER）のプログラム監視員であるキンドーザ（Rosa Bella M. Quindoza）とのインタビュー（September 18, 2006, Quezon City）。
73 この制度に関しては，ナガ市のように独自の条例を制定して導入を試みている自治体もある。
74 Yasmin Lee G. Arpon, "Anti-turncoatism bill hurdles House committee," *Business World*, March 2, 1999; Cristina Angela A. Aureus, "House body okays anti-turncoatism bill," *Business World*, May 5, 1999; Jefferey O. Valisno, "House panel OK's bill that will help political parties curb turncoatism," *Business World*, August 11, 2003.
75 Yasmin Lee G. Arpon, "House disregards Constitution's call for important election laws," *Business World*, February 27, 1998; Yasmin Lee G. Arpon, "Solon files today measure against political dynasties," *Business World*, July 1, 1998; Cathy Rose A. Garci, "House body approves political dynasty bill," *Business World*, May 15, 2000.
76 Institute for Political and Electoral Reform, *The Voter's Choice: Myself. A Psychographics Study on Voting Behavior of the Filipino Electorate*. Manila: Institute for Political and Electoral Reform, 2004, p. 30.
77 Julio Teehankee, "Consolidation or Crisis of Clientelistic Democracy?: The 2004 Synchronized Elections in the Philippines," in Aurel Croissant and Beate Martin, eds., *Between Consolidation and Crisis: Elections and*

Democracy in Five Nations in Southeast Asia, Munster: Global, 2006, p. 272.

78　Social Weather Station, Media Release, March 15, 2007（http://www.sws.org.ph/pr070315.htm）. アクセス日：2008年7月20日

79　この点に関連して，フィリピンでは議院内閣制への移行がたびたび検討されており，これによって政党の乱立と政権党への党籍変更が抑えられ政党の強化が促されるとする議論もある（Florencio Abad, "Should the Philippines Turn Parliamentary: The Challenge of Democratic Consolidation in Institutional Reform," in Glenda M. Gloria, ed., *Shift*, Quezon City: Ateneo Center for Social Policy and Public Affairs, 1997, pp. 75-81; Jose V. Abueva, "Towards a Federal Republic of the Philippines with a Parliamentary Government by 2010," in Jose V. Abueva, Rey Magno Teves, Gaudioso Sosmeña, Jr., Clarita R. Carlos, and Michael O. Mastura, eds., *Towards a Federal Republic of the Philippines with a Parliamentary Government: A Reader*, Marikina City: Center for Social Policy and Governance, Kalayaan College, 2002, pp. 86-87）。前アロヨ政権は，現行の大統領制から議院内閣制への移行を検討する憲法改正諮問委員会を2005年8月に設置したが，進展は見られなかった。

80　Eva-Lotta E. Hedman, *op. cit.*, p. 16.

81　Makati Business Club, Press Statements, July 20, 2007; Catholic Bishops' Conference of the Philippines, Working and Praying for Honest, Orderly and Peaceful Elections, April 24, 2007; Catholic Bishops' Conference of the Philippines, Pastoral Statement on the 2007 National Elections, July 8, 2007.

82　Frederic Charles Schaffer, "Clean Elections and the Great Unwashed: Vote Buying and Voter Education in the Philippines," Institute for Advanced Study, School of Social Science, Occasional Papers, No. 21, April 2005（http://www.sss.ias.edu/publications/papers/paper21.pdf）. アクセス日：2009年7月20日

83　Frederic Charles Schaffer, "Clean Elections and the 'Great Unwashed': Electoral Reform and Class Divide in the Philippines," paper presented at the 2001 Annual Meeting of the American Political Science Association, San Francisco, August 30-September 2, 2001, pp. 3-5.

84　William Callahan, *Pollwatching, Elections and Civil Society in Southeast Asia*, Aldershot: Ashgate, 2000, p. 127.

85　Ricardo B. Reyes, "People Power Comes into the New Millennium," *Political Brief*, Vol. 9, No. 3, March 2001.

86　anon., "Clamor for change," *Philippine Daily Inquirer*, October 12, 2000.

87　anon., "Bishops join call for Estrada to quit," *Philippine Daily Inquirer*, October 14, 2000.
88　Makati Business Club, Makati Business Club Calls for Immediate Resignation of President Estrada, October 26, 2000; Makati Business Club, Save the Nation, October 30, 2000; Makati Business Club, The Quest for Truth, December 4, 2000. 10月26日の声明によれば，230人の企業幹部の96％がエストラーダは辞任すべきだと答えていた。
89　Eva-Lotta E. Hedman, *op. cit.*, p. 174.
90　Cesar Bacani and Raissa Espinosa-Robles, "Mob Power," *Asiaweek*, Vol. 27, No. 18, May 11, 2001.
91　Walden Bello, "The May 1st Riot: Birth of Peronism Philippine-Style," *Focus on the Philippines*, Issue 20, May 7, 2001.
92　Catholic Bishops' Conference of the Philippines, Nation-Building through Elections, April 21, 2004.
93　Ronnel Domingo Tonette Orejas, "Big business seeks probe of 'cash gift'," *Philippine Daily Inquirer*, October 20, 2007; Tarra Quismundo Beverly T. Natividad, "Church role in people power cited," *Philippine Daily Inquirer*, February 18, 2008.
94　TJ Burgonio Beverly T. Natividad, "Bishops: We do not ask for Arroyo' resignation," *Philippine Daily Inquirer*, February 27, 2008.
95　Paul D. Hutchcroft and Joel Rocamora, "Strong Demands and Weak Institutions: The Origins and Evolution of the Democratic Deficit in the Philippines," *Journal of East Asian Studies*, Vol. 3, No. 2, May-August 2003.
96　当時COMELECの事務局長であったボーラ（Resurreccion Z. Borra）とのインタビュー（August 4, 1998, Intramuros）。
97　当時NAMFRELの事務局長であったルス（Guillermo M. Luz）とのインタビュー（August 4, 1998, Makati City）。

第10章
農地改革と市民社会

はじめに

　本章では，実質的民主主義（substantive democracy）の問題と密接に関係する農地改革に焦点を当て，市民団体が包括的な農地改革を実現するためにいかなる活動を展開してきたのかを具体的に検証する。

　フィリピンにおいて農地改革が急務であり続けてきたのは，著しい貧富の格差が解消されず，その主たる原因が不平等な土地所有構造にあったからに他ならない。このため，アキノ政権の最大の課題の1つも農地改革であった。実質的に革命政権であったアキノ政権は，大統領立法権を行使して農地改革を断行することもできた。しかし，最終的にアキノ大統領（Corazon C. Aquino）は，「憲法制定委員会」（Constitutional Commission = Con-Com）に実施要項を委ねたことで，農地改革の根幹となる保有限度や優先順位は議会で審議されることになる。

　第6章で見たように，体制移行直後の議会では地主議員が多数を占めていたため，農地改革法案が議会で審議された場合，地主有利の内容になることが予想された。このような右傾化の動きに対抗するために結成されたのが「民衆のための農地改革会議」（Congress for a People's Agrarian Reform = CPAR）である。CPARは，13の「非政府組織」（Non-Governmental Organization = NGO）と13の「民衆組織」（People's Organization = PO）からなる巨大な市

民社会連合であり，議会の地主議員に対して対抗的ヘゲモニーを形成しながら，農民よりの農地改革法の可決を目指して精力的なロビー活動を展開していった。CPAR は，体制移行後のフィリピンにおいて実質的民主主義の実現を目指した最も大規模な市民運動の1つと位置づけられよう。

　以下では，まず戦後独立を果たしてから民主主義体制への移行を達成するまでの農地改革の歴史を概観した上で，CPAR の結成の背景と組織の概要を整理する。次に，農地改革法の作成過程とその成立後の CPAR の活動を時系列的に検証する。その後，CPAR が解散した後の市民社会内部の動向を簡単に整理する。最後に，農地改革法の施行段階における市民団体の活動に着目し，市民社会が国家と協力していかに農地改革の速やかな実行を促してきたのかを実証的に考察する。

第1節　戦後の農地改革から CPAR の結成へ

　戦後初の農地改革法は，1955年にマグサイサイ政権が制定した「土地改革法」(Land Reform Act) であった。当初の法案は，144ヘクタール以上の私有農地を農地改革の対象としていたが，地主議員が支配する議会の審議過程で，個人は300ヘクタール以上の接続地，法人は600ヘクタール以上の接続地を対象にするという修正がなされた。地主の大半が300ヘクタール以上の接続地を持っていなかったため，同法は有名無実となった。マカパガル政権が63年に制定した「農地改革法」(Agricultural Land Reform Code) も，議会の審議過程で保有限度を25ヘクタールから75ヘクタールにされるなど200もの修正が施された。結局，両政権による農地改革は，議会の執拗な抵抗によって主たる成果を上げることができずに終わった。

　かくして議会は社会改革の最大の障害であったわけだが，この議会を停止して農地改革に取り組んだのがマルコス大統領 (Ferdinando E. Marcos) であった。彼は，農地改革を断行するために1972年10月27日に「大統領令第27号」(Presidential Decree No. 27 = PD27) を布告する。PD27 は，地主の保有限度を7ヘクタールに引き下げた画期的なもので，その根幹は「農地移転事業」(Operation Land Transfer = OLT) による全国一斉の自作農創設

にあった。野沢の整理によれば，事業の開始から86年6月までに土地移転証書作成の点では，目標受益者農民42万7,623戸，目標面積71万6,520ヘクタールに対して，達成率はそれぞれ102.9％（44万239戸）と105.4％（75万5,172ヘクタール）であった。しかし，「解放証書」（Emancipation Patent = EP）の作成ベースで見ると，それぞれ33.3％（14万2,367戸），26.3％（18万8,531ヘクタール）と一気に下がる。野沢が指摘するように，EPの交付条件が緩和されていたことを考慮すれば，実質的な達成率はさらに低くなる。結局，マルコス政権による農地改革も十分なものではなかった。

第5章で見たように，アキノ政権は事実上の革命政権であり，新憲法が制定され議会が発足するまでは大統領が立法権を握っていたため，それを行使して農地改革を断行することもできた。だが，最終的にアキノはCon-Comにその実施要項の作成を委ね，農地改革のために革命権力を行使しなかった。この理由を田巻は4つ挙げている。第1に，ピープルパワーの原動力は反マルコスとアキノ志向であり，農地改革を初めとする重要な社会問題に対するアキノの政策的な立場は重要な要因ではなかった。第2に，事実上の革命政権と位置づけたことで既に政権内部から批判があり，農地改革のために革命権力を行使した場合，政権を分裂の危険にさらす恐れがあった。第3に，農地改革の強力な推進者は政権内では少数であった。第4に，アキノの高い人気は逆に，農地改革を推進する必要性を希薄にした。

以上のような理由から，アキノは1986年6月に発足したCon-Comに農地改革の実施要項の作成を委ね，Con-Comは10月に新憲法草案をアキノに提出した。第5章で見たように新憲法草案には，全ての農地を対象とし，土地なし農民，常雇農業労働者にその土地の成果の正当な分け前を分配するといった革新的な条項があった。しかし，その一方で，農地改革の骨格となる地主の保有限度と対象となる農地の優先順位は議会が決めるとし，土地所有者への正当な補償についても地主の権利を尊重し自主的農地改革を促進するといった地主よりの条項も盛り込まれていた。このことは，Con-Comにおいて急進的な農地改革を求める委員がわずか4人にすぎなかったことと無関係ではあるまい。

Con-Comで農地改革に関する審議が進む一方で，市民社会では農民よ

りの農地改革法の成立を目指す動きが次第に顕在化してゆく。革命後すぐにNGOは，農村部のPOとの協議とその組織化に乗り出していた。その中には，「フィリピン農村再建運動」(Philippine Rural Reconstruction Movement = PRRM) や「農村人材開発フィリピン連合」(Philippine Partnership for the Development of Human Resources in the Rural Areas = PhilDHRRA)，「社会行動，正義，平和のための全国事務局」(National Secretariat for Social Action, Justice and Peace-Caritas Philippines = NASSA)，「アジア農地改革・農村開発NGO連合」(Asian NGO Coalition for Agrarian Reform and Rural Development = ANGOC) など全国規模で活動するNGOがいた。とくにPhilDHRRAは，1986年5月から8月にかけて「農地改革と農村開発に関する全国協議会」(National Consultations on Agrarian Reform and Rural Development = NCARRD) を開催し，約1万人の草の根の代表を集めて協議を行い，全国規模の農民連合である「全国農民組合運動」(Pambansang Kilusan ng mga Samahang Magasasaka = PAKISAMA) の結成を支援した[8]。PRRMやANGOC，NASSAなども，農地改革に向けたアドボカシー運動を行い，農民が市民的自由や形式的権利のみならず社会経済的民主化をも求めていることを政府に示した[9]。これらのNGOは，Con-Comに実施要項が委ねられた後も，新憲法の制定によってアキノ政権が立法権を失う前に農地改革を断行することを求め，デモや土地の占領，賃貸料のボイコット運動などを行い，アキノ政権とCon-Comに圧力をかけた[10]。こうしたNGOの活動がCPARの下地となっていった。

1987年1月22日にメンディオラ事件が起こると事態は急変する。これは，「民族民主主義」(National Demoracy = NatDem) に属する「フィリピン農民運動」(Kilusang Magbubukid ng Pilipinas = KMP) が，大統領権限による新憲法草案の農地改革条項の修正と農地改革の実施を求めてデモ行進を行った際に，国軍が発砲して死傷者が出た事件である[11]。この事件は，農民の全国的な怒りを喚起しただけでなく，政府と「民族民主戦線」(National Democratic Front = NDF) との和平交渉を中断に追い込んだ。これを受けて政府は，事態を収拾すべく「農地改革に関する政府作業委員会」(Cabinet Action Committee on Agrarian Reform = CAC) を新たに組織し，農地改革の政策立案に取り組んでいった[12]。

市民社会では，戒厳令前と同様に地主が多数を占めると予想される議会の招集前に行政命令による農地改革の実行を求めて連合を形成し始める。これがカトリック教会の主催で農村問題を審議する第20回農村議会と重なったこともあり，NGO，PO，教会などの70の団体によって1987年5月29日から31日にCPARを開催することで合意が成立した。[13]この会議で，8つの原則からなる「民衆による農地改革宣言」(The People's Declaration of Agrarian Reform)が採択され，CPARが正式に誕生した。[14]

　CPARでは13のPOが意志決定の中心となる「全国諮問協議会」(National Consultative Council = NCC)のメンバーとなり（表10−1），農村議会の作業委員会のNGOがCPARの作業委員会のメンバーになってNCCを支援する形を取った（表10−2）。表が示すように，CPARには大規模なPOとフィリピンを代表するNGOが数多く参加している。たとえば，PRRMは，1950年代から活動を開始したNGOの草分け的存在であり，PhilDHRRAは，66のNGOからなる連合体である。NASSAは，カトリック教会直属の市民団体で，フィリピン最大のNGOの1つとも言われている。NCCPも，プロテスタント教会直属の最大のNGOである。ANGOCは，24カ国の開発NGOからなるトランスナショナルなNGOの連合体である。

　それまでフィリピンにおいて中道左派の市民社会連合は，「フィリピン共産党」(Communist Party of the Philippines = CPP)の影響下にあるNGOとPOがヘゲモニーを獲得することが多かった。しかし，CPARは，カトリック教会が主導する農村会議から誕生したため，CPPの影響下には置かれなかった。[15]また，CPARは，民主的制度と折り合いをつける「社会民主主義」(Social Democracy = SocDem)に属するPOをもメンバーに加えていたことで，議会という合法的な場を通じて穏健勢力の支援を獲得する一方，NatDemのPOに依拠してラディカルな社会運動を継続することができた。CPARの結成は，民主主義体制の定着過程においても，NatDemとSocDemによる対抗的ヘゲモニーが市民社会で影響を保持していたことを示すものであった。

(表10-1) CPARにおける全国諮問協議会の構成組織

組織名	設立年	イデオロギー	組織概要
農業労働者連合 (Aniban ng Manggagawa sa Agrikultura = AMA)	1976年	旧共産党系	小農民と農業労働者による連合組織。ルソンを中心に20州で活動。
全国女性小作農連合 (Pambansang Pederasyon ng Kababaihang Magbubukid = AMIHAN)	1986年	民族民主主義	KMPと連携した農民女性の連合組織。会員は1万4,000人。
ラグナ湖漁民組織連合 (Bahanggunian ng mga Maliliit na Mangingisda sa Lawa ng Laguna = Bahanggunian)	1985年	民族民主主義	漁民組織の連合組織。ラグナ湖周辺で活動。
新フィリピン連合 (Katipunan ng Bagong Pilipina = KABAPA)	1976年	旧共産党系	AMAの女性組織。中部・南部ルソンなど11州で活動。会員は2万人。
フィリピン漁民連合 (Katipunan ng Malalayang Maliliit na Mangingisda ng Pilipinas = KMMMPI)	1975年	社会民主主義	小漁民の連合組織。48州で活動。
市民組織連合 (Katipunan ng mga Samahan ng Mamamayan = KASAMA)	1983年	独立系	農民,漁民,農村女性,若者,行商人,運転手の連合組織。4州で活動。会員は3,500人。
フィリピン農民運動 (Kilusang Magbubukid ng Pilipinas = KMP)	1985年	民族民主主義	農民の連合組織。57州で活動。会員は75万人。
フィリピン農民・労働者・漁民の力 (Lakas ng Magsasaka Manggagawa at Magingisda ng Pilipinas = LAKAS)	1969年	社会民主主義	小農民,労働者,漁民の組織。18州で50の組織。会員は5万人。
フィリピン農民の力 (Lakas ng Magsasakang Pilipino = LMP)	1986年	社会民主主義	農民の連合組織。20州で活動。会員は7万人。
全国砂糖労働者・一般取引連合 (National Federation of Sugar Workers and General Trades = NFSW-GT)	1972年	民族民主主義	砂糖労働者の労働組織。主にネグロスで活動。会員は8万人。
全国農民組合運動 (Pambansang Kilusan ng mga Samahang Magsasaka = PAKISAMA)	1986年	社会民主主義	PhilDHRRAの主導で結成された農民組織。24州で100以上の組織が参加。
全国フィリピン漁民運動の力 (Pambansang Lakas ng Kilusang Mamamalakaya ng Pilipinas = PAMALAKAYA)	1987年	民族民主主義	小規模漁民の全国組織。10の湾岸,湖畔地帯で活動。会員は5万人。
フィリピン農民・漁民統一協会 (United Farmers-Fishermen Association of the Phillippines = UFFAP)	1953年	政府系	農業省によって設立された農民と漁民による全国組織。会員は100万人。

(出所) James Putzel, "Non-Governmental Organizations and Rural Poverty," in G. Sidney Silliman and Lela Garner Noble, eds., *Organizing for Democracy: NGOs, Civil Society and the Philippine State*, Honolulu: University of Hawai'i Press, 1998, pp. 91-92, Table 2, Cielito C. Goño, *Peasant Movement-State Relations in New Democracies: The Case of the Congress for a People's Agrarian Reform (CPAR) in Post-Marcos Philippines*, Quezon City: Institute on Church and Social Issues, 1997, p. 31, Table. 4 を筆者が一部修正して作成。UFFAPは後に「フィリピン農民・漁民協会」(Philippine Association of Small Farmers and Fishermen = PASFFI)と改名。AMIHANとBahanggunianは1993年4月12日にCPARを脱退している。

(表10-2) CPARにおける作業委員会の構成組織

組織名	設立年	組織概要
共同体教育サービス設立機関 (Agency for Community Educational Services Foundation = ACES)	1977年	農村の貧困層の組織化とそれらが抱える問題の解決を目指す非営利財団。
アドボカシー・訓練・教育のための開発センター (Alternative Development Center for Advocacy, Training and Education = ADVOCATE)	不明	社会開発調査と政治研究、セクター、共同体組織、NGOの支援を行うNGO。
アジア農地開発・農村開発NGO連盟 (Asian NGO Coalition for Agrarian Reform and Rural Development = ANGOC)	1979年	農村開発へのNGOの参加を推進するアジアの開発NGOのネットワーク。
共同体サービスセンター (Center for Community Service = CCS)	1978年	労働者、農民、学生、若者のために様々なプログラムを実施する社会開発研究所。
地球人社会 (Earthman Society)	1971年	代替エネルギーシステム、ツール、装置、環境保全などに関わるNGO。
農村問題フォーラム (Forum for Rural Concerns = FRC)	1983年	農民、農業労働者、漁民の闘争における都市セクターの参加を推進するネットワーク組織。
農業研究研究所 (Institute of Agrarian Studies = IAST)	1970年	特定の農業問題と農村開発全般に関する調査を行う研究機関。
労使関係機関 (Institute of Industrial Relations = IIR)	1954年	労使関係を職業化する学生に学術的な訓練を提供する研究機関。
社会行動、正義、平和のための全国事務局 (National Secretariat for Social Action, Justice and Peace-Caritas Philippines = NASSA)	1966年	総合的な人間開発に取り組むカトリック教会直属のNGO。
農村人材開発フィリピン連合 (Philippine Partnership for the Development of Human Resources in Rural Areas = PhilDHRRA)	1983年	貧しい共同体の社会開発に関わるNGOのパートナーシップの促進を目指す連合体。
フィリピン農村再建運動 (Philippine Rural Reconstruction Movement = PRRM)	1952年	農村開発を通じて抑圧構造から貧困層の解放を目指すNGO。
ラモンマグサイサイ財団 (Ramon Magsaysay Award Foundation = RMAF)	不明	政府サービス、共同体リーダシップ、ジャーナリズム、文学などに賞を授与する財団。
都市・農村使節団／フィリピン全国教会会議 (Urban-Rural Mission/National Council of Churches in the Philippines = URM/NCCP)	不明	URMはNCCPのプログラムで、組織化されたセクターの支援やストライキへの資金提供を行う。

(出所) James Putzel, "Non-Governmental Organizations and Rural Poverty," in G. Sidney Silliman and Lela Garner Noble, eds., *Organizing for Democracy: NGOs, Civil Society and the Philippine State*, Honolulu: University of Hawai'i Press, 1998, pp. 93-94, Table 3 を一部修正して筆者作成。

第2節　農地改革法の審議過程におけるCPARの活動

　CPARは，CAC案への対抗案として1987年6月11日に「民衆による農地改革宣言」をアキノ大統領に提出した。また，大規模な大衆運動を組織してCACに直接圧力をかける一方，メディアを用いて説明会などを行い法案の審議過程に対する国民の関心を喚起していった。[16]

　CACは，6月28日付の最終案に至るまで15回にわたって法案を検討したが，そのつど地主の抵抗により後退を余儀なくされた。その結果，最終案では，農地改革の核心である砂糖やココナツ農園などの商品作物の農地に関する実行計画は削除され，地主の保有限度である7ヘクタールの達成期限は10年後の1997年にされるなどの骨抜きが図られていた。[17]

　このCAC案に対しては，世界銀行が当初から批判的な態度を示していた。マルコス政権下における農地改革の失敗の原因は，土地を譲り受けた農民の9割が代金を支払えなかったことにあるとし，地主への補償は融資の対象とせず，全プログラムを同時に実施して，保有限度を1987年1月から7ヘクタールに統一するよう政府に勧告を行った。他方で，農民は大統領立法権を行使した農地の即時無償配分を要求し，地主は議会の審議を経てから農地改革を行うことを求めた。こうした三重の圧力に直面したアキノ政権は結局，CACの最終案を取り下げざるをえなくなり，議会が発足する直前の87年7月22日に行政命令229号を公布して新たな農地改革計画要項の作成に取り組んだ。[18]

　この行政命令229号は，各勢力の要求を折半した内容であった。農民や世界銀行の要求を汲み取り，全ての農地を対象とし，農民にクレジット支援を与えるとした点では画期的であったが，地主の圧力に屈して最も重要な保有限度と優先順位を新憲法の規定通り議会の決定に委ね，地主の補償額を地主の申告評価額（時価）によるものとしていた。[19]こうして最大の焦点である保有限度と優先順位は，議会での審議に先送りされることになったため，CPARは農民よりの農地改革法の制定を求めて議会の立法過程へ介入していった。

まず，CPARは，法案審議の起草段階において，下院の農地改革委員会のメンバーでCPARの作業委員会のメンバーでもあった3人の下院議員の支援を得て「民衆による農地宣言」の法案化に成功する[20]。1987年8月12日には，その法案を下院の農地改革委員会のヒヤリングに提出する。これを受けて農地改革委員会のギリエゴ委員長（Bonifacio H. Gillego）が，いくつかの条項を除きCPARの法案を汲み取った「下院法案第400号」（House Bill No. 400 = HB400）を議会に提出した[21]。HB400は，極めて革新的な内容の法案で，全ての土地の地主保有限度を7ヘクタールとし，後の保証については規模に応じて累減的にすると規定していた。また，50ヘクタール以上の土地については無補償で没収するとし，受益者の地価償還期限に関しては17年，年償還額は農業純所得の1割を超えないものともしていた[22]。

　CPARは，HB400に決して満足していたわけではない。とくにCPARは，保有限度を5ヘクタールとし非耕作者の土地所有は認めないという立場を取っていたため，HB400が保有限度を7ヘクタールとし非耕作者の土地所有を認めていた点に不満を持っていた。それでもHB400は，これまでの農地改革法の中では最も革新的な内容であったため，CPARはそれを支持した[23]。

　CPARは，1987年8月26日から9月10日までの約2週間，議会の前にテント村を作り，HB400の可決を求めて圧力運動を展開した。テント村は，議会の審議に関する情報提供センターとして機能した。審議の遅延に対しては，CPARのメンバーを中心に約600人が下院の審議場から退場するなどして抗議の意を示した[24]。

　CPARのロビー運動が展開する中で1987年9月1日，HB400は革新的すぎるとしてグアンゾン下院議員（Romeo G. Guanzon）が107人の地主議員の支持を得て地主よりの「下院法案第941号」（House Bill No. 941 = HB941）を議会へ提出する[25]。下院議員は202人であったから，下院が地主階級に支配されていたことは明らかであった。HB941は，土地の強制的配分を公有地のみに限定し，私有地の場合には地主の保有限度を24ヘクタールとして，それを超える部分については自主的移転か所得配分計画にすると規定していた。HB941は，極めて地主よりの法案であった[26]。

こうした対抗法案の提出に加え，地主議員を中心にHB400を修正しようとする動きも見られた。たとえば，地主の保有限度を14ヘクタールとし，補償に関しては30％を現金，70％を国債で払うとする修正案や[27]，私有地の分配を公有地の後にするといった修正案が出されている[28]。このような地主議員の圧力に直面したため，1988年3月22日にギリエゴは過剰修正という理由でHB400の発起人を辞退した。その後，HB400とHB941との妥協をめぐり審議は最後まで難航したが，最終的にはHB400としてまとまり，3月25日の第三読会において112対47で可決された。

　これに対してCPARは，議会に圧力をかけるために1987年4月18日から「農地改革特急」（Agrarian Reform Express）を開始する。100万人の署名を集めて真の農地改革法の可決を議会に訴えるデモ行進である。NGOの指導者，農民の指導者，進歩派の法律家，農地改革の支持者らが，デモ行進のためにバスで首都マニラに集結し，デモは多くの人によって迎え入れられた[29]。

　しかし，第三読会を通過した法案の修正は認められないため，下院は1987年4月22日にHB400を可決した。修正を施されたHB400は，地主の土地保有限度を7ヘクタールとするものの，直系法定相続権者1人につき3ヘクタールを認めるものであった。解放順位に関しては，（1）公有地，法律の発行から最小限3年間放棄ないし遊休化された私有地，地主の自発的提供地，政府接収地および抵当差し押さえ地など，（2）新規耕作に適した公有地，50ヘクタールを超える私有地，（3）私有地（大規模から中小規模へ），として私有地を後回しにしていた[30]。

　上院も，1987年4月28日に独自の農地改革法案を可決する。穏健的改革派の多い上院の法案は，過去にPD27の対象となった農地の地主保有限度を7ヘクタールとしつつも，地主の保有限度を5ヘクタールとするものであった。また，地価は正当な補償に基づくが，決定に当たっては土地取得費や類似不動産の現行価格など10項目の要素を考慮するとし，地主への支払いは土地銀行債権と農地規模により累減する現金部分からなると規定していた。優先順位に関しては，（1）公有地，（2）PD27対象地，（3）50ヘクタール以上の所有地，（4）24ヘクタール以上50ヘクタールまでの所有地，（5）24ヘクタール以下保有限度までの所有地，となっていた[31]。

1988年6月6日には両院の法案を一本化した最終案が完成し，翌7日に上下両院は各々別個に法案を可決，10日にアキノ大統領が署名し，共和国令第6657号，すなわち「包括的農地改革法」(Comprehensive Agrarian Reform Law = CARL) が成立する。このCARLに基づき，「包括的農地改革計画」(Comprehensive Agrarian Reform Program = CARP) が開始された。

第3節　農地改革法成立後のCPARの活動

　CARLの基本的性格をPD27との比較を交えて整理すると以下のようになる。まず，対象となる範囲は，PD27が米とトウモロコシの農地であったのに対し，CARLは全ての農地とする文字通り包括的なものであった（第4条）。第2に，地主の保有限度に関しては，PD27は7ヘクタールであったが，CARLでは5ヘクタールとなった（6条）。第3に，対象農民に関しては，PD27が小作農民を対象としたのに対し，CARLは小作農民以外の農業労働者も対象とし（第3条），それらの保有限度上限を一律3ヘクタールとした（第23条）。第4に，それまでの農地改革法と異なり，CARLは土地の再分配だけでなく受益者農民にクレジット支援やインフラ支援などを提供することを規定した（第35条）。以上の基本的な特徴から，PD27と比べてCARLは革新的な内容を持つ農地改革法であったことは間違いない。

　しかし，CPARは，CARLを地主と農民との妥協の産物ではなく，社会正義と農民および農業労働者の福祉を掲げながら，実際には地主が農地改革を逃れられる多数の抜け穴がある「ザル法」であると非難した[32]。具体的には，CARLは全ての公有地と民有農地を対象としているが（第4条），他の規定（第6条，第10条，第11条）によって私有農地の90％が農地改革を逃れられること[33]，50ヘクタールを超える私有農地については直ちに分配するとしているが（第7条），第31条と第32条によって逃げ道が用意されていること[34]，地主に対する補償は農民および農業労働者が寄与する社会的・経済的便益を考慮して決定されるとしているが（17条），土地の価格を決定する際にはこうした社会正義はほとんど無視されていることなどである[35]。こうした不満からCPARは，成立したCARLを認める代わりに，600のNGOとPOの代表

によって作られた独自の農地改革プログラムである「民衆のための農地改革法」(People's Agrarian Reform Code = PARCODE) を採択した[36]。

　CPAR は，PARCODE を政府に採択させるために2つの戦略を打ち出した。1つは署名運動である。新憲法では第6条第32節において登録有権者の10％以上（各行政区で最低3％以上）の請願で国民による法律の修正，拒否，制定を認めていたことから，CPAR はこの条項を利用しようと考えた。もう1つは「草の根イニシアティブ」である。これは，土地を持たない貧しい農民に休耕地などを占領させる戦略である[37]。前者に関しては，CPAR は署名を集めるために「地域 PARCODE 運動委員会」(Regional PARCODE Campaign Committees = RPCC) を設立し，それを通じて各地域で署名を集め，CARL のリコールを目指した。しかし，最終的にはリコールに必要な最低署名数の6分の1しか集められていない[38]。この理由は，いくつか指摘されている。第1に，常任の作業員と資金が不足していたことである。第2に，法律上の問題があった。新憲法のリコール制度は，署名開始の時点ではまだ成立していなかったため，CARL のリコールを求める前にまずリコール制度を成立させるためのロビー活動を行う必要があった[39]。第3に，CPAR 内部の意見対立である。とくに KMP，NFSW-GT，AMIHAN などの NatDem は，土地占領などの直接的な方法に重点を置いていたため，集めた署名数はゼロであった[40]。土地占領に関しては，1989年から91年の間に16件の成功例があったが，占領した土地を所有する法的資格を農民が有していないこと，土地を耕すための資金や道具の不足，さらには地主からの嫌がらせなどによって全体としては失敗に終わった[41]。

　こうした活動に加えて CPAR は，CARL 成立後も行政府や議会に対してロビー活動を行う必要があった。CARL をさらに骨抜きにしようとする動きが見られたからである。その中でもとくに問題となったのは，転用によって CARP の適用除外を求める動きである。転用に関しては，既に CARL の第65条に規定があった。それによれば，農地の授与から5年が経過して農地の経済的価値が喪失するか，周辺の都市化によって住宅・商業・工業用地として多大な経済的価値が期待される場合，「農地改革省」(Department of Agrarian Reform = DAR) は地主の申請に基づき，影響を受ける団体に正当

な通告をした上で,法に従い土地とその配置の再分類・転用の権限を有するものとしていた。加えて,議会ではCARPの適用除外を求める法案が次つぎと提出されていった。たとえば,下院法案第269号は,カラバルゾン開発許可局を作ることで開発を早め,同地域の農地転用の制度化を求める法案であった。また,下院法案第360号は,観光地をCARPから除外することを求めた法案である。さらに,下院法案第8288号は,15％の課税を条件に転用を許可するものであった。[42]

　転用を促していたのは議会の法案だけではない。たとえば,1990年に出された司法省意見第44号は,CARLが効力を発した88年6月15日以前に工業用途への転用を認められた土地は全てCARPから除外するとした。これによって1万6,258.89ヘクタールの土地の転用が認められることになった。また,91年に制定された地方政府法の第20節は,地方自治体に農業用地の15％まで工業用地として再分類できる権限を与えている。DARの91年の試算によれば,この条項によって約37万1,000ヘクタールが再分類されることが明らかとなった。さらに,93年9月に出された行政命令第124号では,観光開発用地,社会住宅用地,特別な経済成長地域の転用が許可されている。[43] これによって,カラバルゾン地域総合開発計画に代表されるように,開発用地の多くが転用のためにCARPを逃れることになった。[44]

　こうした転用を促進する動きに対して,CPARは反対運動を行った。たとえば,カラバルゾン開発に対しては,開発対象となる5州で地方連合を形成し,1990年9月15日にカビテ州,9月30日にラグナ州,10月15日にバタンガス州,11月8日にケソン州,11月29日にリサール州で転用反対運動を展開した。91年4月26日には政府省庁前で転用反対ラリーを行い,10月17日と18日には農地の使用に関する全国会議を開催する。[45] このような転用反対運動によって,農民よりの法案も議会に提出されていったが,結局は既に成立したCARLの枠内でCPARは活動をせざるをえなかった。[46]

　こうして様ざまな手段によって真の農地改革のために活動してきたCPARであったが,異なるイデオロギー勢力を含む汎イデオロギー連合であったために,次第に分裂の様相を呈してゆく。そうした分裂の兆しは,既に1988年半ば頃から現れ始めていた。88年8月にNCCの指導者で

ある KASAMA のマティエンゾ (Feliciano R. Matienzo), PASFFI のタガルダ (Rustico Z. Tagarda), LAKAS のタン (Glicerio J. Tan) は, アキノ大統領との協議を経て「大統領農地改革委員会」(Presidential Agrarian Reform Council = PARC) のメンバーに任命され, CPAR の地方組織も「州農地改革委員会」(Provincial Agrarian Reform Committee = PARCOM) と「バランガイ農地改革評議会」(Barangay Agrarian Reform Council = BARC) の実行ガイドラインに参加することが要請された。こうした動きに対してCARPを全面的に拒否してきた NatDem の KMP は, 上記の3人の PARC への参加に反対し, 同じく NatDem の AMIHAN も PARC への参加は全面的拒否と矛盾すると批判した。他方で, AMA, KABAPA, LAKAS, LMP, PAKISAMA は, CARP を拒否するものの, CARP を通じてメンバーが土地を得ることには反対していなかった。結局, 上述の3人の指導者が PARC のメンバーになることだけが許された[47]。

このようなイデオロギー的差異に由来する不協和音は, 1992年の大統領選挙でさらに顕在化する。CPAR の最高決定機関である NCC は, 91年半ばに大統領選挙へ参加することを決定し, NCC の指導者は CPAR が支持する候補者を選定する基準を設けた。すなわち, 農地改革において CPAR と同じ立場を取る候補者, 当選する見込みのある候補者, 立候補するポストに見合う能力を備えている候補者, 清廉潔白な候補者, という4つの基準である[48]。また, CPAR は, 幅広い支持を動員するために, 農村を基盤とする「統一農村選挙連合」(United Rural Sector Electoral Coalition = URSEC) を結成する。URSEC は, NCC が設けた基準に従って候補者を支持することを目指すマルチ・セクター連合であった[49]。

しかし, 新たな組織の結成は, 組織の統一性を回復させるよりむしろその分裂を引き起こしていった。URSEC は予備選挙において, 大統領候補にサロンガ (Jovito R. Salonga), 副大統領候補にピメンテル (Aquilino Q. Pimentel, Jr.), 上院議員候補として13人を支持することを決定したが, CPAR はどの正副大領候補も支持せず, 上院議員候補に関しては URSEC と共通する候補者は4人だけであった[50]。この主たる原因は, URSEC と CPAR の意思決定方式の相違に求められる。URSEC は多数決方式を採用していたのに対

し，CPAR は全会一致方式を採っていた。このため，大統領候補に関して CPAR では，7つの組織がサロンガ，2つがラモス（Fidel V. Ramos），残りの3つは支持者なし，副大統領候補については8つの組織がピメンテル，2つがフェルナン（Marcelo B. Fernan），2つが支持者なしという状態に陥った。このような選挙における意見対立を受けて，CPAR は93年半ばに解散した[51]。

こうして最大の市民運動の1つと言われる CPAR が解散したことで，下からの市民社会によるイニシアティブは大きく低減することになる。次節で見るように，このような空白を埋めるために，市民社会では汎イデオロギー連合の形成が再び模索されていった。

第4節　CPAR 解散後の市民社会の動向

CPAR の解散によって生じた空白を埋めるために，1994年3月に結成されたのが「農地改革と農村開発サービスのためのパートナーシップ」(Partnership for Agrarian Reform and Rural Development Services = PARRDS) であった。PARRDS には，CPAR に参加した PhilDHRRA と SocDem の PAKISAMA，旧 NatDem で KMP から分裂した「拒否主義者」(Rejectionist = RJ) の「フィリピン民主農民運動」(Demokratikong Kilusang Magbubukid ng Pilipinas = DKMP)，プロテスタント系の「共同体エンパワーメントのためのフィリピン教会統一運動」(Philippine Ecumenical Action for Community Empowerment = PEACE)，「大衆民主主義」(Popular Democracy = PopDem) の「大衆民主主義研究所」(Institute for Popular Democracy = IPD) などが参加した。PARRDS は，明白な反対（outright opposition）でも無批判の協力（uncritical collaboration）でもない批判的関与（critical engagement）という姿勢から，CARP が提供する機会を最大限に利用するためにアドボカシー運動に従事していった[52]。

この時期，NatDem は「再確認主義者」(Reaffirmist = RA) と RJ に大きく分裂し，農民運動におけるその影響力は衰えを見せていたが，逆に PAKISAMA を初めとする SocDem は合法的な空間を利用して勢力を拡大した。KMP を中心に RA が CARP に対して明白な反対の姿勢を取り，過

激な農民闘争を展開したのに対し[53]，PAKISAMA は，潤沢な資金を持つ PhilDHRRA の支援を得ながら，批判的関与の姿勢からラモス政権と協力関係を構築した[54]。

1995 年には，PARRDS の主導によって「農地改革の例外への反対・抵抗運動」(Movement to Oppose and Resist Exemptions to Agrarian Reform = MORE-AR) という連合が一時的に形成される。MORE-AR は，営利農場，エビ養殖場，養殖池の適用除外に反対する大衆抗議運動を行ってゆく。MORE-AR には，SocDem の「自由農民連盟」(Federation of Free Farmers = FFF) や PAKISAMA, RJ の DKMP，独立系の KASAMA などが参加した。その後，アドボカシー活動に影響する対立を避けるために PAKISAMA が離脱を選択すると，連合も消滅していった[55]。

このように CPAR の解散以降にもいくつかの連合が形成されたが，最大の市民社会運動とも言える CPAR の解散によって生じた空白を埋めることはできず，農地改革に対する国民の関心は薄れていった。これに加えて，CARP が目標を達成できずに終了を迎えることが明らかになると，市民社会内では，再び農地改革に対する国民の関心を喚起しながら，国政レベルでアドボカシー活動を展開する連合体を形成する必要性が強く認識されるようになる。かかる背景から 1997 年 1 月に結成されたのが，「民衆のため農地改革運動ネットワーク」(The People's Campaign for Agrarian Reform Network = AR Now!) であった[56]。

AR Now! は，12 の NGO と 2 つの PO によって結成された。NGO については，CPAR にも参加した ANGOC と PhilDHRRA に加え，「農村人材開発アジア連合」(Asia Partnership for the Development of Human Resources in Rural Areas = AsiaDHRRA),「社会開発における調査と教育のための民衆オルターナティブ研究センター」(People's Alternative Study Center for Research and Education in Social Development = PASCRES),「農地改革・農村開発センター」(Center for Agrarian Reform and Rural Development = CARRD),「フィリピン開発援助プログラム」(Philippine Development Assistance Program = PDAP),「オルターナティブ法律支援センター」(Sentro ng Alternatibong Lingap Panligal = Saligan),「教会社会問題研究所」(Institute on Church and

Social Issues = ICSI)，「高地 NGO 支援会議」(Upland NGO Assistance Council = UNAC)，「開発のための女性行動ネットワーク」(Women's Action Network for Development = WAND)，「バレイ・ミンダナオ財団」(Balay Mindanao Foundation, Inc. = BMFI)，「オルターナティブな農村技術センター」(Center for Alternative Rural Technologies = CART) が加わった。PO については，上述の PAKISAMA とミンダナオを活動基盤とする「農水産開発連合」(Agri-Aqua Development Coalition = AADC) が参加した。[57]

結成直後から AR Now! は，ローカル・レベルの農民闘争の支援に乗り出してゆく。ブキノドン州のバレンシア，西ネグロス州のカバンカラン，ラグナ州のカランバ，カピス州のロハスなどで農民を支援し，農地の分配を促すことに成功している。[58] こうしたローカルな農民運動を支える一方で，AR Now! は，CARP の終了期限となる 1998 年 6 月以降もその継続と実行資金の補充を求めるロビー活動に取り組んでいった。その圧力もあって，ラモス政権では 10 年の期限延長と 500 億ペソの追加資金の投入を定めた共和国令第 8532 号が採択されるに至った。[59]

1999 年になると AR Now! は，「フィリピン農民協会」(Philippine Peasant Institute = PPI) や RJ の「農村開発と農地改革のための連帯」(Kaisahan tungo sa Kaunlaran ng Kanayunan at Repormang Pansakahan = KAISAHAN) とともに，エストラーダ大統領 (Joseph E. Estrada) の追放を求める「農民運動連合」(Alyansa ng mga Kilusang Magsasaka = KILOS-SAKA) という緩やかな連合体を結成する。KILOS-SAKA は，エストラーダ政権の崩壊後も活動を継続し，2001 年 7 月に下院で提出された「包括的住宅都市開発法案」(Omnibus Housing and Urban Development Act = OHUDA) の第 33 条が，CARP の対象となる農地の転用を許可していると考え，都市貧民の PO と連携しながらロビー活動を行うことで，同条の削除に成功している。[60]

KILOS-SAKA と時を同じくして，エストラーダの追放を求める ARISE Now! という連合体が，KMP・RA の主導で結成されている。これには，CPAR にも参加していた NatDem の PAMALAKAYA，NFSW-GT，AMIHAN に加え，SocDem の PAKISAMA や AR Now! なども合流したが，KILOS-SAKA と協力する機運は生まれなかった。[61] RA と RJ との分裂が，

CPARのような汎イデオロギー連合の結成を困難にしていたことは間違いない。

2006年になると，CARPの延長と改革を求める「改革を伴うCARP延長」(CAPR Extension with Reform = CARPER) という運動が拡大し始める。CARPは，2008年6月に延長期限を迎えるが，約120万ヘクタールの土地が分配されずに残ることが予想されたからである[62]。その運動の中心にいたのが，「CARP改革運動」(Reform CARP Movement = RCM) であった。

RCMには，8つのPOと12のNGOが加わった。POに関しては，CPARのメンバーでもあったPAKISAMAとKABAPAに加え，「西バタンガス農民連合」(Alyansa ng mga Magsasaka sa Kanlurang Batangas = AMKB)，「フィリピン農民愛国連合」(Makabayang Alyansa ng mga Magsasaka sa Pilipinas = MAKABAYAN-Pilipinas)，「ネグロス農民委員会」(Negros Farmers Council = NFC)，「真の農地改革のための団結」(Pagkakaisa para sa Tunay na Repormang Agraryo = PARAGOS-Pilipinas)，「全国農村組合連合」(Pambansang Katipunan ng mga Samahan sa Kanayunan = PKSK)，「マカブド農民組合」(Samahang Magsasaka ng Macabud) が参加した。NGOに関しては，CPARに参加したPRRM，AR Now!に参加したSaligan，PARRDSのメンバーのPEACE，KILOS-SAKAのKAISAHANに加え，「農業正義財団」(Agrarian Justice Foundation = AJF)，「農地改革エンパワーメント・改革センター」(Center for Agrarian Reform Empowerment and Transformation = CARET)，「フィリピン農村開発研究センター」(Centro Saka Incorporated = CSI)「フォーカス・オン・ザ・グローバル・サウス」(FOCUS on the Global South = FOCUS)，「エンパワーメントのための経営・組織開発」(Management and Organizational Development for Empowerment = MODE)，「民衆のためのオルターナティブ研究・調査センター」(People's Alternative Study and Research Center = PASCRES)，「プロジェクト開発機関」(Project Development Institute = PDI)，「人口と開発に関するフィリピン議員委員会」(Philippine Legislators' Committee on Population and Development = PLCPD)，「農村女性センター」(Rural Women Center-Centro Saka Incorporated = RWC-CSI) が加わった。これらに加え，AR Now!, PARRDS，「農地改革発展運動」(Kilusan para sa

Pagsulong ng Repormang Agraryo = KISOS-AR),「パラリーガル教育技術の発展とネットワーク技術」(Paralegal Educational Skills Advancement and Networking Technology = PESANTech),「全国農村女性連合」(Pambansang Koalisyon ng Kababaihan sa Kanayunan = PKKK),「ネグロス砂糖労働者連盟」(Sugar Workers Alliance of Negros = SWAN) という6つの連合，さらに政党名簿制で下院議員を輩出する「市民行動党」(Akbayan Citizens' Action Party = AKBAYAN) と「ミンダナオの子」(Anak Mindanao = AMIN) も合流した[63]。

　RCM は，まず法案審議の起草段階で，その要求を盛り込んだ法案の提出に成功する。2007年7月24日に AKBAYAN のホンティヴェロス下院議員（Risa Hontiveros）が提出した「下院法案第1257号」(House Bill No. 1257 = HB1257) がそれである。HB1257 は，農民，PO，NGO との協議を踏まえたもので，他の法案と以下の点で異なっていた。すなわち，(1) CARP の7年間の延長と国家予算の3.8％（年間少なくとも38億ペソ）の割り当て，(2) クレジット・サービスと支援サービスの強化，(3) 保有限度などの施行上の問題の解決，(4) 土地所有裁定証書の登記から1年間の破棄不能の宣言，(5) 全ての農地の直接的・物理的な分配，(6) 譲渡された土地の平和的かつ継続的な所有，(7) DAR を含めた関連機関の再編，(8) 受益者としての女性の承認とジェンダーに基づく支援サービス，(9) その他全ての受益者の確定，である[64]。HB1257 は，CARP 関連法案の中で最も進歩的な内容であったため，RCM はこの法案の可決を求めてロビー活動を展開した[65]。

　2008年4月23日には，下院の農地改革委員会において，HB1257 を含む13の法案が統合され，「下院法案第4077号」(House Bill No. 4077 = HB4077) が可決される。HB4077 は，5年間の延長と100億ペソの追加資金の投入を求めたもので，所有権の確定力や農村女性の土地所有権の承認，ジェンダーに基づく支援サービス，DAR の非専属管轄，受益者とその組織の法的地位・利益の承認など，HB1257 の内容を汲み取った法案であった。このため RCM は，この法案の早期可決を求めてロビー活動を行った[66]。

　しかし，HB4077 は，地主議員の抵抗もあって，CARP の延長期限となる6月15日までに可決されなかったため，下院は CARP による農地の分配を

12月31日まで有効とする「合同決議第21号」を採択する。それでも，その有効期限内に決着がつかず，最終的に両院は6カ月の延長を求める「合同決議第19号」を12月17日に採択した。論争を呼んだのは，強制収用を無効とした点であり，RCMはこれを違憲として共同声明を出し，HB4077の可決を求める大衆抗議運動を展開していった[67]。

こうした市民社会の圧力を受けて，ようやく2009年6月3日にHB4077が下院で可決される[68]。他方で，上院も5年間の延長と147億ペソの割り当てを求める「上院法案第2666号」(Senate Bill No. 2666 = SB2666) を6月1日に可決する[69]。その後，両院の法案の刷り合わせが両院委員会で行われ，2009年8月7日に共和国令第9700号が成立した。

共和国令第9700号は，CARPの5年間の延長と150億ペソの追加資金の投入を定めているだけでなく，様ざまな改善策をも明記している。たとえば，農村女性の所有権の承認（第1条），50ヘクタール超の私有地の優先（第5条），自主的土地移転や株式分配方式の廃止（第5条，第9条），所有権の確定力（第9条），支援サービスに対する予算の拡充（第13条），DARの準司法権限（第17条），議会による監視委員会の設置（第26条），などである[70]。以上のような改善策が明記されたことに鑑みれば，RCMを中心とするCARPER運動は，一定の成果を収めたと言えよう。

第5節　農地改革法の施行局面における三者協力

以上のようにNGOとPOは，連合を形成しながらCARPに関連したロビー活動を行う一方で，CARPというプログラムを通じて農地改革を迅速に実行することにも積極的に関わってきた。

CPARが指摘していたように，CARLには様ざまな抜け道が用意されていたため，多くの農民にとって「ザル法」と映った。しかし，前述したように，CARLは全ての農地を対象とし，サポート・サービスの提供を規定していた点で革新的なものであった。また，PD27の施行面での問題を克服する条項も盛り込まれていた[71]。たとえば，CARLは，迅速な農地改革のために地主への正当な補償制度を定め[72]，DARに準司法権を付与している[73]。また，

(表10-3) 1988年までのCARPの実績（ヘクタール）

第1局面	面積	87年実績	88年目標	実績	達成率
1. PD27号が対象とする米とトウモロコシの農地	727,800	80,143	98,000	100,941	103.0%
2. 遊休地，休耕地	250,000		14,449		
3. 自主的売却申請民有農地	400,000			123	
4. 大統領行政規律委員会による差し押さえ農地	2,500	325	126		
5. 公有農地	74,500		4,306	21,664	503.1%
小計	1,054,800	80,468	116,881	122,605	104.9%
第2局面					
1. 譲渡，耕作可能公有地	4,595,000				
2. ISFP地域	1,880,000		155,000	29,127	18.8%
3. 入植農地	478,500	958		10,598	28.3%
4. 50ヘクタール超民有農地	706,303		37,500	123	1.2%
小計	7,659,803	958	202,436	75,383	37.2%
第3局面					
1. 24ヘクタール超〜50ヘクタール民有農地	517,416		12,399		
2. 5ヘクタール超〜24ヘクタール民有農地	1,063,581		796		
小計	1,580,997		13,195		
合計	10,295,600	81,426	332,512	197,988	59.5%

(出所)『アジア動向年報 1990年版』アジア経済研究所，354-355頁より筆者作成。

諸機関の連結強化のために，PARCを政府諸機関の調整役に位置づけ，各州にPARCOM，バランガイにBARCの設置を規定した。[74][75]

　CARPの実行速度は，決して速いものではなかった。表10-3が示すように，第1局面の達成率は104.9%と目標を超えた分配がなされたが，第2局面の達成率は37.2%とかなり低かった。とくに50ヘクタール超の私有農地は，目標のわずか1.2%しか分配されていない。

　しかし，CARPはフィリピン史上最も包括的な農地改革プログラムであったことから，CPARのメンバーでもあったPhilDHRRAは，CARPの下で政府と協力して農地改革を行う姿勢を早くから見せていた。この目的のためにPhilDHRRAが1989年に打ち出したのが，「農地改革と農村開発のための三者間協力」(Tripartite Partnership for Agrarian Reform and Rural Development = TriPARRD) と呼ばれる戦略である。同年，3つの州でそのパイロット事業が行われた。[76]

　三者とは，政府，NGO，POを指し，TriPARRDはこれら三者の協力関係の制度化によって農地改革と農村開発を推進するプロジェクトに他ならな

い。このTriPARRDのマニュアルによれば，三者の役割は以下のようになる。

まず，POは，TriPARRDの実行を主導する中心的な存在である。その主たる役割は，プログラムの全ての段階で最大限に参加すること，土地保有関係の改善過程でメンバーを積極的に組織化して動員すること，フォーマルで実践的なアプローチを通じてメンバーと役人にキャパシティ・ビルディング，訓練，教育の機会を継続的に与えること，POの全ての発展段階で女性の参加を最大限に実現し制度化すること，資源基盤の強化を継続すること，POの開発アジェンダと戦略を明確化しNGOと政府に対する補助的な役割を考慮すること，政府，NGO，POプログラムを再検討し計画実践に参加すること，そしてNGOと政府の直接的な介入から永続的に自律したメカニズムを策定することである[77]。

NGOは，POの触媒であるとともに三者の活動の調整役を務める。その主たる役割は，農地改革の実施の核心部分で受益者農民の組織化，訓練，動員を行うこと，農民，地主，政府間で発生する土地問題の解決を促すこと，土地譲渡文書の作成過程でDARの農地改革計画技術者と市町村の農地改革担当役人を支援すること，受益者農民のために訓練プログラムを行うこと，多様な局面で農民を支援すること，再定義された共同体開発計画のためにPOを支援すること，農地改革実行地区で必要なサービスを提供するためにDAR，政府系機関，民間機関と連携すること，共同体，市町村，州レベルで政府，NGO，PO間のパートナーシップを強化することである。

政府は，農地改革の実行にあたってNGOとPOのイニシアティブを積極的に支援し，それらと協力して活動に取り組む。政府機関の中でも農地改革の中心的機関であるDARの主たる役割は，TriPARRDの試験地区で土地譲渡文書の作成を迅速に行うこと，他の政府機関，NGO，POと連携して支援サービスを供給すること，受益者農民の組織化に従事するNGOを支援すること，全てのTriPARRDでNGOとPOの最大限の参加を促しそれらを支援すること，州および全国レベルの協議会に参加して三者で協議を行うこと，他の政府系機関が提供するサービスを調整することである。

TriPARRDは，以下の4つの目標を掲げている。(1) 社会インフラの構築と強化，(2) 受益者農民の積極的な参加による土地分配と土地保全，(3)

農民の所得向上と農業を基盤とする国内産業の拡大，(4) フィールド経験による農地改革法とその施行政策の改善，である。[78]

これらの目標を達成するために TriPARRD は，以下の3つのコンポーネントから構成される。1つ目は「土地保有関係の改善」(Land Tenure Improvement = LTI) であり，土地の分配速度を速め，土地を持たない農民と農業労働者による土地の保有状態を改善する。2つ目は「社会インフラの構築と強化」(Social Infrastructure Building and Strengthening = SIBS) であり，訓練や教育を通じて自律的な組織管理を行う PO と TriPARRD 共同体の組織者の能力を高める。3つ目は「生産性システム開発」(Productivity Systems Development = PSD) であり，プロジェクトの管理に科学技術を導入してサポート・サービスを提供し，受益者農民が獲得した土地の生産性を高めるのを支援する。[79]

加えて TriPARRD は，農地改革を成功させるために3つの原則を掲げていた。1つ目は民衆のエンパワーメントであり，共同体ベースで民衆中心に行い，自立的かつ自律的な PO の形成と強化を促す。2つ目は効果的で効率的な供給システムの構築である。GO，NGO，PO が協力関係を強化して常に相互補完できる状態にする。3つ目は農地改革のための環境作りである。アドボカシー活動を通じて農地改革を実行する政府の役人の政治的意志を高める。[80]

アキノ政権が終了した直後の1992年7月の時点で南カマリネス州に9，ブキドノン州に11，アンチケ州に8の TriPARRD が作られた。この TriPARRD によって，およそ570人の受益者農民に7,250ヘクタールの農地が分配されている。政府単独での達成率は年間目標のわずか7％であったが，TriPARRD での達成率は43％であった。TriPARRD によって効率的に農地が分配されたことが窺えよう。[81]

しかし，7,250ヘクタールは，DAR が担当する CARP の総面積の1％にも満たない。また，アキノ政権が終了した時点で CARP 全体の達成率は目標の25％にすぎず，その中でも私有農地の達成率は目標のわずか16％と遅れが目立っていた。[82] さらに，CARP は支援サービスをも含んでいたため多額の資金を必要としたが，CARP に割り当てられたのは500億ペソで，明

らかに資金が不足していた。このような土地分配の遅れと資金不足を解消するためにラモス政権で設置されたのが「農地改革共同体」（Agrarian Reform Community ＝ ARC）であった。

　ARC は，TriPARRD をさらに発展させた戦略である。ARC は，バランガイを最小単位とする。1 つの ARC は，約 2,000 ヘクタールからなる。ARC によって，より平等な富の分配に基づいた社会が実現され，そこで力を蓄えた農民が農業の近代化と工業化の推進力になることが期待された[83]。この ARC の設置が可能なのは，以下の 4 つの基準を満たすバランガイである。すなわち，(1) 土地保有関係の改善を行える広範囲な面積があること，(2) 潜在的な受益者農民が密集していること，(3) 経済的に停滞していること，(4) NGO と PO が実際に活動していること，である[84]。

　DAR は，ARC を設置するにあたって 6 つの戦略を採用している。すなわち，(1) ARC を地理的起点とすること，(2) 政府，NGO，PO 間の協力関係を形成すること，(3) 土地保有関係を改善すること，(4) プログラムの受益者を成長させること，(5) 女性と若者の役割を促進すること，(6) 地方と外国の資源を動員すること，である[85]。

　政府は，この ARC を通じて国内外の投資を多く呼び込むために，以下の 8 つを掲げて宣伝を行った。すなわち，(1) 安定性――ARC は，経済的，政治的，制度的，環境的，社会的，文化的安定を確保する，(2) 土地保有関係――ARC は，農村における安全な土地保有関係を保障する，(3) 成長センター――ARC は，重要な生産・貿易地域として成長センターと結びつく，(4) 組織された農民――ARC は，組織され自己決定できる農民と農場労働者の中心であり，それらが農業関連の産業を提供できる，(5) 生産性――ARC は，バランスのとれた生態系を維持しながら，農業の生産性と農民の所得を向上させる，(6) 社会サービス――ARC は，基本的な社会サービスを効果的かつ効率的に提供する，(7) ジェンダー――ARC は，ジェンダーと人口問題にも応える，(8) 農業ベースの成長――ARC の投資環境が農業ベースの工業化を促す[86]。このように ARC は，アキノ政権が直面した土地分配の遅れと資金不足を一手に解消し，迅速な農地改革の実行と農業開発の促進を目指した戦略であった。

1995年10月までに全国で767のARCが作られ，1,894のバランガイを包括するまでになっていた。[87] 93年から94年に設置された605のARCを見てみると，CARPの対象となる面積62万5,571ヘクタールのうち47万524ヘクタール（75.2%）が受益者農民24万3,211人のうち20万9,926人（86.5%）に分配されている。[88] 47万524ヘクタールという分配面積は，DARが担当するCARPの総面積の12%にすぎない。だが，アキノ政権下でDARによって分配された総面積が84万8,515ヘクタールであったことに鑑みれば，[89] ARCによる土地分配の効率性を見てとれよう。

また，ARCによって欧州連合，アジア開発銀行，世界銀行，海外経済協力基金などの国際機関から，農地改革と農村開発に必要な援助を獲得できるようになっている。ラモス政権では，アキノ政権下でCARP実行のために割り当てられた500億ペソの約半分となる228億ペソを海外からの援助で獲得した。[90] 2009年12月までに，ARCに約760億ペソが投入されているが，その74%が海外からの援助によって賄われている。2009年末までに，51のプロジェクトが完了し，現在は8つのプロジェクトが進行中である。[91]

土地保有関係と生産性においても，ARCの有効性が見てとれる。LTI達成率と平均所得の関係を見ると，ARCが貧困を解消する役割を果たしていることが明らかとなる。LTI達成率が51%から75%であるARCの農家の年間平均所得より，LTI達成率が76%から100%であるARCの農家の年間平均所得の方が高い（表10-4）。生産性の指標を見ても米の場合，非ARCでは2.5であったが，ARCでは2.8で全国平均の2.93にほぼ等しい。[92]

こうしてラモス政権は，ARCを足がかりに農地改革に取り組み，アキノ政権の約2倍の土地の分配に成功した。しかし，任期が終了する1998年までにCARPが対象とする全ての農地を分配できたわけではない。

1998年7月に誕生したエストラーダ政権も，ピープルパワーⅡという政変によって短命に終わったものの，三者協力を含むARC戦略を引き継いだ。エストラーダ大統領は，DARの長官に農地改革に取り組む代表的なNGOであるPRRMの元会長モラレス（Horacio R. Morales, Jr.）を任命し，2000年までにARCの数を1,145にまで増設した。[93]

政変によって2001年1月に登場したアロヨ政権でも，上述の戦略は継続

(表10-4) 土地保有関係改善の達成率と平均所得

LTI 達成率	平均所得（ペソ）	ARC の数
51～75%	26,000	131
76～100%	32,000	484
目標収入	60,000	

（出所）Ernesto D. Garilao, "Agrarian Reform," in Jose V. Abueva ed., *The Ramos Presidency and Administration: Record and Legacy, 1992-1998*, Quezon City: University of the Philippines Press, 1998, p. 565, Figure 10 を一部修正して筆者作成。数字は1996年12月の時点のもの。

され，ARCは2009年12月までに2,111にまで増設された。これは，1,269の自治体，9,181のバランガイを抱括する。ARCを通じて，194万6,065ヘクタールの農地が110万352人の受益者に分配されている。また，ARCを通じてDARが支援するPOの数は，6,246にまで増えた。[94]

これに加えて，アロヨ政権は，2001年に「貧困に対する連帯」(Kapit-Bisig Laban sa Kahirapan = KALAHI) という新たな国家戦略を打ち出した。このコンポーネントの1つに，「KALAHI農地改革地帯」(Kapit-Bisig Laban sa Kahirapan Agrarian Reform Zone = KARZone) というプログラムがある。KARZoneは，ARCから発展した開発戦略であり，農業の生産性の向上を通じた貧困の解消を目的とする。KARZoneでは，ARCの受益者に対する支援サービスやその他の開発必需品が最大限に提供される。このためARCは，実質的にKARZoneにも拡大することになった。2009年12月までに97のKALAHI農民センターが設置され，そのうち51が完全に稼動しており，9万6,183人が受益者となっている。[95]

以上のように，体制変動以降の農地改革に関する政策では，三者協力が重要な戦略の1つになってきた。農地改革における三者協力の有効性については，ボラスの実証的な研究が示唆に富む。ボラスは，ヌエバ・エシハ州，北ダバオ州，パンパンガ州，ケソン州，ラグナ州を事例として，政府内部の農地改革推進派とNGO，POが連携して農地改革を進めてゆく様子を詳細に描いている。堀もボラスの研究に基づき，ラグナ州カランバ町マバト村における三者協力の有効性を検証している。[96] これらの研究は，三者の関係の改善が農地改革を推し進める重要なファクターであることを実証したものと言えよう。

小　　括

　戦後の農地改革の歴史から見てとれるように，フィリピンでは伝統的な地主エリートが支配する議会が農地改革の最大の障害となってきた．アキノ政権においても，法案の根幹部分が議会に委ねられたため，同様の事態が危惧された．このため，体制変動過程でエンパワーメントされた市民社会は，汎イデオロギー連合の形成を通じて，議会の地主エリートに対する対抗的ヘゲモニーを構築し，農民よりの農地改革法の可決に尽力した．
　農地改革法に関しては，多くの研究者が指摘するように，最終的には明らかに骨抜きにされていた．しかし，CARL は，地主の保有限度を一律 5 ヘクタールとし全ての農地を対象としていたこと，支援サービスを含んでいたことから，フィリピン史上最も革新的な農地改革法であったことは疑いを入れない．このような農地改革法が成立したのは，CPAR の精力的な活動と無関係ではあるまい．CPAR は，自分たちの要求を HB400 として法案化することで審議の出発点を設定し，審議過程においても継続的なロビー活動を展開した．こうした CPAR の活動があったからこそ，最終的には 5 ヘクタールの保有限度の法案が採択されたと言えよう．HB400 は，確かに議会の審議過程で数多くの修正を受けたが，ゴーノが指摘するように「法律（CARL）は，農民によるロビー活動がなかったならば，もっと地主よりのものになっていただろう」[97]．その意味で CPAR の活動は，地主エリートからの国家の自律性を高めるものであった．
　しかし，CPAR は，イデオロギー的相違によって次第に引き裂かれ，遂には解散するに至る．これによって，下からの対抗的ヘゲモニーは低減を余儀なくされたため，その空白を埋める連合の形成が試みられていった．CPAR のようなイデオロギーを超えた広範な連合は誕生しなかったが，それでも NGO と PO の連合体によるロビー活動によって，CARP の延長を規定した共和国令第 9700 号に様ざまな改善策が盛り込まれることになった点は評価できよう．
　他方で，市民社会は，農地改革の施行局面でも重要な役割を果たしていた．

NGOは,政府,NGO,POという三者協力の制度化を求めるTriPARRDを提唱し,政府と協力して農地改革に取り組んでいた。ラモス政権では,このTriPARRDを発展させたARCが全国に設置され,CARPの進行を速めるとともに海外から資金を呼び込むことができるようになった。DARの農地改革受益者開発局のアシスタント・ディレクターであったボルボンは,「NGOは,CARPの実行に必要不可欠の重要な存在である。それらは土地の分配や受益者の選定で重要な役割を果たしている」と言う[98]。また,ラモス政権でDAR長官を務めたガリラオは,NGOとPOを「アドボカシーだけでなく,プログラムの調達においても不可欠なパートナー」と言い,「三者協力は不可逆的な農地改革への重要なツール」であると述べる[99]。さらに,エストラーダ政権でDAR長官を務めたモラレスは,「豊かで多元的な市民社会は,いかなる社会であっても地主勢力に対する強力な対抗勢力として機能する。市民社会と国家との協力は,民主的な環境においてさえ,再分配的な改革を確実にもたらす方向へとバランスを傾ける」と述べる[100]。政策を実行する能力の点でも国家が弱いフィリピンでは,国家だけで迅速に農地改革を進めることは困難であった。そのため市民社会は,三者協力を通じて国家の能力を補完する機能を担わなければならなかった。

註

1 Jeffrey M. Riedinger, *Agrarian Reform in the Philippines: Democratic Transitions and Redistributive Reform*, Stanford: Stanford University Press, 1995, pp. 89-91. 滝川勉『戦後フィリピン農地改革論』アジア経済研究所,1976年,19-24頁。
2 Renato Constantino and Letizia R. Constantino, 4th ed., *The Philippines: The Continuing Past*, Quezon City: The Foundation for Nationalist Studies, 1984, pp. 319-320.
3 滝川勉,前掲書,19-24頁,74-75頁。
4 野沢勝美「フィリピンの農地改革と農村開発」(アルセニオ・M・バリサカン/野沢勝美編『フィリピン農村開発の構造と改革』アジア経済研究所,1994年)39-42頁。
5 田巻松雄『フィリピンの権威主義体制と民主化』国際書院,1993年,237-238頁。

6 野沢勝美「アキノ政権の農地改革」『アジアトレンド』第48号, 1989年, 73頁。
7 Jeffrey M. Riedinger, *op. cit.*, pp. 144–145, p. 228.
8 Cielito C. Goño, *Peasant Movement-State Relations in New Democracies: The Case of the Congress for a People's Agrarian Reform (CPAR) in Post-Marcos Philippines*, Quezon City: Institute on Church and Social Issues, 1997, pp. 20–21.
9 Pi Villanueva, "The Influence of the Congress for a People's Agrarian Reform (CRAR) on the Legislative Process," in Marlon A. Wui and Ma. Glenda S. Lopez, eds., *State-Civil Society Relations in Policy-Making*, Quezon City: The Third World Studies Center, 1997, pp. 83–84.
10 James Putzel, *Gaining Ground: Agrarian Reform in the Philippines*, London: War on Want, 1989, p. 100.
11 L. A. Catapusan and R. Requintina, "12 killed, 50 hurt as troops, rallyists clash," *Manila Bulletin*, January 23, 1987.
12 David Wurfel, *Filipino Politics: Development and Decay*, Ithaca: Cornell University Press, 1988, p. 321（デイビット・ワーフェル著／大野拓司訳『現代フィリピンの政治と社会——マルコス戒厳令体制を越えて』明石書店, 1997年）.
13 James Putzel, "Non-Governmental Organizations and Rural Poverty," in G. Sidney Silliman and Lela Garner Noble, eds., *Organizing for Democracy: NGOs, Civil Society and the Philippine State*, Honolulu: University of Hawai'i Press, 1998, pp. 89–90.
14 8つの原則とは以下の通りである。(1) 耕作者への土地の授与, 不在地主の完全な廃止, 不在所有権の廃止, 漁師の水資源利用権, (2) 分類, 作付け農作物, 現存の保有形式と農場規模, 水資源, 天然資源に関係なく, 全ての農地に対しての包括的な補償, (3) 土地譲渡の諸条件は受益者の負担になってはならない, (4) 農地改革受益者のプログラム立案, 実施, 監視への完全かつ真の参加, (5) 農地改革受益者への十分かつ適時, 適正なサービスの提供, (6) 地主への補償は, 選択的かつ進歩的な計画に基づく, (7) 生産, マーケティング, クレジットレベルにおける協同組合と集合農場の可能な限りの優先選択権, (8) 指針原則として, 農地改革のための地方資源の利用（Cielito C. Goño, *Peasant Movement-State Relations in New Democracies*, p. 30）。
15 James Putzel, "Non-Governmental Organizations and Rural Poverty," pp. 89–94.
16 Pi Villanueva, *op. cit.*, p. 85.
17 野沢勝美「内政不安に火をつけた農地改革」『世界週報』第68巻第36号,

1987年9月8日号。
18 野沢勝美，前掲「アキノ政権の農地改革」，74頁。
19 Executive Order No. 229.
20 Pi Villanueva, *op. cit.*, p. 88, p. 95.
21 *Ibid.*, p. 89.
22 滝川勉「フィリピンにおけるアキノ政権下の農地改革」（梅原弘光編『東南アジアの土地制度と農業変化』アジア経済研究所，1991年）14-15頁。
23 Cielito C. Goño, *Peasant Movement-State Relations in New Democracies*, p. 38.
24 *Ibid.*, p. 37.
25 Tony Antonio, "New land reform bill filed," *Manila Bulletin*, September 3, 1987.
26 滝川勉，前掲論文，15-16頁。
27 anon., "Landowner-solons bat for 24-ha. retention cap," *Business World*, February 16, 1988.
28 Benjamin B. Cruz, "Private lands the last to go," *Business World*, March 25, 1988.
29 Cielito C. Goño, *Peasant Movement-State Relations in New Democracies*, p. 40.
30 滝川勉，前掲論文，17-18頁。
31 同上論文，17頁。
32 Congress for a People's Agrarian Reform, CPAR's Critique of RA 6657, June 10, 1988, pp. 1-4.
33 第6条は，保有限度を5ヘクタールとするが，有資格者の法定相続人がいる場合は，実際の耕作者であるなしを問わず，1人当たり3ヘクタールの保有を認め，農地の売り渡し，処分，貸与，名義の登録猶予期間として，同法の発効から3カ月を認めている。第10条は，学校の敷地，実験農場，種子・苗木研究所，試験生産センターおよび刑務所を除外することを規定している。第11条は，私有の商品作物農地に対しては，10年間の猶予期間を与えることを規定している。
34 第31条は，共同農場における株の分配方法についての規定である。第32条は，利益ないしは生産物の分配の条件に関する規定である。
35 これに加えてCPARは，第8条で多国籍企業が使用している全ての公的農地は法の施行開始後3年以内に労働者に分配することを規定しているが，第8条および第72条は，政府およびその土地を移転される予定の受益農民の承認があれば，多国籍企業はそのまま土地を借り続けてもよいとし，内外法人の利益関係集団が土地所有の統制権を保持できる逃げ道がある点も批判した（マリア・ロザリオ・ピケロ・バレスカス著／角谷多佳子訳『真

の農地改革をめざして——フィリピン』国際書院, 1993年, 164-165頁)。

36 Pi Villanueva, *op. cit.*, p. 86. PARCODEの具体的な内容は次のようになる。対象とする農地は，作物の種類，農地の所有形態，農地の規模を問わず，養豚，畜産などを含む全ての農地，耕作可能な材木伐採地，人口密度の高い国立公園，鉱山，牧場などの公有地，遊休地，休耕地，そして養魚池，エビ養殖池，塩田など全ての水面地，米軍基地が管轄する全ての農地，水面，農地改革逃れの目的で地目を変更した農地である。保有限度は5ヘクタール以下で，家族規模の農場経営を基礎とし，かつ「保有者による耕作」の原則に立ち，作物の種類，地形，インフラ整備状況，土壌肥沃度等により異なるとした。農民の土地代金支払いに関しては，土地価格は取得価格を基礎とするとした上で，土地代金から小作関係・雇用関係成立時からの全ての支払小作料・未払労賃関係を控除し，かつ無利子で2年据え置きの17年間の均等払いで，年賦額が投機生産純額の10％以内とした（野沢勝美，前掲「アキノ政権の農地改革」, 85-86頁)。

37 Pi Villanueva, *op. cit.*, p. 86.

38 Cielito C. Goño, *Peasant Movement-State Relations in New Democracies*, pp. 49-51.

39 1989年8月4日に共和国令6735号「人民発案および人民投票法案」として制定された (Jose N. Nolledo, *The New Constitution of the Philippines Annotated*: National Book Store, 1991, pp. 545-552)。

40 Cielito C. Goño, *Peasant Movement-State Relations in New Democracies*, pp. 51-55.

41 Pi Villanueva, *op. cit.*, pp. 86-87.

42 The CPAR Secretariat, "Fighting Land Conversion: CPAR's Advocacy for National Land Use Policy," in Chay F. Hofileña, ed., *Policy Influence: NGO Experiences*, Quezon City: Ateneo Center for Social Policy and Public Policy, Institute for Development Research, Konrad Adenauer Stiftung, 1997, pp. 42-44.

43 John Batara, *The Comprehensive Agrarian Reform Program: More Misery for the Philippine Peasantry*, Manila: IBON Foundation, 1996, p. 36.

44 カラバルゾン計画は，1990年10月19日にアキノが発表したもので，マニラ首都圏東部・南部に広がる5州の開発計画であった。この計画によって，対象となる州の工業化が進み，多くの農地がCARPの適用を逃れることになり，92年までに9,830.6ヘクタールもの農地が転用されている。転用された農地面積を年別に見ると，88年が31.2ヘクタール，89年が217.6ヘクタール，90年が3,456.1ヘクタール，91年が3,150.2ヘクタール，92年が2,353.5ヘクタールとなっている (Noel C. Alegre, "The Mad Rush for Land Conversion," *Intersect*, Vol. 7, No. 2, February 1993)。この計画に関

しては以下が詳しい。木村宏恒『フィリピン——開発・国家・NGO』三一書房, 1998年。

45 The CPAR Secretariat, *op. cit.*, pp. 45-46.
46 たとえば, 下院法案第2518号と上院法案第784号は, CARLが適用されるココナツ農地の転用を規制するものであった。また, 下院法案第276号は, 宅地使用のための農地転用を制限するものであった。さらに, 下院法案第7537号は, 農業省が宣言する灌漑地の転用を阻止するものであった (*Ibid.*, pp. 46-48)。
47 Cielito C. Goño, *Peasant Movement-State Relations in New Democracies*, pp. 58-60.
48 *Ibid.*, pp. 58-60.
49 Cielito C. Goño, "Peasant Coalitions and the State in Post-Marcos Philippines: The Case of the Congress for People's Agrarian Reform (CPAR)," *Philippine Sociological Review*, Vol. 41, Nos. 1-4, January-December 1993, p. 101.
50 Cielito C. Goño, *Peasant Movement-State Relations in New Democracies*, pp. 104-105.
51 Cielito C. Goño, "Peasant Coalitions and the State in Post-Marcos Philippines: The Case of the Congress for People's Agrarian Reform (CPAR)," p. 104.
52 Jennifer C. Franco, "Between 'Uncritical Collaboration' and 'Outright Opposition': An Evaluation Report on PARRDS," Occasional Papers, Institute for Popular Democracy, 1999. なお, PAKISAMAとPhilDHRRAは, 上述のPARRDSにも参加していたが, 政策の相違が原因で離脱している。
53 Jaime Mendoza Jimenez, "Breaking Free through Oppositional Peasant Politics," *Asian Review*, Vol. 15, 2002.
54 Jennifer C. Franco, "The World According to CARP: Agrarian Reform under the Morales DAR," *Politicl Brief*, Vol. 7, No. 7, July 1999, p. 2; Saturnino M. Borras, Jr., *Pro-Poor Land Reform: A Critique*, Ottawa: University of Ottawa Press, 2007, p. 231.
55 The People's Campaign for Agrarian Reform Network, Keeping Agrarian Reform Advocacy Alive: Experience to Intensive Multistakeholder Involvement in Agrarian Reform, p. 4.
56 The People's Campaign for Agrarian Reform Network, A Case Study on Alliance-Building for Philippine Agrarian Reform, IFCB Case Exemplar for Asia and the Pacific, March 2001, pp. 7-9.
57 *Ibid.*, p. 8.

58 *Ibid.*, pp. 14-16.
59 The People's Campaign for Agrarian Reform Network, Keeping Agrarian Reform Advocacy Alive: Experience to Intensive Multistakeholder Involvement in Agrarian Reform, p. 2, p. 13.
60 The People's Campaign for Agrarian Reform Network, *Land Advocacy in the Philippines: AR Now!'s Experiences and Learnings*, Quezon City: The People's Campaign for Agrarian Reform Network, 2003, pp. 2-7.
61 Marissa de Guzman, Marco Garrido, and Mary Ann Manahan, "Agrarian Reform: The Promise and the Reality," in Walden Bello, ed., *Anti-Development State: Political Economy of Permanent Crisis*, London: Zed Books, 2005, pp. 77-78.
62 Abigail Kwok, "1.2 ha still up for allocation on CARP extension — DAR chief," *Philippine Daily Inquirer*, April 25, 2008.
63 AKBAYANは，1998年の選挙で1議席，2001年の選挙で3議席，2004年の選挙で3議席，2007年の選挙で1議席を獲得している。AMINは，2004年の選挙で1議席，2007年の選挙で1議席を獲得している。
64 Aison Garcia, "HB 1257 to deliver on CARP's bigger promises," *Philippine Daily Inquirer*, August 24, 2007.
65 Reform CARP Movement, Farmers' Group prod Congress to enact CARP Extension with Reforms Bill, Press Release, April 23, 2008; Reform CARP Movement, Small Farmers Make Better Use of Land, Ensure Food Security, Press Release, October 16, 2008. なお，HB1257を含めCARP関連の法案を整理したものとして，以下を参照されたい。Centro Saka, Inc., Comparative Matrix of Proposed Bills on Extending CARP (14th Congress) (http://www.centrosaka.org/agrarian_reform/legislative_executive_updates/legislative_executive_updates_main.html). アクセス日：2010年8月16日
66 Abigall Kwok, "Include CARP extension bill in SONA, Arroyo urged," *Philippine Daily Inquirer*, July 25, 2008.
67 Reform CARP Movement, Joint Statement of AKBAYAN and Reform CARP Movement, January 26, 2009; anon., "Farmers March Anew for CARPER," LandWatch-Philippines, April 20, 2009 (http://landwatch.i.ph/blogs/landwatch/2009/04/20/farmers-march-anew-for-carper/). アクセス日：2010年8月18日
68 Lira Dalangin-Fernandez, "House approves CARP extension" *Philippine Daily Inquirer*, June 4, 2009.
69 Michael Lim Ubac, "Senate passed CARP on 3rd reading" *Philippine Daily Inquirer*, June 1, 2009.
70 この点に関しては，PAKISAMAによる政策文書を参照されたい。

Pambansang Kilusan ng mga Samahang Magsasaka, The Unfinished Business of Social Justice: Agrarian Reform Victories under CARPER and the Challenges ahead.
71 コルニスタは，PD27の問題点を4つ挙げている。第1に土地移譲プロセスの遅延，第2にPD27を施行するフィールドレベルの持続的な意志の欠如，第3に農地改革実行に関わる諸機関の連結の欠如，第4に草の根の参加不足である（Luzviminda B. Cornista, "The Comprehensive Agrarian Reform Program: An Analysis of its Policies and Processes," *Philippine Journal of Public Administration*, Vol. 32, Nos. 3&4, July-October 1988, p. 315）。さらに，当時のDAR長官であったガリラオは，受益者農民を保護し，農地改革を実行する十分な権限をDARに与えなかった点を指摘している（Ernesto D. Garilao, "Agrarian Reform," in Jose V. Abueva, ed., *The Ramos Presidency and Administration: Record and Legacy, 1992–1998*, Quezon City: University of the Philippines Press, 1998, p. 545）。
72 PD27では，その公布直前の過去3年間の収量の2.5倍相当としていたが，CARLでは地主への正当な補償とし，取得にかかる費用，市場価格，使用状況等を考慮するとした（17条）。正当な補償によって地主の抵抗を弱めることを目的としたものである。また，地主，DAR，「フィリピン土地銀行」(Land Bank of the Philippines = LBP) の合意により，LBPが地主に相当額を支払うとし，合理不成立の場合には裁判によって決定するとしている（18条）。
73 第50条で，DARに農地改革に関する問題を裁決する基本的な司法権と農地改革施行に関する全ての問題に排他的な司法権を与えた。これによってDARが，不当ないやがらせに抗して迅速に農地改革を行うことができるようにした。
74 PARCのメンバーについては，大統領を議長，DAR長官を副議長とし，その他は農業省長官，天然・環境資源省長官，予算管理省長官，内務省長官，公共事業・高速道路省長官，貿易・産業省長官，財務省長官，労働・雇用省長官，国家経済開発庁長官，フィリピン土地銀行の社長，国家灌漑庁の行政官，そしてルソン，ビサヤ，ミンダナオを代表する地主3人と受益者6人からなるとした（第41条）。
75 PARCOMは，当該州のCARP実行の調整と監視にあたる機関である。大統領任命の議長を長とし，州の農地改革役員，農業省の代表，環境・天然資源省の代表，LBPの代表，州の農民組織，農業組合およびNGOから代表を1人ずつ，地主と受益者の代表を2人ずつ選ぶとしている（第44条）。BARCは，農民，農業労働者，農業組合，農民組織，バランガイの委員会，NGO，地主代表，環境・天然資源省の役員，農業省の役員，農地改革省の役員，フィリピン土地銀行の代表からなる。

76 Philippine Partnership for the Development of Human Resources in Rural Areas and Center for Community Services, *Making Agrarian Reform Work: Securing the Gains of Land Tenure Improvement*, Quezon City: Philippine Partnership for Development of Human Resources in Rural Areas, 1997, p. xiii.
77 The TriPARRD Technical Committee, Manual for TriPARRD Implementors, Vol. 1, pp. 19-21.
78 Romana P. de los Reyes and Sylvia Ma. G. Jopillo, *Waging Agrarian Reform: NGO Initiative for a Tripartite Program in the Province of Antique*, Quezon City: Institute of Philippine Culture, Ateneo de Manila University, 1994, p. 7.
79 Philippine Partnership for the Development of Human Resources in Rural Areas and Center for Community Services, *op. cit.*, p. xiii.
80 Maricel Almojuela, "Tripartism in Agrarian Reform: The TriPARRD Experience," *Development NGO Journal*, Vol. 1, No. 1, Third Quarter 1992, pp. 42-44.
81 *Ibid.*, p. 42, p. 46.
82 Ernesto D. Garilao, *op. cit.*, p. 549.
83 John Batara, *op. cit.*, p. 70.
84 Department of Agrarian Reform, *A Manual for Agrarian Reform Beneficiaries*, Quezon City: Department of Agrarian Reform, n.d., p. 35.
85 *Ibid.*
86 *Landmarks*, Vol. 9, No. 2, April-June, 1995, p. 10.
87 John Batara, *op. cit.*, p. 74.
88 *Ibid.*
89 DARのCARPの範囲は，当初382万600ヘクタールであったが1996年に見直され，429万3,453ヘクタールになった（Saturnino M. Borras, Jr., "A Closer Study of the Agrarian Reform Performance," *Political Brief*, Vol. 8, No. 6, June 2000, p. 33）。
90 Ernesto D. Garilao, *op. cit.*, p. 559. アキノ政権では，1987年7月22日に声明131号が出され，初めの5年間（87～92年）のCARP実行資金に約500億ペソが充当された。その後，追加的な資金は補充されなかったが，ラモス政権下で成立した共和国令第8532号によって98年2月に500億ペソの追加資金が導入された（anon., "FVR signs agrarian reform fund increase into new law," *Business World*, February 24, 1998）。
91 Department of Agrarian Reform, Accomplishment Report CY 2009, p. 22.
92 Ernesto D. Garilao, *op. cit.*, p. 566.

93　anon., "229 new agrarian reform sites set up since Estrada took office," *Business World*, December 30, 1999.
94　Department of Agrarian Reform, *op. cit.*, pp. 11-12.
95　*Ibid.*, p. 17.
96　Saturnino M. Borras, Jr., *The Bibingka Strategy in Land Reform Implementation: Autonomous Peasant Movements and State Reformists in the Philippines*, Quezon City: Institute for Popular Democracy, 1998. 堀芳枝「フィリピン農地改革における政府，NGO，住民組織の対立と協力――ラグナ州カランバ町マバト村を事例として」『アジア研究』第47巻第3号，2001年7月。
97　Cielito C. Goño, *Peasant Movement-State Relations in New Democracies*, p. 42.
98　当時DARの農地改革受益者開発局のアシスタント・ディレクターであったバルボン（Rogelio G. Borbon）とのインタビュー（August 4, 1998, Quezon City）。
99　*Landmarks*, Vol. 11, No. 4, October-December, 1997, pp. 4-5.
100　Horacio R. Morales, Jr., "Changing Role of Civil Society," *Asian Review of Public Administration*, Vol. 11, No. 1, January-June 1999, p. 33.

第**11**章

都市貧困と市民社会

はじめに

　本章では，農地改革とともに実質的民主主義（substantive democracy）と密接に関係する都市貧困に焦点を当て，そこで市民団体がその解消に向けていかなる活動を展開してきたのかを具体的に検証する。

　極端な貧富の格差に特徴づけられるフィリピンでは，都市貧困は農地改革とともに解決が急務な社会問題となってきた。このためアキノ政権では，農地改革とともに都市貧困も大きな争点の1つとなり，激しい議論を引き起こした。その末に成立したのが「都市開発住宅法」（Urban Development and Housing Act = UDHA）であった。UDHA は，市民社会による下からの圧力によって成立が促されたことから，市民社会によるロビー活動の成功事例としても注目に値しよう。

　しかし，国家の能力が低いフィリピンでは，UDHA を速やかに施行できたわけではない。加えて，体制変動後もスクオッターの強制撤去を合法化する大統領令が破棄されず，UDHA が禁止していた強制撤去も継続したため，市民社会は UDHA の速やかな施行と都市貧困の解消を求めてさらなるロビー活動を展開する必要があった。

　中央政府が基本的に実行主体であった農地改革に対して，都市貧困では地方政府の役割が重視されている。UDHA が可決された前年に「地方政府法」

(Local Government Code = LGC) が成立し,保健衛生や住宅などの社会サービスを地方政府が担うようになったことがその背景にある。したがって,都市貧困の問題を考える場合,ナショナル・ガバナンスだけでなくローカル・ガバナンスの動態にも目を向けなければならない。

以下では,まず都市貧困問題の歴史を簡単に振り返った後,UDHA の審議過程における市民社会のロビー活動を具体的に考察する。次に,UDHAの成立後の市民社会の活動を検証する。その後,都市貧困問題に対する有効な「処方箋」の1つとして位置づけられている「共同体抵当プログラム」(Community Mortgage Program = CMP) に焦点を当て,そこで市民社会が重要な役割を担っていることを明らかにする。最後に,CMP を含め都市貧困問題においては,各地方自治体が独自の取り組みを行っており,そこでは市民社会アクターとの協力関係が進展していることから,いくつかの事例を取り上げてその実態を検証する。

第1節 都市貧民組織の変遷

戦後,フィリピン政府は,一貫してスクオッター集落の追い立てと強制撤去という政策を採ってきた。こうした政府の行動に対抗するために,1970年には都市貧困の解消を求める先駆的な戦闘的組織として「トンド第一区組織」(Zone One Tondo Organization = ZOTO) が結成される。第3章で触れたように,71 年には「共同体組織化のためのフィリピン・キリスト教委員会」(Philippine Ecumenical Council for Community Organizing = PECCO) が結成され,PECCO が分裂した後には「共同体エンパワーメントのためのフィリピン教会統一運動」(Philippine Ecumenical Action for Community Empowerment = PEACE) が作られた。これらの組織は農村部だけでなく都市部でも「共同体組織化」(Community Organizing = CO) を推進して貧困の解消を目指した。82 年 7 月には「非政府組織」(Non-Governmental Organization = NGO) と「民衆組織」(People's Organization = PO) によって「強制撤去反対貧民連合」(Alyansa ng mga Maralita Laban sa Demolisyon = ALMA) という市民社会連合が誕生する。ALMA は,CO を推し進めながら,マルコス体制に都市貧

困の解決を迫っていった[2]。

　アキノ政権が誕生した直後，市民革命によるユーフォリアもあってスクオッターによる土地占領の動きが顕在化するが[3]，強制撤去は継続して行われた[4]。また，都市部の貧困層の割合は，1977年から86年まで50％のままであったが，88年には54％，88年から90年には60％と増加傾向を見せていった[5]。こうした状況を受けて市民社会アクターは，政府に都市貧困の解決を求める大衆運動をさらに強めていった[6]。

　アキノ政権が登場した当初は，市民社会からの圧力に政府が応じるという形で都市貧困に対する取り組みが行われた。まず，1986年5月30日から6月2日にかけて政府は，都市貧困層が結成した「都市貧困組織のための全国会議」(National Congress for Urban Poor Organizations = NACUPO) と綿密な協議を行い，以下の5つの事項で合意を取り付けた。すなわち，(1) 都市貧民の定義，彼らが抱える主要な問題とその根本的原因，(2) 都市貧民問題の簡単な歴史とマクロな展望，(3) 取り壊しと支払いの猶予に関する議会のセクター代表による決議の可決，(4) 都市貧民問題のオルターナティブな解決方法，(5) 都市貧民組織連合の結成，である[7]。

　NACUPOは，主として2つのイデオロギーに所属する組織から構成されていた。1つは「民族民主主義」(National Democracy = NatDem) に属する「新民族主義者同盟」(Bagong Alyansang Makabayan = BAYAN) の傘下にある都市貧困組織である。これには「貧困に対する都市貧困連合」(Coalition of Urban Poor Against Poverty = CUPAP) やZOTOなどが含まれていた。もう1つは「社会民主主義」(Social Democracy = SocDem)，「社会主義」(Socialism)，「自由民主主義」(Liberal Democracy = LibDem) に属する市民団体によって結成され「大衆民主主義」(Popular Democracy = PopDem) を掲げる「人民の力」(Lakas ng Sambayanan = LAKAS) の傘下にある都市貧民組織である。LAKASには，「平和と正義のために」(Para sa Kapayapaan at Katarungan = AKKAPKA) や「自由のための人民闘争」(Sandata ng Bayan Laban sa Kalayaan = SANDATA) など，都市貧民を代表するPOが参加していた[8]。

　こうしてNACUPOを介して政府と市民社会との間で対話が行われても，強制的な追い立ては依然としてなくならず，1986年8月までに55も

の立ち退きが強行された。このような深刻な事態に鑑み，86年8月11日にNACUPOは，「国家住宅庁」(National Housing Authority = NHA) に対して抗議運動を展開し，適切な処置を講ずるよう圧力をかける[9]。NACUPOの圧力を受けて，翌12日にNHAは，政府が現地の開発を行うか十分な再定住地を提供するまでは，86年2月25日以前からスクオッターが占拠している土地の強制撤去を行わないとして，全国的な一時停止期間を設けることを発表した[10]。これに加えてNACUPOは，都市貧民団体の政策決定過程への参加を制度化する「大統領都市貧困対策委員会」(Presidential Commission for the Urban Poor = PCUP) の設立を政府に促していった[11]。

しかし，こうした一連の措置は矛盾を孕んだものであった。強制撤去に対する全国的な一時停止宣言にもかかわらず取り壊しは続き，スクオッターの強制撤去を許容した「大統領令第772号」(Presidential Decree No. 772 = PD772) も廃棄されなかった。他方で，政府による譲歩も少なからずあった。たとえば，アキノ大統領は (Corazon C. Aquino)，1986年の繰り上げ大統領選挙でアキノを支持した都市貧民組織である「慈悲と定住のための貧困者連帯」(Samahang Maralita para sa Makatao at Makatarungang Paninirahan = SAMA-SAMA) の要求に応え，87年にケソン市の中央政府センターの一部をスクオッターに与えている[12]。88年8月には抵当資金によって土地を持たない都市貧民の土地獲得を支援するCMPが開始されている。しかし，承認されたCMPプログラムの実行率は極めて低く，とくに都市貧民の人口が最も多いメトロ・マニラではプログラムの受益者はわずか6.8%にすぎなかった[13]。アキノ政権の都市貧困に対する取り組みは，都市貧民にとって決して満足できるものではなかった。

このような事態を打開すべくNGOとPOは，1987年の議会選挙と88年の地方選挙で党派的な参加を試みる。前者では主たる成果を挙げることができなかったが，後者ではいくつかの地域でNGOとPOが支持する候補者が当選を果たしている。

たとえば，セブ市では，1970年代からCOに従事してきたNGOが「セブ開発フォーラム」(Cebu Development Forum = CDF) という緩やかな連合体を形成し，PCUPのビサヤ支部と協力関係を構築しながら，「都市貧民委員会」

(Urban Poor People's Council = UPPC) という PO を新たに設立した。CDF と UPPC は，都市貧民とつながりの強い市長候補であるオスメニャ（Tomas R. Osmeña）を当選させるために有権者教育やラリー，集会を行い，人気やパーソナリティに特徴づけられた伝統的な選挙を争点志向の選挙へと変えていった。こうした NGO の選挙支援活動もあって，オスメニャはアキノ大統領が支持する現職の市長に勝利することができた。当選したオスメニャは，都市貧困に関する政策の策定とプログラムの実施に当たって，都市貧民と市政府との協議機関として 88 年 5 月に「都市貧困委員会」（City Commission for the Urban Poor = CCUP）を設置し，市政府と市民社会との協力関係を推進していった。[14]

ジェネラル・サントス市でも同様の現象が見られた。同市ではヌネス（Rosalita T. Nunez）が，資金と経験の不足に悩みながらも，都市貧民の PO とそれを支援する NGO による大衆運動の後押しで当選を果たした。彼女は，政府とプライベート・セクターとの協力関係の制度化を推し進め，市民団体の政策決定過程への積極的な参画を可能にする市政府機関を次つぎに設立する。その 1 つが「都市貧民評議会」（Urban Poor Council = UPC）であった。UPC では，闘争的な都市貧民組織である「真実統一サービス」（Kamatuoran, Panaghiusa ug Serbisyo = KPS）が実行組織として承認され，KPS の支援の下で土地を持たない都市貧民の土地獲得計画が進められた。[15]

しかし，これらの地方自治体でさえも，都市貧困の問題を完全に解消できたわけではなかった。セブ市ではオスメニャが市長になったことで，確かに NGO と PO が政策決定に参加する機会は増えたが，都市貧民への土地の提供が約束されたわけではなかった。ジェネラル・サントス市でも，ヌネスが 1992 年の総選挙で敗れて新市長が登場すると，市民社会の参加を保障してきた諸機関は廃止されてしまう。[16] ナショナル・レベルで有効な政策が採用されていない状況では，ローカル・ガバナンスにおける市民社会の活動には限界があった。このため市民社会アクターは，新憲法で規定された都市貧困に関する条項の法制度化をめざしてロビー活動を展開することになる。

第2節　都市開発住宅法案の審議過程における ULR-TF の活動

　新憲法では第13条第9節で「国家は法の名において，公共の福祉のために私的セクターの協力を得て，都市および再定住地域に住む恵まれない住居のない市民に，購入可能な価格で，十分な住居供給と基本的なサービスを行うような継続的な都市土地改革と住宅供給プログラムに取り組むものとする。また，国家はそのような市民に対する十分な雇用の機会を促進するものとする。そのようなプログラムの実行において国家は小土地所有者の権利を尊重するものとする」，同条第10節で「都市，農村の貧しい住民は法もしくは正当で人道的な手順である場合を除き，立ち退きを強制されることも，その住居を撤去されることもない。都市と農村の居住者の再定住は，当事者および再定住する共同体との十分な協議なくして実施されることはない」と規定している。

　これらの条項の速やかな施行を求めるロビー活動を早くから展開していたのが，カトリック教会と財界の連絡会議として機能する「ビショップ・ビジネスマン会議」(Bishops-Businessmen's Conference for Human Development = BBC) であった。BBC は，PCUP と協力して上記の条項を法文化するために起草法案の作成に取りかかり，「教会社会問題研究所」(Institute on Church and Social Issues = ICSI) や「オルターナティブな開発基金」(Foundation for Development Alternatives = FDA) といった NGO，そして「土地改革のためのパンルンソド貧困連帯全国運動」(Pambansang Kilusan ng mga Samabang Maralita Para sa Panlunsod na Riporma sa Lupa) という PO の連合体と連携してロビー活動を行ってゆく[17]。しかし，アキノ政権が度重なるクーデターに直面したため，市民社会アクターは民主主義体制の崩壊を阻止することに活動の焦点を置かざるをえず，有効なロビー活動を行うことができなかった。

　1990年代になり，アキノ政権が度重なるクーデターを辛くも乗り越え，安定性を確保するようになると，再び都市貧困問題に関する議論が市民社会のイニシアティブで活発化してゆく。とりわけ1990年9月14日と15日にケソン市で約100家族の住居が強制的に取り壊される事件が起こると，BBC

やICSIは政府への圧力を一気に強めていった。こうした圧力を受けて下院の都市計画開発委員会は，19の下院法案，2つの下院決議，1つの行政法案を統合し，都市貧困の解消を求める起草法案を作成するに至った。[18]

これを受けて1991年3月9日，ICSIの下に下院の都市貧民の代表，BBC，NGO，PO，政府機関の関係者が集まり協議を行ったところ，法案の欠陥が数多く見つかったため，議会の審議過程で修正を促すロビー活動を行ってゆくことで合意がなされた。この目的のために91年4月中旬に結成されたのが「都市土地改革特別班」(Urban Land Reform Task Force = ULR-TF) であった（表11-1）。ULR-TFの事務局は，NGOのメンバーと議会の都市貧民の代表が担当し，ICSIがコミュニケーションセンターとして機能することになった。[19]

ULR-TFは，1991年4月17日にアテネオ・デ・マニラ大学の「社会秩序協会」(Institute of Social Order = ISO) で初の総会を開催する。総会には100人以上の都市貧民の指導者やNGOの関係者が集まり，ULR-TFの目的を達成するために実行委員会の代表に権限を付与することで合意がなされた。[20] また，総会でULR-TFは，都市土地改革法案に関する公式声明を発表し，「この都市の土地——私たちのものでもある」(This Urban Land: Ours Too) と題するマニフェストを提示する。これは，都市の土地の合理的かつ平等な利用，新憲法の原則を実現するための効率的な戦略の採択，立ち退きと再定住に関する明確なガイドラインの制定を求めたものであった。[21] カトリック教会のシン枢機卿（Cardinal Sin）も，こうした都市貧民の立場を支持し，公開書簡を出して政府に対応を迫った。[22]

1991年4月19日には最初の大衆抗議運動が行われる。この日，ULR-TFは，下院に300人以上の都市貧民を集結させ，方針説明書を議員に提出することで，ミトラ下院議長（Ramon V. Mitra），都市住宅委員会のレイエス委員長（Consuelo Puyat-Reyes），アキノ議員（Tony Aquino）に迅速な行動を取ることを約束させた。[23] また，個々の議員や政府機関と修正に関する話し合いも精力的に進め，5月9日にはULR-TFが提示した要求が取り入れられ，法案の修正が施された。[24][25] 6月4日には2,000人の都市貧民を傍聴席に動員することで議会に圧力をかける。[26] そして6月9日の審議最終日には，下院で都市

(表 11−1) ULR-TF のメンバー組織（アルファベット順）

パヤタス不動産貧困連合 (Alyansa ng Maralita sa Payatas Estate)
タギグ貧困者連合 (Alyansa ng mga Maralita sa Taguig)
平和と正義の運動 (Aksyon sa Kapayapaan at Katarungan) に属する都市貧民グループ
バランガイ水協会 (Barangay Water Association)
自治会連帯丘陵会議 (Batasan Hills Samahang Magkakapitbahay sa Tres)
貧困者の声連帯 (Bigkis Tinig Maralita)
都市土地改革のための教会連合 (Church Coalition for Urban Land Reform)
ジャブソン賃借人協会 (Jabson Renters Association)
統一連帯連盟 (Kalipunan ng mga Samahang Nagkakaisa)
タタロン貧困会議 (Kapulungan ng mga Maralita sa Tatalon)
ツバイ・イラリム川岸貧困連合 (Katipunan ng Maratlitang nasa Ilalim ng Tubay at Tabing Ilog)
住宅のための自治会 (Komunidad ng Naghahangad ng Sariling Tirahan)
アンティポロ貧困者連帯新運動 (Makabagong Kilusan ng Samahang Maralita-Antipolo)
クリストンハリー・キリスト教徒小村 (Munting Pamayanang Kristiyano ng Kristong Hari)
貧困者統一連帯 (Nagkakaisang Samahang Maralita)
恵まれない子供のための都市の力 (Pagkakaisang Lakas Anak Dalita)
都市土地改革のための全国都市貧困運動 (Kilusan ng mga Samahang Maralita para sa Panlunsod na)
パイプライン町内会 (Pipeline Neighborhood Association, Inc.)
パワー (Power)
VI 地区自治協会基金 (Pundasyon Samahang Magkakapitbahay ng Area VI, Inc.)
エスルグエス貧困者連帯 (Samahang Maralita ng Eslugues)
ラモス貧困者連帯 (Samahang Maralita ng Ramos)
統一貧困者連帯 (Samahang Maralitang Nagkakaisa)
マイサパング統一貧困者連帯 (Samahang Maralitang Nagkakaisa sa Maisapang)
住宅確保のための貧困者連帯 (Samahang Maralita para sa Katiyakan sa Paninirahan)
マメルト貧困者連帯 (Samahang Maralitang Mamerto)
慈悲と定住のための貧困者連帯 (Samahang Maralita para sa Makatao at Makatarungang Paninirahan)
バララ老人貧困者連帯 (Samahang Maralitang Matandang Balara)
自治会協力連帯 (Samahang Pagtutulungan ng Magkakapitbahay, Inc.)
進歩と自立のためのピナグブクロド連帯 (Samahang Pinagbuklod Tungo sa Kaunlaran at Kasarinlan)
イバヨ幸福連帯 (Samahang Pinagpala ng Ibayo, Inc.)
カブヤオ集落自治会 (Sitio Cabuyao Neighborhood Association, Inc.)
タラナイ包括的・統合的協会 (Talanay Kapit-Bisig Association, Inc.)
健康・水準 (Tamasa-Bandila)
ルソン通り自治協会 (Ugnayan ng mga Samahan sa Luzon Avenue)
パサイ貧困者協会 (Ugnayan ng Maralita sa Pasay)
パサイ貧困者自治協会 (Ugnayan ng Maralitang Samahan sa Pasay, Inc.)
都市貧困調整ネットワーク (Urban Poor Coordinating Network)

(出所) Institute on Church and Social Issues, *Journey of the Urban Poor : Towards Urban Land Reform*, Quezon City: Institute on Church and Social Issues, 1991, pp. 63-64 を一部修正して筆者作成.

貧困の代表を務めるテヴェス議員（Rey M. Teves）を中心に都市貧民による修正要求が導入され，レイエス委員長に承認された[27]。

他方で，上院におけるロビー活動は困難を極めた。法案の主要な発起人であったリナ上院議員（Jose D. Lina, Jr.）が興味を失っていただけでなく，当時の上院は米軍基地と地方政府法の審議に奔走していたからである[28]。このためULR-TFは，上院に都市貧困問題の重要性を再認識させるべく，5カ月間で17回にわたる大衆動員を行う一方で，個々の上院議員と集中的な協議にも取り組んでゆく[29]。1991年12月9日には，法案に反対するはずであった2人の上院議員と最後の交渉を行う[30]。このような精力的なロビー活動が実を結び，法案は全会一致で上院を通過した。

1992年2月3日，下院法案第34310号と上院法案第234号を統合した法案が両議会で可決され，3月24日に共和国令第7279号，すなわち「都市開発住宅法」（Urban Development and Housing Act = UDHA）が成立した。

第3節　都市開発住宅法成立後の市民社会の活動

UDHAに対しては，いくつかの進歩的な条項が削られたことに不満を抱く者もいたが[31]，第10章で考察した農地改革法案と比べて，市民社会のロビー活動はまず成功したと言ってよい。このことは，議会において都市の不動産に利益を持つ議員が少なかったことと無関係ではあるまい[32]。

UDHAは，第1条第2節において以下の6つを目的に掲げている。すなわち，(1) 都市地区と定住地区で恵まれず家を持たない市民に安価で適正な住宅，基本的なサービス，雇用機会を提供し，彼らの生活条件を改善すること，(2) 都市の土地の合理的な利用と開発に取り組むこと，(3) 都市のネットを拡散させ，より均衡のとれた都市と農村との相互依存関係を促すために，都市の成長と拡大を規制し管理すること，(4) プログラムの受益者に土地の保有を保障する一方，小資産家の権利を尊重し，それに正当な補償を与え，平等な土地保有制度を提供すること，(5) 都市の開発過程で，より効果的な民衆の参加を促すこと，(6) 都市開発と住宅プログラムおよびプロジェクトを引き受ける地方自治体の能力を高めること，である。

立ち退きと取り壊しについては，第5条第28節に規定がある。それによれば，慣習としての立ち退きもしくは取り壊しは阻止されなければならないが，以下の3つの条件の下で許容されるとしている。すなわち，(1) 危険な地域や公共の場を占領している場合，(2) 実行可能な資金を持つ政府のインフラ・プロジェクトの実施が予定されている場合，(3) 裁判所の命令があった場合，である。ただし，立ち退きもしくは取り壊しが実行される場合，以下のことが義務づけられている。すなわち，(1) 少なくとも実行の30日前に通知すること，(2) 再定住を余儀なくされる家族と影響を受ける共同体の代表と定住問題に関する十分な協議を行うこと，(3) 立ち退きもしくは取り壊しの間，地方政府の役人かその代表者が立ち会うこと，(4) 取り壊しに参加する全ての人物の身分を適切に証明すること，(5) 立ち退きもしくは取り壊しは，月曜日から金曜日の通常の勤務時間にのみ，天候条件が良い間に実施すること，(6) 取り壊しの際に永久構造物とコンクリート以外には重機を使用しないこと，(7) フィリピン国家警察のメンバーに適切な制服を着用させること，(8) 一時的か永久的かを問わず適切な移住を行うこと，である。

冒頭でも触れたように，UDHAでは地方自治体の役割が重視されている。地方自治体は，プログラムの実行主体としてUDHAの条項に従い，包括的な土地利用計画の準備を進めることが求められ（第10条第39節），法の施行から1年以内に全ての土地の一覧を作成し（第4条第7節），全ての受益者を特定して登録する義務を負う（第5条第17節）。また，地方自治体は，社会住宅のために土地を獲得し（第4条第8節），民間開発業者および関係する機関と協力して基本的サービスと施設を提供することが求められている（第5条第21節）。さらに，地方自治体は，法の施行から2年以内にNHAと調整して，危険な地域や公共の場に住む人びとの移住と再定住を実現し，基本的サービスと施設，雇用機会が確保された移住場所もしくは再定住場所を提供しなければならない（第7条第29節）。

市民社会の参加と組織化が奨励されている点も指摘しておきたい。前述したようにUDHAの第1条第2節では，都市の開発過程への市民の参加が奨励されている。続く第1条第3節（d）では，国民は独力もしくはPOを介して政策決定過程で意見を聴取され，それに参加する機会が与えられると規

定されている。また，第10条第39節では，地方自治体が同法の実行者であることが明記され，同時に地方自治体とNGOとが協力してUDHAを施行することが唱えられている。さらに，第7条第27節では，地方自治体はフィリピン国家警察，PCUP，PCUPが公認した都市貧困組織と協力して，専門的なスクオッターとスクオッター・シンジケートによる不法な活動を発見し阻止することが求められている。最後に第8条第33節では，プログラムの受益者は居住地の分譲地を管理し，既存のCMPとその他の受益プログラムの下で住宅ローンを確保するために，自分たちの組織を組合に変える責任があるとしている。

しかしながら，UDHAはその施行局面で大きな問題に直面した。各地で相変わらず不当な立ち退きや取り壊しが続いたからである。その主たる原因は，マルコス政権時代の1975年に制定されたPD772にあった。PD772は反不法占拠法であり，それによれば不法占拠は犯罪と見なされる。PD772は，不当な取り壊しや立ち退きを禁止したUDHAの条項と明らかに矛盾していた。また，UDHAが，その施行日となる92年3月28日以降に作られたスクオッターを保護の対象にしていなかったことも大きな問題であった。さらに，地方自治体の役人が，UDHAの条項を十分に理解せず，PD772が未だに有効であると考えていたため，スクオッターの不当な立ち退きを継続した。社会開発NGOの「フィリピン・サポートサービス・パートナーシップ」(Partnership of Philippine Support Service Agencies = PHILSSA)の調査によれば，92年7月から94年12月までに9,244の家族がメトロ・マニラで不当な立ち退きを余儀なくされた。

実行主体である地方自治体にも大きな問題があった。全ての地方自治体がUDHAを速やかに実行したわけではなかったからである。上述したようにUDHAは，地方自治体に受益者の登録を行うことを求めているが，その期限はUDHAの施行から1年後の1993年3月28日であった。しかし，作業に取り組む地方自治体が少なかったことから，「地方自治省」(Department of Interior and Local Government = DILG)は期限を93年12月まで延長するが，それでも十分な進展が見られなかったため，期限を94年9月30日までに再延長する。結局，94年5月までに社会住宅に向けた土地の一覧の作成

を開始した地方自治体は，550の町村と24の市のみで，995の町村と37の市はほとんど取り組んでいない状態にあった[38]。

こうして法の施行者である地方自治体が法の施行の最大の障害となっていたわけだが，市民社会による下からの圧力によってUDHAへの取り組みが速やかに行われた地方自治体もある。

たとえば，ナガ市では，「ナガ市都市貧困連合」(Naga City Urban Poor Federation = NCUPF) が中心となって市政府にUDHAの施行を求める圧力運動を展開した。NCUPFは，1986年4月に開催された都市貧困全国会議で協議を行った9つの都市貧民組織によって結成されたPOの連合体である。NCUPFは，UDHAが制定された直後からUDHAに関する一連の講習会を行った。この講習会を経てNCUPFは，UDHAの施行に取り組む委員会の設立を求める決議を市議会に対して提出し，これを受けて93年6月に市議会は条例によって「ナガ市都市開発住宅評議会」(Naga City Urban Development and Housing Board = NCUDHB) を設立した。以後，ナガ市では，不当な立ち退きや取り壊しは最小限に抑えられ，都市貧民に再定住地が提供されるようになった。また，NCUPFは，市議会に繰り返しロビー活動を行うことで，99の地区をUHDAが規定する住居に適した場所として認めさせることにも成功した[39]。

ゾナ市では，「都市貧民連合」(Alyansa ng Maralita sa Kaluasuran = AMK) というPOの連合体が地方自治体にUDHAの施行を促す原動力となった。AMKは，適正な住宅と基本的な社会サービスを確保しつつ，会員を拡大するために7つの都市貧民団体によって1988年に結成された。結成直後から議会闘争の有効性を認識していたAMKは，政府機関と積極的に調整を行ってゆく。LGCの施行を主導するDILGも，ローカル・ガバナンスへの参加を求めるAMKの活動を奨励した。92年12月には市政府にUDHAの施行を求める請願書を提出し，これを足がかりにAMKは市議会と対話を持つことができた。また，AMKは，ゾナ市で都市貧民の広汎なネットワークを有していたことから，市長に唯一の交渉団体として認められ，取り壊しの猶予を明記した誓約書に署名させることに成功している[40]。

セブ市も，NGOとPOの存在がUDHAの速やかな施行を促した自治体で

ある。先述したようにセブ市では，地方選挙において NGO と PO がオスメニャを支援したことで，選挙後に市政府内に CCUP という特別室が設置された。CCUP では，NGO の指導者がメンバーとして加えられ，UDHA を速やかに施行するために土地目録の作成，社会住宅用地の特定，潜在的受益者の登録などが進められた。「都市・農村大衆連合」(Federation of Urban and Rural Masses = FORUM) という PO の連合体が，土地目録と受益者名簿の作成を支援していった[41]。

このように市民社会の活動が比較的活発で自治体との協力関係が進展している自治体では，UDHA は比較的速やかに施行されていった。対照的に，市民社会が弱く自治体との協力関係が十分に構築されていない自治体では，UDHA はほとんど施行されていない状態にあった。たとえば，UDHA に対する NGO と PO の関心が低かったバコロド市とイロイロ市では，土地目録と受益者名簿の作成の準備は一向に進まなかった[42]。つまり，市民社会のローカル・ガバナンスへの関与の度合いによって，UDHA の施行に差が見られたと言えよう。

他方で，市民社会アクターは，UDHA を通じたローカル・ガバナンスへの関与のみで都市貧困を解消することはできないと考え，ナショナル・レベルでのロビー活動を行ってゆく。たとえば，NGO と PO は，連合を形成しながら，「包括的統合住宅融資法」(Comprehensive and Integrated Shelter Financing Act = CISFA) の制定を求めるロビー活動を行った。CISFA は，社会住宅に対する資金の維持と低所得者への安価な住宅の提供を目的としたもので，1994 年 12 月に成立した。加えて，PD772 の破棄を求めるロビー活動にも継続して取り組み，97 年 10 月にその破棄を規定した共和国令第 8368 号が成立している[43]。

第4節　共同体抵当プログラムにおける三者協力

UDHA が求める都市開発計画において，市民社会アクターが重要な役割を果たしているのが CMP である。前述したように CMP は 1988 年 8 月から開始されていたが，その進行は決して早いものではなかった。このため

UDHAの第8条にはCMPの項目が設けられ，第32節でCMPを広範囲に実行することが改めて規定されている。

CMPは，セブをベースに活動する「相互扶助財団」(Pagtambayayong Foundation, Inc. = PFI)というNGOが実施する住宅プロジェクトに端を発する。1982年に設立されたPFIは，早くから共同体による担保を活用した低所得者層のための住宅供給活動に取り組み，それがCMPのモデルとなった[44]。

フィリピンでは，1986年に誕生した「統一住宅融資プログラム」(Unified Home Lending Program = UHLP)に基づき，「社会保障基金」(Social Security System = SSS)，「公務員保険基金」(Government Service Insurance System = GSIS)，「住宅共済」(Pag-Ibig)という三大共済基金による長期低利融資がある。しかし，これらは基本的に定職を持つフォーマル・セクターを対象としたもので，定職を持たないインフォーマル・セクターが利用することは困難であった。これに対してCMPは，インフォーマル・セクターに属するスクオッターの人びとに対して融資を行う唯一の住宅金融制度として登場した。

CMPでは，「政府住宅金融公庫」(National Home Mortgage Finance Corporation = NHMFC)が政策決定機関であり融資機関でもある。CMPを通じて，長期（最長25年）かつ低利（年利6％）で土地取得，住環境の整備，住宅建設のための融資が行われる[45]。このNHMFCは，2004年1月に行政命令第272号によって，CMPを含めた社会住宅プログラムの促進と管理に取り組む補助部門として「社会住宅金融公庫」(Social Housing Finance Corporation = SHFC)を新設している。

融資は，共同体組織に対して行われる。最初の2年間は，共同体組織が融資返済の責任を持ち，土地の権利も共同体組織が保有する。2年間の返済後に初めて土地の権利が個人に分割され，返済も個人ベースとなり，住宅建設に対する融資を受けることができるようになる[46]。

CMPでは，土地獲得，用地開発，住宅建設という三段階で融資が行われる。当初，土地獲得のための融資の上限は，未開発地が3万ペソ，開発地が4万5,000ペソ，土地獲得，用地開発，住宅建設の対する一括融資の上限が8万ペソと設定された[47]。その後，いくつかの改定を経て，現在は表11－2の

(表11-2) 目的別の融資の上限（ペソ）

	メトロ・マニラ高度都市化地域	その他の地域
土地獲得		
未開発地	80,000	45,000
開発地	80,000	60,000
用地開発	受益者につき 15,000	
住宅建設	40,000	
一括融資	120,000	100,000

（出所）National Home Mortgage Finance Corporation, NHMFC Corporate Circular No. CMP-030, September 10, 2003.

ように設定されている。

　CMPの大きな特徴は，複数の主体が事業の担い手となっている点にある。政府機関であるNHAと「住宅保証協会」(Home Guarantee Corporation = HGC) に加えて地方政府，さらにはNGOが事業起案者となっている[48]。

　地方政府は，LGCとUDHAの制定に伴い，社会住宅政策では主役とも言いうる役割を担うことが求められていたが，2007年7月からSHFCによって「地方化共同体抵当プログラム」(Localized Community Mortgage Program = LCMP) という新たなプログラムが開始され，地方政府に対する期待はさらに大きくなった。LCMPでは，SHFCとパートナーになる資格を持つ地方自治体が，社会住宅のために最大5,000万ペソの申請を行うことができる。LCMPにおいて地方政府は，NGOとPOをパートナーとして認証することも求められている[49]。2010年10月現在，18の地方自治体がこのプログラムの下でSHFCのパートナーになっている。

　NGOは，CMPの全ての段階で重要な役割を担い，スクオッターへの法的要求事項の周知，土地所有者との交渉の支援，法律相談などのサービスの提供を行う[50]。CMPの事業起案者となっている代表的なNGOとしては，先述したPHILSSAやFDA以外にも「都市貧民の発展のための基金」(Foundation for the Development of the Urban Poor = FDUP)，「都市貧民協会」(Urban Poor Associates = UPA)，「全国CMP起草者会議」(National Congress of CMP Originators = NCCO)，「フィリピン・ビジネス社会開発財団」(Philippine Business for Social Progress = PBSP) などの大規模なNGOが挙げられよう[51]。

(表11-3) CMPにおける事業起案者別のプロジェクト数と平均収集効率

	プロジェクト数	平均収集効率
中央政府	268 (17.96%)	66.32%
地方政府	486 (32.57%)	79.54%
NGO	738 (49.46%)	81.53%
合計	1,492	

(出所) Social Housing Finance Corporation, Accounts Management Department, Collection Efficiency Rating (Per Corporate Circular CMP No. 003) per Originator as of December 31, 2009 を元に筆者作成。なお，中央政府は，NHA と HGC の2つを指す。

POは，CMPにおいて中心的な役割を果たし，都市貧民の組織化を促すとともにプログラムの受益者でもある。CMPに参加する場合，POはPCUPの承認を得て登録する必要がある。偽装集団による受益を阻止するのが主たる目的である。2年ごとに更新が必要なため，総数の把握は困難であるが，毎年100から200程度のPOが承認されている。更新を含めれば，2009年は335，2010年は6月までに136のPOが承認されている。

表11-3が示すように，2009年12月末現在，1,492のCMPが実施されているが，NGOが事業起案者となっているCMPの割合が最も多く，地方政府，中央政府と続く。NGOがCMPにおいて中心的な担い手となっていることが窺えよう。加えて，「収集効率」(Collection Efficiency Rating = CER)に目を向けると，フォーマル・セクターを対象とするUHLPのCERが50%から60%程度であるのに対して，インフォーマル・セクターを主たる対象とするCMPのCERは，2009年12月末現在，80.79%である。CERの事業の回収可能性（recoverability）は，相対的に高いことも明らかである。付言するに，NGOと地方政府は，ともに中央政府よりも高いCERを達成していることも読み取れよう。城所が指摘するように，NGOが共同体の組織化を支援し，住環境整備における共同体組織の主体性を確保することで，共同体主体による居住環境整備が促され，住民の意識も高く保たれている結果と言えよう。NGOは，質量ともにCMPの発展に大きく貢献していることは間違いない。

なお，政府機関が持つ限られた資金は，主として第1段階の土地獲得に用いられているため，住居の建設に必要な資金は他から捻出しなければならな

(表11-3) 都市貧困層向けの住居のための混合資金戦略

NGO	プロジェクト	資金源
Freedom to Build	Haracio de la Costa Homes	a. 内部資金 b. NHMFC
Foundation for the Development of the Urban Poor	Project Exodus	a. NHMFC b. 国際ドナー
	Bonanza HOA	a. CMP b. 共同体預金 c. 事業ドナー
Philippine Business for Social Progress	Apitong Neighborhood Association	a. 企業ドナー b. 国際ドナー
Mondragon Foundation, Inc.	マニラ首都圏	a. 企業ドナー b. 国際ドナー
Save the Children-U.S.	BATAHAI	a. 地方自治体資金 b. 国際ドナー c. 共同体預金
COPE	People's Housing Alternatives for Social Empowerment	a. 共同体預金 b. 国際ドナー
SLU-SVP	SLU-SVP Housing Cooperatives	a. 共同体預金 b. 国際ドナー c. 銀行ソフトローン
National Congress of Originators	様ざまなプロジェクト	a. 贈与・寄付 b. 銀行ソフトローン c. CMP d. UHLP e. 開発ローン f. 共同体預金 g. 募金

(出所) Ma. Lourdes G. Rebullida, "NGO-PO Approaches to Urban Poor Housing," in Ma. Lourdes G. Rebullida, Dolores A. Endriga, and Geraldine M. Santos, *Housing the Urban Poor: Policies, Approaches, Issues*, Quezon City: UP Center for Integrative and Development Studies, 1999, p. 54.

いのが現状である。それゆえ NGO は、国内ドナー、国際ドナー、企業ドナーなど多様な資金を組み合わせることで資金の補充に努めている（表11-4）。

第5節 ローカル・ガバナンスにおける三者協力

近年では、複数の事業起案者が協力して都市貧困の解消に取り組む動きが見られる。とりわけ地方政府、NGO、PO との協力関係が目を引く。[56] 三者間のフォーマルなパートナーシップが発達している代表的な自治体としては、ナガ市、セブ市、モンテンルパ市などを挙げられよう。

1. ナガ市

　ルソン島南部の南カマリネス州にあるナガ市では，急速な都市化に伴い，スクオッター世帯数が急増する。その割合は，1980年に14.6％であったが，89年には25％にまで増えていた。[57] このような状況に対処するために，CMPから着想を得て市政府が1989年に打ち出したのが，「開発におけるパートナー事業」(Kaantabay sa Kauswagan = Kaantabay) というプログラムであった。ナガ市は，このプログラムを足掛かりに市民社会アクターとの協力関係を最も発展させてきた自治体の1つである。

　Kaantabayは，社会住宅サービスの一形態であり，その主たる目的は都市貧民の住宅問題を解消するための土地保有権の獲得と彼らが快適な生活を送ることができる都市基盤の整備にある。[58] Kaantabayが採択された背景には，市民社会側からの強い圧力があった。その中心にいたのが，都市貧困層の組織化を支援する「フィリピン共同体組織者エンタープライズ」(Community Organizers of Philippine Enterprises = COPE) というNGOであった。このCOPEの支援を受けた9つのPOは，1987年12月にアキノ大統領がナガ市を訪問した際に，都市貧困問題の解消に直接的に取り組む新たな部局の設立を求めた。このような市民社会の圧力を受けて，ロブレド市長 (Jesse M. Robredo) が89年5月に設置したのが「都市貧困問題局」(Urban Poor Affairs Office = UPAO) であった。[59] 以来，ナガ市では，このUPAOがKaantabayに関わる様々なプロジェクトの調整を行っている。

　ナガ市政府は，このKaantabayを通じてオンサイト開発，オフサイト開発，キャパシティ・ビルディング，支援サービスなどに取り組んでいる。[60] とりわけ上述したCMPは，オンサイト開発で積極的に用いられており，1992年から98年の間に141の家族のために7,762平方メートルの開発に成功している。[61] CMPのためのCOにおいては，COPEが重要な役割を果たしており，COPEによって89年の設立当初は9つであったNCUPFのPOの数は，2006年までに80にまで増加した。[62] このようなCOPEの努力もあって，2006年末までにKaantabayは8,763の都市貧民世帯を対象とするまでに拡大した。[63] Kaantabayは，貧困に対する取り組みが評価され，96年に国連教育科学文化機関と国連人間居住センターが与えるベスト・プラクティス賞

(図11−1) ナガ市のガバナンス・モデル

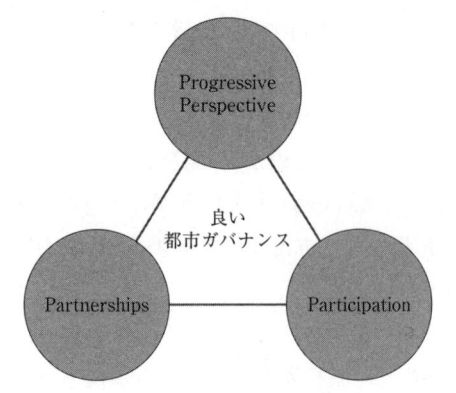

Progressive Perspective
ナガ市の中核哲学である「平等な成長」に基づく地方行政の指導力

Partnerships
共同体資源を優先事業のために開拓する手段

Participation
長期の持続可能性を実現するメカニズム

(出所) Jose M. Robredo, Governance & Social Accountability Mechanisms Naga City, Philippines, paper presented at the Governance and Social Accountability Forum, in conjunction with the World Bank and IMF Annual Meeting on September 18, 2006 in Singapore, Figure 1 より筆者作成 (http://www.naga.gov.ph/cityhall/IMF_09182006.pdf)。アクセス日：2010年9月6日

に選出されている[64]。こうしてKaantabyが成功を収めたことに鑑みナガ市は，98年3月に条例第98-033号によって，年度予算の10％をそれに割り当てることを決定した[65]。

Kaantabay以外にもナガ市では，住宅問題に関する政策決定機関として93年6月に条例第93-057号によって，20人からなる「ナガ市都市開発住宅評議会」(Naga City Urban Development and Housing Board)，94年7月に条例第94-067号によって，社会住宅の受益者登録のための「市登録委員会」(City Registration Committee = CRC) を設置した。他方で，ナガ市は，95年12月にNGOとPOからなる「ナガ市民衆会議」(Naga City People's Council = NCPC) の設立とその市政府とのパートナーシップの制度化を求める条例第95-092号を可決した。NCPCには，地方特別機関におけるNGOの代表の指名権，市議会の委員会での法案の提出権などが与えられている[66]。2004年7月には，市民社会のエンパワーメントとその市行政への積極的な参画を求める条例第2004-073号を可決し，市民社会アクターがより深くローカル・ガバナンスに関与できる環境を整えている[67]。

このようにナガ市は，都市貧困問題の解消に向けた三者協力の制度化が進

んでおり[68]，ローカル・レベルにおける良い都市ガバナンスもしくは参加型ガバナンスのモデルケースとして注目を集めている（図11−1）[69]。

2. セブ市

　中部ビサヤのセブ州にあるセブ市では，民主化直後から市政府と市民社会との協力関係が進められた[70]。1992年にはPFIなどを含む12のNGOが「セブ助力者」(Kaabag sa Sugbo = Kaabag) という市民社会連合を結成し，ローカル・ガバナンスへの影響力を強めていった[71]。先述したようにセブ市では，CCUPを介して市政府と市民社会との協力関係が進んでいたが，94年6月には条例第1524号によってCCUPが「福祉都市貧困課」(Division for the Welfare of the Urban Poor = DWUP) へと再編され，NGOとPOとの協力関係のさらなる発展が目指された[72]。このような市民社会とのパートナーシップによる貧困削減への取り組みが評価され，94年にセブ市はナガ市と同様にベスト・プラクティス賞に選出されている[73]。

　それ以外にも市民社会のロビー活動によって，1999年に政府，NGO, POによる三者間協力機関として「個人居住対策委員会」(Task Force Tawhanong Pagpuyo = TFT) が設立されている。TFTは，DWUP, 「組織化努力のためのフェローシップ」(Fellowship for Organizing Endeavors = FORGE) と「フィリピン共同体組織化エンタープライズ」(Community Organizing in the Philippine Enterprises = COPE) というNGOによって構成され，住居と基本的サービスに関する都市貧困層の関心を汲み取り，それに関わる政策の施行を監視することを目的としたものである[74]。同年5月には条例第1762号によって「セブ市住宅評議会」(Cebu City Housing Board) が設置され，そこにNGOとPOの代表がメンバーとして参加できるようになった[75]。

　セブ市では，貧困解消を主たる目的とした社会住宅プログラムとして，上述したCMP以外に「市有厚生不動産」(City-Owned Rehabilitation of Estates = CORE), 「市私有地住宅獲得」(City Housing and Acquisition of Privately-Owned Lots = CHAPEL), 「移転地獲得譲渡」(Acquisition and Disposition of Relocation Sites = RESETTLEMENT) などが実施されている。ナガ市と同様

(表11-5) セブ市における社会住宅プログラム別の受益家族数

	CHAPEL	CORE	CMP	RESETTLEMENT	特別プロジェクト	合計
登録受益者数	1,596	1,920	2,997	4,574	8,923	20,010

(出所) Cebu City, Philippines Profile, p. 34 の Table 25 を一部修正して筆者作成。

にセブ市でも，1993年1月に行政命令第93-01号によって，受益者の登録を目的とした「市登録委員会」(City Registration Committee = CRC) が設置された[76]。2006年までに5万8,712の家族が登録を行い，そのうち2万10の家族が上述のプログラムの受益者となっている（表11-5）。

また，CMPの創設者とも言えるPFIは，現在に至るまで市政府の重要なパートナーとしてCMPに積極的に関与し，CMPの監視と管理，ローンの回収，土地獲得における技術的支援，土地開発などに取り組んでいる。セブ市が行う社会住宅プログラムでは，PFIによって7,793の家族が受益者となっている[77]。また，セブ市におけるCMPのCERは，2007年に70%前半であったが，PFIとDWUPとの協力によるCMPの継続的かつ厳格な監視によって，2008年には87%にまで向上した[78]。

このようにPFIを始めとするNGOやPOは，貧困削減を目指すセブ市の重要なパートナーになっている。

3. モンテンルパ市

マニラ南郊の郊外都市であるモンテンルパ市では，都市化に伴い人口が急増するが，約4割が貧困層であったため，社会住宅プログラムは最も優先度が高いプログラムの1つとなってきた。同市では，「モンテンルパ開発財団」(Muntinlupa Development Foundation = MDF) というNGOが，1986年10月の設立以来，COに精力的に取り組みながら，市政府と密接なパートナーシップを形成している[79]。

市政府とMDFとの協力関係が進展し始めるのは，1991年以降である。その年にMDFは，COを通じて27の家族が居住している土地を獲得するのを支援した。また，市政府との協力の下で150の家族を支援し，地主との交渉を進めることに成功する。こうしてMDFが果たす役割を鑑み，市政府

は MDF とよりフォーマルな関係を構築していった[80]。

1996年には，PO の連合体である「モンテンルパ貧困者連合」(Bukluran ng nga Samahan ng Maralita sa Muntinpula = BUKLURAN) の提言を踏まえて，市議会決議第 96-91 号によって UPAO が設定される。UPAO は，インフォーマル・セクターに対する社会住宅プロジェクトの立案や監視，社会住宅プロジェクトの実行における NGO と政府機関との調整，社会住宅プログラムの発展に向けたプライベート・セクターの積極的な参加の奨励を主たる役割とする。この UPAO を通じて市政府は，18 の PO を支援して社会住宅を獲得させている[81]。

1998年5月の選挙でフレスネディ (Jaime R. Fresnedi) が市長に就任すると，行政命令第 15 号により「社会住宅プログラム委員会」(Socialized Housing Program Committee = SHOPCOM) と呼ばれるマルチ・セクターの委員会が設置され，市民社会とのパートーシップがさらに促進されてゆく。SHOPCOM は，MDF と 1976 年に結成された国際 NGO である「ハビタット・フォー・ヒューマニティ」(Habitat for Humanity = HFH) の支援を得ながら CMP に取り組んでいった。市政府が，これらの NGO の協力を得ているのは，MDF が主として不動産と定住の管理，CMP の創作作業，マイクロ・クレジット支援に関する専門的能力を，HFH が主として住宅建設の専門知識を有するためである。これらの NGO の協力を得て市政府は，2002年9月までに 714 の家族の住宅問題を解消するとともに，350 の家族に臨時融資を行った[82]。

2001年8月から MDF は，SHOPCOM と協力しながら，576 の家族からなる線路沿いのスクオッターの再定住プロジェクトを実施し，CMP を通じた土地購入，基本的サービスの提供，住宅建築を進めた。このプロジェクトには，アジア開発銀行の「貧困削減日本基金」(Japan Fund for Poverty Reduction = JFPR) が約 100 万ドルを出資している[83]。現在までに MDF は，CMP を通じて 13 の都市貧民 PO，1,807 の家族の支援を行っており，そのうち 7 つの PO が，市政府からの融資を利用している[84]。ここでも三者協力が発展していると言えよう。

SHOPCOM は，2000 年に行政命令第 15-A 号によって，社会住宅プログ

第 11 章　都市貧困と市民社会　401

ラムに積極的に関与する NGO と PO とのパートナーシップの促進とそれらのメンバーシップの拡大が求められた。2002 年 9 月にアロヨ政権が覚書命令第 74 号によって「地方住宅評議会」（Local Housing Board = LHB）の設置を求めたのを受けて，2003 年 2 月に条例第 03-084 号によって SHOPCOM は LHB へと改組され，NGO と PO とのさらなるパートナーシップの制度化が試みられてゆく。2006 年 7 月には，LHB に PO のメンバーの参加を促す条例第 06-097 号を可決する。[85] 2010 年 10 月現在，LHB には，MDF と PBSP という NGO の代表に加え，PO から 3 人の代表が参加している。[86]

小　　括

　都市貧困の解消を求める市民社会のロビー活動は，一定程度の成功を収めたと言えるだろう。とりわけ NGO と PO は，ULR-TF という大規模な市民社会連合を結成してロビー活動を展開することで，不当な取り壊しや立ち退きを禁止し都市貧民に社会住宅を提供することを明記した UDHA を制定させることができた。それだけではない。ULR-TF は，UDHA の制定だけでは不十分と考え，ロビー活動を継続して行うことで CISFA の制定を促し，遂には PD772 の破棄にもこぎつけた。農地改革と比べれば議会での抵抗は少なかったとはいえ，こうした ULR-TF の活動は，国家の支配階級からの自律性を高めるものであったと言えるだろう。

　UDHA の施行面に目を向けてみると，UDHA の実行主体は地方自治体であったが，全ての自治体が速やかに UDHA を施行したわけではなかったため，市民社会アクターはローカル・ガバナンスに積極的に介入する必要があった。いくつかの事例が示すように，市民社会が活発で地方自治体と市民社会との協力関係が進展しているほど，UDHA への取り組みが進んでいた。つまり，ローカル・ガバナンスへの市民社会の関与の度合いが，都市貧困問題に対する地方自治体の取り組みを規定していた。

　こうした市民社会の積極的な参加を求めた代表的プログラムとして，本章では CMP を取り上げて検証した。CMP では，農地改革と同様に三者協力が 1 つのメルクマールをなし，それを介して都市貧困問題の解消が図られて

いった。無論，課題も数多く残されている。CMPは，回収率が高いとはいえ，目標値である85％を下回ったままである。また，CMPでの融資は市場金利以下であることから，CMPは実質的には助成金にすぎず，その持続可能性を疑問視する声もある。NHMFCによる処理プロセスの遅さや資金不足も問題である。[87]こうした課題はあってもフィリピンのCMPは，共同体による主体的な居住環境の改善意欲を生み出している点で成功事例として評価されよう。その主たる担い手であるNGOとPOは，今後とも重要な役割を果たしてゆこう。

最後に，こうしたCMPを含めた都市貧困問題の解決手段として，地方自治体と市民団体という非国家アクター同士の協力による取り組みを，いくつかの地方自治体を取り上げて検証した。そこでは，地方自治体とNGO・POという非国家アクター同士の協働が，国家の能力を補完し，中央政府だけでは実行が困難な都市貧困問題の解消を促す有効な手段となっていた。ここでも市民社会は，国家の能力を補完する役割を果たしていたと言えよう。

註

1 マニラにおけるスクオッター運動の歴史について，詳しくは以下を参照されたい。Anna Marie A. Karaos, "Manila's Squatter Movement: A Struggle for Place and Identity," *Philippine Sociological Review*, Vol. 41, No. 1-4, January-December 1993, pp. 72-79.
2 シンシア・D・ノラスコ著／アジア社会学セミナー訳『フィリピンの都市下層社会』明石書店，1994年，86-95頁。Ton van Naerssen, "Continuity and Change in the Urban Poor Movement of Manila, the Philippines," in Frans Schuurman and Ton van Naerssen, eds., *Urban Social Movements in the Third World*, Toronto: University of Toronto, 1989, pp. 210-212.
3 Alejandro V. Almazan, "Increased squatter activity worries gov't," *Business Day*, March 19, 1986, p. 9; anon., "Squatter problem on the rise," *Business Day*, March 20, 1986, p. 13; anon., "Squatters invade another Bliss site," *Business Day*, March 21, 1986, p. 27.
4 Ton van Naerssen, *op. cit.*, p. 215.
5 Partnership of Philippine Support Services Agencies and the Urban Poor Associates, *What Should We Lobby For?: The Laws, Programs and*

Policies People's Groups and NGOs Should Work for in the Field of Land and Housing, n.p.: Partnership of Philippine Support Services Agencies, 1995, pp. 1-7.

6 anon., "Big squatter house torn down; portes rally held," *Business Day*, April 24, 1986, p. 22.

7 Angelita Y. Gregorio-Medel, *The Urban Poor and the Housing Problem*, Quezon City: Center for Social Policy and Public Affairs, Ateneo de Manila University, 1989, p. 14.

8 Annie de Leon and Percival Chavez, "Urban Poor Coalitions," in Cesar P. Cala and Jose Z. Grageda, eds., *Studies on Coalition Experiences in the Philippines*, Metro Manila: Bookmark, Inc., 1994, pp. 253-254.

9 anon., "Urban poor picket NHA, list demands," *Business Day*, August 12, 1986, p. 19.

10 anon., "Squatter eviction deferred," *Business Day*, August 13, 1986, p. 22.

11 John J. Carroll, S. J., "Philippines NGOs Confront Urban Poverty," in G. Sidney Silliman and Lela Garner Noble, eds., *Organizing for Democracy: NGOs, Civil Society and the Philippine State*, Honolulu: University of Hawai'i Press, 1998, p. 122.

12 Denis Murphy, Edward Gerlock, Elena Chion-Javier, Ana Marie Dizon, and Salome Quijano, *A Social Movement of the Urban Poor: The Story of Sama-Sama*, Quezon City: Urban Research Consortium, 2001, pp. 1-15.

13 Antonieta lg. E. Zablan, *Vital issues of the Urban Poor*, Quezon City: Institute on Church and Social Issues, De La Costa Center, Loyala Chool of Theology, Ateneo de Manila University, 1990, pp. 35-36.

14 Ana Maria O. Clamor, *NGO and PO Electoral Experiences: Documentation and Analysis*, Quezon City: Institute on Church and Social Issues, 1993, pp. 19-38.

15 *Ibid.*, pp. 89-91.

16 *Ibid.*, pp. 38-40, pp. 91-102.

17 John J. Carroll, S. J., *op. cit.*, p. 126, p. 136.

18 *Ibid.*, p. 127.

19 *Ibid.*, p. 127.

20 Annie de Leon and Percival Chavez, *op. cit.*, p. 257.

21 Jose J. Magadia, *State-Society Dynamics: Policy Making in a Restored Democracy*, Quezon City: Atene de Manila University Press, 2003, p. 99.

22 John J. Carroll, S. J., *op. cit.*, p. 127.

23 Annie de Leon and Percival Chavez, *op. cit.*, p. 257.

24 John J. Carroll, S. J., *op. cit.*, p. 128.
25 Jose J. Magadia, *op. cit.*, p. 103.
26 Anna Marie A. Karaos, Manila's Urban Poor Movement: The Social Construction of Collective Identities, Ph.D. Thesis: The Graduate Faculty of Political and Social Science of the New School for Social Research, 1995, p. 242.
27 Anna Marie A. Karaos, Marlene V. Gatpatan, and Robert V. Hotz, S. J., *Making a Difference: NGO and PO Policy Influence in Urban Land Reform Advocacy*, Quezon City: Institute on Church and Social Issues, 1995, p. 36.
28 John J. Carroll, S. J., *op. cit.*, p. 128.
29 Anna Marie A. Karaos, *op. cit.*, p. 243.
30 John J. Carroll, S. J., *op. cit.*, p. 128.
31 裁判所の命令によって取り壊す場合には再定住地を提供する代わりに経済的な補償を与えるとする条項や，都市貧民団体の土地に対する累進課税を規定した条項などである（Anna Marie A. Karaos, *op. cit.*, p. 248)。
32 UDHAの簡単な評価については以下を参照されたい。Grace C. Ramos, "The Urban Development and Housing Act (UDHA) of 1992: A Philippine Housing Framework," Almini Papers, House Development & Management, LTH, Lund University, 2000 (http://www.hdm.lth.se/fileadmin/hdm/almini/papers/papers/ad2000/ad2000-12.pdf). アクセス日：2010年9月8日
33 Presidential Decree No. 772.
34 John J. Carroll, S. J., *op. cit.*, p. 129.
35 Partnership of Philippine Support Services Agencies and the Urban Poor Associates, *op. cit.*, p. 17, p. 23.
36 anon., "DILG orders inventory of Metro Manila Poor," *Business World*, April 26, 1994.
37 anon., "Deadline for housing program extended," *Business World*, August 25, 1994.
38 anon., "C. Visaya is lone starter in land inventory for urban housing dev't law," *Business World*, June 28, 1994.
39 Jocelyn Vincente Angeles, "The Role of the Naga City Urban Poor Federation in the Passage of Pro-Poor Ordinances and Policies," in Marlon A. Wui and Ma. Glenda S. Lopez, eds., *State-Civil Society Relations in Policy-Making*, Quezon City: The Third World Studies Center, 1997, pp. 97–112.
40 Ronald V. Amorado, Roberto B. Tordecilla, and Letty C. Tumbaga,

"Participation in Local Governance of an Urban Poor Alliance in the Metro Manila Area," in Fernando N. Zialcita, Letty C. Tumbaga, Roberto B. Tordecilla, Roy S. Consolacion, Gerry D. De Asis, Felipe S. Ramiro, Jr., Josel E. Gonzales, and Allan C. De Lima, *People Participation in Local Governance: 4 Case Studies*, Quezon City: Center for Social Policy and Public Affairs, Ateneo de Manila University, 1995, pp. 69-76.

41   Marlene Gatpatan, "UDHA Revisited," *Intersect*, Vol. 7, Nos. 9 & 10, September/October 1993, p. 12; Felisa Etemadi, "The Politics of Engagement: Gains and Challenges of the NGO Coalition in Cebu City," *Environment and Urbanization*, Vol. 16, No. 1, 2004, pp. 79-81.

42   *Ibid.*, p. 12.

43   Partnership of Philippine Support Services Agencies and the Urban Poor Associates, *op. cit.*, pp. 23-24; Gavin Shaktin, "Community-Based Organizations, Local Politics, and Shelter Delivery in Metro Manila," *Kasarinlan*, Vol. 14, Nos. 3 & 4, 1999, pp. 40-41; Emma Porio and Christine Crisol, "Property Rights, Security of Tenure and the Urban Poor in Metro Manila," *Habitat International*, Vol. 28, No. 2, June 2004, p. 208.

44   Charito Chiuco-Tordecilla, "Community Mortgage Program (CMP) and the Foundation for the Development of the Urban Poor," in Fernando T. Aldaba, ed., *The Fight against Poverty in Southeast Asia: NGO Good Practices in Cambodia, Indonesia, and the Philippines*, Quezon City: Ateneo Center for Social Policy and Public Affairs, 2005, p. 26.

45   Faith Christian Q. Cacnio, "Microfinance Approach to Housing: The Community Mortgage Program," Discussion Paper Series No. 2001-28, Philippine Institute for Development Studies, December 2001, pp. 4-5 (http://www3.pids.gov.ph/ris/dps/pidsdps0128.pdf). アクセス日：2010年8月25日

46   Michael Lee, "The Community Mortgage Program: An Almost-Successful Alternative for Some Urban Poor," *Habitat International*, Vol. 19, No. 4, 1995, pp. 533-535.

47   National Home Mortgage Finance Corporation, NHMFC Corporate Circular No. CMP-001, April 12, 1989.

48   Faith Christian Q. Cacnio, *op. cit.*, p. 5.

49   Social Housing Finance Corporation, Localized Community Mortgage Program.

50   Erhard Berner, "Poverty Alleviation and the Eviction of the Poorest: Towards Urban Land Reform in the Philippines," *International Journal of Urban Regional Research*, Vol. 24, No. 3, September 2000, p. 560.

51 FDUPについては,ホームページを参照されたい (http://www.fdup.org.ph/programs.php)。以下でも FDUP による CMP 関連の活動が詳しく述べられている。Charito Chiuco-Tordecilla, *op. cit.*, pp. 30-47. PHILSSA についてもホームページを参照されたい (http://www.philssa.org.ph/home_programs.htm)。

52 Michael Lee, *op. cit.*, p. 533.

53 Presidential Commission for the Urban Poor, Summary of Approved Accreditation Certificate Issued, CY 2009; Presidential Commission for the Urban Poor, Summary of Approved Accreditation Certificate Issued, CY 2010.

54 Social Housing Finance Corporation, Accounts Management Department, Collection Efficiency Rating (Per Corporate Circular CMP No. 003) Per Originator as of December 31, 2009.

55 城所哲夫「都市環境改善と貧困緩和の接点における ODA の役割と課題について」『開発金融研究所報』2000 年 11 月増刊号, 66 頁。

56 Marife M. Ballesteros and Dam C. Vertido, "Can Group Credit Work for Housing Loans?: Some Evidence from the CMP," *Policy Notes*, No. 2004-05, June 2004, p. 3.

57 ナガ市のウェブサイトより (http://www.naga.gov.ph/cityhall/kaantabay.html)。アクセス日:2010 年 9 月 6 日

58 ナガ市のウェブサイトより (http://www.naga.gov.ph/cityhall/kaantabay.html)。アクセス日:2010 年 9 月 6 日

59 Anicia C. Sayos, "Kaantabay sa Kauswagan (Partners in Development) Mass Housing Strategy, The Case of Naga City," Discussion Paper Series No. 98-24, Philippine Institute for Development Studies, June 1998, p. 5 (http://dirp4.pids.gov.ph/ris/dps/pidsdps9824.pdf)。アクセス日:2007 年 8 月 25 日 川中は,これを「ロブレド・スタイル」と呼び,ナガ市の地方政治の実態を詳細に分析している (Takeshi Kawanaka, "The Robredo Style: Philippine Local Politics in Transition," *Kasarinlan*, Vol. 13, No. 3, 1998)。

60 この点に関して詳しくは以下を参照されたい。UNCHS and CITYNET, "Partners in Development in Naga City, the Philippines," in United Nations Centre for Human Settlements and Community Development Programme for Asia, *Partnership for Local Action: A Sourcebook on Participatory Approaches to Shelter and Human Settlements Improvement for Local Government Officials*, Bangkok: ESCAP-CITYNET, 1998, pp. 62-73. また, ナガ市は,2009 年 11 月に条例第 2009-085 号によって,先述した LCMP の下で NGO を事業起草者として認証するためのガイドラインを可決している。Naga City, Ordinance No, 2009-085, An Ordinance Promulgating Guideline

Governing the Qualifications and Procedures for Accreditation of NGOs as Originators of Projects under the Localized Community Mortgage Program (LCMP) of the City, November 17, 2009.

61　Anicia C. Sayos, *op. cit.*, p. 6.

62　Jesse M. Robredo, "Participatory Approaches in Alleviating Urban Poverty: The Naga City Experience," paper presented at the UNDESA/Italy Side Event on Fighting Urban Poverty in World Urban Forum III on June 20, 2006, Vancouver, Canada, p. 1 (http://www.naga.gov.ph/cityhall/FORUM3_06202006.pdf). アクセス日：2010年9月14日

63　Jesse M. Robredo, "Engaging People in Local Government," paper presented at the Conference on Active Citizenship and Social Accountability, sponsored by Australian Council for International Development (ACFID) on July 3, 2007 at the Monash University, Victoria, Australia (http://www.naga.gov.ph/cityhall/ACFID_07032007.pdf). アクセス日：2010年9月14日

64　プログラムの評価について詳しくは、国連のウェブサイトを参照されたい（http://www.unesco.org/most/asia8.htm)。

65　Naga City, Ordinance No. 98-033, An Ordinance Comprehensive and Continuing Development Program for the Urban Poor Sector, March 11, 1998.

66　Naga City, Ordinance No. 95-092, An Ordinance Initiating a System for a Partnership in Local Governance, December 20, 1995.

67　Naga City, Ordinance No. 2004-073, An Ordinance Strengthening People Empowerment and Participation in Governance, July 12, 2004.

68　なお、三者協力は、市政府、NGO、POを指す場合と、市政府、NGO・PO、地主を指す場合とがある。

69　ナガ市における参加型ガバナンスについては、以下でも詳しく論じられている。Leonora Angeles, "Renegotiating Decentralization and State-Civil Society Relations: A Reinterpretation of Naga City's Experiment in Participatory Governance," in Penny Gurstein and Leonora Angeles, eds., *Learning Civil Societies: Shifting Contexts for Democratic Planning and Governance*, Toronto: University of Toronto Press, 2007.

70　この経緯については以下が詳しい。Felisa Etemadi, "Urban Governance and Poverty Alleviation: The Cebu City Experience," in Emma Porio, ed., *Urban Governance and Poverty Alleviation in Southeast Asia: Trends and Prospects*, Quezon. City: Global Urban Research Initiative in Southeast Asia, Ateneo de Manila University, 1997, pp. 93-95.

71　現在は、28のNGOがネットワークに参加している。メンバーについて

詳しくは，ウェブサイトを参照されたい（http://kaabagsasugbo.org/）。
72 Cebu City, Ordinance No. 1524, An Ordinance Creating the Division for the Welfare of the Urban Poor, Formerly the City Commission for Urban Poor under the Office of the Mayor, June 1994.
73 プログラムの評価について詳しくは，国連のウェブサイトを参照されたい（http://www.unesco.org/most/asia11.htm）。
74 Felisa Etemadi, "The Politics of Engagement: Gains and Challenges of the NGO Coalition in Cebu City," p. 81.
75 Cebu City, Ordinance No. 1762, An Ordinance Creating the Cebu City Housing Board, Providing for its Composition, Defining its Powers and Functions and for Other Purposes, May 19, 1999.
76 Cebu City, Executive Order No. 93-01, Creating the City Registration Committee as Mandated per Paragraph A of Sec. 6 Procedure and Guidelines of Implementing Rules and Regulations (IRR) Governing the Registration of Beneficiaries under Section 17 of RA 7279 also Known as the Urban Development and Housing Act of 1992, January 6, 1993.
77 セブ市のウェブサイトより（http://cebucity.gov.ph/index.php/deptsoffices/frontline/dwup?showall=1）。アクセス日：2010年9月2日
78 Rene H. Martel, "CH increases by 7% efficiency in collection of housing dues," *Sun Star Cebu*, July 28, 2008.
79 Muntinlupa Development Foundation, Inc., Annual Report of Muntinlupa Development Foundation, Inc., Year 2009, pp. 1-3.
80 Rosario G. Manasan and Ruben G. Mercado, "Governance and Urban Development: Case Study of Metro Manila," Discussion Paper Series No. 99-03, Philippine Institute for Development Studies, February 1999, pp. 32-33（http://www3.pids.gov.ph/ris/pdf/pidsdps9903.pdf）。アクセス日：2010年8月26日
81 市のUPAOの担当役人であるディアス（Ferdinado Diaz）による情報提供，2010年10月6日。
82 Philippines-Canada Local Government Support Program, *Enhancing Shelter Provision at the Local Level*, Manila: Philippines-Canada Local Government Support Program, 2003, pp. 75-76.
83 このプロジェクトについて詳しくは以下を参照されたい。Cynthia C. Veneracion, *Partnerships for Slum Improvement: The ADB-JFPR and DSWD Projects in Muntinlupa City and Payatas*, Quezon City: Ateneo de Manila University, 2004.
84 Muntinlupa Development Foundation, Inc., *op. cit.*, p. 2.
85 Muntinlupa City, Ordinance No. 03-084, An Ordinance Converting

the Socialized Housing Program Committee (SHOPCOM) into a Local Housing Board of the City of Muntinlupa, Providing its Composition, Defining its Power and Function, and for Other Purposes, February 6, 2003; Muntinlupa City, Ordinance No. 06-097, An Ordinance Amending Ordinance No. 03-084, Otherwise Known as "An Ordinance Converting the Socialized Housing Program Committee (SHOPCOM) into a Local Housing Board of the City of Muntinlupa, Providing its Composition, Defining its Power and Function, and for Other Purposes", and Incorporating the Provisions of "Participation of People's Organizations, Manner of Selection, Election Guidelines, Election Officials and Term of Office", July 20, 2006. なお, 2010年9月現在, LHB は, 50の市, 99の町村に設置されている (Social Housing Finance Corporation, Number of City/Municipality that Complied to Memorandum Circular No. 2008-143 Entitled, Creation of Local Housing Board, as of September 24, 2010)。

86 市の UPAO の担当役人であるディアス (Ferdinado Diaz) による情報提供, 2010年10月6日。

87 Faith Christian Q. Cacnio, *op. cit.*, pp. 9-11.

結　論

1　本書の分析視座

　これまでマルコス独裁体制からアキノ民主体制に至るまでの政治過程，すなわち民主主義体制への移行過程については，市民による民主化圧力が明確に観察されたこともあって，市民社会という概念を用いて語られることが多かった。しかし，先行研究の多くは，市民社会を半ば同質的な空間として粗雑に扱い，そこで顕在化したヘゲモニー闘争の作用を十分に取り上げてこなかった。このため，市民社会が民主化の帰趨に与えた影響はおろか，その内部の複雑な実態すら，十分に把握されてこなかったと言えよう。
　他方で，アキノ政権以降の民主主義体制の定着過程における市民社会については，現在までに数多くの実証的な研究が出されてきた。しかしながら，先行研究の大半は，民主主義の制度と機能との乖離を半ば等閑視し，そのような乖離を市民社会がいかに解消しうるのか，換言すれば様ざまな欠陥を抱える民主主義体制を単に支えるというより，その改善に市民社会がいかに取り組んでいるのかに十分な関心を向けてこなかった。
　このような先行研究の欠落を踏まえて，本書では民主主義体制への移行過程からその定着過程に至るまでのおよそ25年にわたる政治過程を正面から取り上げ，可能な限り多くの一次資料と二次資料を渉猟しながら市民社会の実証的な分析を試みた。いわば本書は，フィリピンという現地に根ざした等

身大の目線から市民社会の実像を探った総合的な地域研究と位置づけることができよう。

　無論，このように個別性を志向する地域研究という性格を持つからといって，理論的考察を蔑ろにしたわけではない。第Ⅰ部の第1章と第2章で詳細に検討したように本書は，フィリピンという個別事例的な研究から抽出されうる知見に基づき，既存の民主化研究と市民社会研究の概念，理論，アプローチに修正を施しながら，本書の分析に適したアプローチの構築を試みた。

　第Ⅱ部の第3章，第4章，第5章で見たようにフィリピンの市民社会は，多様な階級や集団によるヘゲモニー闘争の舞台となっていた。そして民主主義体制への移行過程を正面から扱った第4章と第5章で明らかにしたように，市民社会では多様なイデオロギーに根ざした運動が形成され，いかなる民主主義を実現するのかをめぐるヘゲモニー闘争が顕在化し，その闘争が民主化を保守層の意向を反映するだけには留まらない方向へと帰着させていった。

　そのような市民社会におけるヘゲモニー闘争は，第Ⅲ部の第9章，第10章，第11章を通じて考察したように，民主主義体制の定着過程においても観察された。第9章の公明選挙の分野では，支配階級が自己のヘゲモニーの保持を企図して，公明選挙の確立を通じた現存の民主主義体制の維持を前提とした漸進的改革に取り組んでいた。他方で，第10章と第11章で取り上げた農地改革と都市貧困の分野では，支配的ヘゲモニーが支える現存の民主主義体制では，速やかな改革が困難という認識から市民社会において対抗的ヘゲモニーが形成され，それが時に分裂の様相を呈しながらも政策決定過程に影響を与えてゆく様子が観察された。

　このような市民社会の実態からすれば，既存の市民社会研究の分析的視座をそのまま採用することはできなかった。そこでは，市民社会を理想視し，半ば無批判に民主主義体制への橋頭堡と捉えるリベラルの系譜の見方が支配的である。しかし，左派のラディカルの系譜の市民社会論の中で指摘されてきたように，現実の市民社会は，排他性や不平等性が隠蔽された領域であり，多様な階級や集団が主導権争いを繰り広げるヘゲモニー闘争の場でもある。さらに，ラディカルの系譜では，そうした不平等性や排他性を契機とする様ざまな市民社会運動の解放的役割が炙り出されてくる。フィリピンの市

民社会は，まさにリベラルとラディカルの双方の主張が交叉するフィールドであり，それゆえにその分析に当たっては双方の視座を織り交ぜたアプローチが必要となった。

　市民社会の視座から現実の政治の動態に切り込んだ場合，既存の民主化研究の分析概念にも修正を施さなければならなかった。そこでは，欧米の自由民主主義を暗黙裡に前提とし制度を重視する手続き的民主主義（procedural democracy）が半ば無批判に採用されてきた。しかし，第4章と第5章で見たように，フィリピンの民主主義体制への移行過程では手続き的民主主義の枠には必ずしも収まらない多様な運動が形成されていた。また，第6章と第7章で検討した民主主義の制度と機能との乖離ゆえに，市民社会は民主主義体制の定着過程において導入された制度（手続き的民主主義）の改善のみならず，民主主義の実質（実質的民主主義〔substantive democracy〕）をも不断に追求していたことを，第III部の第9章，第10章，第11章で考察した。このような市民社会の実践を，分析概念によって等閑視されるのを避けるために本書では，民主化を手続き的民主主義の導入と定着で終わりとせず，実質的民主主義をも実現してゆく重層的かつ長期的なプロセスと捉えて分析を行った。

　このように市民社会の分析に正面から取り組む場合に無視できないのは，国家の存在であった。民主化過程において国家は，市民社会の影響力を規定するアクターでも制度でもあると同時に，民主化を進める上で市民社会が働きかけなければならない対象でもある。それにもかかわらず，既存研究では，市民社会に着目するあまり，国家の役割を軽視するきらいがあった。このような認識から本書では，既存の国家論アプローチを援用して国家概念の再検討を行った。非マルクス主義の国家論からは，制度であれアクターであれ国家は政府以上の存在であり，社会から自律した独自の目標と機能を有するという視点を得た。ネオ・マルクス主義とポスト・マルクス主義の国家論からは，国家は支配階級の利益に貢献する機能を有する一方で，それから自律した側面を持つという視点を引き出した。最後に非マルクス主義のポスト国家論からは，国家の自律性と能力を市民社会との相互作用の中で分析する視点を導き出した。こうした諸アプローチを統合しつつ，上述した市民社会の分

析視座を加えることによって，本書では国家と市民社会との相互作用から民主化という現象に切り込む国家―市民社会アプローチを構築した。

以上のように本書は，地域研究の目線を保持しながら，既存の市民社会研究と民主化研究で用いられている分析概念の有効性と妥当性とを検証した上で分析枠組みの精緻化を試みている。換言すれば，本書の分析視座は，フィリピン一国を対象とする地域研究のみならず，市民社会研究と民主化研究をも包括する形で設定されていた。こうした跨際的な視座ゆえに本書は，地域研究の成果としてフィリピン研究の新たな地平を切り開くのみならず，既存の民主化研究と市民社会研究に対して批判的かつ建設的な知見をも加えるものであった。

2　民主主義体制への移行過程における市民社会

本書の第1の目的は，民主主義体制への移行過程における市民社会の実態と動態を探ることにあった。この目的を達成するために，序論で提示した5つの分析的課題を念頭に置きながら，民主化運動が一気に高揚する1983年8月のアキノ暗殺事件から，新たに誕生した民主主義国家の屋台骨であり民主化の集大成とも言いうる新憲法が制定される87年2月までの政治過程を時系列に分析した。

第4章では，アキノ暗殺事件から1986年2月にピープルパワーによってマルコス体制が崩壊するまでの民主化の移行局面を扱った。リベラルの視座に依拠して市民社会を独裁体制への対抗軸として捉えた場合，フィリピンでは主として争点を重視する「大義重視団体」(Cause-Oriented Group = COG)による大衆抗議運動と「自由選挙のための全国市民運動」(National Citizens' Movement for Free Elections = NAMFREL)による選挙監視活動を介して独裁体制に抗する市民社会の領域が形成され，そうした市民社会による下からのダイナミズムが体制変動を促す原動力となった。

他方で，ラディカルの視座からヘゲモニー闘争にも目を向けると，市民社会は離合集散を繰り返し，次第に分裂の様相を呈していったことが浮き彫りになった。階級的・イデオロギー的差異と闘争形態の相違に着目して整理し

た場合，一方で右側から野党，財界，教会が，他方で左側から革命勢力，これら両者の間で「自由民主主義」(Liberal Democracy = LibDem)，「社会民主主義」(Social Democracy = SocDem)，「民族民主主義」(National Democracy = NatDem) に分類される勢力が，それぞれ自己の求める民主主義を実現すべく市民社会のヘゲモニーを獲得しようとする動きが浮かび上がった。

既に市民社会勢力は，1984年の議会選挙において，市民社会の穏健勢力である NAMFREL が，「民族主義者民主連合」(United Democratic Organization = UNIDO) を中心とする穏健的な野党勢力と糾合して議会選挙への参加を選択した。これに対して，選挙へのボイコットを選択した市民社会勢力は，NatDem の「正義，自由，民主主義のための民族主義者同盟」(Nationalist Alliance for Justice, Freedom and Democracy = NAJFD) や SocDem の「8月21日運動」(August Twenty-One Movement = ATOM)，「アキノに正義を，全ての者に正義を」(Justice for Aquino, Justice for All = JAJA) など争点を重視する COG が「民主主義回復のための組織連合」(Coalition of Organizations for the Restoration of Democracy = CORD) という汎イデオロギー組織を結成して，大衆抗議運動を展開していった。

1985年に入って政治社会の野党勢力が民主化の主導権を握ろうと連合の形成に乗り出すと，市民社会の COG 勢力は主導権を掌握すべく「新民族主義者同盟」(Bagong Alyansang Makabayan = BAYAN) という汎イデオロギー的な統一戦線を結成する。しかし，NatDem が BAYAN の主導権を掌握しようとすると，それに不満を持った LibDem や SocDem が離脱し，「国民精神目標統合運動」(Bansang Nagkakaisa sa Diwa at Layunin = BANDILA) という新たな組織を結成した。86年2月の繰上げ大統領選挙に至る過程では，COG は分裂したまま政治社会の野党勢力に取り込まれ，その対抗的ヘゲモニーは低減を余儀なくされる。民主化の主導権は市民社会の穏健派と政治社会の野党勢力に移ってゆく。その結果，野党勢力が提示したマニフェストには，対抗的ヘゲモニーが求めた革新的な内容が盛り込まれつつも，穏健勢力の主張がより優先されることとなった。ピープルパワーとは，この延長線上に出現したのであり，その口火となったのが「国軍改革運動」(Reform the Armed Forces Movement = RAM) の反乱であった。

ピープルパワーを市民社会の総力として捉え，国家との関係で考察すると，体制変動を決定づけた要因がより明確となった。すなわち，閉鎖的な統治形態を特徴とするスルタン主義によって国家装置の一部としての軍部が「政府としての軍部」と「制度としての軍部」とに分裂し，そこにヘゲモニー闘争を介して成長を遂げた市民社会の圧力が加わったことで，国家の抑圧能力は大きく低下していった。低下した国家の抑圧能力を上回る市民社会の蜂起，すなわちピープルパワーが出現したその時，マルコス独裁体制の崩壊が決定的となったのであった。

　続く第5章では，民主的制度が導入される民主化の決定的局面を扱った。すなわち，ピープルパワーによってマルコス体制が崩壊してから，1987年2月に新憲法が成立するまでの政治過程である。この過程を，前章と同様に市民社会のヘゲモニー闘争に留意しながら時系列的に検証した。

　ここではまず，アキノ政権の閣僚の構成と「憲法制定委員会」(Constitutional Commission = Con-Com) のメンバーに着目し，前者は約5割が，後者は約3割が市民団体関係者から登用されている事実を確認した。ピープルパワーに至るまでの市民社会の活躍の成果が，ここで見てとれた。

　これによって市民社会はアキノ政権で影響力をより行使できるようになったわけだが，それだけでは不十分と考え，LibDem, SocDem,「社会主義」(Socialism),「大衆民主主義」(Popular Democracy = PopDem) の組織は，大衆運動を展開して対抗的ヘゲモニーの形成を図り，「人民の力」(Lakas ng Sambayanan = LAKAS) という汎イデオロギー連合を形成する動きさえ見せていった。1986年7月以降に旧体制派による政権奪取の動きが強まると，分裂前のBAYANのような汎イデオロギー連合として「民主主義の防衛と維持のための連合」(Coalition for the Defense and Preservation of Democracy = CDPD) を結成し，民主化の逆行を阻止するとともに，自分達が掲げる主義や主張を新憲法草案に反映させようと試みていった。こうして市民社会関係者のCon-Comへの登用と市民社会のCOGによる継続的な大衆運動の展開によって，新憲法草案には市民社会が掲げてきた要求が数多く盛り込まれることになった。

　1986年10月に新憲法草案がCon-Comで可決されてからは，その賛否を

めぐって争いが生じてゆく。市民社会では，1986年11月にエンリレ国防大臣（Juan P. Enrile）と RAM が関与したクーデター未遂事件が起こったことで，民主化の逆行を防ぎ体制の安定化を図るために，新憲法草案の批准を求める動きが加速していった。1つは，BANDILA が既成政党とともに86年11月に結成した「憲法承認のための連合」(Coalition for the Constitution's Approval = CCA) である。もう1つは，批判的支持の立場を取る非 BAYAN 系の左派勢力が87年1月に結成した「批判的支持に向けた民衆組織連合」(People's Organizations United Towards Critical Yes = People's Outcry) である。これらに加えて政治社会では，アキノ大統領（Corazon C. Aquino）を支持する勢力によって「国家の力」(Lakas ng Bansa = LAKAS) という超党派の連合体が結成され，新憲法草案の批准を求める運動が拡大していった。

他方で，新憲法草案に反対したのが政治社会の旧体制派であった。旧体制派は，新憲法草案の否決のために1987年1月に，マルコス体制時代の与党である「新社会運動」(Kilusang Bagong Lipunan = KBL) を中心に「民主的行動のための連合」(Coalition for Democratic Action = CODA) を結成する。市民社会の NatDem に属する勢力も，新憲法草案の批准に反対する運動を展開した。とはいえ，NatDem 勢力は決して一枚岩ではなく，BAYAN などは最終的に新憲法草案に対して批判的同意の立場を取ったが，「5月1日運動」(Kilusang Mayo Uno = KMU) や「フィリピン農民運動」(Kilusang Magbubukid ng Pilipinas = KMP) は最後まで反対の姿勢を貫いた。

こうしてマルコス体制崩壊後の民主化の決定局面においても市民社会という舞台を中心にヘゲモニー闘争は継続したが，最終的には政治社会と市民社会の大半の勢力が新憲法草案の批准を求める立場を取ったことで，新憲法草案は圧倒的な国民の支持によって採択された。

本書の冒頭でも指摘したように，先行研究ではフィリピンの体制変動過程は保守層の意向を反映する方向へと向かったと指摘されてきた。確かに市民社会は，多様なアクターによるヘゲモニー闘争によって引き裂かれ，政治社会に対するその影響力が低下したことは否めない。しかし，本書の分析を通じて，市民社会の COG による継続的な対抗的ヘゲモニーによって，民主化は保守層の意向を反映するだけには留まらない方向へと帰着したことが説得

的に実証された。市民社会の主張が新憲法に様ざまな形で明記されたことは，その証左である。市民社会の役割が，一義的ではないことも明らかである。市民社会は，リベラルの市民社会論が主張するように，様ざまな運動を介して民主化という体制変動を促す原動力であった一方，ラディカルの市民社会論が唱えるように，多様な集団によるヘゲモニー闘争の舞台であり，その闘争の帰趨が成立した民主主義体制の性格を規定しうる重要なファクターとなっていた。

3 民主主義体制の定着過程における市民社会

本書の第2の目的は，フィリピンの民主主義体制が抱える欠陥を明らかにし，それを市民社会がいかなる手段で修復して民主主義体制の発展を促してきたのかを実証的に検討することにあった。この目的を達成するために，序論で提示した5つの分析的課題に沿って検証を試みた。

第6章と第7章で検討したように，フィリピンではアキノ政権の下で大統領制と二院制を基本的骨格とするアメリカ型の民主主義体制が復活を果たした。しかし，選挙は3G（Gun〔銃〕, Goon〔私兵団〕, Gold〔金〕の頭文字を採った言葉）や3P（Patronage〔パトロネージ〕, Pay-off〔報酬〕, Personality〔パーソナリティ〕の頭文字を採った言葉），民主主義体制はカシケ民主主義，ボス民主主義，エリート民主主義，政党なき民主主義と揶揄されてきたように，制度と機能との間に著しい乖離が存在していた。

制度と機能との乖離は，フィリピン国家の弱さとも無関係ではなかった。とりわけ一握りのエリート家族による寡頭支配を意味するエリート民主主義と呼ばれる状況は，国家の支配階級からの自律性の低さをも示すものであった。これに加えて，フィリピン国家は，政策を実行する能力も低い。こうした自律性と能力の点でフィリピン国家は弱いことが，とりわけ実質的民主主義の実現にとって大きな障害となっていた。このため市民社会アクターは，各分野でガバナンスに積極的に関与し，国家の弱さを解消しながら民主主義の発展に取り組んでいかなければならなかった。

第9章で取り上げた公明選挙の分野では，先述したNAMFREL，「社会行

動,正義,平和のための全国事務局」(National Secretariat for Social Action, Justice and Peace-Caritas Philippines = NASSA),「責任ある投票のための教区会議」(Parish Pastoral Council for Responsible Voting = PPCRV) に代表される無党派の市民団体の活動を,選挙監視,非公式集計,有権者教育,選挙改革アドボカシーに大きく分けて具体的に検証した。アキノ政権以降も選挙不正が蔓延していたため,市民団体は選挙監視や非公式集計を通じて公明選挙の実施を支えなければならなかった。また,有権者教育を通じて市民の意識を変革することで 3G や 3P といった悪弊を解消し,より有意義な選挙の実施を目指していた。さらに,選挙改革アドボカシーを通じて既存の制度を改革することで,エリート民主主義や政党なき民主主義と呼ばれる状況の改善をも試みていた。こうした市民団体の活動は,選挙という手続き的民主主義の一手段を最大限に活用することで,実質的民主主義の漸進的な実現をも目指すものであった。

　しかし,支配階級としての教会と財界に支えられた公明選挙運動は,選挙ガバナンスを市民社会に過度に依存する状況では,市民団体の無党派性が疑問視されると,民主主義体制の不安定性を助長することが明らかとなった。さらには,制度と機能との間に著しい乖離がある状況では,支配階級の強力なヘゲモニーによって支えられ,またそれを支えるためでもある公明選挙運動によって,欠陥を抱えたままの民主主義体制が一定程度の正統性を付与されるという問題も見られた。それでも,市民団体の活動がなければ選挙の公明性を確保するのは困難であり,民主主義体制は遥かに不安定となりうることから,市民団体の活動は必要とされた。そこでは,民主主義体制の定着に纏わる一種のジレンマとも言うべき現象が見られた。

　第 10 章で取り上げた農地改革は,実質的民主主義と直接的に関係する重要な社会問題である。この分野では,まず 1987 年 6 月に成立した「包括的農地改革法」(Comprehensive Agrarian Reform Law = CARL) の審議過程における市民社会のロビー活動を検証した。CARL の審議過程では,「非政府組織」(Non-Governmental Organization = NGO) と「民衆組織」(People's Organization = PO) の巨大な連合体である「民衆のための農地改革会議」(Congress for a People's Agrarian Reform = CPAR) が精力的なロビー活動を展開していた。最

終的にCARLは地主議員によって骨抜きにされたことは否めない。しかし，CPARのロビー活動がなければ，もっと地主よりの法律になっていたことが予想されよう。その意味でCPARは，エリート民主主義への対抗的ヘゲモニーとして一定程度の成果を達成したと評価できる。

その後，CPARは，主としてイデオロギーの相違に由来するヘゲモニー闘争によって次第に引き裂かれ，遂には解散するに至る。これによって下からの対抗的ヘゲモニーは低減を余儀なくされたため，その空白を埋める連合の形成が試みられていった。CPARのような汎イデオロギー連合の誕生は困難であったが，NGOとPOの連合体によるロビー活動によって，「包括的農地改革計画」(Comprehensive Agrarian Reform Program = CARP) の延長を規定した共和国令第9700号にさまざまな改善策を盛り込むことができた。

市民社会は，CARLの施行面でも重要な存在となっていた。国家だけでは迅速に農地改革を施行することができなかったため，「農地改革と農村開発のための三者間協力」(Tripartite Partnership for Agrarian Reform and Rural Development = TriPARRD) によって市民社会と協力関係を構築する戦略が採用された。この戦略は，「農地改革共同体」(Agrarian Reform Community = ARC) にも引き継がれ，国家と市民社会との協力関係は現在に至るまで継続している。

第11章で取り上げた都市貧困も，実質的民主主義と直接的に関係する問題であった。そこでの市民社会のロビー活動は，農地改革の分野よりも成功を収めたと言えるだろう。ここではまず，1992年3月に成立した「都市開発住宅法」(Urban Development and Housing Act = UDHA) の審議過程に注目した。審議に先立って市民社会では，NGOとPOの連合体として「都市土地改革特別班」(Urban Land Reform Task Force = ULR-TF) が結成され，それが精力的なロビー活動を展開したことで，議論の出発点から市民社会の意向が反映された。その後も，市民社会の意見をより反映する形で審議が進んだのは，都市の不動産に関心を持つ議員の数が少なかったことと無関係ではなかったが，それ以上に対抗的ヘゲモニーとしてのULR-TFの果たした役割が大きかったと言えよう。

市民社会は，UDHAの成立後も重要な役割を担っていた。本格的な地方

分権化が開始した時期に成立したUDHAでは，都市貧困の解消に当たって市民社会とともに地方自治体の役割が重視された。このため，市民社会アクターは，各自治体でUDHAの速やかな施行を訴えるロビー活動を展開していった。ナガ市，ゾナ市，セブ市では，そうした市民社会の圧力によってUDHAの速やかな施行が促された。

　さらに，UDHAの施行局面では，その一翼を担う「共同体抵当プログラム」(Community Mortgage Program = CMP) においてNGOが大きな役割を果たしていた。NGOが事業起案者となっている共同体の数は最も多く，その「収集効率」(Collection Efficiency Rating = CER) も相対的に高かった。NGOは，質量ともにCMPの発展に大きく貢献していた。最後に，こうしたCMPを含め都市貧困政策では，地方自治体，NGO，POという非国家アクターによる協働関係が発達していることを，ナガ市，セブ市，モンテンルパ市を事例として具体的に確認した。

　以上の3つの分野の市民社会は，国家との関係性の中で，手続き的民主主義の欠陥の修繕を試み，実質的民主主義の実現をも求めていた点で共通していた。国家の自律性に関しては，公明選挙の分野では市民社会は，有権者教育や選挙改革アドボカシーを通じて，間接的ではあってもエリート家族の利益に囚われた議会の改革を促していた。農地改革と都市貧困の分野では連合を形成した市民社会が，エリート家族が支配する議会に対して直接的にロビー活動を行うことで，支配エリートからの国家の自律性を高め，実質的民主主義を促す推進力となっていた。国家の能力に関しては，公明選挙の分野では国家だけでは自由で公正な選挙を実施することが困難であったため，市民社会による選挙監視活動や非公式集計が必要とされた。農地改革と都市貧困の分野では，国家が法律を施行する十分な能力を持たないため，政策実行過程への市民社会の積極的な参画が求められていた。そこで見られたのは，まさに国家と市民社会とのポジティブサムの関係である。国家は，自己の弱点と市民社会の長所を認識し，積極的に市民社会と協力する姿勢を見せ，市民社会もより広く市民の利益を反映する民主主義の実現を目指して国家と協力する。国家と市民社会との相互依存的な協力関係を通じて，手続き的民主主義の改善と実質的民主主義の促進が模索されていたと言えよう。

さらに，とりわけ第9章の公明選挙の事例が示しているのは，市民社会の成長が必ずしも民主主義体制の定着に貢献するわけではないというパラドックスであった。この点に関してエンカルナシオンやサルダモフは，非欧米諸国では制度的条件や構造的条件によっては，市民社会の成長が民主主義体制の定着には結びつかないと指摘している。こうした指摘を裏づけるようにフィリピンにおいても，国家制度の弱さゆえに，市民社会の成長が逆説的にも民主主義体制の不安定性を招きうることが垣間見られた。しかし，その一方で，多くの研究が主張してきたように，市民社会が民主主義体制の定着を促進する機能を発揮していたことも事実であった。加えて，既存の欠陥を抱えた民主主義体制，とりわけその諸制度（手続き的民主主義）は，市民社会による下からの関与と圧力がなければ，遥かに実質的民主主義への障害とも足枷ともなりうることが予見された。このようなアポリアとも相克とも言いうる現象もまた，フィリピンの民主主義の実像に他ならなかった。

4　今後の展望

　現在までのフィリピンの民主化の歩み，とりわけコラソン・アキノ政権以降の民主主義体制の定着過程を俯瞰してみると，体制変動後の不安定な時期を脱してもなお，不安定性が払拭されないことから，踉蹌とした足取りで歩を進めていると表現するのが適切かもしれない。さりとて，民主主義体制の「崩壊」は生じていない。様ざまな問題を抱えつつも，「体制」としての民主主義は保持されてきたことは間違いない。今後，フィリピンはどのような方向に向かうのであろうか。欧米の自由民主主義なのであろうか。それとも逆行して権威主義体制へ向かうのであろうか。

　やや楽観的なものとしては，引き続き民主主義体制が維持されうるという主張があろう。川中は，フィリピンでは民主主義が常に望ましいとする割合が依然として圧倒的であることに鑑み，民主主義は唯一の政治体制の選択肢になっているが，その運営のされ方に対する不満は根強いと指摘する。このような問題点は，ユーも指摘している。彼によれば，フィリピンは「選挙民主主義」であり，軍部の反乱，分離主義運動，低経済成長などの難問を抱え

ながらも自由民主主義へと向かい続けると述べている。[4]

　しかし，崩壊の可能性は低いとしても，本書を通じて考察してきたように，問題はその機能面や運用面にある。この点に関してカダールとレレは，アジア全体の民主的ガバナンスの将来像を予測し，人びとが自身の将来を決定できるような政治制度の確立が，民主主義体制への移行によって必ずしも保障されるものではないと述べている。彼らは近年の政治的動向から，バングラデシュ，パキスタン，フィリピン，タイなどでの立憲民主主義は，政治的自由や大多数のための物質的繁栄をもたらすのに必要な政治的改革を実行できていないと指摘している。[5] フィリピンを含めアジアでは，実質的民主主義の実現が困難であることを示唆したものと言えよう。

　他方で，クロワッサンは，メルケルの欠陥民主主義の議論に依拠しつつ，[6] 政治的領域を念頭に置いて，アジアの民主化の展望を論じている。彼によれば，フィリピンを含めたアジア諸国の民主主義体制は法の支配，文民統制，汚職の一掃，安定した政治制度の発展，平和的な手段による政治紛争の解決といった点で重要な欠陥を抱えていることから，近い将来のアジア諸国の民主化の現実的なシナリオは欠陥民主主義の定着であるという。[7] 実際，アジア諸国の大半が欠陥民主主義に分類されている（結表1）。

　本書で取り上げたフィリピンでも，そのようなシナリオの進行を予感させよう。2003年7月のクーデター事件は文民統制の欠如を，エストラーダ大統領（Joseph M. Estrada）のフエテン疑惑やアロヨ大統領（Gloria Macapagal-Arroyo）の「ハロー・ガルシ事件」は汚職を，アロヨ政権から継続する政治的殺害は法の支配の欠如をそれぞれ表しており，[8] こうした現実に鑑みればクロワッサンのシナリオはより説得力を持ってこよう。

　結表1で見られるように，欠陥民主主義の下位類型には，選挙権が制限された排他的民主主義，司法が弱く市民的自由が制限された非自由民主主義，立法と司法の行政へのコントロールが制限された委任的民主主義，軍部等による拒否権勢力によって統治が制限された飛び地的民主主義がある。この中で，フィリピンは非自由民主主義に分類されているが，それだけではフィリピンが抱える民主主義体制の欠陥を正確に捉えたとは言えまい。

　本書を通じて明らかにしたようにフィリピンの民主主義体制は，選挙，議

(結表1) アジア諸国の政治体制の分類

権威主義	欠陥民主主義				自由民主主義
	排他的	非自由	委任的	飛び地的	
カンボジア (1997年〜) ネパール (2002年〜) パキスタン (1999年〜)		カンボジア (〜1997年) バングラデシュ ネパール (〜2002年) フィリピン (1992年〜) タイ (1997年〜)	韓国 (1992〜1998年/ 1999〜2000年)	インドネシア (〜1992年) 韓国 (〜1992年) パキスタン (〜1999年) フィリピン (〜1992年) タイ (〜1997年)	台湾 (1996年〜)

(出所) Aurel Croissant, "From Transition to Defective Democracy: Mapping Asian Democratization," *Democratization*, Vol. 11, No. 5, December 2004, p. 165.

会，政党を中心とする政治社会においても大きな欠陥を抱えていた。選挙における 3G や 3P，カシケ民主主義，ボス民主主義，エリート民主主義，政党なき民主主義と呼ばれる実態がそれであるが，そうした欠陥がマルコス独裁体制の崩壊から 25 年が経過した現在に至るまで十分に解消されえない状況に鑑みれば，民主主義体制が欠陥を抱えたまま，ある種の均衡状態を維持していると見なされても仕方あるまい。

しかし，そのような欠陥が全く解消されていないわけではない。少なくとも本書で取り上げた3つの事例，すなわち公明選挙，農地改革，都市貧困の分野において市民社会アクターは，十分とは言えないまでにも，様ざまな手段を用いて政策決定過程に関与し，また国家との関係を通じて，欠陥を修復しながら民主主義の発展を促してきた。このような社会運動的な側面を肯定的に評価し，それに適した修飾語句を付してフィリピンの民主主義を語るなら，多様な市民社会アクターが活発に活動している様子からアソシエーティブ民主主義という形容が相応しい。

無論，たとえ活動が活発であるからといっても，本書の考察から窺えるように市民社会は「万能薬」ではない。いわく，市民社会は民主主義体制の定着と発展の必要条件ではあっても十分条件ではない。たとえば，ダイアモンドらは，鍵となる 10 の要因を列挙している。すなわち，(1) 正統性とパフォーマンス，(2) 政治的リーダーシップ，(3) 政治文化，(4) 社会構造と社会経

済的発展,（5）市民社会,（6）国家と社会,（7）政治制度,（8）民族・地域紛争,（9）軍部,（10）国際的要因である。[10]民主化を広く定義した本書との関連で言えば,とりわけ6つ目の「国家と社会」における国家の弱さは看過できない要因であろう。それでも,ピープルパワーから25年が経過した現在に至っても,未だ衰えるところを知らない市民社会の活力は,今後とも継続的に発揮されてゆくであろうし,そこに欠陥民主主義の定着という悲観的なシナリオを打開する潜在力を見てとることはできよう。とはいえ,それは一朝一夕で達成されるものではない。今後とも体制としての民主主義が維持される可能性は高いと言えようが,やはり欠陥民主主義が,しばらく維持されることになる。その行く末は,決して順風満帆なものではなかろう。

このようなフィリピンの民主主義国家の窮状とその解消に取り組む市民社会の経験は,難問を抱えて行き詰っているようにも見える西欧を模範とした民主主義国家への接近過程と捉えるより,フィリピンを含めたアジア地域における民主主義国家の多様化の様相を表しているようにも見える。本書の考察は,そのような多様化の理解への一歩となりえよう。

註 ──────

1 山口は,これを地域研究者とジェネラリストとのすり合わせとしている(山口博一『地域研究論』アジア経済研究所, 1991年, 48-53頁)。
2 Omar G. Encarnación, "Beyond Civil Society: Promoting Democracy after September 11," *Orbis*, Vol. 47, No. 4, Fall 2003, p. 707; Ivan Sardamov, "'Civil Society' and the Limits of Democratic Assistance," *Government and Opposition*, Vol. 40, No. 3, Summer 2005, p. 380.
3 川中豪「ポスト・エドサ期のフィリピン」川中豪編『ポスト・エドサ期のフィリピン』アジア経済研究所, 2005年, 52-53頁。民主主義に対する選好については,第9章で確認した。図9−12を参照されたい。
4 Samuel C K. Yu, "Political Reforms in the Philippines: Challenges Ahead," *Contemporary Southeast Asia*, Vol. 27, No. 2, August 2005, p. 232.
5 Fahimul Quadir and Jayant Lele, "Introduction: Globalization, Democracy and Civil Society after the Financial Crisis of the 1990s," in Fahimul Quadir and Jayant Lele, eds., *Globalization, Democracy and Civil Society in Asia*, Basingstoke: Palgrave Macmillan, 2004, p. 9.

6 Wolfgang Merkel, "Embedded and Defective Democracies," *Democratization*, Vol. 11, No. 5, December 2004.
7 Aurel Croissant, "From Transition to Defective Democracy: Mapping Asian Democratization," *Democratization*, Vol. 11, No. 5, December 2004.
8 政治的殺害については，問題の深刻さから，我が国のODA白書でも取り上げられた。外務省編『政府開発援助（ODA）白書　2007年版』時事画報社，2008年，188頁；外務省編『政府開発援助（ODA）白書　2008年版』時事画報社，2009年，134頁。
9 ハーストが唱えている概念である。非営利・非政府のネットワークの拡大を通じた営利民営化でも非営利民営化でもない社会の実現を志向する（Paul Q. Hirst, *Associative Democracy: New Forms of Economic and Social Governance*, Cambridge: Polity Press, 1994)。ここではより単純にアソシエーションの活発さを表すために用いた。
10 Larry Diamond, Juan J. Linz, and Seymour Martin Lipset, "Introduction: What Makes for Democracy," in Larry Diamond, Juan J. Linz, and Seymour Martin Lipset, 2nd ed., *Politics in Developing Countries: Comparing Experiences with Democracy*, Boulder: Lynner Rienner Publishers, Inc, 1995.

参考文献一覧

一次資料

August Twenty-One Movement (ATOM). Primer of the August Twenty-One Movement, September 21, 1983.
Bagong Alyansang Makabayan (BAYAN). Documents of the Second National Congress of the Bagong Alyansang Makabayan, July 1986.
―――. General Program of Action, May 4, 1985.
Bukluran sa Ikauunlad ng Sosyalistang Isip at Gawa (BISIG). Policy Statement, People's Outcry, January 12, 1986.
―――. From Rebellion to Revolution, March 23, 1986.
―――. Philippine Socialism: Preliminary Vision, May 24, 1986.
―――. Real Freedom for All Filipinos, June 12, 1986.
―――. The U.S. Base, July 4, 1986.
―――. Policy Statement, The New Constitution, November 2, 1986.
Catholic Bishops' Conference of the Philippines (CBCP). A Dialogue for Peace: Joint Pastoral Letter of the Catholic Bishops' Conference of the Philippines, February 20, 1983.
―――. Pastoral Guidelines for Priests, Religious and Lay Workers in the Task of Social Justice, July 12, 1983.
―――. Message to the People of God, August 7, 1983.
―――. Reconciliation Today: A Statement of the Catholic Bishops' Conference of the Philippines, November 27, 1983.
―――. Joint Pastoral Exhortation of the Catholic Bishops' Conference of the Philippines on the Snap Elections: We Must Obey God rather than Men, January 25, 1986.
―――. Post-Election Statement, February 13, 1986.
―――. Pastoral Exhortation on Constitutional Commission and its Work, May 18, 1986.
―――. A Pastoral Letter of the Catholic Bishops' Conference of the Philippines on the Ratification of the 1986 Constitution of the Philippines, November 21, 1986.
―――. The Fruit of Justice is Peace: A Pastoral Statement of the Catholic Bishops' Conference of the Philippines, January 26, 1987.
―――. Pastoral Letter on Preparing for the 1992 Elections, July 22, 1991.

―――. *Acts and Decrees of the Second Plenary Council of the Philippines*, Manila: PCP-II Secretariat, 1992.
―――. Catechism on the Church and Politics: Catholic Bishops' Conference of the Philippines Prayer for the National Elections of May 11, 1998, February 22, 1998.
―――. Nation-Building through Elections, April 21, 2004.
―――. Working and Praying for Honest, Orderly and Peaceful Elections, April 24, 2007.
―――. Pastoral Statement on the 2007 National Elections, July 8, 2007.
Centro Saka, Inc. Comparative Matrix of Proposed Bills on Extending CARP (14th Congress) (http://www.centrosaka.org/agrarian_reform/legislative_executive_updates/legislative_executive_updates_main.html). アクセス日：2010年8月16日
Coalition of Organizations for the Restoration of Democracy (CORD). *Gabay para sa Boykot*, n.p.: Center for Community Services, 1984.
―――. Isang Tagumpya Ngayon, Mas Maramt Pang Tagumpay Bukas, Marso 7, 1984.
Congress for a People's Agrarian Reform (CPAR). CPAR's Critique of RA 6657, June 10, 1988.
Consortium on Electoral Reforms (CER). 2002 National Electoral Reform Summit, April 29-30, 2002.
―――. 2nd National Electoral Reform Summit, September 1-3, 2004.
Global Environmental Facility (GEF). Small Grants Programme. Hands-on Action for Sustainable Development 1992-2002.
Independent Caucus (IC). Philippine Socialism: A Preliminary Vision, 1985.
Justice for Aquino, Justice for All (JAJA). Primer of the Justice for Aquino, Justice for All Movement, September 1983.
Kilusan sa Kapangyarihan at Karapatan ng Bayan (KAAKBAY). Resignation: The Key to National Recovery, October 6, 1983.
Kilusang Magbubukid ng Pilipinas (KMP). Unang Pambansang Kongreso ng Kilusang Magbubukid sa Pilipinas, Hulyo 24-27, 1985, Lunsod Quezon.
Kongreso ng Mamamayang Pilipino (KOMPIL). Primer of the Kongreso ng Mamamayang Pilipino, January 7-8, 1984.
Makati Business Club (MBC). Policy Suggestions for Regional Development, September 10, 1982.
―――. Makati Business Club Calls for Immediate Resignation of President Estrada, October 26, 2000.
―――. Save the Nation, October 30, 2000.

―――. The Quest for Truth, December 4, 2000.
―――. 2007. Press Statements, July 20, 2007.
Muntinlupa Development Foundation, Inc (MDF). Annual Report of Muntinlupa Development Foundation, Inc., Year 2009.
Nationalist Alliance for Justice, Freedom, and Democracy (NAJFD). Nationalist Alliance for Justice, Freedom, and Democracy First National Assembly, Pope Pius XII Catholic Center, UN Avenue, Metro Manila, November 3-4, 1983.
National Citizens' Movement for Fee Elections (NAMFREL). *Manual for Organizing City & Municipal Chapters*, Metro Manila: National Citizens' Movement for Fee Elections, 1984.
―――. *The NAMFREL Report on the February 7, 1986 Philippine Presidential Elections*, n.p.: National Citizens' Movement for Free Elections, 1986.
―――. The Automation of the Elections: A Success Story in the ARMM and the Philippines' Proud Legacy of Democracy to the Rest of the World, September 11, 1999.
―――. 2001 Elections Manual for Organizing Provincial, City & Municipal Chapter, March 2001.
―――. Manual for Provincial, City and Municipal Chapters (Organizing and Conducting the OVC) : For the May 10, 2004 National and Local Elections.
―――. Terminal Report Quick Count 2004 Operation.
―――. NASSA NAMFREL Operation Quick Count 2007, Partial and Unofficial as of June 2, 2007, 11:41pm.
―――. NAMFREL to Conduct Bilang ng Bayan, Press Release, May 5, 2010.
National Democratic Institute for International Affairs (NDI). Report on the 2004 Philippine Elections, August 2004.
National Secretariat for Social Action, Justice and Peace-Caritas Philippines (NASSA). *Alay Kapwa 1998 Resource Book*, Manila: National Secretariat for Social Action, Justice and Peace-Caritas Philippines, 1998.
―――. Building and Upgrading BEC-Based Democratic Governance Initiatives: National Country Program, 1998-2000.
―――. *Introduction to the Political Dimension of the Social Crisis in the Philippines, Module 1*, Manila: National Secretariat for Social Action, Justice and Peace-Caritas Philippines, 2000.
―――. *Citizenship Building for Participatory Politics and Governance, Module 2*, Manila: National Secretariat for Social Action, Justice and Peace-Caritas Philippines, 2000.
―――. *Social Advocacy: A Strategy for Participatory Politics and Governance,*

Module 3, Manila: National Secretariat for Social Action, 2000.

Pambansang Kilusan ng mga Samahang Magsasaka (PAKISAMA). The Unfinished Business of Social Justice: Agrarian Reform Victories under CARPER and the Challenges ahead.

Parish Pastoral Council for Responsible Voting (PPCRV). Organizational Brochure.

―――. *Organizing Guidelines in the Parish Community: A Community's Faith Response to the Call for Clean, Peaceful, and Meaningful Elections*, Quezon City: Simbahang Ungkod ng, Bayan Loyala House of Studies, 1995.

―――. *Pollwatching Manual*, Manila: Parish Pastoral Council for Responsible Voting National Research and Voter's Education Committee, 1998.

―――. Report of the Parish Pastoral Council for Responsible Voting to the Commission on Elections and to the Catholic Bishops' Conference of the Philippines, 1998.

―――. *Revitalization Seminar (Manual for Speakers)*, Manila: Parish Pastoral Council for Responsible Voting National Research and Voter's Education Committee, 1998.

―――. *Consolidated Election Monitoring Report for the 2004 National and Local Elections*, Manila: Parish Pastoral Council for Responsible Voting, 2004.

―――. *Halalan Pagbabagong Hagad*, Manila: Parish Pastoral Council for Responsible Voting, 2004.

Parish Pastoral Council for Responsible Voting (PPCRV), and Simbahang Lingkod ng Bayan (SLB). Pinoy Voters' Academy (Ang Drama sa Likod ny Halalan) : Trainer's Manual-English Version, 2004.

Reform CARP Movement (RCM). Farmers' Group prod Congress to enact CARP Extension with Reforms Bill, Press Release, April 23, 2008.

―――. Small Farmers Make Better Use of Land, Ensure Food Security, Press Release, October 16, 2008.

―――. Joint Statement of AKBAYAN and Reform CARP Movement, January 26, 2009.

Simbahang Lingkod ng Bayan (SLB). A Proposal for Political Engagement in the May 2007 Elections.

The People's Campaign for Agrarian Reform Network (AR NOW!). Keeping Agrarian Reform Advocacy Alive: Experience to Intensive Multistakeholder Involvement in Agrarian Reform.

―――. A Case Study on Alliance-Building for Philippine Agrarian Reform, IFCB Case Exemplar for Asia and the Pacific, March 2001.

―――. *Land Advocacy in the Philippines: AR Now!'s Experiences and Learnings*,

Quezon City: The People's Campaign for Agrarian Reform Network, 2003.
The TriPARRD Technical Committee, Manual for TriPARRD Implementors, Vol. 1.

政府機関刊行物

Cebu City. Philippines Profile.
―――. Executive Order No. 93-01, Creating the City Registration Committee as Mandated per Paragraph A of Sec. 6 Procedure and Guidelines of Implementing Rules and Regulations (IRR) Governing the Registration of Beneficiaries under Section 17 of RA 7279 also Known as the Urban Development and Housing Act of 1992, January 6, 1993.
―――. Ordinance No. 1524, An Ordinance Creating the Division for the Welfare of the Urban Poor, Formerly the City Commission for Urban Poor under the Office of the Mayor, June 1994.
―――. Ordinance No. 1762, An Ordinance Creating the Cebu City Housing Board, Providing for its Composition, Defining its Powers and Functions and for Other Purposes, May 19, 1999.
Commission on Elections (COMELEC). *The Commission on Elections*, Manila: Commission on Elections, n.d.
―――. *Omnibus Election Code of the Philippines*, Manila: Commission on Elections, 1992.
Department of Agrarian Reform (DAR). *A Manual for Agrarian Reform Beneficiaries*, Quezon City: Department of Agrarian Reform, n.d.
―――. Department of Agrarian Reform, Accomplishment Report CY 2009.
Department of the Interior and Local Government. Participative Local Governance: A Primer.
Muntinlupa City. Ordinance No. 03-084, An Ordinance Converting the Socialized Housing Program Committee (SHOPCOM) into a Local Housing Board of the City of Muntinlupa, Providing its Composition, Defining its Power and Function, and for Other Purposes, February 6, 2003.
―――. Ordinance No. 06-097, An Ordinance Amending Ordinance No. 03-084, Otherwise Known as "An Ordinance Converting the Socialized Housing Program Committee (SHOPCOM) into a Local Housing Board of the City of Muntinlupa, Providing its Composition, Defining its Power and Function, and for Other Purposes", and Incorporating the Provisions of "Participation of People's Organizations, Manner of Selection, Election Guidelines, Election Officials and Term of Office", July 20, 2006.

Naga City. Ordinance No, 98-033, An Ordinance Comprehensive and Continuing Development Program for the Urban Poor Sector, March 11, 1998.

———. Ordinance No. 95-092, An Ordinance Initiating a System for a Partnership in Local Governance, December 20, 1995.

———. Ordinance No. 2004-073, An Ordinance Strengthening People Empowerment and Participation in Governance, July 12, 2004.

———. Ordinance No, 2009-085, An Ordinance Promulgating Guideline Governing the Qualifications and Procedures for Accreditation of NGOs as Originators of Projects under the Localized Community Mortgage Program (LCMP) of the City, November 17, 2009.

National Home Mortgage Finance Corporation (NHMFC). NHMFC Corporate Circular No. CMP-001, April 12, 1989.

———. NHMFC Corporate Circular No. CMP-030, September 10, 2003.

International Labour Office. *Year Book of Labour Statistics* (various issues).

Philippine Development Assistance Programme, Inc (PDAP). Annual Report 2001-2002.

———. Annual Report 2002-2003.

Presidential Commission for the Urban Poor (PCUP). Summary of Approved Accreditation Certificate Issued, CY 2009.

———. Summary of Approved Accreditation Certificate Issued, CY 2010.

Republic of the Philippines. *Journal of the Constitutional Commission*, Vol. 1, Manila: Institute for Public Policy, 1990.

———. *Medium Term Development Plan 1987-1992*, Manila: Republic of the Philippines, 1986.

———. *Medium Term Development Plan 1993-1998*, Manila: Republic of the Philippines, 1995.

———. *Record of the Constitutional Commission*, Vol. 1, Manila: Institute for Public Policy, 1990.

———. *Record of the Constitutional Commission*, Vol. 2, Manila: Institute for Public Policy, 1990.

———. *Record of the Constitutional Commission*, Vol. 3, Manila: Institute for Public Policy, 1990.

———. *Record of the Constitutional Commission*, Vol. 4, Manila: Institute for Public Policy, 1990.

———. *Record of the Constitutional Commission*, Vol. 5, Manila: Institute for Public Policy, 1990.

———. *Labor Force* (various issues).

———. *Philippine Statistical Yearbook* (various issues).

Security and Exchange Commission (SEC). List of Non-Stock, Non-Profit Corporations, 2008.

Social Housing Finance Corporation (SHFC). Localized Community Mortgage Program.

―――. Accounts Management Department, Collection Efficiency Rating (Per Corporate Circular CMP No. 003) per Originator as of December 31, 2009.

―――. Number of City/Municipality that Complied to Memorandum Circular No. 2008-143 Entitled, Creation of Local Housing Board, as of September 24, 2010.

The Statistical Division, Department for Economic and Social Information and Policy Analysis. *Statistical Yearbook* (various issues).

現地雑誌・定期刊行物

Ang Bayan
CongressWatch Report
Diliman Review
Impact
Intersect
Landmarks
Liberation
Mr. & Ms.
Mr. & Ms., Special Edition
MBC Economic Papers
NASSA NEWS
National Midweek
Political Brief
The Situationer
WHO

現地新聞

Bulletin Today
Business Day
Business Day Magazine
Business World
Malaya
Manila Bulletin

Manila Chronicle
New Day
Philippine Daily Inquirer
Serbisyong Bikolnon
Sun Star Cebu
Sun Star Pampanga
The Ilocos Times
The Manila Times
The Sunday Chronicle
The Sunday Times
Visayan Daily Star
We Forum

外国語文献

Abad, Florencio. "Should the Philippines Turn Parliamentary: The Challenge of Democratic Consolidation in Institutional Reform," in Glenda M. Gloria, ed., *Shift*, Quezon City: Ateneo Center for Social Policy and Public Affairs, 1997.

Abao, Carmel V., and Elizabeth U. Yang. *Women in Politics: Limits and Possibilities; The Philippine Case*, Bonn: Friedrich-Ebert-Stiftung, 1998.

Aberia, Hermilando. "Congress Shelves Electoral Reforms–Again," *Intersect*, Vol. 9, No. 3, March 1995.

Abinales, P. N. "The Post-Marcos Regime, the Non-Bourgeois Opposition, and the Prospects of a Philippine 'October'," *Kasarinlan*, Vol. 1, No. 4, 2nd Quarter 1986.

―――. "The Philippines: Weak State, Resilient President," in Daljit Singh, ed., *Southeast Asian Affairs 2008*, Singapore: Institute of Southeat Asian Studies, 2008.

Abueva, Jose V. *Ramon Magsaysay: A Political Biography*, Manila: Solidaridad Pub. House, 1971.

―――. "Philippine Democratization and the Consolidation of Democracy since the 1986 Revolution: An Overview of the Main Issues, Trends and Prospects," in Felipe B. Miranda, ed., *Democratization: Philippine Perspectives*, Quezon City: University of the Philippines Press, 1997.

―――. "Towards a Federal Republic of the Philippines with a Parliamentary Government by 2010," in Jose V. Abueva, Rey Magno Teves, Gaudioso Sosmeña, Jr., Clarita R. Carlos, and Michael O. Mastura, eds., *Towards a Federal Republic of the Philippines with a Parliamentary Government: A*

Reader, Marikina City: Center for Social Policy and Governance, Kalayaan College, 2002.
Adler, Glenn, and Eddie Webster. "Challenging Transition Theory: The Labor Movement, Radical Reform, and Transition to Democracy in South Africa," *Politics and Society,* Vol. 23, No. 1, March 1995.
Agoncillo, Teodoro A. *A Short History of the Philippines,* New York: New American Library, 1975（テオドロ・アゴンシルリョ著／岩崎玄訳『フィリピン史物語——政治・社会・文化小史』勁草書房, 1977年）.
Agra, Alberto C. "The Non-Passage of the 1993 Proposed Election Code," *Kasarinlan,* Vol. 13, No. 2, 4th Quarter 1997.
Alagappa, Muthiah. ed. *Political Legitimacy in Southeast Asia: The Quest for Moral Authority,* Stanford: Stanford University Press, 1995.
―――. ed. *Civil Society and Political Change in Asia: Expanding and Contracting Democratic Space,* Stanford: Stanford University Press, 2004.
Alavi, Hanza. "The State in Post-Colonial Societies: Pakistan and Bangladesh," in Kathleen Gough and Hari P. Sharma, eds., *Imperialism and Revolution in South Asia,* New York: Monthly Review Press, 1973.
Aldaba, Fernando, Paula Antezana, Mariano Valderrama, and Alan Fowler. "NGO Strategies beyond Aid: Perspectives from Central and South America and the Philippines," *Third World Quarterly,* Vol. 21, No. 4, August 2001.
Alegre, Alan G. "The Rise of Philippine NGOs as Social Movement: A Preliminary Historical Sketch: 1965-1995," in Alan G. Alegre, ed., *Trends and Traditions, Challenges and Choices: A Strategic Study of Philippine NGOs,* Quezon City: Ateneo Center for Social Policy and Public Affairs, 1996.
―――. ed. *Trends and Traditions, Challenges and Choices: A Strategic Study of Philippine NGOs,* Quezon City: Ateneo Center for Social Policy and Public Affairs, 1996.
Alegre, Noel C. "The Mad Rush for Land Conversion," *Intersect,* Vol. 7, No. 2, February 1993.
Alejandro, Leandro. "BAYAN Annual Report," in Bagong Alyansang Makabayan, Documents of the Second National Congress of the Bagong Alyansang Makabayan, July 1986.
Allison, Lincoln. "On the Gap between Theories of Democracy and Theories of Democratization," *Democratization,* Vol. 1, No. 1, Spring 1994.
Almojuela, Maricel. "Tripartism in Agrarian Reform: The TriPARRD Experience," *Development NGO Journal,* Vol. 1, No. 1, Third Quarter 1992.
Almond, Gabriel A. "Foreword: The Return to Political Culture," in Larry Diamond, ed., *Political Culture and Democracy in Developing Countries,*

Boulder: Lynne Rienner Publishers, Inc., 1993.
Almond, Gabriel A., and Sidney Verba. *The Civic Culture: Political Attitudes and Democracy in Five Nations*, Princeton: Princeton University Press, 1963（G・A・アーモンド, S・ヴァーバ著／石川一雄他訳『現代市民の政治文化——5カ国における政治的態度と民主主義』勁草書房, 1974年）.
Amorado, Ronald V., Roberto B. Tordecilla, and Letty C. Tumbaga. "Participation in Local Governance of an Urban Poor Alliance in the Metro Manila Area," in Fernando N. Zialcita, Letty C. Tumbaga, Roberto B. Tordecilla, Roy S. Consolacion, Gerry D. De Asis, Felipe S. Ramiro, Jr., Josel E. Gonzales, and Allan C. De Lima, *People Participation in Local Governance: 4 Case Studies*, Quezon City: Center for Social Policy and Public Affairs, Ateneo de Manila University, 1995.
Anderson, Benedict. "Cacique Democracy in the Philippines: Origins and Dreams," *New Left Review*, No. 169, May/June 1988.
Angeles, Jocelyn Vincente. "The Role of the Naga City Urban Poor Federation in the Passage of Pro-Poor Ordinances and Policies," in Marlon A. Wui and Ma. Glenda S. Lopez, eds., *State-Civil Society Relations in Policy-Making*, Quezon City: The Third World Studies Center, 1997.
Angeles, Leonora. "Renegotiating Decentralization and State-Civil Society Relations: A Reinterpretation of Naga City's Experiment in Participatory Governance," in Penny Gurstein and Leonora Angeles, eds., *Learning Civil Societies: Shifting Contexts for Democratic Planning and Governance*, Toronto: University of Toronto Press, 2007.
Anheier, Helmut K., and Wolfgang Seibel. eds. *The Third Sector: Comparative Studies of Nonprofit Organizations*, Berlin: Walter de Gruyter, 1990.
Anheier, Helmut K., and Lester M. Salamon. *The Nonprofit Sector in the Developing World: A Comparative Analysis*, Manchester: Manchester University Press, 1998.
Anheier, Helmut K., and Jeremy Kendall. eds. *Third Sector Policy at the Crossroads: An International Non-profit Analysis*, New York: Routledge, 2001.
Apter, David E. *The Politics of Modernization*, Chicago: University of Chicago Press, 1965（D・E・アプター著／内山秀夫訳『近代化の政治学』未来社, 1982年）.
Aquino, Belinda A. *Politics of Plunder: The Philippines under Marcos*, Quezon City: Great Books Trading and U.P. College of Public Administration, 1987（ベリンダ・A・アキノ著／伊藤美名子訳『略奪の政治——マルコス体制下のフィリピン』同文舘, 1992年）.
——————. "Filipino Elections and 'Illiberal' Democracy," *Public Policy*, Vol. 2, No.

3, July-September 1998.

Arat, Zehra F. "Democracy and Economic Development: Modernization Theory Revisited," *Comparative Politics*, Vol. 21, No. 1, October 1988.

Arato, Andrew. "Social Movements and Civil Society in the Soviet Union," in Judit B. Sedaitis and Jim Butterfield, eds., *Perestroika from Below: Social Movements in the Soviet Union*, Boulder: Westview Press, 1991.

Arillo, Cecilio T. *Breakaway: The Inside Story of the Four-Day Revolution in the Philippines, February 22-25, 1986*, Metro Manila: CTA & Associates, 1986.

Asia Development Bank (ADB). *A Study of NGOs: Philippines*, Manila: Asian Development Bank, 1999.

―――. Report of the Task Forces on Institutional Arrangements for Cooperation with Nongovernmental Organizations, 29 November 2000 (http://www.adb.org/NGOs/docs/2000report.pdf). アクセス日：2010年10月3日

―――. Japan Fund for Poverty Reduction 2004 Annual Report.

―――. Country Governance Assessments: Philippines, 2005 (http://www.adb.org/Documents/Reports/CGA/pga-feb-2005.pdf). アクセス日：2010年10月3日

Atienza, Jun. "An Alternative Framework for Social Change," *Intersect*, Vol. 8, No. 4, April-May 1994.

Averch, Harvey A., John E. Koehler, and Frank H. Denton. *The Matrix of Policy in the Philippines*, Princeton: Princeton University Press, 1971.

Bacani, Cesar, and Raissa Espinosa-Robles. "Mob Power," *Asiaweek*, Vol. 27, No. 18, May 11, 2001.

Bacani, Jr., Teodoro C. *Church in Politics*, Manila: Bacani's Press, 1992.

Baker, Gideon. *Civil Society and Democratic Theory: Alternative Voices*, London: Routledge, 2002.

―――. "The Taming of the Idea of Civil Society," in Peter Burnell and Peter Calvert, eds., *Civil Society in Democratization*, London: Frank Cass, 2004.

Balisacan, Arsenio M. *Poverty, Urbanization and Development Policy: A Philippine Perspective*, Quezon City: University of the Philippine Press, 1994.

Ballesteros, Marife M., and Dam C. Vertido. "Can Group Credit Work for Housing Loans?: Some Evidence from the CMP," *Policy Notes*, No. 2004-05, June 2004.

Banks, Arthur S. "Modernization and Political Change: The Latin American and American-European Nations," *Comparative Political Studies*, Vol. 2, No. 4, January 1970.

Banlaoi, Rommel C., and Clarita Carlos. *Political Parties in the Philippines: From*

1900 to the Present, Manila: Konrad Adenauer Foundation, 1996.
Bartlett, David M. C. "Civil Society and Democracy: A Zambian Case Study," *Journal of Southern African Studies*, Vol. 26, No. 3, September 2000.
Batara, John. *The Comprehensive Agrarian Reform Program: More Misery for the Philippine Peasantry*, Manila: IBON Foundation, 1996.
Bautista, Ma. Cynthia Rose Banzon-. *The Protest Movement and the White-Collar Workers of Makati*, Quezon City: Department of Sociology College of Social Sciences and Philosophy, University of the Philippines, 1985.
Bautista, Victoria A. "People Power as a Form of Citizen Participation," *Philippine Journal of Public Administration*, Vol. 30, No. 3, July 1986.
Bello, Walden. "The May 1st Riot: Birth of Peronism Philippine-Style," *Focus on the Philippines*, Issue 20, May 7, 2001.
Bendix, Reinhard. "Tradition and Modernity Reconsidered," *Comparative Studies in Society and History*, Vol. 9, No. 3, April 1967.
Benson, Louis P. "A Research Note on Machine Politics as a Model for Change in a Philippine Province," *American Political Science Review*, Vol. 67, No. 2, June 1973.
―――. "Changing Political Alliance Patterns in the Rural Philippines: A Case Study from Camarines Norte," in Benedict J. Kerkvlie, ed., *Political Change in the Philippines: Studies of Local Politics Preceding Martial Law*, Hawaii: The University Press of Hawaii, 1974.
Bermeo, Nancy. "Myths of Modernization: Confrontation and Conflict during Democratic Transitions," *Comparative Politics*, Vol. 29, No. 3, April 1997.
Berner, Erhard. "Poverty Alleviation and the Eviction of the Poorest: Towards Urban Land Reform in the Philippines," *International Journal of Urban Regional Research*, Vol. 24, No. 3, September 2000.
Binder, Leonard, James S. Coleman, Joseph Lapalombara, Lusian W. Pye, Sidney Verba, and Myron Weiner. eds. *Crises and Sequences in Political Development*, Princeton: Princeton University Press, 1971.
Bionat, Marvin P. *How to Win (or Lose) in Philippine Elections: The Dynamics of Winning or Losing in Philippine Electoral Contests*, Pasig City: ANVIL PUBLISHING, INC., 1998.
Black, C. E. *The Dynamics of Modernization: A Study in Comparative History*, New York: Harper & Row, 1966（C・E・ブラック著／内山秀夫, 石川一雄訳 『近代化のダイナミックス――歴史の比較研究』慶応通信, 1968年).
Blitz, Amy. *The Contested State: American Foreign Policy and Regime Change in the Philippines*, Lanham: Rowman and Littlefield, 2000.
Block, Fred. "The Ruling Class Does Not Rule," *Socialist Review*, No. 33, May-

June, 1977.
Bollen, Kenneth A. "Political Democracy and the Timing of Development," *American Sociological Review*, Vol. 44, No. 4, August 1979.
―――. "World System Position, Dependency and Democracy: The Cross-National Evidence," *American Sociological Review*, Vol. 48, No. 4, August 1983.
Bollen, Kenneth A., and Robert W. Jackman. "A Political Democracy and the Size Distribution of Income," *American Sociological Review*, Vol. 50, No. 4, August 1985.
Bonner, Raymond. *Waltzing with a Dictator: The Marcoses and the Making of American Policy*, New York: Times Book, 1987.
Booth, John A., and Patricia Bayer Richard. "Civil Society, Political Capital, and Democratization in Central America," *The Journal of Politics*, Vol. 60, No. 3, August 1998.
Borras, Jr., Saturnino M. *The Bibingka Strategy in Land Reform Implementation: Autonomous Peasant Movements and State Reformists in the Philippines*, Quezon City: Institute for Popular Democracy, 1998.
―――. "A Closer Study of the Agrarian Reform Performance," *Political Brief*, Vol. 8, No. 6, June 2000.
―――. *Pro-Poor Land Reform: A Critique*, Ottawa: University of Ottawa Press, 2007.
Boudreau, Vincent. "Diffusing Democracy?: People Power in Indonesia and the Philippines," *Bulletin of Concerned Asian Scholars*, Vol. 31, No. 4, October-December 1999.
―――. *Grass Roots and Cadre in the Protest Movement*, Quezon City: Ateneo de Manila University Press, 2001.
Brillantes, Alex B. "Decentralization: Governance from Below," *Kasarinlan*, Vol. 10, No. 1, 3rd Quarter 1994.
Brinton, Crane. *The Anatomy of Revolution*, New York: Vintage Books, 1965.
Bryant, Raymond L. *Nongovernmental Organizations in Environmental Struggles: Politics and the Making of Moral Capital in the Philippines*, New Haven: Yale University Press, 2005.
Bulatao, Salvacion M. "Economic Empowerment: Coops Lead the Way," *Intersect*, Vol. 8, No. 4, April-May 1994.
Bulatao, Victor Gerardo. "Working for Change inside and outside the State," *Intersect*, Vol. 8, No. 4, April-May 1994.
Bunce, Valerie. "Comparative Democratization: Big and Bounded Generalizations," *Comparative Political Studies*, Vol. 33, No. 6/7, August/

September 2000.
Byington, Kaa. *Bantay ng Bayan: Stories from the NAMFREL Crusade (1984-1986)*, Manila: Bookmark, 1988.
Cacnio, Faith Christian Q. "Microfinance Approach to Housing: The Community Mortgage Program," Discussion Paper Series No. 2001-28, Philippine Institute for Development Studies, December 2001 (http://www3.pids.gov.ph/ris/dps/pidsdps0128.pdf). アクセス日：2007年8月25日
Callahan, William. *Pollwatching, Elections and Civil Society in Southeast Asia*, Aldershot: Ashgate, 2000.
Canadian International Development Agency, Philippine Country Program Evaluation, 1989/90-2001/2002, Summary Report, June 4, 2004.
Cariño, Ledivina V. ed. *Between the State and the Market: The Nonprofit Sector and Civil Society in the Philippines*, Quezon City: Center for Leadership, Citizenship and Democracy, National College of Public Administration and Governance, University of the Philippines, 2002.
Cariño, Ledivina V., and Ramon L. Fernan III. "Social Origins of the Sector," in Ledivina V. Cariño, ed., *Between the State and the Market: The Nonprofit Sector and Civil Society in the Philippines*, Quezon City: Ceter for Leadership, Citizenship and Democracy, National College of Public Administration and Governance, University of the Philippines, 2002.
Carlos, Clarita R. *Dynamics of Political Parties in the Philippines*, Makati City: Konrad Adenauer Foundation, 1997.
Carothers, Thomas. "The End of Transition Paradigm," *Journal of Democracy*, Vol. 13, No. 1, January 2000.
Casal, Ma. Stella L., Diosnel Centurion, SVD, and Ely D. Gomez. *Communication Roles of the Roman Catholic Church in the February 1986 Philippine Revolution*, Laguna: Institute of Development Communication, University of the Philippines at Los Banos College, 1988.
Cater, Sonya Diane. *The Philippine Federation of Free Farmers: A Case Study in Mass Agrarian Organizations*, Ithaca: Southeast Asia Program, Department of Far Eastern Studies, Cornell University, 1959.
Carroll, S. J., John J. "Philippine NGOs Confront Urban Poverty," in G. Sidney Silliman and Lela Garner Noble, eds., *Organizing for Democracy: NGOs, Civil Society and the Philippine State*, Honolulu: University of Hawai'i Press, 1998.
Case, William. "The Philippine Election in 1998: A Question of Quality," *Asian Survey*, Vol. 39, No. 3, May/June 1998.
Casper, Gretchen. *Fragile Democracies: The Legacies of Authoritarian Rule*, Pittsburgh: University of Pittsburgh Press, 1995.

Chanda, Nayan. "US Rethinks and Agrees Marcos Should Step Down," *Far Eastern Economic Review*, Vol. 131, No. 9, February 27, 1986.

Chandhoke, Neera. *State and Civil Society: Explorations in Political Theory*, New Delhi: Saga Publications, 1995.

―――. *The Conceits of Civil Society*, New Delhi: Oxford University Press, 2002.

Clamor, Ana Maria O. *NGO and PO Electoral Experiences: Documentation and Analysis*, Quezon City: Institute on Church and Social Issues, 1993.

Clarke, Gerard. *The Politics of NGOs in South-East Asia: Participation and Protest in the Philippines*, London: Routledge, 1998.

―――. "Human Rights Non-Governmental Organizations in the Philippines: A Case Study of Task Force Detainees of the Philippines," in G. Sidney Silliman and Lela Garner Noble, eds., *Organizing for Democracy: NGOs, Civil Society and the Philippine State*, Honolulu: University of Hawai'i Press, 1998.

Clete, Pet G. "Why KMU says 'no'," *Business Day Magazine*, Vol. 1, No. 9, January 9, 1987.

Co, Enda A. "Reinterpreting Civil Society: The Context of the Philippine NGO Movement," in Alan G. Alegre, ed., *Trends and Traditions, Challenges and Choices: A Strategic Study of Philippine NGOs*, Quezon City: Ateneo Center for Social Policy and Public Affairs, 1996.

Co, Enda A., Jorge V. Tigno, Maria Elissa Jayme Lao, and Margarita A. Sayo. *Philippine Democracy Assessment: Free and Fair Elections and the Democratic Role of Political Parties*, Quezon City: Friedrich Ebert Stiftung and National College of Public Administration and Governance, University of the Philippines, 2005.

Cohen, Jean L. "Interpreting the Notion of Civil Society," in Michael Walzer, ed., *Toward a Global Civil Society*, Providence: Berghahn Books, 1995（ジーン・コーヘン「市民社会概念の解釈」〔マイケル・ウォルツァー編／石田淳, 越智敏夫, 向山恭一, 佐々木寛, 高橋康浩訳『グローバルな市民社会に向かって』日本経済評論社, 2001年〕）.

Cohen, Jean L., and Andrew Arato. *Civil Society and Political Theory*, Cambridge: The MIT Press, 1992.

Coleman, James S. ed. *Education and Political Development*, Princeton: Princeton University Press, 1965.

Collier, David, and Steven Levitsky. "Democracy with Adjectives: Conceptual Innovation in Comparative Research," *World Politics*, Vol. 49, No. 3, April 1997.

Concepcion, Jr., Jose. "A free and honest election is the last great hope for

democracy," *Mr. & Ms.*, December 2, 1983.
Constantino, Renato. *The Philippines: A Past Revisited*, Quezon City: Tala Publishing Services, 1974 (レナト・コンスタンティーノ著／鶴見良行他訳『フィリピン民衆の歴史』勁草書房, 1978 年).
―――. *A History of the Philippines: From the Spanish Colonization to the Second World War*, New York: Monthly Review Press, 1975.
Constantino, Renato, and Letizia R. Constantino. 4th ed. *The Philippines: The Continuing Past*, Quezon City: The Foundation for Nationalist Studies, 1984.
Cornista, Luzviminda B. "The Comprehensive Agrarian Reform Program: An Analysis of its Policies and Processes," *Philippine Journal of Public Administration*, Vol. 32, Nos. 3&4, July-October 1988.
Coronel, Sheila S. ed. *Pork and Other Perks: Corruption and Governance in the Philippines*, Quezon City: Philippine Center for Investigative Journalism, 1998.
Coronel, Sheila S., Yvonne T. Chua, Luz Rimban, and Booma B. Cruz, *The Rulemakers: How the Wealthy and Well-Born Dominate Congress*, Quezon City: Philippine Center for Investigative Journalism, 2004.
Cripe, Lynne, and Gregory Perrier. *Evolution of a PVO CO-Financing Program: Lessons Learned at USAID/Philippines*, Metro Manila: Office of Governance and Participation of the U.S. Agency International Development, 1997.
Crippen, Harlan R. "Philippine Agrarian Unrest: Historical Backgrounds," *Science and Society*, Vol. 10, No. 4, Fall 1946.
Croissant, Aurel. "From Transition to Defective Democracy: Mapping Asian Democratization," *Democratization*, Vol. 11, No. 5, December 2004.
Crone, Donald K. "State, Social Elites, and Government Capacity in Southeast Asia," *World Politics*, Vol. 40, No. 2, January 1988.
Cruz, Arturo Santa-. *International Election Monitoring, Sovereignty, and the Western Hemisphere Idea: The Emergence of an International Norm*, New York: Routledge, 2005.
Cruz, Victoria Paz, and Mediatrix P. Valera. *PBSP's Experiences in Funding and Development of Agribusiness Projects*, Manila: Philippine Business for Social Progress, 1979.
Cullinane, Michael. "Playing the Game: The Rise of Sergio Osmeña, 1898-1907," in Ruby R. Raredes, ed., *Philippine Colonial Democracy*, Quezon City: Ateneo de Manila University Press, 1989.
―――. "Patron as Client: Warlord Politics and the Duranos of Danao," in Alfred W. McCoy, ed., *An Anarchy of Families: State and Family in the Philippines*, Quezon City: Ateneo de Manila University Press, 1994.

―――. *Ilustrado Politics: Filipino Elite Responses to American Rule, 1898-1908*, Quezon City: Ateneo de Manila University Press, 2003.
Cunanan, Belinda Olivares-. "Strange bedfellows make it to Kompil's magic 15," *Mr. & Mr.*, January 13, 1984.
―――. "150,000 watchdogs: More bark than bite?," *Mr. & Ms.*, May 11, 1984.
―――. "The Convenor reach out to the cause-oriented groups," *Mr. & Ms., Special Edition*, January 25-31, 1985.
―――. "Unity could be so divisive," *Mr. & Ms., Special Edition*, February 15-21, 1985.
―――. "Giving 'BAYAN' the old college try," *Mr. & Ms., Special Edition*, May 10-16, 1985.
―――. "Insurgency is propaganda trap," *Mr. & Ms., Special Edition*, May 17-23, 1985.
Cunanan, Jose Pepz. "Philippines," in Documentation for Action Group in Asia, ed., *Evolution of Labour Legislation in Asia*, Hong Kong: Documentation for Action Group in Asia, 1986.
Curry, James A. "Continuity and Change in Philippine Electoral Politics: A Re-Evaluation," *Journal of Southeast Asian Studies*, Vol. 7, No. 2, September 1976.
Cutright, Phillips. "National Political Development: Measurement and Analysis," *American Sociological Review*, Vol. 28, No. 2, April 1963.
Dahl, Robert A. *Polyarchy: Participation and Opposition*, New Haven: Yale University Press, 1971 (ロバート・A・ダール著／高畠通敏, 前田脩訳『ポリアーキー』三一書房, 1981年).
David, Karina Constantino-. "From the Present Looking Back: A History of Philippine NGOs," in G. Sidney Silliman and Lela Garner Noble, eds., *Organizing for Democracy: NGOs, Civil Society and the Philippine State*, Honolulu: University of Hawai'i Press, 1998.
Dawisha, Karen, and Bruce Parrott. eds. *The Consolidation of Democracy in East-Central Europe*, Cambridge: Cambridge University Press, 1997.
de Guzman, Marissa, Marco Garrido, and Mary Ann Manahan. "Agrarian Reform: The Promise and the Reality," in Walden Bello, ed., *Anti-Development State: Political Economy of Permanent Crisis*, London: Zed Books, 2005.
de Guzman, Raul P., and Luzviminda G. Tangangco. "An Assessment of the 1986 Special Presidential Elections: A Summery of Findings," *Philippine Journal of Public Administration*, Vol. 30, No. 2, April 1986.
de la Torre, Edicio. "The Politics of Popular Democracy," paper presented to a forum sponsored by the Third World Studies Center and the Institute for

Popular Democracy at the University of the Philippines Faculty Center, September 22, 1986.

de Leon, Annie, and Percival Chavez. "Urban Poor Coalitions," in Cesar P. Cala and Jose Z. Grageda, eds., *Studies on Coalition Experiences in the Philippines*, Metro Manila: Bookmark, Inc., 1994.

de los Reyes, Romana P., and Sylvia Ma. G. Jopillo. *Waging Agrarian Reform: NGO Initiative for a Tripartite Program in the Province of Antique*, Quezon City: Institute of Philippine Culture, Ateneo de Manila University, 1994.

de Quiros, Conrado. "People Power and the Paradigm of Salvation," *The Sunday Times*, March 16, 1986.

Dejillas, Leopoldo J. *Trade Union Behavior in the Philippines 1946-1990*, Manila: Ateneo de Manila University Press, 1994.

Development Partners, Inc. "A Rapid Appraisal of PCHD," in Victoria A. Bautista and Eleanor E. Nicolas, eds., *Books of Readings on Primary Health Care*, Quezon City: College of Public Administration University of the Philippines and Community Health Service Department of Health, 1998.

Di Palma, Giuseppe. *To Craft Democracies: An Essay on Democratic Transitions*, Berkeley: University of California Press, 1990.

Diamond, Larry. "Economic Development and Democracy Reconsidered," *American Behavioral Scientist*, Vol. 35, Nos. 4/5, March/June 1992.

———. ed. *The Democratic Revolution: Struggles for Freedom and Pluralism in the Developing World*, New York: Freedom House, 1992.

———. "Toward Democratic Consolidation," in Larry Diamond and Marc F. Plattner, 2nd eds., *The Global Resurgence of Democracy*, Baltimore: Johns Hopkins University Press, 1996.

———. *Developing Democracy: Toward Consolidation*, Baltimore: Johns Hopkins University Press, 1999.

Diamond, Larry, Juan J. Linz, and Seymour Martin Lipset. "Introduction: What Makes for Democracy," in Larry Diamond, Juan J. Linz, and Seymour Martin Lipset, 2nd ed., *Politics in Developing Countries: Comparing Experiences with Democracy*, Boulder: Lynner Rienner Publishers, Inc, 1995.

Diamond, Larry, and Leonardo Morlino. "Introduction," in Larry Diamond and Leonardo Morlino, ed., *Assessing the Quality of Democracy*, Baltimore: Johns Hopkins University Press, 2005.

———. eds. *Assessing the Quality of Democracy*, Baltimore: Johns Hopkins University Press, 2005.

Diokno, Ma. Serena I. "Unity and Struggle," in Aurora Javate-de Dios, Petronilo Bn. Daroy, and Lorna Kalaw-Tirol, eds., *Dictatorship and Revolution: Roots of*

People's Power, Metro Manila: Conspectus, 1988.

―――. ed. *Democracy and Citizenship in Filipino Political Culture,* Quezon City: The Third World Studies Center, 1997.

Domingo, Ma Oliva Z. *Good Governance and Civil Society: The Role of Philippine Civil Society Boards,* Quezon City: Center for Leadership, Citizenship and Democracy, National College of Public Administration and Governance, University of the Philippines, 2005.

Doronila, Amando. "Passing through a turbulent transition," *Manila Chronicle,* May 8, 1992.

Ecumenical Institute for Labor Education and Research. *Manggagawa: Noon at Ngayon,* Manila: Ecumenical Institute for Labor Education and Research, 1982.

Edwards, Bob, Michael W. Foley, and Mario Diani. eds. *Beyond Tocqueville: Civil Society and the Social Capital Debate in Comparative Perspective,* Hanover: University Press of New England, 2001.

Edwards, Michael. *Civil Society,* Cambridge: Polity Press, 2004.

Eisenstadt, S. N. *Modernization: Protest and Change,* Englewood Cliffs: Prentice-Hall, 1966.

Emboltura, Anthony S. "The Election Code: Can It Make a Difference?," *Legislative Alert,* Vol. 2, No. 4, April-June 1994.

Encarnación, Omar G. *The Myth of Civil Society: Social Capital and Democratic Consolidation in Spain and Brazil,* New York: Palgrave Macmillan, 2003.

―――. "Beyond Civil Society: Promoting Democracy after September 11," *Orbis,* Vol. 47, No. 4, Fall 2003.

Erben, Peter, BeverLty Hagerdon Thakur, Craig Jenness, and Ian Smith. Strengthening the Electoral Process, IFES Final Report, August 2004.

Esguerra, Jude. "After the First 100 Days: What's in Store for Arroyo in the Wake of EDSA 3?" *Political Brief,* Vol. 9, No. 5, July Special Issue 2001.

Espinosa, Raissa Lamson. "The Charter Makers," *New Day,* Vol. 1, No. 20, June 9, 1986.

Etemadi, Felisa. "Urban Governance and Poverty Alleviation: The Cebu City Experience," in Emma Porio, ed., *Urban Governance and Poverty Alleviation in Southeast Asia: Trends and Prospects,* Quezon. City: Global Urban Research Initiative in Southeast Asia, Ateneo de Manila University, 1997.

―――. "Civil Society Participation in City Governance in Cebu City," *Environment and Urbanization,* Vol. 12, No, 1, April 2000.

―――. Towards Inclusive Urban Governance in Cebu, May 2001, Working Paper 25, The University of Birmingham (http://www.idd.bham.ac.uk/

research/Projects/urban-governance/resource_papers/stage2_casestudies/ wp25_%20Cebu.pdf). アクセス日：2010年9月14日

―――. "The Politics of Engagement: Gains and Challenges of the NGO Coalition in Cebu," *Environment and Urbanization*, Vol. 16, No. 1, April 2004.

Evans, Peter. "The State as Problem and Solution: Predation, Embedded Autonomy and Structural Change," in Stephan Haggard and Robert R. Kaufman, eds., *The Politics of Economic Adjustment: International Constraints, Distributive Conflicts, and the State*, Princeton: Princeton University Press, 1992.

―――. *Embedded Autonomy: States and Industrial Transformation*, Princeton: Princeton University Press, 1995.

―――. ed. *State-Society Synergy: Government and Social Capital in Development*, Berkeley: International and Area Studies, University of California at Berkeley, 1997.

Fabros, Wilfredo. *The Church and its Social Involvement in the Philippines 1930 -1972*, Quezon City: Ateneo de Manila University Press, 1988.

Ferguson, Adam. *Principles of Moral and Political Science: Being Chiefly a Retrospect of Lectures Delivered in the College of Edinburgh*, Edinburgh: Printed for A. Strahan and T. Cadell, London; and W. Creech, Edinburgh, 1792.

Fernandez, Carlos, and Tess del Rosario. "The Philippines Department of Agriculture's NGO Outreach Desk," in John Farrington and David J. Lewis, eds., *Non-Governmental Organizations and the State in Asia: Rethinking Roles in Sustainable Agricultural Development*, London: Routledge, 1993.

Ferrer, Miriam Coronel. "Civil Society: An Operational Definition," in Maria Serena I. Diokno, ed., *Democracy and Citizenship in Filipino Political Culture*, Quezon City: The Third World Studies Center, 1997.

―――. ed. *Civil Society Making Civil Society*, Quezon City: Third World Studies Center, 1997.

―――. "The Philippine State and Civil Society," *Korea Observer*, Vol. 35, No. 3, Autumn 2004.

Fish, M. Steven. "Russia's Fourth Transition," in Larry Diamond and Marc F. Plattner, 2nd eds., *The Global Resurgence of Democracy*, Baltimore: Johns Hopkins University Press, 1996.

Fisher, Julie. *Nongovernments: NGOs and the Political Development of the Third World*, West Hartford: Kumarian Press, 1998.

Forbes, W. Cameron. *The Philippine Islands*, Vol. I, Boston: Houghton Mifflin Company, 1928.

Franco, Jennifer C. "Between 'Uncritical Collaboration' and 'Outright Opposition': An Evaluation Report on PARRDS," Occasional Papers, Institute for Popular Democracy, 1999.
―――. "The World According to CARP: Agrarian Reform under the Morales DAR," *Politicl Brief*, Vol. 7, No. 7, July 1999.
―――. *Elections and the Democratization in the Philippines*, New York: Routledge, 2001.
―――. "The Philippines: Fractious Civil Society and Competing Visions of Democracy," in Muthiah Alagappa, ed., *Civil Society and Political Change in Asia: Expanding and Contracting Democratic Space*, Stanford: Stanford University Press, 2004.
Fukuyama, Francis. *The End of History and the Last Man*, New York: Free Press, 1992 (フランシス・フクヤマ著／渡部昇一訳『歴史の終わり』三笠書房, 1992年).
Garilao, Ernesto D. "Agrarian Reform," in Jose V. Abueva, ed., *The Ramos Presidency and Administration: Record and Legacy, 1992-1998*, Quezon City: University of the Philippines Press, 1998.
Gatpatan, Marlene. "UDHA Revisited," *Intersect*, Vol. 7, Nos. 9&10, September/October 1993.
Geddes, Barbara. "What Do We Know about Democratization after Twenty Years," *Annual Review of Political Science*, Vol. 2, No. 1, June 1999.
Geremek, Bronislaw. "Civil Society Then and Now," in Larry Diamond and Marc F. Plattner, 2nd eds., *The Global Resurgence of Democracy*, Baltimore: Johns Hopkins University Press, 1996.
Gerlock, Ed. "Not a New Concept," *Intersect*, Vol. 8, No. 4, April-May 1994.
Gill, Graeme. *The Dynamics of Democratization: Elites, Civil Society and the Transition Process*, New York: St. Martin's Press, 2000.
Giordano, Pasquale T. *Awakening to Mission: The Philippine Catholic Church, 1965-1981*, Quezon City: New Day Publishers, 1988.
Gleeck, Jr., Lewis E. *American Institutions in the Philippines, 1898-1941*, Manila: Historical Conservation Society, 1976.
Goertzen, Donald. "Agents for Change," *Far Eastern Economic Review*, Vol. 153, No. 32, August 20, 1991.
Golay, Frank H. *The Philippines: Public Policy and National Economic Development*, New York: Cornell University Press, 1961.
Goldstone, Jack. "Predicting Revolutions: Why We Could (and Should) Have Foreseen the Revolutions of 1989-1991 in the U.S.S.R. and Europe," in Nikki R. Keddie, ed., *Debating Revolutions*, New York and London: New York

University Press, 1995.
Goño, Cielito C. "Peasant Coalitions and the State in Post-Marcos Philippines: The Case of the Congress for People's Agrarian Reform (CPAR)," *Philippine Sociological Review*, Vol. 41, Nos. 1-4, January-December 1993.
―――. *Peasant Movement-State Relations in New Democracies: The Case of the Congress for a People's Agrarian Reform (CPAR) in Post-Marcos Philippines*, Quezon City: Institute on Church and Social Issues, 1997.
Gonzales, Raul. *Official Development Assistance in the Philippines: 1986-1996*, Quezon City: The Caucus of Development NGO Networks, 1998.
―――. *Trends in Official Development Assistance for Philippines NGOs: A Follow-Up Study*, Quezon City: The Caucus of Development NGO Networks, 2000.
Gopinath, Aruna. *Manuel L. Quezon: The Tutelary Democrat*, Quezon City: New Day Publishers, 1987.
Grew, Raymond. ed. *Crises of Political Development in Europe and the United States*, Princeton: Princeton University Press, 1978.
Grossholtz, Jean. *Politics in the Philippines*, Boston: Little, Brown and Company, 1964.
Grugel, Jean. *Democratization: A Critical Introduction*, New York: PALGRAVE, 2002（ジーン・グリューゲル著／仲野修訳『グローバル時代の民主化―――その光と影』法律文化社, 2006年).
Gunther, Richard, P. Nikiforos Diamandouros, and Hans-Jurgen Puhle. "Introduction," in Richard Gunther, P. Nikiforos Diamandouros, and Hans-Jurgen Puhle, eds., *The Politics of Democratic Consolidation: Southern Europe in Comparative Perspective*, Baltimore: Johns Hopkins University Press, 1995.
Gurr, Ted R. "Persistence and Change in Political Systems, 1800-1971," *American Political Science Review*, Vol. 68, No. 4, December 1974.
Gusfield, Joseph R. "Tradition and Modernity: Misplaced Polarities in the Study of Social Change," *American Journal of Sociology*, Vol. 72, No. 4, January 1967.
Gutierrez, Eric. *The Ties That Bind: A Guide to Family, Business and Other Interests in the Ninth House of Representatives*, Metro Manila: Philippine Center for Investigative Journalism and Institute for Popular Democracy, 1994.
Guerrero, Amado. *Philippine Society and Revolution*, Oakland: International Association of Filipino, 1979.
Guyano, Edilberto. "Let's All Work Hard for Democratic Elections," *NASSA*

NEWS, Vol. 23, No. 1, January-February 1995.
―――. "Success at the Grassroots," *NASSA NEWS*, Vol. 23, No. 3, May-June 1995.
Haggard, Stephan, and Robert R. Kaufman. *The Political Economy of Democratic Transitions*, Princeton: Princeton University Press, 1995.
Hagopian, Frances. "After Regime Change: Authoritarian Legacies, Political Representation, and the Democratic Future of South America," *World Politics*, Vol. 45, No. 3, April 1993.
Hamilton, Nora. "State Autonomy and Dependent Capitalism in Latin America," *British Journal of Sociology*, Vol. 32, No. 3, September 1981.
Harik, Iliya. "Pluralism in the Arab World," in Larry Diamond and Marc F. Plattner, 2nd eds., *The Global Resurgence of Democracy*, Baltimore: Johns Hopkins University Press, 1996.
Haynes, Jeff. *Democracy and Civil Society in the Third World: Politics and New Political Movements*, Cambridge: Polity Press, 1997.
Hedman, Eva-Lotta E. "The Philippines: Not So Military, Not So Civil," in Muthiah Alagappa, ed., *Coercion and Governance: The Declining Political Role of the Military in Asia*, Stanford: Stanford University Press, 2001.
―――. *In the Name of Civil Society: From Free Election Movements to People Power in the Philippines*, Honolulu: University of Hawai'i, Press, 2006.
Heller, Patrick. "Degrees of Democracy: Some Comparative Lessons from India," *World Politics*, Vol. 52, No. 4, July 2000.
Hernandez, Carolina Galicia-. The Extent of Civilian Control of the Military in the Philippines: 1946-1976, Ph.D Thesis: State University of New York, 1979.
Hewison, Kevin, and Garry Rodan. "The Ebb and Flow of Civil Society and the Decline of the Left in Southeast Asia," in Garry Rodan, ed., *Political Oppositions in Industrialising Asia*, London: Routledge, 1996.
Higgott, Richard A. *Political Development Theory: The Contemporary Debate*, London: Croom Helm, 1983（リチャード・A・ヒゴット著／大木啓介, 桐谷仁, 佐治孝夫, 李光一訳『政治発展論――第三世界の政治・経済』芦書房, 1987年）.
Higley, John, and Richard Gunther. eds. *Elites and Democratic Consolidation in Latin America and Southern Europe*, Cambridge: Cambridge University Press, 1992.
Hilario, Ernesto M. "Dagdag-Bawas: New Math of Philippine Elections Equals Fraud," *Political Brief*, Vol. 6, No. 5, May 1998.
Hilhorst, Dorothea. *The Real World of NGOs*, Quezon City: Ateneo de Manila University Press, 2003.
Hirst, Paul Q. *Associative Democracy: New Forms of Economic and Social*

Governance, Cambridge: Polity Press, 1994.

Hofileña, Chay F. ed. *Policy Influence: NGO Experiences*, Quezon City: Ateneo Center for Social Policy and Public Policy, Institute for Development Research, Konrad Adenauer Stiftung, 1997.

―――. *The Corruption and Commercialization of the Philippine Media*, Quezon City: Philippine Center for Investigative Journalism, 2004.

Hollnsteiner, Mary R. *The Dynamics of Power in a Philippine Municipality*, Quezon City: Community Development Research Council, University of the Philippines, 1963.

Howell, Jude, and Jenny Pearce. *Civil Society and Development: A Critical Exploration*, Boulder: Lynne Rienner Publishers, 2002.

Huizer, Gerrit. *Peasant Movements and Their Counterforces in South-East Asia*, New Delhi, Marwah Publications, 1980.

Huntington, Samuel P. *The Third Wave: Democratization in Late Twentieth Century*, Norman: University of Oklahoma Press, 1991（S・P・ハンチントン著／坪郷實, 中道寿一, 藪野祐三訳『第三の波――20世紀後半の民主化』三嶺書房, 1995年）.

Hutchcroft, Paul D. "Oligarchs and Cronies in the Philippine State: The Politics of Patrimonial Plunder," *World Politics*, Vol. 43, No. 3, April 1991.

Hutchcroft, Paul D., and Joel Rocamora. "Strong Demands and Weak Institutions: The Origins and Evolution of the Democratic Deficit in the Philippines," *Journal of East Asian Studies*, Vol. 3, No. 2, May–August 2003.

Hyden, Goran. "Building Civil Society in the Turn of the Millennium," in John Burbidge, ed., *Beyond Prince and Merchant: Citizen Participation and the Rise of Civil Society*, Brussels: Institute of Cultural Affairs International, 1997.

Igarashi, Seiichi. "The Dilemma of Democratic Consolidation in the Philippines: Focusing upon the Possibilities and Limitations of Nonpartisan Civic Organizations in Electoral Governance," *Philippine Political Science Journal*, Vol. 29, No. 52, 2008.

Inglehart, Ronald. "The Renaissance of Political Culture," *American Political Science Review*, Vol. 82, No. 4, December 1988.

Inglehart, Ronald, and Christian Welzel. "Political Culture and Democracy: Analyzing Cross-Level Linkages," *Comparative Politics*, Vol. 36, No. 1, October 2003.

Institute for Political and Electoral Reform (IPER). *The Voter's Choice: Myself. A Psychographics Study on Voting Behavior of the Filipino Electorate*, Manila: Institute for Political and Electoral Reform, 2004.

Institute for Political and Electoral Reform (IPER), and Friedrich Ebert Stiftung (FES). *Fairing Well: The Philippine Party-List System Current Lessons and Implications*, Quezon City: Institute for Political and Electoral Reform and Friedrich Ebert Stiftung, 2005.

Institute on Church and Social Issues (ICSI). *Journey of the Urban Poor: Towards Urban Land Reform*, Quezon City: Institute on Church and Social Issues, 1991.

Jackman, Robert W. "On the Relation of Economic Development to Democratic Performance," *American Journal of Sociology*, Vol. 17, No. 3, August 1973.

Jaggers, Keith, and Ted R. Gurr. "Tracking Democracy's Third Wave with the Polity III Data," *Journal of Peace Research*, Vol. 32, No. 4, November 1995.

Jessop, Bob. "Capitalism and Democracy: The Best Possible Political Shell?," in Gary Littlejohn, ed., *Power and the State*, London: Croom Helm, 1978.

―――. *State Theory: Putting the Capitalist State in its Place*, Cambridge: Polity Press, 1990 (ボブ・ジェソップ著／中谷義和訳『国家理論――資本主義国家を中心に』御茶の水書房, 1994年).

Jimenez, Jaime Mendoza. "Breaking Free through Oppositional Peasant Politics," *Asian Review*, Vol. 15, 2002.

Joaquin, Francoise. "Out of BAYAN... and into BANDILA," *Mr. & Ms., Special Edition*, June 7–13, 1985.

Joaquin, Nick. *Jaime Ongpin the Enigma: A Profile of the Filipino as Manager*, Metro Manila: Jaime V. Ongpin Institute of Business and Government, 1990.

Johnson, Chalmers. *Revolutionary Change*, Boston: Little, Brown, 1966.

Juan, E. San. *Crisis in the Philippines: The Making of a Revolution*, Massachusetts: Bergin and Garvey Publishers, Inc., 1986.

Kalaw, Maximo M. *The Development of Philippine Politics, 1872-1920: An Account of the Part Played by the Filipino Leaders and Parties in the Political Development of the Philippines*, Manila: Oriental Commercial Co. Inc., 1926.

Kaldor, Mary, and Ivan Vejvoda. "Democratization in Central and Eastern European Countries," *International Affairs*, Vol. 73, No. 1, January 1997.

Karaos, Anna Marie A. "Manila's Squatter Movement: A Struggle for Place and Identity," *Philippine Sociological Review*, Vol. 41, No. 1-4, January-December 1993.

―――. "Power and Revolutions: Revolutionizing our Concept of Power," *Intersect*, Vol. 8, No. 4, April-May 1994.

―――. *Manila's Urban Poor Movement: The Social Construction of Collective Identities*, Ph.D. Thesis: The Graduate Faculty of Political and Social Science

of the New School for Social Research, 1995.
Karaos, Anna Marie A., Marlene V. Gatpatan, and Robert V. Hotz, S. J. *Making a Difference: NGO and PO Policy Influence in Urban Land Reform Advocacy*, Quezon City: Institute on Church and Social Issues, 1995.
Karatnycky, Adrian. ed. *Freedom in the World: The Annual Survey of Political Rights and Civil Liberties 1997-1998*, New York: Transaction Books, 1998.
Karl, Terry L. "Dilemmas of Democratization in Latin America," *Comparative Politics*, Vol. 23, No. 1, October 1990.
Karnow, Stanley. *In Our Image: America's Empire in the Philippines*, New York: Random House, 1989.
Kasfir, Nelson. ed. *Civil Society and Democracy in Africa: Critical Perspectives*, London: Frank Cass, 1998.
Kawanaka, Takeshi. "The Robredo Style: Philippine Local Politics in Transition," *Kasarinlan*, Vol. 13, No. 3, 1998.
Keane, John. *Democracy and Civil Society: On the Predicaments of European Socialism, the Prospects for Democracy, and the Problem of Controlling Social and Political Power*, London: Verso, 1988.
―――. *Global Civil Society?*, Cambridge: Cambridge University Press, 2003.
Kerkvliet, Benedict J. "Peasant Society and Unrest Prior to the Huk Revolution in the Philippines," *Asian Studies*, Vol. 9, No. 2, August 1971.
―――. *The Huk Rebellion: A Study of Peasant Revolt in the Philippines*, Berkeley: University of California Press, 1977.
Kim, Sunhyuk. *The Politics of Democratization in Korea: The Role of Civil Society*, Pittsburgh: The University of Pittsburgh Press, 2000.
Kimura, Masataka. "Rise and Fall of BANDILA: A Study of a Middle Force Alliance and the Urban Middle Class in Philippine Politics," *Pilipinas*, No. 24, Spring 1995.
Korten, David C. *Getting to the 21st Century: Voluntary Action and the Global Agenda*, West Hartford: Kumarian Press, 1990（デビッド・コーテン著／渡辺龍也訳『NGO とボランティアの世紀』学陽書房，1995 年）.
Kothari, Rajni. "Tradition and Modernity Revisited," *Government and Opposition*, Vol. 3, No. 2, Summer 1968.
Kotte, Emmalyn Liwag. "People Power in the Philippines: Civil Society between Protest and Participation," *Development and Cooperation*, No. 6, November/December, 2001.
Krasner, Stephen D. *Defending the National Interest: Raw Materials Investments and U.S. Foreign Policy*, Princeton: Princeton University Press, 1978.
Kreuzer, Peter. *Political Clans and Violence in the Southern Philippines*,

Frankfurt: Peace Research Institute Frankfurt, 2005.
Kumar, Krishan. "Civil Society: An Inquiry into the Usefulness of an Historical Term," *British Journal of Sociology*, Vol. 44, No. 3, September 1993.
Laakso, Markku, and Rein Taagepera. "'Effective' Number of Parties: A Measure with Application to West Europe," *Comparative Political Studies*, Vol. 12, No. 1, April 1979.
Lacaba, Jose F. *Days of Disquiet, Nights of Rage: The First Quarter Storm and Related Events*, Manila: Salinlahi Publishing House, 1982.
―――. "The New Politics: Priority on programs, principles & the critical mass but flexible on tactics," *Mr. & Ms., Special Edition*, May 3–9, 1985.
―――. ed. *Boss: 5 Case Studies of Local Politics in the Philippines*, Quezon City: Philippine Center for Investigative Journalism, Institute for Popular Democracy, 1995.
Laclau, Ernesto, and Chantal Mouffe. *Hegemony and Socialist Strategy: Towards a Radical Democratic Politics*, London: Verso, 1985 (エルネスト・ラクラウ, シャンタル・ムフ著／山崎カヲル, 石澤武訳『ポスト・マルクス主義と政治――根源的民主主義のために』大村書店, 1992年).
Landé, Carl H. *Leaders, Factions, and Parties: The Structure of Philippine Politics*, New Haven: Yale University Southeast Asia Studies, 1965.
―――. *Post-Marcos Politics: A Geographical and Statistical Analysis of the 1992 Presidential Election*, New York: St. Martin's Press, 1996.
―――. "The Return of 'People Power' in the Philippines," *Journal of Democracy*, Vol. 12, No. 2, April 2001.
Lane, Max R. *The Urban Mass Movement in the Philippines, 1983–87*, Canberra: Department of Political and Social Change, Research School of Pacific Studies, Australian National University, 1990.
Lanegran, Kimberly Rae. Social Movements, Democratization, and Civil Society: The Case of the South African Civic Associations, Ann Arbor: UMI Dissertation Services, 1997.
LaPalombara, Joseph. ed. *Bureaucracy and Political Development*, Princeton: Princeton University Press, 1963.
LaPalombara, Joseph, and Myron Weiner. eds. *Political Parties and Political Development*, Princeton: Princeton University Press, 1966.
Lee, Michael. "The Community Mortgage Program: An Almost-Successful Alternative for Some Urban Poor," *Habitat International*, Vol. 19, No. 4, 1995.
Lerner, Daniel. *The Passing of Traditional Society: Modernizing the Middle East*, New York: Free Press, 1958.
Levinger, Beryl, and Jean Mulroy. *Making a Little Go a Long Way: How*

the World Bank's Small Grants Program Promotes Civic Engagement, Washington, D.C.: Social Development, The World Bank, 2003.
Lewis, Paul G. ed. Democracy and Civil Society in Eastern Europe: Selected Papers from the Fourth World Congress for Soviet and East European Studies, Harrogate, 1990, New York: St. Martin's Press, 1992.
Lijphart, Arend. "Constitutional Choices for New Democracies," in Larry Diamond and Marc F. Plattner, 2nd eds., The Global Resurgence of Democracy, Baltimore: Johns Hopkins University Press, 1996.
Linz, Juan J. "Presidential or Parliamentary Democracy: Does It Make a Difference?," in Juan J. Linz and Arturo Valenzuela, eds., The Failure of Presidential Democracy: Comparative Perspectives, Baltimore: Johns Hopkins University Press, 1994（フアン・リンス「大統領制民主主義か議院内閣制民主主義か――その差異について」〔J・リンス, A・バレンズエラ編／中道寿一訳『大統領制民主主義の失敗――その比較研究』南窓社, 2003年〕）.
Linz, Juan J., and Arturo Valenzuela. eds. The Failure of Presidential Democracy: Comparative Perspectives, Baltimore: Johns Hopkins University Press, 1994 (J・リンス, A・バレンズエラ編／中道寿一訳『大統領制民主主義の失敗――その比較研究』南窓社, 2003年).
Linz, Juan J., and Alfred Stepan. Problems of Democratic Transition and Consolidation: Southern Europe, South America, and Post-Communist Europe, Baltimore: Johns Hopkins University Press, 1996 (J・リンス, A・ステパン著／荒井祐介, 五十嵐誠一, 上田太郎訳『民主化の理論――民主主義への移行と定着の課題』一藝社, 2005年).
Lipset, Seymour Martin. "Some Social Requisites of Democracy: Economic Development and Political Legitimacy," American Political Science Review, Vol. 60, No. 1, March 1959.
――――. Political Man: The Social Bases of Politics, London: Heinemann, 1960 (S・M・リプセット著／内山秀夫訳『政治のなかの人間』東京創元新社, 1963年).
Lipset, Seymour Martin, Kyoung-Ryung Seong, and John Charles Torres. "A Comparative Analysis of the Social Requisites of Democracy," International Social Science Journal, Vol. 163, No. 2, May 1993.
Lopez, Antonio. "Keeping It All in the Family: Despite Term Limits, the Same Names Are Showing up in Public Office," Asiaweek, Vol. 24, No. 18, May 8, 1998.
Lummis, C. Douglas. Radical Democracy, Ithaca: Cornell University Press, 1996 (C・ダグラス・ラミス著／加地永都子訳『ラディカル・デモクラシー――可能性の政治学』岩波書店, 1998年).

Luyt, Brendan. "The Hegemonic Work of Automated Election Technology in the Philippines," *Journal of Contemporary Asia*, Vol. 37, No. 2, May 2007.
Luz, Kristina. "Angst among the Elites," *Asiaweek*, Vol. 27, No. 8, May 11, 2001.
Macapagal, Diosdado. *A Stone for the Edifice: Memoirs of a President*, Quezon City: Mac Publishing House, 1968.
Machado, K. G. "Changing Patterns of Leadership Recruitment and the Emergence of the Professional Politician in Philippine Local Politics," in Benedict J. Kerkvliet, ed., *Political Change in the Philippines: Studies of Local Politics Preceding Martial Law*, Hawaii: The University Press of Hawaii, 1974.
Magadia, Jose J. *State-Society Dynamics: Policy Making in a Restored Democracy*, Quezon City: Ateneo de Manila University Press, 2003.
Magno, Alex. "The Contagious Revolt of the Middle Class," *WHO*, October 19, 1983.
Magno, Francisco A. "State Patronage and Local Elite," *Kasarinlan*, Vol. 4, No. 3, 1st Quarter 1989.
―――. "Weak State, Ravage Forests: Political Constraints to Sustainable Upland Management in the Philippines," *Philippine Political Science Journal*, Nos. 33-36, June 1991-December 1992.
Manasan, Rosario G., and Ruben G. Mercado. "Governance and Urban Development: Case Study of Metro Manila," Discussion Paper Series No. 99-03, Philippine Institute for Development Studies, February 1999 (http://www3.pids.gov.ph/ris/pdf/pidsdps9903.pdf). アクセス日：2010年8月26日
Martin, Timothy. *Education, Religiosity, and the Cultivation of Social Capital: Philippine NGOs and the Democratization of Civil Society*, Saarbrücken: VDM Verlag Dr. Müller, 2008.
McCoy, Alfred W. "After the Yellow Revolution: Filipino Elite Factions and the Struggle for Power," in Peter Krinks, ed., *The Philippines under Aquino: Papers Presented at a Conference Held in Sydney, November 1986 and Organised by the Development Studies Colloquium, Sydney and the Australian Development Studies Network*, Canberra: Australian Development Studies Network, 1987.
―――. "Quezon's Commonwealth: The Emergence of Philippine Authoritarianism," in Ruby R. Raredes, ed., *Philippine Colonial Democracy*, Quezon City: Ateneo de Manila University Press, 1989.
―――. "An Anarchy of Families: The Historiography of State and Family in the Philippines," in Alfred W. McCoy, ed., *An Anarchy of Families: State and Family in the Philippines*, Quezon City: Ateneo de Manila University Press,

1994.

―――. ed. *An Anarchy of Families: State and Family in the Philippines*, Quezon City: Ateneo de Manila University Press, 1994.

―――. *Closer than Brothers: Manhood At the Philippine Military Academy*, New Haven: Yale University Press, 1999.

McDougald, Charles C. *The Marcos File: Was He a Philippine Hero or Corrupt Tyrant?*, San Francisco: San Francisco Publishers, 1987.

Meadows, Martin. "Philippine Political Parties and the 1961 Elections," *Pacific Affairs*, Vol. 35, No. 3, Autumn 1962.

Medel, Angelita Y. Gregorio-. *The Urban Poor and the Housing Problem*, Quezon City: Center for Social Policy and Public Affairs, Ateneo de Manila University, 1989.

Merkel, Wolfgang. "Embedded and Defective Democracies," *Democratization*, Vol. 11, No. 5, December 2004.

Migdal, Joel S. *Strong Societies and Weak States: State-Society Relations and State Capabilities in the Third World*, Princeton: Princeton University Press, 1988.

―――. "Introduction: Developing a State-in-Society Perspective," in Joel S. Migdal, Atul Kohli, and Vivienne Shue, eds., *State Power and Social Forces: Domination and Transformation in the Third World*, Cambridge: Cambridge University Press, 1994.

Migdal, Joel S., Atul Kohli, and Vivienne Shue. eds. *State Power and Social Forces: Domination and Transformation in the Third World*, Cambridge: Cambridge University Press, 1994.

Mijares, Primitivo. *The Conjugal Dictatorship of Ferdinand and Imelda Marcos*, San Francisco: Union Square Publications, 1976.

Misztal, Barbara A. "Civil Society: A Signifier of Plurality and Sense of Wholeness," in Judith R. Blau, ed., *The Blackwell Companion to Sociology*, Malden: Blackwell, 2001.

Morales, Jr., Horacio. R. "Changing Role of Civil Society," *Asian Review of Public Administration*, Vol. 11, No. 1, January-June 1999.

Moreno, Antonio F. *Church, State, and Civil Society in Postauthoritarian Philippines: Narratives of Engaged Citizenship*, Quezon City: Ateneo de Manila University Press, 2006.

Mouffe, Chantal. *The Return of the Political*, New York: Verso, 1993（シャンタル・ムフ著／千葉眞, 土井美徳, 田中智彦, 山田竜作訳『政治的なるものの再興』日本経済評論社, 1998 年）.

Muller, Edward N., and Mitchell A. Seligson. "Civic Culture and Democracy: The Question of Causal Relationships," *American Political Science Review*, Vol.

88, No. 3, September 1994.

Murphy, Denis, Edward Gerlock, Elena Chion-Javier, Ana Marie Dizon, and Salome Quijano. *A Social Movement of the Urban Poor: The Story of Sama-Sama*. Quezon City: Urban Research Consortium, 2001.

Mutunga, Willy. *Constitution-Making from the Middle: Civil Society and Transition Politics in Kenya, 1992-1997*, Nairobi: Sareat and Mwengo, 1999.

National Democratic Institute for International Affairs (NDI), and National Citizens Movement for Free Elections (NAMFREL). *Making Every Vote Count: Domestic Election Monitoring in Asia*, n.p.: National Democratic Institute for International Affairs, 1996.

Needler, Martin. "Political Development and Socioeconomic Development: The Case of Latin America," *American Political Science Review*, Vol. 62, No. 3, September 1967.

Nemenzo, Francisco. "The Left and the Traditional Opposition," in R. J. May and Francisco Nemenzo, eds., *The Philippine after Marcos*, London: Croom Helm, 1995.

Nette, Andrew. "Ferment in the Philippine Left," *Green Left Weekly*, Issue 25, August 28, 1991.

Neubauer, Deane E. "Some Social Conditions of Democracy," *American Political Science Review*, Vol. 61, No. 4, December 1967.

Nolledo, Jose N. *The New Constitution of the Philippines Annotated*, Manila: National Book Store, 1991.

Nordlinger, Eric A. *On the Autonomy of the Democratic State*, Cambridge: Harvard University Press, 1981.

O'Donnell, Guillermo. "Transitions to Democracy: Some Navigation Instruments," in Robert A. Pastor, ed., *Democracy in the Americas: Stopping the Pendulum*, New York: Homes & Meier Publishers, Inc., 1989.

O'Donnell, Guillermo, and Philippe C. Schmitter. *Transition from Authoritarian Rule: Tentative Conclusions about Uncertain Democracies*, Baltimore: Johns Hopkins University Press, 1986 (ギジェルモ・オドンネル, フィリップ・シュミッター著／真柄秀子, 井戸正伸訳『民主化の比較政治学——権威主義支配以降の政治世界』未來社, 1986年).

O'Donnell, Guillermo, Jorge Vargas Cullell, and Osvaldo M. Iazzetta. eds. *The Quality of Democracy: Theory and Applications*, Notre Dame: University of Notre Dame Press, 2004.

Official Development Assistance Watch, *Engaging ODA: Lessons in Civil Society Participation*, Quezon City: Official Development Assistance Watch, 2005.

Oimentel, Jr., Benjamin. "BISIG and the Socialist Vision," *National Midweek*, Vol. 1,

No. 33, August 20, 1986.
Olsen, Marvin E. "Multivariate Analysis of National Political Development," *American Sociological Review*, Vol. 33, No. 5, October 1968.
Oritez, Pacifico A. ed. *Not by Bread Alone: Bishops-Businessmen's Conference Dialogues on Human Development under Martial Law*, Manila: Bishops-Businessmen's Conference, 1980.
Paredes, Horacio V. "KOMPIL: Will it slap divided opposition into shape?," *Mr. & Ms.*, December 9, 1983.
Paredes, Ruby R. "The Origin of National Politics: Taft and the Partido Federal," in Ruby R. Raredes, ed., *Philippine Colonial Democracy*, Quezon City: Ateneo de Manila University Press, 1989.
Parel, Tezza O. "Anesthesia, Anyone?," *National Midweek*, Vol. 1, No. 5, December 4, 1985.
Parsa, Misagh. "Entrepreneurs and Democratization: Iran and the Philippines," *Comparative Studies in Society and History*, Vol. 37, No. 4, October 1995.
Parsons, Talcott. *The Social System*, New York: Free Press, 1951 (パーソンズ著／佐藤勉訳『社会体系論』青木書店, 1974年).
Partnership of Philippine Support Services Agencies, and the Urban Poor Associates. *What Should We Lobby For?: The Laws, Programs and Policies People's Groups and NGOs Should Work for in the Field of Land and Housing*, n.p.: Partnership of Philippine Support Services Agencies, 1995.
Pascual, Dette. "Organizing People Power in the Philippines," *Journal of Democracy*, Vol. 1, No. 3, Winter 1990.
Pateman, Carole. "Political Culture, Political Structure and Political Change," *British Journal of Political Science*, Vol. 1, No. 3, July 1971.
Patino, Patrick, and Djorina Velasco. Election Violence in the Philippines, Online Papers, Friedrich Ebert Stiftung, 2004 (http://library.fes.de/pdf-files/bueros/philippinen/50071.pdf). アクセス日：2010年5月4日
Pearce, Jenny. "Civil Society, the Market and Democracy in Latin America," *Democratization*, Vol. 4, No. 2, Summer 1997.
Pena, Aurelio A. "Yellows & Reds team up for 'Impeach Marcos' drive in Davao," *Mr. & Ms., Special Edition*, September 13-19, 1985.
Peter, Chris Maina. "Constitution-making in Tanzania: The Role of Civil Organisation," in Kivutha Kibwana, Chris Maina Peter, and Nyangabyaki Bazaara, *Constitutionalism in East Africa: Progress, Challenges, and Prospects in 1999*, Kampala: Fountain Publishers, 2001.
Peter, Erven, Beverly Hagerdon Thakur, Craig Jenness, and Ian Smith. IFES Final Report: 2004 Philippine National Election, August 2004 (http://www.

ifes.org/publication/899bba68af1bc80415544d96cce580a9/Philippines_2004_El ectionReport.pdf). アクセス日：2010 年 6 月 25 日
Philippines-Canada Local Government Support Program. *Enhancing Shelter Provision at the Local Level*, Manila: Philippines-Canada Local Government Support Program, 2003.
Philippine Human Rights Information Center. *Inside the Chambers: The Performance of the Ninth Congress on Human Rights*, Quezon City: Philippine Human Rights Information Center, 1996.
Philippine Partnership for the Development of Human Resources in Rural Areas (PhilDHRRA), and Center for Community Services (CCS). *Making Agrarian Reform Work: Securing the Gains of Land Tenure Improvement*, Quezon City: Philippine Partnership for Development of Human Resources in Rural Areas, 1997.
Pierson, Christopher. *Marxist Theory and Democratic Politics*, Cambridge: Polity Press, 1986.
Pinches, Michael. "Elite Democracy, Development and People Power: Contending Ideologies and Changing Practices in Philippine Politics," *Asian Studies Review*, Vol. 21, Nos. 2-3, November 1997.
Plasser, Fritz, Peter A. Ulram, and Harald Waldrauch. *Democratic Consolidation in East-Central Europe*, New York: St. Martin's Press, 1998.
Po, Blondie. "Rural Organizations and Rural Development in the Philippines: A Documentary Study," in Marie S. Fernande, ed., *Rural Organizations in the Philippines*, Manila: Institute of Philippine Culture, Ateneo de Manila University, 1980.
Porio, Emma. "Civil Society and Democratization in Asia: Prospects and Challenges in the New Millennium," in Henk Schulte Nordholt and Irwarn Abdullah, eds., *Indonesia: In Search of Transition*, Yogyakarta: Pustaka Pelajar, 2002.
Porio, Emma, and Christine Crisol, "Property Rights, Security of Tenure and the Urban Poor in Metro Manila," *Habitat International*, Vol. 28, No. 2, June 2004.
Power, Timothy J., and Mark J. Gasiorowski. "Institutional Design and Democratic Consolidation in the Third World," *Comparative Political Studies*, Vol. 30, No. 2, April 1997.
Pridham, Geoffrey. *The Dynamics of Democratization: A Comparative Approach*, London: CONTINUUM, 2000.
Przeworski, Adam. *Democracy and the Market: Political and Economic Reforms in Eastern Europe and Latin America*, Cambridge: Cambridge University Press, 1991.

Putnam, Robert D. *Making Democracy Work: Civic Traditions in Modern Italy*, Princeton: Princeton University Press, 1993（ロバート・D・パットナム著／河田潤一訳『哲学する民主主義――伝統と改革の市民的構造』NTT 出版, 2001 年).
―――. "Bowling Alone: America's Declining Social Capital," in Larry Diamond and Marc F. Plattner, 2nd eds., *The Global Resurgence of Democracy*, Baltimore: Johns Hopkins University Press, 1996.
Putzel, James. *Gaining Ground: Agrarian Reform in the Philippines*, London: War on Want, 1989.
―――. *A Captive Land: The Politics of Agrarian Reform in the Philippines*, New York: Monthly Review Press, 1992.
―――. "Democratization and Clan Politics: The 1992 Philippine Elections," *South East Asia Research*, Vol. 3, No. 1, March 1995.
―――. "Non-Governmental Organizations and Rural Poverty," in G. Sidney Silliman and Lela Garner Noble, eds., *Organizing for Democracy: NGOs, Civil Society and the Philippine State*, Honolulu: University of Hawai'i Press, 1998.
―――. "Survival of an Imperfect Democracy in the Philippines," *Democratization*, Vol. 6, No. 1, Spring 1999.
―――. "A Muddled Democracy: 'People Power' Philippine Style," Working Paper Series, Development Studies Institute, London School of Economics and Political Science, November 2001（http://www.lse.ac.uk/Depts/destin/workpapers/AMuddledDemocracy.pdf). アクセス日：2010 年 2 月 27 日
Pye, Lucian W. ed., *Communications and Political Development*, Princeton: Princeton University Press, 1963.
―――. *Asian Power and Politics: The Cultural Dimensions of Authority*, Cambridge: The Belknap Press of Harvard University Press, 1985（ルシアン・W・パイ著／園田茂人訳『エイジアン・パワー』大修館書店, 1995 年).
―――. "Political Science and the Crisis of Authoritarianism," *American Political Science Review*, Vol. 84, No. 1, March 1990.
―――. "Civility, Social Capital, and Civil Society: Three Powerful Concepts for Explaining Asia," *Journal of Interdisciplinary History*, Vol. 29, No. 4, Spring 1999.
Pye, Lucian W., and Sidney Verba. eds. *Political Culture and Political Development*, Princeton: Princeton University Press, 1965.
Quadir, Fahimul, and Jayant Lele. eds. *Democratic Transitions and Social Movements in Asia*, Basingstoke: Palgrave Macmillan, 2004.
―――. "Introduction: Globalization, Democracy and Civil Society after the Financial Crisis of the 1990s," in Fahimul Quadir and Jayant Lele, eds.,

Globalization, Democracy and Civil Society in Asia, Basingstoke: Palgrave Macmillan, 2004.
Quigley, Kevin F. F. "Political Scientists and Assisting Democracy: Too Tenuous Links," *Political Science and Politics*, Vol. 30, No. 3, September 1997.
Quimpo, Nathan Gilbert. "Oligarchic Patrimonialism, Bossism, Electoral Clientelism, and Contested Democracy in the Philippines," *Comparative Politics*, Vol. 37, No. 2, January 2005.
―――. "The Left, Elections, and the Political Party System in the Philippines," *Critical Asian Studies*, Vol. 37, No. 1. March 2005.
―――. *Contested Democracy and the Left in the Philippines after Marcos* Quezon City: Ateneo de Manila University Press, 2008.
Quisumbing, L. R. "Characteristic Features of Cebuano Family Life amidst a Changing Society," *Philippine Sociological Review*, Vol. 11, Nos. 1-2, January-April 1963.
Quizon, Antonio B. "A Survey of Governmental Policies and Programmes on Non-Governmental Organizations in the Philippines," in Antonio B. Quizon and Rhoda U. Reyes, eds., *A Strategic Assessment of Non-Governmental Organizations in the Philippines*, Metro Manila: Asian Non-Governmental Organizations Coalition for Agrarian Reform and Rural Development, 1989.
Racelis, Mary. "From the Fringes to the Mainstream," *Intersect*, Vol. 8, No. 4, April-May 1994.
―――. "New Visions and Strong Actions: Civil Society in the Philippines," in Marina Ottaway and Thomas Carothers, eds., *Funding Virtue: Civil Society Aid and Democracy Promotion*, Washington, D.C.: Carnegie Endowment for International Peace, 2000.
Rajaretnam, M. ed., *The Aquino Alternative*, Singapore: Institute of Southeast Asian Studies, 1986.
Ramos, Grace C. "The Urban Development and Housing Act（UDHA）of 1992: A Philippine Housing Framework," almini papers, House Development & Management, LTH, Lund University, 2000（http://www.hdm.lth.se/fileadmin/hdm/almini/papers/ad2000/ad2000-12.pdf）. アクセス日：2010年9月8日
Rau, Zbigniew. ed. *The Reemergence of Civil Society in Eastern Europe and the Soviet Union*, Boulder: Westview Press, 1991.
Rebullida, Ma. Lourdes G. "NGO-PO Approaches to Urban Poor Housing," in Ma. Lourdes G. Rebullida, Dolores A. Endriga, and Geraldine M. Santos, *Housing the Urban Poor: Policies, Approaches, Issues*, Quezon City: UP Center for Integrative and Development Studies, 1999.

―――. "Socialized Houseing: Impact of the Community Mortgage Program," *UP-CIDS Chronicle*, Vol. 4, Nos. 1-2, January-December 1999.

―――. "The Politics of Urban Poor Housing: Sate and Civil Society Dynamics," *Philippine Political Science Journal*, Vol. 24, No. 47, 2003.

Reyes, Ricardo B. "People Power Comes into the New Millennium," *Political Brief*, Vol. 9, No. 3, March 2001.

Reyes, Socorro L. "Strengthening the Linkage between Women's Groups and Women in Government," *Asia Pacific Women's Studies Journal*, No. 1, 1992.

Riedinger, Jeffrey M. *Agrarian Reform in the Philippines: Democratic Transitions and Redistributive Reform*, Stanford: Stanford University Press, 1995.

Riesman, David. *The Lonely Crowd: A Study of the Changing American Character*, New Haven: Yale University Press, 1961（D・リースマン著／加藤秀俊訳『孤独な群衆』みすず書房, 1964年).

Rivera, Temario C. "Middle Class Politics: The Philippine Experiences," *The Journal of Social Science*, Vol. 45, 2000.

―――. "Transition Pathways and Democratic Consolidation in Post-Marcos Philippines," *Contemporary Southeast Asia*, Vol. 24, No. 3, December 2002.

Robles, Eliodro G. *The Philippines in the Nineteenth Century*, Manila: Malaya Books Inc., 1969.

Robles, Raissa. "At the Frontlines of the Region's Elections" *Asiaweek*, Vol. 26, No. 13, April 7, 2000.

Robredo, Jesse M. "Participatory Approaches in Alleviating Urban Poverty: The Naga City Experience," paper presented at the UNDESA/Italy Side Event on Fighting Urban Poverty in World Urban Forum III on June 20, 2006, Vancouver, Canada (http://www.naga.gov.ph/cityhall/FORUM3_06202006.pdf). アクセス日：2010年9月14日

―――. "Governance & Social Accountability Mechanisms Naga City, Philippines," paper presented at the Governance and Social Accountability Forum, in conjunction with the World Bank and IMF Annual Meeting on September 18, 2006 in Singapore (http://www.naga.gov.ph/cityhall/IMF_09182006.pdf). アクセス日：2010年9月6日

―――. "Engaging People in Local Government," paper presented at the Conference on Active Citizenship and Social Accountability, sponsored by Australian Council for International Development (ACFID) on July 3, 2007 at the Monash University, Victoria, Australia (http://www.naga.naga.gov.ph/cityhall/ACFID_07032007.pdf). アクセス日：2010年9月14日

Rodan, Garry. "Theorising Political Opposition in East and Southeast Asia," in Garry Rodan, ed., *Political Oppositions in Industrialising Asia*, New York:

Routledge, 1996.

―――. "State-Society Relations and Political Opposition in Singapore," in Garry Rodan, ed., *Political Oppositions in Industrialising Asia*, New York: Routledge, 1996.

―――. "Civil Society and Other Political Possibilities in Southeast Asia," *Journal of Contemporary Asia*, Vol. 27, No. 2, March 1997.

Rodriguez, Agustin Martin G., and Djorina Velasco. *Democracy Rising?: The Trials and Triumphs of the 1998 Party-List Elections*, Quezon City: Institute of Politics and Governance and Friedrich Ebert Stiftung, 1998.

Rogers, Steven. "Philippine Politics and the Return of Law," *Journal of Democracy*, Vol. 15, No. 4, December 2004.

Romero, Jr., Segundo E., and Rostum J. Bautista. "Philippine NGOs in the Asia Pacific Context," in Tadashi Yamamoto, ed., *Emerging Civil Society in the Asia Pacific Community: Nongovernmental Underpinnings of the Emerging Asia Pacific Regional Community*, Singapore: The Institute of Southeast Asian Studies, 1995(セグンド・ロメロ他「フィリピン」〔日本国際交流センター監修『アジア太平洋のNGO』アルク, 1998年〕).

Rose, Richard. "Postcommunism and the Problem of Trust," in Larry Diamond and Marc F. Plattner, 2nd eds., *The Global Resurgence of Democracy*, Baltimore: Johns Hopkins University Press, 1996.

Rosenberg, David A. ed. *Marcos and Martial Law in the Philippines*, Ithaca: Cornell University Press, 1979.

Russell, D. E. H. *Rebellion, Revolution and Armed Force: A Comparative Study of Fifteen Countries with Special Emphasis on Cuba and South Africa*, New York: Academic Press, 1974.

Salamon, Lester M. *Defining the Nonprofit Sector: A Cross-National Analysis*, New York: Manchester University Press, 1997.

Salamon, Lester M., and Helmut K. Anheier. *The Emerging Nonprofit Sector: An Overview*, New York: St. Martin's Press, 1996(レスター・M・サラモン, H・K・アンヘイアー著／今田忠監訳『台頭する非営利セクター――12ヵ国の規模・構成・制度・資金源の現状と展望』ダイヤモンド社, 1996年).

Salamon, Lester M., Regina List, and Helmut K. Anheier. *Global Civil Society: Dimensions of the Nonprofit Sector*, Baltimore: Johns Hopkins Center for Civil Society Studies, 1999.

Sardamov, Ivan. "'Civil Society' and the Limits of Democratic Assistance," *Government and Opposition*, Vol. 40, No. 3, Summer 2005.

Sartori, Giovanni. 2nd ed. *Comparative Constitutional Engineering: An Inquiry into Structures, Incentives and Outcomes*, New York: New York University

Press, 1997(ジョヴァンニ・サルトーリ著／岡沢監訳・工藤祐子訳『比較政治学——構造・動機・結果』早稲田大学出版部, 2000年).
Saulo, Alfredo B. *Communism in the Philippines: An Introduction*, Quezon City: Ateneo de Manila University Press, 1990.
Sayos, Anicia C. "Kaantabay sa Kauswagan (Partners in Development) Mass Housing Strategy, The Case of Naga City," Discussion Paper Series No. 98-24, Philippine Institute for Development Studies, June 1998 (http://dirp4.pids.gov.ph/ris/dps/pidsdps9824.pdf). アクセス日：2010年8月25日
Schaffer, Frederic Charles. "Clean Elections and the 'Great Unwashed': Electoral Reform and Class Divide in the Philippines," paper presented at the 2001 Annual Meeting of the American Political Science Association, San Francisco, August 30–September 2, 2001.
―――. "Clean Elections and the Great Unwashed: Vote Buying and Voter Education in the Philippines, Institute for Advanced Study, School of Social Science," Occasional Papers, No. 21, April 2005 (http://www.sss.ias.edu/publications/papers/paper21.pdf). アクセス日：2009年7月20日
Schafferer, Christian. "Democracy and Democratization in East Asia: Myth or Reality," *Modern East Asia*, Vol. 1, No. 3, August 2002.
Schirmer, Daniel B., and Stephen Rosskamm Shalom. eds. *The Philippines Reader: A History of Colonialism, Neocolonialism, Dictatorship, and Resistance*, Boston: South End Press, 1987.
Schmitter, Philippine C. "Civil Society East and West," in Larry Diamond, Marc F. Plattner, Yun-han Chu, and Hung-mao Tien, eds., *Consolidating the Third Wave Democracies*, Baltimore: Johns Hopkins University Press, 1997.
Schock, Kurt. "People Power and Political Opportunities: Social Movement Mobilization and Outcomes in the Philippines and Burma," *Social Problems*, Vol. 46, No. 3, August 1999.
Schumpeter, J. A. *Capitalism, Socialism and Democracy*, New York: Harper and Brothers, 1942(シュムペーター著／中山伊知郎, 東畑精一訳『資本主義・社会主義・民主主義』東洋経済新報社, 1995年).
Scipes, Kim. *KMU: Building Genuine Trade Unionism in the Philippines, 1980-1994*, Quezon City, Philippines: New Day Publishers, 1996.
Scott, James C. "Corruption, Machine Politics, and Political Change," *American Political Science Review*, Vol. 63, No. 4, December 1969.
―――. "Patron-Client Politics and Political Change in Southeast Asia," *American Political Science Review*, Vol. 66, No. 1, March 1972.
Seligson, Mitchell A. "The Renaissance of Political Culture or the Renaissance of the Ecological Fallacy?," *Comparative Politics*, Vol. 34, No. 3, April 2002.

Selochan, Viberto. "The Armed Forces of the Philippines and Political Instability," in Viberto Selochan, ed., *The Military, the State, and Development in Asia and the Pacific*, Boulder: Westview Press, 1991.
Serrano, Isagani R. *On Civil Society*, Quezon City: Philippine Rural Reconstruction Movement, 1993.
―――. "Reimagining Civil Society," *Intersect*, Vol. 8, No. 10, October 1994.
―――. "Civil Society in the Philippines Struggling for Sustainability," in David C. Schak and Wayne Hudson, eds., *Civil Society in Asia*, Aldershot: Ashgate, 2003.
Shaktin, Gavin. "Community-Based Organizations, Local Politics, and Shelter Delivery in Metro Manila," *Kasarinlan*, Vol. 14, Nos. 3 & 4, 1999.
Shalom, Stephen Rosskamm. *The United States and the Philippines: A Study of Neocolonialism*, Philadelphia: Institute for the Study of Human Issues, 1981.
Shin, Don Chull. "On the Third Wave of Democratization: A Synthesis and Evaluation of Recent Theory and Research," *World Politics*, Vol. 47, No. 1, October 1994.
Shoesmith, Dennis. "The Church," in R. J. May and Francisco Nemenzo, eds., *The Philippine after Marcos*, London: Croom Helm, 1985.
Shrestha, Ananda. ed. *The Role of Civil Society and Democratization in Nepal*, Katmandu: Nepal Foundation for Advanced Studies and Friedrich-Ebert-Stiftung, 1998.
Sidel, John T. *Coercion, Capital, and the Post-Colonial State: Bossism in the Postwar Philippines*, Ann Arbor: UMI, Dissertation Service 1995 (reprinted of Ph.D Dissertation of Coronell University).
Silliman, G. Sidney. "The Transnational Relations of Philippine Non-Governmental Organizations," in G. Sidney Silliman and Lela Garner Noble, eds., *Organizing for Democracy: NGOs, Civil Society and the Philippine State*, Honolulu: University of Hawai'i Press, 1998.
Silliman, G. Sidney, and Lela Garner Noble. "Introduction," in G. Sidney Silliman and Lela Garner Noble, eds., *Organizing for Democracy: NGOs, Civil Society and the Philippine State*, Honolulu: University of Hawai'i Press, 1998.
―――. eds. *Organizing for Democracy: NGOs, Civil Society and the Philippine State*, Honolulu: University of Hawai'i Press, 1998.
Simons, Lewis M. *Worth Dying for*, New York: W. Morrow, 1987 (ルイス・サイモンズ著／鈴木康雄訳『アキノ大統領誕生――フィリピン革命はこうして成功した』筑摩書房, 1989年).
Sison, Jose Maria. *The Philippine Revolution: The Leader's View*, New York: Crane Russak, 1989 (ホセ・マリア・シソン著／鈴木武, 岩本エリ子訳『内側

から見たフィリピン革命』梓書店，1994 年).
Skocpol, Theda. "Bringing the State Back in: Strategies of Analysis in Current Research," in Peter B. Evans, Dietrich Rusechemeyer, and Theda Skocpol, eds., *Bringing the State Back in*, Cambridge: Cambridge University Press, 1985.
Smith, Jr., Arthur K. "Socio-Economic Development and Political Democracy: A Causal Analysis," *Midwest Journal of Political Science*, Vol. 30, No. 1, February 1969.
Smith, Desmond. *Democracy and the Philippine Media, 1983-1993*, Lewiston: The Dewin Meller Press, 2000.
Snyder, Richard. "Explaining Transitions from Neopatrimonial Dictatorships," *Comparative Politics*, Vol. 24, No. 4, July 1992.
Social Weather Station (SWS). *Report on the Survey Items Commissioned by Dr. Fredric Schaffer: SWS August 24-September 8, 2002 National Survey*, Quezon City: Social Weather Stations, 2003.
―――. Media Release, March 15, 2007 (http://www.sws.org.ph/pr070315.htm). アクセス日：2010 年 10 月 4 日
Sokolowski, S. Wojciech. *Civil Society and the Professions in Eastern Europe: Social Change and Organizational Innovation in Poland*, New York: Kluwer Academic/Plenum Publishers, 2001.
Soliman, Corazon Juliano. "Meeting with a Group of Dreamers," *Intersect*, Vol. 8, No. 4, April-May 1994.
Soriano, Emanuel V. "Organized Forces in the Philippine Setting," in Emanuel V. Soriano, Patricia B. Licuanan, and Ledivina V. Cariño, *Understanding People Power: A Collection of Papers Presented at a DAP Symposium on People Power*, Metro Manila: Development Academy of the Philippines, 1987.
Soriano, Vic. "LAKBAYAN, Boycott and Civil Disobedience," *Diliman Review*, Vol. 32, Nos. 3-4, July-August 1984.
Sorita, Bro. Clifford T. *Bantay Barangay and the Filipino Social Ideology*, Manila: Parish Pastoral Council for Responsible Voting, 1998.
Stanley, Peter W. *A Nation in the Making: The Philippines and the United States, 1899-1921*, Cambridge: Harvard University Press, 1974.
Stepan, Alfred. "The New Professionalism of Internal Warfare and Military Role Expansion," in Alfred Stepan, ed., *Authoritarian Brazil: Origins, Policies and Future*, New Haven: Yale University Press, 1973.
―――. *The State and Society: Peru in Comparative Perspective*, Princeton: Princeton University Press, 1978.
―――. "State Power and the Strength of Civil Society in the Southern Cone

of Latin America," in Peter B. Evans, Dietrich Rueschemeyer, and Theda Skocpol, eds., *Bringing the State Back in*, Cambridge: Cambridge University Press, 1985.

―――. *Rethinking Military Politics: Brazil and the Southern Cone*, Princeton: Princeton University Press, 1988（アルフレッド・C・ステパン著／堀坂浩太郎訳『ポスト権威主義――ラテンアメリカ・スペインの民主化と軍部』同文舘, 1989年）.

Stepan, Alfred, and Cindy Skach. "Presidentialism and Parliamentarism Comparative Perspective," in Juan J. Linz and Arturo Valenzuela, eds., *The Failure of Presidential Democracy: Comparative Perspectives*, Baltimore: Johns Hopkins University Press, 1994（アルフレッド・ステパン, シンディ・スカッチ「大統領制と議院内閣制に関する比較研究」〔J・リンス, A・バレンズエラ編／中道寿一訳『大統領制民主主義の失敗――その比較研究』南窓社, 2003年〕）.

Tañada, Sen. Lorenzo. "Keynote Address," in Bagong Alyansang Makabayan, Documents of the Second National Congress of the Bagong Alyansang Makabayan, July 1986.

Tancangco, Luzviminda G. "Women and Politics in Contemporary Philippines," *Philippine Journal of Public Administration*, Vol. 34, No. 4, October 1990.

Tarrow, Sidney. "Mass Mobilization and Elite Exchange: Democratization Episodes in Italy and Spain," *Democratization*, Vol. 2, No. 3, Autumn 1995.

Teehankee, Julio. "Electoral Politics in the Philippines," in Aurel Croissant, Gabriel Bruns, and Marei John, eds., *Electoral Politics in Southeast and East Asia*, Singapore: Friedrich-Ebert-Stiftung, 2002.

―――. "Consolidation or Crisis of Clientelistic Democracy?: The 2004 Synchronized Elections in the Philippines," in Aurel Croissant and Beate Martin, eds., *Between Consolidation and Crisis: Elections and Democracy in Five Nations in Southeast Asia*, Munster: Global, 2006.

Teves, Aurea G. Miclat-, and David J. Lewis. "Overview," in John Farrington and David J. Lewis, eds. *Non-Governmental Organizations and the State in Asia: Rethinking Roles in Sustainable Agricultural Development*, London: Routledge, 1993.

The Bishops-Businessmen's Conference for Human Development (BBC). *The BBC Nationwide Sociopolitical Opinion Surveys*, Manila: The Bishops-Businessmen's Conference for Human Development, 1985.

The CPAR Secretariat. "Fighting Land Conversion: CPAR's Advocacy for National Land Use Policy," in Chay F. Hofileña, ed., *Policy Influence: NGO Experiences*, Quezon City: Ateneo Center for Social Policy and Public Policy,

Institute for Development Research, Konrad Adenauer Stiftung, 1997.
Therborn, Goran. *What Does the Ruling Class Do When It Rules?*, London: New Left Books, 1978.
Third World Studies Center, *Policy Issues, Responses, and Constituencies: State-Civil Society Relations in Policy Making*, Quezon City: The University of the Philippine Press and the Center for Integrative and Development Studies, 1994.
Thompson, Mark R. *The Anti-Marcos Struggle: Personalistic Rule and Democratic Transition in the Philippines*, New Haven: Yale University Press, 1995.
————. "Off the Endangered List: Philippine Democratization in Comparative Perspective," *Comparative Politics*, Vo. 28, No. 2, January 1996.
Timberman, David G. *A Changeless Land: Continuity and Change in Philippine Politics*, Singapore: Institute of Southeast Asian Studies, 1991.
Tigno, Jorge. "Democratization through Non-Governmental and People's Organizations," *Kasarinlan*, Vol. 8, No. 3, 1st Quarter 1993.
Tilly, Charles. ed. *The Formation of National States in Western Europe*, Princeton: Princeton University Press, 1975.
Tipps, Dean C. "Modernization Theory and the Comparative Study of Societies: A Critical Perspective," *Comparative Studies in Society and History*, Vol. 15, No. 2, March 1973.
Tordecilla, Charito Chiuco-. "Community Mortgage Program (CMP) and the Foundation for the Development of the Urban Poor," in Fernando T. Aldaba, ed., *The Fight against Poverty in Southeast Asia: NGO Good Practices in Cambodia, Indonesia, and the Philippines*, Quezon City: Ateneo Center for Social Policy and Public Affairs, 2005.
Törnquist, Olle. *Popular Development and Democracy: Case Studies with Rural Dimensions in the Philippines, Indonesia, and Kerala*, Oslo: Center for Development and the Environment, University of Oslo, 2002.
Turner, Mark. "The Quest for Political Legitimacy in the Philippines: The Constitutional Plebiscite of 1987," in Mark Turner, ed., *Regime Change in the Philippines: The Legitimating of the Aquino Government*, Canberra: Department of Political and Social Change, Research School of Pacific Studies, Australian National University, 1987.
UNCHS, and CITYNET, "Partners in Development in Naga City, the Philippines," in United Nations Centre for Human Settlements and Community Development Program for Asia, *Partnership for Local Action: A Sourcebook on Participatory Approaches to Shelter and Human Settlements Improvement for Local Government Officials*, Bangkok: ESCAP-CITYNET, 1998.

Valenzuela, J. Samuel. "Democratic Consolidation in Post-Transitional Settings: Notion, Process, and Facilitating Conditions," in Scott Mainwaring, Guillermo O'Donnell, and J. Samuel Valenzuela, eds., *Issues in Democratic Consolidation: The New South American Democracies in Comparative Perspective*, Notre Dame: University of Notre Dame Press, 1992.

van Naerssen, Ton. "Continuity and Change in the Urban Poor Movement of Manila, the Philippines," in Frans J. Schuurman and Ton van Naerssen, eds., *Urban Social Movements in the Third World*, London: Routledge, 1989.

Varshney, Ashutosh. "Why Have Poor Democracies not Eliminated Poverty?," *Asian Survey*, Vol. 40, No. 5, September-October 2000.

Velasco, Ma Gisela T. "Philippines: Overview of Organized Philanthropy in the Philippines," in Tadashi Yamamoto, ed., *Emerging Civil Society in the Asia Pacific Community: Nongovernmental Underpinnings of the Emerging Asia Pacific Regional Community*, Singapore: The Institute of Southeast Asian Studies, 1995.

Velasco, Renato S. "Does the Philippine Congress Promote Democracy?," in Felipe B. Miranda, ed., *Democratization: Philippine Perspectives*, Quezon City: University of the Philippines Press, 1997.

Veneracion, Cynthia C. *Partnerships for Slum Improvement: The ADB-JFPR and DSWD Projects in Muntinlupa City and Payatas*, Quezon City: Ateneo de Manila University, 2004.

Verzola, Roberto. "The True Results of the 2004 Philippine Presidential Election Based on the NAMFREL Tally," *Kasarinlan*, Vol. 19, No. 2, 2004.

Villacorta, Wilfrido V. "The Curse of the Weak State: Leadership Imperatives for the Ramos Government," *Contemporary Southeast Asia*, Vol. 16, No. 1, June 1994.

Villanueva, Pi. "The Influence of the Congress for a People's Agrarian Reform (CRAR) on the Legislative Process," in Marlon A. Wui and Ma. Glenda S. Lopez, eds., *State-Civil Society Relations in Policy-Making*, Quezon City: The Third World Studies Center, 1997.

Walzer, Michael. "The Concept of Civil Society," in Michael Walzer, ed., *Toward a Global Civil Society*, Providence: Berghahn Books, 1995（マイケル・ウォルツァー「市民社会概念」〔マイケル・ウォルツァー編／石田淳、越智敏夫、向山恭一、佐々木寛、高橋康浩訳『グローバルな市民社会に向かって』日本経済評論社、2001年〕).

Ward, Robert E., and Dankwart A. Rustow. eds. *Political Modernization in Japan and Turkey*, Princeton: Princeton University Press, 1964.

Weekley, Kathleen. *The Communist Party of the Philippines, 1968-1993: A*

Story of Its Theory and Practice, Quezon City: University of the Philippines Press, 2001.
White, Gordon. "Civil Society, Democratization and Development: Clearing the Analytical Ground," in Peter Burnell and Peter Calvert, eds., Civil Society in Democratization, London: Frank Cass, 2004.
Wiarda, Howard J. Introduction to Comparative Politics: Concepts and Processes, Belmont: Wadsworth, 1993 (ハワード・J・ウィーアルダ著／大木啓介訳『入門 比較政治学——民主化の世界的潮流を解読する』東信堂, 2000 年).
Winham, Gilbert R. "Political Development and Lerner's Theory: Further Test of a Causal Model," American Political Science Review, Vol. 64, No. 3, September 1970.
Woods, Dwayne. "Civil Society in Europe and Africa: Limiting State Power through a Public Sphere," African Studies Review, Vol. 35, No. 2, September 1992.
Wood, Ellen Meiksins. "The Uses and Abuses of 'Civil Society'," in Ralph Miliband and Leo Panitch, eds., The Socialist Register 1990, London: The Merlin Press, 1990.
World Bank. The East Asian Miracle: Economic Growth and Public Policy, New York: Oxford University Press, 1993 (世界銀行著／白鳥正喜監訳『東アジアの奇跡——経済成長と政府の役割』東洋経済新報社, 1994 年).
―――. World Development Report 1996: From Plan to Market, New York: Oxford University Press, 1996 (世界銀行著／世界銀行東京事務所訳『世界開発報告 1996——計画経済から市場経済へ』イースタン・ブック・サーヴィス, 1996 年).
―――. World Development Report 1997: The State in a Changing World, Oxford: Oxford University Press, 1997 (世界銀行著／海外経済協力基金開発問題研究所訳『世界開発報告 1997——開発における国家の役割』東洋経済新報社, 1997 年).
―――. State-Society Synergy for Accountability: Lessons for the World Bank, Washington, D.C.: World Bank, 2004.
―――. World Bank-Civil Society Engagement: Review of Fiscal Years 2002 -2004, Washington D.C.: The International Bank for Reconstruction and Development/World Bank, 2005.
Wui, Marlon A., and Ma. Glenda S. Lopez. eds. State-Civil Society Relations in Policy-Making, Quezon City: Third World Studies Center, 1997.
Wurfel, David. Filipino Politics: Development and Decay, Ithaca: Cornell University Press, 1988 (デイビット・ワーフェル著／大野拓司訳『現代フィリピンの政治と社会——マルコス戒厳令体制を越えて』明石書店, 1997 年).

Yorac, Haydee B. "Prospects of Electoral Reforms: Philippine Experience," in Ed Garcia, Julio P Macuja II, and Benjamin T. Tolosa, Jr., eds., *Participation in Governance: The People's Right*, Manila: Ateneo de Manila, 1993.
Young, Iris Marison. "State, Civil Society, and Social Justice," in Ian Shapiro and Casiano Hacker-Cordon, eds., *Democracy's Value*, Cambridge: Cambridge University Press, 1999.
Youngblood, Robert L. "The Corazon Aquino 'Miracle' and the Philippine Churches," *Asian Survey*, Vol. 27, No. 12, December 1987.
―――. *Marcos against the Church: Economic Development and Political Repression in the Philippines*, Ithaca: Cornell University Press, 1990.
Yu, Rolando, and Mario Bolasco. *Church-State Relations*, Manila: St. Scholastica's College, 1981.
Yu, Samuel C K. "Political Reforms in the Philippines: Challenges Ahead," *Contemporary Southeast Asia*, Vol. 27, No. 2, August 2005.
Zablan, Antonieta lg. E. *Vital issues of the Urban Poor*, Quezon City: Institute on Church and Social Issues, De La Costa Center, Loyala Chool of Theology, Ateneo de Manila University, 1990.
Zaki, Moheb. *Civil Society and Democratization in Egypt, 1981-1994*, Cairo: Ibn Khaldoun Center, 1995.
Zialcita, Fernando N. "Barriers and Bridges to a Democratic Culture," in Maria Serena I. Diokno, ed., *Democracy and Citizenship in Filipino Political Culture*, Quezon City: The Third World Studies Center, 1997.

日本語文献

浅野清,篠田武司「現代世界の『市民社会』思想」(八木紀一郎,山田鋭夫,千賀重義,野沢敏治編『復権する市民社会論――新しいソシエタル・パラダイム』日本評論社,1998年)。
浅野幸穂『フィリピン――マルコスからアキノへ』アジア経済研究所,1991年。
アジア経済研究所『アジア動向年報 1990年版』アジア経済研究所,1990年。
―――『アジア動向年報 1994年版』アジア経済研究所,1994年。
五百旗頭真,入江昭,大田弘子,山本正,吉田慎一,和田純『「官」から「民」へのパワー・シフト――誰のための「公益」か』TBSブリタニカ,1998年。
五十嵐誠一「政治的民主化における NGO の役割――マルコス体制崩壊過程における選挙監視 NGO の役割」『ソシオサイエンス』第6号,2000年3月。
―――「ポストマルコスにおける民主主義の強化に関する一考察――選挙 NGO の活動を中心として」『社会科学研究科紀要』第5号,2000年3月。
―――「ポストマルコスにおける『政党なき』民主主義に関する一考察――政

――― 治制度，政治文化，社会構造とその変化に注目して」『ソシオサイエンス』第7号，2001年3月．
――― 「ポストマルコスにおける弱い国家とNGO――農地改革におけるNGOの役割に注目して」『社会科学研究科紀要』第7号，2001年3月．
――― 「民主化研究と国際関係論」『社会科学研究科紀要』第8号，2001年3月．
――― 「フィリピンとビルマの民主化比較考察――統合的アプローチを手がかりとして」『アジア研究』第48巻第4号，2002年10月．
――― 『フィリピンの民主化と市民社会――移行・定着・発展の政治力学』成文堂，2004年．
――― 「マルコス体制崩壊過程における市民社会の実相――民主化をめぐるヘゲモニー闘争に着目して」『アジア研究』第53巻第1号，2007年1月．
――― 「民主主義の定着・発展と市民社会――フィリピンにおける民間選挙監視団体の活動に注目して」（小林良彰，富田広士，粕谷祐子編『市民の比較政治学』慶應大学出版会，2007年）．
――― 「フィリピンにおける市民社会依存型選挙ガバナンスの陥穽――民主主義の定着との関係から」『アジア・アフリカ地域研究』第8-2号，2009年3月．
伊藤述史『東南アジアの民主化』近代文芸社，2002年．
――― 「議会――三つ巴の『ねじれ現象』」（大野拓司，寺田勇文編『現代フィリピンを知るための61章【第2版】』明石書店，2009年）．
――― 『市民社会とグローバリゼーション――国家論に向けて』御茶の水書房，2006年．
入山映『市民社会論――NGO・NPOを超えて』明石書店，2004年．
岩崎育夫「まえがき」（岩崎育夫編『アジアと市民社会――国家と社会の政治力学』アジア経済研究所，1998年）．
――― 「民主化を考える枠組み」（国際協力事業団『民主的な国づくりへの支援に向けて――ガバナンス強化を中心に』国際協力事業団，2002年3月）．
遠藤貢「アフリカをとりまく『市民社会』概念・言説の現在」（平野克己編『アフリカ比較研究――諸学の挑戦』アジア経済研究所，2001年）．
大野拓司「1987年から97年――アキノ政権とラモス政権」（デイビット・ワーフェル著／大野拓司訳『現代フィリピンの政治と社会―マルコス戒厳令体制を越えて―』明石書店，1997年）．
外務省編『政府開発援助（ODA）白書 2007年版』時事画報社，2008年．
――― 『政府開発援助（ODA）白書 2008年版』時事画報社，2009年．
片山裕「マルコス政権下の官僚制――とくに幹部公務員制度に焦点をあてて」（矢野暢編『講座政治学Ⅲ 地域研究』三嶺書房，1987年）．
――― 「マルコス政権の行政官僚制度」『国際問題』第322号，1987年1月．
――― 「アキノ政権下の行政改革」『年報行政研究』第25号，1990年5月．
勝又英子「フィリピンの非営利活動」（国際公益活動研究会監修『アジアのNPO

―――10 カ国の非営利団体レポート』アルク，1997 年)。
加藤哲郎『国家論のルネッサンス』青木書店，1986 年。
―――「現代レギュラシオンと国家――日本はシュンペーター主義的勤勉国家の最先端か？」(田口富久治，加藤哲郎編『現代政治学の再構成』青木書店，1994 年)。
加藤博「人民党結成へ！――終焉告げる？門閥的政治支配」『文化評論』第 308 号，1986 年 11 月。
加納弘勝「中東からみた NICS」『社会学雑誌』第 6 号，1989 年 3 月。
河田潤一『比較政治と政治文化』ミネルヴァ書房，1989 年。
川中豪「『寡頭支配の民主主義』――その形成と変容」(岩崎育夫編『アジアと民主主義――政治権力者の思想と行動』アジア経済研究所，1997 年)。
―――「フィリピン――代理人から政治主体へ」(重富真一編『アジアの国家と NGO――15 カ国の比較研究』明石書店，2001 年)。
―――「フィリピン／エドサ 2 の政治過程」『アジ研ワールド・トレンド』第 7 巻 7 号，2001 年 7 月。
―――「フィリピンの民主化と制度改革」(作本直行，今泉慎也編『アジアの民主化過程と法――フィリピン・タイ・インドネシアの比較』アジア経済研究所，2003 年)。
―――「フィリピンの大統領制と利益調整」(日本比較政治学会編『比較のなかの中国政治』早稲田大学出版部，2004 年)。
―――「民主主義の制度変更――フィリピンにおける議院内閣制導入論をめぐって」『アジア経済』第 46 巻第 3 号，2005 年 3 月。
菊地京子「フィリピンの家族・親族」(北原淳編『東南アジアの社会学――家族・農村・都市』世界思想社，1989 年)。
城所哲夫「都市環境改善と貧困緩和の接点における ODA の役割と課題について」『開発金融研究所報』2000 年 11 月増刊号。
木村宏恒『フィリピン――開発・国家・NGO』三一書房，1998 年。
木村昌孝「フィリピン農民運動史における自由農民連合 (FFF) の意義」『社会科学論集』第 32 号，1999 年 3 月。
―――「フィリピンの選挙における ICT の導入」『茨城大学政経学会雑誌』第 78 号，2008 年 3 月。
桐谷仁「国家の自律性」(大木啓介，佐治孝夫，伊藤述史，菊島啓，高杉忠明，桐谷仁『国家と近代化』芦書房，1998 年)。
小池賢治「フィリピン――マルコス期の企業経営」(米川伸一，小池賢治編『発展途上国の企業経営――担い手と戦略の変遷』アジア経済研究所，1986 年)。
日下喜一『現代民主主義論』勁草書房，1994 年。
日下渉「フィリピン市民社会の隘路――『二重公共圏』における『市民』と『大衆』の道徳的対立」『東南アジア研究』第 46 巻第 3 号，2008 年 12 月。

アントニオ・グラムシ著／石堂清倫編訳『グラムシ問題別選集　第1巻』現代の理論社，1971年。
―――　『グラムシ問題別選集　第2巻』現代の理論社，1971年。
―――　『グラムシ問題別選集　第3巻』現代の理論社，1972年。
―――　『グラムシ問題別選集　第4巻』現代の理論社，1972年。
佐藤慶幸『NPOと市民社会――アソシエーション論の可能性』有斐閣，2002年。
―――　『アソシエーティブ・デモクラシー――自立と連帯の統合へ』有斐閣，2007年。
清水展『文化のなかの政治――フィリピン「二月革命」の物語』弘文堂，1991年。
首藤もと子「ASEAN諸国のNGO――活動概況と国際関係」『政治学論集』第45号，1997年3月。
白石隆「上からの国家建設――タイ，インドネシア，フィリピン」『国際政治』第84号，1987年2月。
末廣昭「東南アジア経済論――思想の輸出から工業製品の輸出へ」(東京大学社会科学研究所編『現代日本社会――国際比較 [2]』東京大学出版，1992年)。
鈴木有理佳「『大衆のための政治』を目指すエストラーダ新政権――フィリピンの大統領選挙」『アジ研ワールド・トレンド』第38号，1998年9月。
アダム・スミス著／大河内一男監訳『国富論 (1)』中央公論社，1978年。
―――　『国富論 (2)』中央公論社，1978年。
―――　『国富論 (3)』中央公論社，1978年。
世古一穂『協働のデザイン――パートナーシップを拓く仕組みづくり，人づくり』学芸出版社，2001年。
外池力「民主化とデモクラシー論」『政經論業』第64巻第3・4号，1996年3月。
多賀秀敏「国際社会における社会単位の深層」(多賀秀敏編『国際社会の変容と行為体』成文堂，1999年)。
滝川勉『戦後フィリピン農地改革論』アジア経済研究所，1976年。
―――　「フィリピンにおけるアキノ政権下の農地改革」(梅原弘光編『東南アジアの土地制度と農業変化』アジア経済研究所，1991年)。
田口富久治『現代政治学の諸潮流』未来社，1973年。
武田康裕『民主化の比較政治学――東アジア諸国の体制変動過程』ミネルヴァ書房，2001年。
田中智彦「ラディカル・デモクラシーの政治思想――シャンタル・ムフにおける自由・差異・ヘゲモニー」(千葉眞，佐藤正志，飯島昇蔵編『政治と倫理のあいだ――21世紀の規範理論に向けて』昭和堂，2001年)。
田巻松雄『フィリピンの権威主義体制と民主化』国際書院，1993年。
千葉眞『ラディカル・デモクラシーの地平――自由・差異・共通善』新評論，1995年。
―――　「デモクラシーと政治の概念」『思想』通号867号，1996年9月。

──「市民社会・市民・公共性」(佐々木毅, 金泰昌編『国家と人間と公共性』東京大学出版会, 2002年)。

ベンジャミン・E・ディクノ「フィリピンにおける租税と民間部門資源の動員」(ラウル・V・ファベリア, 坂井秀吉編『フィリピンの国内資源動員とその利用』アジア経済研究所, 1995年)。

マテイ・ドガン, ドミニク・ペラッシー著／櫻井陽二訳『比較政治社会学──いかに諸国を比較するか』芦書房, 1983年。

A・トクヴィル著／井伊玄太郎訳『アメリカの民主政治　上巻』講談社, 1987年。

　　　『アメリカの民主政治　中巻』講談社, 1987年。

　　　『アメリカの民主政治　下巻』講談社, 1987年。

富崎隆「現代デモクラシーと自由民主主義体制」(堀江湛編『現代政治学Ⅲ──比較政治学と国際関係』北樹出版, 1998年)。

中谷義和「アメリカ政治学における国家論の文脈」(中央大学社会科学研究所編『現代国家の理論と現実』中央大学出版会, 1993年)。

中村政則『経済発展と民主主義』岩波書店, 1993年。

野沢勝美「アキノ新政権の課題──基調報告」『アジアトレンド』第34号, 1986年。

　　　「新憲法審議の焦点」『アジアトレンド』第35号, 1986年。

　　　「マニラホテル占拠事件の意味」『アジアトレンド』第36号, 1986年。

　　　「フィリピン──新憲法草案の特色と意義」『アジアトレンド』第37号, 1987年。

　　　「内政不安に火をつけた農地改革」『世界週報』第68巻第36号, 1987年9月8日号。

　　　「アキノ政権の農地改革」『アジアトレンド』第48号, 1989年。

　　　『フィリピン──マルコスからアキノへ』アジア経済研究所, 1992年。

　　　「フィリピンの農地改革と農村開発」(アルセニオ・M・バリサカン, 野沢勝美編『フィリピン農村開発の構造と改革』アジア経済研究所, 1994年)。

シンシア・D・ノラスコ著／アジア社会学セミナー訳『フィリピンの都市下層社会』明石書店, 1994年。

ユルゲン・ハーバーマス著／細谷貞雄, 山田正行訳『公共性の構造転換──市民社会のカテゴリーについての探究』未來社, 1994年。

ユルゲン・ハーバーマス著／河上倫逸監訳『新たなる不透明性』松籟社, 1995年。

マリア・ロザリオ・ピケロ・バレスカス著／角谷多佳子訳『真の農地改革をめざして──フィリピン』国際書院, 1995年。

平田清明『市民社会とレギュラシオン』岩波書店, 1993年。

　　　『市民社会思想の古典と現代──ルソー, ケネー, マルクスと現代市民社会』有斐閣, 1996年。

G・ヒル, T・ヒル著／出川沙美雄訳『アキノ暗殺──真相究明！』講談社, 1984年。

ファーガスン著／大道安次郎訳『市民社会史　上巻』白日書院, 1948年。

福島光丘「フィリピン大統領選挙とラモス新政権の課題」『アジアトレンド』第59号，1992年．

藤原帰一「フィリピンにおける『民主主義』の制度と運動」『社会科学研究』第40巻第1号，1988年7月．

─── 「フィリピン政治と開発行政」（福島光丘編『フィリピンの工業化──再建への模索』アジア経済研究所，1989年）．

─── 「フィリピンの政党政治──政党の消えた議会」（村嶋英治，萩原宜之，岩崎育夫編『ASEAN諸国の政党政治』アジア経済研究所，1993年）．

ニコス・プーランツァス著／田口富久治，山岸紘一訳『資本主義国家の構造Ⅰ──政治権力と社会階級』未来社，1978年．

ニコス・プーランツァス著／田口富久治，綱井幸裕，山岸紘一訳『資本主義国家の構造Ⅱ──政治権力と社会階級』未来社，1979年．

ニコス・プーランツァス著／田中正人，柳内隆訳『国家・権力・社会主義』ユニテ，1984年．

米上院外交委員会「フィリピンの現状分析と展望（上）」『国際開発ジャーナル』第342号，1984年4月．

─── 「フィリピンの現状分析と展望（下）」『国際開発ジャーナル』第343号，1984年5月．

ヘーゲル著／岡田隆平，速水敬二譯訳『法の哲學──自然法及び國家學』岩波書店，1950年．

星野智「マルクスと政治学──政治の脱構築とポスト・ラディカル・デモクラシー」『アソシエ』第6号，2001年4月．

堀芳枝「フィリピン農地改革における政府，NGO，住民組織の対立と協力──ラグナ州カランバ町マバト村を事例として」『アジア研究』第47巻第3号，2001年7月．

─── 『内発的民主主義への一考察──フィリピンの農地改革における政府，NGO，住民組織』国際書院，2005年．

松下冽「発展途上国における国家の可能性再考（上）──『国家─開発─市民社会』の新たなトライアッド関係構築の視点から」『立命館国際研究』第17巻第3号，2005年3月．

─── 「発展途上国における国家の可能性再考（中）──『国家─開発─市民社会』の新たなトライアッド関係構築の視点から」『立命館国際研究』第18巻第2号，2005年10月．

─── 「発展途上国における国家の可能性再考（下）──『国家─開発─市民社会』の新たなトライアッド関係構築の視点から」『立命館国際研究』第19巻第1号，2006年6月．

真渕勝「アメリカ政治学における『制度論』の復活」『思想』通号761号，1987年11月．

マルクス著／真下信一訳『ヘーゲル法哲学批判序論』大月書店，1970 年。
マルクス，エンゲルス著／大内兵衛，向坂逸郎訳『共産党宣言』岩波書店，1971 年。
─────　／花崎皋平訳『ドイツ・イデオロギー』合同出版，1992 年。
丸山眞男『丸山眞男集　第 15 巻』岩波書店，1996 年。
ラルフ・ミリバンド著／田口富久治訳『現代資本主義国家論──西欧権力体系の一分析』未来社，1970 年。
J・S・ミル著／塩尻公明，木村健康訳『自由論』岩波書店，1971 年。
村田邦夫『史的システムとしての民主主義──その形成・発展と変容に関する見取り図』晃洋書房，1999 年。
山口富男「科学的社会主義と『ネオ・マルクス主義』問題」（新日本出版社編集部編『ネオ・マルクス主義──研究と批判』新日本出版社，1989 年）。
山口博一『地域研究論』アジア経済研究所，1991 年。
山口定『市民社会論──歴史的遺産と新展開』有斐閣，2004 年。
吉川洋子「アキノ政権の勢力基盤と内政課題」『国際問題』第 327 号，1987 年 6 月。
─────　「マルコス戒厳令体制の成立と崩壊──近代的家産制国家の出現」（河野健二編『近代革命とアジア』名古屋大学出版会，1987 年）。
ロック著／鵜飼信成訳『市民政府論』岩波文庫，1986 年。
綿貫譲治「大衆の社会意識」（福武直編『講座社會學　第 7 巻　大衆社會』東京大学出版会，1957 年）。

主要略語一覧

ACM	Automated Counting Machine	自動開票機器
AD	Aksyon Demokratiko	民主行動党
AF	Association of Foundations	財団協会
ALMA	Alyansa ng mga Maralita Laban sa Demolisyon	強制撤去反対貧民連合
AMA	Alliance of Makati Associations	マカティ協会連合
AMA	Aniban ng Manggagawa sa Agurikultura	農業労働者組合
AMIHAN	Pambansang Pederasyon ng Kababaihang Magbubukid	全国女性小作農連合
AMRSP	Association of Major Religious Superiors in the Philippines	フィリピン主要宗教連合
AMT	Aguman ding Malding Talapagobra	一般労働者組合
ANGOC	Asian NGO Coalition for Agrarian Reform and Rural Development	アジア農地改革・農村開発NGO連合
AR Now!	The People's Campaign for Agrarian Reform Network	民衆のため農地改革運動ネットワーク
ARC	Agrarian Reform Community	農地改革共同体
ATOM	August Twenty-One Movement	8月21日運動
AWARE	Alliance of Women for Action toward Reform	改革に向けた行動のための女性同盟
BANDILA	Bansang Nagkakaisa sa Diwa at Layunin	国民精神目標統合運動
BAYAN	Bagong Alyansang Makabayan	新民族主義者同盟
BBC	Bishops-Businessmen's Conference for Human Development	ビショップ・ビジネスマン会議
BEC	Basic Ecclesial Community	基礎キリスト教共同体
BISIG	Bukluran sa Ikauunlad ng Sosyalistang Isip at Gawa	社会主義者の理論と実践の前進を目指す連合
BPM	Bangon Pilipinas Movement	フィリピン奮起運動
CAC	Cabinet Action Committee	政府作業委員会
CARL	Comprehensive Agrarian Reform Law	包括的農地改革法
CARP	Comprehensive Agrarian Reform Program	包括的農地改革計画
CARPER	CAPR Extension with Reform	改革を伴うCARP延長
CBCP	Catholic Bishops' Conference of the Philippines	フィリピン司教会議

CCA	Coalition for the Constitution's Approval	憲法承認のための連合	
CD	Community Development	共同体開発	
CDPD	Coalition for the Defense and Preservation of Democracy	民主主義の防衛と維持のための連合	
CER	Collection Efficiency Rating	収集効率	
CG	Convenor Group	召集者グループ	
CIDA	Canadian International Development Agency	カナダ国際開発庁	
CMP	Community Mortgage Program	共同体抵当プログラム	
CNL	Christians for National Liberation	キリスト教徒連合	
CO	Community Organizing	共同体組織化	
CODA	Coalition for Democratic Action	民主的行動のための連合	
CODE-NGO	Caucus of Development NGO Networks	開発NGOネットワーク会議	
COG	Cause-Oriented Group	大義重視団体	
COMELEC	Commission on Elections	選挙管理委員会	
Con-Com	Constitutional Commission	憲法制定委員会	
COPE	Community Organizers of Philippine Enterprises	フィリピン共同体組織者エンタープライズ	
COPE	Community Organizing in the Philippine Enterprises	フィリピン共同体組織化エンタープライズ	
CORD	Coalition of Organizations for the Restoration of Democracy	民主主義回復のための組織連合	
CPAR	Congress for a People's Agrarian Reform	民衆のための農地改革会議	
CPP	Communist Party of the Philippines	フィリピン共産党	
CVL	Computerized Voters' List	電子有権者名簿	
DA	Department of Agriculture	農業省	
DAR	Department of Agrarian Reform	農地改革省	
DemSoc	Democratic Socialism	民主社会主義	
DENR	Department of Environmental and Natural Resources	環境・天然資源省	
DKMP	Demokratikong Kilusang Magbubukid ng Pilipinas	フィリピン民主農民運動	
DOH	Department of Health	保健省	
DSAC	Diocesan Social Action Center	司教区社会行動センター	
ER	Election Return	選挙結果用紙	
FACOMA	Farmers Cooperative Marketing Association	農民協同組合市場連盟	

FFF	Federation of Free Farmers	自由農民連盟
FFW	Federation of Free Workers	自由労働連盟
FLAG	Free Legal Assistance Group	自由法律支援団体
GAB	Gabay ng Bayan	国民のための大連合
HB400	House Bill No. 400	下院法案第400号
HB941	House Bill No. 941	下院法案第941号
HB1257	House Bill No. 1257	下院法案第1257号
HB4077	House Bill No. 4077	下院法案第4077号
HOPE	Honest, Orderly, and Peaceful Elections	公正で秩序ある平和的な選挙
IC	Independent Caucus	独立党員派
ICSI	Institute on Church and Social Issues	教会社会問題研究所
IPER	Institute for Political and Electoral Reform	政治・選挙改革研究所
ISO	Institute of Social Order	社会秩序協会
JAJA	Justice for Aquino, Justice for All	アキノに正義を，全ての者に正義を
K4	Koalisyon ng Katapatan at Karanasan sa Kinabukasan	未来のための公正・実績連合
KAAKBAY	Kilusan sa Kapangyarihan at Karapatan ng Bayan	国民主権と民主主義のための運動
Kaantabay	Kaantabay sa Kauswagan	開発のためのパートナー事業
KABAPA	Katipunan ng Bagong Pilipina	新フィリピン連合
KAISAHAN	Kaisahan tungo sa Kaunlaran ng Kanayunan at Repormang Pansakahan	農村開発と農地改革のための連帯
KALAHI	Kapit-Bisig Laban sa Kahirapan	貧困に対する連帯
KALAYAAN	Katipunan ng Kababaihan para sa Kalayaan	自由のための女性連盟
KAP	Katipunan ng mga Anak Pawis sa Pilipinas	フィリピン労働者会議
KARZone	Kapit-Bisig Laban sa Kahirapan Agrarian Reform Zone	KALAHI農地改革地帯
KASAMA	Katipunan ng mga Samahan ng Mamamayan	市民連合組織
KASAPI	Kapulungan ng mga Sandigan Pilipino	フィリピン人擁護会議
KBL	Kilusang Bagong Lipunan	新社会運動
KILOS-SAKA	Alyansa ng mga Kilusang Magsasaka	農民運動連合
KM	Kabataang Makabayan	愛国青年団
KMP	Kilusang Magbubukid ng Pilipinas	フィリピン農民運動

KMU	Kilusang Mayo Uno	5月1日運動
KNP	Koalisyon ng Nagkakaisang Pilipino	統一フィリピン連合
KOMPIL	Kongreso ng Mamamayang Pilipino	フィリピン市民議会
KPMP	Kalipunang Pambansa ng mga Magbubukid sa Pilipinas	全フィリピン小作人同盟
KPP	Kilusan para sa Pambansang Pagpapanibago	国民回復運動
LABAN	Laban ng Bayan	国民の闘い
LABAN	Lakas ng Bayan	国民の力
LAKAS	Lakas ng Bansa	国家の力
LAKAS	Lakas ng Magsasaka Manggagawa at Magingisda ng Pilipinas	フィリピン漁民・労働者・漁民の力
LAKAS	Lakas ng Sambayanan	人民の力
LAKAS-NUCD	Lakas ng Bansa-National Union of Christian Democrats	国家の力・キリスト教民主国民連合
LAMMP	Laban ng Makabayang Masang Pilipino	民族主義フィリピン民衆の闘い
LAMP	Lapian ng Masang Pilipino	フィリピン民衆の闘い
LDP	Laban ng Demokratikong Pilipino	民主フィリピンの闘い
LGC	Local Government Code	地方政府法
LibDem	Liberal Democracy	自由民主主義
LP	Liberal Party	自由党
LSB	Local Special Body	地方特別機関
MABINI	Movement of Attorneys for Brotherhood, Integrity and Nationalism, Inc.	友愛, 清兼, 民族主義のための弁護士運動
MASAKA	Malayang Samahang Magsasaka	農民自由連盟
MBC	Makati Business Club	マカティ・ビジネス・クラブ
MDF	Muntinlupa Development Foundation	モンテンルパ開発財団
MORE-AR	Movement to Oppose and Resist Exemptions to Agrarian Reform	農地改革の例外への反対・抵抗運動
NACUPO	National Congress for Urban Poor Organizations	都市貧困組織のための全国会議
NAJFD	Nationalist Alliance for Justice, Freedom and Democracy	正義, 自由, 民主主義のための民族主義者同盟
NAMFREL	National Citizens' Movement for Free Elections	自由選挙のための全国市民運動
NAMFREL	National Movement for Free Elections	自由選挙のための国民運動

NASSA	National Secretariat for Social Action, Justice and Peace-Caritas Philippines	社会行動，正義，平和のための全国事務局
NatDem	National Democracy	民族民主主義
NCC	National Consultative Council	全国諮問協議会
NCUPF	Naga City Urban Poor Federation	ナガ市都市貧困連合
NDF	National Democratic Front	民族民主戦線
NGO	Non-Governmental Organization	非政府組織
NHA	National Housing Authority	国家住宅庁
NHMFC	National Home Mortgage Finance Corporation	政府住宅金融公庫
NP	Nacionalista Party	国民党
NPA	New People's Army	新人民軍
NPC	Nationalist People's Coalition	民族主義国民連合
NUC	National Unification Committee	全国統一委員会
ODA	Official Development Assistance	政府開発援助
OQC	Operation Quick Count	クイックカウント作戦
PAKISAMA	Pambansang Kilusan ng mga Samahang Magasasaka	全国農民組合運動
PAMALAKAYA	Pambansang Lakas ng Kilusang Mamamalakaya ng Pilipinas	全国フィリピン漁民運動の力
Pandayan	Pandayan para sa Sosyalistang Pilipinas	フィリピン社会主義者の確立
PARC	Presidential Agrarian Reform Council	大統領農地改革委員会
PARCODE	People's Agrarian Reform Code	民衆のための農地改革法
PARRDS	Partnership for Agrarian Reform and Rural Development Services	農地改革と農村開発サービスのためのパートナーシップ
PASFFI	Philippine Association of Small Farmers and Fishermen	フィリピン農民・漁民協力
PBM	Partido ng Bansang Marangal	高潔な国民党
PBSP	Philippine Business for Social Progress	フィリピン・ビジネス社会開発財団
PCCI	Philippine Chamber of Commerce and Industry	フィリピン商工会議所
PCHRD	Philippines-Canada Human Resource Development Program	フィリピン・カナダ人材育成プログラム
PCUP	Presidential Commission for the Urban Poor	大統領都市貧困対策委員会
PD27	Presidential Decree No. 27	大統領令第27号
PD772	Presidential Decree No. 772	大統領令第772号

PDAP	Philippine Development Assistance Program	フィリピン開発援助プログラム
PDSP	Partido Demokratiko Sosyalist ng Pilipinas	フィリピン民主社会党
PDP-LABAN	Partido Demokratiko Philipino-Lakas ng Bayan	フィリピン民主党・国民の力
PEACE	Philippine Ecumenical Action for Community Empowerment	共同体エンパワーメントのためのフィリピン教会統一運動
PECCO	Philippine Ecumenical Council for Community Organizing	共同体組織化のためのフィリピン・キリスト教委員会
People's Outcry	People's Organizations United Towards Critical Yes	批判的支持に向けた民衆組織連合
PFI	Pagtambayayong Foundation, Inc.	相互扶助財団
PhilDHRRA	Philippine Partnership for the Development of Human Resources in the Rural Areas	農村人材開発フィリピン連合
PKP	Partido Kommunista ng Pilipinas	フィリピン共産党
PnB	Partido ng Bayan	人民党
PNP	Partido Nacionalista ng Pilipinas	フィリピン国民党
PO	People's Organization	民衆組織
PopDem	Popular Democracy	大衆民主主義
PPCRV	Parish Pastoral Council For Responsible Voting	責任ある投票のための教区会議
Promdi	Probinsya Muna Development Initiative	地方分権のための進歩的運動
PRP	People's Reform Party	人民改革党
PRRM	Philippine Rural Reconstruction Movement	フィリピン農村再建運動
RA	Reaffirmist	再確認主義者
RAM	Reform the Armed Forces Movement	国軍改革運動
RCM	Reform CARP Movement	CARP改革運動
Reporma	Patido para sa Demokratikong Reporma	民主改革党
RJ	Rejectionist	拒否主義者
SANDATA	Sandata ng Bayan Laban sa Kalayaan	自由のための人民闘争
SEC	Securities and Exchange Commissions	証券取引委員会
SHFC	Social Housing Finance Corporation	社会住宅公融公庫
SHOPCOM	Socialized Housing Program Committee	社会住宅プログラム委員会

SPP	Socialist Party of the Philippines	フィリピン社会党
SocDem	Social Democracy	社会民主主義
SWS	Social Weather Station	社会気候局
TFDP	Task Force Detainees of the Philippines	フィリピン拘留者対策委員会
TriPARRD	Tripartite Partnership for Agrarian Reform and Rural Development	農地改革と農村開発のための三者間協力
UDHA	Urban Development and Housing Act	都市開発住宅法
UHLP	Unified Home Lending Program	統一住宅融資プログラム
ULR-TF	Urban Land Reform Task Force	都市土地改革特別班
UNIDO	United Democratic Organization	民主野党連合
UNIDO	United Nationalist Democratic Organization	民族主義者民主連合
UPAO	Urban Poor Affairs Office	都市貧困問題局
USAID	U.S. Agency for International Development	アメリカ国際開発庁
VOTECARE	Voters Organization, Training and Education toward a Clean, Authentic and Responsible Election	公正で真の信頼できる選挙へ向けた有権者組織，訓練，教育
VPD	Volunteers for Popular Democracy	大衆民主主義のためのボランティア
VRIS	Voters' Registration and Identification System	有権者登録・確認システム
ZOTO	Zone One Tondo Organization	トンド第一区組織

事項索引

◆数字・アルファベット

3G　19, 212, 217, 220, 221, 229, 270, 302, 308, 311, 319, 329, 330, 333, 334, 418, 424
3P　19, 212, 217, 220, 221, 229, 270, 302, 308, 311, 319, 329, 333, 334, 418, 424
5月1日運動（KMU）　118, 131–133, 181, 184, 186, 196, 199, 417
8月21日運動（ATOM）　131, 133–136, 138, 140–142, 144, 197, 415
CARP改革運動（RCM）　361–363
Dagdag-Bawas　220, 317, 322
KALAHI農地改革地帯（KARZone）　369

◆あ行

愛国青年団（KM）　114
アキノ暗殺事件　2, 4, 18, 126, 130, 135, 151, 155, 159, 214, 414
アキノに正義を，全ての者に正義を（JAJA）　131, 135, 136, 138–140, 415
アジア開発銀行　294, 368, 401
アジア農地改革・農村開発NGO連合（ANGOC）　292, 347, 348, 350, 359
アソシエーション　42–44, 73, 74, 120
新しい社会運動　48, 49, 112
新しい専門職業主義　→軍部の項目
新しいフィリピンのためのボランティア（Bagumbayan）　260
アメリカ　3, 42, 47, 67, 70, 83, 104, 105, 109, 114, 119, 137, 145, 150, 158, 184, 187, 196, 212, 213, 218, 226, 237, 239, 248, 291
アメリカ国際開発庁（USAID）　112, 213, 291, 292
争われる民主主義　7
移行論　→民主化の項目
一般労働者組合（AMT）　108, 109

医療人的資源開発・配置プログラム（HRDPP）　288
イルストラーダ　105, 119
エリート家族　7, 13, 106, 119, 219, 221, 229, 237, 239, 242, 245, 247, 268, 322, 324, 329, 418, 421
エリート民主主義　→民主主義の項目
黄金の収穫（GA）　287
黄金の大収穫（GMA）　287
オルターナティブ・プレス（Alternative Press）　118

◆か行

海外支援法（Foreign Assistance Act of 1961）　291
改革，清廉，平等，指導力，行動のための結束した女性総会（GABRIELA）　133
改革を伴うCARP延長（CARPER）　361, 363
戒厳令　2, 112, 115–119, 128, 131, 137, 142, 151, 157, 187, 215, 217, 226, 236, 239, 248, 254, 268, 279, 290, 347
開発NGOネットワーク会議（CODE-NGO）　281, 321
開発におけるパートナー事業（Kaantabay）　397, 398
開発プログラム合同投機のための中央組織（CEBEMO）　290
買票　217, 219, 220, 244, 247, 268, 326
下院　188, 190, 191, 221–224, 239, 254, 257, 260, 262, 267–269, 322, 329, 352, 360, 362, 386
科学法（The Science Act）　109
確認計画（OPLAN VALI-DATE）　312
カシケ民主主義　→民主主義の項目
カティプナン（Katipunan）　105

487

カトリック教会　　12, 106, 110, 112, 113, 116, 119, 120, 131–135, 137, 139–142, 145, 149–153, 155, 159, 180, 181, 290, 301, 306–310, 320, 321, 329, 330–332, 348, 385, 386, 415, 419
カナダ国際開発庁（CIDA）　　291, 292
環境・天然資源省（DENR）　　288, 289
環境保護　　11, 48, 117, 282, 293
議院内閣制　　237, 241, 269
基礎教会共同体（BCC）　　116
基礎キリスト教共同体（BEC）　　308, 309, 319
希望連合（Alyansa ng Pag-asa）　　259
強制撤去反対貧民連合（ALMA）　　117, 381
共同体エンパワーメントのためのフィリピン教会統一運動（PEACE）　　116, 117, 358
共同体開発（CD）　　109, 116, 119
共同体開発計画協議会（CDPC）　　109
共同体森林プログラム（CFP）　　289
共同体組織化（CO）　　116, 117, 119, 381, 383, 397, 400
共同体組織化のためのフィリピン・キリスト教委員会（PECCO）　　116, 381
共同体抵当プログラム（CMP）　　381, 390, 392–397, 400–403, 421
共同体ベースのマングローブ林管理のためのNGO支援プロジェクト（NGO-Assisted CBMFM）　　289
共同体保健衛生開発のためのパートナーシップ（PCHD）　　288
共同体保健衛生サービス（CHS）　　287
拒否主義者（RJ）　　358–360
キリスト教社会運動（CSM）　　133
キリスト教徒連合（CNL）　　113, 114
近代化論　　65, 67–70, 72, 73, 91
クイックカウント作戦（OQC）　　140, 149, 306–308, 314–318
クーデター　　5, 68, 75, 90, 151, 155, 158, 197, 201, 215, 385, 417, 423
グリーン・フォーラム・フィリピン（GFP）　　282

クローニー資本主義　　127, 128, 147
軍部　　35, 84, 85, 90, 127, 156–158, 161, 421, 424, 425
　新しい専門職業主義　　157
　国軍（フィリピン）　　3, 6, 90, 108, 115, 148, 150, 151, 157–160, 197, 199, 218, 286, 347, 421
　国軍改革運動（RAM）　　150, 152, 158, 197, 196, 416, 417
　制度としての——　　151, 157, 158, 161, 416
　政府としての——　　151, 157, 158, 161, 416
経済社会　　46, 78, 79
欠陥民主主義　　→民主主義の項目
権威主義　　34, 75, 155, 156, 333, 422
堅持！（Manindigan!）　　141, 144, 177, 179, 180, 182, 190, 196
憲法承認のための連合（CCA）　　197, 198, 200, 417
憲法制定委員会（Con-Com）　　18, 176, 178, 181, 182, 184–187, 194, 196, 303, 344, 416
公共福祉委員会（PWB）　　107
高潔な国民党（PBM）　　256
公正で真の信頼できる選挙へ向けての有権者組織、訓練、教育（VOTECARE）　　301, 308–310, 314, 318, 319
公正で秩序ある平和的な選挙（HOPE）　　309, 319, 320
コーポラティズム論　　68
国軍（フィリピン）　　→軍部の項目
国軍改革運動（RAM）　　→軍部の項目
国軍回復運動（KPP）　　257, 258
国民主権と民主主義のための運動（KAAKBAY）　　131, 134–136, 140, 146, 177, 179–181, 191, 193, 195, 197
国民精神目標統合運動（BANDILA）　　144, 145, 161, 177, 181, 182, 197, 200, 415, 417
国民党（NP）　　107, 135, 137, 238–247, 254, 255, 261
国民の闘い（LABAN）　　145, 147, 176, 177, 180, 181

国民のための大連合（GAB）　257
国民の力（LABAN）　137, 198, 417
個人居住対策委員会（TFT）　399
国家
　——＝関係説　85
　——＝道具説　85
　——－市民社会アプローチ　17, 66, 82, 91
　——と市民社会の相乗効果　87
　——の社会統制　88, 89, 160
　——の自律性　7, 19, 83–91, 213, 226, 229,
　　230, 370, 402, 413, 418, 421
　——の能力　7, 19, 87, 92, 226, 229, 230,
　　371, 380, 403, 413, 418, 421
　——論　4, 17, 28, 66, 83–91, 413
国家安全保障研究指令（NSSD）　147
国家科学発展庁（NSDB）　110
国家住宅庁（NHA）　383, 389, 394
国家の力（LAKAS）　198, 200, 275, 417
国家の力・キリスト教民主国民連合（LAKAS-
　　NUCD）　254–257, 261, 262, 268, 279,
　　280, 340
国家の力・キリスト・ムスリム民主主義者
　　（LAKAS-CMD）　258

◆さ行

財界　130, 137, 141, 149, 153, 159, 180, 307,
　　321, 329, 385, 415, 419
再確認主義（RA）　358, 360
財団協会（AF）　280
産業平和協定（IPA）　110, 192
暫定憲法　178, 185, 186
ジェンダー　10, 47, 117, 120, 185, 193, 214,
　　281, 308, 362, 367
司教区社会行動センター（DSAC）　308
慈善事業・公衆衛生全般検査（General
　　Inspection of Charities and Public Health）
　　106
持続可能な事業における参加促進（PPSE）
　　292
実質的民主主義　→民主主義の項目

自動開票機器（ACM）　322
自動開票連結システム（ACCORS）　322
私兵団　212, 217, 218, 245, 268, 302, 313, 418
司法　34, 115, 131, 189, 214, 423
市民社会
　——研究　6, 13, 14, 412, 414
　——の定義　40–54
　——とヘゲモニー　3, 9, 14, 18, 46, 50, 81,
　　86, 91, 104, 119, 127, 137, 142, 144, 152, 160,
　　201, 279, 330, 335, 345, 370, 411, 414, 419
　ラディカルの——　4, 12, 13, 17, 31, 45, 50,
　　52, 55, 81, 82, 86, 90, 91, 108, 114, 348, 412,
　　418
　リベラルの——　4, 13, 17, 31, 40, 45, 50,
　　52, 55, 77, 81, 90, 91, 120, 281, 412, 414, 418
市民による全国選挙会議（CNEA）　306
社会行動，正義，平和のための全国事務局
　　（NASSA）　112, 116, 297, 301, 308–310,
　　314, 318–320, 329, 332, 347, 350, 419
社会気候局（SWS）　219, 326, 329
社会資本　12, 71, 72
社会住宅金融公庫（SHFC）　393, 394
社会住宅プログラム委員会（SHOPCOM）
　　401, 402
社会主義　54, 110, 119, 132, 181, 183, 186,
　　196, 200, 382, 416
社会主義者の理論と実践の前進を目指す連合
　　（BISIG）　183–186, 196, 197, 200
社会正義と農地改革のための大統領連絡委員会
　　（PCCSJAR）　113
社会秩序協会（ISO）　111, 386
社会統制（国家の——）　→国家の項目
社会民主主義（思想・体制）　→民主主義の
　　項目
社会民主主義（SocDem）　→民主主義の項
　　目
集計証明（COC）　315
収集効率（CER）　395, 400, 421
自由選挙のための国民運動（NAMFREL）
　　111, 306

事項索引　489

自由選挙のための全国市民運動（NAMFREL）
　　　111, 131, 132, 139, 140, 145, 146, 149, 150,
　　　160, 177, 179, 181, 194, 197, 198, 301, 303,
　　　306–308, 310, 314–318, 321–323, 326, 329,
　　　330, 332, 334, 414, 415, 419
従属論　　68
住宅保証協会（HGC）　　394
自由党（LP）　　135, 137, 138, 177, 197, 199,
　　　236, 239–247, 254, 255, 258–261
州農地改革委員会（PARCOM）　　357
自由農民連盟（FFF）　　111–113, 359
自由のための女性連盟（KALAYAAN）
　　　118, 119
自由のための人民闘争（SANDATA）　　134,
　　　135, 144, 186, 382
自由フィリピン連盟（KAMPI）　　257
自由法律支援団体（FLAG）　　117, 131, 134,
　　　142, 144, 146, 177, 179, 180, 197
自由民主主義（思想・体制）　　13, 14, 16, 30,
　　　37, 44, 45, 49, 50, 54, 67, 74, 78, 80, 91, 413,
　　　415, 422, 423
自由民主主義（LibDem）　　130, 134, 144, 147,
　　　180–182, 186, 382, 415, 416
自由労働連盟（FFW）　　111, 112, 197
上院　　188, 190, 191, 196, 239, 246, 250–252,
　　　263–267, 269, 331, 353, 363, 388
証券取引委員会（SEC）　　280, 284
召集者グループ（CG）　　141–143, 145, 147,
　　　161
小選挙区制　　188, 245, 247, 267, 322
消費者協同組合連合（CCLP）　　107
自律性（国家の──）　　→国家の項目
新憲法　　5, 18, 39, 161, 175, 178, 180, 184, 187
　　　–202, 217, 248, 267, 279, 282, 295, 303, 305,
　　　324, 346, 351, 355, 384, 385, 414, 418
真実統一サービス（KPS）　　384
新社会運動（KBL）　　136, 137, 140, 149, 178,
　　　185, 186, 199, 247, 255, 417, 481
新自由主義　　43, 45
人身保護令状　　131, 132, 136, 148, 188, 189

新人民軍（NPA）　　114, 118, 157, 187
新制度論　　175
新選挙法（NEC）　　321
新フィリピン連合（KABAPA）　　117, 349,
　　　357, 361
進歩党（Progressive Party）　　238
人民改革党（PRP）　　255–258, 261
新民族主義者同盟（BAYAN）　　142, 144–
　　　147, 150, 161, 177–182, 184–187, 189, 195,
　　　197, 198, 200, 201, 382, 415–417
人民党（PnB）　　186, 200
人民の力（LAKAS）　　181–184, 186, 189, 200,
　　　382, 416
ストライキ　　110, 118, 135, 143, 144, 146, 183,
　　　184
スペイン　　104, 105, 106, 115, 119, 218, 226,
　　　238
スルタン主義　　90, 115, 127, 130, 155, 416
正義，自由，民主主義のための民族主義者同盟
　　　（NAJFD）　　133–136, 140–142, 179, 180,
　　　190, 195, 197, 415
政治社会　　4, 9, 15, 18, 41, 46, 76, 78, 80, 89,
　　　91, 126, 130, 135, 138, 140, 144, 149, 159,
　　　161, 176, 180, 196, 198, 200, 221, 223, 229,
　　　247, 269, 281, 415, 424
政治・選挙改革研究所（IPER）　　219, 326,
　　　327, 481
政治的王朝　　190, 324
政治文化　　10, 15, 48, 66, 70, 219, 237, 241,
　　　246, 269, 318, 318, 425
政治文化論　　65, 70, 71, 72, 91
政治マシーン　　13, 220, 221, 243, 244, 261,
　　　262, 263, 326
政党なき民主主義　　→民主主義の項目
政党名簿制　　189, 190, 320, 323, 324, 329, 362
制度としての軍部　　→軍部の項目
青年会議所（Junior Chamber of Commerce）
　　　111
政府開発援助（ODA）　　10, 129, 291
政府作業委員会（CAC）　　347, 351

490

政府住宅金融公庫（NHMFC）　393, 403
政府としての軍部　→軍部の項目
責任ある投票のための教区会議（PPCRV）
　301, 305, 310, 311–315, 318–322, 323, 326, 327, 329–332, 419
セブ開発フォーラム（CDF）　362, 383, 384
セブ助力者（Kaabag）　399
選挙改革アドボカシー　19, 302, 311, 320, 419, 421
選挙改革のための市民運動（KUMARE-KUMPARE）　321
選挙改革連合（CER）　323
選挙ガバナンス　302, 305, 324, 326, 334, 335, 419
選挙監視　19, 77, 111, 132, 138, 140, 145, 149, 160, 194, 198, 220, 301, 303, 305, 308, 311–314, 419
選挙管理委員会（COMELEC）　149, 194, 198, 255, 302, 306, 309, 310, 312–317, 320–322, 326, 334, 335
選挙区検索（FindPrecinct）　313
選挙結果用紙（ER）　314, 317, 318
選挙権剥奪　313
選挙不正　6, 111, 139, 146, 149, 194, 219, 301, 303, 306, 308, 314, 320, 322, 325, 419
全国統一委員会（NUC）　141, 142, 145, 190, 195
全国統合保全地域制度（National Integrated Protected Areas System = NIPAS）　289
全国農民組合運動（PAKISAMA）　347, 357–361
全国労働組合（NLU）　110
全体主義　1, 80, 115, 127, 155, 156, 213
全フィリピン小作人同盟（KPMP）　108, 109
相互扶助財団（PFI）　393, 399, 400
相乗効果（国家と市民社会の――）　→国家の項目
促進者（Facilitators）　141

◆た行

第1四半期の嵐　114
大義重視団体（COG）　51, 135, 138, 141, 144, 150, 160, 178, 181, 187, 194, 200, 282, 414, 418
大衆社会　237, 248, 250, 261, 267, 269, 331
大衆民主主義（PopDem）　→民主主義の項目
大衆民主主義研究所（IPD）　358
大衆民主主義のためのボランティア（VPD）　182, 186, 197, 198, 200
大統領共同体開発機関（PACD）　109
大統領制　212, 237, 241, 245, 248, 263, 267, 269, 418
大統領都市貧困対策委員会（PCUP）　383, 385, 390, 395
大統領農地改革委員会（PARC）　357, 364
大統領立法権　138, 140, 344, 351
大統領令第27号（PD27）　345, 353, 354, 363
大統領令第772号（PD772）　383, 390, 392, 402
第二次石油危機　128–130
弾劾裁判　188, 330, 331
団結のために憂慮するLP指導者（CLPLU）　138
チェスタートン証言組合（CEG）　111
地球環境ファシリティ（GEF）　293
地方化共同体抵当プログラム（LCMP）　394
地方自治体（地方政府）　9, 20, 39, 85, 88, 190, 194, 283, 284, 287, 295, 380, 381, 384, 389, 394–396, 402, 421
地方政府法（LGC）　19, 279, 282–284, 295, 324, 356, 380, 381, 388, 391, 394
地方特別機関（LSB）　283–285, 398
地方分権のための進歩的運動（Promdi）　257, 259, 262
中央情報局（CIA）　111, 113
中間層　68, 69, 134, 221, 248, 250, 330, 331
定着論　→民主化の項目

事項索引　491

手続き的民主主義　　　→民主主義の項目
デューイ・ディー事件　129
電子有権者名簿（CVL）　312
統一農村選挙連合（URSEC）　357
統一フィリピン連合（KNP）　258-260
党籍変更　224, 246, 255, 264-268, 323, 324
同胞党（Ang Kapatiran）　260
独立党員派（IC）　181, 183
都市開発住宅法（UDHA）　380, 381, 385, 388-394, 402, 420, 421
都市土地改革特別班（ULR-TF）　385-388, 402, 420, 421
都市・農村大衆連合（FORUM）　392
都市貧困　8, 10, 20, 117, 144, 192, 281, 296, 380-403, 412, 420, 421, 424
都市貧困組織のための全国会議（NACUPO）　382, 383
都市貧困問題局（UPAO）　397, 401
都市貧困連合（CUPAP）　382
土地改革法（Land Reform Act）　345
土地保有関係の改善（LTI）　366-368
トンド海岸・共同体組織化連合（CTFCO）　116
トンド第一区組織（ZOTO）　117, 118, 381, 382

◆な行

ナガ市都市開発住宅評議会（NCUDHB）　391, 398
ナガ市都市貧困連合（NCUPF）　391, 397
ナガ市民衆会議（NCPC）　398
ナショナリズム　134, 145, 161, 189, 194
二重登録　312, 321
ネオ・マルクス主義　14, 17, 31, 48, 66, 83, 85-91, 413
農業共同組合法（Rural Cooperative Bill）　107
農業・漁業会議（AFCs）　287
農業・漁業近代化法（AFMA）　287
農業省（DA）　286, 287

農業信用組合金融局（ACCFA）　109
農村人材開発アジア連合（AsiaDHRRA）　359
農村人材開発フィリピン連合（PhilDHRRA）　347, 358, 359, 364
農地移転事業（OLT）　345
農地改革　8, 10, 19, 108, 113, 118, 129, 142, 189, 196, 199, 201, 226, 281, 285, 290, 296, 344-371, 380, 402, 412, 419, 424
農地改革共同体（ARC）　286, 367-369, 371, 420
農地改革省（DAR）　113, 286, 355, 356, 362-369, 371
農地改革特急（Agrarian Reform Express）　353
農地改革と農村開発のための三者間協力（TriPARRD）　286, 364-367, 371, 420
農地改革と農村開発サービスのためのパートナーシップ（PARRDS）　358, 359, 361
農地改革の例外への反対・抵抗運動（MORE-AR）　359
農地改革法（Agricultural Land Reform Code）　113, 345
農地改革受益者開発局（BARBD）　286
農民運動連合（KILOS-SAKA）　360, 361
農民協同組合市場連合（FACOMA）　107, 109, 111
農民自由連盟（MASAKA）　113, 114
能力（国家の——）　→国家の項目

◆は行

パーソナリティ　212, 220, 250, 263, 302, 384, 418
パトロネージ　135, 144, 212, 220, 239, 241, 242, 244-246, 262, 268, 302, 326, 418
パトロン・クライアント関係　12, 127, 218, 237, 242, 244, 268
バランガイ監視（Bantay Barangay）　320
バランガイ農地改革会議（BARC）　286, 357, 364

バランガイ薬局（BnB） 288
ハリボン財団（Haribon） 117, 288
ピープルパワー 2, 3, 5, 8, 9, 18, 152, 159, 161, 175, 176, 182, 190, 200, 295, 331, 346, 414, 416, 425
ピープルパワーⅡ 280, 330–332, 368
ピープルパワーⅢ 331
非営利組織（NPO） 2, 44, 290, 291
非公式集計 19, 140, 302, 314–318, 419, 421
ビジネス・セクター 11, 111, 113, 119, 120, 155, 290, 297
ビショップ・ビジネスマン会議（BBC） 113, 131, 132, 140, 149, 179–181, 191, 197, 385, 386
非政府組織（NGO） 2, 10, 44, 51, 105, 109, 116, 182, 192, 280, 282, 286, 290, 295, 309, 321, 344, 353, 359, 364, 368, 370, 381, 385, 392, 396, 402, 420
批判的支持に向けた民衆組織連合（People's Outcry） 198, 417
比例代表制 189, 245, 322
貧困に対する連帯（KALAHI） 369
フィランソロピー 105, 106, 110, 113, 119
フィリピンNGO評議会（PNGOC） 281
フィリピン一般信徒会議（CLP） 310
フィリピン会社法（Philippine Corporation Law） 107
フィリピン開発援助プログラム（PDAP） 292, 293, 359
フィリピン・カナダ人材育成プログラム（PCHRD） 292, 293
フィリピン学生連盟（LFS） 133
フィリピン・カトリック行動（CAP） 111
フィリピン環境問題連合（PFEC） 117, 288
フィリピン共産党（CPP） 108, 114, 118, 131, 132, 144, 146, 187, 197, 199, 348
フィリピン共産党（PKP） 108, 109, 113, 114
フィリピン共同体組織者エンタープライズ（COPE） 397, 399
フィリピン拘留者対策委員会（TFDP） 117, 119
フィリピン国民党（PNP） 186, 194, 198, 218
フィリピンココナツ庁（PCA） 128
フィリピン砂糖委員会（Philsucom） 128
フィリピン司教会議（CBCP） 112, 150, 181, 198, 308, 310, 320, 331, 332
フィリピン市民議会（KOMPIL） 138, 147, 161
フィリピン社会主義者の確立（Pandayan） 186, 197, 198, 200
フィリピン社会党（SPP） 108
フィリピン主要宗教連合（AMRSP） 112, 117
フィリピン商工会議所（PCCI） 131, 132, 181
フィリピン女性運動（PILIPINA） 118
フィリピン人擁護会議（KASAPI） 131, 133, 144, 197
フィリピン人権擁護連合（PCHR） 117
フィリピン全国労働運動（PAKMAP） 114
フィリピン大学学生文化協会（SCAUP） 113
フィリピン大衆党（PMP） 254, 256, 258, 260
フィリピン同盟（La Liga Pilipina） 105
フィリピン農村再建運動（PRRM） 51, 110, 112, 288, 347, 348, 350, 361, 368
フィリピン農民同盟（PMP） 114
フィリピン奮起運動（BPM） 259–261
フィリピン民衆の闘い（LAMP） 268
フィリピン民主社会党（PDSP） 131, 133, 144, 197
フィリピン民主党（PDP） 137
フィリピン民主党・国民の力（PDP-LABAN） 131, 137, 139, 141, 177, 197, 254, 255, 258, 259
フィリピン民主農民運動（DKMP） 358, 359
フィリピン労働組合センター（PTUC） 110
フィリピン労働組合議会（TUCP） 321

事項索引 493

フィリピン労働者会議（KAP） 108
フィリピン労働者連帯（BMP） 118
付加価値税適用拡大法（E-VAT Law） 222
福祉都市貧困課（DWUP） 399, 400
フクバラハップ（Hukbalahap） 109, 157
プライベート・セクター 283, 287, 290, 384, 401
フリーダムハウス（Freedom House） 23, 212, 213, 214, 215
ブルジョア社会 31, 46, 47
プロパガンダ運動（Propaganda Movement） 105
米軍基地 146, 186, 194, 388
米比軍事基地協定 146, 148
ヘゲモニー（市民社会と――） →市民社会の項目
ベラルミン証言組合（Bellarmine Evidence Guild） 111
包括的統合住宅融資法（CISFA） 392, 402
包括的農地改革法（CARL） 286, 354–356, 363, 370, 419, 420
ポークバレル 223, 241, 245–247, 268, 269
保健省（DOH） 287–289
ポスト全体主義 155, 156
ポスト・マルクス主義 14, 17, 31, 48, 66, 85, 86, 90, 91, 413
ボス民主主義 5, 19, 217, 218, 229, 268, 270, 279, 418, 424
ポリアーキー 33, 34, 37, 38, 216
ポリティプロジェクト（Polity Project） 212, 215, 216, 224

◆ま行

マカティ協会連合（AMA） 134, 135, 138
マカティ・ビジネス・クラブ（MBC） 131, 132, 141, 145, 177, 181, 308, 332
マサガナ99計画（Masagana 99 Programme） 129
マニラホテル占拠事件 185, 186
ミゼレオール（MISEREOR） 290

未来のための公正・実績連合（K4） 258–260
民衆組織（PO） 11, 52, 107, 182, 191, 193, 281, 282, 344, 381, 420
民衆による農地改革のための全国会議（CPAR） 282, 344, 345, 347, 348, 351–361, 363, 370
民衆のための農地改革法（PARCODE） 355
民衆のため農地改革運動ネットワーク（AR Now!） 359–361
民主化
　移行論 15, 17, 30, 33, 65, 73–77, 80, 90, 175
　定着論 15, 17, 30, 34, 66, 73, 76–81, 90
　――研究 4, 6, 15–17, 30, 31, 33, 36–39, 55, 65–66, 74, 81, 153, 175, 212–213, 412–414
　――データ 212–217
　――の「第三の波」 1, 44, 65
　――の定義 32–40
民主改革党（Reporma） 256–259
民主行動党（AD） 257, 259, 262
民主社会主義（DemSoc） 54, 182, 184, 186, 200
民主主義（デモクラシー）
　エリート―― 5, 7, 19, 142, 145, 189, 196, 201, 212, 217, 221, 225, 229, 238, 268, 270, 279, 302, 329, 331, 334, 418, 424
　カシケ―― 5, 19, 212, 217, 218, 229, 268, 270, 279, 418, 424
　欠陥―― 423, 425
　実質的―― 4, 16, 17, 31, 37, 55, 81, 90, 193, 222, 229, 270, 330, 335, 344, 380, 413, 418, 422, 423
　社会――（SocDem） 49
　自由――（思想・体制） 13, 14, 16, 30, 37, 44, 45, 49, 50, 54, 67, 74, 78, 80, 91, 413, 415, 422, 423
　自由――（LibDem） 130, 134, 144, 147, 180–182, 186, 382, 415, 416
　政党なき―― 5, 19, 213, 236, 254, 269, 279, 302, 321, 329, 334, 418, 424
　大衆――（PopDem） 54, 142, 182, 184,

494

186, 189, 200, 382, 416
手続き的―― 4, 14, 16, 17, 19, 30, 32, 36, 55, 74, 78, 91, 221, 229, 270, 332, 334, 413, 419
民主社会主義（DemSoc） 54, 182, 184, 200
――の定義 32-40
民族――（NatDem） 54, 130, 132-134, 144, 146, 147, 150, 161, 178, 181-184, 186, 187, 193, 347, 348, 355, 357, 358, 360, 382, 415, 417
ラディカル・―― 48, 49, 50, 86
民主主義回復のための組織連合（CORD） 139, 140, 142, 160, 161, 216
民主主義の防衛と維持のための連合（CDPD） 186, 200, 416
民主的行動のための連合（CODA） 199, 417
民主党（Partido Democrata） 106, 270
民衆による農地改革宣言（The People's Declaration of Agrarian Reform） 348, 351
民主フィリピン運動（MDP） 114
民族主義者民主連合（UNIDO） 137-142, 145-147, 176, 180, 190, 198, 415
民族主義フィリピン民衆の闘い（LAMMP） 256-258, 262, 268
民族民主主義（NatDem） →民主主義の項目
民族民主戦線（NDF） 118, 132, 146, 182, 183, 199, 347
メンディオラ事件 199, 347
モロ民族解放戦線（MNLF） 157
モンテンルパ開発財団（MDF） 400-402
モンテンルパ貧困者連合（BUKLURAN） 401

◆や行

友愛，清兼，民族主義のための弁護士運動（MABINI） 131, 134, 135, 140, 142, 144, 146, 177, 179-181, 186, 190, 195, 197

有権者教育 19, 77, 111, 302, 303, 307, 308, 310, 318-320, 326, 330, 384, 419, 421
有権者登録・確認システム（VRIS） 321, 322
優先保護地域プロジェクト（CPPAP） 289
ユナイテッド・ココナッツ・プランターズ・バンク（UCPB） 128

◆ら行

ライオンズ・クラブ（Lions Clubs） 111
ラディカル・デモクラシー →民主主義の項目
ラディカルの市民社会 →市民社会の項目
リデル 243, 244, 268
リパブリック・プランターズ・バンク（RPB） 128
リベラルの市民社会 →市民社会の項目
連邦党（Federal Party） 106, 238
労使関係裁判所（CIR） 108
労働組合同盟（KASAMA） 114, 357, 359
労働組織委員会（CLO） 110

人名索引

◆あ行

アキノ，アガピト（Agapito A. Aquino）
　133, 138, 141, 144, 182
アキノ，コラソン（Corazon C. Aquino）　5,
　11, 18, 141, 145, 161, 175, 261, 279, 422
アキノ，フェリシタス（Felocotas S. Aquino）
　180, 190
アキノ，ベニグノ（Benigno S. Aquino, Jr.）
　5, 129, 260
アキノ，ベニグノⅢ（Benigno S. Aquino III）
　260
アラトー　48, 50, 69
アルカラ（Angel C. Alcala）　289
アロヨ（Gloria Magapagal-Arroyo）　257,
　258, 318, 331, 332, 369, 402, 423
ヴィラコルタ（Wilfrido V. Villacorta）　189
ヴィラヌエヴァ（Eduardo C. Villanueva）
　259, 260
エストラーダ（Joseph M. Estrada）　250,
　254-256, 258, 260, 262, 268, 281, 330-332,
　360, 371, 423
エンリレ（Juan P. Enrile）　150, 155, 176,
　196, 199, 255, 316, 417
オスメニャ，エミリオ（Emilio M. Osmeña）
　257, 259, 262
オスメニャ，セルヒオ（Sergio Osmeña）
　204, 257, 271, 384
オスメニャ，トーマス（Tomas R. Osmeña）
　384
オプル（Blas F. Ople）　184, 186, 194, 198
オラリア（Rolando Olalia）　186, 199
オンピン，ハイメ（Jaime V. Ongpin）　141

◆か行

ガスコン（Jose C. Gascon）　180, 189

ガナピン（Delfin J. Ganapin, Jr.）　289
ガリラオ（Ernesto D. Garilao）　286, 371
ギリエゴ（Bonifacio H. Gillego）　352, 353
キリノ（Elpidio R. Quirino）　111, 217
ギンゴーナ（Teofisto T. Guingona, Jr.）
　133, 144, 183, 254, 259
グアンゾン（Romeo G. Guanzon）　352
グラムシ　31, 46, 47, 86
ケソン（Manuel L. Quezon）　108, 239
ゴードン（Ricard J. Gordon）　260
コーヘン　48, 50
コステン（Anna Deminique Coseteng）
　316
コファンコ，エデュアルド（Eduardo M.
　Cojuangco, Jr.）　128, 254, 255
コファンコ，ホセ（Jose S. Cojuangco, Jr.）
　141
ゴンザレス（Neptali A. Gonzales）　198, 291
コンセプション（Jose S. Concepcion, Jr.）
　181, 307

◆さ行

サロンガ（Jovito R. Salonga）　254, 357, 358
サンティアゴ（Miriam Defensor-Santiago）
　255, 257, 261
サントス（Pedro Abad Santos）　108
シソン（Jose M. Sison）　114, 187
ジョクノ（Jose W. Diokno）　9, 134, 142
シン（Cardinal Sin）　145, 151, 152, 310, 331,
　386
スミス　1, 31, 41, 42, 45
ソリアノ（Emanuel V. Soriano）　141

◆た行

ダヴィット（Randolf S. David）　181
ダヴィデ（Hilario G. Davide, Jr.）　303

タヴェラ（Pardo de Tavera） 106
タタド（Francisco S. Tatad） 257
タニャーダ（Lorenzo M. Tañada） 133, 135, 141, 184
タフト（William Howard Taft） 107
タン（Sr. Christine Tan） 135, 180, 195, 357
タンカンコ（Luzviminda G. Tancangco） 321
ツヴェラ（Kerima Polotan Turera） 115
デヴィラ，ヘンリエッタ（Henrietta de Villa） 310
デヴィラ，レナト（Renato de Villa） 256, 257, 259, 310
デヴェネシア（Jose de Venecia, Jr.） 256, 262
テオドロ（Gilbert C. Teodoro） 260
デカストロ（Noli L. de Castro） 259, 263
デュムラオ（Santiago Dumlao, Jr.） 257
デラトーレ（Edicio de la Torre） 182
トクヴィル 42, 43, 74
トレンティーノ（Arturo M. Tolentino） 185, 186, 199

◆な行

ヌネス（Rosalita T. Nunez） 384
ネメンゾ（Francisco Nemenzo, Jr.） 160, 183

◆は行

ハーバーマス 43, 44
パルマ（Rafael Palma） 106, 180, 183
ピメンテル（Aquilino Q. Pimentel, Jr.） 254, 316, 357, 358
ビリヤール（Manuel B. Villar） 260
ヒル（Eddie C. Gil） 259
ファーガソン 1, 41, 42
ファクトラン（Fulgencio S. Factoran, Jr.） 288
ブーランツァス 85, 86
フェルナン（Marcelo B. Fernan） 358

ブスカイノ（Bernabe Buscayno） 187
フラヴィエ（Juan M. Flavier） 288
ブルゴス（Jose Burgos） 118
フレスネディ（Jaime R. Fresnedi） 401
ヘーゲル 1, 14, 31, 45, 46, 47
ベール（Fabian Ver） 127, 151, 158
ベネディクト（Roberto S. Benedicto） 115, 128
ベルナス（Fr. Joaquin G. Bernas） 141, 180, 182, 196
ペルラス（Nicanor Perlas） 260
ベンソン（Jose F. S. Bengzon, Jr.） 180, 190
ポー（Fernando Poe, Jr.） 258, 259, 263, 332
ホナサン（Gregorio B. Honasan） 316
ボニファシオ（Andrés Bonifacio） 105

◆ま行

マグサイサイ（Ramon D. Magsaysay） 109, 110, 111, 240, 246, 345
マセダ（Ernesto M. Maceda） 256, 288
マドリガル（Jamby Madrigal） 260
マルクス 1, 14, 46, 47
マルコス，イメルダ（Imelda R. Marcos） 115, 255
マルコス，フェルディナンド（Ferdinand E. Marcos） 2, 114, 186, 217, 302, 345
マンラプス（Raul Manglapus） 133
ミトラ（Ramon V. Mitra） 254, 261, 262, 386
ミリバンド 85
ミル 42
ムフ 48, 49, 50, 86
メンジ（Hans M. Menzi） 115
モラレス（Haracio R. Morales, Jr.） 182, 368, 371
モンソド（Christian S. Monsod） 303

◆や行

ヨラック（Haydee B. Yorac） 303, 310

人名索引 497

◆ら行

ラウレル（Salvador H. Laurel）　137
ラオク（Telibert C. Laoc）　317
ラクソン（Panfilo M. Lacson）　258, 260
ラモス（Fidel V. Ramos）　5, 150, 155, 158, 176, 217, 222, 227, 254, 261, 286, 309, 358, 367, 371
リサール，ホセ（José Rizal）　105
リム（Alfredo S. Lim）　257
ルス（Guillermo M. Luz）　308, 334
レイエス（John Carlos de los Reyes）　260
レーガン（Ronald Reagan）　150
レガルダ（Loren B. Legarda-Leviste）　259, 260
ロケ（Celso R. Roque）　117, 288
ロック　1, 31, 40, 41, 42, 43, 73
ロドリゴ（Francisco A. Rodrigo）　190, 195
ロハス（Manuel A. Roxas）　239
ロブレド（Jesse M. Robredo）　397
ロムアルデス（Benjamin K. Romualdez）　115

A New Perspective on Democratization and Civil Society
—The Dynamism of Politics in the Philippines—

Seiichi IGARASHI

This study investigates the activities of civil society during democratic transition and consolidation in the Philippines. The main theme is twofold: First, through an examination of the hegemonic struggles in civil society, the effects that civil society has on the direction of democratic transition will be explored. Second, by means of an investigation of a variety of functional deficits concerning democracy, the consolidation process is examined by which civil society redresses these deficits.

For exploring the first theme, five analytical tasks are undertaken. First, the study incorporates not only the "liberal" but also the "radical" perspective to create an accurate image of civil society. Second, civil society is distinguished from political society to elucidate the inherent roles of the former. Third, to grasp the role of various democratization movements, democracy is broadly defined in terms of not only its procedural but also its substantive dimension. Fourth, to understand the effect of civil society during the transition process, the interaction of civil society with the state that defined its activities is analyzed. Fifth, to clarify the influence of civil society on the direction of the democratization process, the study analyzes the introductory dimension of the democratic institutions.

Five analytical tasks are also necessary for exploring the second theme. First, the functional defects related to procedural democracy are examined, and obstacles to establishing a substantive democracy are identified. Second, the role of civil society in compensating for the state's weakness is analyzed, in terms of not only low autonomy from the dominant class but also low capacity in the policy implementation that may hamper the development of a substantive democracy. Third, in order to discover whether or not civil society promotes democratic development, the study incorporates not only the "liberal" but also the "radical" perspective. Fourth, to verify the democratic function of civil society, the role of nonpartisan civic organizations is explored in supporting free and fair elections as a key component of procedural democracy. Fifth, for the same purpose, the role of civic organizations' activities is considered with regard to agrarian reform and urban poverty, which are directly related to substantive democracy.

This book is organized into three parts. The first part, containing Chapters 1 and 2, deals with theoretical reflection, establishing the analytical framework for the study. Chapter 1 elaborates on the key concepts: democratization, democracy, and civil society. In order to approach democratic transition and consolidation from the perspective of civil society, Chapter 2 considers various analytical viewpoints while developing the state-civil society approach.

The second part, comprising Chapters 3, 4, and 5, is concerned with the first theme, the role of civil society in the democratic transition process. Chapter 3 reviews the historical development of civil society. Chapter 4 investigates the dynamics of civil society during the democratic transition process, especially from the Aquino assassination in August 1983 to the collapse of the Marcos regime in February 1986. Chapter 5 elucidates the completion phase of democratic transition, the time after the demise of the Marcos regime to the creation of a new constitution in February 1987.

The third part, which includes Chapters 6 to 11, deals with the second theme, the role of civil society in the democratic consolidation process. In order to uncover the real picture of democracy in the Post-Marcos era, Chapter 6 verifies the deficits of democracy through such key concepts as "3G," "3P," and "elite democracy," while Chapter 7 examines the realities of "partyless democracy."

Chapter 8 captures the complete picture of civil society as a preliminary discussion for the succeeding chapter. The remaining three chapters discuss specific cases related to the democratic consolidation: the role of civic organizations in the conduct of fair election (Chapter 9), agrarian reform (Chapter 10), and urban poverty eradication (Chapter 11).

In conclusion, with regard to the first theme, this study reveals that civil society was the driving force for the democratic transition process and that the hegemonic struggle in civil society had a significant influence on the direction of democratization. Specifically, this struggle steered democratization in an ambivalent direction beyond the interests of the dominant class, primarily because of the counter-hegemony created by radical movements in civil society.

With regard to the second theme and using the three cases considered, this study demonstrates that even though, under a particular condition, civil society threatened, paradoxically, to destabilize the existing democratic regime, it probably ultimately contributed to democratic consolidation and development by redressing the deficits of procedural democracy and promoting substantive democracy. Moreover, the study reveals that with democratic development as the goal, civil society attempted to cooperate with the state, and an interdependent and positive-sum relation between the two was successfully forged.

著者紹介

五十嵐 誠一（いがらし せいいち）

1972 年	千葉県生まれ
1994 年 3 月	慶應義塾大学文学部卒業
1999 年 3 月	早稲田大学大学院社会科学研究科修士課程修了
2005 年 3 月	同大学院同研究科博士後期課程単位取得満期退学
2008 年 3 月	博士（学術）取得（早稲田大学）
現　在	千葉大学法経学部専任講師

早稲田大学社会科学部助手，日本学術振興会特別研究員 PD，早稲田大学社会科学総合学術院助教，京都大学大学院文学研究科グローバル COE 研究員を経て，2010 年 7 月より現職。早稲田大学社会科学総合学術院客員次席研究員を兼任。専門は国際関係論，アジア研究。

[主な著書・論文]『フィリピンの民主化と市民社会』成文堂，2004 年，『市民社会の比較政治学』（共著）慶應義塾大学出版会，2007 年，『東アジアの中の日本』（共著）富山大学出版会，2008 年，「フィリピンとビルマの民主化比較考察」『アジア研究』第 48 巻第 4 号，2002 年 10 月，「東北アジアの環境ガバナンスと市民社会」『環日本海研究』第 11 号，2005 年 10 月，"The Dilemma of Democratic Consolidation in the Philippines," *Philippine Political Science Journal*, Vol. 29, No. 52, April 2008,「東南アジアの新しい地域秩序とトランスナショナルな市民社会の地平」『国際政治』第 158 号，2009 年 12 月（第 3 回学会奨励賞受賞）など。

早稲田大学学術叢書　11

民主化と市民社会の新地平
―フィリピン政治のダイナミズム―

2011 年 3 月 30 日　初版第 1 刷発行

著　者	五十嵐 誠一
発行者	島田 陽一
発行所	株式会社 早稲田大学出版部
	169-0051 東京都新宿区西早稲田 1-9-12-402
	電話 03-3203-1551　http://www.waseda-up.co.jp/
装　丁	笠井 亞子
印刷・製本	株式会社 平文社

©2011, Seiichi Igarashi. Printed in Japan　　ISBN978-4-657-11703-8
無断転載を禁じます。落丁・乱丁本はお取替えいたします。

刊行のことば

　早稲田大学は、2007年、創立125周年を迎えた。創立者である大隈重信が唱えた「人生125歳」の節目に当たるこの年をもって、早稲田大学は「早稲田第2世紀」、すなわち次の125年に向けて新たなスタートを切ったのである。それは、研究・教育いずれの面においても、日本の「早稲田」から世界の「WASEDA」への強い志向を持つものである。特に「研究の早稲田」を発信するために、出版活動の重要性に改めて注目することとなった。

　出版とは人間の叡智と情操の結実を世界に広め、また後世に残す事業である。大学は、研究活動とその教授を通して社会に寄与することを使命としてきた。したがって、大学の行う出版事業とは大学の存在意義の表出であるといっても過言ではない。そこで早稲田大学では、「早稲田大学モノグラフ」、「早稲田大学学術叢書」の2種類の学術研究書シリーズを刊行し、研究の成果を広く世に問うこととした。

　このうち、「早稲田大学学術叢書」は、研究成果の公開を目的としながらも、学術研究書としての質の高さを担保するために厳しい審査を行い、採択されたもののみを刊行するものである。

　近年の学問の進歩はその速度を速め、専門領域が狭く囲い込まれる傾向にある。専門性の深化に意義があることは言うまでもないが、一方で、時代を画するような研究成果が出現するのは、複数の学問領域の研究成果や手法が横断的にかつ有機的に手を組んだときであろう。こうした意味においても質の高い学術研究書を世に送り出すことは、総合大学である早稲田大学に課せられた大きな使命である。

　「早稲田大学学術叢書」が、わが国のみならず、世界においても学問の発展に大きく貢献するものとなることを願ってやまない。

2008年10月

早稲田大学

早稲田大学学術叢書シリーズ

2007年に創立125周年を迎えた早稲田大学が「早稲田第2世紀」のスタートにあたり，大学が擁する幅広い学問領域から日々生み出される優れた研究成果をシリーズ化。学術研究書としての質の高さを保つために，大学での厳しい審査を経て採択されたもののみを刊行する。

中国古代の社会と黄河　　　　　　　　　　　濱川 栄 著（¥5,775　978-4-657-09402-5） 中国の象徴とも言える黄河。幾多の災害をもたらす一方，その泥砂で華北に大平原を形成してきたこの大河は，中国古代の歴史といかなる関わりをもったかを検証。
東京専門学校の研究　―「学問の独立」の具体相と「早稲田憲法草案」― 　　　　　　　　　　　真辺 将之 著（¥5,670　978-4-657-10101-3） 早稲田の前身・東京専門学校の学風を，講師・学生たちの活動より描き出した書。近代日本の政治史・思想史・教育史上の東京専門学校の社会的役割を浮き彫りに。
命題的推論の理論　―論理的推論の一般理論に向けて― 　　　　　　　　　　　中垣 啓 著（¥7,140　978-4-657-10207-2） 命題的推論（条件文や選言文に関する推論）に関する新しい理論（MO理論）を提出し，命題的推論に関する心理学的諸事実をその理論によって説明したものである。
一亡命者の記録　―池明観のこと― 　　　　　　　　　　　堀 真清 著（¥4,830　978-4-657-10208-9） 現代韓国の生んだ最大の知識人，『韓国からの通信』の著者として知られる池明観の知的評伝。韓国併合から百年，あらためて日本の隣国とかかわりかたを問う。
ジョン・デューイの経験主義哲学における思考論　―知性的な思考の構造的解明― 　　　　　　　　　　　藤井 千春 著（¥6,090　978-4-657-10209-6） 長く正当な評価を受けてこなかったデューイの経験主義哲学における，西欧近代哲学とは根本的に異なった知性観とそれに基づく思考論を描き出した。
霞ヶ浦の環境と水辺の暮らし　―パートナーシップ的発展論の可能性― 　　　　　　　　　　　鳥越 皓之 編著（¥6,825　978-4-657-10210-2） 霞ヶ浦を対象にした社会科学分野でのはじめての本格的な研究書。湖をめぐって人間はいかなるルールを作り，技術を開発し，暮らしを営んできたか，に分析の焦点をあてた。
朝河貫一論　―その学問形成と実践― 　　　　　　　　　　　山内 晴子 著（¥9,345　978-4-657-10211-9） イェール大学歴史学教授朝河貫一の戦後構想は，これまで知られている以上に占領軍に影響があったのではないか。学問的基礎の形成から確立，その実践への歩みを描く。
源氏物語の言葉と異国 　　　　　　　　　　　金 孝淑 著（¥5,145　978-4-657-10212-6） 『源氏物語』において言葉としてあらわれる「異国」を中心に，その描かれ方を検討し，その異国の描かれ方がどのような機能を果たしているのかを分析する。

―2011年春季刊行の8冊―

経営変革と組織ダイナミズム　―組織アライメントの研究― 　　　　　　　　　　　鈴木 勘一郎 著（¥5,775　978-4-657-11701-4） パナソニックや日産自動車などにおける変革プロセスの調査・分析をもとに，新しい時代の企業経営のために「組織アライメント・モデル」を提示する。

帝政期のウラジオストク ―市街地形成の歴史的研究―
佐藤 洋一 著　(￥9,765　978-4-657-11702-1)
国際都市ウラジオストクの生成・発展期における内部事象の特質を研究。これからの日露両国の交流や相互理解を進める上での必読書。

民主化と市民社会の新地平 ―フィリピン政治のダイナミズム―
五十嵐 誠一 著　(￥9,030　978-4-657-11703-8)
「ピープルパワー革命」の原動力となった市民社会レベルの運動に焦点をあて，フィリピンにおける民主主義の定着過程および今後の展望を明らかにする。

石が語るアンコール遺跡 ―岩石学からみた世界遺産―
内田 悦生 著　下田 一太（コラム執筆）(￥6,405　978-4-657-11704-5)
アンコール遺跡の文化財科学による最新の調査・研究成果をわかりやすく解説するほか，建築学の視点からみた遺跡にまつわる多数のコラムによって世界遺産を堪能。

モンゴル近現代史研究：1921～1924年 ―外モンゴルとソヴィエト，コミンテルン―
青木 雅浩 著　(￥8,610　978-4-657-11705-2)
1921～1924年に外モンゴルで発生した政治事件の発生および経緯を，「外モンゴルとソヴィエト，コミンテルンの関係」という視点から，明らかにした力作。

金元時代の華北社会と科挙制度 ―もう一つの「士人層」―
飯山 知保 著　(￥9,345　978-4-657-11706-9)
女真とモンゴルの支配下にあった「金元時代」の中国華北地方において，科挙制度の果たした社会的役割，特に在来士人層＝知識人たちの反応を解説。

平曲譜本による近世京都アクセントの史的研究
上野 和昭 著　(￥10,290　978-4-657-11707-6)
江戸期における京都アクセントの体系を，室町期以降のアクセントの変遷もふまえながら，平曲譜本を中心とした豊富な資料をもとに緻密に考察する。

Pageant Fever: Local History and Consumerism in Edwardian England
YOSHINO, Ayako 著　(￥6,825　978-4-657-11709-0)
The first-book length study of English historical pageantry looks at the vogue for pageants that began when dramatist Louis Napoleon Parker organised the Sherborne Pageant in 1905.

―2011年度中に刊行予定―（書名は仮題）

全契約社員の正社員化 　―広島電鉄労働組合・混沌から再生へ（1993年～2009年）―	河西　宏祐
対話のことばの科学 　―話すと同時に消えるにもかかわらずなぜ対話は円滑に進むのか―	市川　熹
チベット仏教世界から見た清王朝の研究	石濱 裕美子

書籍のご購入・お問い合わせ
当出版部の書籍は，全国の書店・生協でご購入できます。書店等に在庫がない場合は，書店等にご注文ください。
また，インターネット書店でもご購入できます。

早稲田大学出版部
http://www.waseda-up.co.jp/